GNIGL

Mittelalterliches Mühlendorf

Gemeinde an der Eisenbahn

Salzburger Stadtteil

GNIGL
Mittelalterliches MÜHLENDORF
Gemeinde an der EISENBAHN
Salzburger STADTTEIL

Herausgegeben von
Sabine Veits-Falk und
Thomas Weidenholzer

im Auftrag des Stadtteilvereins Gnigl
unter Obmann Gerhard Flöckner

Buchgestaltung: Martin Zehentner

Schriftenreihe des Archivs der
Stadt Salzburg 29

Bibliografische Information Der Deutschen Bibliothek
Die Deutsche Bibliothek verzeichnet diese Publikation in der Deutschen Nationalbibliografie;
detaillierte bibliografische Daten sind im Internet über http://dnb.ddb.de abrufbar.

ISBN 978-3-900213-13-8

Schriftenreihe des Archivs der Stadt Salzburg
hg. v. Stadtarchiv und Statistik Salzburg
Schriftleitung: Peter F. Kramml

Layout und Satz: Martin Zehentner, elements.at

Lektorat: Silvia Moherndl

Druck: Druck & digitale Medien, Hallwang

Copyright © by Stadtteilverein Gnigl und Stadtgemeinde Salzburg

Salzburg 2010

Umschlag:
Oben: Gnigl vom Heuberg, altkolorierte Umrissradierung von Karl Rahl nach Karl Ludwig Viehbeck, um 1820, Salzburg Museum; links: Schloss Neuhaus, um 1930, Stadtarchiv Salzburg (AStS); Verschubbahnhof Gnigl, Archiv Reinhard Stamberg; Glockmühle, um 1925; unten: Erster Volks- und Historischer Trachtenverein Gnigl, 1928, Sammlung Christian Lankes; Turnerwirt, um 1905, Sammlung Martin Jeschko; Schillinghof, um 1900, Archiv der Erzabtei St. Peter; rechts: Sillner Mühle, um 1910, Haidenthaller, Chronik; Heuberger Milchfrau, Haidenthaller, Chronik

Inhalt

Vor- und Grußworte	7
Einleitung	10

LEBENSRAUM UND HISTORISCHE ENTWICKLUNG

Eine Einführung in den Natur- und Kulturraum
Guido Müller — 14

Archäologische Spurensuche in Gnigl
Peter Höglinger — 26

Zu den mittelalterlichen Siedlungsanfängen in und um Gnigl
Hans Krawarik — 34

Der lange Weg zum Dorf. Gnigl im Mittelalter und in der Frühen Neuzeit
Heinz Dopsch — 40

Gnigl in der Neuzeit 1600 bis 1850. Mühlen prägen ein Dorf
Thomas Weidenholzer — 74

Die selbständige Ortsgemeinde Gnigl 1850 bis 1935. Die Eisenbahn verändert ein Dorf
Sabine Veits-Falk — 122

Radikalisierung und Vernichtung. „Ständestaat" und Nationalsozialismus
Siegfried Göllner — 160

Gnigl in den letzten sechzig Jahren. Vom Vorort zum Stadtteil
Thomas Weidenholzer — 178

AUS DER GESCHICHTE

Die Pfarre Gnigl und ihre Kirchen. Geschichte und Kunst im Wandel der Zeiten
Roland Kerschbaum — 206

Pfarre und Kirche St. Severin. Neues Gemeindeleben entwickelt sich
Astrid Zehentner — 222

Schlösser, Gutshöfe und Ansitze in Gnigl
Martin Zehentner — 226

Chronik der Gnigler Schulen
Gertrud Czapek — 242

Der Alterbach. „Vom Greuel der Verwüstung, der Seuchengefahr und der Wassernoth"
Herbert Weigl — 254

Leben in Gnigl an der Wende zum 20. Jahrhundert. Streiflichter zwischen Tradition und Wandel
Jutta Baumgartner — 266

Ein vom Verkehr geprägter und geplagter Stadtteil
Guido Müller und Thomas Weidenholzer — 278

Die untere Gnigl. Fallstudie der Siedlungsgenese auf dem Alterbachschwemmkegel
Wolfgang Kauer — 294

Bilder aus Langwied
Helga Thaler — 308

MENSCHEN UND SOZIALES LEBEN IN GNIGL

Alexander Haidenthaller. Aus dem Tagebuch des Gemischtwarenhändlers
Robert Hoffmann — 320

Menschen in Gnigl
Fridoline Grössinger — 338

Kindheit und Jugend in Gnigl. Autobiografische Erinnerungen eines Untergniglers
Hans Holztrattner — 360

Vereine in Gnigl
Bearbeitet von Astrid Zehentner — 386

ANHANG

Anmerkungen zu den Beiträgen — 408

Abkürzungen — 445

Häufig verwendete Literatur — 446

Autorinnen und Autoren — 447

Sponsoren — 448

Vorwort

Liebe Gniglerinnen und Gnigler!

Es war mir immer ein großer Wunsch, die Geschichte Gnigls in ein Buch zu fassen und so der Nachwelt zu erhalten. Wie die Geschichte zeigt, ist Gnigl von einem kleinen bescheidenen Dorf zu einem beachtlichen Stadtteil gewachsen. Vielen Menschen, die heute in der Gnigl wohnen und leben, mag das alte Gnigl unbekannt sein. Wer aber einmal die Grazer Bundesstraße, die Mühl- oder die Glockmühlstraße entlang spaziert ist, bekommt eine Ahnung davon, wie es früher einmal gewesen ist.

Mit diesem Buch wollen wir die Geschichte unserer Heimat allen Gniglern näher bringen. Wir legen aber auch vor allem jenen Alteingesessenen, die in der Schule im Heimatkundeunterricht nicht aufgepasst oder diesen gar geschwänzt haben, die Gnigler Chronik ans Herz. Man kann beim Lesen Vieles wieder auffrischen, aber noch mehr Neues erfahren. Auch jenen Altgniglern, die heute über die ganze Welt verstreut sind, wollen wir mit dieser Chronik eine Erinnerung in die Hand geben.

Die Verbundenheit der Gnigler zu ihrer Heimat zeigt sich – und auch das ist im Buch dargestellt – zum Beispiel bei den vielen Überschwemmungen, die uns der Alterbach immer wieder beschert hat, wie die Menschen zusammengehalten und den Betroffenen beim Wiederaufbau ihrer Existenz geholfen haben.

Es gibt noch einen weiteren Grund für das Zustandekommen dieses Buches: Gnigl ist seit 75 Jahren Teil der Stadt Salzburg. Am 1. Juli 1935 wurde Gnigl der Stadt Salzburgs eingemeindet und hörte als selbständige Ortsgemeinde zu bestehen auf. Freilich sind wir jetzt Salzburger, das heißt aber noch lange nicht, dass wir deswegen keine Gnigler mehr sind.

Aus Anlass dieses Jubiläums hat der Stadtteilverein Gnigl auch die Aufstellung eines Brunnens an der Grazer Bundesstraße initiiert. Das Transmissions- und das Turbinenrad erinnern an die frühere Bedeutung des Mühlengewerbes in unserem Stadtteil. Das Brunnenwasser kommt übrigens aus dem alten Mühlengerinne. Ein neu erschlossener Wanderweg entlang des Alterbaches führt durch den – wie es früher hieß – „wilden Graben". Der Weg soll an den Segen, den uns dieser Bach gebracht hat, erinnern, aber auch an seine manchmal ungebändigte Kraft erinnern.

Bleibt mir zum Schluss, allen zu danken, die mitgeholfen haben, die vielfältigen Aktivitäten rund um das Jubiläum zu ermöglichen: das sind die Gnigler Vereine, die Autorinnen und Autoren und vor allem Sabine Veits-Falk und Thomas Weidenholzer für ihre Arbeit als Herausgeber sowie Martin Zehentner für die schöne Gestaltung des Buches.

Ihr
Gerhard Flöckner
Obmann des Stadtteilvereins Gnigl

Gerhard Flöckner, Obmann des Stadtteilvereins Gnigl

Grußwort

Doraja Eberle
Landesrätin

Geschätzte Leserinnen und Leser der Gnigler Stadtteilchronik!

Herzliche Gratulation zur Fertigstellung der Gnigler Stadtteilchronik als Projekt aus meinem Ressort der Gemeindeentwicklung. Es freut mich ganz besonders, dass es gelungen ist diese Chronik zu erstellen, denn eine Chronik verbindet Menschen über Generationen hinweg. Man muss die Dinge erst kennen, damit man ihren Wert schätzen kann. Dieser Satz steht für die Schätze, die sie in dieser Chronik finden werden. Sie werden Vieles, das sie gekannt haben anders betrachten und es werden Ihnen Dinge, die erst wenig Beachtung gefunden haben, bewusster werden.

Gnigl ist heute ein beliebter Wohnort in der Stadt Salzburg am Fuße des Kühbergs und des Heubergs. Es befinden sich viele historisch bedeutende Gebäude in diesem Ortsteil, die interessante Geschichten erzählen können. Ich bin davon überzeugt, dass dieses Werk dazu beitragen wird, dass sich viele Menschen noch mehr mit ihrer Heimat Gnigl identifizieren werden. Gerade in der heutigen Zeit ist es immer wichtiger, dass sich die Menschen in ihrer „kleinen" Gemeinschaft geborgen fühlen und nicht von der großen Anonymität in den Städten betroffen gemacht werden. Identifikation und Selbstgestaltung stehen im großen Gegensatz zu Identitätslosigkeit und Vereinsamung. So sind wir eigentlich beim Sinn der Stadtteilvereine angelangt, die den Strömungen der Zeit entgegenwirken und Menschen verbinden. Ein Kapitel widmet sich der Bedeutung des Alterbaches für Gnigl, der in früherer Zeit der Energiebringer und somit Motor der wirtschaftlichen Entwicklung war. Ein großes Ziel dieser Chronik ist auch der heutigen Generation und kommenden Generationen zu zeigen, wie in früheren Zeiten oft unter schwierigsten Umständen gelebt wurde. Wie entbehrungsreich das Leben sein hat können, aber auch wie reich an Menschlichkeit frühere Zeiten gewesen sind. Ich hoffe, dass dieses Erbe der Generationen erkannt und geschätzt wird, sodass uns in vielen Belangen ein Vorbild für das heutige Zusammenleben möglich gemacht wird.

Ich danke dem Redaktionsteam, das viele Stunden, Mühen und viel Engagement investiert hat, um dieses Meisterwerk überhaupt erst entstehen zu lassen. Mein besonderer Dank gilt dem Stadtteilverein und seinem Obmann Gerhard Flöckner, ohne dessen Engagement gäbe es diese Chronik, den Brunnen und das gestärkte Bewusstsein der Bevölkerung für ihren Stadtteil in Gnigl, Langwied und Sam nicht sowie der Stadt Salzburg.

Ich wünsche Ihnen viel Freude und viele interessante Stunden.

Ihre
Doraja Eberle
Landesrätin

Grußwort

Liebe Leserinnen und Leser!

Seit 1. Juli 1935 ist Gnigl ein Stadtteil von Salzburg. Das 75 Jahr-Jubiläum der Eingemeindung in die Landeshauptstadt Salzburg war für den Stadtteilverein Gnigl der Anlass, sich mit der Geschichte der ehemaligen selbständigen Ortsgemeinde intensiv auseinander zu setzen.

Der Wunsch nach der Herausgabe einer fundierten Chronik führte den Stadtteilverein in das Haus der Stadtgeschichte. Ein Team aus „Alteingesessenen", Heimatforscherinnen und -forschern sowie Wissenschafterinnen und Wissenschafter arbeitete zwei Jahre lang unter fachlicher und organisatorischer Leitung des Stadtarchivs an diesem Projekt.

Das nun vorliegende Buch ist das beeindruckende Ergebnis dieser erfolgreichen Zusammenarbeit. Es konnten etliche neue Forschungsergebnisse zum Beispiel hinsichtlich der Anfänge der Besiedlung oder der das Dorf in der früheren Geschichte so prägenden Mühlen erzielt werden. Anschaulich erörtert wird auch die Bedeutung der Eisenbahn, die Gnigl mit dem Zuzug von Arbeitern und Eisenbahnern regelrecht umkrempelte, oder das Verhältnis zwischen Gnigl und Itzling, die von 1850 bis 1935 in einer Ortsgemeinde vereint waren. Sachlich aufgearbeitet wurde auch die jüngere Geschichte des Salzburger Stadtteils.

Nach dem Motto „Grabe, wo du stehst" führt die Gnigler Chronik anschaulich vor Augen, wie spannend die Geschichte vor Ort sein kann. Wer weiß, warum etwas entstanden ist und sich so und nicht anders entwickelt hat, wer die Vergangenheit kennt, kann die Gegenwart besser verstehen. Genau das ist der nicht zu unterschätzende Beitrag, den eine Chronik für einen Stadtteil und damit für die ganze Stadt leistet.

Ich danke dem Stadtteilverein, dass er die Initiative für dieses Projekt ergriffen hat und allen, die zum Entstehen und Gelingen der vorliegenden Stadtteilgeschichte beigetragen haben.

Ihnen wünsche ich eine interessante Lektüre und ein spannendes Eintauchen in die Vergangenheit von Gnigl.

Ihr
Dr. Heinz Schaden
Bürgermeister der Stadt Salzburg

Dr. Heinz Schaden
Bürgermeister
der Stadt Salzburg

Einleitung

Als der Stadtteilverein Gnigl vor mehr als drei Jahren an das Stadtarchiv Salzburg herantrat und vorschlug, eine Geschichte Gnigls zu erarbeiten, war klar, dass dies eine lohnende Aufgabe sein würde. Dass die Geschichte dieses Stadtteils im Nordosten Salzburgs so spannend und facettenreich ist, wie wir im Laufe der fachlichen Begleitung bemerkt haben, war uns allerdings nicht bewusst. Gnigl hat viel zu bieten.

Zunächst an der Straße nach Linz und der Weggabelung nach Graz entstanden, erhielt Gnigl vor allem durch die Nutzung des energiereichen Gefälles des Alterbaches eine wichtige Funktion als Nahversorger für die Stadt Salzburg. Dabei prägte bis ins 16. Jahrhundert hinein zunächst das metallverarbeitende Gewerbe das Dorf Gnigl. Es ist ein Goldschmied nachweisbar, dann Schmiede, Nagel- und Ringelschmiede und Drahtzieher. Heute dürfte den wenigsten bekannt sein, dass Gnigl Standort von Messinghütten war. Im Laufe des 17. Jahrhunderts setzten sich aber immer mehr die Getreidemühlen durch und machten über mehrere Jahrhunderte Gnigl zum Mühlendorf.

Die Eisenbahn wandelte ab 1860 die Gemeinde radikal. Ihre Gleisstränge zerschnitten sie in zwei Teile. Gnigl entwickelte sich zum Eisenbahnervorort. 1919 erhielt Gnigl als eine der ersten Gemeinden Salzburgs einen „roten" Bürgermeister. Unter dem autoritären Regime des Ständestaates wurde die selbständige Ortsgemeinde Gnigl 1935 aufgelöst und der Stadt Salzburg eingemeindet. Aus Anlass dieses 75-jährigen Jubiläums erscheint nun die vorliegende Chronik.

Dass Gnigl ein Salzburger Stadtteil ist, ist heute, trotz lokalpatriotischer Reminiszenzen, allgemein akzeptierte Selbstverständlichkeit. Die Welt der Mühlen ist heute gänzlich verschwunden, aber auch die Welt der Eisenbahner befindet sich in einer Phase der Erosion und ist schon längst nicht mehr prägend für den Stadtteil. An einem Ort wie Gnigl können sehr gut gesellschaftliche Veränderungen und der allgemeine Gang der Geschichte beobachtet und studiert werden. Aber trotz der mehr als vierhundert Seiten, die die Autorinnen und Autoren verfasst haben, bleibt die nun vorliegende Geschichte notwendigerweise unvollständig und rudimentär. Wichtig scheint uns, sich auf eine möglichst große Bandbreite von historischen Fragestellungen einzulassen. Die Gnigler Chronik versteht sich auch als Beitrag zu aktuellen Debatten und Diskussionen über die künftige Entwicklung dieses Stadtteils. Fragen an die Geschichte sind Fragen an die Gegenwart. Mit der Befriedigung der Neugier am Werden des näheren Lebensumfeldes wächst auch dessen Verständnis.

Zwar stand dem Projekt die vielbändige Gnigler Ortschronik aus der Feder des Kaufmanns Alexander Haidenthaller – ihm ist im Buch ein eigener Beitrag gewidmet – zur Verfügung. Diese, in den 1920er und 1930er Jahren und mit den Möglichkeiten ihrer Zeit verfasste, Chronik ist jedoch entsprechend ergänzungsbedürftig. In ihrem (historischen) Wert kaum überschätzbar sind Haidenthallers Tagebücher. Diese befinden sich nun als Geschenk im Stadtarchiv und geben – aus der Sicht eines (kleinen) Kaufmanns – einen plastischen Eindruck in das Gnigler Ortsgeschehen.

Viele Themen konnten nur angerissen und angetippt werden, andere mussten ausgespart werden: die Chroniken der Häuser zum Beispiel. Der Kataster von 1830 verzeichnete für Gnigl 136 Objekte. Würde man nur die Daten der Besitzwechsel und die Namen der Besitzer anführen, so würde man damit wohl ein ganzes Buch füllen, ohne viel über die Geschichte Gnigls zu erfahren. Ein weiteres Beispiel ist die genaue Darstellung der Entwicklung der Grenzen und der damit einhergehenden Verwaltungsänderungen. Was man unter Gnigl verstehen kann, ist daher sehr großzügig definiert. Im ausgehenden Mittelalter könnte eine Gnigler Geschichte ohne die Heuberger Bauern nicht geschrieben werden (nur nebenbei bemerkt: die Geschichte der Gnigler Gasthäuser auch heute nicht). Die (auch so benannte) Gnigler Messinghütte liegt heute auf Koppler Gemeindegebiet. Andererseits ist eine Geschichte der Gemeinde Gnigl ohne Itzling nicht verstehbar. Die Auseinandersetzungen zwischen dem mehrheitlich von Eisenbahnern bewohnten Itzling und dem durch traditionelles Gewerbe charakterisierten Gnigl waren Konstanten der Gemeindepolitik. Nicht zuletzt stammte eine ganze Reihe Gnigler Bürgermeister aus Itzling.

Im Wesentlichen orientieren wir uns daher an einem „umgangssprachlichen", intuitiv definierten, Gnigl. Abgesehen vom Mittelalter und der Frühen Neuzeit bleiben der Heuberg und Guggenthal weitgehend unberücksichtigt. Richtung Süden orientieren wir uns an der tatsächlichen früheren Gemeindegrenze (Neuhauser Straße) und haben daher das Fürbergstraßen-Viertel miteinbezogen. Der Gnigler Anteil an Schallmoos bleibt dagegen unberücksichtigt und das, obwohl das Gemeindeamt hier an der Wildenhoferstraße beheimatet war. Nur die Ansitze Rauchenbichlerhof, Röcklbrunn und Robinighof werden nach wie vor für Gnigl beansprucht. Im Norden ist Langwied ein eigener Beitrag gewidmet.

Die „Geschichte Gnigls" ist nicht das Werk Einzelner, sondern Vieler, die an dieser Stelle zu nennen sind. Diese auch nur aufzulisten, würde abermals den Rahmen sprengen. Zu Beginn stand die „Arbeitsgruppe Chronik" des Stadtteilvereins unter Obmann Gerhard Flöckner, seinem Stellvertreter Albert Preims, Kassier Gerald Eichbauer und Mathias Haas. Gerhard Sulzer hat das Projekt durch die Digitalisierung von Fotografien und Bildern unterstützt.

Dann sind die Autorinnen und Autoren zu nennen, die sich bereit erklärt haben, ihr Spezialwissen in den Dienst einer Gnigler Chronik zu stellen. Besonderer Dank geht auch an die vielen Gniglerinnen und Gnigler, die uns ihre Fotografien und Bilder zu Verfügung gestellt haben und an die „Auskunftspersonen", die wertvolle Informationen und „Geschichten" geliefert haben. Schließlich haben die Archive und Museen durch ihr Entgegenkommen das Projekt gefördert und unterstützt, insbesondere das Salzburger Landesarchiv, das Salzburg Museum, das Archiv der Erzdiözese Salzburg, dann das Archiv, die Bibliothek und die Kunstsammlung der Erzabtei St. Peter sowie die Residenzgalerie Salzburg.

Selbstverständlich ist den vielen Sponsoren und der Politik zu danken, die durch namhafte Beträge die Drucklegung ermöglicht haben. Martin Zehentner hat sein professionelles Können ehrenamtlich zur Verfügung gestellt und sich weit über das übliche Maß hinaus am Zustandekommen und der Gestaltung dieses Buches eingebracht.

Zum Schluss sei der Motor des Projektes genannt: Gerhard Flöckner, Obmann des Gnigler Stadtteilvereines, ohne dessen Initiative, Beharrlichkeit und großes Engagement die vorliegende Geschichte Gnigls nicht entstanden wäre.

Sabine Veits-Falk und **Thomas Weidenholzer**
Stadtarchiv Salzburg

LEBENSRAUM UND HISTORISCHE ENTWICKLUNG

Blick auf Gnigl und die Stadt Salzburg vom Gaisberg, 2008 (Fotolia, Foto Amir Kaljikovic)

GUIDO MÜLLER
Eine Einführung in den Natur- und Kulturraum

Einem gefällsreichen Bach, dem Alterbach, verdankte Gnigl einst seine wichtigste Lebensgrundlage. Im gegenläufigen Sinne, als Steigung, war diese Topografie für die jener Leitlinie folgende Straße ein Hemmnis. Doch von Salzburg nach Osten war nun einmal der in Gnigl auslaufende Einschnitt zwischen Heuberg und Gaisberg zur Aufnahme eines wichtigen Verkehrsweges (der „Eisenstraße") am besten geeignet.

Noch bedeutender war schon seit der Römerzeit die Straßenverbindung Salzburgs mit Linz und Wien. Sie musste – so könnte man geneigt sein zu sagen – bis ins 20. Jahrhundert über Gnigler Boden verlaufen. Auch dabei war die Geländebeschaffenheit ausschlaggebend: Denn nur zwischen Moor und Berg, am Fuß von Kapuzinerberg und Heuberg entlang, konnte eine Straße zweckentsprechend angelegt werden. Erst mit dem Autobahnbau einerseits und mit der Anbindung der Sterneckstraße an die Linzer Bundesstraße andererseits traten hier im 20. Jahrhundert entscheidende Änderungen der Verkehrsströme ein.

Die ab dem Eisenbahnzeitalter in Salzburg zunehmende Bautätigkeit verlangte vermehrt nach Baumaterialien. Zwar konnten solche nun viel kostengünstiger als früher herangeschafft werden, aber es war von Vorteil, dass der Boden von Gnigl und Itzling reichlich Rohmaterial für die Ziegelerzeugung bereitstellte. Diese einst bedeutende Industrie gehört mittlerweile der Vergangenheit an. Die Straßennamen Hannakstraße, Rettenlackstraße, Warwitzstraße und Ziegeleistraße liefern Hinweise darauf.

Diese paar Beispiele dürften es bereits rechtfertigen, über die Naturausstattung des Raumes im Rahmen eines der Geschichte von Gnigl gewidmeten Buches zu berichten. Es wäre aber ein großer Fehler, die Naturfaktoren zu sehr oder gar allein für das menschliche Handeln verantwortlich zu machen. Falsch wäre es auch, den jeweiligen historischen Kontext außer Acht zu lassen. An zwei Beispielen sei dies kurz erläutert:

Das Schallmoos galt lange Zeit hindurch als unwirtlich, unproduktiv und der Gesundheit abträglich. Während der Zeit des Dreißigjährigen Kriegs wurde dieses Ödland, das sich zwischen der Stadt und Gnigl ausbreitete, in Kultur genommen. Im ausgehenden 19. Jahrhundert erkannte man mangels kostengünstiger Alternativen den Wert des hier gelagerten Energieträgers Torf. Man baute ihn in Handarbeit ab und beschickte damit u. a. das erste Salzburger Elektrizitätswerk[1].

Von einem Bach konnte neben dem möglichen Nutzen eine Bedrohung für Hab und Gut ausgehen. So ist es verständlich, dass man die Fließgewässer Gnigls bändigte, in ein enges Korsett zwängte, um sie tiefer zu legen und so die angrenzenden Flächen zu entwässern. Neben dem Schutz der Bauwerke und ihrer Bewohner war es insbesondere in Zeiten der Nahrungsmittelknappheit ein Hauptziel, die Böden landwirtschaftlich ertragreicher zu machen. Dem Erlebniswert eines Bachlaufes für die städtische Bevölkerung wurde damals noch keine Bedeutung beigemessen.

Im einleitenden Teil sei schließlich noch die Frage gestellt, ob und wie sich Gnigl naturräumlich von den anderen Stadtteilen Salzburgs unterscheidet; eine Frage, die allerdings im vorgegebenen Rahmen nur skizzenhaft beantwortet werden kann: So wie alle Stadtteile hat Gnigl Anteil am Salzburger Becken. Der hier historisch wichtigste Teilbereich ist ein vom Alterbach in dieses Becken geschütteter Schwemmkegel. Er weist von Obergnigl bis zur Linzer Bundesstraße etwa 20 Meter

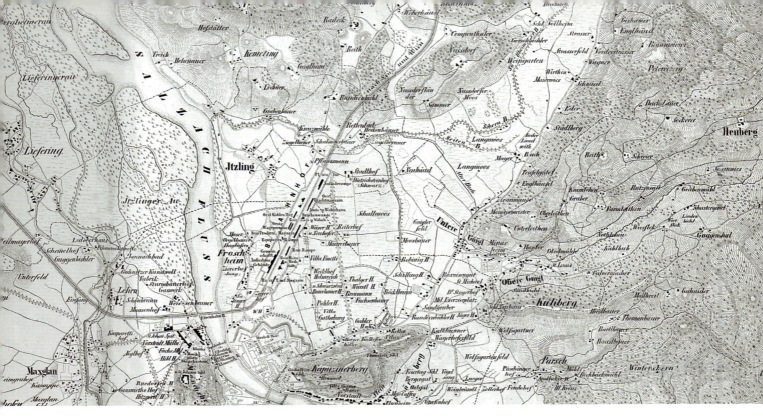

Übersichtskarte der Stadt Salzburg und ihrer Umgebung, Salzburg um 1860 (verkleinert), Universitätsbibliothek Salzburg

Höhenunterschied auf, was ungefähr drei Prozent Neigung entspricht. Immerhin vier Erhebungen, zum Teil unterschiedlich beschaffen, bilden Grenzräume Gnigls bzw. des hier zu behandelnden Gebiets. Es sind dies der Nußdorfer Hügel (511 m), der Heuberg (899 m), der Kapuzinerberg (638 m)[2] und als Ausläufer des Gaisbergs der Kühberg (711 m)[3].

Die folgenden Ausführungen sind, wenigstens in den Grundzügen, entsprechend dem erdgeschichtlichen Ablauf aufgebaut: Nach Eingehen auf die geologischen Zonen werden die Auswirkungen des Eiszeitalters erläutert, ehe dann die Nacheiszeit und die geologische Jetztzeit behandelt werden. Der Zeitraum, innerhalb dessen die heute im Gnigler

Der Alterbach knapp oberhalb von Gnigl, 2010 (Foto Martin Zehentner)

Der Graben des Alterbachs bei Kohlhub, 2010 (Foto Stadtarchiv)

Raum verbreiteten Gesteine zunächst im Meer gebildet, dann horizontal und vertikal verlagert und dabei verformt wurden, ist mit etwa 250 Millionen Jahren anzusetzen. Während dieses langen Zeitraums waren auch die abtragenden Kräfte wirksam, und zwar unterschiedlich je nach Gesteinsbeschaffenheit, Art und Intensität der Vertikalbewegung und nicht zuletzt je nach klimatischen Gegebenheiten. Ergebnis war das heutige bzw. das ohne Zutun des Menschen gebildete Relief. Auf diese Vorgänge näher einzugehen, würde weit über die Zielsetzung dieses Buchkapitels hinausgehen. Da sich die ohnedies oft komplizierten Vorgänge nicht in wenigen Sätzen darlegen lassen, seien Interessierte insbesondere auf die ortsbezogene Fachliteratur verwiesen[4]. Durch zusätzliche Tiefbohrungen könnte unser Bild von der Landschaftsentstehung noch erweitert bzw. gefestigt werden.

Stadtplan von Salzburg, hg. von Stadtbauamt Salzburg, 1:10.000, 1946 (verkleinert), Sammlung Guido Müller

GESTEIN UND RELIEF

Im geologischen Sinn liegt das Salzburger Stadtgebiet und damit auch Gnigl im nördlichen Teil des Alpenkörpers. Dessen Grenze verläuft weiter nördlich in etwa 20 bis 25 Kilometer Entfernung. Die Trennlinie zwischen den Nördlichen Kalkalpen und der Flyschzone hat ebenfalls einen Ost-West-Verlauf und geht mitten durch Gnigl. Gut erkennbar ist sie in östlicher Richtung, nämlich zwischen Kühberg-Nocksteinzug einerseits und Heuberg andererseits, wenn auch im Detail Moränenmaterial des eiszeitlichen Guggenthaler Zweiggletschers und jüngere Ablagerungen die genaue Festlegung der Grenze erschweren.

Während die Kalkalpengrenze mit dem Nordabfall des Kapuzinerbergs auch gegen Westen zu deutlich in Erscheinung tritt, werden die Gesteine der Flyschzone erst mehr als zwei Kilometer weiter nördlich mit dem Nußdorfer Hügel und anschließend mit dem Plainberg sichtbar. Bei dieser geologischen Grenze handelt es sich um eine Überschiebungslinie: Die Kalkalpen sind, von Süden nach Norden bewegt, der Flyschzone aufgeschoben. Das geologische Profil des Kühberg-Nordhangs zeigt sogar Schichten zweier Decken der Kalkalpen, nämlich der tirolischen und darunter der bajuwarischen. Den Kühberg-Nordfuß zeichnen zahlreiche Quellaustritte aus. Sie sind seit langem ein für Gnigl und Salzburg nützlicher Aspekt. Die zumindest teilweise damit zusammenhängende Bedrohung von Verkehrswegen und Gebäuden durch Berg- und Felsstürze sowie Rutschungen ist hingegen als nachteiliger Aspekt zu sehen.

Dass die Flyschgesteine das sonst erst weiter nördlich anzutreffende Helvetikum überlagern, wird östlich des Heuberggipfels sichtbar; hier ragt nämlich felsenförmig ein Stück Helvetikum heraus. Nordwestlich der Bahnstation Salzburg-Maria Plain, in viel tieferer Lage, tritt ebenfalls das Helvetikum an die Oberfläche. Im Zuge der Gebirgsbildung war die Helvetikumdecke von der Flyschdecke überschoben und mit dieser gemeinsam verfaltet worden.

Der Flysch ist hier im Bereich einer Aufwölbung (Antiklinale) bereits so stark abgetragen, dass das Helvetikum – wie beim Blick durch ein Fenster – sichtbar wird.

Kalkalpengrenze mit steil abfallenden Nordhängen von Kapuzinerberg, Kühberg und Nockstein
Blick vom Mönchsberg Richtung Osten, links unten die Gnigler Kirche, 2010 (Foto Stadtarchiv)

Die Oberflächenformen in der Flyschzone sind überwiegend sanft, obwohl sich der Heuberg aufgrund der geologischen Aufnahmen als ein eng zusammengestauchtes Faltenbündel erweist[5]. Mürbsandstein-führende Schichten (Tonschiefer, graue Mergelschiefer) und die Zementmergelserie seien hier als wichtige Gesteine hervorgehoben.

Der Heuberg von Kohlhub aus, 2010 (Foto Stadtarchiv)

Der Hügel von Nussdorf ist hingegen recht eintönig aus mürbsandsteinführenden Schichten aufgebaut[6].

In den Formen ganz anders präsentiert sich die Stirnseite der Kalkalpen im Bereich des Kühberg-Nocksteinzugs, nämlich mit steilen, felsdurchsetzten Hängen, auf denen zum Teil nur schütterer Wald stockt. Überdies ist es die Schattseite. Vorherrschendes Gestein ist der bräunlichgraue, manchmal auch hellere Hauptdolomit. Darüber lagert der hellgraue bis bräunlichgraue Plattenkalk. Wie der Hauptdolomit ist er eine Seichtwasserbildung. Da die Unterlage dieser Gesteine wasserstauend und die Aufschiebung auf den Flysch flach ist, haben sich Quellhorizonte gebildet. Im oberen entspringen auf 390 Meter Länge in einem Höhenband von 542 bis 562 Meter zahlreiche Quellen, die teilweise schon seit dem 17. Jahrhundert von der Stadt genutzt werden[7]. Die Quellen einer weiteren, tiefer gelegenen Gruppe zwischen Kirchbergsteig und Lugauerweg werden zum Teil privat genutzt.

Auf die Instabilität der Hänge wurde bereits hingewiesen. Da hier ein Gefahrenpotential gegeben ist, wurde seitens der Stadt eine eingehende Studie in Auftrag gegeben und 1980 mit deren Publikation abgeschlossen[8]. Von den Felsstürzen und Rutschungen seien die der jüngeren Vergangenheit genannt: Am 2. August 1875 löste sich nach häufigen Regenfällen vom Kühberg eine größere Felsmasse[9], am 25. November 1882 stürzten Felsmassen vom Neuhauser Berg[10]. Etwa an der heutigen Stadtgrenze bei Kohlhub ereignete sich im März 1948 unterhalb der Würzwand eine großräumige Rutschung, die auch die Bundesstraße verlegte[11].

DER SALZACHGLETSCHER

Das Salzburger Becken ist als Produkt einer Einwalmung, der Ausräumung und Aufschüttung anzusehen. Mit diesem Hinweis auf die Auffüllung des Salzburger Beckens sind bereits Vorgänge während des Eiszeitalters angesprochen. Die Zeitspanne, mit der man beim Eiszeitalter oder Quartär rechnen muss, umfasst etwa 1,8 Millionen Jahre. Viermal ist während der Kaltzeiten (Günz, Mindel, Riß, Würm) dieser erdgeschichtlich noch jungen Periode ein vom Alpenhauptkamm kommender mächtiger Gletscher durch das Salzachtal über Salzburg hinaus nach Norden vorgestoßen.

Der Kapuziner- und der Kühberg zeigen deutlich eine eiszeitliche Überformung. Jeweils nach Rückzug des Eises war das Salzburger Becken von einem See erfüllt. Zu dessen Verschwinden kam es durch zwei Vorgänge: Gröberes Material wurde von der Salzach in Form von Deltaschichten in den See geschüttet, die mitgeführten Schwebstoffe lagerten sich auf dem Seeboden ab. Abgesehen vom Geschiebe der Salzach füllte sich das Seebecken auch mit Material, das gefällsreichere Wildbäche aus der näheren Umgebung ablagerten. Zur Verlandung trug zweitens die Tatsache bei, dass sich der bei Oberndorf befindliche Abfluss des Sees immer tiefer in seine Abdämmung einschnitt.

Mönchsberg und Rainberg, aus verfestigten Schottern aufgebaut, sind im Stadtgebiet die wohl

Blick auf den Kühberg Richtung Westen, mit dem Auslauf alter Rutschungen, um 1980 (Foto Gustav Üblagger)

Blick auf die Kühberg-Nordflanke mit Guggenthaler Rutschung oberhalb des Kohlhub-Anwesens, um 1980 (Foto Gustav Üblagger)

eindrucksvollsten Zeugen des Eiszeitalters. Im Zuge letzter Gletschervorstöße der ausklingenden Würmzeit entstanden im Salzburger Becken zwei deutlich erkennbare Schotterterrassen, deren ältere und höhere nach dem Salzburger Kommunalfriedhof als „Friedhofterrasse" und deren jüngere als „Hammerau-Terrasse" bezeichnet wird[12].

In Gnigl selbst ist diese Terrassengliederung weniger deutlich ausgebildet als insbesondere westlich der Salzach, da der Alterbach mit seinem Schwemmkegel das System nachhaltig gestört hat.

Im Gebiet von Gnigl bzw. in nächster Umgebung konnten auch „Gletscherschliffe" als untrügliche Zeugen der einstigen Vergletscherung aufgedeckt und beschrieben werden: Zwei fand man 1929 beim Bau der Gaisbergstraße im Sattel zwischen Kühberg und Gaisberg unterhalb der Gersbergalm[13], im selben Jahr auch einen am Südostabhang des Nußdorfer Hügels[14] und 1935 einen beim Gasthof Grüner Wald (heute ibis-Hotel)[15]. Außerhalb der Beckenfüllungen ist in weiten Teilen des Flachgaus die würmzeitliche Grundmoränendecke oberflächenbildend. Ihr kommt insbesondere für die Landwirtschaft Bedeutung zu, da sie Basis für die fruchtbarsten Böden des Berg- und Hügellands ist. Auf den Kalken und auch auf den Gesteinen der Flyschzone sind hingegen nur magere Böden entwickelt, in steileren Partien tritt der nackte Fels in Erscheinung.

DAS SCHALLMOOS

Als Erbe des Eiszeitalters ist auch das Schallmoos anzusehen. Auf undurchlässigem Ton wuchsen an mehreren Stellen des Salzburger Beckens, so auch nördlich anschließend an den Kapuzinerberg, in den letzten rund zehntausend Jahren Moore[16]. Das Schallmoos erstreckte sich ursprünglich nach Norden bis zum heutigen Alterbach, und nach Nordosten reichten seine Ausläufer bis an den Fuß des Heubergs. Während das dem Stadtkern etwas fernere und größere Leopoldskroner Moos erst ab dem Beginn des 19. Jahrhunderts kultiviert und besiedelt wurde, geschah dies beim Schallmoos bereits in der ersten Hälfte des 17. Jahrhunderts.

Was dort die Moosstraße mit ihren begleitenden Wassergräben ist, ist hier die Vogelweiderstraße, bis 1930 Fürstenweg genannt. Wie später im Leopoldskroner Moos die Besiedlung mit Kleinbauern erfolgte, sollten ursprünglich nach den Plänen von Erzbischof Paris Graf Lodron auch im Schallmoos

Torfstich in der Nähe der Röcklbrunnstraße, um 1940
AStS, Nachlass Franz Ledwinka

Bauern der benachbarten Ortschaften Itzling und Gnigl den Moorgrund erhalten und dafür die Entwässerungsgräben anlegen. Nachdem sie dazu nicht in der Lage waren, übergab er das Land an Angehörige der adeligen und bürgerlichen Oberschicht der Stadt[17].

Mit dem Namen „Schallmoos" wird heute meist ein mit Gnigl gleichrangiger und daran angrenzender Stadtteil bezeichnet. Die Benennung des Moors und seiner Teile war hier aber nie einheitlich. So spricht Schallhammer[18] von einem Itzlinger Moos westlich des Fürstenwegs und einem Schallmoos östlich davon. Als gegen 1830 der Franziszäische Kataster angelegt wurde und Mitte des 19. Jahrhunderts die politischen Gemeinden gebildet wurden, blieb das nicht ohne Einfluss auf den Namengebrauch. Als geografische Bezeichnung wurde und wird der Name Schallmoos allerdings meist für den gesamten Moorkomplex verwendet.

Im Zuge der Kultivierung des Schallmooses wurden die Entwässerungsverhältnisse nachhaltig verändert. So wurde der Alterbach nach Norden in den Söllheimer Bach geleitet[19]. Leider fehlen Pläne, die uns über den ursprünglichen Zustand genaueren Aufschluss geben. Gut ersichtlich sind die Verhältnisse erst aus Karten und Stadtplänen des 19. Jahrhunderts.

Einen für die Hydrografie Gnigls ähnlich einschneidenden Eingriff wie die Entwässerung und

Kultivierung des Schallmooses brachte der Bahnbau. Schon 1870/71 war eine Bahntrasse von Salzburg bis Hallein, und zwar zunächst nur eingleisig, errichtet worden. Jedoch erst der Bau des Rangierbahnhofs zu Beginn des 20. Jahrhunderts griff nachhaltig in den Boden und den Wasserhaushalt ein. Als Folge der Tiefgrabungen und Erdaushebungen sanken in Gnigl, wo es ja noch kein Leitungsnetz gab, die Wasserspiegel vieler Hausbrunnen[20].

GEWÄSSER

Unter dem Thema Fließgewässer bzw. Wasserbau in Gnigl wäre hier natürlich in erster Linie auf den Alterbach und den im 16. Jahrhundert nahe der Glockmühle von ihm abgeleiteten Mühlenbach einzugehen[21]. Da dem Alterbach aufgrund seiner zentralen siedlungs- und wirtschaftsgeschichtlichen Rolle in diesem Buch ohnehin an mehreren Stellen breiter Raum gewidmet ist, soll er uns hier nicht weiter beschäftigen.

Der Söllheimer Bach, rechter Zubringer des Alterbachs im Gebiet Langwied-Sam-Gnigl, steht, gemessen an Länge und Größe des Einzugsgebiets, diesem kaum nach. Während Quellgebiet und Zubringer steile Wildbäche vom nordwestlichen Abhang des Heubergs sind, durchfließen der Söllheimer Bach und der Schleiferbach dann mit nur geringem Gefälle eine breite Niederung. Im Laufe der Zeit kam es zu einer beträchtlichen Aufhöhung der Ufer und zur Vernässung der angrenzenden Böden. Nach einem 1929 gefassten Landtagsbeschluss ging man, geleitet von den damaligen Vorstellungen von Wasserbau, an die Arbeit. Der Bach wurde in ein drei Kilometer langes neues Gerinne verlegt, wobei für die Sohl- und Böschungssicherungen 10.600 Kubikmeter Material aus zwei nahen Steinbrüchen herangeführt wurden[22].

Aus heutiger Sicht kann man dieses Werk, damals in der noch fast rein bäuerlichen Gemeinde Hallwang ausgeführt, kritisch sehen. Renaturierungsmaßnahmen am Alter- wie am Söllheimer Bach sind mit überzeugendem Erfolg vorgenommen worden.

Regulierungsarbeiten am Söllheimer- und Schleiferbach um 1930, Sammlung Martin Lettner

Panorama-Blick vom Nussdorfer-Hügel mit Heuberg, Gaisberg, Kapuzinerberg, Untersberg, 2010 (Foto Martin Zehentner)

Ein Bericht über den erfolgreichen Abschluss des Werks aus dem Jahr 1934 enthält die bemerkenswerte Passage:

> *Nur ein ganz kleines, malerisches Stück des alten Langmoos ist stehen geblieben: „das Mösel" unterhalb Nussdorf mit seinen Torfstichen, weißen Birkenstämmen, Krüppelföhren und braunem Moorgras als Naturdenkmal für kommende Generationen[23].*

In den 1980er Jahren engagierte sich eine Bürgerinitiative um die Erhaltung des „Samer Mösels", welches 1985 schließlich unter Schutz gestellt wurde.

Es zeichnet sich durch typische Vegetation und Fauna eines Niedermoores aus. Besonders erwähnenswert ist die hier wachsende Faltenlilie[24].

Über einen weiteren auf Gnigler Gebiet fließenden Bach ist leider nur Negatives zu berichten: Der Lämmererbach, vom Fuß des Kapuzinerbergs kommend und sich westlich an den Bahnkörper anlehnend, ist so stark denaturiert, von der Verbauung eingeengt, kanalisiert und zum Teil verrohrt, dass an eine echte Rettung wohl nicht mehr zu denken ist[25]. An stehenden Gewässern dürfte der Gnigler Raum in historischer Zeit bis herauf in die Mitte des 19. Jahrhunderts arm gewesen sein. Kleinere künstliche Teiche gab es im Minnesheimpark[26] in

Renaturierter Alterbach, 2010 (Foto Martin Zehentner)

Samer Mösl, 2010 (Foto Martin Zehentner)

Röcklbrunn, nur ein größerer befand sich östlich des Kapuzinerbergs im Bereich der Weiher-Wiesbach-Straße. Mit der Torfgewinnung im Schallmoos, viel mehr aber mit der Materialgewinnung für die Ziegelbrennerei hing die Entstehung einer Reihe von Teichen im Raum zwischen Gnigl, Itzling und Sam zusammen[27]. Karten und Stadtpläne der ersten Hälfte des 20. Jahrhunderts geben darüber Auskunft. Von diesen Gewässern sind heute nur noch die westlich des „Samer Mösls" gelegenen erhalten[28], die anderen wurden in den letzten Jahrzehnten zugeschüttet und der Grund meist für gewerbliche Zwecke herangezogen.

Die Nachnutzung der Teiche selbst bestand darin, dass sie im Winter teilweise der Eisgewinnung für Kühlzwecke[29], teilweise dem Eislauf und Eisschießen dienten[30]. Im Sommer waren sie, mangels anderer Gelegenheiten in der Umgebung, beliebte Badegewässer und dienten auch der Fischerei. Zeitzeugen könnten davon noch mehr berichten, ansonsten wissen wir darüber eher nur aus Zeitungsberichten und -notizen über Unglücksfälle. Die Tageszeitungen enthielten im Zeitraum 1873 bis 1980 Meldungen über etwa 20 Todesfälle. Die Zuordnung des Geschehens zu bestimmten Gewässern in diesem Raum ist nachträglich oft nicht mehr möglich, da genauere Ortsangaben bzw. eindeutige Gewässernamen meist fehlen.

Veränderungen der ursprünglichen Oberflächen sind auch sonst im Gnigler Raum ziemlich häufig.

Neben den großen Materialbewegungen im Zusammenhang mit dem Bahnbau sind es Aufschüttungen für Straßentrassierungen, ist es Bodentausch namentlich im Schallmoos zum Zwecke des Wohn-, Gewerbe- und Industriebaus. Zu erwähnen ist auch die Materialgewinnung am Fuß der umliegenden Erhebungen, beispielsweise von Kalkstein und Kalkschutt[31]. Auch auf den Stollenbau für Luftschutzzwecke zur Zeit des Zweiten Weltkriegs ist hinzuweisen[32]. Mit diesen Tätigkeiten gingen auch einschneidende Veränderungen der Vegetationsdecke einher. Darauf hier einzugehen hieße ein neues Kapitel aufzuschlagen.

Schwäne auf dem Warwitzweiher, im Hintergrund das Ziegelwerk Hannak, um 1960, Sammlung Martin Jeschko

NATUR- UND KULTURRAUM

Fußweg entlang des Weihers im Samer Mösl, 2010 (Foto Martin Zehentner)

Gesetzliche Schutzmaßnahmen dienen dazu, gewisse Bereiche naturnah zu erhalten oder Gefährdungen, die von diesen Flächen ausgehen könnten, hintanzuhalten. Als wichtigstes Beispiel wurde der Kühberg-Nordhang genannt.

KLIMA UND WITTERUNG

Für Klima und Witterung[33] in Gnigl ist zwar in erster Linie das großräumige meteorologische Geschehen von prägender Wirkung, doch sind auch lokale Faktoren nicht ohne Einfluss.

Zum einen die Lage am Nordrand des Alpenkörpers, zum andern die Lage Gnigls im Salzburger Becken ist dafür verantwortlich, dass zwar die nordwestlichen Luftströmungen dominieren, im bodennäheren Bereich bei Hochdrucklagen die Berg-Talwindzirkulation längs des Salzachtals, untergeordnet auch entlang der Alterbachfurche, wirksam ist. Die dabei auftretenden Talaufwinde setzen während des Vormittags ein, die talaus gerichteten Bergwinde gegen Abend. Aus dem Stau bzw. dem Aufgleiten der West- und Nordwestwinde an den Hängen der Gaisberggruppe resultieren für Gnigl im Vergleich zu anderen Stadtteilen etwas erhöhte Niederschlagsmengen[34]. Dem steht gegenüber, dass bei Inversionswetterlagen im Winterhalbjahr bereits Obergnigl gegenüber den tiefer gelegenen Stadtteilen begünstigt sein kann. Für den Heuberghang trifft das naturgemäß häufiger zu. Bei tieferem Sonnenstand macht sich der Bergschatten in Teilen Gnigls nachteilig bemerkbar. Zur lokal verursachten Schadstoffbelastung der Luft trägt heute namentlich der Straßenverkehr bei. Andere Emittenten, wie der Bahnbetrieb im Bereich des Rangierbahnhofs, das Heizhaus, die Ziegelfabriken und der Hausbrand sind ganz oder wenigstens teilweise weggefallen.

Mit diesem Beitrag sollte aufgezeigt werden, welche Naturfaktoren für den Stadtteil Gnigl-Langied-Sam von Bedeutung sind.

Archäologische Grabung in der Burg Neuhaus, 2009
(Foto Bundesdenkmalamt)

PETER HÖGLINGER
Archäologische Spurensuche in Gnigl

Der ehemalige Kirchweiler liegt zu Füßen des Heu- und Kühberges beiderseits des Alterbaches (Gniglerbach). Gegen Aigen ist er durch die Enge zwischen Kapuziner- und Kühberg abgegrenzt. Im Westen erstreckten sich ursprünglich weitläufig die erst unter Erzbischof Paris Lodron 1631–1647 trockengelegten Feuchtareale des Schallmooses und des Itzlinger bzw. Samer Mooses.

Die Attraktivität des Siedlungsplatzes beruht sowohl auf der naturräumlichen Schutzlage wie auf der idealen verkehrsgeografischen Situierung am Kreuzungspunkt der Wegtrassen vom und ins Salzkammergut und des schon in römischer Zeit genutzten Straßenverlaufs ins Voralpenland Richtung Wels und Linz. Auch die günstigen klimatischen Voraussetzungen am Ostrand des Salzburger Beckens und somit auf der Sonnseite des Salzachtales sind als Kriterien für die Standortwahl anzuführen.

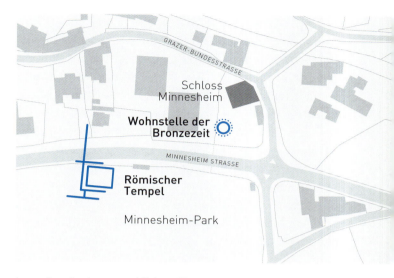

Lageplan der bronzezeitlichen Wohnstelle und des römischen „Tempels" im Minnesheimpark nach Martin Hell, Wohnstellen der Bronzezeit

VORGESCHICHTE

Die ältesten Hinweise auf die Existenz einer menschlichen Ansiedlung in Gnigl ergaben sich 1927 bei der Verlegung der alten Grazer Bundesstraße. Knapp südlich des Schlosses Minnesheim kamen bei einem kleinflächigen Bodenaufschluss rund 20 Fragmente von derber Gefäßkeramik zutage, die der Mittel- bis Spätbronzezeit zuzuweisen sind. Ein weiteres Gefäßbruchstück aus Graphitton mit Kammstrich gehört der Spätlatènezeit an. Es handelt sich jedenfalls um die Spuren einer prähistorischen Flachlandsiedlung, die hier am Schwemmkegel des Alterbaches in der zweiten Hälfte des 2. Jahrtausends v. Chr. angelegt wurde. Ausschlaggebend für die Standortwahl waren sicherlich die eingangs angeführten Kriterien. Größe und Bedeutung dieses bronzezeitlichen Dorfes sind anhand der wenigen Funde und mangels entsprechender Befundbeobachtungen nicht zu erschließen.

Eine sehr ähnliche topografische Situierung weist eine ebenfalls bronzezeitliche Siedlung im Umfeld des Schmedererplatzes (Salzburg-Parsch) auf, die am Schuttkegel des vom Gaisberg herabkommenden Gersbaches bei diversen Baumaßnahmen angeschnitten wurde[1]. Die dörflichen Ansiedlungen dieser Epoche bestanden aus rechteckigen Blockwand- oder Ständerbauten, bei denen die Fugen zwischen den Holz-Bauteilen bzw. das Rutengeflecht mit Lehm verschmiert und dadurch abgedichtet wurden. Von den Gebäuden haben sich stets nur die Standspuren erhalten, d. h. jene Bereiche, wo die Menschen in den Untergrund eingegriffen haben wie Pfostenlöcher, Vorrats- und Abfallgruben oder fallweise auch trocken geschlichtete Fundamentsockel als Unterlage für den hölzernen Schwellbalken.

Wenn solche Häuser durch ein Schadfeuer zugrunde gingen, blieben auch Stücke des Lehmverstrichs übrig, die durch den Brand die Abdrücke der (zerstörten) Holzteile bewahrten. Herdstellen geben sich durch gebrannte Lehmplatten und eine Steinumstellung zu erkennen.

In prähistorischer Zeit wurden aus einem elementaren Schutzbedürfnis heraus eigentlich bevorzugt exponierte Geländepositionen für Siedlungszwecke aufgesucht. Als bedeutendste Fundstelle im Stadtgebiet von Salzburg gilt nach bisherigem Kenntnisstand der Rainberg, für den sich anhand des umfangreichen Fundmaterials Blütephasen mit weit reichenden Kontakten insbesondere während des Jungneolithikums (ab Mitte 5. bis Anfang 3. Jahrtausend v. Chr.), der ausgehenden Spätbronze- bzw. beginnenden Früheisenzeit (etwa 9.–7. Jahrhundert v. Chr.) und der (Mittel- bis) Spätlatènezeit (ab Mitte 3. Jahrhundert v. Chr.) abzeichnen[2]. Aber auch die anderen Stadtberge waren schon in der Vorgeschichte besiedelt. So konnten auf der Gnigl zugewandten Seite des Kapuzinerberges oberhalb des Hauses Fürbergstraße 15, im Bereich einer kleinflächigen Geländeterrasse bzw. aus einer Hangrutschung unterhalb, wiederholt Bruchstücke von Tongefäßen und andere Streufunde geborgen werden. Das Fundmaterial erlaubt eine Interpretation als Niederschlag einer vor allem während der ausgehenden Frühbronzezeit (gegen Mitte des 2. Jahrtausends v. Chr.) bewohnten Siedlung. Vereinzelte Keramikfragmente verweisen auf eine (Nach-)Nutzung auch während der Hallstatt- und Latènezeit[3].

Ein repräsentatives Fundstück wurde bei Aushubarbeiten Anfang des 20. Jahrhunderts auf dem Areal von „Leopold Wallmanns Sodawasser- und Limonadenfabrik" (Eichstraße 1) entdeckt[4]. Die komplett erhaltene Bronzenadel wird aufgrund des massiven, verrundet doppelkonischen Kopfes, der in diesem Fall gesondert hergestellt und auf den Schaft aufgeschoben ist, als Zwiebelkopfnadel bezeichnet. Der Kopf dient als Dekorzone in Form von gegenläufigen schrägen Linienbündeln zwischen horizontalen Liniengruppen, die zur Kopfspitze hin umlaufend mit kurzen schrägen

Spätbronzezeitliche Nadel aus Bronze, Länge 12,5 cm
Martin Hell, Eine Bronzenadel aus Gnigl

Strichen „gefüllt" wurden. Im oberen Teil des Nadelschaftes sind noch schwach die Reste einer waagrechten Riefelung erkennbar. Es handelt sich um eine charakteristische Nadelform der jüngeren Urnenfelderzeit (Stufe HaB1/2), die in das 10./9. Jahrhundert v. Chr. zu datieren ist.

Der Fundort liegt am Westfuß des Kühberges bzw. des Neuhauser Schlossberges, der aufgrund seiner hervorragenden topografischen Lage für prähistorische Siedlungszwecke prädestiniert erscheint. Die flächige mittelalterliche (und neuzeitliche) Überbauung des Burgplateaus bot allerdings nach Erfahrungswerten nur wenig Anlass zur Hoffnung, diese These auch verifizieren zu können, zumal sich bis vor kurzem der Fundbestand nicht vergrößert hatte. Nach einem Besitzerwechsel standen im ersten Hof des Schlosses Neuhaus 2009 umfangreiche Baumaßnahmen an, die unter Betreuung des Bundesdenkmalamtes erfolgten[5]. Dabei gelang nicht nur die Aufdeckung bislang unbekannten mittelalterlichen Baubestandes, der eine Neubewertung der Wehranlage hinsichtlich ihrer Größendimension erfordert, sondern es konnten auch zwei Fundstücke vormittelalterlicher Zeitstellung geborgen werden. Der Standring eines römischen Terra Sigillata-Gefäßes muss nicht zwangsläufig mit einer zeitgleichen Siedlungstätigkeit am Burghügel zu verbinden sein, sondern könnte auch aus dem Talgrund hierher gelangt sein (siehe Abschnitt „Römerzeit").

Keltisches Hiebmesser aus Eisen, Länge 31cm
Zeichnung E. Humer, Archäologie Service

Ein vollständig erhaltenes Eisen-Hiebmesser aus einer unmittelbar auf dem gewachsenen Felsen aufliegenden Fundstrate, nach Vergleichsfunden etwa aus Hellbrunn in die Mittellatènezeit (3./2. Jahrhundert v. Chr.) zu datieren[6], bietet hingegen neuerlich ein wichtiges Indiz für die prähistorische Nutzung des Schlossberges.

RÖMERZEIT

Die nach derzeitigem Kenntnisstand bedeutendste archäologische Fundstelle in Gnigl befindet sich im Bereich des ehemaligen Schlosses Minnesheim südlich des alten Verlaufs der Grazer Bundesstraße (siehe vorherige Abbildung). Die 1644 durch Erzbischof Paris Lodron erbaute Schlossanlage wurde 1793 durch einen englischen Landschaftsgarten „verschönert". Die Gemeinde Gnigl-Itzling erwarb 1915 den Besitz und errichtete 1927 im westlichen Teil eine Schule mit Lehrerhäusern bzw. im östlichen Teil einen Turnplatz. Die neue Straßenführung (Minnesheimstraße) auf einem Damm durch den gleichnamigen Park diente einer Verflachung des alten Straßenbogens. Bei diesen Bauarbeiten kamen römische Baureste zutage, die durch Olivier Klose ausschnittweise untersucht wurden[7].

Grabungsbericht und Dokumentation erlauben keine gesicherten Aussagen zum Befund, so muss die Interpretation eines Gebäudeteiles als gallorömischer Umgangstempel zumindest fraglich bleiben. Die Existenz einer villa rustica (Gutshof) oder vielleicht sogar eines kleinen vicus (dörfliche Ansiedlung) an dieser Stelle bietet angesichts der günstigen Rahmenbedingungen aus römischer Sicht keine Überraschung. In beiden Fällen könnte – wie Vergleichsbefunde etwa im vicus Immurium bei Schloss Moosham im Lungau oder im Bereich des Gutshofes von Loig (Wals-Siezenheim) belegen – grundsätzlich ein kleiner Tempel zum Gebäudebestand gehört haben.

Dach- und Heizungsziegel, Mosaikböden sowie eventuell Wandverkleidungen mit Marmorplatten aus lokalem (Untersberg) und importiertem (Steiermark, Oberitalien) Rohmaterial verweisen

Römische Mosaikreste in Fundlage und Rekonstruktion nach Werner Jobst, Römische Mosaiken

jedenfalls auf luxuriös ausgestattete Wohnräume der römischen Oberschicht. Mit Ausnahme einer schlechten Fotoaufnahme in Fundlage sind von den Mosaikresten weder weitere Dokumentationen noch Teile des Originalbestandes erhalten. Das Foto zeigt als Rahmung eines Innenfeldes Bordüren in Form eines Wellenbandes (wohl Schwarz-Weiß) bzw. eines vermutlich mehrfärbigen Flechtbandes, die eine Datierung in die mittlere Kaiserzeit (2. Hälfte 2. bis 3. Jahrhundert n. Chr.) ermöglichen[8].

Leider hat die seit ihrer Entdeckung rasch fortgeschrittene Verbauung des Areals kaum Restflächen dieser römischen Fundstelle für weitere Untersuchungen übrig gelassen, ebenso sind nahezu alle Altfunde bei der Bombardierung des Salzburger Museums während des Zweiten Weltkriegs verloren gegangen. Ein bemerkenswertes Fundobjekt verdient jedoch besondere Aufmerksamkeit, obwohl die Fundumstände (angeblich im Zuge der Errichtung der Minnesheimstraße 1936 etwa 15 Meter vom Standort des römischen Tempels entfernt) doch sehr obskur erscheinen.

"Kouros"-Statuette, erhaltene Höhe 19,2 cm (nach Ferdinand de Visscher, "Archaischer Kouros")

Es handelt sich um den Torso einer Kouros-Statuette aus feinkristallinem Marmor. Dem bei der Erstpublikation[9] vertretenen Datierungsansatz für diese qualitätvolle Plastik (Apollo?) als archaisches Original oder hellenistische Kopie der 2. Hälfte des 1. Jahrtausends v. Chr. wird man kaum folgen können, viel wahrscheinlicher ist eine Ansprache als „archaistische"[10], aber römische Arbeit wohl des 2. Jahrhunderts n. Chr. nach einem griechischen Original.

Besondere Beachtung verdient eine römische Grabinschrift, die im 19. Jh. vor dem Tor des Schlosses Neuhaus aufgestellt war[11]. Eine andere Quelle berichtet von der ursprünglichen Auffindung beim Schloss Goldenstein in Elsbethen. Heute wird das Fundstück im Kunsthistorischen Museum in Wien verwahrt. Der Text nennt einen Mann im aktiven Militärdienst namens Lucius Naevius Proculus, der als centurio (Hauptmann) in der ersten Asturerkohorte diente, die zum norischen Provinzheer gehörte. Weiters werden die Namen von drei freigelassenen Frauen erwähnt, der Paccia Placida, der Paccia Ansira und der Naevia Clemens.

Bei Letzterer könnte es sich aufgrund des Zusatzes L(uci) l(iberta) um eine durch den Offizier selbst Freigelassene handeln, bei einer der beiden anderen Frauen um seine Partnerin[12]. Der Grabstein stellt ein für Salzburg nahezu einzigartiges Zeugnis römischer Militärpräsenz dar.

Grabstein des Lucius Naevius Proculus (Foto Norbert Heger)

Vom Schloss Neuhaus ist noch ein weiteres römisches Steindenkmal mit derzeit allerdings unbekanntem Verbleib anzuführen. Das Wappen des Erzbischofs Johann Ernst von Thun mit der Jahreszahl 1696 und einer auf ihn hinweisenden Namensinschrift soll in die flache Innenseite eines dachförmigen Deckels mit Eckakroteren (Giebelverzierungen) einer Aschenkiste eingemeißelt sein[13].

Obwohl die Fundorte der beiden letztgenannten römischen Steindenkmäler naturgemäß nicht mehr eindeutig verifiziert werden können, ist ein Zusammenhang mit der zeitgleichen Ansiedlung im ehemaligen Schlosspark Minnesheim nicht auszuschließen, vielleicht sogar naheliegend. Bestattungen wurden in römischer Zeit stets im Nahbereich einer Siedlung (außerhalb des bewohnten Gebiets) angelegt, häufig säumten sie die Ausfallstraßen einer Stadt oder waren an den Fernverkehrsrouten situiert.

1959/60 kamen bei Aushubarbeiten für einen Hausbau (Linzer Bundesstraße 76 C) etwa 100 bis 160 Meter südlich des Gasthofes Langwied Funde zutage, die auf die Existenz eines römischen Brandgräberfeldes des 1. bis 2. Jahrhunderts n. Chr. an dieser Stelle verweisen[14]. Insgesamt sieben Gräber konnten identifiziert werden, als Leichenbrandbehältnisse dienten Ton- oder in zwei Fällen auch mörserförmige Steinurnen aus Untersberger Marmor. Die Vollständigkeit der Grabinventare ist angesichts der widrigen Auffindungsumstände leider nicht gewährleistet, die geborgenen Beigaben wie Tongefäße, das Fragment eines Glasgefäßes, ein Eisenmesser und eine Münze der Kaiserin Faustina (gestorben 141 n. Chr.) sprechen für eine eher ärmliche Ausstattung. Lediglich bei einer Grabstelle kann eine Interpretation als Skelettbestattung mit Ziegelüberdeckung nicht völlig ausgeschlossen werden, bei allen übrigen handelt es sich eindeutig um Brandgräber, die eventuell teils mit Steinplatten abgedeckt waren.

Die topografische Lage der Fundstelle ist insofern bemerkenswert, als die Linzer Bundesstraße dem Verlauf der römischen Staatsstraße Iuvavum (Salzburg) – Ovilava (Wels) folgt und hier – aus

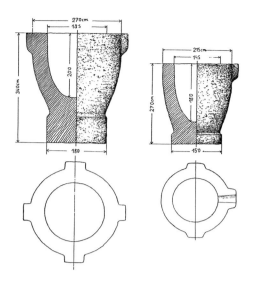

Steinurnen aus römischen Brandgräbern
Martin Hell, Römische Brandgräber

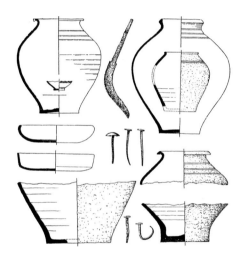

Fundauswahl römische Brandgräber
Martin Hell, Römische Brandgräber

damaliger Sicht – eine Engstelle zwischen dem schroff ansteigenden Westfuß des Heuberges bzw. dem ehemaligen Söllheimer Moor passiert. Das Gräberfeld setzt eine nahe gelegene Siedlung voraus, für die aufgrund der Entfernung keinesfalls die römische Stadt Salzburg, aber auch kaum mehr der Gutshof/vicus im Minnesheimpark in Frage kommt. Von den räumlichen Gegebenheiten bietet sich als günstige Siedlungsposition der Bereich des Gasthauses Langwied an, wo der Berghang stark zurücktritt und eine flachere Neigung zeigt, oder eine künstliche Anschüttung westlich der Straße im Moor.

ARCHÄOLOGISCHE SPURENSUCHE | **31**

Innenansicht einer hochmittelalterlichen Umfassungsmauer von Burg Neuhaus, 2009 (Foto Bundesdenkmalamt)

Zur Ausdehnung des Friedhofes wie auch zur Belegungsdichte sind keine gesicherten Aussagen zu treffen, das in Frage kommende Areal ist inzwischen weitläufig verbaut.

Erst im Dezember 2006 bzw. Februar 2007 wurde neuerlich bei Baumaßnahmen zwischen den Häusern Linzer Bundesstraße 76 B/C im dadurch angeschnittenen Hanggelände eine fundführende römische Schicht mit römischer Keramik und Holzkohle beobachtet und durch Mitarbeiter des Bundesdenkmalamtes dokumentiert, die sehr wahrscheinlich mit den vorgenannten Brandbestattungen bzw. deren zerstörten Überresten in Zusammenhang steht[15].

Ein im Aushubmaterial eines Wasserleitungsgrabens Ecke Schillinghof-/Aglassingerstraße 1958 entdeckter, alt gebrochener Bauziegel mit dem Firmenstempel U.B.C ist entgegen der Erstbeurteilung[16] wohl nicht als römisch anzusprechen. Sowohl das topografisch wenig geeignete Umfeld wie insbesondere die für eine römische Zeitstellung ungewöhnliche Ausbildung des ersten Buchstabens lassen eine solche Deutung sehr zweifelhaft erscheinen[17].

(FRÜH-)MITTELALTER

Im Frühjahr 1958 wurden bei Fundamentierungsarbeiten in der Innenfläche des Hauses Linzer Bundesstraße 20 knapp unter dem Bodenniveau insgesamt sechs Skelettbestattungen angeschnitten[1]. Die Untersuchungen zeigten, dass offenbar schon im Zuge der Errichtung des Gebäudes ein massiver Geländeabtrag vorgenommen worden war, d. h. die Gräber ursprünglich eine wesentlich stärkere Überdeckung aufgewiesen hatten. Weder die Ausdehnung noch die Belegungsdichte des Friedhofes sind zuverlässig abzuschätzen. Die einheitliche West-Ost-Ausrichtung in gestreckter Rückenlage spricht für ein frühmittelalterliches Reihengräberfeld wohl des 7./8. Jahrhunderts n. Chr. Nur eine Kinderbestattung ergab indirekt einen Hinweis auf Beigaben, eine kleine kreisrunde Verfärbung am Schädel dürfte von einer ursprünglich hier niedergelegten Bronzemünze stammen. Die Oxidation des Metalls (Kupfer) hinterließ eine Grünfärbung des Knochens im unmittelbaren Nahbereich. Es dürfte sich um eine spätrömische Münze gehandelt haben, wie sie mehrfach in Bestattungen dieser

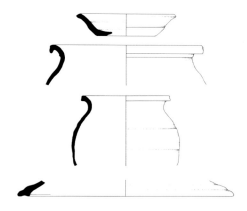

Hochmittelalterliche Keramik
Tiegellampe (1.), Töpfe (2. und 3. von oben) und Deckel (4.)
Zeichnung E. Humer, Archäologie Service

Zeitstellung belegt sind. Die zum Gräberfeld zugehörige Siedlung könnte sich auf einem Terrassensporn rund 150 Meter südwestlich der Fundstelle befunden haben, der später das Landgut Röcklbrunn trug.

Wesentliche neue Erkenntnisse ergaben sich für das Hochmittelalter durch archäologische Untersuchungen 2009 im Zuge von Bauarbeiten im ersten Hof des Schlosses Neuhaus[19]. Diese Burganlage wird erstmals 1219 urkundlich erwähnt und kam Anfang des 14. Jahrhunderts in erzbischöflichen Besitz[20]. Bislang war man davon ausgegangen, dass sich der mittelalterliche Baubestand auf das Areal des zweiten Burghofes mit Palas und Bergfried beschränkte und der Südteil der Anlage erst in jüngeren Zeitabschnitten hinzugefügt worden war. Die aktuellen Grabungen zeigten jedoch ein anderes Bild. An der Westseite konnte ein noch mehrere Meter hoher erhaltener Teil der Umfassungsmauer des 13. Jahrhunderts freigelegt werden, der zeitgleich mit einem wohl turmartigen Gebäude in der Südwestecke errichtet worden war.

Die Gesamtausdehnung der hochmittelalterlichen Festung scheint somit schon in deren Gründungsphase etwa der heutigen Erscheinung zu entsprechen. Der Datierungsansatz der neu aufgedeckten Bauteste wird sowohl durch bautechnische Details wie etwa die Verwendung von Schalenmauern aus kleinen, grob zugerichteten Steinquadern in sorgfältiger Verlegetechnik (Schichtmauerwerk) als auch durch reiches Fundmaterial aus bauzeitlich angelegten Planierstraten und einem eventuell geringfügig jünger verfüllten Holzgebäude erhärtet. Neben Tierknochen (Speiseabfälle) und einigen Eisenartefakten sind vor allem Bruchstücke von Tongefäßen vertreten. Analog zu anderen Fundorten dieser Zeitstellung dominieren bauchige Töpfe zumeist mit ausgelegter, gerade abgestrichener Lippe, nur vereinzelt begegnen Tiegellampen (für die Beleuchtung) und Deckel. Die beiden Fundstücke mit abweichender Datierung aus demselben Schichtbefund wurden bereits in anderem Zusammenhang behandelt. Auf die sogenannte Gnigler Schanze[21] zwischen Fürberg und Neuhaus wird an dieser Stelle nicht näher eingegangen, da mangels einer ausreichenden Dokumentation sowohl ihre Funktionsansprache als auch ihre zeitliche Einordnung fraglich bleiben muss. Grundsätzlich erscheint jedoch eine Zuweisung zum großräumigen Ausbau der Stadtbefestigung unter Erzbischof Paris Lodron als plausibelstes Denkmodell.

ZUSAMMENFASSUNG

Der Raum Gnigl erweist sich bei Durchsicht der bisher vorliegenden archäologischen Erkenntnisse als überaus fundreich und gibt beredtes Zeugnis für seine hohe Anziehungskraft auf die Menschen durch die Jahrtausende. Die natürliche Schutzlage des Neuhauser Schlossberges war in prähistorischer Zeit ebenso attraktiv wie im Hochmittelalter, die ideale verkehrsgeografische Position dürfte hingegen die Entstehung von Siedlungen im Talboden unweit des städtischen Zentrums Salzburg insbesondere in römischer Zeit und während des Frühmittelalters begünstigt haben.

Viele Spuren sind sicherlich vor allem durch die rege Bautätigkeit des 20. Jahrhunderts unbeobachtet und unwiederbringlich verloren gegangen. Gerade die Beispiele Neuhaus und Langwied zeigen aber die weiterhin bestehenden Möglichkeiten überraschender Neuentdeckungen.

Blick vom Weingarten-Hof auf die Mayrwies, 2010 (Foto Martin Zehentner)

HANS KRAWARIK
Zu den mittelalterlichen Siedlungsanfängen in und um Gnigl

Um Siedlungsanfänge im Mittelalter klarer fassen zu können, ist der Vergleich verschiedener Forschungsergebnisse notwendig. Schon lange galten schriftliche Zeugnisse (Traditionen, Urkunden, Urbare) sowie Aussagen der Archäologie und Ortsnamenskunde bzw. anderer Fachgebiete (z. B. Kirchengeschichte, Agrargeschichte) als Maßstab der Beurteilung. Auch die Fluranalyse als Mittel, Höfe des Mittelalters zu rekonstruieren, war wohl bekannt. Im Rahmen der Historischen Geographie konnte in der jüngeren Zeit die „Kulturflächenmethode" einen beachtlichen Beitrag für die zeitliche Einstufung frühmittelalterlicher Höfe leisten.

Im Raum Gnigl kommen Hubenteilungen nur selten vor. Die Fluranalyse muss hier weitgehend bloß abgesplitterten Besitz abklären. Das rekonstruktiv ermittelte Kulturland (Acker, Wiese, Garten) einstiger Siedlungseinheiten ist ein sensibel zu behandelndes Kriterium für die Zeiteinordnung. Ein Vergleich zu bereits bekannten „Rekonstruktionsgrößen" ermöglicht in der Regel eine annähernd schlüssige Zeitangabe für die Entstehung solcher Höfe[1].

Die Umgebung von Salzburg ist reich an frühmittelalterlichen Höfen und Kleinweilern, die sich zum Teil in der Nachfolge von Reihengräberfeldern gebildet haben: z. B. Siezenheim, Liefering, Hallwang, Bergheim, Lengfelden. Das kleine Gräberfeld bei Röcklbrunn bricht augenscheinlich in der Karolingerzeit ab und fand keine unmittelbare Fortsetzung[2]. Das muss aber nicht bedeuten, dass es in der „unteren Gnigl" keine (vorüber gehenden) Siedlungsplätze dieser Zeit gab. Immerhin vermittelt ja die örtliche auf einen Bachnamen bezogene Bezeichnung sehr wohl die Tradition eines weit in die Geschichte zurück gehenden Ortsnamens. Freilich wird dabei auch die Topographie des frühen Mittelalters zu beachten sein: Der Gnigler Bach lenkte nach seinem Austritt aus dem gefällreichen Graben nach Nordosten in die *Langwied* und bog dann nach Westen um.

Südlich der Einmündung des Schleiferbaches erstreckte sich das *Langmoos* (428 m), das fast nahtlos in das *Samer Moos* und das *Itzlinger Moos* (425 m) überging. Westlich der Terrasse von Untergnigl (438 m) erstreckte sich das *Schallmoos* (429 m). In einem derartigen „Feuchtraum" bildete der an den Geländekanten entlang führende Römerweg (Linzer Straße) eine auffallende Konstante, die bei Ortsangaben als „Landmarke" verwendet wurde. Es wundert auch nicht, dass Siedler dieser Zeit zunächst hochwassersichere, erhabene Standorte wählten, wie den Hügel von Nußdorf (511 m), der sich doch etwa 165 m über das *Nußdorfer Moos* erhebt.

Auch deshalb kann der Hof von Nußdorf als älteste dauerhafte Siedlung des vorliegenden Raumes gelten. Er war aber zudem, als um 1104 der Hochstiftsministeriale Truont sein Eigengut *ad Nustorf* übergab, mit 112 Joch der größte Hof der Umgebung[3]. Laut *Breves Notitiae* hatte der edle Milo noch zur Zeit des Herzogs Odilo von Bayern und damit vor 748 den „locus" *ad Nuzdorf* mit einer Anzahl Gesinde an St. Peter geschenkt. Die Ortsangabe lautet: „oberhalb des Flüsschens, das Gniglerbach genannt wird" (*super rivolum, qui dicitur Glanicle*). In der Tat reicht die Liegenschaft vom erhabenen Hügel über das kleine Nußdorfer Moos nach Süden bis zum Schleiferbach kurz vor seiner Mündung in den Alterbach (Gniglerbach), der allerdings früher einen anderen Verlauf nahm[4].

Die „anderen Besitzungen" (*et alias possessiones*), die laut Breves Notitiae bei Nußdorf geschenkt wurden, sind nicht genannt.

Nußdorfer Hof, 2010 (Foto Stadtteilverein Gnigl)

Weingartengut oberhalb von Mayrwies, 2010
(Foto Stadtteilverein Gnigl)

Kleine karolingerzeitliche Bauernhuben wie Gaglham nördlich von Itzling sind nicht zu orten. Es könnte allerdings sein, dass in dieser Schenkung auch „Mayrwies" enthalten war, wobei zu beachten ist, dass sich hinter diesem Namen nicht eine zu einem Maierhof gehörige Wiese verbirgt, wie man auf den ersten Blick vermuten würde. Bei der Trennung der Abtei St. Peter vom Erzbistum und der Ausstattung mit eigenem Besitz 987 erhielt St. Peter auch das Gut *Meinwisa*; es weist wohl auf einen Personennamen (Meinhard?) hin, hinter dem sich vielleicht der Gründer verbirgt. Erst seit dem Spätmittelalter wurde der Ortsname in „Maierwiese" umgedeutet. Der Umfang dieses Gutes ist deshalb schwer zu bestimmen, weil sich dort zur Zeit des Katasters kleinbäuerlicher Splitterbesitz etabliert hatte, sicher gefördert vom neuzeitlichen Kloster St. Peter. Die ungefähren Konturen zu größeren Nachbargütern legen einen Umfang von etwa 90 Joch nahe[5]. Mit dieser „Größe" ist zunächst an eine Hofgründung spätestens im ausgehenden 9. Jahrhundert zu denken. Allerdings ist der etwas größere Hof zu Nußdorf bereits für die erste Hälfte des 8. Jahrhunderts belegt. Es fällt auf, dass es im Ansatz hier eine ähnliche Situation wie um die Stadt Tittmoning zu geben scheint – wo neben Adelshöfen des 7. Jahrhunderts nicht viel jüngere Höfe von Freien nachgewiesen wurden[6]. Diese Option spräche für die Entstehung von *Meinwisa*/Mayrwies zumindest im 8. Jahrhundert.

Die Erschließung weiteren Kulturlandes erfolgte nach Einsicht der Kulturflächen offenbar erst im späteren 10. Jahrhundert und könnte auf Zusammenhänge mit dem Domkapitel oder erzbischöflichen Dienstmannen hinweisen. Dazu ist es notwendig, die *Schillinghube* in der unteren Gnigl näher vorzustellen. Das 1333 zuerst so genannte Gut war damals im Besitz der Herren von Radeck bzw. bald in der Teilnutzung von Salzburger Bürgern, die wiederholt eine „Filetierung" versuchten[7]. Im Franziszeischen Kataster umreißen die Grundparzellen des Schillinghofes Nr. 82 ziemlich genau jene schwach geneigten Schotterflächen zwischen Langmoos und Schallmoos, die für die Agrarwirtschaft günstiger waren[8]. Die Kartenskizze vermittelt deutlich zweierlei: Die Ostgrenze der Hube war die Linzer Straße. Seit Mitte des 14. Jahrhunderts kam es zu einigen Ausbrüchen aus der Flur, wodurch kleine Anwesen entstanden (Rennergütl, Wieshayer). Werden die Flächen subsumiert, kommt die Schillinghube auf eine Kulturfläche knapp über 65 Joch.

Der Schillinghof und die untere Gnigl sowie Sam, Nussdorf und die Mayrwies um 1600 mit dem Verlauf der heutigen Eisenbahnlinie

SLA, Franziszeischer Kataster von 1830
Rekonstruktion: Hans Krawarik
Zeichnung: Martin Zehentner

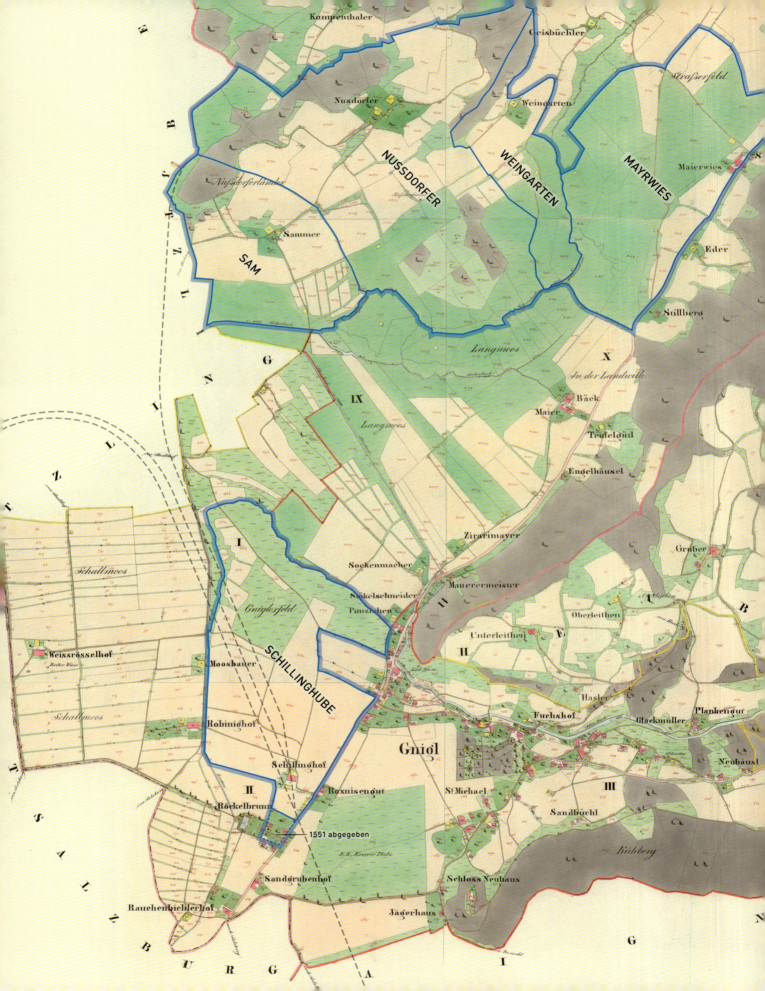

Blick vom Geisbichlhof Richtung Langwied, rechts der Weingartenhof, 2010 (Foto Martin Zehentner)

Damit gehört diese Siedlungseinheit in das seit der Spätkarolingerzeit wirkende „Hufensystem" (d. h. nun wurden relativ genau bemessene Huben von der Herrschaft ausgegeben), wobei die Kulturfläche die Zeit knapp vor der Jahrtausendwende andeuten würde. Nicht von ungefähr signalisiert auch ein zweiter Siedlungsstandort diese Zeit, die an den westlichen Ausläufern des Nußdorfer Hügels anschließende *Samhube* (450 m), die erstmals Mitte des 13. Jahrhunderts als Sitz eines Gefolgsmannes genannt wird[9].

Augenscheinlich begann der Grundherr ab der Mitte des 11. Jahrhunderts nun die Feuchtgebiete am Schleiferbach, unteren Söllheimer Bach und Alterbach inwertzusetzen. Mit Wiesenausläufern weist das Gut Weingarten, angelegt am sonnigen Abhang des Nußdorfer Hügels an die 50 Joch aus[10]. Für das vermutlich später gegründete Gut Langwied vis à vis an der Linzer Straße (Ödergut) war nicht mehr so viel Grund zur Verfügung. Die Rodungen am Heuberg hatten inzwischen eingesetzt. Die „Stadtrandhöfe" und Huben wie Waldbichl (der spätere Rauchenbichlerhof) oder Röcklbrunn in der unteren Gnigl dürften im 12./13. Jahrhundert entstanden sein, als nicht zuletzt Burggraf Konrad von Hohensalzburg aus dem Geschlecht der Trutlachinger auf Neuenfels/Neuhaus einen neuen Sitz errichtete. Ende des 12. Jahrhunderts sind mit *Nuzdorf* und *Mainwisin* nochmals die Höfe von St. Peter im Amt östlich der Salzach verzeichnet[11]. Die Huben der Umgebung im Talraum galten längst als Ausstattungsgut für Gefolgsleute des Erzbischofs und Dienstmannen von St. Peter. Damals ging allmählich die Epoche der älteren Meierhofbewirtschaftung zu Ende. Seit etwa 1300 bekundeten zunehmend auch Salzburger Bürger ihr Interesse am Stadtrandgebiet. Bemerkenswert ist, dass zum einen die Schillinghube wohl durch kleine Flurausbrüche am spätmittelalterlichen Siedlungsgeschehen der Dorfzeile in der unteren Gnigl teilnahm – insofern kann sie als eine Art „Keimzelle" der Ortschaft gelten. Zum anderen gab es mit der Drahtzieherei (1220) und den ersten Mühlen im Bachraum auch andere Siedlungsansätze. Gerade die Verkehrslage (Linzer Straße/Grazer Straße) dürfte im Spätmittelalter Impulse für die Entwicklung der Kleingüter längs der Straße gegeben haben. Die untere Gnigl als Siedlungsplatz ist daher sicher sehr alt, zugleich aber auch jüngerer Entstehung.

Schloss Neuhaus, Bleistiftzeichnung von Anton Stern, 1849
Salzburg Museum

HEINZ DOPSCH

Der lange Weg zum Dorf
Gnigl im Mittelalter und in der Frühen Neuzeit

Gnigl unterscheidet sich in seiner Entwicklung und seinem Aussehen deutlich von den anderen Siedlungen im Umkreis der Landeshauptstadt Salzburg, die teils eingemeindet wurden, teils in das Stadtgebiet übergehen wie Wals-Siezenheim.

Itzling, mit dem Gnigl von 1850 bis 1935 eine Gemeinde bildete[1], Bergheim, Liefering, Wals, Siezenheim und Maxglan sind von ihren frühen Anfängen her gewachsene Dörfer, bei denen sich die Häuser in relativ geschlossener Form um eine Kirche als Mittelpunkt gruppieren. Während bei Itzling, Liefering und Siezenheim schon der Name darauf hinweist, dass sie zu den frühen bayerischen Siedlungen gehören, ist Maxglan nach dem Kirchenpatron Maximilian benannt[2].

Im Gegensatz dazu bildete Gnigl nie ein geschlossenes Dorf, sondern wuchs erst im Verlauf von Jahrhunderten aus den drei Siedlungen Untergnigl, Obergnigl und Heuberg zusammen. Dabei ist zu berücksichtigen, dass die kleinen Ortschaften Heuberg und Guggenthal zwar 1933 aufgrund einer Abstimmung an die Gemeinde Koppl fielen[3], von ihrer historischen Entwicklung her aber viel enger mit Gnigl verbunden waren als Itzling.

Als Gewerbesiedlung ist Gnigl am ehesten mit Ebenau zu vergleichen, wo erst mit der Errichtung des Messingwerkes eine geschlossene Siedlung entstand[4], oder mit Plainfeld, wo die vorhandene Wasserkraft zur Entstehung eines Dorfes in eher ungünstiger Lage führte[5]. Das Schloss Neuhaus konnte schon wegen seiner abseitigen Lage nicht zum Kristallisationspunkt für eine Dorfbildung werden, und auch die im 16. Jahrhundert errichtete Kirche ist vom Ortszentrum deutlich entfernt. Es war deshalb ein langer und schwieriger Weg, bis die drei so unterschiedlich strukturierten Siedlungskerne zu einem Dorf zusammenwuchsen.

EIN NEUBEGINN AM BACH UND AN DER STRASSE

Der Name Gnigl wird um 800 in den Breves Notitiae, einem Güterverzeichnis der Salzburger Kirche, erstmals genannt. Es heißt dort, dass ein edler Mann namens Milo zu Zeiten des Herzogs Odilo von Bayern († 748) seine Güter zu Nußdorf mit 13 Wohnstellen von Leibeigenen und allem Zubehör im Salzburggau „über dem Bach, der Glanicle heißt", an die Salzburger Kirche übergab[6]. Da von den in Frage kommenden Orten des Namens Nußdorf im Salzburggau nur die kleine und heute fast verborgene Siedlung zwischen Sam und Söllheim oberhalb eines derartigen Bachs liegt, besteht an der Gleichsetzung von Glanicle mit dem Gniglerbach, dem heutigen Alterbach, kein Zweifel[7]. An die Ableitung des Ortsnamens vom Fluss bzw. Bach erinnert die Tatsache, dass es noch heute in der Umgangssprache „die Gnigl" heißt, wie es schon im Mittelalter üblich war, und ganz am Oberlauf des Alterbachs im Bereich des Heubergs die Gehöfte Vorder- und Hintergnigl liegen.

Die überragende wirtschaftliche Bedeutung, die der Gniglerbach mit seinen Nebenbächen durch das starke Gefälle und die damit nutzbare Wasserkraft bis ins 20. Jahrhundert hatte, ist eine der beiden Konstanten in der Geschichte von Gnigl. Die andere ist der Verlauf der beiden großen Straßenzüge, die noch heute in Gnigl zusammentreffen. Im frühen Mittelalter war es zunächst die alte römische Reichsstraße, die so genannte rätisch-norische Voralpenstraße, die auch nach dem Ende der römischen Herrschaft als wichtigster Verkehrsweg weiter genutzt wurde[8]. Für die Anlage einer Siedlung waren die naturräumlichen Voraussetzungen entlang der Straße aber alles andere als günstig.

Eintragung der Steinmühle in das Urbar Spitalamt, 1434
Archiv St. Peter, B 21

Eintragung des Gutes Waldbichl (Waldpuhl) in das Urbar Spitalamt, 1520; genannt werden u. a. die Oeder und Alt als Besitzer, Archiv St. Peter, B 21

Unten: Rauchenbichlerhof (das frühere Gut Waldbichl) an der Linzer Bundesstraße, 2010 (Foto Stadtarchiv)

Bis heute erinnern Namen wie Froschheim und Schallmoos, zu denen einst noch das Itzlinger und das Gnigler Moos hinzukamen, daran, dass sich von der Stadt Salzburg im Südwesten bis nach Hallwang-Mayrwies im Nordosten ein ausgedehntes Moorgebiet hinzog. Bereits im späten Mittelalter begann man mit der schrittweisen Trockenlegung, die unter Erzbischof Paris Graf Lodron von 1625 bis 1644 einen Höhepunkt erreichte[9]. Das Landschaftsschutzgebiet des Samer Mösls hat sich bis heute als letzter bescheidener Rest des großen Moors erhalten.

Deshalb legten schon die Römer als versierte Straßenbauer ihre Reichsstraße, die von Iuvavum (Salzburg) nach Ovilava (Wels) führte, in sicherer Höhe über dem Moor am Abhang von Kapuzinerberg und Heuberg an. Noch heute folgt die Linzer Bundesstraße bis Henndorf der alten römischen Trasse, woran etwa das Wirtshaus Straß in Eugendorf und der römische Meilenstein aus Henndorf erinnern. Zwischen den relativ steilen Berghängen und den ausgedehnten Moorgebieten gab es entlang des Straßenverlaufs kaum Plätze, die für die Anlage größerer Siedlungen geeignet waren. Nur dort, wo zwischen dem Kapuzinerberg und dem Heuberg die Flanke des Kühbergs und der vorgelagerte Schlosshügel von Neuhaus ein Stück nach Westen zurückweichen, war ausreichend Raum für die Ansiedlung von Menschen. Dort fanden sich Siedlungsspuren seit der Spätbronzezeit und auf dem Areal des Schlosses Minnesheim stand ein römischer Gutshof *villa rustica*, der im Frühmittelalter jedoch keine Nachfolge fand. Auch die frühe bayerische Siedlung, zu der das an der Linzer Bundesstraße 20 aufgedeckte Reihengräberfeld gehörte, hatte offenbar keinen längeren Bestand[10]. Eine Siedlungskontinuität, wie sie z. B. für Fischach in der Gemeinde Bergheim sowohl archäologisch als auch durch schriftliche Quellen bezeugt ist[11], hat es im Raum von Gnigl nicht gegeben, auch kein frühmittelalterliches Dorf, das zum Zentrum der späteren Besiedlung von Gnigl werden konnte.

Die Bayern, die gegen Ende des 6. Jahrhunderts die Umgebung der alten Römerstadt Iuvavum (Salzburg) besiedelten, ließen sich zunächst auf geschützten, höher gelegenen Plätzen über den Moor- und Sumpfgebieten nieder. Zu den frühen Siedlungsstellen gehörte neben dem Dorf Itzling das bescheidene Nußdorf auf dem Höhenrücken zwischen Sam und Söllheim. Jener Milo, der es vor 748 an die Salzburger Kirche schenkte, könnte gut ein Angehöriger der noch verbliebenen romanischen Adelsschicht sein, die auch in Liefering und Eugendorf mit Namen gebenden Ortsgründern in Erscheinung tritt[12]. Die 13 kleinen, von Eigenleuten bewohnten Güter (Knechtshuben), die Milo zugleich mit Nußdorf an Salzburg schenkte, können aber nicht im Gebiet von Gnigl, das von Nußdorf durch das große Moorgebiet getrennt war, lokalisiert werden[13]. Wahrscheinlich lagen diese Kleingüter in Nußdorf selbst, vielleicht auch im Gebiet von Sam oder von Mayrwies, wohin die Besiedlung von Nußdorf noch im frühen Mittelalter ausgriff.

Als das Kloster St. Peter im Verlauf der Kirchenreform 987 vom Erzbistum getrennt wurde, erhielt es eine bescheidene Ausstattung mit liegenden Gütern. Dazu zählten Nußdorf und Mayrwies, das damals als *Meinwisa*, das heißt als Wiese eines Meinhard, bezeichnet wird[14]. Erst in späteren Jahrhunderten wurde daraus eine Mayrwiese gemacht, wie sie zu einem Meierhof gehört. Sowohl von Mayrwies im Nordosten als auch von der Stadt Salzburg im Südwesten trieb die Abtei St. Peter die Besiedlung entlang der alten Römerstraße, der heutigen Linzer Bundesstraße, voran. Bereits im ältesten vollständigen Güterverzeichnis (Urbar) des Klosters, das um 1215 angelegt wurde, erscheint das Gut Waldbichl (*Waltenpuhel*), der spätere Rauchenbichlerhof[15]. Gemeinsam mit dem Gut Reckenbrunn, dem späteren Röcklbrunnhof, war Waldbichl im frühen 13. Jahrhundert an den Burggrafen Konrad von Hohensalzburg und dessen Sohn Heinrich von Neuenfels verliehen, fiel aber nach Heinrichs Tod wieder an die Abtei St. Peter zurück[16]. Das um 1280 angelegte vierte Urbar des Klosters verzeichnet dazu eine Mühle in der Gnigl, die Steinmühle[17]. Sie zählt gemeinsam mit der Glock- bzw. Knochmühle, die sich im Besitz des Erzbischofs befand, zu den ältesten Mühlen im Ort. Im frühen 14. Jahrhundert kamen dazu in den Besitz des Klosters noch das Gut Sandgrube, das zwischen den Gütern Waldbichl und Röcklbrunn angelegt wurde, sowie zwei Güter am Alterbach, darunter das spätere Rennergut[18]. Diese durchwegs in Untergnigl gelegenen Güter waren gemeinsam mit den vier Bauernhöfen am Heuberg und dem Gut Guggenthal im Amt Spital (*Hospitale*) zusammengefasst, das im 12. Jahrhundert geschaffen wurde, um aus den Einkünften das Armenspital zum hl. Laurentius im Kaiviertel der Stadt Salzburg zu erhalten. Seit 1434 liegen für dieses Amt Spital eigene Urbare vor, die einen sehr genauen Einblick in die weitere Entwicklung des Güterbesitzes der Abtei St. Peter in Gnigl und am Heuberg ermöglichen[19].

Die Salzburger Erzbischöfe wurden im Gebiet von Gnigl zunächst nicht selbst aktiv, sondern überließen diese Aufgaben ihren Dienstleuten (Ministerialen). Der hl. Rupert hatte zwar um 700 die Reste der alten Römerstadt Iuvavum, für die sich ab 750 langsam der Name Salzburg durchsetzte, zum Geschenk erhalten[20]. Das Gebiet um die Stadt gehörte aber nicht der Salzburger Kirche, sondern weiterhin dem Herzog von Bayern. Den erzbischöflichen Dienstmannen fiel die Aufgabe zu, in der Umgebung der Bischofsstadt Höfe anzulegen, die Besiedlung voranzutreiben und bisweilen auch Burgen zu errichten.

Ein bekanntes Beispiel sind die Herren von Itzling, die teils in der Stadt Salzburg als Stadtrichter und Zechmeister wichtige Ämter im Dienste des Erzbischofs wahrnahmen, teils in der Umgebung auf großen Gutshöfen in Itzling, Bergheim und Zaisberg (bei Seekirchen) ansässig waren[21]. Mit der Zustimmung des Erzbischofs errichteten die Herren von Itzling-Bergheim um 1230/40 die Burg Radeck am östlichen Abhang des Plainbergs, nach der sie sich seit 1247 nannten[22]. Mit erzbischöflicher Unterstützung griffen sie auch in den Raum von Gnigl aus.

Wie Hans Krawarik in seinem Beitrag mit Hilfe der Kulturflächenanalyse zeigen kann, ist der Schillinghof – im Mittelalter meist als Schillinghube bezeichnet – der älteste kontinuierlich genutzte Siedlungsplatz in Gnigl.

Die Glockmühle, um 1925, Haidenthaller, Chronik II

Seine Anlage geht, so wie die des nahe gelegenen Sam, in das 10. Jahrhundert zurück. Der erzbischöfliche Ministeriale Heinrich von Radeck aus dem Geschlecht der Herren von Itzling, der sich aufgrund wirtschaftlicher Nöte zum Verkauf zahlreicher Besitzungen gezwungen sah[23], veräußerte 1333 die Schillinghube an das Stift der Domfrauen in Salzburg[24], wenige Jahre später ging sie in den Besitz des Salzburger Bürgers Friedrich Säppel über[25]. In den folgenden Jahrzehnten befand sich die Schillinghube in den Händen verschiedener Salzburger Bürger, die auch Teilungen des Gutes vornahmen. Über das reiche Bürgergeschlecht der Keutzl, die durch Ankäufe den ursprünglichen Güterbestand der Schillinghube wieder herstellten, und deren Dienerin Margarethe Weichenberger kam das Gut schließlich 1404 an das Salzburger Bürgerspital[26].

Auch in den Urbarbüchern des Erzstifts Salzburg lässt sich, obwohl sie deutlich jünger sind als jene von St. Peter, der Gang der Besiedlung von Gnigl deutlich verfolgen. Sie begann im 11./12. Jahrhundert an den Hängen des Heubergs und war im späten 13. Jahrhundert im Wesentlichen abgeschlossen. Daran erinnern Namen wie Gschwandt, der vom Schwenden des Waldes abgeleitet ist, oder Reith, Hochreith und Obergottsreith, die auf die Tätigkeit des Reutens oder Rodens hinweisen. Am Heuberg lassen sich dabei zwei verschiedene Phasen unterscheiden: Das Gebiet von Obergnigl bis Guggenthal wurde mit größeren und kleineren Bauerngütern besetzt, die im 14. Jahrhundert fast vollzählig vorhanden waren und immer wieder in derselben Reihenfolge aufgelistet werden. Zentrum war der Hof Guggenthal an jenem markanten Punkt, von dem die aus der Steiermark kommende Eisenstraße mit wesentlich stärkerem Gefälle ins Tal führte als die heutige Grazer Bundesstraße. Dazu kamen die Güter Kohlhub, Wiesfleck, Ratzelstatt (das heutige Ratzenstädt), Kramlehen, Sockerer, Schreyer, Farmleiten, Reith, Grub(er), Ober- und Niederleiten, Wieslehen und als älteste Mühle in Obergnigl die Knochmühle, heute Glockmühle genannt[27].

Namen wie Kohlhub erinnern nicht nur an die Herstellung von Holzkohle (Köhlerei), die hier betrieben wurde, sondern auch an die damals übliche Einteilung des erschlossenen und besiedelten Landes in Huben bzw. Hufen; das waren keine genau fixierten Flächenmaße, sondern Ertragseinheiten, die so bemessen wurden, dass sich eine Bauernfamilie davon ernähren konnte.

Von den hier aufgelisteten Gütern war nur Guggenthal, das gelegentlich als Hof (*curia*) bezeichnet wird, mit einer ganzen Hube ausgestattet. Alle anderen Güter waren kleiner, bisweilen nur „Vierteläcker", die nur mehr den vierten Teil einer Hube als Ausstattung besaßen[28].

Die Bauern auf diesen Gütern leisteten Abgaben in Form von Geld und von Naturalien. Während der Urbarzins, der für die Leihe von Grund und Boden an den Erzbischof zu entrichten war, zwischen 40 Pfennigen auf dem Kramlehen und sechs Schillingen (180 Pfennigen) in Guggenthal schwankte, kam dazu die im 14. Jahrhundert zusätzlich eingeführte Bausteuer, die je nach Größe der Güter zwischen 20 und 60 Pfennigen betrug[29]. Etwa gleich hoch war die Herbststeuer, die aus der Leibeigenschaft resultierte und am Michaelstag (29. September) zu entrichten war[30]. Dazu kamen ein bis zwei Hühner, die als „Stifthennen" die Aufwendungen des erzbischöflichen Amtmanns bei der jährlichen Urbarstift, dem Rechtstag im Rahmen der Grundherrschaft, decken sollten, sowie 20 bis 60 Eier. Die meisten Güter waren darüber hinaus verpflichtet, jährlich einen Tag Arbeit für den Grundherrn (*Werchart*) zu leisten, der als „Mader" im Rahmen der Heumahd auf den erzbischöflichen Gütern angesetzt wurde[31].

Ganz anders war die Besiedlung der Hochfläche des Heubergs mit dem gleichnamigen Hof als Zentrum organisiert. Hier wurden planmäßig Schwaigen angelegt, die auf die Produktion von Käse spezialisiert waren. Üblich war diese Form der Erschließung des Landes vor allem in den Gebirgsgauen, speziell im Pinzgau, da auf den Schwaigen Schafe gehalten wurden, die neben dem Schafskäse auch wertvolle Schafwolle für die Lodenherstellung lieferten. Der Heuberg zählte zu den wenigen Regionen, wo die Schwaighofwirtschaft in das „Land vor dem Gebirge", das Gebiet nördlich des Pass Lueg, ausgriff. Daran erinnert bis heute der Name der Ortschaft Schwaighofen (bei Eugendorf), die auch zu den Gütern auf dem Heuberg zählte. Eine ganze Schwaige war mit 60 Schafen besetzt und lieferte 300 kleine Käselaibe pro Jahr, die etwa ein Pfund (ein halbes Kilogramm) wogen[32]. Bereits im ältesten Urbar entsprach nur mehr der Hof (*curia*) Heuberg einer ganzen Schwaige, die neben den 300 Käselaiben noch drei Hühner zinste. Dazu kamen Güter wie Gschwandt, Hochreith und andere, die bereits einmal oder mehrfach geteilt waren und dementsprechend nur mehr 150, 75 oder 50 Käselaibe pro Jahr lieferten[33]. Außerdem gab es noch drei Zehenthöfe, die neben einer Geldabgabe von je einem Schilling (30 Pfennigen) 18 Wagenladungen Holz, 36 Stifthühner und 24 so genannte Faschinghühner (die Hühner wurden jeweils nach dem Abgabetermin beim Stifttaiding oder in der Faschingszeit bezeichnet) leisteten[34]. Die relativ isolierte Schwaighofwirtschaft am Heuberg hat sich offenbar nicht auf Dauer bewährt. An der Wende zur Neuzeit wurden die Schwaighöfe mit ihren Käseabgaben aufgelassen und in gewöhnliche Bauerngüter umgewandelt[35].

Zusammenfassend ist festzuhalten, dass die Besiedlung von Gnigl aus zwei Richtungen erfolgte: In Untergnigl waren es die frühen Höfe, die teils von der Abtei St. Peter angelegt wurden, wie Waldbichl und Röcklbrunn, teils auf die Initiative des Adels zurückgingen, wie der Schillinghof als wohl ältestes Zentrum im Besitz der Herren von Radeck. Obergnigl hingegen wurde vom Heuberg her erschlossen, wobei die Wasserkraft des Gniglerbachs (Alterbachs) und der am Kühberg entspringenden Siebenbrunnen entscheidende Bedeutung erlangte. Bereits im ältesten erzbischöflichen Urbar werden neben der Knochmühle zwei „Schleifsteine" genannt, die sich später zu eigenen Betrieben entwickelten[36].

Die Anlage weiterer Mühlen sowie von Nagelschmieden und Drahtmühlen, die das aus der Steiermark kommende Eisen verarbeiteten, prägten die Entstehung Obergnigls. Dazu kam die herrschaftliche Verwaltungsstruktur mit dem Schloss Neuhaus, dem Meierhof und der an der Eisenstraße nahe beim Schloss eingehobenen Maut. Für die Entwicklung von Untergnigl waren hingegen neben den alten Mühlen am unteren Alterbach der Verkehr auf der Linzer Straße und die dafür erforderlichen Handwerksbetriebe von entscheidender Bedeutung.

Chunradus de nova domo
(rot markiert, Konrad von Neuhaus)
tritt als Zeuge auf, 1219
Archiv St. Peter (monasterium.net)

NEUHAUS – VON DER ADELSBURG ZUM VERWALTUNGSZENTRUM

Am westlichen Abhang des Kühbergs liegt auf einem abgesetzten Hügel das Schloss Neuhaus. Es wurde bis vor wenigen Jahren als Schlosshotel genutzt und befindet sich heute im Besitz eines deutschen Industriellen. Die Errichtung dieses Wehrbaus wurde lange Zeit Erzbischof Eberhard III. von Neuhaus (1406–1427) zugeschrieben[37], der sich aber nicht nach dieser Burg sondern nach Neuhaus bei Cilli (Doberna in Slowenien) nannte[38]. Außerdem tritt bereits 1219 ein Konrad von Neuhaus (*Chunradus de nova domo*) in einer Urkunde Erzbischof Eberhards II. als Zeuge auf[39]. Grabungen, die vor Kurzem im Schlosshof durchgeführt wurden, erbrachten den Nachweis, dass bereits die erste, um 1200 errichtete Burganlage eine ähnliche Ausdehnung wie das heutige Schloss besaß und nicht von einer Erweiterung unter Erzbischof Eberhard III. auszugehen ist[40].

Der Bau von Burgen war als Regal ein streng gehütetes Vorrecht der Salzburger Erzbischöfe. Nicht selten wurden widerrechtlich erbaute Burgen von ihnen belagert, eingenommen und zerstört. Erzbischof Eberhard II. (1200–1246), der gerne als „Vater des Landes" bezeichnet wird, betrieb eine gezielte Burgenpolitik. Er gestattete einigen seiner wichtigsten Dienstleute (Ministerialen) den Bau von Burgen, die als erzbischöfliches Lehen galten und bei Erlöschen des Geschlechts an die Salzburger Kirche zurückfielen[41]. So entstanden in der weiteren Umgebung der Stadt die Burgen Gutrat, Radeck und Staufenegg, die später ebenso wie die älteren Burgen gräflicher und edelfreier Geschlechter von den Erzbischöfen als Gerichts- und Verwaltungssitze genutzt wurden. In diesen Kontext fügt sich auch der Bau der Burg Neuhaus ein.

Ihre Anfänge sind verbunden mit der reichen Erbtochter Diemut von Högl[42]. Von ihrem Vater Heinrich von Högl hatte sie ausgedehnte Besitzungen und dazu noch Ansprüche auf das Erbe der Herren von Seekirchen übernommen. Diesen Reichtum konnte sie durch drei Heiraten mit prominenten Salzburger Ministerialen noch bedeutend vermehren. Von ihrem zweiten Gatten Megingod von Surberg, der als Burggraf von Hohensalzburg an der Spitze der Salzburger Ministerialen stand, übernahm Diemut neben dessen Gütern auch den Anspruch auf das Burggrafenamt. Im Alter von etwa 60 Jahren ging sie eine vierte Ehe mit dem viel jüngeren Konrad von Truchtlaching (nahe von Baumburg an der Alz in Bayern) ein, der aufgrund dieser Verbindung zum Burggrafen von Hohensalzburg (1198–1225) bestellt wurde[43]. Als solcher genoss er das besondere Vertrauen Erzbischof Eberhards II., der ihm wohl bald nach der Übernahme der Regierung den Bau der Burg Neuhaus gestattete. Jener Konrad von Neuhaus, der 1219 unmittelbar nach dem Grafen Eberhard von Dornberg als erster unter den erzbischöflichen Ministerialen eine Urkunde Eberhards II. bezeugte[44], ist niemand anderer als Konrad von Truchtlaching, der Burggraf von Hohensalzburg und vierte Gatte der Diemut von Högl. Nach deren Tod 1213 ging Konrad eine zweite Ehe mit einer Agnes ein, der ein Sohn namens Heinrich entstammte. Die Erbansprüche des unmündigen Heinrich blieben auch nach dem Tod des Burggrafen Konrad am 4. April 1225 gewahrt. Heinrich trat von 1230 bis zu seinem Tod 1238 in mehreren Urkunden mit dem Prädikat „von Neuenfels" auf und bekleidete in seinen letzten vier Lebensjahren so wie sein Vater das Amt des Burggrafen auf Hohensalzburg[45].

Anlässlich eines Gütertausches zwischen dem Burggrafen Konrad von Hohensalzburg, dem Vater Heinrichs, und der Abtei St. Peter wird 1222 eine Hube zu Holzhausen (das spätere Gut Schreckenfuchs an der Linzer Straße) bei der Burg Neuenfels genannt[46]. Daraus zog man den Schluss, dass die Burg Neuenfels nahe dem Markt Waging lag, in jenem Gebiet also, aus dem die Herren von Truchtlaching stammten[47]. Dagegen spricht jedoch das deutliche Interesse, das Heinrich von Neuenfels an Gütern in der unmittelbaren Umgebung der Burg Neuhaus hatte. Von der Abtei St. Peter erwarb er im Tausch die Güter Röcklbrunn und Waldbichl sowie Zehente, die erst nach seinem Tod an das Kloster zurückfallen sollten[48]. Drei Urkunden aus den Jahren 1272, 1274 und 1291 schaffen hier

Erzbischof Konrad IV. verleiht auf Bitte des Gottschalk von Neuhaus dessen Ehefrau Elisabeth unter anderem die „Chnochmul" (rot markiert, Knochmühle, die spätere Glockmühle) bei „Nevnvels" (Neunfels, Neuhaus) auf Lebenszeit, 1291 Haus-, Hof- und Staatsarchiv (monasterium.net)

Klarheit: In ihnen wird jeweils vom Salzburger Erzbischof die Knochmühle bei Neuenfels (*Niwenvels*) an den Salzburger Vizedom Gottschalk von Unzing bzw. an dessen Frau Elisabeth verliehen[49]. Die Knochmühle, später Glockmühle genannt, liegt am Alterbach in nicht allzu großer Entfernung zur Burg Neuhaus. Daher kann kein Zweifel bestehen, dass sich Heinrich von Neuenfels, der Sohn des Burggrafen Konrad von Hohensalzburg, nach der von seinem Vater erbauten Burg Neuhaus nannte, die auch den Namen Neuenfels trug, wie bereits der Salzburger Historiker Franz Martin feststellte[50]. Als lateinische Bezeichnung findet sich dafür in den zeitgenössischen Quellen sowohl *domus nova* (Neuhaus) als auch *castrum novum* (Neuburg)[51].

Nach dem Tod Heinrichs von Neuenfels kam die Burg Neuhaus als erzbischöfliches Lehen an einen Seitenzweig der Ministerialen von Teisendorf, von denen sich 1242–1270 ein Ludwig nach Neuhaus nannte und sich selbst als Ritter (*miles*) bezeichnete[52]. Auf ihn folgte sein Vetter Gottschalk, der ebenfalls dem Geschlecht der Teisendorfer entstammte, aber das Prädikat „von Unzing" nach der von seiner Mutter geerbten kleinen Turmburg bei Eugendorf führte[53]. Er machte eine glänzende Karriere, bekleidete 1249 das Amt eines Richters und Vizedoms und war von 1263–1273 als Vizedom von Salzburg der Stellvertreter des Erzbischofs. Seit 1277 nannte sich Gottschalk von Unzing dann fast durchwegs nach der Burg Neuhaus oder in lateinischer Form *de novo castro*, von 1293 bis zu seinem Tod 1298 aber nur mehr nach Unzing. Der Grund für diesen Wechsel lag darin, dass er die Burg Neuhaus mit Zustimmung des Erzbischofs an seinen Schwiegersohn Heinrich von Wispeck, den Gatten seiner Tochter Gertrud, abgetreten hatte[54].

Die ritterliche Familie der Wispeck (Wiesbach) besaß den Ansitz Winkel bei Oberalm zu freiem Eigen und hatte in der Oberalmer Kirche ihr Erbbegräbnis. Ihr Stammsitz aber war wohl der Hof Wiesbach in der Gemeinde Ainring im Berchtesgadener Land[55]. Heinrich von Wispeck war seit 1272 Stadtrichter von Salzburg. In zwei Urkunden wird er 1296 und 1300 – damals war er bereits verstorben – als „Richter von dem neuen Haus" bezeichnet, womit die Burg Neuhaus als sein Sitz angesprochen ist, von dem aus er das Amt des Stadtrichters wahrnahm[56]. Ulrich von Wispeck, der Sohn des verstorbenen Stadtrichters, machte sich eines schweren Vergehens schuldig und verlor nach „Frage und Urteil", also nach Abwicklung der Gerichtsverhandlung, die Huld des Erzbischofs und damit auch alle Güter, die er von diesem erhalten hatte[57]. Nach dem Verlust der Burg Neuhaus nannten er und seine Brüder sich nur noch nach Wiesbach.

Damit wurde auch der von Gottschalk von Unzing unternommene Versuch hinfällig, in der Umgebung der Burg Neuhaus einen größeren Güterkomplex aufzubauen. Immerhin war dieser 1272 von Erzbischof Friedrich II. mit der Knochmühle (Glockmühle) bei Neuenfels, mit den Gütern Schreyer und Reith am Heuberg sowie Einkünften beim Nockstein und in Guggenthal belehnt worden[58]. Später hatte er die Belehnung seiner Gattin Elisabeth mit diesen Gütern durchgesetzt und selbst auf dem Grund und Boden der Abtei St. Peter am Gniglerbach oberhalb der Steinmühle eine Mühle errichtet[59]. Alle diese Besitzungen fielen nun an den Erzbischof und wurden in den Urbaren als „Güter, die einst dem Herrn Gottschalk gehörten", getrennt verzeichnet[60]. Sie bildeten den Grundstock für das erzbischöfliche Urbaramt Heuberg, zu dem auch Gnigl gehörte.

Die Erzbischöfe haben Neuhaus nun nicht mehr als Lehen sondern nur noch zur gewöhnlichen Burghut vergeben: Ein Adeliger musste sich mit einem schriftlichen Revers verpflichten, die Burg für den Erzbischof zu verwalten, baulich in Stand zu halten und im Kriegsfall gegen die Feinde zu verteidigen. Dafür erhielt er einen jährlichen Lohn, konnte aber über die vereinbarte Vertragsdauer hinaus keinerlei Ansprüche stellen und auch kein Erbrecht an der Burg geltend machen. Anstelle der Bezeichnung Burggraf setzte sich allmählich der Titel Pfleger durch, der auf die Pflege (Instandhaltung und Verteidigung) der Burg als wichtigste Aufgabe hinweist[61]. Als Pfleger auf Neuhaus begegnen ab 1382 Dr. Hans Strawn und ab 1401 Hans der Schefherr, der einem Geschlecht von Ritterbürgern in Laufen an der Salzach, die dort als Schiffherren über Schiffrechte verfügten, entstammte[62]. Erzbischof Siegmund von Volkersdorf (1452–1461), der Spross eines oberösterreichischen Adelsgeschlechts, setzte 1455 seinen verwandten Hadmar von Volkersdorf zum Pfleger von Neuhaus ein; aber auch dieser musste sich mit der „gewöhnlichen Burghut" begnügen[63]. Die relativ geringen Kompetenzen, die den Pflegern im 14. und 15. Jahrhundert zugestanden wurden, hatten zur Folge, dass diese keine größeren Umbauten und Investitionen auf der Burg, die sie nur verwalteten, vornahmen. Da das Landgericht, der relativ große Hochgerichtsbezirk in diesem Gebiet, mit der Pflege der Feste Radeck am Abhang des Plainbergs verbunden war[64], konnte die Burg Neuhaus trotz ihrer Nähe zur Stadt Salzburg keine besondere Funktion wahrnehmen. Das änderte sich erst unter Erzbischof Leonhard von Keutschach (1495–1519), der 1508 die Verwaltung des Landgerichts von Radeck nach Neuhaus verlegte und damit diese Burg zum Gerichts- und Verwaltungszentrum machte[65].

DAS URBARAMT HEUBERG UND DAS PFLEGGERICHT NEUHAUS – DIE „DOPPELTE VERWALTUNG" BIS 1582

Schon lange bevor sich Salzburg im 14. Jahrhundert als eigenes Land von Bayern loslöste, verfügten die Salzburger Kirche, die alten Klöster St. Peter und Nonnberg und das Salzburger Domkapitel durch reiche Schenkungen von Kaisern, Königen und Herzogen über eine Vielzahl von größeren und kleineren Besitzungen. Dafür mussten sowohl der Erzbischof als auch die Klostervorsteher schon im frühen Mittelalter eine funktionelle und leistungsfähige Verwaltung von Grund und Boden aufbauen. Da sich die stark an den Verhältnissen der Spätantike orientierte Meierhofwirtschaft (Villikationsverfassung) auf Dauer nicht bewährte, schuf man im 11./12. Jahrhundert aus dem Großteil des herrschaftlichen Landbesitzes Ertragseinheiten, die groß genug waren, um für eine bäuerliche Familie als Lebensgrundlage zu dienen. Die Größe dieser Güter, die man im norddeutschen als Hufe, im bayerisch-österreichischen Raum als Hube bezeichnete, richtete sich nach der Bodengüte und den Erträgen, die daraus erwirtschaftet werden konnten. Die Huben wurden zunächst zwar nur für die Dauer von einem Jahr zur Verfügung gestellt, aber für diese Zeit trugen die damit ausgestatteten Leibeigenen und Hörigen die volle Verantwortung für die Wirtschaftsführung. Dadurch kam es zu einer rechtlichen und wirtschaftlichen Angleichung der früher so differenzierten ländlichen Bevölkerung und es entstand ein relativ homogener und durchaus selbstbewusster Bauernstand[66].

An die Stelle der alten Meierhöfe traten als neue Verwaltungseinheiten die Ämter (*officia*), die von einem Amtmann (*officialis*) geleitet wurden. Diese Ämter waren zunächst keine räumlich geschlossenen Bezirke, sondern Personenverbände in der für das Zusammenleben und die Verwaltung im Mittelalter und der frühen Neuzeit typischen Form. Dem jeweiligen Amtmann, der nur für eine gewisse Anzahl von Jahren bestellt wurde, waren eine größere Zahl von Bauerngütern, dazu auch Werkstätten von Handwerkern und Gewerbebetriebe, zugeordnet, wobei häufig die bei der Erwerbung der Güter vorhandene Organisation beibehalten wurde. Es gab auch keinen festen Verwaltungsmittelpunkt, sondern der Amtmann führte die Verwaltung von seinem jeweiligen Wohnsitz aus. So wie der Erzbischof hatten auch die größeren Klöster und die führenden Salzburger Adelsfamilien, von denen die meisten im 13./14. Jahrhundert erloschen, ihren Besitz in Form von Ämtern organisiert[67].

Da die Besiedlung vom Heuberg mit seinen alten Bauerngütern und Schwaighöfen ihren Ausgang nahm, gehörte auch das Gebiet von Gnigl, soweit es im Besitz des Erzbischofs war, zum Urbaramt Heuberg[68]. Daneben bestand südlich des Alterbachs und westlich der alten Reichsstraße (Linzer Bundesstraße) ein eigenes Urbaramt der Abtei St. Peter, das zum Armenspital St. Laurentius im Kaiviertel gewidmet war und deshalb

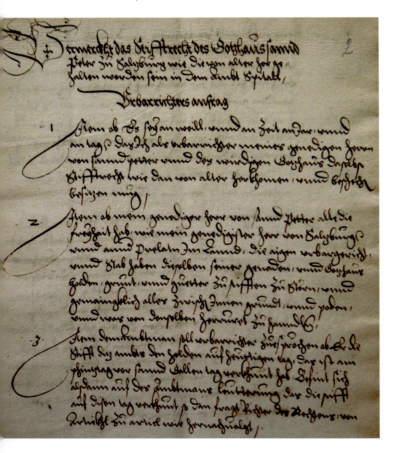

Erste Seite des Stiftrechts des Amtes Spital, 1551
Archiv St. Peter, B 556

Spitalamt (*officium hospitale*) genannt wurde[69]. Für die Bauern waren die Amtleute als Vertreter ihres Grundherrn, von dem sie Haus und Hof sowie den landwirtschaftlich genutzten Boden und kleinere Wälder für eine bestimmte Zeit geliehen bekamen, der wichtigste Bezugspartner. Mindestens einmal im Jahr hielt der Amtmann das so genannte Stifttaiding, den Rechtstag im Rahmen der Grundherrschaft, ab. Jeder volljährige Hausbesitzer war verpflichtet, an diesen Gerichtstagen teilzunehmen, die im Mittelalter meist unter freiem Himmel, später häufig in Wirtshäusern stattfanden. Im Gegensatz zum Landrecht oder Landtaiding gab es dafür keinen genau fixierten Platz (Schranne), sondern der Amtmann ließ jeweils zeitgerecht vorher verkünden, wo das Stiftrecht angesagt wurde[70]. Im Rahmen der Stift wurde die fristgerechte Leistung der vorgeschriebenen Abgaben in Geld und in Naturalien, die sowohl für die Leihe von Grund und Boden als auch im Rahmen der Leibherrschaft zu entrichten waren, überprüft. Dazu kam die Kontrolle, ob die Bauern die ihnen verliehenen Häuser und Güter baulich in Stand hielten und ihre Felder bestellten[71]. Ursprünglich wurden Höfe und Güter fast durchwegs in Form der Freistift verliehen, bei der dem Bauern im Rahmen des jährlichen Stifttaidings sein Gut auch ohne besonderen Grund entzogen werden konnte. Es genügte, wenn ein anderer bereit war, dafür höhere Abgaben zu entrichten. Die Bezeichnungen „stiften" und „abstiften" (stören) erinnern daran, dass dieser Besitzwechsel im Rahmen der Urbarstift bzw. des Stifttaidings vollzogen wurde. Auf den Besitzungen der Salzburger Erzbischöfe, dem so genannten Hofurbar, setzten sich schon seit dem 13. Jahrhundert günstigere Leiheformen durch, zunächst die Leihe auf Lebenszeit (Leibgeding, Präkarie), dann das unbefristete Erbrecht (Erbzinsleihe), das die Weitergabe der Güter auch an Töchter oder Enkel ermöglichte. Diese günstigste aller Leiheformen wurde den Bauern aber nicht einfach zugestanden, sondern meist gegen bedeutende Geldsummen (ungefähr 20 Prozent vom Wert des Gutes) verkauft und in eigenen Erbrechtsbriefen dokumentiert[72]. Während das älteste erzbischöfliche Urbar für das Amt Heuberg 1348 fast überall Erbrecht ausweist, hielt der Abt von St. Peter viel länger an der Leiheform der Freistift und dann des Leibgedings fest[73].

Seit dem 14. Jahrhundert gewähren die erzbischöflichen Urbare (Güterverzeichnisse) einen genauen Einblick in die Entwicklung des Amtes Heuberg, seit dem 16. Jahrhundert liegen auch die Abrechnungen der Amtleute über ihre Einnahmen und Ausgaben vor. So wurden im Jahr 1558 im Urbaramt Heuberg insgesamt 65 Gulden, 3 Schillinge und 26 Pfennige eingenommen. In dieser Summe waren neben den vorgeschriebenen Geldabgaben auch zwei Schaff Roggen, zwei Schaff Hafer, 73 Hennen, 476 Eier, 800 Käselaibe und 27 Fuder Holz enthalten[74]. Diese Abgaben waren zwar weiterhin in Naturalien vorgeschrieben, da diese ihren Wert behielten und nicht der Geldentwertung unterlagen, wurden aber jeweils in Geld umgerechnet. Ein Drittel der gesamten Einnahmen gebührte dem Amtmann als Teil seiner Entlohnung[75]. Getrennt davon gab es im Amt Heuberg einen speziellen Eier- und Hennendienst, der im Jahr 1549 immerhin 19 Hennen und 985 Eier einbrachte[76]. Diesen Einnahmen standen nicht unbeträchtliche Aufwendungen gegenüber wie die Abgaben an den erzbischöflichen Hofkastner, die Aufwendungen für Holzknechte, für Baumaßnahmen usw., die vom Amtmann gegenverrechnet wurden[77]. Die Entlohnung der Amtleute war trotz des Anteils an Naturalien, den sie erhielten, alles andere als fürstlich. Deshalb wurden die drei benachbarten Urbarämter Heuberg, Bergheim und Fager im 16. Jahrhundert nicht mehr getrennt verwaltet, sondern gemeinsam an einen Amtmann übergeben. Eustachius Reimann, der seit 1555 neben dem Urbaramt Bergheim auch Heuberg und Fager verwaltete, sollte dafür eine zusätzliche Besoldung von zehn Talern erhalten. In einem Bittschreiben an den Erzbischof verwies er 1559 darauf, dass er in den Jahren 1558 und 1559 von der Hofmeisterei wesentlich geringere Beträge erhalten habe, während ihm selbst für die Verpflegung und Bezahlung der Forstknechte zusätzliche Ausgaben erwachsen seien[78]. Der Eindruck, dass der Amtmann förmlich am Hungertuch nage, täuscht jedoch. Der erzbischöfliche

Hofmeister Erasmus von Kuenburg, ein Bruder des Erzbischofs Michael von Salzburg, stellte bei der Überprüfung von Reimanns Abrechnungen für die Jahre 1555 bis 1557 fest, dass ein Abgang von fast 400 Gulden vorlag. Reimann war aber in der Lage, diese enorme Summe in barem Geld zu erlegen und damit die offene Abrechnung zu begleichen[79].

Bis in die frühe Neuzeit verfügten die Amtleute, die im Namen des Grundherrn auch die niedere Gerichtsbarkeit über die Grundholden wahrnahmen, über relativ große Kompetenzen. Davon profitierten auch die Bauern, die im Rahmen der Grundherrschaft und speziell bei den jährlichen Stifttaidingen eng mit den Amtleuten zusammenarbeiteten. Herzog Ernst von Bayern, der 1540–1554 in Salzburg als Administrator regierte, schränkte jedoch 1533 die Mitwirkung der Bauern an den Gerichtstagen deutlich ein[80]. Weitere Mandate, die das Verbot von Tänzen vor der Fastnacht, die Haltung von Hunden, sowie das Vorgehen gegen „Savoyer, Schotten und anderen hausierende Kramer" betrafen, zielten in dieselbe Richtung[81]. Dieser Entwicklung entsprach es auch, dass den Urbarämtern, die ursprünglich nur als Personenverbände organisiert waren, genau abgegrenzte Gebiete mit festen Grenzpunkten zugeordnet wurden. Für das Urbaramt Heuberg liegt aus den Jahren 1547–1552 eine Grenzrügung (formelle Feststellung der Grenzpunkte) vor, die eine weitgehende Übereinstimmung mit jenen Grenzen erkennen lässt, wie sie noch in der Urmappe des franziszeischen Katasters 1830 eingetragen sind[82].

Während für das erzbischöfliche Amt Heuberg kein spezielles Stiftrecht überliefert ist, sondern dort das allgemeine Stiftrecht für das erzbischöfliche Hofurbar galt[83], ist für das Amt Spital der Abtei St. Peter ein Stiftrecht erhalten, das 1551 aufgezeichnet wurde, aber auch deutlich ältere Elemente enthält[84]. Die Grundholden des Petersklosters versammelten sich jeweils am Donnerstag vor dem 16. Oktober (*Pfinztag vor St. Gallentag*) zum Stifttaiding, bei dem die Geldabgaben, der so genannte Pfennigdienst, zu entrichten waren. Der Getreidedienst war hingegen fällig, sobald das Getreide reif war. Bis zum Dreikönigstag sollte dann alles Getreide im Kasten des Abtes liegen. Die Schweine und das Schweinegeld waren zu St. Andreas, am 30. November, zu entrichten, da in der kalten Jahreszeit das Fleisch gelagert werden konnte. Die Eier waren zu Ostern abzuliefern, alle anderen Dienste zu den im Urbarbuch festgelegten Zeiten gemäß dem alten Herkommen. Mit dem Festhalten an den ursprünglichen Naturalabgaben wäre die Abtei St. Peter der ständigen Geldentwertung entgangen. Tatsächlich aber waren bereits im 14. und 15. Jahrhundert fast alle Naturalleistungen durch Geldabgaben ersetzt worden. Lediglich die Stifthühner, die zur „Ehrung" für den Grundherrn beim Stifttaiding geleistet werden mussten, wurden noch in der ursprünglichen Form abgegeben. Der Steinmühle war zwar noch die Leistung von fünf Schaff Getreide und einem Schwein vorgeschrieben, aber auch diese Abgaben wurden längst in Geld entrichtet.

Aus weit zurückliegenden Zeiten stammten auch die Bestimmungen des Stiftrechts, die auf die einstige Leibeigenschaft der bäuerlichen Hintersassen zurückgingen: Holden, die ohne Erlaubnis des Abtes das Land verließen, konnten vom Amtmann verfolgt und gefangen, sodann der Strafe des Abtes zugeführt werden. Holden, die ohne Wissen des Abtes „außerhalb der Gewalt von St. Peter" heirateten, also ihren Partner nicht aus den Eigenleuten des Petersklosters wählten, waren ebenfalls der Bestrafung durch den Abt verfallen. Weitere Artikel des Stiftrechts richten sich gegen die Fällung eines „Schmerbaums", der Früchte trug, gegen fahrendes Volk und Spielleute, und gegen die Entfremdung von Urbargütern der Abtei zugunsten anderer Herrschaften. Außerdem sind in den insgesamt 24 Artikeln genaue Bestimmungen über die jährliche Überprüfung und formelle Auftragung der Freistiftgüter enthalten, da die Abtei relativ lange an dieser ungünstigsten Form der bäuerlichen Leihe festhielt[85].

Die Salzburger Erzbischöfe verfügten in ihrem gesamten Land über die geschlossene hohe Gerichtsbarkeit. Die Ausübung des Hochgerichts verbunden mit der Militärhoheit übertrugen sie an von ihnen eingesetzte Beamte, die dem Salzburger

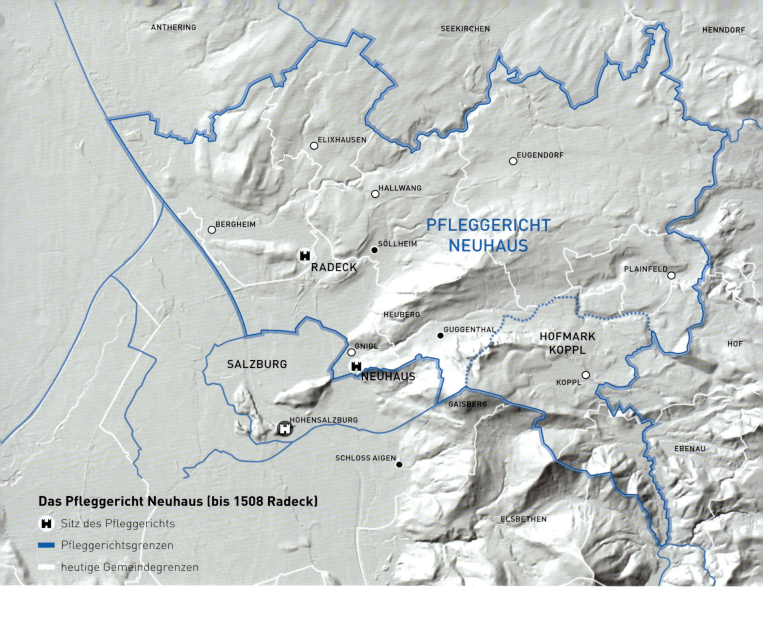

Das Pfleggericht Neuhaus (bis 1508 Radeck)
- Sitz des Pfleggerichts
- Pfleggerichtsgrenzen
- heutige Gemeindegrenzen

Adel entstammten. Da die Verwaltung eines Hochgerichtssprengels meist mit der Pflege (Instandhaltung und Verteidigung) einer zentralen Burg verbunden wurde, bezeichnete man die Beamten als Pfleger und die ihnen übertragenen Gerichtsbezirke als Pfleggerichte[86]. Bei der Schaffung dieser Gerichte knüpften die Erzbischöfe fast durchwegs an die Vorleistungen des Adels an, von dem sie nicht nur die Gerichtsrechte sondern auch die Burgen als Sitz der Pfleggerichte übernahmen. Von den Herren von Bergheim kauften sie 1295 nicht nur deren Sitz in Bergheim, sondern auch das gleichnamige Gericht mit der Fischweide und dem Zehent[87]. Von den Brüdern Rüdiger und Heinrich von Radeck erwarben sie mit deren Anteilen und Rechten an der Burg Radeck auch das Landgericht Hallwang und die Vogteien zu Elixhausen, Pebering, Glas und Vigaun[88]. Bald nach der Mitte des 14. Jahrhunderts vereinigten die Erzbischöfe dann die kleinen Gerichte Bergheim und Hallwang mit der Schranne Heuberg, die sie aus jenen Gütern bildeten, die Gottschalk von Neuhaus hinterlassen hatte. Dazu kam noch das Gericht Eugendorf, das sie von den Herren von Kalham erwarben[89]. Die Verwaltung dieses neu geschaffenen Gerichts wurde dem Pfleger der Burg Radeck übertragen. Die vier kleinen Gerichte, aus denen das Pfleggericht Radeck hervorgegangen war, bildeten seither die Schrannen Heuberg, Hallwang, Eugendorf und Bergheim, wozu noch die Hofmarken Koppl im Besitz der

Der Drei-Gerichte-Stein auf dem Gaisberg, 2009
Dieser markiert den Schnittpunkt der Grenzen der Pfleggerichte Neuhaus und Glanegg sowie des Stadtgerichts Salzburgs

Bischöfe von Chiemsee und Ursprung kamen[90]. Als Schrannen bezeichnete man nicht nur jene abgezäunten Gerichts- oder Taidingsstätten, auf denen die öffentlichen Gerichtstage (Landtaidinge) abgehalten wurden, sondern auch die Untereinheiten der großen Pfleg- und Landgerichte, die über einen eigenen Schrannenplatz verfügten. Die Schrannen waren ihrerseits in kleinere Untereinheiten gegliedert, die man nach der formelhaften Feststellung der Gerichtsgrenzen und des geltenden Rechts durch den Landrichter (Rügung) Rügate nannte[91].

Von den insgesamt 24 Rügaten des Pfleggerichts Radeck lagen fünf in der Schranne Heuberg, nämlich das Rügat Gnigl und vier weitere Rügate auf dem Heuberg.

Zweimal in jedem Jahr, am Georgstag (24. April) und zu Michaeli (29. September) kam der Pfleger von Radeck nach Gnigl, um auf der Landschranne das Landtaiding oder Landrecht, den öffentlichen Rechtstag, abzuhalten[92]. Im Gegensatz zum Stifttaiding, auf dem nur die Grundholden einer Herrschaft erschienen, mussten am Landtaiding alle im Land- oder Pfleggericht ansässigen Hausbesitzer teilnehmen, gleichgültig welchem Grundherrn sie unterstanden. Der Schrannenplatz befand sich am Beginn der Neuzeit nahe der Einmündung der alten Eisenstraße in die Linzer Straße, wo die Güter des Erzbischofs an jene der Abtei St. Peter grenzten. Dafür spricht nicht nur die Lage des bereits 1498 erwähnten Gerichtsdienerhauses[93], sondern auch der Bestand eines Tanzbodens beim Gut Altmannsteg, dem heutigen Turnerwirt[94]. Die Benützung der Schranne als Tanzboden oder Tanzlaube ist auch in anderen Fällen, etwa in Mittersill[95], bezeugt. Innerhalb der mit Schranken abgegrenzten Schranne nahmen auf Bänken die Vertreter der einzelne Rügate Platz. Zwei von ihnen mussten als „Rechtsprecher" nicht nur die formelhaften Fragen (Rügung) des Pflegers beantworten, sondern auch die von den Schrannensitzern (Schöffen) gefundenen Urteilssprüche verkünden. Der Ablauf des Landtaidings und das dort verkündete Landrecht von Neuhaus, das in insgesamt 33 Artikeln gegliedert war, ist in einer relativ spät niedergeschriebenen Fassung überliefert[96]. Da die Bauern zweimal jährlich das geltende Recht in Form der Memorialfragen zu hören bekamen, verfügten sie über deutlich bessere Rechtskenntnisse als der heutige Durchschnittsbürger, obwohl sie in der Regel weder lesen noch schreiben konnten.

Ursprünglich war den Pflegern und Landrichtern nur die Aburteilung der drei klassischen Verbrechen, die mit dem Tode bestraft wurden, vorbehalten: Totschlag, Diebstahl und Notzucht. Im Laufe der Zeit dehnten sie jedoch ihre Kompetenzen immer weiter aus und griffen damit auch in die niedere Gerichtsbarkeit, die den Amtleuten vorbehalten war, ein. Mehrfache gesetzliche Regelungen der Salzburger Erzbischöfe vermochten die ständigen Auseinandersetzungen, die unter ihren eigenen Beamten entstanden, nicht zu verhindern[97]. So führte etwa Eustachius Reimann, der langjährige Amtmann auf dem Heuberg, 1552 Beschwerde gegen den Pfleger David Köldrer, weil sich dieser ungerechtfertigt in die Betriebsrechte der Kendl-Taverne eingemischt hatte, die zum Hofurbar gehörte[98]. Köldrer seinerseits schloss sich 1560 einer Beschwerde der Bauern am Heuberg gegen den Amtmann Reimann an und nahm in einem gesonderten Schreiben gegen diesen Stellung[99]. Derartige Auseinandersetzungen waren auch dadurch bedingt, dass die Pfleger fast durchwegs dem Salzburger Adel entstammten und die Amtleute, die aus dem Kreis des Bürgertums oder der bäuerlichen Oberschicht kamen, als Parvenüs betrachteten. Die Bauern empfanden die doppelgleisige Verwaltung durch erzbischöfliche Beamte, deren unterschiedliche Entstehung ihnen nicht bewusst war, als Belastung und Ärgernis. Bei den Verhandlungen vor den Bauernkriegen sprachen sie 1495 von einem „Streichen mit zwei Ruten, das Gott nit erschaffen hat"[100].

Die Pfleger des Gerichts Radeck, die seit 1376 namentlich bekannt sind, wurden meist nur für ein Jahrzehnt oder wenig länger bestellt. Kardinal Burkhard von Weißpriach verlieh jedoch 1464 dem Hans Prätzl und dessen gleichnamigem Sohn Burg und Pflege Radeck auf Lebenszeit. Hans Prätzl der Jüngere starb am 6. April 1508 als letzter Pfleger zu Radeck[101]. Damals war man offenbar zur Ansicht gekommen, dass die bescheidene Burg den Ansprüchen eines erzbischöflichen Pflegers nicht mehr genüge, oder man wollte die Verwaltung des Pfleggerichts näher an die Stadt Salzburg ziehen, um sie auch von dort aus durchführen zu können. Prätzls Nachfolger, Ritter Hans von der Alm zu Hieburg, Erbtruchsess und Hauptmann des Erzstiftes Salzburg monierte, dass Erzbischof Leonhard von Keutschach das Schloss Radeck als völlig zerbrochen und baufällig eingestuft habe. Deshalb wolle er das mit Radeck verbundene Landgericht zum Schloss Neuhaus verlegen, so dass alle Gerichtsleute und Untertanen künftig einem Pfleger in Neuhaus unterstehen und zum Schloss Neuhaus untertänig und gehorsam sein sollten. Der Erzbischof habe ihm in Anerkennung seiner Verdienste um das Erzstift das Schloss Neuhaus mit allem Zubehör, nämlich der Burghut auf Schloss Neuhaus, dem Landgericht Radeck mit dem Gerichtshafer und den Gerichtshühnern, welche die Gerichtsleute zu leisten haben, dazu das Schank- und Kaufrecht im Gericht, die Gerichtsbußen (Strafgelder) einschließlich des dritten Teils von jenen Fällen, die als Hauptmannshändel dem Landeshauptmann vorbehalten waren, sowie das Fischrecht pflegweise überlassen und ihm die Burg Neuhaus als Wohnung eingeräumt. Er verpflichte sich, Feste, Pflege und Gericht selbst getreu zu besitzen, zu verwalten und nach Notdurft zu behüten, die Burg für den Erzbischof offen zu halten und nichts daran zu verändern, zu veräußern oder zu verpfänden[102].

Tatsächlich wurden wenig später, am 7. Juni 1508, auf einem Gerichtstag im Schloss Neuhaus formell Pflege und Gericht Radeck auf das erzbischöfliche Schloss Neuhaus bei Gnigl übertragen und Hans von der Alm zum ersten Pfleger bestellt. 1514 wurde ihm die Pflege Neuhaus sogar auf 20 Jahre übertragen[103]. Deshalb war er auch bereit, auf der Burg größere Investitionen vorzunehmen. 1514 ließ er Wasser von den Siebenbrunnen unter dem Kühberg fassen und in Röhren zum Schloss Neuhaus leiten und auf eigene Kosten eine Wasserstube (Behälter) im Schloss errichten[104].

Die Auseinandersetzungen zwischen Pflegern und Amtleuten wurden in dem 1508 geschaffenen Pfleggericht Neuhaus früher beendet, als in anderen Gerichtsbezirken. Hans Wilhelm von Preising, der sich 1582 um die Bestellung zum Pfleger von Neuhaus bewarb, erhielt auch *aus besonderer Gunst* die drei Urbarämter Bergheim, Fager und Heuberg verliehen, die nun auf Dauer mit der Pflege Neuhaus vereinigt wurden[105]. Damit wurde hier die Einverleibung der erzbischöflichen Urbarämter in die Pfleggerichte, die Erzbischof Wolf Dietrich von Raitenau an der Wende zum 17. Jahrhundert vornahm, bereits um etliche Jahre vorweggenommen.

WASSERKRAFT UND STEIRISCHES EISEN ALS BASIS FÜR HANDWERK UND GEWERBE

Da im Gebiet der Ostalpen die Windkraft nur wenig genutzt wurde, war neben dem Feuer rasch fließendes Wasser die wichtigste Energiequelle. Bereits im frühen Mittelalter wurde es zum Betrieb von Mühlen genutzt, später kamen Schmiedehämmer und Blasbälge hinzu. Gnigl liegt zwar an keinem Wildfluss, aber sowohl der Alterbach als auch die am Kühberg gefassten Sieben Brunnen wiesen ein derart starkes Gefälle auf, dass diese trotz der relativ bescheidenen Wasserführung für den Antrieb von Mühlen und anderen Gewerbebetrieben verwendet werden konnten. Bereits im Hochmittelalter entstanden die drei ältesten Mühlen in Gnigl. Abt Dietmar von St. Peter verlieh 1271 eine Mühle am Gniglerbach, die später den Namen Steinmühle erhielt, an den Salzburger Bürger Friedrich Münchhauser zu Burgrecht und Leibgeding[106]. Im vierten Urbar von St. Peter ist diese Mühle bereits mit der hohen Abgabe von sechs Schaff Korn und einem Schwein vermerkt, die später sogar auf sieben Schaff erhöht wurde[107]. Direkt oberhalb der Steinmühle errichtete der Ritter Gottschalk von Unzing-Neuhaus vor 1282 eine weitere Mühle, die er von Abt Dietmar für sich und seine Frau Elisabeth zu Leibgeding (auf Lebenszeit) erhielt[108]. Auf erzbischöflichem Grund lag die Knochmühle in der Obergnigl, 1272 ebenfalls im Lehenbesitz des Gottschalk von Unzing-Neuhaus, der damals erzbischöflicher Vizedom war[109]. Daraus gewinnt man den Eindruck, dass sich Gottschalk um den Ausbau des Mühlenwesens besonders bemühte, weil daraus beträchtliche Einkünfte zu erzielen waren.

Im Gegensatz zu den Mühlen von St. Peter war die Knochmühle, die später als Glockmühle bezeichnet wurde, nicht mit hohen Getreideabgaben belastet, sondern diente zunächst Geld und Naturalien, am Beginn der Neuzeit nur mehr fünf Schillinge ausschliesslich in Geld[110]. Nach dem Tod Gottschalks fiel sie an das erzbischöfliche Hofurbar zurück und wurde zunächst zu Leibgeding, bald aber zu Erbrecht an

Der Müller, Ständebuch des Jost Amman, Frankfurt 1568
Bibliothek St. Peter

waren, ausgegeben[111]. Mit Gerhoch von Radeck tritt 1324 ein weiterer Adeliger als Erbauer einer Mühle in Erscheinung. Er gab damals seine Mühle „bei dem Sauffer auf der Gnigl", die er zu rechtem Eigen besaß, an die Oblai (Stiftungsverwaltung) des Salzburger Domkapitels und erhielt sie wieder zu Lehen[112]. Wahrscheinlich ist damit die spätere Stegmühle angesprochen, obwohl diese nicht dem Domkapitel sondern zum erzbischöflichen Hofurbar gehörte. Auf ihr hohes Alter weisen aber die außergewöhnlich großen Getreideabgaben hin, die

Der Nagelschmied, Ständebuch des Jost Amman, Frankfurt 1568, Bibliothek St. Peter

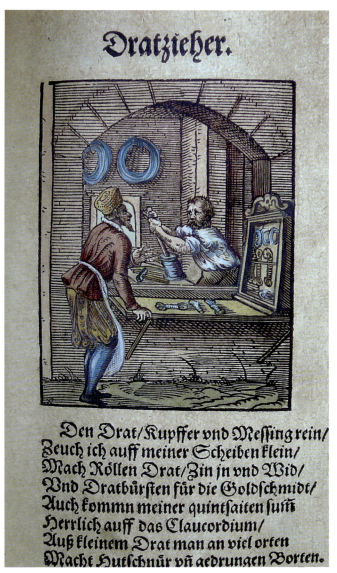

Der Drahtzieher, Ständebuch des Jost Amman, Frankfurt 1568, Bibliothek St. Peter

hier in gleicher Höhe wie bei der Steinmühle von St. Peter mit sieben Schaff Getreide vorgeschrieben waren[113]. Außerdem betonte der hochverschuldete Müller Hans Zärtl, der im 16. Jahrhundert die Stegmühle zu Erbrecht innehatte, dass sie eine der ganz alten „Ehmühlen" sei[114]. Unter diesem Begriff versteht man vom Grundherrn privilegierte Bannmühlen, in denen seine Grundholden nach dem damals geltenden Mühlenzwang ihr Getreide mahlen lassen mussten. Das erklärt auch, warum den Mühlen derart hohe Getreideabgaben vorgeschrieben

wurden. Die Müller produzierten dieses Getreide nicht selbst, sondern hatten durch ihren Beruf Zugriff darauf. Diesen Umstand und auch das damals noch einträgliche Geschäft des Müllers nutzten sowohl der Erzbischof als auch der Abt von St. Peter, um sich möglichst große Mengen an Getreide zu sichern. In späteren Jahrhunderten waren diese Abgaben von den Müllern nicht mehr aufzubringen und sowohl auf der Steinmühle als auch bei der Stegmühle wurden die Getreideleistungen von sieben auf fünf Schaff Korn zurückgenommen und zu

MITTELALTER UND FRÜHE NEUZEIT | 57

einem relativ günstigen Preis in Geld umgelegt[115]. Im Zeichen der immer größeren Konkurrenz durch neue Mühlen wären diese beiden alten Ehmühlen sonst nicht mehr zu betreiben gewesen.

Auf eine komplizierte Geschichte blickt die am Ende des Siebenbrunnengerinnes gelegene Neumühle zurück, die geteilt war und mit der oberhalb gelegenen Aumühle einen stattlichen Gewerbekomplex bildete. Sie wurde wohl im 14. Jahrhundert errichtet und befand sich 1415 im Eigentum des Urbarrichters von Mittersill, Jakob Gschürr, der sie den Brüdern Heinrich und Konrad, Bäckern in der Gnigl, zu Erbrecht verlieh[116]. In den folgenden Jahrzehnten kam es zur Teilung der Mühle und die Salzburger Pfarrkirche, die heutige Franziskanerkirche, erwarb das Eigentum an beiden Hälften von den Erben des Urbarrichters Gschürr[117]. Bereits 1488 trug Hans Neumüller die halbe Mühle von der Stadtpfarrkirche zu Erbrecht[118] und 1497/98 waren die beiden Hälften, die hinfort ein Eigenleben führten, an Bartholomäus und Ulrich Aumüller verliehen[119].

Für die vier bis fünf alten Mühlen in Gnigl reichte die vom Alterbach und vom Siebenbrunnengerinne zur Verfügung gestellte Wasserkraft aus. Da die Müller häufig zugleich Bäcker waren und ihr Handwerk als Familienbetrieb führten, konnten sie ihre Waren zu günstigen Preisen auf den städtischen Markt nach Salzburg bringen, wo ihnen an der Westseite des Alten Markts eine eigene Ladenreihe (hinter dem heutigen Tomaselli-Kiosk) eingeräumt war, und dort auch erfolgreich absetzen[120]. Im 15. Jahrhundert kam es jedoch, bedingt durch den erneuten Bevölkerungsanstieg und den wirtschaftlichen Erfolg der Gnigler Müller, der zur Nachahmung einlud, zu einer Serie von Neubauten an den beiden Bächen innerhalb von wenigen Jahrzehnten. Immer neue Interessenten erwarben einen „Wasserfall" oder „Wasserstrahl", womit Gefällstufen bezeichnet wurden, die zum Betrieb einer Mühle, einer Schmiede, einer Säge, einer Drahtmühle oder eines Schleifsteins geeignet waren. Allein auf erzbischöflichem Grund entstanden in rascher Folge 1406 eine Hammerschmiede mit Werkstätte, 1438 die unmittelbar oberhalb der Neumühle errichtete Aumühle, 1442 eine neue Säge unter dem Nockstein und bald darauf eine neue Gmachmühle, 1465 eine neue Mühle bei der Knochmühle und 1486 ebenfalls eine weitere zur Knochmühle gehörende Gmachmühle. Dazu kamen ein neuer Schleifstein bei der Neumühle, 1464 eine Säge unter der Neumühle, aus der dann die „Palliermühle" (Poliermühle) hervorging, 1542 eine neue Drahtmühle und 1543 die Schnoderbachmühle als oberste am Siebenbrunnengerinne[121]. Dazu kamen noch die um 1550 von Herzog Ernst errichtete Messinghütte, die 1561 erbaute Nagelschmiede des Christoff Pammer, aus der das Messingwerk des Hanns Stainhauser hervorging, sowie einige „Schleifsteine", die später in Drahtmühlen oder Hammerschmieden umgewandelt wurden.

Ein besonderer Grund für das rasche Ansteigen dieser Gewerbebetriebe war die Nähe der „Eisenstraße", die aus der Steiermark kommend damals in steilem Gefälle nahe dem Mühlbach von Guggenthal in die Untergnigl herabführte[122]. Das hier transportierte Eisen bot nicht nur Säumern und Fuhrleuten am Heuberg Arbeit, sondern konnte in Gewerbebetrieben am Mühlbach und am Siebenbrunnengerinne weiter verarbeitet werden. So entstanden in kurzer Zeit zahlreiche Hammerschmieden, Nagelschmieden und Drahtziehereien. Sie verliehen Ober- und Untergnigl das Aussehen typischer Gewerbesiedlungen, beschworen aber auch zunehmend Konflikte herauf, da die Wassermenge von Mühlbach und Siebenbrunnengerinne bei weitem nicht mehr ausreiche.

Bereits Erzbischof Leonhard von Keutschach hatte Wasser zur Burg Neuhaus geleitet und Michael von Kuenburg führte erneut Wasser aus dem Siebenbrunnengerinne in die Stadt Salzburg[123]. So kam es, dass die meisten Mühlen, Schmieden und Drahtziehereien, die über zwei oder mehr Mühlgänge – getrennte Wasserzuleitungen zu Wasserrädern – verfügten, davon nur einen oder zwei (wie bei der dreigängigen Stegmühle) nutzen konnten[124]. Die Folge waren fast permanente Auseinandersetzungen um das begehrte Wasser, die sowohl die Amtleute als auch den Hofmeister in Salzburg als Oberbehörde immer wieder beschäftigten.

Sie trugen dazu bei, das negative Bild des Müllers, als eines Handwerkers, der „dem anderen das Wasser abgräbt", auch in der Nacht und an Sonn- und Feiertagen arbeitet, wenn einmal genügend Wasser vorhanden ist, und in dessen abgelegener Werkstätte sowohl Gelegenheit zu sexuellen Ausschweifungen als auch zu konspirativen Absprachen gegeben war, weiter zu festigen[125]. Zur Ehrenrettung der zahlreichen Müller in Gnigl – es gab zeitweise 14 Getreidemühlen – ist allerdings festzuhalten, dass auch Drahtmüller, Drahtzieher, Hammerschmiede, Nagelschmiede und Messingschmelzer in ihrem Kampf um das begehrte Wasser ebenso rücksichtslos vorgingen.

DER GNIGLER GRABEN ALS GEBURTSSTÄTTE DER SALZBURGER MESSINGINDUSTRIE

Die Erzeugung von Messing wurde in der Frühen Neuzeit zu einer wichtigen Einnahmequelle der Salzburger Fürsterzbischöfe. Obwohl die Rohstoffe Kupfer und Galmei – reines Zink wurde erst später für die Produktion eingesetzt – zu 90 Prozent aus dem Ausland importiert werden mussten, fand das Salzburger Messing im 17. Jahrhundert vor allem in Italien und den österreichischen Erbländern, aber auch in der Schweiz, in Bayern und in den deutschen Reichsstädten guten Absatz. Die Messingwerke in Ebenau und Oberalm exportierten vor allem Halbfabrikate in Form von Schlagzainen, die zu Blechen ausgehämmert wurden und von Drahtzainen, aus denen Messingdrähte gezogen wurden. Nur ein kleiner Teil der Produktion wurde von den Sperlmachern in Hallein zu Nadeln verarbeitet.

Mit der Gründung eigener Messingwerke in Tirol und der Steiermark, später auch in Rosenheim und Memmingen, wurden die Salzburger Produkte schrittweise aus dem habsburgischen Machtbereich und auch aus den süddeutschen Reichsstädten verdrängt, so dass 1805 die Messingproduktion in Oberalm und 1844 auch das Werk in Ebenau eingestellt werden mussten[126].

Die Anfänge der Salzburger Messingproduktion wurden bisher stets den Brüdern Andreas und Maximilian Stainhauser mit der Gründung der Messingwerke in Ebenau und Oberalm im Jahre 1585 zugeschrieben. Es war zwar bekannt, dass bereits Hanns Stainhauser, der Vater der beiden Brüder, in Gnigl eine Messinghütte betrieben hatte, doch wurde diesem Unternehmen keine Bedeutung beigemessen[127]. Ein Eintrag im Urbar der erzbischöflichen Güter vor dem Gebirge, das in der ersten Hälfte des 15. Jahrhunderts angelegt wurde (Urbar 4), zeigt, dass bereits damals der Landesfürst bestrebt war, technischen Fortschritt zu fördern und zu unterstützen.

Bei den im Urbaramt Heuberg verzeichneten Gütern in der Gnigl findet sich folgender Nachtrag in lateinischer Sprache[128]: „Ebenso eine Hofstätte, die am Ufer des Gnigler Baches gelegen ist, auf der eine Schmelzhütte steht. Diese hat der Goldschmied Berthold inne für die Bergwerksarbeit und es steht ihm durch die besondere Gunst des Erzbischofs Bernhard völlig frei, wozu er sie benützt". Erzbischof Bernhard von Rohr (1466–1481) ließ also gezielte Versuche anstellen, um die Aufbereitung der Edelmetalle und die Schmelztechnik zu verbessern. Der Ort Gnigl bot sich wegen der geringen Entfernung zur erzbischöflichen Residenz für derartige Experimente an, die wohl mit der Abdankung des Erzbischofs und den durch die kriegerischen Ereignisse bedingten Rückschlägen im Bergbau ein Ende fanden.

Nach dem Tod des Kardinal Matthäus Lang bestieg 1540 mit Herzog Ernst von Bayern ein Fürst aus dem Hause Wittelsbach den erzbischöflichen Stuhl in Salzburg, der dem Montanwesen besondere Aufmerksamkeit widmete und sich selbst als Unternehmer und Gewerke engagierte. Trotz zahlreicher Detailuntersuchungen[129] war es bisher nicht bekannt, dass Ernst auch die Messingerzeugung in Salzburg begründete. Da er durch seine weitgespannten unternehmerischen Beziehungen wusste, wie groß die Nachfrage nach Messing war, und gleichzeitig auch über Bergwerksanteile verfügte, aus denen er die erforderlichen Rohstoffe beziehen konnte, entschloss er sich zu einem Versuch.

Die Kirchtag- oder Fichtlmühle, um 1910
hier oder in der Nähe befand sich (vermutlich) die erste Gnigler Messinghütte, Haidenthaller, Chronik III

Er ließ in der Gnigl am Mühlbach eine Messinghütte errichten, von der wir allerdings erst nach seiner Resignation erfahren. In dem im 16. Jahrhundert angelegten Urbar findet sich folgender Eintrag, der hier in modernem Deutsch wiedergegeben wird: „Im Jahr 1555 wurde auf Befehl unseres gnädigsten Fürsten und Herrn zu Salzburg (des Erzbischofs Michael von Kuenburg) dem Hofratsdiener Hanns Rußwurm der neue Bau bei der von Herzog Ernst in der Gnigl errichteten Messinghütte zur Nutzung überlassen und er damit ins Urbar eingeschrieben; er hat davon jährlich 16 Pfennige zu leisten[130]."

Als Herzog Ernst 1554 auf Druck des Papstes resignierte, war sein Nachfolger Michael von Kuenburg an den bescheidenen Anfängen der Messingproduktion in Gnigl offenbar nicht interessiert und überließ die Messinghütte gegen entsprechende Abgaben an private Interessenten. Auf Hanns Rußwurm folgten 1558 Martin Steinmüller, ein Jahr später Baltasar Stigler und 1564 Paul Vogel[131].

Diese drei Männer stammten aus der Gnigl, waren handwerklich tätig und versuchten sich in der Messingherstellung. Auch in der Abrechnung des Amtmanns Eustachius Reimann für das Gericht Heuberg sind im Jahre 1559 16 Pfennige an Abgaben von der Messinghütte in Gnigl verzeichnet[132]. Wie lange die Messingherstellung über das Jahr 1564 hinaus anhielt, geht aus den Quellen nicht hervor.

Der „Neustart" nach dieser ersten Initiative des Herzogs Ernst ist mit einer ebenso merkwürdigen wie interessanten Persönlichkeit verbunden, dem Rechtsgelehrten Dr. Martin Pegger, der sich nach Humanistenart Pegius nannte. Dieser „hochgelehrte Mann", Doktor beider Rechte, war erzbischöflicher Rat und Assessor beim Konsistorium[133]. Nach dem Tod des total verschuldeten Nagelschmieds Christoff Pammer hatte sich Pegius dank einer von der Hofmeisterei ausgestellten und besiegelten Schuldverschreibung die von Pammer im Gnigler

Graben knapp unterhalb der Guggenthalmühle errichtete Nagelschmiede samt dem vollständigen Werkzeug sowie einem kleinen Holzhaus mit Garten gesichert[134]. Angesichts des ruinösen Bauzustands schien ein Verkauf der Schmiede kaum möglich, bis Dr. Pegius in der Person des Hanns Stainhauser einen Interessenten fand. Dieser war 1544 als junger Mann in die Stadt Salzburg gekommen, wo er 1551 das Bürgerrecht erwarb[135]. Seine Herkunft wird zwar im Bürgerbuch nicht angeführt, aber die engen Beziehungen, über die er auch später noch verfügte, legen den Schluss nahe, dass er aus Tirol nach Salzburg kam. Hier verband er sich in mehreren Ehen mit Töchtern aus den angesehensten Bürgerfamilien und konnte dadurch, sowie durch seine Tätigkeit als Handelsmann und Unternehmer ein beträchtliches Vermögen erwerben[136].

In Tirol lernte er – vielleicht auf seinen Handelsreisen – das Messingwerk in Bruneck kennen, das der Augsburger Kaufmann Hieronymus Kraffter 1556 gegründet hatte[137] und ein zweites Unternehmen, mit dem der Südtiroler Adelige Christoph von Wolkenstein-Rodenegg 1564 in Lienz begann[138]. Vielleicht war er sogar an einem dieser Werke beteiligt. Da es im Erzstift Salzburg kein Unternehmen dieser Art gab, wollte Stainhauser seine Erfahrungen hier umsetzen. Er schloss mit Dr. Pegius am 25. Oktober 1573 einen Kaufvertrag[139], mit dem er von diesem die Schmiedewerkstatt mit dem Hammer, der Brennhütte und allen Gerechtsamen zum Schmelzen, Aushämmern und zur Herstellung von Drähten aus Messing und anderem Material sowie das Haus mit Garten erwarb. Während der Kaufpreis für die Liegenschaft 160 Gulden betrug, musste Stainhauser für das umfangreiche Werkzeug, das detailliert aufgelistet wird, weitere 70 Gulden erlegen. Mit Dr. Pegius hatte Stainhauser vereinbart, dass der Verkauf nur dann Rechtskraft erhalten sollte, wenn der Erzbischof als Landesfürst der Errichtung einer Messinghütte zustimmte. Erzbischof Johann Jakob von Kuen-Belasy, der 1560 auf Michael von Kuenburg gefolgt war, zögerte jedoch zunächst mit seiner Zustimmung. Er befürchtete, dass die Messingerzeugung durch ihren großen Bedarf an Holz und Kohle zu einer Verknappung und Verteuerung der Brennstoffe in der Stadt Salzburg führen könnte. Er war zunächst nur bereit, den Verkauf mit einer Betriebsbeschränkung auf drei Jahre zu genehmigen. Eine Intervention des Dr. Pegius vom 17. November 1573 blieb erfolglos[140].

So sah sich Hanns Stainhauser selbst genötigt, eine umfangreiche Bittschrift an den Erzbischof zu richten, in der die Probleme bei der Betriebsgründung in allen Details dargestellt sind[141]. Er habe im Vertrauen auf Dr. Pegius mit dem Bau der Messinghütte begonnen und die Werkstatt ohne jeglichen Einspruch errichtet. Es war bereits viel Geld erforderlich, um die notwendigen Vorräte an Kupfer, Galmei und anderen Rohstoffen zu erwerben. Aus dem Messingwerk in Lienz habe er einen Meister samt dessen Frau und vier Kindern sowie sechs Gesellen auf eigene Kosten hierher gebracht und entlohnt. Vor etlichen Tagen habe ihm jedoch der Salzburger Bürgermeister Sebastian Altheimer mitgeteilt, dass der Erzbischof mit der Messinghütte nicht einverstanden sei, da er eine Brennstoffverknappung für die Stadt Salzburg befürchte. Das habe er „mit traurigem, bekümmerten Gemüt vernommen", zumal Dr. Pegius die Bewilligung der Hofmeisterei eingeholt hatte. Er sei mit seinem beschränkten Verstand davon überzeugt gewesen, dass die Messinghütte sowohl für den Erzbischof als auch für die Stadt Salzburg sehr nützlich sein und zu einem großen Aufschwung führen werde. Alle Handwerker in der Stadt Salzburg, die Messing für ihre Arbeit benötigen und um erhebliche Summen einkaufen, sprächen sich für die Errichtung der Messinghütte aus, da sie dann viel rascher und günstiger von ihm Messing bekommen könnten und es nicht mehr aus dem Ausland mit größeren Unkosten und hohem Aufwand einführen müssten.

Mit Rücksicht auf die beschränkte Wassermenge und andere Bedürfnisse habe er auch nie beabsichtigt, ein derart großes Werksgelände wie in Bruneck oder in Lienz einzurichten, ja nicht einmal ein Drittel oder Viertel von diesen Betriebsgrößen, damit dem Fürsten und der Stadt Salzburg keine Schmälerung an Holz und Kohle entstehe.

Blick in den Gnigler Graben, um 1910, Haidenthaller, Chronik VI

Er habe vielmehr die Messinghütte so errichtet, dass er mit ein oder zwei Brennöfen in vier Wochen so viel Messing brennen könne, dass man damit für sechs Wochen genug zum Schmieden habe. Während der Nagelschmied Christoff Pammer als Vorbesitzer einen großen Brennofen für das alte Eisen betrieben habe, der sehr viel Kohle erforderte, und auch bis zu 24 Nagelschmiedgesellen beschäftigte, habe er in der Messinghütte weniger Mitarbeiter und werde auf keinen Fall mehr Kohle verbrauchen als der Vorbesitzer. Schließlich kündigte er an, einen eigenen Wald zu kaufen, um dort die notwendige Kohle selbst brennen zu lassen. Es würde ihm zu großem „Nachteil, Schaden, auch Spott und Schimpf" gereichen, wenn er dieses Werk wieder einstellen müsse.

Auch davon ließ sich Erzbischof Johann Jakob zunächst nicht umstimmen. Schließlich aber setzten sich das unternehmerische Geschick Stainhausers und der wirtschaftliche Erfolg seiner Messinghütte durch. Am 14. Mai 1575 wurde eine Bestandsaufnahme durchgeführt, die alle wichtigen Details zur neuen Werksanlage auflistet[142]: Stainhauser hatte ein neues Hammerwerk errichtet und darin drei große Hämmer an einen Wellbaum gereiht, die zum Ausschmieden des Messings dienten. Ein zweiter Wellbaum trieb über ein Rad zwei Mühlsteine an, von denen einer zum Mahlen von Galmei diente. Außerdem war daran eine Stampfe angeschlossen, die zum Zerstoßen von Kohle benötigt wurde. Die zerkleinerte Kohle mischte man dann unter den gemahlenen Galmei, um bessere Ergebnisse beim Schmelzen zu erzielen. In der Hammerhütte gab es außerdem einen großen Schleifstein und außerhalb des Gebäudes einen Brennofen und Herd, auf dem das ausgeschmiedete Messing ausgeglüht und weichgemacht wurde. Dazu kam noch eine Hufschmiede mit einer Feuerstätte. Jenseits des Bachs lag ein weiteres Bauwerk für die Kohle, die Stainhauser in Koppl und an anderen Orten möglichst günstig einkaufte. Oberhalb der Kohlehütte gab es eine neue Brennhütte, in der die Brennöfen und keramischen Gefäße standen, die man zum Kupferschmelzen und Messinggießen benötigte. Dort wurden bei Tag und Nacht jeweils sieben Säcke Kohle, abgesehen von der Schmiedearbeit, verbraucht. Der Produktionserfolg war so groß, dass die Söhne Hanns Stainhausers 1588 den Hof Guggenthal samt der zugehörigen Mühle, in unmittelbarer Nachbarschaft zu ihrer Messinghütte, erwarben. Während sie diese für den Ausbau der Messingproduktion nützten, wurden in Guggenthal Beamte und Arbeiter, die in der Messingproduktion tätig waren, untergebracht[143]. Das Werk im Gnigler Graben überstand den Konkurs der Stainhauser 1617, erlebte noch die „Verstaatlichung" unter Erzbischof Paris Graf Lodron und musste um die Mitte des 17. Jahrhunderts den besseren Produktionsbedingungen in Ebenau und Oberalm weichen[144].

DIE SIEDLUNG UND IHRE GRUNDHERREN AM BEGINN DER NEUZEIT

Das 1608 unter Erzbischof Wolf Dietrich angelegte Stockurbar des Pfleg- und Urbaramts Neuhaus[145] bietet einen guten Einblick in die Lebens- und Wohnverhältnisse der Bewohner von Gnigl am Beginn der Neuzeit. Als größter Grundherr verfügte der Erzbischof über insgesamt 43 Häuser, Höfe, Mühlen und Werkstätten, die bereits durchwegs zur günstigen Leiheform des Erbrechts verliehen waren. Das herausragende Gebäude, das eigentlich die Macht des Pflegers als Vertreter des Erzbischofs vor Augen führen sollte, befand sich jedoch in einem bedauerlichen Zustand. Das Schloss Neuhaus war seit längerer Zeit verlassen und so baufällig, dass es nicht mehr bewohnbar schien[146]. Der Schlossberg, auf dem das Hofvieh graste, war zum Großteil von Stauden überwuchert und der Meierhof war einem Brand zum Opfer gefallen. Er wurde am 19. Mai 1592 von einer Kommission besichtigt, die Kosten von insgesamt 600 Gulden für den Neubau des Meierhauses veranschlagte[147]. Beim Schloss selbst sollte nur das Dach der Kirche mit geringen Mitteln repariert werden, die hohen Wände und Gemäuer hingegen, die bereits stark baufällig waren, abgerissen werden, um niemanden durch Steinschlag zu gefährden. Da eine Planke, die das baufällige Schloss abriegelte, von etlichen Leuten überstiegen wurde, die sich im leeren Gebäude einnisteten, sollten mit geringen Kosten die Planken erhöht werden. Auch das Wirtshaus auf der Meierwiese war derart baufällig, dass man täglich mit herabfallenden Steinen rechnen musste. Der Wirt machte sich erbötig, selbst für die Reparatur zu sorgen, doch sollten ihm die Kosten dafür vom vorgeschriebenen Zins abgezogen werden. Zur Instandsetzung des Wirtshauses kam es offenbar nicht, da dieses später nicht mehr in den Urbarbüchern aufscheint. Einen gewissen Ersatz für das verfallene Schloss bot das Amtshaus, das in deutlicher Entfernung an der Linzer Reichsstraße in der Gnigl errichtet worden war und auch über vier gut gemauerte Gefängnisse verfügte[148]. Die Pfleger hatten es seit geraumer Zeit dem Amtmann als Wohnung überlassen und sich allein den zugehörigen Weingarten vorbehalten.

Untergnigl hatte sich an der Wende zur Neuzeit zu einer typischen Handwerks- und Gewerbesiedlung entwickelt. Etliche Häuser verfügten über eine Schmiedewerkstätte und auch über die erforderliche Betriebserlaubnis. Durch die Nähe zur Residenzstadt erwarben Salzburger Bürger häufig Objekte in Untergnigl, weniger um sie als Zweitwohnsitz zu nutzen, sondern um dort billiger zu produzieren und auch zu leben. So besaß Hans Sinnhuber, ein Drahtzieher und Ringelschmied aus der Riedenburg das Gut Hinterhäusl und das Wagnergut und betrieb in beiden Anwesen eine Schmiede; zum zweiten Objekt gehörte auch noch eine Branntweinhütte[149].

Der Salzburger Bürger und Handelsmann Christoph Rechseisen erwarb 1608 das Patrongut und das Holzhausengut, das ebenfalls über eine Schmiedegerechtigkeit verfügte, um den hohen Kaufpreis von 770 Gulden[150]. Das Stockgut beim Meierhof samt einem kleinen, neu gebauten Haus daneben besaß Michael Holzhauser, Bürger und Bierbrauer zu Salzburg[151] und sogar der Bürgermeister der Landeshauptstadt, Georg Kirchberger, war mit dem Gut in der Sandgrube als Hausbesitzer in Gnigl vertreten[152].

Einen Sonderfall stellte das Mosauer Gütl dar, wo Jörg Schrempf den Beweis erbringen konnte, dass es ein freies und lediges Eigen war[153]. Dieses seltene Recht hatte er sich wohl durch Kauf vom früheren Grundherrn gesichert. Insgesamt 17 Güter waren zum Urbaramt Schloss Neuhaus gewidmet, der Rest unterstand dem Urbaramt Heuberg[154].

Die Bauerngüter auf dem Heuberg verfügten meist über sechs bis zwölf Tagwerk fruchtbares Land, das mit Getreide bebaut wurde. Dazu kamen einige Wiesen, die das notwendige Heu für die Viehhaltung lieferten. Der Viehbestand selbst war recht bescheiden, meist nur ein bis zwei Pferde, drei bis acht Rinder und einige Schweine. Die einstige Schwaighofwirtschaft war fast vollständig aufgegeben worden, nur auf dem Gut Gschwandt mit der Wiese Hochreut wurden noch 50 Schafe gehalten[155]. Der durchschnittliche Wert dieser Güter betrug meist 200 bis 400 Gulden, je nach dem Bauzustand, der Größe der landwirtschaftlich genutzten Flächen und dem Viehbesatz. Aber auch dabei blieben die Unterschiede gering. So war der ursprüngliche Hof Heuberg in zwei Güter geteilt worden, auf denen „zwei wohl erbaute Häuser" mit Stadeln, Stallungen, gewölbtem Keller, Kasten, Backofen, Baum-, Kraut- und Pflanzgarten sowie einem Bad standen. Dazu gehörten nicht weniger als 22 Tagwerk Land sowie insgesamt fünf Rösser, 20 Rinder und drei Schweine. Obwohl die beiden Güter damit alle anderen bäuerlichen Betriebe deutlich übertrafen, waren sie jeweils nur mit 300 Gulden angeschlagen[156].

Ein viel höherer Wert wurde grundsätzlich den Mühlen beigemessen, auch wenn sie sich nicht in bestem Zustand präsentierten. Die Palliermühle wurde als wohlerbautes Mühlwerk aus Stein mit zwei Gängen beschrieben, doch war das darüber liegende Zimmer aus Holz baufällig. Dazu kamen zwei Stuben, ein Backofen, ein Rossstall, eine Wagenhütte sowie ein Baum- und Krautgarten. Auf vier Wiesen (Pointen) konnte man je eine Kuh halten, sonst aber gab es weder Weiderecht noch Holzbezug. Trotzdem war das Objekt mit 1000 Gulden angeschlagen, jene Summe, um die es Georg Wenger 1603 gekauft hatte[157]. Die Glockmühle in Obergnigl mit 900 Gulden (trotz baufälliger Behausung), die Stegmühle mit 800 Gulden, die Vogelmühle im Mösl mit 780 Gulden und die Aumühle mit 635 Gulden zählten ebenfalls zu den wertvollsten Objekten auf dem erzbischöflichen Hofurbar[158]. Auch die kleinere Rauchenbergermühle im Mösl und die Mühle und Bäckerei des Michael Voggenberger waren mit je 450 Gulden höher veranschlagt als alle Bauernhöfe[159]. Deutlich geringer im Wert war die Drahtmühle des Wolf Lindner in Untergnigl, die als Hammer- und Nagelschmiede verwendet wurde, mit 180 Gulden angeschlagen[160] und die Drahtmühle des Martin Steinpüchler wurde überhaupt nur mit einem Wert von 100 Gulden eingestuft[161].

Unter allen Mühlen nahm die Stegmühle eine Sonderstellung ein. Auch nach der Ermäßigung des Getreidedienstes von sieben Schaff Korn auf fünf Schaff und die Umlegung dieser Abgabe in Geld waren jährlich 18 Gulden und ein Schilling in Geld zu entrichten, dazu vier Hennen und 100 Eier[162]. Bedenkt man, dass die Palliermühle mit einem Wert von 1000 Gulden zwar wesentlich höher angeschlagen war, aber mit einem Gulden und vier Schillingen nicht einmal ein Zehntel von jenem Betrag entrichten musste, der auf der Stegmühle vorgeschrieben war, dann versteht man die oft geäußerte Bestürzung, ja Verzweiflung von deren Besitzern.

Insgesamt war die Anlage des Stockurbars 1608 nicht ein Zeichen der väterlichen Sorge des Erzbischofs Wolf Dietrich für seine Untertanen, sondern ein Mittel, um die Abgaben deutlich, bisweilen sogar um ein Mehrfaches, zu erhöhen. So wurden dem Gut in der Sandgrube, das bis dahin keine Abgaben in Geld zu leisten hatte, zwei Schilling Pfennige vorgeschrieben und dem Tagmühlgut zwei Schillinge und sechs Pfennige[163]. Beim Gut am Steg, das auch über einen Weingarten verfügte, wurde der Urbarzins von 3 Schilling auf einen Gulden, also fast die dreifache Summe, gesteigert[164] und für die beiden Güter Heuberg, die aus der Teilung des Hofes hervorgegangen waren, wurden anstelle von fünf Schilling 13 Pfennig mit zwei Gulden der dreifache Betrag gefordert[165]. Auch beim Gut Wiesfleck stiegen die Abgaben auf die dreifache Höhe[166].

Die Bedeutung der beiden großen Straßen, die in Gnigl zusammentrafen, führte zur Ansiedlung von Handwerkern, die wie Schneider, Schuster oder Wagner auch für den Bedarf der Reisenden zu sorgen hatten, aber auch zu einer steigenden

Bedeutung der Wirtshäuser. Diese waren ähnlich hoch eingestuft wie die größeren Mühlen. Die Taverne an der Kendl in Obergnigl wird als ein wohlerbautes gemauertes Haus mit zwei Stuben, drei Kammern, Keller, Stallungen und einem Garten sowie insgesamt sechs Tagwerken Ackerland und Wald beschrieben. Ihr Wert war mit 800 Gulden veranschlagt[167]. Dazu kamen als weitere Gaststätten und Beherbergungsbetriebe das Wirtshaus in Guggenthal, das später abgekommene Wirtshaus auf der Meierwiese beim Schloss Neuhaus und auf Grund und Boden von St. Peter das Gut Altmannsteg, das am Ende des 15. Jahrhunderts in eine Taverne, den heutigen Turnerwirt, umgewandelt wurde[168].

Zumindest bei den erzbischöflichen Grundholden sind erste Ansätze zu einem engeren Zusammengehörigkeitsgefühl und zu Vorformen einer Gemeindebildung greifbar. Dazu trugen die gemeinsamen Nutzungsrechte bei, über welche die meisten Güter verfügten. Man besaß Weiderechte und das Recht auf Holzbezug vom Gemeinbesitz (Allmende) in der Kalten Kendl und dazu häufig noch Weiderechte im ebenfalls gemeinsam genutzten Gnigler Moos[169]. Gleichzeitig formierte sich eine bäuerliche Gemeinschaft, wenn es darum ging, die Ansprüche benachbarter Dorf- oder Gerichtsgemeinden abzuwehren. 1568 kam es zu einer Auseinandersetzung zwischen der Nachbarschaft in Gnigl und jener von Hallwang um Weiderechte und Holzbezug am Einödberg in der Gnigl[170]. Die Gnigler Nachbarschaft konnte sich dabei gegen die Gegenpartei, die von den Zechpröpsten der Hallwanger Kirche unterstützt wurde, durchsetzen und erreichen, dass sich die Hallwanger künftig des Holzschlags am Einödberg enthalten mussten und sich mit der Weide und dem Holzbezug in der Au zufrieden geben sollten. Die Organisation der Nachbarschaft, die uns hier entgegentritt, bildete in Salzburg, wo das Dorf keine so wichtige Rolle wie in Tirol oder in Niederösterreich spielte, ein Element der Gemeindebildung „von unten her". Ausdruck eines Gemeinschaftsbewusstseins über die verschiedenen Grundherrschaften hinweg war es auch, dass sich am 19. Juli 1459 15 junge Burschen aus Gnigl gemeinsam mit drei weiteren Männern als Söldner für Erzbischof Sigmund von Hollenegg verdingten. Ihr gut bezahlter Kriegsdienst währte allerdings nicht lange, denn bereits am 31. August stellten sie einen Quittbrief über den Empfang des vereinbarten Soldes aus[171].

Eine deutliche Trennung gab es jedoch noch immer zwischen den Grundholden und Gütern des erzbischöflichen Hofurbars und jenen von St. Peter. Als zweitgrößter Grundherr in der Gerichtsschranne Heuberg besaß die Abtei immerhin zehn Güter von teilweise stattlichen Ausmaßen, die im Urbaramt Spital zusammengefasst waren und dort auch das Stifttaiding besuchten. Differenzen zu den erzbischöflichen Hintersassen gab es vor allem bei den Leiheformen. Die meisten Güter, darunter auch Röcklbrunn und Waldbichl, wurden nicht zu Erbrecht verliehen, sondern nur auf Lebenszeit. Das Gut Waldbichl war sogar bis 1420 als Freistiftgut vergeben worden und die vier Söhne des Gebhard Jäger erhielten es nur gegen eine zusätzliche Abgabe von jährlich 28 Hühnern und einer Ehrung von 12 Pfennigen zu Leibgeding[172]. Auf der Steinmühle in Gnigl setzte sich nach 1434 das Erbrecht durch, aber die hohe Belastung von sieben Schaff Getreide war kaum zu verkraften. Deshalb wurde die Abgabe auf fünf Schaff reduziert[173]. Die Geldabgaben waren hingegen deutlich niedriger als auf den erzbischöflichen Gütern und betrugen in Röcklbrunn zwei Pfund Pfennige[174], sonst aber nur wenige Schillinge oder überhaupt nur größere Pfennigbeträge. Dazu kam auf einigen Gütern eine größere Anzahl von Hennen, die zu Pfingsten abgeliefert werden mussten und als „Grashühner" bezeichnet wurden[175]. Eine besondere Rolle spielte die Familie Wieshay, die einige Güter innehatte, von denen eines bei Röcklbrunn mit der Pflicht zur Beaufsichtigung der Maiwiese im heutigen Ort Mayrwies verbunden war. Deshalb werden die Wieshay auch „Hüter der Maiwiese" genannt[176]. Das Gut Altmannsteg war mit drei Pfund Pfennigen am höchsten veranschlagt, weil es am Ende des 15. Jahrhunderts in ein Wirtshaus umgewandelt wurde[177]. Zu ihm gehörte – so wie zu zwei anderen Gütern in Gnigl – ein kleiner Weingarten, der auf die günstigeren Klimaverhältnisse vor dem Einsetzen der „kleinen Eiszeit" hinweist.

Über nennenswerten Grundbesitz verfügte in Gnigl noch die Salzburger Stadtpfarrkirche (heute Franziskanerkirche) mit dem Köllengut, dem Gut Gschwandt auf dem Heuberg und den beiden Hälften der Neumühle[178]. Dazu kam das Bürgerspital mit den Gütern Schillinghof (der 1661 an die Abtei St. Peter verkauft wurde), Fuchsengut und dem Gut Hintergschwandt am Heuberg[179]. Mit dem Baron Lasser, der das Gut Grub auf dem Heuberg besaß[180], war am Beginn der Neuzeit auch ein weltlicher Grundherr vertreten.

Eine wichtige Etappe auf dem schwierigen Weg zum Dorf bildete der Bau der Kirche St. Michael, die im Jahre 1585 erstmals genannt wird[181]. Obwohl Gnigl damit noch lange keinen eigenen Friedhof erhielt und auch Gottesdienste nur selten und unregelmäßig stattfanden, wurden diese doch von allen Bewohnern der Siedlung, egal welcher Grundherrschaft sie unterstanden und ob sie vom Heuberg, aus Obergnigl oder Untergnigl kamen, besucht. Damit war neben dem Landtaiding, das seit den Änderungen unter Herzog Ernst von Bayern immer stärker an Bedeutung verlor, ein neuer Ort der Begegnung geschaffen, der wesentlich zur Bildung einer Gemeinde beitragen sollte.

Alltagsbilder an der Wende zur Neuzeit

DER ALTE WOLF BEIM SCHLOSS NEUHAUS

Die Hochwildjagd war bis weit in die Neuzeit ein Vorrecht der Erzbischöfe als geistliche Landesfürsten, das diese an Personen adeligen Standes und an einzelne Beamte weitergeben konnten. Wilderei und Wilddiebstahl in jeglicher Form wurden streng, bisweilen sogar grausam gestraft. Die Oberaufsicht über die zahlreichen Jäger und Jagdgehilfen führte der Jägermeister, der dem Adel entstammte. Für die einfache Bevölkerung war nur die Jagd auf „landschädliche Tiere" freigegeben, zu denen Bär, Luchs und Wolf zählten. Deshalb waren diese Tiere schon in der Frühen Neuzeit weitgehend ausgerottet[182]. Das war auch die Ursache dafür, dass es um das Fell eines Wolfs zu einer derart skurrilen Auseinandersetzung kommen konnte, wie sie sich im Pfleggericht Neuhaus 1557 zutrug.

Der Jägermeister Sebastian Überacker richtete im Frühjahr ein Schreiben an seinen obersten Dienstherrn, Erzbischof Michael von Kuenburg[183]: Es sei ihm berichtet worden, dass die Bauern im Gericht Neuhaus einen Wolf gefangen und das Fell zum Pfleger David Köldrer gebracht hätten. Daraufhin habe er verlangt, dass ihm als Jägermeister der Wolf übergeben werde, was Köldrer aber verweigert habe. Der Jägermeister verlangte die Auslieferung des Wolfes, da Köldrer in seiner Pflege Neuhaus keine Jagd besitze. Für David Köldrer stellte sich der strittige Fall ganz anders dar[184]. Seine Knechte, die er auf dem Meierhof beim Schloss Neuhaus beschäftige, waren dort beim Zaunsetzen und anderen Arbeiten, als ein hungriger, großer und dürrer Wolf, den niemand jagte, zum Meierhof und zum Schloss gelaufen kam. Dort habe er ein Schwein gepackt, dieses gebissen und mit seinen Zähnen hin- und her geworfen. Als die Knechte das sahen, liefen sie hin und einer von ihnen traf den Wolf mit einem Hackenwurf am Bein, so dass dieser nicht mehr richtig stehen konnte. Daraufhin wurde der Wolf erschlagen. Der Knecht habe ihm den Wolf gebracht und von ihm dafür einen halben Taler Trinkgeld erhalten. Als aber der Jägermeister Überacker davon erfuhr, sei er am erzbischöflichen Hof in der Rinderholz-Stube auf ihn zugekommen und habe verlangt, ihm den Wolf zu übergeben. Als Pfleger habe er darauf geantwortet, dass er den Wolf nicht herausgeben werde, sondern sich auf eine Klage des Jägermeisters schon zu verantworten wisse.

Zur Eingabe des Jägermeisters stellte Köldrer fest, der Wolf gehöre dem Erzbischof und stehe deshalb dem Pfleger als dessen Vertreter zu. Außerdem sei ein Wolf ein schädliches Tier und für jedermann frei zu jagen. Er als ein Landmann und seine Knechte hätten dieses Recht besonders auf jenen Gründen, die er zu verwalten habe, um Schaden zu vermeiden. Er besitze auf dem Burghügel etwa 100 Schafe und auf dem Meierhof 17 Schweine. Wenn der Wolf etliche Schafe tot bisse, würde ihm der Jägermeister den Schaden nicht ersetzen. Warum, so fragte Köldrer, ziehe der Jägermeister mit seinen Jägern nicht selbst hinaus, um solche Tiere aufzuspüren?

Er, Köldrer, wisse sehr wohl, dass er keine Jagd vom Erzbischof besitze. Es sei ihm aber die Fuchs- oder Hasenjagd ebenso wenig wie anderen Edelleuten verboten. Auch sei es richtig, dass ihm, Köldrer, auch nicht die Niederjagd zustehe und er wolle den Jägermeister nicht darum bitten. Trotzdem müsse der Jägermeister ihm alles, was einem landesfürstlichen Pfleger und Landmann gebühre, überlassen. Auf diese wortreiche Verantwortung des Pflegers folgte schließlich eine Entscheidung zu seinen Gunsten mit folgender Begründung[185]: Da der Wolf dem Pfleger zu Neuhaus in der Nähe des Schlosses auf den zum Meierhof gehörigen Gründen Schaden zugefügt habe und wegen dieser Schäden gefangen wurde, sollte das Fell dem Pfleger überlassen werden. Wie lange sich Köldrer an dieser hart erkämpften Trophäe erfreuen konnte, ist nicht bekannt, zumal der Verfall des Pflegschlosses Neuhaus schon damals eingesetzt hatte.

„KINDSZUCHT" UND SENILITÄT VOR 450 JAHREN

Die Erziehung von Kindern, auf denen die Zukunft unseres Staatswesens ruht, findet heute besondere Beachtung. Mütter und alternativ auch Väter werden von der Arbeit freigestellt, um sich ganz dem Nachwuchs widmen zu können. In früheren Jahrhunderten war – bedingt durch die viel härteren Lebensbedingungen – die Einstellung zur Kindererziehung oder „Kindszucht", wie es damals hieß, ganz anders. Kinder wurden in erster Linie als billige Arbeitskraft angesehen; besonders hart war ihr Schicksal dann, wenn sie nicht bei den leiblichen Eltern aufwuchsen. Der Fall eines unehelichen Kindes, das um die Mitte des 16. Jahrhunderts in Gnigl geboren wurde, zeigt dieses Problem in aller Schärfe.

Simon von Glashütten, der im Gericht Koppl ansässig war, berichtete in einem Bittschreiben an den erzbischöflichen Hofmeister in Salzburg[186], dass Georg Gschwandtner vom Gut Gschwandt am Heuberg einen Knaben namens Hans aufgezogen habe. Sobald dieser zum jungen Mann herangewachsen war, habe er mit einer ledigen Magd ein Kind gezeugt, das ihm, dem Simon von Glashütten, auf ein Jahr zur Erziehung übergeben wurde; dafür sei er auch bezahlt worden. Dann aber habe die Mutter das Kind zu sich genommen und es zu seinem Vater Hans auf das Mösl in Gnigl gebracht. Da dieser es nicht aufziehen konnte, musste Simon erneut gegen seinen Willen das Kind zu sich nehmen. Georg Gschwandtner sei zu ihm gekommen und habe ihn dringend gebeten, das Kind zu behalten, denn ihm sei Hans, der leibliche Vater des Kindes, so lieb, als wäre er sein eigenes Kind. Hans werde ihm sicher alle Unkosten ersetzen, ansonsten wolle er, Georg Gschwandtner, das selbst übernehmen. Auf diese Zusage hin habe er, Simon von Glashütten, das Kind drei Jahre lang behalten und aufgezogen, aber weder vom Prinzipal noch von Gschwandtner als Bürgen auf sein Ersuchen hin die Kosten ersetzt bekommen. Jetzt sei Hans, der Vater des Kindes, aus dem Land hinweg gezogen und er selbst könne das Kind nicht länger aufziehen, weil er auch nur eine „Nahrungsperson" (die ihre Nahrung von einem anderen erhielt) sei. Da ihm Georg Gschwandtner bezüglich der „Kindszucht" mehrfach den Ersatz der Kosten versprochen habe, richtete er an den Hofmeister das Ersuchen, er möge dem Gschwandtner befehlen, die Kosten für die Erziehung, die am vergangenen Luzientag (13. Dezember) für insgesamt drei Jahre 13 Gulden und vier Schilling ausmachten, zu ersetzen, dazu auch noch die Kosten für die Verpflegung, die Georg ihm verweigerte.

Georg Gschwandtner vom Heuberg wies diese Forderung wenig später entschieden zurück. Dass er für die Aufziehung des Kindes Bürge oder Zahlungspflichtiger geworden sei, könne Simon von Glashütten nicht beweisen. Welche Entscheidung der Hofmeister traf, ist unbekannt. Bezeichnend aber ist die Tatsache, dass man weder den Namen des Kindes noch sein Geschlecht erfährt, sondern dieses einfach als „Sache" betrachtet wurde. Auch sein weiteres Schicksal wird nicht leicht gewesen sein.

Nicht minder schwer war das Los alter Leute, besonders der Dienstboten, die in der Form des Einlagers versorgt und dabei jährlich zu Lichtmess (2. Februar) von einem meist unwilligen Bauern, der sie beherbergt und ernährt hatte, an den nächsten übergeben wurden. Aber auch die Zurechnungsfähigkeit alter Leute wurde schon damals, ebenso wie heute, oft in Zweifel gezogen. 1560 beschwerte sich Wolfgang Steinmüller, Besitzer der Steinmühle in der Gnigl, dass seine Frau Agnes widerrechtlich um ein Grundstück gebracht worden sei[187]. Im Alter von über 80 Jahren könne sie den Haushalt nicht mehr führen und sei so einfältig und vergesslich geworden, dass sie nicht mehr wisse, was sie gerade tue; das habe sie jetzt auch selbst erkannt. Vor einiger Zeit sei sie jedoch von etlichen Weibspersonen, während er abwesend war, übertölpelt worden und habe ihr eigenes Grundstück ohne jede Notwendigkeit dem Niklas Sinnhuber und dessen Frau verkauft, worüber in der Hofmeisterei ein Kaufbrief erstellt und unterfertigt wurde. Obwohl seine Frau ans Bett gefesselt war und keinen Helfer hatte und auch der Käufer selbst nicht anwesend gewesen sei, sondern nur zwei alte Weiber, habe der Käufer beim Hofmeister den Kauf als rechtmäßig angezeigt. Der Kauf aber sei widerrechtlich und für seine Frau nicht verbindlich, da weder er als Ehemann noch ihr *Anweiser* zugegen waren. Deshalb bitte er den Erzbischof in Ansehung dieser Umstände den Kauf kassieren zu lassen, damit seine Frau das Grundstück für ihren Gebrauch zurück erhalte.

Ganz anders sah dies Barbara Hinterhauser, die Frau des *Gatterstrickers* Niklas Sinnhuber in der Gnigl. Sie habe mit ihrer *Muhme* Agnes Steinmüllerin den Kaufvertrag in Gegenwart des Urbarrichters sowie guter und ehrlicher Leute abgeschlossen. Der Kaufpreis sei bezahlt und Brief und Siegel der Hofmeisterei zugestellt worden. Dass der Vertrag nicht allein im Beisein *alter Weiber* vor sich gegangen sei, könne der Urbarrichter bestätigen. Der Fürst werde sicher den Befehl geben, sie in ihrem redlichen Kauf zu schützen und ihr auch die entstandenen Unkosten ersetzen zu lassen. Dafür wolle sie armes Weib mit ihren fünf *unerzogenen Kindern* um eine lange und segensreiche Regierung des Erzbischofs beten.

Urbaramtmann Eustachius Reimann bezeichnete die Einwendungen Steinmüllers als eine *Nullität*. Ob Agnes Steinmüllerin wirklich über 80 Jahre alt sei, wisse er nicht, doch habe er bei ihr bisher weder *Kindischheit* noch *Wahnsinnigkeit* feststellen können. Unrichtig sei auch die Behauptung Steinmüllers, dass etliche Weibspersonen seine Frau zum Verkauf überredet hätten. Diese habe schon wiederholt den Wunsch geäußert, das Grundstück zu veräußern, etliche ehrsame Personen, darunter auch der Bruder des Salzburger Bürgermeisters Alt, seien als Zeugen aufgetreten. Der Kauf selbst sei am Morgen des 4. Mai beim Wirt Sebastian Schilling durchgeführt und „verleihkauft" worden, nicht in einem Winkel, wie der Kläger behaupte. Die Steinmüllerin habe noch am selben Abend die Käuferin in die Hofmeisterei geführt, den Verkauf angezeigt und sei dann zu ihm gewiesen worden. Schon zwei Wochen vorher habe sie ihrem Gatten das Gut um 20 Gulden zum Kauf angeboten, aber dieser hatte den Kauf abgelehnt. Dem Rückvermerk auf diesem Bericht ist zu entnehmen, dass der Verkauf am 24. Juni 1560 genehmigt wurde. Agnes Steinmüllerin dürfte doch nicht so senil und unzurechnungsfähig gewesen sein, wie das ihr Gatte dargestellt hatte.

DER FAST ALLTÄGLICHE STREIT UM DIE WASSERKRAFT

In der Stadt Salzburg selbst stand die notwendige Energie zum Antrieb von Mühlen, Sägewerken und Schmieden nur durch die Wasserkraft des Almkanals zur Verfügung, der bereits vor der Mitte des 12. Jahrhunderts durch einen kühnen Stollenbau in die Stadt geführt wurde[188]. In unmittelbarer Nähe der Stadt boten sich in Gnigl mit dem Siebenbrunnengerinne und dem aus dem Alterbach

Blick auf die Mayberger- und die Freyhammermühle, um 1910, Haidenthaller, Chronik VI

abgeleiteten Mühlbach ähnliche Möglichkeiten. Solange es nicht mehr als die vier alten „Ehmühlen" gab, reichte auch das Wasserangebot aus. Im Spätmittelalter und an der Wende zu Neuzeit kam es aber zu einem grundlegenden Wandel: Einerseits leiteten die Erzbischöfe Wasser zum Schloss Neuhaus und zu ihrem Hof, andererseits stieg die Zahl der Mühlen, Sägewerke, Hammer- und Nagelschmieden, Drahtmühlen und Drahtziehereien auf ein Mehrfaches an, dazu kam noch die Steinhauser'sche Messinghütte im Graben. In den 1608 angelegten Urbaren ist festgehalten, dass die meisten Mühlen nur einen Teil ihrer Mühlgänge und Wasserräder betreiben konnten, weil die Wassermenge nicht ausreichte. So war es kein Wunder, dass heftige Auseinandersetzungen um den Wasserbezug in Gnigl praktisch zum Alltagsleben gehörten.

1559 wandte sich Martin Steinpüchler, der als Drahtzieher in Gnigl eine Drahtmühle samt Schmiede betrieb, an den Hofmeister[189]: Die Wassermenge, die ihm zur Verfügung stehe, sei so gering und die Wasserkraft so klein, dass er nur ein Wasserrad betreiben und nur einen Lehrjungen erhalten könne. Deshalb habe er sich um einen größeren und stärkeren „Wasserfall" umgesehen und diesen in der Reischau im Urbaramt Fager auf einer ungenutzten Fläche (Frei) gefunden. Auch die dort ansässigen Nachbarn hätten keinen Einwand gegen die Errichtung einer Drahtschmiede an diesem Ort vorgebracht. Daraufhin wurde dem Steinpüchler die Nutzung des Wasserfalls in der Reischau und die Errichtung eines Drahthammers gestattet. Als dieser sich am Ziel seiner Wünsche wähnte, trat jedoch der Adelige Wilhelm von Trautmanstorff als Besitzer dieses Grundstücks auf und wandte ein, durch den Einfang Steinpüchlers einen Nachteil zu erleiden, da der Wasserfall auf seinem Grund und Boden liege. Die Hofmeisterei zog daraufhin die Bewilligung für den „Wasserfall" und Drahtschmiede wieder zurück[190].

Um dieselbe Zeit kam es zwischen Elisabeth, der Gattin des Georg Lenz in der Gnigl, und Andre Kirchperger, Weißgerber und Bürger zu Salzburg, zum Streit um ein Mühlwasser[191]. Die Frau beschwerte sich, dass Kirchperger entgegen entsprechenden Anordnungen neuerlich Messingröhren in die Wasserrinne, aus der ihr das Mühlwasser zufließe, eingesetzt habe, um Wasser zu seinem Weiher zu führen, was ihrer Mühle und damit auch dem „fürstlichen Urbar" (wegen der vorgeschriebenen Abgaben) zum Nachteil gereiche. Bereits unter der Regierung Herzogs Ernst sei dem Kirchperger ein Bescheid zugestellt worden, dass er ihr Mühlwasser nicht antasten, sondern es ohne Schmälerung auf ihre Mühle rinnen lassen solle.

Andre Kirchperger, der zu einer Stellungnahme aufgefordert wurde, stellte die Sache jedoch ganz anders dar. Bereits vor etlichen Jahren habe er von einem Drahtzieher in der Gnigl eine Mühle samt einem Grundstück auf dem Mösl gekauft. Da das Wasser für seine Mühle über seinen Grund rinne, habe er mit Zustimmung des Erzbischofs einen kleinen Weiher oberhalb der Mühle angelegt, in dem man Speisefische halten könne. Diese Ableitung sei besichtigt und genehmigt worden. Trotzdem sei es zu Streitigkeiten mit seinem Nachbarn gekommen, der glaube, dass ihm Wasser für seine Mühle entzogen werde.

Mit dem Nachweis, dass bereits vor acht Jahren die Wasserableitung durch den Hofmeister besichtigt und bewilligt worden war, und damals auch die Gebühr von vier Pfennigen jährlich festgesetzt wurde, gelang es Kirchperger, diesen fast ein Jahrzehnt andauernden Streit zu seinen Gunsten zu entscheiden.

Als Erzbischof Michael von Kuenburg Wasser aus dem Siebenbrunnengerinne zum fürstlichen Hof in Salzburg leiten ließ, musste sich die Interessensgemeinschaft der Müller in der Gnigl um einen Ersatz umsehen. In einer Bittschrift schilderten sie den Wassermangel, der durch den Bau der fürstlichen Wasserleitung auf ihren Mühlen entstanden sei. Deshalb hätten sie sich um einen geeigneten Ersatz umgesehen und eine Quelle gefunden, die vom Gut Wiesfleck nur zum Teil genützt werde. Die dort ansässigen Leute hätten ihnen gestattet, das überschüssige Wasser zu ihren Mühlen zu leiten. Außerdem gäbe es oberhalb von Wiesfleck eine weitere Quelle, die überhaupt nicht genutzt werde, und die sie ebenfalls ihren Mühlen zuführen wollten[192]. Ein Lokalaugenschein erbrachte die Bereitschaft der beiden in Wiesfleck ansässigen Bauern,

auf das überschüssige Wasser zu verzichten. Das andere „Bächlein" oberhalb von Wiesfleck habe jedoch der Schmied Christoff Pammer für sein Hammerwerk genützt. Dieser sei bereit, darauf zu verzichten, wenn ihm dafür ein Einfang auf den erzbischöflichen Hofurbar zur Anlage eines Krautgartens genehmigt werde.

1561 wurde dann den Müllern in der Gnigl die Ableitung der oberhalb von Wiesfleck gelegenen Quelle ebenso bewilligt wie dem Christoff Pammer die Rodung des neben seiner Schmiede ausgesteckten Grundstücks. Für die Müller in der Gnigl bedeutete das einen wichtigen Erfolg, der zunächst zu einer Entspannung führte, auf Dauer aber den akuten Wassermangel nicht zu beheben vermochte. Deshalb ging auch der tägliche Kampf um das Wasser in den nächsten Jahrzehnten weiter fort.

BANKROTT AUF DER STEGMÜHLE

Die beiden ältesten Mühlen in Gnigl, die Steinmühle im Besitz der Abtei St. Peter und die auf dem erzbischöflichen Hofurbar gelegene Stegmühle waren mit außerordentlich hohen Naturalabgaben belastet.
Die großen Mengen an Korn waren in einer Zeit vorgeschrieben worden, in der die beiden Mühlen kaum Konkurrenz hatten und deshalb ein voller Betrieb mit großem Umsatz gesichert war. Das änderte sich aber, als im Spätmittelalter in Gnigl zeiweise 14 Mühlen um Aufträge wetteiferten. Auch die Reduktion der Abgaben von sieben auf fünf Schaff Korn brachte für die beiden alten Mühlen keine Entspannung. Besonders auf der Stegmühle, wo der ursprünglich vorhandene Grundbesitz samt Viehhaltung verkauft worden war, wechselten die Besitzer in rascher Folge. Bei längerem Betrieb schien angesichts der enormen Abgaben ein Bankrott unvermeidlich.

Das Schicksal des Bäckers Hans Zärtl, der 1554 die Stegmühle erwarb, und seiner Nachfolger ist genauestens dokumentiert[193]. Als Zärtl seinen Wohnsitz in die Stegmühle verlegte, musste er zunächst hohe Investitionen vornehmen, da der

Die Stegmühle, nun Kunstmühle Sillner, um 1910, Haidenthaller, Chronik II

langjährige Vorbesitzer Georg Steinpüchler die Mühle als Drahtschmiede genutzt und arg verfallen lassen hatte. In zahlreichen Eingaben wiesen Zärtl und seine Frau Regina darauf hin, dass die hohen Abgaben von fünf Schaff Getreide, vier Hennen und 100 Eiern von der Stegmühle allein gar nicht zu erwirtschaften waren; vor allem deshalb, weil es beim Getreide zu einer enormen Teuerung gekommen sei und ein Schaff jetzt zwischen 6 und 8 Gulden koste. Außerdem habe die Mühle seit der Ableitung des Wassers durch Erzbischof Michael ständig unter Wassermangel zu leiden. Obwohl die Eingaben der beiden Eheleute in immer kürzeren Abständen erfolgten und mit den ausständigen Abgaben auch die Schulden ständig stiegen, zeigte man sich am erzbischöflichen Hof nur zu geringen Zugeständnissen bereit: Zärtl dürfe die Ausstände von 23 Schaff Korn, zwölf Hennen und 300 Eiern aus besonderer Gnade in Geld bezahlen, wobei das Schaff zum ermäßigten Preis von vier Gulden berechnet wurde.

Angesichts des drohenden Bankrotts strebte Zärtl folgenden Ausweg an: Zusammen mit der Getreidemühle hatte er auch die einst vom Vorbesitzer Steinpüchler errichtete Drahtmühle erworben. Sein Schwager sei bereit, die Drahtmühle zu kaufen und zu betreiben sowie auch die halben Abgaben, die auf der Stegmühle lasteten, zu übernehmen. Damit würde es ihm möglich sein, seine Schulden zu tilgen und den Betrieb der Mühle fortzuführen. Dieser Antrag wurde jedoch mit dem Hinweis abgelehnt, dass Güter des erzbischöflichen Hofurbars nicht geteilt werden dürfen.

Als Zärtl und seine Gattin fünf weitere Bittschriften mit jeweils dem gleichen Inhalt an den Erzbischof und den Hofmeister richteten, wurde ihnen mitgeteilt, dass sie sich künftig „derartiger Ansuchen enthalten sollten". Auch den weiteren Bitten um Reduzierung der Abgaben, damit die Mühle überhaupt verkauft werden könne, wurde nicht stattgegeben. Schließlich waren die Schulden des Ehepaares Zärtl derart angewachsen, dass ihr Besitz versteigert werden sollte. Ein Inventar über die bewegliche Habe der Familie Zärtl listete peinlich genau ihren geringen Besitz auf. Drei Spannbetten (Leintücher) mit Himmel aus dem Besitz der Regina Zärtlin stellten darin schon einen Höhepunkt dar.

MITTELALTER UND FRÜHE NEUZEIT | 71

In dieser Situation drohte Zärtl jenes Schicksal, das vor ihm schon der Drahtschmied Georg Steinpüchler erlitten hatte:

Nach dem Verkauf der Stegmühle waren dessen Schulden so groß gewesen, dass er für einige Jahre ins Gefängnis musste. Es war daher ein großes Glück, dass Zärtl die Stegmühle an den Schmied Rupert Brunner in der Gnigl um 275 Gulden sowie 6 Talern an Leihkauf veräußern konnte. Nach der Begleichung der Schulden verblieben lediglich 13 Gulden. Damit wäre es nicht möglich gewesen, die noch offenen Abgaben an den Erzbischof zu decken. In dieser Situation zeigte sich der Landesfürst großzügig und ließ aus Mitleid mit den minderjährigen Kindern des Ehepaares mehr als 30 Gulden von seiner Schuldforderung nach und verzichtete auf die Abgaben für das Jahr 1561.

Auch der Schmied Ruprecht Brunner sollte sich nicht lange des Besitzes der Stegmühle erfreuen, sondern musste sie nach drei Jahren an den Nagelschmied Christoff Pammer verkaufen. Trotzdem blieben so hohe Schulden, dass Brunner wegen der Forderungen seiner Gläubiger und der hohen Schulden an den Erzbischof die Inhaftierung drohte.

Auch Pammer erkannte bald, dass die hohen Getreideabgaben der Stegmühle nicht aufzubringen waren. Jetzt aber lenkte man nach einer Fülle von Anträgen Pammers bei Hof ein und erklärte sich endlich bereit, die hohen Getreidedienste in eine ermäßigte Geldabgabe umzuwandeln. Für jedes Schaff Korn sollten 29 Schilling bezahlt werden, so dass künftig 18 Gulden und ein Schilling an Abgaben zu entrichten waren. Aber auch diese Änderung konnte Pammer nicht mehr vor dem Bankrott retten.

Er verkaufte 1570 die Stegmühle an Hans Strattner, konnte damit aber nur einen geringen Teil jener Geldsummen, die er bei verschiedenen Gläubigern aufgenommen hatte, zurückzahlen. Bei seinem frühen Tod 1572 hinterließ er seiner Frau mit den sechs unmündigen Kindern nicht nur die von ihm erbaute, aber bereits ruinöse Nagelschmiede im Gnigler Graben samt einem kleinen Haus, sondern auch enorme Schulden.

DR. PEGIUS UND DER NAGELSCHMIED

Nach dem Tod des Nagelschmieds Christoff Pammer setzte die erzbischöfliche Hofmeisterei am 14. November 1572 einen Tag an, an dem alle Gläubiger ihre Schuldforderungen vorbringen sollten[194]. Es zeigte sich, dass die Gesamtsumme der Schulden 834 Gulden 5 Schilling und 18 Pfennig betrug und damit den Wert der Nagelschmiede, die Pammer gegen alle Widerstände samt einem bescheidenen Haus im Gnigler Graben errichtet hatte[195], bei weitem überstieg. Die höchsten Forderungen hatte der Salzburger Bürger Wolf Windisch vorzubringen, der für Pammer bei den Eisengewerken, die Pammer belieferten, und gegenüber dem Stadtbaumeister Hans Schauer gebürgt hatte. Die ausständigen Summen betrugen bei ihm 281 Gulden und 4 Schilling; aber nicht er wurde an die erste Stelle der Gläubigerliste gesetzt, sondern der Rechtsgelehrte Dr. Martin Pegius, der eine Hauptschuld von 200 Gulden und dazu 20 Gulden an Zinsen geltend machte. Als gewiefter Jurist hatte sich Pegius für diese Summe einen Schuldbrief Pammers ausstellen lassen, der in der Hofmeisterei geschrieben und vom fürstlichen Rat und Hofmeister Wilhelm von Prandt zu Prandtshausen besiegelt wurde. Dieser Urkunde, die Pegius vorlegte, wurde Vorrang vor allen anderen Schuldverschreibungen eingeräumt.

Während der Jurist in der Hofmeisterei die Übergabe der Stegmühle an ihn beantragte, forderten die anderen Gläubiger deren Versteigerung. Obwohl in den folgenden drei Wochen in allen Kirchen verkündet wurde, dass der Nachlass des verstorbenen Pammer um 220 Gulden zu erwerben war, fand sich kein Kaufinteressent. Damit wurde der aus Pillichgrätz in Krain (heute Polhovgradec in Slowenien) stammende Jurist, der seine Studien an der Universität Ingolstadt absolviert und es zum erzbischöflichen Rat gebracht hatte[196], plötzlich zum Besitzer einer Nagelschmiede. Freilich sollte er damit keine besondere Freude haben. Zunächst geriet er mit dem Urbaramtmann Wolf Wolschlaher in einen heftigen Streit, weil dieser an Anleit (einer Abgabe beim Besitzerwechsel), an ausständigen Urbarabgaben und als Ersatz für die von ihm selbst erbrachten Leistungen 28 Gulden und 4 Schilling forderte. Pegius bezeichnete diese Summe als weit überhöht, zumal der Urbaramtmann auch die beweglichen Güter mit dem ganzen Werkzeug in die Berechnung der Anleit einbezogen habe, was nicht statthaft sei. In seinen Bittschriften an den Erzbischof, in denen er mit juristischen Fachausdrücken nicht sparte, legte er eindringlich dar, dass die Nagelschmiede vom Hochwasser zerrissen worden sei und bei weitem nicht dem Wert von 220 Gulden, den er an Schuldforderungen habe, decke. Die Auseinandersetzungen mit Wolschlaher beendete Pegius damit, dass er sich zum fürstlichen Hofgericht begab, dort gegen den ihm vorgeschriebenen Betrag Protest einlegte und stattdessen nur fünf Gulden und vier Schilling erlegte.

Der Besitz der Nagelschmiede bedeutete aber für ihn weiterhin eine schwere Belastung. Das ungenützte Gebäude verfiel weiter, und ein unbekannter Missetäter versuchte sogar eine Brandlegung. Schließlich aber nahte die Rettung in der Person des Salzburger Bürgers Hanns Stainhauser, der nach einem geeigneten Standort für die von ihm geplante Messinghütte suchte. Ihm verkaufte Dr. Pegius am 25. Oktober 1573 die ruinöse Hammerschmiede samt der Brennhütte, dem Haus und Garten sowie allem Zubehör um 160 Gulden, dazu den umfangreichen Bestand an Werkzeugen um 70 Gulden, so dass er mit zusätzlich 14 Gulden für den Leihkauf insgesamt 244 Gulden einnahm[197]. Damit hatte er seine unfreiwillige Rolle als Besitzer einer Nagelschmiede ohne größeren Schaden überstanden und nahm wohl ohne große Rührung Abschied von seinem „Gnigler Abenteuer".

Das Schicksal allerdings wollte es, dass dieser hoch gebildete Mann, der eine Reihe stattlicher Werke verfasst hatte, nur wenige Jahre später samt seiner dritten Gattin Beatrix in den Verdacht der Zauberei geriet. Die Fäden im Hintergrund zog damals sein akademischer Gegenspieler, der Romanist Dr. Johann Baptist Fickler. Pegius wurde zwar nicht verurteilt und verbrannt, blieb aber bis zu seinem Tod 1592 in Haft und wurde dann in der Margarethenkapelle von St. Peter an der Seite seiner zweiten, bereits 1554 verstorbenen Frau beigesetzt. Seine dritte Frau hingegen beerdigte man in aller Stille bei St. Sebastian, da an ihr noch der Makel einer Hexe haftete[198].

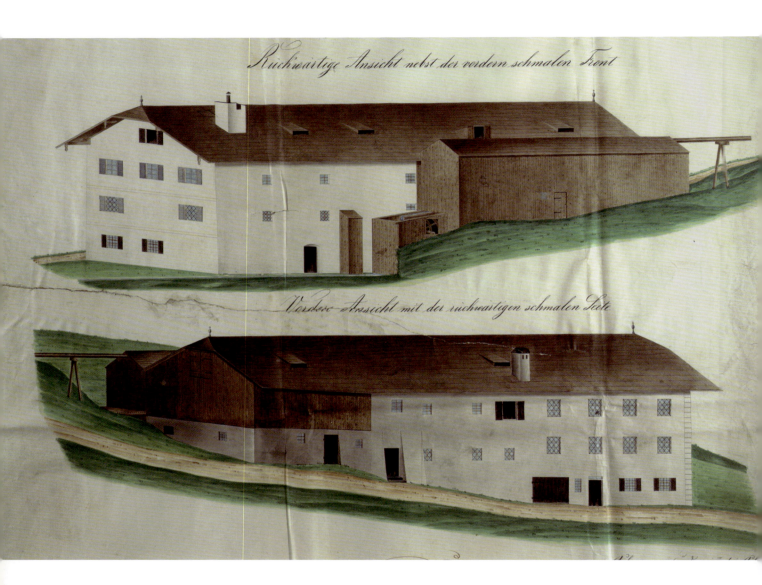

Kriechbaumer Mühle (Mühlstraße 18, Flöcknermühle), 1853
SLA, Landesgericht

THOMAS WEIDENHOLZER
Gnigl in der Neuzeit 1600 bis 1850
Mühlen prägen ein Dorf

Das Gefälle des „Gnigler Grabens" (Alterbach) und die Kreuzung wichtiger Straßen, jener nach Österreich (Linzer Straße) mit jener in die Steiermark (Eisenstraße) waren für die Entstehung des Dorfes Gnigl bestimmend, das sich wiederum in das Mühlenviertel in der Obergnigl, die Siedlung von Gewerbetreibenden in der unteren Gnigl und die Bauern auf dem Heuberg gliederte.

Die Zeit um 1600 war die des beginnenden Absolutismus. Erzbischof Wolf-Dietrich gab nicht nur dem spätmittelalterlichen Salzburg ein modernes (barockes) Aussehen, sondern rationalisierte auch Verwaltung und Regierung. Das detaillierte Stockurbar (Steuerverzeichnis) wie auch die urbarialen Aufzeichnungen von St. Peter und andere Quellen bilden die Grundlage für den Versuch, ein Bild von Gnigl um die Wende zum 17. Jahrhundert zu zeichnen[1].

Wer die Eisenstraße nutzte und vom Salzkammergut kam, der erreichte am Fuße des Nocksteins, bei der Kalten Kendl, das Gebiet des Pfleggerichtes Neuhaus, zu dem Gnigl damals gehörte. Bald passierte man das Gut Guggenthal[2]. Dieses hatten die Brüder Andrä und Maximilian Stainhauser, reiche wie einflussreiche Salzburger Handelsherren, 1588 erworben[3]. Es war ein ansehnliches Anwesen, zu dem mehrere Gebäude gehörten. Die Wiesen boten immerhin für zehn Kühe und anderes Vieh Weide. Um 1640 ließ Erzbischof Paris Lodron in der Nähe ein Herrenhaus (Guggenthal 24) errichten[4]. Das Anwesen hatten die Brüder verpachtet, ihr Interesse galt der zum Gut gehörenden Mühle, der 1608 neu erbauten Hammerschmiede sowie ihrer Messinghütte[5], an die heute nur noch versteckte Ruinen im Wald erinnern. Dieses protoindustrielle Ensemble lag rechter Hand „im Graben", dicht am Alterbach und war von der Straße aus kaum einsehbar.

Gut Guggenthal, Taferne an der alten Eisenstraße, 2010 (Foto Stadtteilverein Gnigl)

Die zur ehemaligen Messinghütte gehörende (heute leerstehende) Grabenmühle, 2010 (Foto Stadtteilverein Gnigl)

Wahrnehmen konnte man allenfalls aufsteigenden Rauch und nächtens den Widerschein des Feuers der Brennöfen.

Aussicht von Guggenthal, 1845, Öl auf Karton, Johann B. Alois Makart der Ältere
Residenzgalerie Salzburg (Foto Fotostudio Ghezzi)

Auf der anderen Seite des Alterbaches, auf der Sonnseite des Heuberges, lag eine Reihe von Bauerngütern, deren Namen auch heute noch geläufig sind, etwa Kramlehen oder Farmleiten, um nur ein paar Anwesen zu nennen[6]. Die Eisenstraße folgte oberhalb des „wilden Grabens" zunächst einem leichten Gefälle, passierte die Güter Wiesfleck (abgekommen)[7] und Kohlhub, bevor sie das heutige Gnigl erreichte. Entlegen, am Waldrand des Kühberges auf der Kendlpeunte, lag das hölzerne ‚Häusl am Sandbühel' (Kirchbergsteig 4, heute an der Radauerkurve).

DIE MÜHLEN AM SIEBENBRUNNENGERINNE

Zuerst grüßte das am Schnoderbach gelegene, 1604 errichtete, Häusl des Binders und Zimmermanns Barthlmee Wenger (Grazer Bundesstraße 32)[8]. Dort, wo die Straße in gerader Linie immer steiler bergab Richtung Haupt- und Residenzstadt strebte (heute Guggenthaler Straße) standen die ersten Gnigler Mühlen.

Die oberste war die Schnoderbachmühle (Grazer Bundesstraße 39). Von hier zweigte der steile Wolfgangerweg (heute etwa Mühlstraße) entlang des Mühlbaches ab. Ein Gerinne fasste das Wasser der „Sieben Brunnen", einer Quelle, welche weit oben, fast am Kühberg entsprang, und potenzierte so seine Wasserenergie, um die Mühlräder anzutreiben. Es folgten das Mosauer Gütl (Guggenthalerstraße 25) ohne Mühlwerk (die Tabakstampfe wurde erst 1763 gebaut[9]) und das *kleine Müllel im Haslach* (Mühlstraße 18), das damals zum Gut Glockmühl gehörte. Dann kamen die Kohlmühle (Mühlstraße 16), die Voglmühle (Mühlstraße 14), die Ehemühle im Mösl (Mühlstraße 10), die Aumühle (Mühlstraße 6), am Ende des starken Gefälles die Neumühle (Mühlstraße 4), schließlich die dicht an den Alterbach gedrängte Nagelschmiede des Balthasar Lindner (Mühlstraße 3 und 5), die ursprünglich eine Schleifmühle gewesen war[10].

Ein Brand im Jahr 1600[11] ruinierte letztlich den Nagelschmied finanziell, auch wenn der Pfleger von Neuhaus vor allem seine *unhaußlichkhait* für die Verarmung verantwortlich machte[12]. Jedenfalls musste Lindner 1604 die Werkstatt seinem Bruder Wolf verkaufen und bei diesem *umb das Wochenlohn* arbeiten[13]. Die Wiesen in der Mitte des Hanges (heute etwa jenes Areal, das die Fichtlkurve umschließt) nannte man „Mösl", wohl deshalb, weil sie sauer waren. Das Wald- oder Fuxenhäusl (Mühlstraße 12) war hier neben dem Mosauer Gütl das einzige Gebäude ohne Mühlwerk. Es gehörte dem Schneider Wolf Ladauer[14].

Erklärung der Karte

1. Peunte und Häusl am Schnoderbach
2. Ehemühle und Backhaus am Schnoderbach
3. Mosauer Gütl
4. Kleines „Müllel" im Haslach (Flöcknermühle)
5. Kohlmühle
6. Voglmühle
7. (Fuchs-)Häusl in der obern Gnigl
8. Ehemühle im Mösl
9. Aumühle in der Gnigl
10. Palliermühle
11. Neumühle (zweigeteilt)
12. Schleifmühle in der obern Gnigl (Nagelschmiede)
13. Stegmühle
14. Gut am Steg
15. Glockmühle
16. Gut Glockmühle

Gebäude in der oberen Gnigl, 1608, Plangrundlage: SLA, Franziszeischer Kataster, 1830, SLA Urbar 145, AStS, Stiftungen 8

Bilder links:

Bindergütl (1), Schnoderbachmühle (2),
Das „kleine Müllel am Haslach" (4, auch
Kriechbaumer-, Jesinger- oder Flöcknermühle),
Kohlmühle (5, auch Staudenbäckmühle, Guggmühle),
Wald- oder Fuxenhäusl (7), 1926
Haidenthaller, Chronik II (Foto Karl Zuber),
Ehemühle im Mösl (8, Rauhenpergermühle, Sturmmühle),
Aumühle (9, Oberaumühle, Lehenauermühle),
Palliermühle (10, Kipfelbäckmühle), Neumühle (11,
auch Au-, Moser-, Staudinger- oder Neuhauser Mühle),
Stegmühle (13, Gmachlmühle, Sillner), Glockmühle (15),
Gut Glockmühle (16, Plankgut),
alle 2010 (Foto Stadtteilverein Gnigl, Martin Zehentner)

Die unterste dieser Mühlen war die Stegmühle (Sillner, Grazer Bundesstraße 25), deren Namen sich wohl vom nahen Steg über den Alterbach herleitet. Im Austragshäusl, im *Gut am Steeg*, wohnte der alte Müller. Ein kleines *Weingärtl*, ein gar nicht so kleiner Garten und nicht weniger als vier Rinder nannte er sein Eigen.

Die Mühlen, die vom Wasser der „Sieben Brunnen" angetrieben wurden, waren nicht wirklich leistungsstark. Hat *zween geng (zwei Mühlwerke) aber nur auf ain gang Wassers genueg*[15] hieß es etwa über die Schnoderbachmühle. Nicht wirklich überraschend, dass ihr Besitzer, der Müller und Bäcker Michael Foggenberger, wenige Jahre später (1615) wegen Überschuldung auf die Gant kam (Konkurs machte)[16].

Trotzdem boten diese Mühlen einen imposanten Anblick, vor allem dann, wenn man von unten hinauf oder vom Heuberg hinüber blickte. Kaskadenartig, von Mühle zu Mühle, von Mühlwerk zu Mühlwerk, trieb das Mühlwasser die (oberschlächtigen) Räder und setzte diese in unausgesetzte Bewegung.

DER „WILDE GRABEN" – GEWERBE AM ALTERBACH

Wenden wir uns nun dem Alterbach und seinem tief eingeschnittenen Flussbett zu. Nicht ohne Grund wurde dessen Oberlauf „wilder Graben" genannt. Während die Eisenstraße sein Dunkel mied, war am Flusslauf doch das eine oder andere Gewerbe angesiedelt. Die Messinghütte wurde schon erwähnt. Etwas unterhalb stand die Drahtmühle des Martin Stainpüchler[17], der sein Wasser direkt aus dem *Stainhauserschen Graben* bezog[18]. Der von der Eisenstraße abzweigende und durch den Grund des Kohlhubbauern führende Weg zum Steinpüchler war Gegenstand eines sich Jahre hinziehenden Nachbarschaftsstreites[19].

Auf der anderen, der rechten Seite des Alterbaches, an der *Heuberger Straß* (heute Glockmühlstraße) befanden sich die beiden Güter Glockmühl. Das eine (Glockmühlstraße 4) war zwar gemauert, aber baufällig[20], das andere größtenteils aus Holz und nur zum Teil gemauert (Glockmühlstraße 6)[21].

Etwas abwärts überquerte ein Steg (wie auch heute noch) den Alterbach, nach ein paar hundert Schritten erreichte man die Palliermühle (Mühlstraße 7). „Pallieren" heißt polieren[22], früher wurde hier also geschliffen, was, wissen wir nicht, denkbar sind Metalle, Harnische etwa, genauso wie Stein oder Glas. Das Wasser brachte in diesem Fall Schleifsteine oder -scheiben zum Drehen[23]. Ab 1603 mahlte Georg Wenger allerdings auf dieser Mühle Mehl und buk Brot[24].

Gleich unterhalb der früheren Palliermühle zeigte sich die (auch heute noch) imposante Neumühle (Mühlstraße 4)[25]. Sie wurde wohl um 1400 gebaut oder erneuert[26]. Die Mühle war zweigeteilt und bot zwei Besitzern Arbeit und Auskommen[27]. *Ain mul gelegen in der Gnigl genant die Newmul […], ist geteilt in Zwen tail*, hieß es 1490[28]. Hanns Gruber bzw. Ludwig Aumüller waren die Besitzer um 1600, keine bekannten oder berühmten Namen und doch müssen die beiden vermögend gewesen sein. Dafür spricht die Ausstattung von Innenräumen mit Wandmalereien, die, wenn schon nicht von hohem Kunstsinn, so doch von auf der Höhe der Zeit stehendem Geschmack des Auftragsgebers zeugen[29]. Zumindest Felix Aumüller war vermögend. Sein Vater, Veit Aumüller, war 1597 immerhin in der Lage, seinem Schwiegersohn, Balthasar Lindner, die benachbarte Nagelschmiede (Mühlstraße 3) zu vermachen[30].

Das Gnigler Kirchenviertel
vom Kirchbergsteig aus, um 1850
Bleistiftzeichnung von Carl Goebel
Salzburg Museum

Nach der Besitzerfamilie Aumüller bürgerte sich allmählich die Bezeichnung Aumühle ein[31], *Neumüll jetzt insgemein die Aumüll genannt,* heißt es 1608[32]. Dass es sich um eine doppelte Mühle handelte, ist ihr heute noch anzusehen. Sie hatte früher zwei Eingänge, die Geschoße sind unterschiedlich hoch[33].

Alterbachabwärts folgten die schon erwähnten Nagelschmiede und die Stegmühle. Die steile Straße auf den Heuberg führte an der bescheidenen *Soldn zur Obern Haslach* (Heuberg 1) vorbei, die „Unter"- (Heuberg 2) bzw. „Oberleiten" (Gasthaus Schöne Aussicht, Heuberg 3) links liegen lassend zu den beiden Gütern zu Grueb (Heuberg 4 und 5)[34]. Noch in der Nähe des Steges lagen das Fuchslehen (Weingartenstraße 1) und rechts, eingezwängt zwischen Hang und Bach, das 1604 erbaute Gigglehen (Heubergstraße 2 und 4).

DIE EISENSTRASSE

Auf der Eisen- oder Grazer Straße lief der Eisentransport aus der Steiermark und der Verkehr nach Graz. Begeben wir uns noch einmal hoch hinauf zur Schnoderbachmühle. Von dort führte die Eisenstraße steil abfallend über den Lindenbühel zur Taverne an der Kendl, wo ein Schranken Maut fordernd den Weg absperrte. Nicht selten wurde dieser von den Fuhrwerken umfahren oder im Winter von Schlitten unterfahren[35]. Die Gnigler nannten diesen steilen Pass einmal ihren *sehr gächen Berg,* der selbst die Pferde *tribuliere* (quäle)[36]. Im 18. Jahrhundert wurde dieser Weg gepflastert[37].

Einem Fuhrmann, der – sagen wir – Eisen aus der Steiermark in die fürstliche Hauptmaut nach Salzburg transportierte, stand auch bergab ein hartes Stück Arbeit bevor. Bergauf konnte manche Fuhre nur auf zweimal bewältigt und die Wägen mussten teilweise entladen werden. Für diesen Zweck gab es einen Lagerplatz (etwas oberhalb des Kendlwirts), auf dem vor allem Brennholz für die Messinghütte zwischenlagerte[38].

Die Eisenstraße war selbst um 1800 noch immer *ein schmahler, holperichter* […] *Weg.* 1790 ließ man den Plan, diese Straße zu einer *Chaussee* auszubauen, wieder fallen, weil der Hofrat dadurch eine verstärkte Durchfuhr fürchtete, Transitprobleme anno 1790[39]. 1793 wurde sie allerdings *gangbarer* gemacht[40].

Bevor der Kendlwirt[41] zur Rast lud, kamen die Fuhrleute an mehreren Häusern vorbei. Eines davon war das Wegmacherhäusl (Guggenthalerstraße 1).

ein schlichtes hölzernes Häuschen, das der Wegmacher in Anerkennung seines fleißigen Dienstes und wegen seiner großen Kinderschar 1608, allerdings erst nach erheblichem Widerstand, errichten durfte. Ausdrücklich wurde ihm angedroht, sollte er *verdächtige* Personen beherbergen, müsse er seine *Herberge* wieder abreißen[42]. In der Nähe wurde Kalk gebrannt, ob das auch 1600 noch getan wurde, wissen wir nicht. Jedenfalls gab es das Kalchofenhäusl (Eichstraße 59), im Kern eines der ältesten Häuser in Gnigl, welches *Doctor Cainradt* für seine Verdienste während der *leidigen Innfection*, der Pestwelle in den Jahren 1570/71, erwerben konnte[43].

Eine *tieffe grueben* direkt neben der Straße war für das *umbgefallene Vich*[44] bestimmt, also eine Grube, in die Tierkadaver geworfen wurden.

AM FÜRSTENWEG RICHTUNG NEUHAUS

Auf dem Platz vor dem Kendlwirt, der eigentlich nur eine kleine Straßenerweiterung war, zweigte ein kleiner Weg (heute Eichstraße) Richtung Neuhaus ab. Alternierend mit dem Farmleiten-Gut (Heuberg 26) wurde hier jeweils am ersten Mai Schranne gehalten[45].

Noch bevor man eine dem Erzengel Michael geweihte Kapelle[46] erreichte, passierte man das Gütl zu Grub (Eichstraße 49). Ein Friedhof wurde erst gegen Ende des 17. Jahrhunderts angelegt. Bis dahin wurden die Gnigler Toten in der Stadt bestattet[47]. Der Hang, der sich vom Lindenbühl zum Schloss hinzog, war unverbaut und wurde als Weide genutzt. Nur das Stockgütl mit seinem kleinen Zuhäusl (Kirchenwirt, Eichstraße 52 und 54) lag etwas abseits des Weges. Es gehörte dem Gablerbräu Michael Holzhauser[48]. Die Häuser am Kirchsteig entstanden dagegen erst im 18. Jahrhundert, das Kramerhaus (das spätere Pfarrstöckl, Eichstraße 58) schon 1702[49].

Während ein Schrankbaum[50] den Weg für privilegierte Nutzung in die fürstliche *Hofmarch*, das spätere Neuhauser Feld, versperrte, beherrschte die Brandruine des Meierhofes das Terrain. 1592 war dieser einem Brand zum Opfer gefallen[51].

Gebäude im Kirchenviertel, 1608
Plangrundlage: SLA, Franziszeischer Kataster, 1830
SLA, Urbar 145

Erklärung der Karte

1　Kalichofenhäusl
2　Taverne zur Kendl
3　Gütl zu Grub
4　Stockgütl
5　Meierei (Neuhauser Hof)
6　Schloss Neuhaus
7　Weiherhäusl
8　Hofweiher

Blick über das Neuhauser Feld, um 1820/30
Aquarell von Louis Waleé
Salzburg Museum

Eine Schwemme bot erzbischöflichen Pferden trinkbares Nass[52]. Der Meierhof selbst verfügte zu ebener Erd über eine Stube für den Meier und im ersten Stock im Bedarfsfall Räumlichkeiten für den Pfleger[53]. Der Hof war damals also nicht allzu groß. Sein Wiederaufbau verzögerte sich aus Kostengründen[54]. Ein kleines Häusl als Ersatz errichtete der Pächter der Meierei, Oswald auf der Lackhen, auf eigene Kosten[55]. Die Meierei blieb nach dem Brand für einige Zeit ungenutzt[56]. Die repräsentativen Bauten, wie wir sie heute kennen, sind jünger: das Meierhaus 1697 (Neuhauser Hof, Andrä-Blüml-Straße 30), das Wirtschaftsgebäude 1712 (Andrä-Blüml-Straße 31), der alte Pfarrhof um 1700 (Andrä-Blüml-Straße 32) sowie das Koadjutorstöckl[57] um 1680 (Andrä-Blüml-Straße 33).

Schloss Neuhaus, auf einem Ausläufer des Kühberges thronend, präsentierte sich um 1600 ebenfalls als langsam verfallende Ruine. Hohe Planken schützten die Gemäuer vor ungebetenen Gästen[58]. 1598 hieß es, *Schlösser, Pänder und Eissenzeug* seien *abweg gebrochen*, so dass jeder aus- und eingehen könne. Man fürchtete, *es möchten sich lestlich böse Leutt darin aufhalten*[59]. Der Schlossberg diente dem *Hofvieh* als Weide, war aber mit *Stauden und Thernen* (Dornen?) verwachsen und brachte daher wenig *Nutz*[60]. Teilweise zu Amtszwecken wieder hergerichtet[61] wurde das Schloss 1695 nach einem Blitzschlag abermals eingeäschert[62].

Unter dem Schloss breitete sich die *Frei*, die fürstlichen Felder, aus. Sie beanspruchten die Fläche bis zur Linzer Straße. An die Frei schloss Richtung Süden der großflächige Hofweiher[63] an, der vom Kalkbruch des Kapuzinerberges bis zum Schlossberg reichte und im Süden von der Gniglar Schanze[64] begrenzt wurde (heute verläuft hier die Neuhauser Straße). Auf dessen *thamb* (Damm), eingezwängt zwischen der Wasserfläche und dem Schlossberg, weit vom Dorf abgelegen, stand das Weiher- oder Jägerhäusl[65] (Kühbergstraße 4, heute Neubau).

ENTLANG DER GRAZER STRASSE

Zurück zum Kendlwirt: Um 1600 war das Schloss Minnesheim, das heute als städtisches Wohnhaus dient (Grazer Bundesstraße 22), noch nicht gebaut, ebenso wenig wie der ausgedehnte Park gepflanzt. An seiner Stelle wuchs das so genannte Hofhölzl (oder Neuhauser Wald), das sich parallel zur Grazer in Richtung Linzer Straße hin erstreckte (heute etwa die Fläche zwischen Grazer Bundes- und Minnesheimstraße). 1644 ließ Erzbischof Paris Lodron hier den kleinen Sommersitz errichten[66]. Das Wäldchen lieferte indes kaum wertvolles Holz, sondern *feichtholz*. Trotzdem war es *haimblicher verhachung* ausgesetzt[67]. Die Gnigler bedienten sich seiner zur Gewinnung von Brennholz[68].

Rechter Hand der Straße zwischen Alter- und dem Mühlbach gelegen erblickte man *ain alts helzenes Haus*, das Gütl *Hundtschreckh* (Grazer Bundesstraße 21). Es war immer wieder der Hochwassergefahr ausgesetzt. 1786 wurde es total zerstört. Der später um das Binderhaus (Grazer Bundesstraße 23) erweiterte Neubau wurde dann 1886 schwer in Mitleidenschaft gezogen. Dort, wo das Gefälle des Alterbaches immer flacher wird, stand eine Gruppe von Mühlen und Wirtschaftsgebäuden, die Freyhammer Mühle (Mühlstraße 16) und die Mayberger Mühle (Grazer Bundesstraße 19). Georg Freyhammer nannte um 1600 nicht wenig sein Eigen: die Mühle, das Gut Hundschreck und das Fuchslehen (Weingartenstraße 1)[69]. Als er einen dritten Mühlgang bauen wollte, um Hafer für seine Schweine mahlen zu können, warfen ihm seine Nachbarn Eigennützigkeit vor. Den Hafer könne er ja ohne weiters auch bei ihnen mahlen lassen und dazu brauche er keinen weiteren Gang[70].

Kalichofenhäusl (1), Taverne zur Kendl (2), Gütl zu Grub (3), Stockgütl (4), Stockgütl mit Michaelskirche (4), Neuhauser Hof (5), alle 2010 (Foto Stadtteilverein Gnigl, Martin Zehentner)

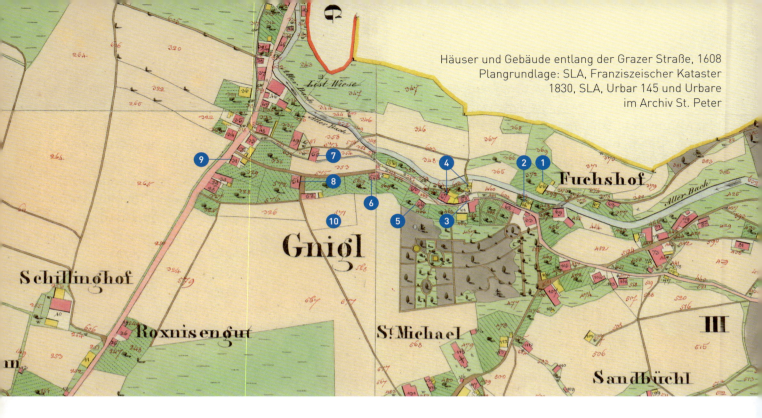

Häuser und Gebäude entlang der Grazer Straße, 1608
Plangrundlage: SLA, Franziszeischer Kataster 1830, SLA, Urbar 145 und Urbare im Archiv St. Peter

Erklärung der Karte

1 Fuchslehen
2 Gütl Hundsschreckh
3 Freyhammer Mühle
4 Mayberger Mühle
5 Tagmühle
6 Furtgütl (Doktorhaus)
7 Steinmühle
8 Gut Hinterhausen
9 Wagnergütl
10 Hofhölzl oder Neuhauser Wald

Das Knollenangerl (Grazer Bundesstraße 13, Doktorwirtshaus) entstand erst 1713.

Links der Straße breitete der Weber Thoman Niedermüller seine Stoffe (Leinwand) zum Bleichen in der Sonne aus[71]. Ihm gehörte das Furtgütl (Grazer Bundesstraße 10) und das gleich daneben stehende *khleine guettl Tagmüll*, dessen Grund so klein war, dass *darauf man nit woll ein khue fuehren khan* (demoliert). Die Namen der beiden Häuser deuten auf frühere Nutzungen hin.

Bevor man die Linzer Straße erreichte, lag rechts, etwas vom Hauptweg entfernt, am Mühlbach die Steinmühle (Leopold-Pfest-Straße 6). Sie ist die älteste schriftlich nachweisbare Mühle in Gnigl. Das Zuhaus zur Steinmühle (Leopold-Pfest-Straße 5) wurde 1763 errichtet[72].

Linker Hand der Grazer Straße erblickte man das Gut Hinterhausen (St. Anna, Grazer Bundesstraße 6) mit einer gemauerten Schmiedewerkstätte. Diesem benachbart war, schon an der Linzer Straße liegend, das so genannte Wagnergütl (Linzer Bundesstraße 44) mit einer Ringelschmiede. Dort wurden Ketten (oder Kettenhemden?) hergestellt. Im Garten dieser Schmiede wurde Branntwein ausgeschenkt[73]. Beide Güter gehörten Hanns Sinnhuber (ab 1605 bzw. 1606). Sinnhuber vereinigte damit einen ansehnlichen Besitz. In der untern Gnigl, an der *Lintz Strass* hatte 1569 Niklas Sinnhuber eine Drahtzieherei (Linzer Bundesstraße 49) von Grund auf erneuert[74], 1577 deren Wasserzufluss verbessert und die Werkstatt vergrößert, *nachdeme ihm dieselb für sich unnd seine Sün* (Söhne) *im Feur zu arbaitten zu enng gewesen*[75].

Diese Drahtzieherei wurde schon um 1230 schriftlich erwähnt[76]. Die Sinnhuber betrieben darüber hinaus ab 1591 eine Drahtmühle am Almkanal in der Riedenburg[77]. Jene in der unteren Gnigl musste nach finanziellen Schwierigkeiten verkauft werden[78], die schließlich an den uns schon bekannten Wolf Lindner kam[79].

IN DER UNTEREN GNIGL

Das dörfliche Ensemble der unteren Gnigl bestand um 1600 aus einem guten Dutzend Häusern, Häusln und Gütern. Noch bevor man – von der Stadt kommend – den mehr oder weniger geschlossenen Ortskern erreichte, beanspruchten Ansitze und respektable Güter den freien Raum. Angehörige der städtischen Oberschicht hatten hier ihre Sommersitze. Einer der stattlichsten war das Gut Waldbichl (auch Öderhof, Linzer Bundesstraße 1). Es war im Besitz der bekannten Salzburger Kaufmannsfamilie Alt[80]. Etwas abgesetzt von der Straße lag das Gut *Reckhenbrunn in der Gnigl*[81]. Sein barockes Erscheinungsbild mit fein gepflegtem Park, Fischteich, Lust- und Glashäusern sowie Meierhaus erhielt das Anwesen aber erst im 17. Jahrhundert. Nach der Trockenlegung des Schallmooses kurzfristig Lodronscher Familienbesitz wurde es 1648 zum Sommersitz der Dompröpste[82].

Das auf der anderen Straßenseite gelegene eher bescheidene Sandgrubengütl (demoliert, Kreuzungsbereich Sterneckstraße/Linzer Bundesstraße) besaßen ebenfalls Ratsbürger, zuerst die Mayburger,

Fuchslehen (1), Gütl Hundsschreck (2), Freyhammer Mühle (3), Mayberger Mühle (4) mit Zunftwappen (4a)
Der neue Brunnen wird duch den Mühlkanal gespeist, im Hintgergrund das Furtgütl (6), alle 2010 (Foto Martin Zehentner)

dann die Döller. 1608 war Bürgermeister Georg Khirchperger Besitzer[83].

Etwas abgelegen, schon fast im Moos, lag der Schillinghof. 1661 erwarb diesen Hof das Kloster St. Peter und baute ihn 1699 zu einem ansehnlichen Meierhof aus. Mit rund 60 Joch landwirtschaftlich zu nutzender Fläche war das Eigengut des Klosters nicht schlecht ausgestattet[84]. Etwas Korn und Hafer, vor allem aber Winter- und Sommerweizen, wurden angebaut. Vieh weidete auf der Brache. Milch und Butter gehörten zu seinen Erzeugnissen. Der Verkauf von Kühen, Stieren, Kälbern, Schweinen und *Braatwurstfackhel* waren weitere Einnahmequellen. Kraut wurde *so noch und noch* an Konsumenten abgegeben. Der Frühsommer lieferte *Amorillen, weixl und kersch*[85]. Das Gut Schreckenfuchs (Holzhausen, Linzer Bundesstraße 22, heute Gelände Bremsen Eder) gehörte um 1600 dem Zimmermann Wolf Aschaber[86], ab 1608 dem Salzburger Handelsherrn Christoph Rechseisen[87]. Dieser besaß auch ein Kupferbergwerk im Lungau und war von 1619 bis 1634 Salzburger Stadtkämmerer[88]. Er vereinigte das Schreckenfuchs- mit dem Patrongütl (Linzer Bundesstraße 38), das am Eingang zum dörflichen ‚Zentrum' Untergnigls stand.

Erklärung zur Karte

1 Gut Waldbichl
2 Sandgrubengütl
3 Gut Reckhenbrunn (Röcklbrunn)
4 Schillinghof (heute Rangierbahnhof)
5 Gut Schreckhenfuchs (verbaut)
6 Patrongütl
7 Wagnerhaus
8 Eisgütl
9 Wagnergütl
10 Mauthäusl
11 Gerichtsdienerhaus
12 Haus am Bach
13 Haus am Reckhenprunn
14 Rennergütl
15 Haus und Garten in Gnigl
16 Taverne am Altmannsteg
17 Drahtzieherei in der Gnigl

Direkt an das Patrongütl angebaut war das Wagnerhaus (Linzer Bundesstraße 40). Dann folgte das Eisgütl (Linzer Bundesstraße 42), ein nicht allzu großes Gebäude mit einer Schmiede[90].

An der Kreuzung zur Grazer Straße befand sich das schon erwähnte Wagnergütl (Linzer Bundesstraße 44). Um die Einnahme des Weggeldes für beide Straßen (die Linzer und die Grazer) sozusagen zu rationalisieren, wurde die fürstliche Maut Mitte des 17. Jahrhunderts hierher verlegt[91]. Zu diesem Zeitpunkt mag auch das hölzerne Mauthäusl (Linzer Bundesstraße 46) errichtet worden sein[92]. Für die Instandhaltung der Straße mussten die Anrainer Robotdienst leisten[93]. Der Steinmüller zum Beispiel war für den hölzernen Steg über den Mühlbach zuständig[94].

Eine Linde[95] markierte den Kreuzungsbereich der Linzer und der Grazer Straße als Schrannenplatz[96]. Dieses Areal war so etwas wie die Mitte des Dorfes und konnte sich doch nie zu einem Zentrum entwickeln. Es ist wahrscheinlich, dass hier das St. Petrische ‚Stiftrecht'[97] vorgetragen wurde, das dessen Holden zu Gehorsam ihrem Grundherrn gegenüber verpflichtete. Auch mag auf diesem Platz das Landrecht zu Gehör gebracht worden sein. Nicht ohne Grund wurde hier das, bereits 1498 erwähnte, Gerichtsdienerhaus (Linzer Bundesstraße 48)[98] mit dem Pranger errichtet[99]. Um 1600 amtierte hier auch der Pfleger[100]. Jedenfalls vermerkt ein Inventar aus dem Jahr 1605 Folterwerkzeuge und Gefängnisse[101].

Das den beiden Amtshäusern gegenüber stehende Haus *bey dem Reckhenprunn in der Gnigl*[102] (Linzer Bundesstraße 37) war das des petrischen *Wieshayer*. Dieser war eine Art Meier, *custos prati Maierwisen* wurde er 1445 genannt[103] und 1523 hieß es, er solle *dy Mayrwisen verhueten*. Ihm oblag die Aufsicht über die Wiese, die sich entlang der Linzer Straße Richtung Norden erstreckte. Er musste die Zäune instand halten, die Entwässerungsgräben säubern und *die Scherhauffen* (Maulwurfshügel) *zuewerffen*[104]. Gut hundert Personen leisteten zur Mahd Frondienst: Mahder, Heiger und Heigerinnen, Wasserträgerinnen, Führer und Heuführer.

bewillige, würden auch andere *arme herbergsleut* es ihm gleich tun wollen[138]. Auch das Bitten des *Herbergsmannes* Balthasar Wenger, auf einer Wiese am Schnoderbach in der oberen Gnigl bauen dürfen, wurde mit dem Hinweis, dass dies ein *absonderlicher Ortt* sei und der *dergleichen ainöd Heußl* allerlei verdächtige Personen anziehe, abgelehnt[139]. Gegen den Schneider Hanns Grabner, der sich vor Jahren *herbergsweis* in Gnigl aufgehalten hatte und hier seinem Handwerk nachgegangen war, hatte wiederum *bezechterweiß* in den Gnigler Wirtshäusern *grobe rumor und Iniurj Hänndl* angefangen und – was noch schwerer wog – sich mit der Ehefrau eines anderen Gnigler Schneiders *des Ehebruchshalben nit wenig in verdacht* gebracht. Seine Bemühungen, sich in Gnigl ansässig zu machen, wurden ihm obrigkeitlich verwehrt[140]. Schwierigkeiten, sich im Gerichtsbezirk aufzuhalten, bekam auch der Schmied Hanns Grabner, der – wie er es selbst beschrieb – sich aus *Menschlicher blödigkheit* außerhalb der Ehe *fleischlich vermüscht* hatte[141]. Generell war man gegenüber der Errichtung von ‚Herbergshäusln' skeptisch, da es doch in der Gnigl davon genug gebe – so die Ansicht der Obrigkeit – und die Angesessenen *mit den unbekhandten Herbergsleutten beschwärdt* seien[142]. Es sei zu besorgen, dass sich *in dergleichen Heyseln leze* (schlechte[143]) *und unnütz Leuth* aufhalten möchten[144].

Durchaus auf dieser Ebene liegen auch die Vorkommnisse rund um den Zauberer-Jackelprozess, dem im ausgehenden 17. Jahrhundert in Salzburg über 120 Menschen zum Opfer fielen. Diese entstammten unteren sozialen Schichten wie Taglöhner, Knechte und Mägde, die zu Bettlern abgesunken waren[145]. Das trifft auch auf die sechs im Pfleggericht Neuhaus verhafteten Personen zu. Die Eltern des 12-jährigen Matthias Puechner waren

Blick vom Heuberg auf das Gnigler Mühlenviertel und die Kirche St. Michael, 1836
Lithographie von Gustav Kraus, gedruckt bei Sauer, München
Salzburg Museum

schon gestorben, der Vater Taglöhner gewesen[146], Andree Mayr, 15 oder 16 Jahre alt, Halbwaise, sein Vater war Zimmermann, lebte *da und dort wo er zu essen bekommen*[147], der „Jodl" war unehelicher Sohn einer Dienstmagd[148]. Andree Mayr und der „Jodl" wurden erdrosselt und anschließend verbrannt. Für Puechner wählte man wegen seines Alters eine ‚schmerzfreie' Todesart: er wurde enthauptet. Ursula Mayr und ihre Tochter wurden dagegen des Landes verwiesen[149].

UNTERTANEN UND OBRIGKEIT

Obrigkeit und Untertanen waren aufeinander angewiesen. Vieles regelte sich im Gleichklang. Gegensätzliche Interessen rieben sich etwa in Steuerfragen, in der Leistung von Roboten oder von Kriegsdienst. Eine Konstante des Verhältnisses zwischen Untertanen und Obrigkeit waren z. B. die unterschiedlichen Auffassungen über die Nutzung des Waldes, „Waldfrevel" für die einen, „althergebrachtes Recht" für die anderen[150].

Der fürstliche Jäger, der wohlweislich weit außerhalb des Dorfes wohnte[151] (Jäger- oder Weiherhäusl, Kühbergstraße 4, heute Neubau) stand als Repräsentant der Obrigkeit im Mittelpunkt dieser Konfliktzone. 1797 mussten er und sein Gehilfe versetzt werden, da insbesondere der Jägerjunge *bey den Bauernholden verhaßt* war und daher *üble Folgen zu befürchten* waren[152]. Schon 1791 hatten sich die Mitglieder der Neuhauser Gerichtsgemeinde über zunehmende Schikanen der Jäger beschwert. Sie würden den Bauern einfach ihre Feldkatzen *hinwegschiessen*[153]. 1794 klagten sie, die Jäger würden selbst *Hunde an der Kette bey den Häusern* niederschießen[154]. Ein Jahr später eskalierten die latenten Spannungen. Der Revierjäger und sein Knecht schossen auf dem Gaisberg in der Nähe der Kapaunwiese auf zwei mutmaßliche Wildschützen und verletzten diese schwer. Trotz chirurgischer Hilfe des Gnigler Baders erlag einer der beiden seinen Verletzungen[155]. Ungeklärt blieb letztlich, ob die Jäger sozusagen präventiv aus Notwehr oder kaltblütig aus dem Hinterhalt geschossen hatten[156].

Räder, Hämmer, Blasbälge, Schleif- und Mühlsteine – Die Gnigler Mühlen

Die Mühlen prägten Gnigl. Gegen Ende des 16 Jahrhunderts gab es im Pfleggerichtsbezirk Neuhaus 15 Ehemüller, das heißt Müller, die nicht für den Hausgebrauch mahlten, sondern ihre Produkte auch verkaufen durften[157]. Sie alle waren von der Kraft des Wassers abhängig.

WASSER – VON SEINEM NUTZEN UND SEINER KRAFT

Wasser war in Gnigl – das mag überraschend klingen – vergleichsweise knapp, zumindest die Mühlenbesitzer klagten immer wieder über Mangel an Wasser. Es war vor allem nicht immer in gleicher Menge vorhanden. Hoch- und Niederwasser beeinträchtigten den Lauf der Mühlwerke. *Im hoch summer* sei zu wenig Wasser, im Winter könne man *der gfrier wegen nichts machen*, meinte etwa 1573 Martin Pegius[158].

Der Alterbach sowie die Quellen am Nockstein bzw. entlang des Kühberges waren Wasser- und damit auch Energielieferanten. Sie mussten aber erst gesammelt, in Mühlgerinnen gefasst, auf die Räder geführt oder in Röhren als Trinkwasser in die Stadt geleitet werden. Stauwehren und Ufersicherungen halfen, bei Unwettern oder länger andauernden Regengüssen die Wassermassen zu zähmen. Für ihre Unterhaltung mussten die anrainenden Hausbesitzer ungeliebten Robot leisten. Der Alterbach, der „wilde Graben", blieb trotz Verbauungen unberechenbar[159]. 1572 zerstörte er das Hammerwerk des Christoff Pammer und damit dessen Existenz[160].

Das Jahrhunderthochwasser des Jahres 1786 verwüstete weite Teile Gnigls[161]. Dem Fleischhauer Johann Georg Mesner (Haus am Bach, Linzer Bundesstraße 50) wurde ein ganzes Hauseck weggerissen. Arg erwischte es den Turnerwirt, dem zwei Mauern einstürzten. Wohl am schlimmsten traf die Katastrophe den Maurer Franz Mayr, dessen hölzernes Häusl (Gut Hundsschreck, Grazer

Beschreibung der Leitungen vom Kühberg, um 1680, SLA, Hofbaumeisterei

Bundesstraße 21) vom Wasser vollkommen weggerissen wurde. Trocken vermerkte das Schadensprotokoll: *kann weder bauen, noch etwas beitragen*[162]. Wenig später musste Mayr die Reste seines Besitzes an seine Gläubiger veräußern[163].

Der Name „Kalte Kendl", eine Quelle am Nockstein, deutet auf eine frühe Nutzung hin. Kendl nannte man Örtlichkeiten, an denen Wasser in Röhren gefasst wurde[164]. Auch der Kendlwirt hat offensichtlich seinen Namen von einer Quelle, die in seiner Nähe entsprang. Drei landesfürstliche Leitungen (Hofbrunnleitungen) führten von den Gnigler Edlbrunn[165] Trinkwasser in die Stadt: die Altbrunn-, die Residenz- und die Mirabellleitung. Städtische Leitungen nahmen dagegen vor allem Wässer vom Gers- und Gaisberg, aber auch vom Kühberg auf[166]. Die älteste war die um 1560 (?) errichtete Altbrunnleitung, die Mirabellleitung wurde um 1680 zu springung der fontana im Mirabellgarten bei der Quelle am Kalchofen gefasst[167].

Knappe Güter sind immer umstritten und bieten Anlass zu Konflikt und Streit. Die Handwerksordnungen der Müller hielten daher ausdrücklich fest, dass ein Müller den anderen das Wasser rinnen lassen solle[168] und das Neuhauser Landrecht schrieb den Müllern vor, samstags zur Vesperzeit, den Wasserzulauf abzustellen, um ihren Nachbarn eine Wassernutzung zu ermöglichen[169]. 1558 gerieten sich die Aumüllerin Elisabeth Lennz (Mühlstraße 8) und Andrä Kirchperger, Besitzer der Müll auf dem Mösl (Mühlstraße 10), wegen der Nutzung des Wassers in Streit[170]. Als der Landesfürst um 1560 eine Wasserleitung für hofeigene Gebäude bauen ließ (Altbrunnleitung?), grub er damit den Gnigler Müllern das Wasser ab[171]. Diese mussten in Quellen, die in der Nähe des Gutes Wiesfleck entsprangen, Ersatz finden[172].

MÜHLEN

Das frühneuzeitliche Gnigl, insbesondere Obergnigl, charakterisierte sich vor allem durch seine Mühlen. Sie scheinen im 15. und im beginnenden 16. Jahrhundert einen Boom erlebt zu haben. Das mag zum einen mit der Bevölkerungszunahme, zum anderen mit technologischen Fortschritten

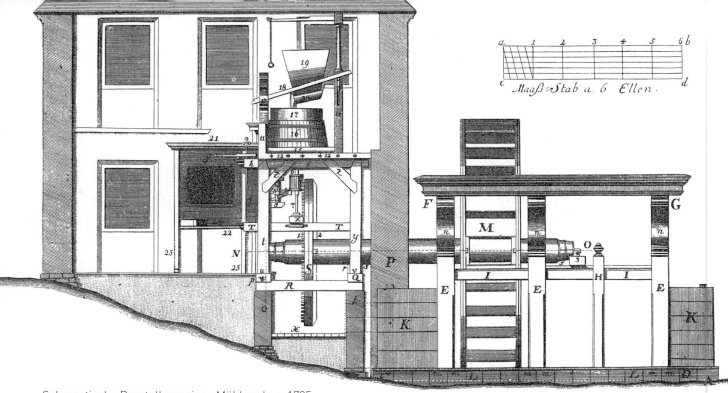

Schematische Darstellung eines Mühlwerkes, 1735
Aus: Jacob Leupold, Theatrum machinarum molarium oder Schau-Platz der Mühlen-Bau-Kunst, Leipzig 1735
(Nachdruck Hannover 1982)

in dieser Phase zusammenhängen[173]. Älteren Ursprung waren die Mühlen entlang des Alterbaches wie die Steinmühle, die Knochmühle oder auch die Neumühle.

Mühlen hießen im frühneuzeitlichen Sprachgebrauch alle von Wasserkraft betriebenen Maschinen. Diese trieben Mühlsteine, Draht- oder Schmiedehämmer, Sägen, Stampfen oder Schleifsteine an[174]. Zu welchem Zweck die Kraft des Wassers genutzt wurde, das konnte sich rasch ändern. Zur Stegmühle (Grazer Bundesstraße 25) gehörte eine Drahtzieherei, die gegen Mitte des Jahrhunderts verödete. 1561 war der Drahthammer zwar noch vorhanden, aber nicht mehr brauchbar[175]. Für 1553 ist auf ihr ein ‚Pfister' (Bäcker) nachweisbar[176]. Die spätere Kipflbäckmühle (Mühlstraße 7) war der Reihe nach Säge, dann Schleif- und schließlich Mahlmühle.

Ab Mitte des 16. Jahrhunderts erlebten die Gnigler Mühlen offenbar eine krisenhafte Entwicklung. 1561 klagte der mit dem wirtschaftlichen Überleben kämpfende Hanns Zärtl, Müller und Bäcker auf der Stegmühle, *der Müllner seien vor Alter uber 3 oder 4 in der Gnigl nit gewesen,* habe also nur drei oder vier gegeben, jetzt aber 24[177]. Immer mehr Mühlen teilten sich einen im Wesentlichen gleich groß bleibenden Markt. Zudem tauchten Klagen über die zunehmende Zahl der *Schnell Müle* (Gmachmühlen, Hausmühlen) auf[178]. Manche verlegten ihre Werke zwecks besserer Energienutzung an den Oberlauf des Alterbaches wie Martin Steinpüchler. Manche wechselten dagegen die ‚Branche'. Der Neuhauser Pfleger berichtete 1599, in der Gnigl gäbe es nun *Mallmüllen und Stampf, welche vormals nur Schleifmüllen und Tradtzieher werkstatt gewesen*[179] seien.

Die Mühle, diese *elementarische Form aller Maschinerie*[180], faszinierte. Ohne Mühle kein Brot, ohne Mühle kein Nagel und ohne Mühle kein Draht. Das Ineinandergreifen der Zähne, das unausgesetzte Drehen der Räder und Wellen, die Gleichzeitigkeit vielfach verbundener Arbeitsabläufe, der Geschmack des Mehlstaubes in der Luft, das Entfachen des Feuers mit von Wasserkraft betriebenen Blasbälgen, das Sägen, Hämmern und Schleifen hatten gleichzeitig Unheimliches und Lockendes. Die Mühlwerke boten ein gefangen nehmendes Schauspiel. „Theatrum machinarum" nannte sich daher auch ein weit verbreitetes Handbuch über ‚Mühlenbaukunst'[181]. Das Wasserrad setzte einen Mechanismus in Gang, der im Stande war, gleichzeitig zu mahlen und zu sieben, eine kreisförmige Drehung in eine Auf- und Ab-Bewegung einer Säge zu verwandeln oder in schwere schlagende Kraft der Hämmer umzusetzen.

Und, die Mühlen folgten einer anderen Zeitökonomie als ihre ländliche Umgebung. Gemahlen und gehämmert wurde, wenn Wasser floss. Die Maschinerie bestimmte Arbeitstempo und Arbeitstag. Das unterschied den Müller, den Nagelschmied und den Messingarbeiter von seinen bäuerlichen Nachbarn[182].

Das mag auch der Grund sein, warum die Müllerei in manchen Gegenden als unehrlicher Beruf galt. Das Pongauer Landtaiding z. B. schloss explizit die *rechten Ehmillner und pecken* davon aus[183].

Die Neuhauser Gerichtsgemeinde kannte einen solchen Ausschluss allerdings nicht.

Oberschlächtige Wasserräder fanden ab dem 14. Jahrhundert allgemeine Verbreitung[184]. Da den Gnigler Mühlen vergleichsweise wenig Wasser zur Verfügung stand, sie aber das große Gefälle nutzen konnten, kamen eigentlich nur oberschlächtige Mühlräder in Frage. Die Mühlen waren vom Wasser, von dessen Menge und Gefälle und deren optimaler Nutzung, abhängig. Dieses musste gestaut oder gesammelt und dann über ein künstliches Gerinne auf die Wasserräder gelenkt werden[185]. Schuber regulierten den „Wasserfall", das Fallen des Wassers auf die Räder[186]. Die Gnigler Mühlen bezogen ihr Wasser entweder vom Alterbach oder sammelten die Quellwässer des Kühberges, um sie dann in schneller Fahrt über den steilen Lindenbühel hinunter zu schicken.

Gnigler Mühlen und Mühlwerke und deren Besitzer um 1600

Palliermüll	Georg Wennger	Mühlstraße 7
Schleifmühl in der obern Gnigl	Wolf Lintner	Mühlstraße 3
Ehemühle und Backhaus am Schnoderbach	Michael Foggenberger	Grazer Bundesstraße 39
Müll Gugenthall	Andrä und Maximilian Steinhauser	Guggenthal 8
Hammerschmiede im Graben und Messinghütte	Andrä und Maximilian Steinhauser	(abgekommen)
Khlockmüll	Veith Plannckh	Glockmühlstraße 4
Kleines Müllel im Haslach	Veith Plannckh	Mühlstraße 18
Ehemüll in der Gnigl, Kohlmüll	Vinzenz Stigler	Mühlstraße 16
Ehemüll im Mösl	Georg Rauchenperger	Mühlstraße 10
Aumüll in der Gnigl	Gilg Vischwenger	Mühlstraße 6
Wasserfall und Drahtmühle im Graben	Martin Steinpüchler	(am Alterbach)
Ehemüll, Voglmüll	Mattheus Kreuzerer	Mühlstraße 14
Eine Drahtmühle und Wasserfall in der untern Gnigl	Wolf Lindtner	Linzer Bundesstraße 49
Stegmüll	Georg Seidenfeldner (d. J.)	Grazer Bundesstraße 25
Neumühle	Hanns Grueber	Mühlstraße 4
Neumühle (jetzt insgeheim Aumühle genannt)	Felix Aumüller	Mühlstraße 4
Steinmühle	Wolf Kaserer	Leopold-Pfest-Straße 5

MAHLMÜHLEN

Bleiben wir zunächst bei den Getreidemühlen[187]: Das Wasser setzte das Mühlrad und das mit dem „Grindelbaum"[188] (der Antriebswelle) fix verbundene Kammrad horizontal um die eigene Achse in Bewegung. Auf dem Kammrad saßen vorspringende hölzerne Zähne. Mit Hilfe des „Trieblings" („Laterne"), dessen Zähne (rechtwinkelig) in die des Kammrades griffen, wurde die horizontale Drehung in eine vertikale umgewandelt, sozusagen „um die Ecke geleitet".

Herzstück der Getreidemühlen war das Mahlwerk, der „Gang". Dieses bestand aus zwei runden Mühlsteinen: dem fix mit dem Boden verbundenen „Bodenstein" („Steher") und dem sich drehenden „Läufer". Der „Triebling" war wiederum durch das „Mühleisen" (die „Ritzelwelle"), einer senkrechten eisernen Achse, mit dem oberen Mühlstein, dem „Läufer", verbunden und setzte diesen in Bewegung. Mit einem speziellen Mechanismus („Steinheber") konnte der Abstand zwischen den beiden Mühlsteinen reguliert werden.

Über den Mühlentrichter wurde das Getreide in den mahlenden Zugriff der beiden Mühlsteine geschüttet. Der „Rührnagel" sorgte für einen gleichmäßigen Zulauf des Getreides. Das war nicht unwichtig, wenn das Leerlaufen der Mühlsteine verhindert werden sollte. Um hochwertiges, feines Mehl zu erhalten, wurden die Mahlungen mehrmals wiederholt. Besondere Pflege verlangten die Oberflächen der Mühlsteine, damit die Getreidekörner nicht gequetscht, sondern scharf angeschnitten wurden. Die Mahlfurchen mussten daher regelmäßig geschärft werden. Damit die Mühlsteine nicht heiß liefen, durften sie nie leer laufen. „Wer fünf Minuten leer mahlt, mahlt zwanzig Jahr" mahnte ein molinologisches Sprichwort. Spezielle Vorrichtungen aktivierten Warnsignale („Hahn") oder stellten, bevor das Getreide zu Ende ging, das Mühlwerk automatisch ab[189].

Bis ins ausgehende Mittelalter wurde per Hand gesiebt. Die Verbindung der Siebvorrichtung mit dem Bewegungsmechanismus des Mahlwerks war der entscheidende Schritt zur Vervollkommnung

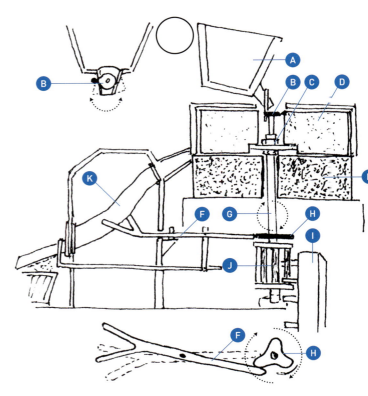

Schüttler (A) und Schüttleisen (B), Mitnehmerscheibe und Spaltverstellung (C) Läuferstein (D), Bodenstein (E), Gabel (F), Mühleisen (G), Beuteleisen (H), Kammrad (I), Triebling (J), Beutelsack (K)

Durch Verstellen des Mitnehmers (C) auf der Antriebswelle kann man den Läuferstein (D) so einstellen, dass das Korn richtig gemahlen wird. Das Kammrad oder Kemprad (I) treibt mittels Triebling (J) den Läuferstein an. Das Beuteleisen (H) ist auf der Antriebswelle (G) befestigt. Die Gabel (F) schlägt auf das Beutelsieb (K) und dabei wird das Mehl in den Mehlkasten gesiebt. Diese Bewegung der Gestänge erzeugt das Klappern der Mühle.

Umzeichnung: Heinz Klackl

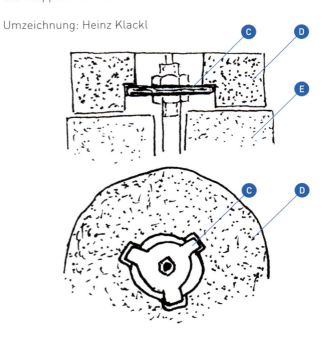

der Mahlmühlen. Im 16. Jahrhundert setzte sich der direkte Anschluss des „Beutelwerks" (mit dem gesiebt wurde) an das Mühlwerk allmählich durch[190]. Wir wissen nicht, wann sich in Gnigl dieser arbeitstechnische Fortschritt durchgesetzt hat, doch können wir davon ausgehen, dass dieser Prozess um 1600 abgeschlossen war.

Im „Beutlkasten", in den das Mahlgut fiel, war der „Beutelsack" (aus Leinen oder später aus Seidengaze) schräg aufgehängt. Der „Rüttler" setzte diesen in schwingende Bewegung und siebte das feine Mehl aus. Der Rest, die Kleie, fiel am Ende des Schlauches aus dem „Kleiekotzer" in ein Schaff. Die ehedem von menschlicher Hand ausgeführten Siebbewegungen wurden nun maschinell durch den „Rüttler" ausgeführt. Drei (zwei) sich mit dem Mühleisen drehende Noppen bewegten den „Rüttler", der den „Dreischlag" („Zweischlag") erzeugte. Dadurch entstand das viel besungene Klappern[191]. ‚Mühlenlärm' gab es aber schon, noch bevor das „Klappern" eine ganzen Berufstand wegrationalisierte. Da waren das Rauschen des Wasserfalls und die Bewegung der Maschinerie und da waren vor allem die Mühlsteine, die *der müln gedoeze* produzierten, noch bevor die Mühlen klapperten[192].

Eng mit dem Müllergewerbe verbunden war seit dem Spätmittelalter die Schwarzbäckerei. Jedenfalls besaßen 1608 die Mehrzahl der Gnigler Mühlen auch Backöfen[193]. Auf der Neumühle (Aumühle) saß schon 1415 ein Bäcker[194]. 1553 erwarb der Bäcker Hans Buchinger die Stegmühle, die bis dahin eine Drahtzieherei gewesen war[195]. Auch Paul Vogl auf der *Müll am Mösl* war Bäcker (1563)[196]. Wer als Müller über keinen Backofen verfügte, war Melber und verkaufte Mehl. Dreimal in der Woche fuhren die Bäcker mit ihren Brotwägen in die Stadt auf den Markt. Die Handwerksordnungen der Müller enthielten Bestimmungen über das *hereinfüren* des Roggenbrotes auf die *offentlichen Märckht* der Stadt Salzburg[197].

Den Brot- und Mehlmarkt teilten sich die unterschiedlichsten Interessenten: städtische Weiß- gegen Gnigler Schwarzbäcker. *Unbefugter* Brothandel *auf offenen Plätzen*[198] war den städtischen Bäckern ein Dorn im Auge.

Gnigler Schwarzbäckerin, um 1900
Sammlung Gerhard Flöckner

Die Grenzen zwischen einzelnen Gewerben waren dabei nicht immer klar und boten Anlass zu langwierigen Auseinandersetzungen und komplizierten Kompromissen. Wolf Kronberger, dem Besitzer der Palliermühle (Kipflbäckmühle), gelang es, auch weiße Brezen und Kipfeln backen und verkaufen zu dürfen[199]. Auf dem Brotmarkt (am südlichen Ende des Alten Marktes, direkt an der Residenz, Tomaselligarten) war den Gnigler Bäckern eine eigene Ladenreihe reserviert[200].

Von den 15 Gnigler Müllern lieferten 1809 fünf Schwarzbrot in die Stadt, vier waren „Stadtmelbler", Mehlhändler[201], der Rest „Schrotmüller"[202]. Zusätzliche Einkünfte erzielten die Müller aus dem Betrieb von Ölpressen oder Stampfen aller Art[203].

Die Mühlen staffelten sich nach ihren Ertragsmöglichkeiten. Wirklich leistungsfähig waren letztlich nur die Mosermühle (Neu- bzw. Aumühle, heute Neuhauser Mühle), die Steinmühle und der Kipflbäckmüller.

Zunftfahne der Gnigler Bäcker und Müller mit Mühlrad und Brezel, Kapelle Maria Luggau (Foto Dallendörfer)

Die Mosermühle schaffte mit ihren vier Mahlgängen, in einer Woche 20 Schaff (schweres) Getreide zu vermahlen (das sind 128 x 36,37 Liter). Zusätzlich betrieb die Mosermühle seit 1793 eine Gerstenbrein-Stampfe (Rollgerste) und eine Ölpresse[204]. Andere Mühlen fielen gegenüber dieser Mahlleistung deutlich ab. Die Rauhenpergermühle (Sturmmühle, Mühlstraße 10) schaffte *wegen geringen Wassers* nur bescheidene 6 Schaff, mit acht Schaff war die Voglmühle (Mühlstraße 14) kaum besser[205]. 1811 zählte man nur mehr elf Mühlen[206].

METALLVERARBEITUNG IN GNIGL

Bis in das 16. Jahrhundert war in Gnigl das metallverarbeitende Gewerbe wie Drahtzieher, Hämmer oder Ringelschmiede bedeutender als die Getreidemühlen[209]. Schon um 1220 ist von einer Drahtzieherei in der Untergnigl die Rede[210]. Als Besitzer der Glockmühle wird ein Johannes Drahtzieher erwähnt[211]. Letzterer betrieb auf der *Müll im Mösl* (Mühlstraße 10) eine Drahtzieherei[212].

Mühlen in Gnigl 1809[207] und eingeschriebene Müller 1833[208]

Mühlenname 1809	Besitzer	Mühlenname 1833	Besitzer	Adresse
Steinmühle	Mathias Windfelner	Steinmühle	Johann Pirner	Leopold-Pfest-Straße 5
Mayberger Mühle	Joseph Roider	Mayrberger Mühle	Barthlmä Neureiter	Grazer Bundesstraße 9
Freyhammer Mühle	Anton Doppler	Freyhammer Mühle	Franz Doppler	Grazer Bundesstraße 6
Gmachl-Mühle	Adam Langwieder	Gmachl-Mühle	Adam Langwieder	Grazer Bundesstraße 25
Moosermühle	Georg Kornbichler	Mooser- oder Lindtner-Mühle	Mathias Windfellner	Mühlstraße 4
Oberaumühle	Barbara Sturm	Eh- oder Sturm-Mühle	Vital Sturm	Mühlstraße 10
Kirchtagmüller	Simon Kaltenhauser	Kirchtag- oder Vogel-Mühle	Simon Kaltenhauser	Mühlstraße 14
Staudenmühle	Anton Ernst	Kögel- oder Staudenbäckmühle	Mathias Kreuzer	Mühlstraße 16
Pichler Mühle	Barthlmä Pichler	Haslach-Mühle	Kaspar Kriechbaumer	Mühlstraße 18
Oberschnoderbach	Johann Leitner	Oberschnoderbach-Mühle	Mathias Mayrhofer	Grazer Bundesstraße 39
Graben-Mühle	Georg Gollackner			Guggenthal 8
			Mathias Azetmüller	Sperlingweg 23
Glockmühle	Thomas Lohner			Glockmühlstraße 4
Lehenaumühle	Michael Huebmer			Mühlstraße 6
Kipfelmühle	Johann Aigner			Mühlstraße 7

Etwas oberhalb (Mühlstraße 14) war eine weitere Drahtmühle mit Petrus Drahtzieh als Betreiber[213]. 1555 bewilligte hier Herzog Ernst[214] die Errichtung einer Messinghütte[215]. Drahtzug und Messinghütte hier im Mösl war nicht unbedingt eine kluge Wahl. Sie bezog ihre Energie vom eigentlich schmalen Siebenbrunnengerinne. Martin Stainpüchler, kurzfristiger Besitzer dieser Anlage, klagte, er könne sich in der Gnigl *des klainen Wasserfalls halber nit erhalten*[216]. Den Hammer verlegte er schließlich weiter nach oben in den *wilden Graben*[217]. Messing wurde hier nur wenige Jahre hergestellt[218].

Ein weiterer Drahthammer befand sich bei der Stegmühle (Grazer Bundesstraße 25, heute Sillnermühle)[219], der allerdings Mitte des 16. Jahrhunderts als *pawfellig* (baufällig) beschrieben wurde. Der Hammer war zu diesem Zeitpunkt bereits stillgelegt. Seine Vorgänger hätten noch *etliche khnecht zum Tradziehen gehalten,* berichtete 1561 Hanns Zärtl, der die Stegmühle als Mühle und Bäckerei nutzte[220]. Obwohl die Stegmühle Wasser sowohl aus dem Alterbach als auch von der Siebenbrunnenquelle bezog, konnte sie von ihren drei Mühlgängen nur zwei in Bewegung setzen.

Die Familie Sinnhuber ist ein weiteres Beispiel für die Bedeutung der Metallverarbeitung in Gnigl. Im ausgehenden 16. Jahrhundert nannte sie drei einschlägige Werkstätten ihr Eigen. Drähte aus verschiedenstem Material und unterschiedlicher Stärke waren Ausgangsmaterial für die verschiedensten Produkte wie Nägel, Siebe, Haken oder auch für Harnische[221]. Wir wissen nicht, welche Drähte in welcher Qualität in Gnigl hergestellt wurden. Die Gnigler Drahtzieherei erlebte im Laufe des 17. Jahrhunderts einen allmählichen Niedergang.

Länger, bis ins 19. Jahrhundert, hielt sich die Nagelschmiederei. Noch 1812 gab es in Gnigl zwei Grob- oder Großnagelschmiede[222]. Der eine hatte seine Werkstatt am Beginn der Mühlstraße am Alterbach (Mühlstraße 3), der andere in der Untergnigl (Linzer Bundesstraße 49). Sie produzierten größere (grobe) Nägel wohl für den lokalen und regionalen Markt[223]. Die Formung gleichmäßiger Nägel verlangte Übung und viel Geschick. Je nach Größe und Form waren an der Herstellung eines Nagels zwei oder auch drei Personen gleichzeitig beschäftigt, das erforderte ein optimales Zusammenspiel der Handwerker. Gleichwohl war die Arbeit eintönig und von immer wiederkehrenden gleichen Arbeitsschritten geprägt. Einseitige Körperhaltung und große Hitze machten die Arbeit beschwerlich und raubten Gesundheit[224].

Von der Messinghütte auf dem Mösl war schon die Rede. Zumindest regionale Bedeutung erlangte das Messingwerk der Salzburger Gewerkenfamilie Stainhauser im Gnigler Graben (heute Gemeindegebiet Koppl). Sie betrieben Kupferbergwerke in Großarl und in Schladming, ein Eisenbergwerk in Flachau, Gold- und Silberwerke im Gebirge und neben Gnigl weitere Messinghütten in Oberalm und in Ebenau[225]. Die Messingproduktion florierte und war ein einträglicher Zweig des Firmenkonglomerats der Stainhauser[226].

1573 hatte Hanns Stainhauser das im Gnigler Graben gelegene Hammerwerk des Christoff Pammer erworben[227]. Die hoch verschuldete Werkstätte, die obendrein durch ein Unwetter schwer beschädigt war, war nach dem Tod Christoff Pammers in die Hände seines Hauptgläubigers, des fürstlichen Rates Dr. Martin Pegius[228] gefallen, der es mit Gewinn an Hanns Stainhauser weiter verkaufte. Stainhauser errichtete nun *mit schwehren uncossten einer ansechlichen summa gelts* eine Messinghütte[229]. Der Bau einer Hütte mit Brennöfen und Gießsteinen sowie der Umbau der Hämmer waren aufwendig. Stainhauser ließ einen Meister aus Lienz und sechs Gesellen nach Gnigl kommen[230]. Seine Aktivitäten lösten Intrigen der Konkurrenten aus. Sebastian Altheimer, Salzburger Bürgermeister und selbst Gewerke, erreichte vom Landesherrn die vorläufige Einstellung der Arbeiten. Der große Verbrauch an Holz und Kohle würde deren Preise ins Unerschwingliche steigern, waren dessen Argumente. Trotzdem, wenig später ging die Messinghütte in Betrieb. Auch dieses Werk kämpfte mit zu geringer Wasserkraft, daran änderte auch der Bau eines neuen Wasserzuflusses[231] und der Kauf des Gutes Guggenthal, zu dem auch eine Mühle gehörte[232], wenig. 1608 wurde die Anlage erneuert, ein neuer Hammer errichtet und der Zufluss des

Mühlwassers verbessert[233]. Auch diese Umbauten änderten nichts daran, dass die Gnigler Hütte zu klein war und vor allem zu wenig Wasser hatte[234]. Energiemangel war schließlich 1585 der Grund für den Bau einer weiteren Hütte in Ebenau. 1612 ging das Handelshaus Stainhauser in Konkurs.

Das Messing, eine Legierung aus Kupfer und Galmei (Zinkerz), verließ die Werkstätte in der Gnigl als Halbfertigprodukt in Form von Rohmessing, Blechen oder Draht. Am Nockstein wurde anscheinend eine Zeit lang Galmei geschürft[235]. Das Kupfer kam sicherlich aus den Stainhauserischen Bergwerken. Um möglichst reinen Galmei zu erhalten, wurde dieser auf pyramidenförmig aufgeschichteten Kohlenhaufen geröstet, ein Vorgang, der bis zu zehn Stunden dauern konnte. Anschließend wurde der Galmei klein gemahlen. Altes Messing, zerschlagenes Rohkupfer und Galmei wurden in einem bestimmten Verhältnis gemischt und in tönernen Tiegel, die in die Brennöfen gestellt wurden, geschmolzen. Die Bestimmung der richtigen Temperatur und der richtigen Dauer des Schmelzvorganges erforderte einigermaßen Erfahrung des Schmelzmeisters. Mit Hilfe der Zuglöcher und der dosierten Zugabe von Kohlen wurde die Temperatur des Ofens reguliert.

Bei der ersten Schmelzung wurde Rohmessing erzeugt. Dazu wurde das Schmelzgut in einen leeren, aber glühenden Tiegel geschüttet, der in einem Loch am Boden vor dem Ofen stand. Etwas abgekühlt konnte das Messing nun in Stücke gehauen werden. Dieses Rohmessing wurde zum kleineren Teil in den Handel gebracht, zum größeren Teil für die zweite Schmelzung verwendet, bei der abermals Galmei zugesetzt wurde. Dadurch entstand höherwertiges Messing. Das flüssigheiße Metall wurde anschließend in granitenen Gießsteinen zu Platten gegossen[236]. Eine optimale Glätte des Messings erreichte man durch die Tünchung der Gießsteine mit Leinöl oder Unschlitt[237]. Das Gießen war ein gesundheitsschädlicher und gefährlicher Arbeitsvorgang. Die Arbeiter hielten sich aus

Darstellung einer Messinggießerei, in: Johann Georg Kruenitz, Oekonomisch-technologische Encylopaedie, Bd. 89, Berlin 1802

diesem Grund Halstücher vor Nase und Mund, um sich vor der großen Hitze und den entweichenden Dämpfen zu schützen[238]. Der Vorgang des Schmelzens und Gießens dauerte etwa zwölf Stunden und verschlang eine Unmenge an Kohle, bis zu zwanzig Zentner pro Tag. Gearbeitet wurde daher Tag und Nacht in zwei Schichten zu je zwölf Stunden. Die Arbeiter waren also rund um die Uhr in der Hütte beschäftigt, und schliefen auch dort. Der Ofen wurde nur zu Weihnachten, Ostern und Pfingsten zur Gänze ausgeblasen. Die Nacht auf Sonntag und der Sonntag selbst waren arbeitsfrei, die Feuer wurden zurückgefahren, aber nicht gelöscht.

Die Platten wurden nach ihrem Erkalten mit großen Scheren zerschnitten und anschließend zu Blechen gehämmert. Nachdem die Bleche mit Teergalle oder Kohlensaft gebeizt waren, scheuerte man diese mit Wasser und Sand, um sie anschließend mit dem Schabemesser blank zu putzen.

Die Stainhauserische Messinghütte beschäftigte neben dem Meister, dem Messingschmelzer, weitere fünf Messingbrenner. Sechs Messingschaber polierten die Bleche, neun Messingzieher verarbeiteten die Bleche zu Draht. Dazu waren noch Kranzwascher und Drahtschaber sowie ein eigener Fuhrknecht beschäftigt[239]. Ein Hafner fertigte die Tiegel.

Die Produktion von Messing setzte den Tag-Nacht- wie auch den jahreszeitlichen Rhythmus außer Kraft. Der Alltag der Messingarbeiter richtete sich nach den Notwendigkeiten des Schmelzens und nicht nach dem Lauf der Natur, der für die umliegende ländliche Bevölkerung bestimmend war. Metallurgisches Wissen und technologisches Können übten Faszination und Schauern gleichermaßen aus. Der aufsteigende Rauch, vor allem der gelbliche Dampf, der beim Messingschmelzen entstand, und das Leuchten der Brennöfen in der Nacht mussten die Zeitgenossen beeindruckt haben. Johann Stainhauser, Sohn des Werkgründers, verglich das Messingschmelzen mit einem *alchimistischen khunststückhel*[240]. Es wundert nicht, dass in Gnigl Sagen vom Geldmachen und Teufelswerk kursierten[241]. Die Messingarbeiter wohnten offensichtlich bei der Hütte und errichteten in der Nähe kleine Gärten.

Ein Dorf ohne Wirtshaus ist kein Dorf

Die beiden Gnigler Wirte waren wohl die kommunikativen Zentren des Dorfes, die Taverne zur Kendl für die obere, jene zum Altmannsteig (Lucaswirt, später Turnerwirt) für die untere Gnigl. Gasthäuser waren (sind) Umschlagplätze von Information und Gerüchten, von Klatsch, Wichtigem und Unwichtigem, von Politischem und Privatem. In ihnen kristallisierte sich gewissermaßen das dörfliche Leben. Konflikte entfachten sich in ihnen und kalmierten sich gleichzeitig[242]. Ehr- und Raufhändel nahmen nicht selten in ihrem alkoholischen Ambiente ihren Anfang und brachten die vielen kleinen dörflichen ‚Dinge' aus dem und (manchmal) wieder ins Lot. Von zerissenen Hosen, überzogenen *straichen* und Injurien hören wir.

Das Wirtshaus war auch Ort männlicher Selbstdarstellung. 1668 ließen sich zum Beispiel die Gesellen des Untergnigler Nagelschmieds von einem Färbermeister aus der Stadt, der mit *fünff Roß [!] […] allda spaziren gewest* und diese im Wirtshaus in der unteren Gnigl eingestellt hatte, provozieren. Die demonstrative Zurschaustellung von (vorgespielter?) Wohlhabenheit trieb sie auf die Palme. Wenn er, der Färbermeister, seine Schulden endlich bezahlen würde, machten sich die Gesellen Luft, würde ihm ohnehin *khain Haar von den Rossen überbleiben*[243]. Ein anderer Streit, der durch einen ähnlichen Mechanismus von Angeberei und Verspottung eskalierte und sich *bezechterweiß* vor dem Kendlwirt entlud, wurde im Auftrag des Gerichtes mit der Einladung auf *2/4 Wein* wieder gut gemacht[244].

Die kommunikative und damit identitätsstiftende Aufgabe der Wirtshäuser belegen auch die Schützen, die bei der Taverne in der unteren Gnigl ihre Schießkünste übten und damit die Wehrfähigkeit der Gerichtsgemeinde demonstrierten[245]. Wirtshäuser waren unentbehrlich und vielleicht gerade deshalb der ‚Obrigkeit' suspekt. Das mag auch das ausdrückliche Verbot der Polizeiordnung der Stadt Salzburg von 1524 erklären, in Gnigl

Gasthaus und Fleischhauerei zur Kendl, um 1900
Sammlung Berta Moser

Brunhubers Gasthaus in der Gnigl (Turnerwirt), Postkarte, um 1905, Sammlung Martin Jeschko (Verlag Jurischek)

wein, meet, oder pier offenlich zuschennckhen[246]. Dieses Verbot bezog sich allerdings auf den Hausschank und nicht auf die beiden Tavernen.

Bereits im 15. Jahrhundert ist das Gut Altmannsteg als Taverne nachweisbar. In einem St. Petrischen Urbar des 16. Jahrhunderts ist die Rede von einem *Hauß und Garten Altmannsteg*, welche *jetzo eine Tafern* sei[247].

Etwa zeitgleich ist auch der Kendlwirt, möglicherweise schon seit 1484, sicher aber ab 1563, als Taverne nachweisbar[248]. Die Taverne zur Kendl selbst war ein *wolerpautes gemauertes* Haus mit Stuben, Kammern und – für einen Wirt nicht unwesentlich – einem Keller. Dazu kamen Stallungen, Garten und Waldbesitz am Kühberg[249]. Der untere Wirt betrieb auf dem südlichen Hang des Heubergausläufers Weinbau, ehe die 'kleine Eiszeit' den Salzburger Weinbau unmöglich machte[250]. 1603 besaß er noch eine *hülzerne Press*[251], welche wenig später im Kuhstall verräumt war. Nun kühlte ein *Khiellkhössl* Bier[252]. Um diese Zeit setzte der Siegeszug des Bieres ein.

Die 'wichtigste', ständig frequentierte, Örtlichkeit eines Wirtshauses war der „Sitz"[243]. Der „Sitz" der Taverne in der unteren Gnigl war vergleichsweise spartanisch ausgestattet mit Tischen, Bänken, einem *alten tischschragen*, Brotkasten und Trinkgefäßen. Praktischerweise befand sich aber gleich daneben der Weinkeller.

Zu ebener Erde war die *große Gaststube* mit Tischen und *führpenckh* (Vorbänke). Lehnstühle und lederne Pölster sorgten für größere Bequemlichkeit. Ein *Hirschengestiemb* (Hirschgeweih) *mit einem hülzernen Kopf* beobachtete die Zecher. Fleischstock und Hacken weisen den Wirt der unteren Gnigl auch als Metzger aus. Seit dem 17. Jahrhundert stand auch der Kendlwirt mit dem Fleischergewerbe in Verbindung[254].

Für ein Wirtshaus (und seine Zecher) wichtig: an der Wand hingen schwarze Tafeln zum Anschreiben der Zechschulden. Neben dem *Muesshauß* (Vorhaus), der Kuchl und dem *Speisgaden* (Speiskammer), dessen größter Schatz *geselchtes pachfleisch* (Schweinespeck) und drei Schmerlaibe (Fett) waren, gab es in der unteren Taverne das *Verhörstüberl*. Offensichtlich wurde die Taverne kurzfristig für Gerichtszwecke genutzt. 1605 sind 'Verhörwerkzeuge' dann im Gerichtsdienerhaus inventarisiert[255].

Eine Kuh, eine *alte Sau* sowie vier *junge Färkhlein* waren der animalische Reichtum des Wirtshauses. Im ersten Stock wartete der Wirt mit einem neu errichteten Tanzboden auf[256]. Dieser mag zu Festen und besonderen Anlässen die Gniglerinnen und Gnigler angelockt und die Geschlechter vermischt haben[257]. Ab Mitte des 17. Jahrhunderts sorgte eine *Kugelstatt* (Kegelbahn) für Kurzweile[258]. 1685 und 1746 wurde das Wirtshaus ausgebaut[259]. Es gab nun mehr Zimmer, Kammern und Gaststuben und obendrein zwei Sommerhäuser[260]. Auch der Kendlwirt wurde allmählich vergrößert.

Lastenträgerin auf der Straße entlang des Kapuzinerberges Richtung Parsch, im Mittelgrund Gnigler Schanze und Hofweiher gezeichnet von Louis Walée, gedruckt bei Hacker, um 1825, AStS, Bibliothek

1695 erhielt er einen neuen Rossstall, später auch einen Wagenschupfen. Die beiden Tavernen waren sozusagen die gastronomischen ‚Platzhirschen' in Gnigl. Erfolgreich wehrten sie unliebsame Konkurrenz ab. So 1701, als beispielsweise der Besitzer des Rennergütls (Linzer Bundesstraße 39) seine behauptete aber nicht nachweisbare Schankgerechtigkeit aktivieren wollte[261].

Ins Wirtshaus trieb es die Gnigler nicht nur nach getaner Arbeit, sondern auch zwischendurch und nicht nur in die förmlichen Gasthäuser. Arbeit und Erholung gingen ineinander über. So war der Müllerjunge Stephan Helbm zu Mittag auf ein Bier in die Kendl gegangen, um am Nachmittag mit seinem *bezechten* Meister in Streit zu geraten[262]. Alkohol und Kommunikation standen (stehen) durchaus in einer engen Verbindung. Martin Lindner (Mühlstraße 3) bewirtete neben seiner Arbeit als Nagelschmied auch Zecher. Als er 1635 dafür eine förmliche Erlaubnis erhalten wollte[263], liefen die beiden Gnigler Wirte dagegen einmal mehr Sturm. Sie forderten ganz im Sinne der Obrigkeit die Abschaffung derartiger *haimblicher winkheln*[264]. Der Pfleger fürchtete obendrein, der Nagelschmied werde durch den Schank nur *von seinem Handtwerckh* abgehalten[265]. Das Begehren eines alten Ehepaares, sich mit *failbrott* und dem Ausschank von Most durchzuschlagen, wurde ebenfalls abgewiesen[266]. Der Konsum von Branntwein machte den Wirten zunehmend Konkurrenz. *Sonderlich daß ober Wirtshauß in der Gnigl* müsse daher *balt gar zugespörrt werden*[267], klagten die Gnigler Wirte 1630.

DIE STRASSE – DER OFFENE RAUM EINES DORFES

Die Straße war dörflicher Kommunikationsraum. Durch Gnigl liefen die Eisentransporte aus der Steiermark und die Weintransporte aus Linz[268]. Die Straßen durchfurchten Spuren, die die Wägen und

Fuhrwerke hinterließen, in denen sie aber wie in Gleisen liefen, besser gesagt: holperten bzw. bei nassem Wetter schlitterten[269].

Doch die Straßen wurden nicht nur vom rollenden Verkehr in Anspruch genommen. Da war z. B. auch der Viehtrieb, nicht nur der vom heimischen Stall auf das Gnigler Feld oder auf den Kühberg, sondern auch jener von weit entfernten Viehmärkten durch Gnigl durch. Da waren aber auch die vielen Haustiere, denen die Straße als Auslauf diente. Federvieh, Hunde, deren Bisse die Wutkrankheit übertragen konnten, Schweine, die, wenn überrascht, gefährlich waren[270].

Die Straße bevölkerten Hausierer, Kraxenträger, spielende Kinder und Vagierende[271], morgens die Brotwägen der Gnigler Bäcker, die der Stadt zustrebten, *Milchweiber* mit ihren kupfernen oder blechernen Kandeln[272], mit „Handwagerln", oder von Hunden gezogen, dann Frauen, die ihre Lasten auf dem Kopf trugen[273]. Gegangen wurde zu Fuß, nur Wohlhabende ritten. Pferde und vor allem Ochsen aber auch Hunde zogen Fuhrwerke. Die Straße war Umschlagplatz von allem Möglichen. Am Straßenrand wurden die bescheidenen Überschüsse des Gartens angeboten. Jeder Ankommende oder Durchreisende konnte Interessantes und damit Abwechslung in einen letztlich immer gleichen Alltag bringen.

„HANDELN" ALS ÜBERLEBENSKUNST

Brot, Mehl und Milchspeisen waren die wenig abwechslungsreiche Kost der Gniglerinnen und Gnigler. *Gewöhnliche Gemüsesorten* wie Erdäpfel (ab dem 19. Jahrhundert) und vor allem Kraut lieferten die Hausgärten als Zuspeisen. *Ordinäre Obstsorten* sorgten für saisonalen Nachschub an Vitaminen. Fleisch gab es – wenn überhaupt – nur an höheren Festtagen. Die Hausgärten deckten nur einen Teil des täglichen Tisches[274]. Saisonales Überangebot fand dagegen den Weg in die nahe Stadt oder wurde vor Ort verkauft. Ihr Verschleiß war als „Eier-", „Butter-" oder „Gemüsegeld" weibliches Zusatzeinkommen. Mit der Fabrikation einfacher (Nischen-)Produkte und deren Vertrieb versuchten etliche irgendwie ihre bescheidene Existenz zu sichern[275]. Anna Mayerin zum Beispiel, sie war Kleinhäuslerin, lebte unter der Hand vom Stricken und vom Handel mit Strümpfen[276]. Elisabeth Schneiderin, eine Gärtnerstochter aus Gnigl, wiederum nutzte ihre Kontakte zu den Heuberger Bauern, die sie durch ihre Arbeit als Magd erlangt hatte, um in der Stadt mit Obst, Butter und *Kletzen* zu handeln[277]. Anna Helminger hatte als *Tagwerkerin* in der Gnigler Parfum- und Likörfabrik[278] gearbeitet. Als sie mit 50 Jahren offensichtlich dafür zu alt gehalten wurde und ihre Arbeit verlor, machte sie sich selbständig, um Obst, Eier, Schmalz und Butter in der Stadt zu vertreiben[279]. Der Maurer Franz Hundlinger hielt sich in der arbeitslosen Winterszeit als Spielmann und mit dem Binden von Bürsten über Wasser[280]. Die Klöppelei und der Handel mit Spitzen half Frauen ihren Hausstand zu bessern[281]. Stricken, Flechten, Binden und anderes mehr, auch der Secondhandmarkt, boten, wenn schon nicht ausreichend, so doch zusätzliches Einkommen[282].

Es gab nicht viel zu kaufen und wenig zu handeln. Was ein Haushalt sonst noch brauchte, boten die ansässigen Kleinhändler an. Ihr Markt war überschaubarer als ihnen recht sein konnte. Angesichts der stark zunehmenden Wallfahrten zum „Bild von Petsch" der Gnigler Kirche versuchte 1696 der *Kraxenträger* (Hausierer) Balthasar Schwaiger im Friedhof *ein kleines Cramerlädl* aufrichten zu dürfen. Er wolle *kölnisch bändl, Socken, weiberzöpf und sogar den laidigen tobac alda verkaufen*, empörten sich die Gnigler *Curatores*[2-3]. Auf dem Gottesacker *Körzl faihl halten* durfte dann allerdings später der Mesner[284]. Schwaiger machte dann sein „Kramerladl" außerhalb des Friedhofs (Eichstraße 58) auf[285].

Man unterschied zwischen Fragnern und Krämern, zwischen Handel mit kurzen und mit langen Waren. Das Gewerbe war streng reglementiert, aber bei der Überschaubarkeit des Angebots waren die Gewerbsgrenzen doch alles andere als klar. Fragner[286] vertrieben Haushaltsartikel wie Kerzen, Seife, Schwefel, Schwämme, Salz und Lebensmittel wie *Baumöl* (Olivenöl), Gemüse, Tabak

Blick vom Schillinghof Richtung Gnigl, rechts im Mittelgrund offensichtlich der Reisenbergerhof (Rexeisengut), links Schloss Röcklbrunn, Lithographie nach einer Zeichnung von Georg Pezolt, gedruckt bei Oberer, 1837, Sammlung Peter Matern

und Milchprodukte. „Käsestecher" wurden daher die Fragner etwas despektierlich genannt[287]. Reich wurde man als Krämer nicht. Als der Kurzwarenhändler Joseph Klett 1798 starb, hinterließ er ein Warenlager im Wert von etwa 120 Gulden, das er übrigens seiner Dienstmagd *wegen dem sehr geringen Lohn, den sie jährlich gehabt*, vermachte[288]. Weil *er die Mitl nit* habe, konnte sich Anton Egger nicht einmal Fragnerware beschaffen. Barbara Weinzetl, Inhaberin der Krämerei im Sternhäusl, verkaufte zwar Brot, lebte aber von der Schneiderei. Der Markt war umkämpft. Als sie die Krämerei von ihrem Vater erbte, ging der ein paar Schritte entfernt wohnende Krämer Georg Holzer mit kaum verbrämten sexuellen Drohungen gegen seine künftige Konkurrentin vor. Holzer sei, gab Weinzetl an, zu *ihrem Häusl gekomen*, und habe *das bey sich gehabte Messer auf mich gezukhet* und dann *das Messer in die Thür gerennet*[289]. Subsistenzkampf als Geschlechterkampf.

Gnigl im beginnenden 19. Jahrhundert

DIE NAPOLEONISCHEN KRIEGE

Auch die Gniglerinnen und Gnigler hatten immer wieder unter den Lasten militärischer Einquartierung oder unter den wirtschaftlichen Folgen europäischer Kriege zu klagen. Direkte Kriegserfahrungen hatten sie aber schon lange nicht mehr gemacht. Umso unvermittelter, traumatisierender traf im Dezember 1800 die Kriegsmaschinerie mit voller Wucht auf die Bevölkerung. Nach dem Rückzug der Österreicher nach ihrer Niederlage auf dem Walserfeld setzten die Franzosen nach und hinterließen eine Spur der Verwüstung. Napoleon hatte den Krieg totalisiert.

Die Sieger kannten keine Grenzen, nur triumphierende Demütigung. Die Vergewaltigung vor

Blick vom Heuberg auf Obergnigl mit den Häusern an der Mühl- und an der Eisenstraße
Lithographie nach einer Zeichnung von Georg Pezolt, gedruckt bei Oberer, 1837, Sammlung Peter Matern

den Augen aller entehrte alle, Tochter wie Eltern. Unertragbar[290].

Materiellen Schaden konnte man dagegen auflisten, und es gab kaum ein Haus, das nicht geplündert worden war. Am ärgsten erwischte es den Turnerwirt Jacob List, dessen Schaden auf über 10.000 Gulden berechnet wurde. Vier Jahr zuvor war sein Wirtshaus abgebrannt[291], nun war das Haus abermals verwüstet. Noch Jahre später war das Wirtshaus *öd und verlassen*[292]. Alles nur irgendwie militärisch Verwertbare requirierten die Franzosen: Heu, Hafer, Stroh, die Pferde. Dem Sattler Thomas Deutinger beschlagnahmte man alle Sättel. Mitgenommen wurde alles Essbare. Der Gnigler Kramer Stephan Gastinger beklagte einen Schaden von gut 1500 Gulden. Geplündert wurde alles Wertvolle wie Schmuck, Silbergeschmeide und Geld. Selbst dem armen Grabenhäusler raubte man seine letzten fünf Gulden. Der Schaden im Gerichtsbezirk Neuhaus belief sich auf beinahe 180.000 Gulden[293]. Das Ritual der Eroberung wiederholte sich 1805 und 1809, wenn auch nicht in dieser unmittelbaren Gewalt wie 1800. Nach dem Abzug der einen, kamen die anderen, nach den Franzosen die Österreicher, nach den Österreichern die Bayern und dann wieder die Österreicher. Militärische Einquartierung störte den gewohnten Alltag. Robot, Fuhrdienst, Schanzarbeit und was auch immer belastete die Gnigler. Requirierungen und Reparationszahlungen drückten. Mit dem Frieden kam dann 1816 der Hunger. Und: Nicht alle waren gleich. Schloss Minnesheim blieb von Einquartierung verschont, um die *Frau Reichsgräfin v. Lodron nicht in ihren vorhabenden Sommeraufenthalt zu stöhren*[294].

GNIGL AM BEGINN DER MODERNE

Am Beginn des 19. Jahrhunderts bot Gnigl noch immer das Bild einer gewerblich geprägten Landgemeinde. Mehr als die Hälfte der Gnigler Haushalte hatte 1813 einen explizit gewerblichen Hintergrund, dem standen lediglich acht Landwirte auf dem Heuberg sowie vier Beamte und zwei Geistliche gegenüber[295]. Beinahe die Hälfte der erwachsenen Bevölkerung lebte als Bediente, Knechte, Mägde und Gesellen in subalterner Stellung[296].

„Künstler und Handwerker" Gnigl, 1813

1 Bader, 6 Bäcker, 2 Fassbinder, 1 Feilenhauer,
4 Fleischer, 4 Gärtner, 1 Hafenbinder[297],
1 Hufschmied, 1 Maurer, 13 Mautmüller,
2 Nagelschmiede, 1 Ölstampfe,
1 Sägemühle, 7 Schneider, 7 Schuster,
6 Spielleute, 1 Tischler, 1 Wagner,
3 Melbler, 1 Zimmerer[298] sowie 3 Krämer[299].

Diese bayerische Aufstellung zeigt die Bandbreite des Gnigler Gewerbes, wiewohl diese unvollständig ist, so fehlen etwa die Wirte. Kleingewerbe mit wenig Beschäftigten dominierte. 1811 zählte man in Gnigl nur 16 Gesellen. Selbst die vielgerühmte Feilenhauerei beschäftigte nur zwei Arbeiter[300]. Zu diesem Zeitpunkt waren aber die Tabakfabrik bereits nach Nonntal übersiedelt und die Parfumfabrik geschlossen.

Nicht nur Kleider machen Leute, auch Kirchenstühle, zumindest ein bisschen. Die Kirche stand noch im Dorf und bot ein Podium örtlicher Bedeutsamkeit. Die erste Reihe der Gnigler Kirche (auf der Männerseite) stand Kraft ihres Amtes den Vertretern der Obrigkeit, den Beamten, zu. Nach Aufhebung des Pfleggerichts besetzten dörfliche Honoratioren, der Wundarzt, der pensionierte Regierungsrat, Kaspar Kriechbaumer, Müllermeister *am Müllerl* (Haslachmühle, Mühlstraße 18), der lodronsche Gärtner sowie der Bestandmeier zu Röcklbrunn diese Reihe. Die vorderste Reihe auf der *Weiberseite* war der *lodronschen Herrschaft* vorbehalten. In den folgenden Reihen saßen Gnigler Gewerbetreibende, Heuberger Bauern, aber auch lang in Gnigl ansässige Herbergsleute[301].

Blick von der Gnigler Schanze Richtung Heuberg, um 1840, aquarellierte Bleistiftzeichnung von Hubert Sattler, Salzburg Museum

Blick vom Heuberg auf das Neuhauser Feld, um 1850, Sammlung Cherubin Fercher

Den „kleinen Leuten" blieben die hinteren Ränge oder die Stehplätze vorbehalten. In der in sich ruhenden Kirchenstuhlordnung spiegelte sich die Geschlossenheit der Gnigler Gemeinde. Kirchenstühle waren oft Jahrzehnte im ‚Besitz' einer Familie und wurden wie Haus und Gewerbe vererbt, gekauft und manchmal auch getauscht.

Von den 706 Einwohnern (1830) erhielten 57 Personen (1827/28, inklusive mitunterstützter Kinder) von der Gemeinde eine regelmäßige Armenunterstützung, das waren immerhin etwa acht Prozent der Bevölkerung[302].

Voraussetzung dafür war Erwerbsunfähigkeit und Vermögenslosigkeit[303]. Für eine Unterstützung „würdig"[304] befunden wurde etwa der 39-jährige verehelichte Schneider Michael Birnbacher. Er hatte durch eine Schussverletzung seinen linken Arm verloren. Der bescheidene Kleiderhandel seiner Ehefrau, deren Vermögen durch die Arztkosten aufgebracht worden war, reichte nicht, die Familie durchzubringen. Hohes Alter, Gebrechlichkeit, Taubheit oder ähnliches, oder auch *Blödsinn* waren Gründe, Personen aus Gemeindemitteln zu unterstützen. Entscheidend war, arbeiten zu wollen, aber nicht oder nicht mehr zu können. Über den 36-jährigen verwaisten Webersohn Jakob Winklhofer, der zwar an Gebrechlichkeit und *Blödsinn* litt, hieß es etwa, er sei aber doch *zum Viehhüten tauglich*. Auch lange in Gnigl ansässige Tagwerkerinnen und Tagwerker, Knechte und Mägde konnten sich der Unterstützung durch die Gemeinde sicher sein[305].

Im 1801 in Gnigl errichteten Kranken- und Armenhaus (Guggenthalerstraße 1) kamen arme und nicht erwerbsfähige Personen aus der Umgebung unter. Das Nachlassen der körperlichen Kräfte bedeutete für viele ein nahezu unvermeidliches Abrutschen in die Armut[306]. 1831 übersiedelte das „Bezirkskrankenhaus" auf die andere Straßenseite (Guggenthalerstraße 4). Es beherbergte 26 bresthafte (arbeitsunfähige) Personen[307]. Im Durchschnitt wurden jährlich etwa 50 Personen versorgt[308].

Die damit erhoffte Eindämmung des *Strassenbettels* (auch in der Stadt)[309] erfüllte sich allerdings nicht. 1817 etwa klagte der Landrichter über die zunehmende Zahl der Bettler. Es seien weniger die Armen aus dem eigenen Gerichtsbezirk, meinte er, sondern jene *welche Schaarenweise aus der Stadt tagtäglich in das Landgericht* [Salzburg, früher Neuhaus] *hinausziehen, und die Landleute belästigen, und sich an Straßen und Wegen lagern.* Es gebe im Gerichtsbezirk nur wenige Arme, die aus der Gemeinde-Armen-Kasse keine Unterstützung erhielten und daher *bey den Bauern eine milde Gabe* suchen müssten. Die *Bettelrichter,* deren Aufgabe es war, Bettler zu vertreiben, aufgestellt v. a. in Ortschaften, *wo öffentliche Belustigungsorte in der Nähe sind,* wie z. B. im Gnigler Minnesheimpark, waren aus Kostengründen von den Gerichtsgemeinden wieder abgeschafft worden[310].

Die ersten Jahre der Eingliederung Salzburgs in die Habsburgermonarchie waren Krisenjahre. Landwirtschaft und Gewerbe hatten in Folge der Kriege einen Niedergang erlebt. Der Verlust der Residenzfunktion Salzburgs und das „Jahr ohne Sommer"[311], 1816, taten ein Übriges. *Viele Kleinhäusler, verehelichte Taglöhner, Zimmerleute, und Maurer, die oft große Familien, wie dies der Fall in den der Stadt nächstgelegenen Ortschaften Kleingmain, Gnigl, Maxglan, und der Riedenburg ist* würden *aus Mangel an Arbeit und Verdienst* und *bey den hohen Preisen der Lebensmittel* auf das Betteln angewiesen sein[312].

Die soziale Entwicklung überforderte die dörfliche Gemeinschaft, mit der Einführung der Pfarrarmeninstitute 1827[313] versuchte man daher, das Armenwesen zu institutionalisieren. Diese standen unter der Leitung des Pfarrers und wurden von ehrenamtlichen, gewählten Armenvätern betreut. Der erste „Armenvater" in der Gnigl war der Haslachmüller Kaspar Kriechbaumer[314].

SPAZIERGANG DER ÄNDERUNGEN

Machen wir gut zweihundert Jahre nach unserer ersten Wanderung noch einmal einen Rundgang durch Gnigl. Die Aufklärung hatte auch Gnigl erreicht, die Napoleonischen Kriege das Dorf überrollt, die Menschen mehrfache Herrschaftswechsel hingenommen, Hunger die ersten österreichischen Jahre geprägt. Am Anfang des 19. Jahrhunderts verschwanden allmählich gewohnte Lebensordnungen. Aber noch funktionierte der ‚althergebrachte' Zusammenhalt der Gemeinde. Sein langsamer Schwund idealisierte aber auch diese Lebenswelten. Das vielbesungene Bild von den ‚klappernden' Mühlen und seine erotische Überhöhung im Phantasma der ‚schönen Müllerin' entstanden.

Das Erscheinungsbild der Gnigl hatte sich (auf den ersten Blick) seit den letzten zweihundert Jahren kaum geändert, und doch: die Zahl der Gebäude hatte zugenommen, das Schallmoos war trocken gelegt und Ansitze wie etwa der Robinighof darauf errichtet worden. Seit 1753 markiert der barocke Turm von St. Michael den kirchlichen Mittelpunkt Gnigls. Der Meierhof war im Sinne der Aufklärung zu einem landwirtschaftlichen Musterbetrieb ausgebaut worden und hielt nun Schweizer Vieh aus Glaris[315]. Die *Felder des Erzbischofs*[316] (Neuhauser Feld) mutierten zur militärischen Nutzfläche. Hier erhielt 1808/09 die Salzburger Landwehr ihre bescheidene, völlig unzureichende, militärische Ausbildung[317] und erfuhren später kaiserliche Rekruten militärische Disziplin. Im Revolutionsjahr 1848 sollte hier die Nationalgarde vereidigt werden[318].

1790 bestimmte Franz Graf Lodron seinen fürstlichen Garten beim Schloss Minnesheim als „Lustort für Alle"[319]. Die *reinlich gehaltenen Anlagen* seien durchwegs *sehenswerth,* wusste Graf Friedrich Spaur zu berichten. Die *Boskets* würden *gut gepflegtes ausländisches Gehölz* enthalten. *Vorzüglich schön* sei die Lindenallee, geschmackvoll auch *das auf einem künstlichen Hügel erbaute chinesische Lusthaus*[320]. Der kunstsinnige Reiseschriftsteller Joseph August Schultes vermochte dem Park allerdings nur wenig abzugewinnen und sprach verballhornend vom *gemeinen Giggl*[321]. Offensichtlich stieß er sich am wenig distinguierten Ambiente des Dorfes Gnigl. Das *ganz nahe Wirtshaus, die Kendl* lockte allerdings die Spaziergänger aus der Stadt mit *Erfrischungen*[322].

Und es waren in der Gnigl kurzzeitig Erwerbsmöglichkeiten entstanden, die Neues in einer ‚althergebrachten' Welt bescheiden ankündigten. Ganz oben, fast schon in Guggenthal, direkt an der Eisenstraße, das Gnigler Tal überblickend, befand sich die „Mitterwallner'sche Feilhauerey"[323] (Grazer Bundesstraße 48). 1785 erhielt Peter Mitterwallner die Erlaubnis, die von ihm *erfundene Feilhauermaschine* am Schnoderbach aufzustellen[324]. Die Konstruktion wollte allerdings nicht so recht funktionieren, musste umgebaut werden und nun war die Werkstatt zu klein. Um Raum zu schaffen, wurde auf der anderen Seite des Mühlbaches eine eigene Schmiede gebaut. Das Wasserrad bediente nun Hämmer und Blasbälge sowohl auf der einen als auch auf der anderen Seite des Mühlgerinnes[325]. Bis dahin waren schon 2000 Gulden investiert und Gelder geborgt worden. Die Kosten explodierten. Der Druck der Gläubiger stieg. Klagen wegen nicht bezahlter Rechnung mehrten sich. Bitten um Aufschub, die Hoffnung auf Etablierung einer förmlichen *Compagnie* oder schlicht auf eine *gute Parthie* schafften nur kurzfristig Zeitgewinn[326]. 1801 musste Mitterwallner vor Gericht bekennen, *kann nit zahlen*, um schließlich einzuräumen: *muss mir alles gefallen lassen*[327]. Trotzdem, irgendwie schaffte Mitterwallner den Turnaround[328]. Seine „Fabrik" habe auch über die Grenzen Salzburgs hinaus einen guten Ruf, er erhalte von dort auch Aufträge, behauptete Mitterwallner[329]. Sein Konkurrent in der Stadt produzierte zwar die „härteren", dafür aber teureren Feilen. Ohne von zünftischen Bindungen gehemmt zu sein, war Mitterwallner letztlich in der Lage, kostengünstiger zu produzieren und Kundenwünsche *jederzeit* zu erfüllen[330].

Die Feilenhauerei Mitterwallners (heute Grazer-Bundesstraße 48) war trotzdem ein bescheidener Betrieb. Er beschäftigte 1811/12 zwei Arbeiter. Zum Vergleich: Beim Drahthammer in der Riedenburg fanden 13 und in der Papierfabrik Elixhausen 32 Arbeiter Beschäftigung[331]. 1860 wurde die Gnigler Feilenhauerei selbst Opfer der Industrialisierung und musste ihren Betrieb einstellen[332].

Ähnlich erging es der Tabakfabrikation in Gnigl. 1761 hatte der Salzburger Spezereihändler Josef Pauernfeind in Röcklbrunn eine *Thobacks-Fabrique*[333] bewilligt bekommen[334]. Um die Stampfen aber *auf wasser sezen* zu können (also menschliche durch maschinelle Kraft zu ersetzen), errichtete er seine Fabrik 1763 in der oberen Gnigl[335]. Man darf sich so eine „Fabrik" nicht wie die heutigen vorstellen. „Fabriken" hießen im Sprachgebrauch des 18. Jahrhunderts Werkstätten, in denen „unzünftige" Arbeiter beschäftigt wurden[336]. Die Tabakfabrik war denn auch nur ein kleines hölzernes Häusl, in dem die Stampfen standen[337]. Erst 1784 wurde diese gemauert und eine Wohnung für einen der Tabakarbeiter errichtet[338]. 1796 erhielt die Gnigler ‚Tabakfabrik' eine neue Darre zum Trocknen der Blätter[339]. Die Herstellung von Tabak erforderte eine Reihe spezieller Gerätschaften und Einrichtungen. Zunächst wurden die Tabakblätter nach Größe und Farbe sortiert sowie die dicken Blattrippen entfernt, anschließend die Blätter in unterschiedlichen Beizen „sauciert", um dem Tabak seine Schärfe zu nehmen oder bestimmte Aromen zu erzeugen. Die Rezepturen der Beizen wurden selbstverständlich geheim gehalten. Eingelagert in Fässern setzte der Gärungsprozess ein. Nach dem Schneiden, wozu spezielle Schneidemaschinen verwendet wurden, wurde der Tabak bei mäßiger Wärme gedarrt (getrocknet) und anschließend verpackt[340].

Die Nachfrage nach Tabakwaren stieg nicht zuletzt durch die Napoleonischen Kriege an. In den 1790er Jahren begann man in der Glockmühle im Auftrag des Salzburger Handelshauses Reiffenstuhl auch Tabakblätter zu mahlen. Nach einer Anzeige Kajetan Pauernfeinds kam zutage, dass der Glockmüller seine Tabakbeize mit allerlei gesundheitsschädlichen Ingredienzien wie *Nußblätter, faule Holzstücke und gebrannten Weinstein* versetzt hatte. Auch würde das Mehl, das weiterhin gemahlen wurde, mit Tabakstaub vermischt werden, kritisierte der Hofrat[341]. 1793 kam das Aus für die Glockmüllerische Tabakfabrikation[342].

Nach der Jahrhundertwende war die Nachfrage nach Tabakwaren soweit gestiegen, dass Jakob Koller, der die Stampfe am Schnoderbach mittlerweile erworben hatte, diese nach Nonntal an der

Der Gaisberg, mit romantisch idealisierender Darstellung Gnigler Gebäude,
Lithographie nach einer Zeichnung von Georg Pezolt
Aus: Salzburg und seine Angrenzungen aus dem Bereiche der Natur, Salzburg um 1850, Sammlung Peter Matern

Almkanal verlegte. Diese Übersiedlung begründete er ausdrücklich damit, so könne er *viele arme Leute und Kinder mit der Fabrikarbeit beschäftigen*[343]. Koller stieg 1807 zum *k. k. Tobackverleger in Hallein* auf[344]. Nach der Verlegung der Tabakfabrikation nach Nonntal fand die Stampfe als Ölpresse Verwendung[345].

Die Branntweinbrennerei und Liqueurfabrik in Röcklbrunn beschäftigte vor allem Frauen (und Kinder?). Neben Alkoholika verschiedenster Gattung produzierte die Fabrik vor allem (auf alkoholischer Basis hergestellte) Parfums wie das bekannte *Eau admirable*, eine Art Kölnisch Wasser[346], oder das *Eau d'Antoinette*, ein Parfum mit Rosenduft[347]. Vielleicht ist das *Eau de Pamina* ein frühes Zeugnis für einen Salzburger Mozartkult. Mit erotischen Erwartungen spielten Duftwässer mit Namen wie *Eau de Viérge*, *Eau d'amitié* oder ganz schlicht das *Eau d'Amour*[348]. Die Fabrik hatte allerdings nur kurzen Bestand.

Irgendwie an den Beginn der Moderne passt auch der Gnigler Sattlermeister Thomas Deutinger (Linzer Bundesstraße 38). Er war so etwas wie ein Erfinder und erlebte misswollende Ablehnung seiner zünftischen Mitmeister. Mit einem günstigen 200-Gulden-Anlehen durch die sich aufgeklärt gebenden erzbischöflichen Behörden entwickelte er eine *Ledermaschine*[349]. Vernichtend war allerdings das Urteil der Hauptlade der Ledererzunft: Deutingers Leder sei schlichtweg *verhunzt*[350].

Angesiedelt zwischen einer ersten Phase gewerblichem Liberalismus unter Kurfürst Ferdinand und ‚althergekommenen' paternalistischen Bindungen ist auch der Fall des Schwabenwirts. Um ihr Geschäft fürchtend verklagten die beiden Gnigler Wirte den Röcklbrunner Gärtner Ferdinand Lindauer. Seine widerrechtlichen *Gastungen* würden *öfters bis in die späte Nacht von mutwilligen Purschen und Gesellschaften geübt*[351]. Tatsächlich ertappte im Frühsommer 1802 eine Polizeipatrouille an die 50 Zecher. Der polizeilichen Schließung der Schank widersetzte sich jedoch der Gärtner mit aller Vehemenz. Er wähnte sich im Recht und berief sich darauf, nur Gott und seinem Herrn, dem Domkapitel (seiner Grundherrschaft) Gehorsam schuldig zu sein[352]. Bei diesem Konflikt prallten unterschwellig, ohne dass die Beteiligten sich dessen bewusst gewesen wären, unterschiedliche Staats- und Gesellschaftsvorstellungen aufeinander, die gerade in den Umbruchszeiten um 1800 virulent waren: altständisches Gesellschaftsmodell gegen moderne Staatsauffassung, Stände gegen Staatsbürgergesellschaft.

Zwei Jahre später, unter dem liberalen Gewerberegiment von Kurfürst Ferdinand, erhielt Lindauer dann seine Konzession. In Röcklbrunn sei eine Bedienung mit Erfischungen für die Stadtbewohner *angenehm und dienlich*, so die polizeiliche Befürwortung. Nach dem Erwerb des auf der gegenüber liegenden Straßenseite befindlichen Schwabenhof wurde der Ausschank hierher verlegt. Seither heißt das viel besuchte Gasthaus „Wirt zu den Sieben Schwaben"[353].

ROMANTISCHE BILDER

Während sich Neues, vielfach unbemerkt, bemerkbar machte, entdeckten die Romantiker die Schönheit der Gebirgsszenerie, die zweihundert Jahre zuvor kaum jemand bewundert hatte und wegen ihrer

Grünbachers Gasthaus zu den Sieben Schwaben (Schwabenwirt), Postkarte, um 1910, Sammlung Theresia Winkelhofer

Schroffheit eher gefürchtet worden war. Von der mit toskanischen Schwarzpappeln[354] gesäumten Eichstraße öffnete sich ein Blick in die weite Landschaft Aigens mit dem bizarren Hochgebirge im Hintergrund, eine Szenerie, die die Romantiker so sehr bewunderten. Die Aussicht vom Schloss Neuhaus auf die *lachende Gegend von Gärten, Saatfeldern und Wiesen […] mit lieblichen Landhäusern und Höfen und Aeckern*[355] zu bewundern, war romantisches Pflichtprogramm. Bei klarer Sicht erblickte man auch den Chiemsee[356]. Das Schloss selbst wurde 1793 von Reichsgraf Franz Lodron gepachtet und *in einen der angenehmsten Wohnsitze umgestaltet*[357]. 1811/12 erwarb er schließlich das Schloss Neuhaus[358].

DER KLANG DER ZEIT

Jeder Ort, auch kleine Dörfer wie Gnigl, haben ihre eigene Akustik. Einen ersten akustischen Eindruck verursachte das „Rauschen" des Alterbaches, der im Sommer allerdings mehr plätscherte als rauschte, und das „Klappern" der Mühlen. Dazu kamen das Knarren der Mühlräder und das Quarren der Triebwerke. Weit vernehmbar war die Arbeit der Schmiede, deren rhythmisches Schlagen durch das geübte Zusammenspiel der Handwerker entstand sowie das Klatschen der Stampfen[359].

Dieser handwerkliche Rhythmus wurde um die Jahrhundertmitte abgelöst von einem ganz neuen Rhythmus, dem Rhythmus der Eisenbahn, der aus dem maschinellen Zusammenspiel komplexer Arbeitsschritte entstand. Das rhythmische Dampfen der Lokomotiven und das taktile Aufeinanderprallen der Puffer fahrender Waggons gaben nun das neue Zeitmaß. Der Gnigler Rangierbahnhof schuf dann endgültig nicht nur eine akustisch neue Landschaft.

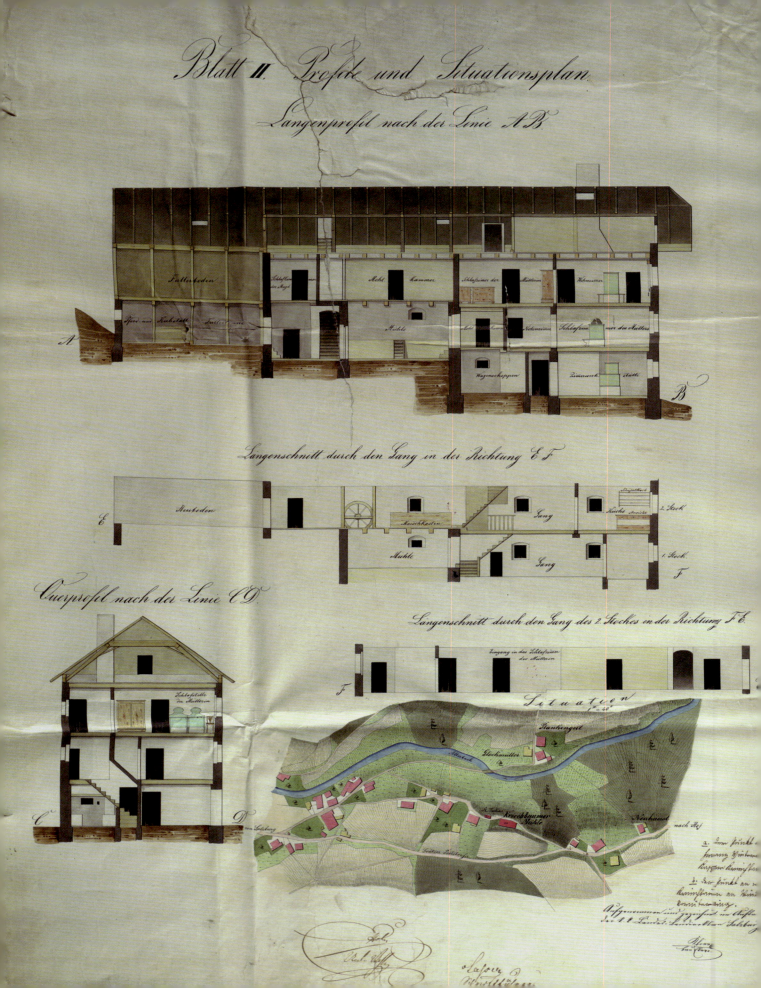

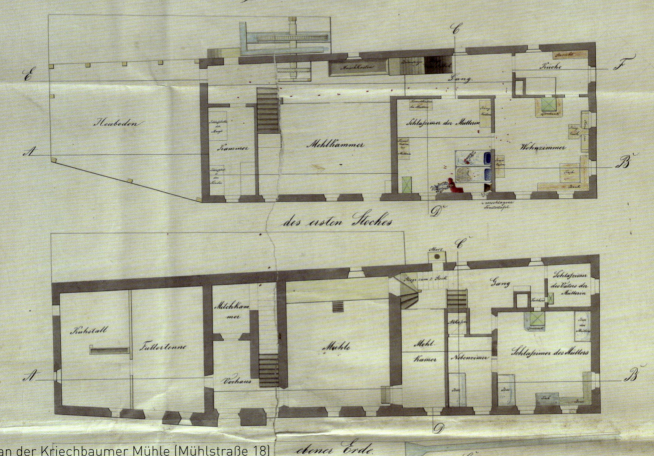

Plan der Kriechbaumer Mühle (Mühlstraße 18)
1853, SLA, Landesgericht

Diese planlichen Aufnahmen der Kriechbaumer-Mühle, die auf das Genaueste die Räumlichkeiten einer Mühle dokumentieren, sind ein frühes Zeugnis exakter polizeilicher Tatortermittlung. In der Nacht vom 13. auf den 14. Juli 1853 ermordete der Müller Kaspar Kriechbaumer seine Frau Helene und seine neunjährige Tochter mit mehreren Messerstichen. Auf dem Plan sind die beiden Leichen, im Schlafzimmer der Müllerin im zweiten Stock des Hauses liegend, dargestellt. Kriechbaumer wurde zum Tod verurteilt, aber auf Grund seines hohen Alters zu lebenslanger Haft begnadigt.

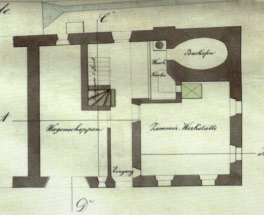

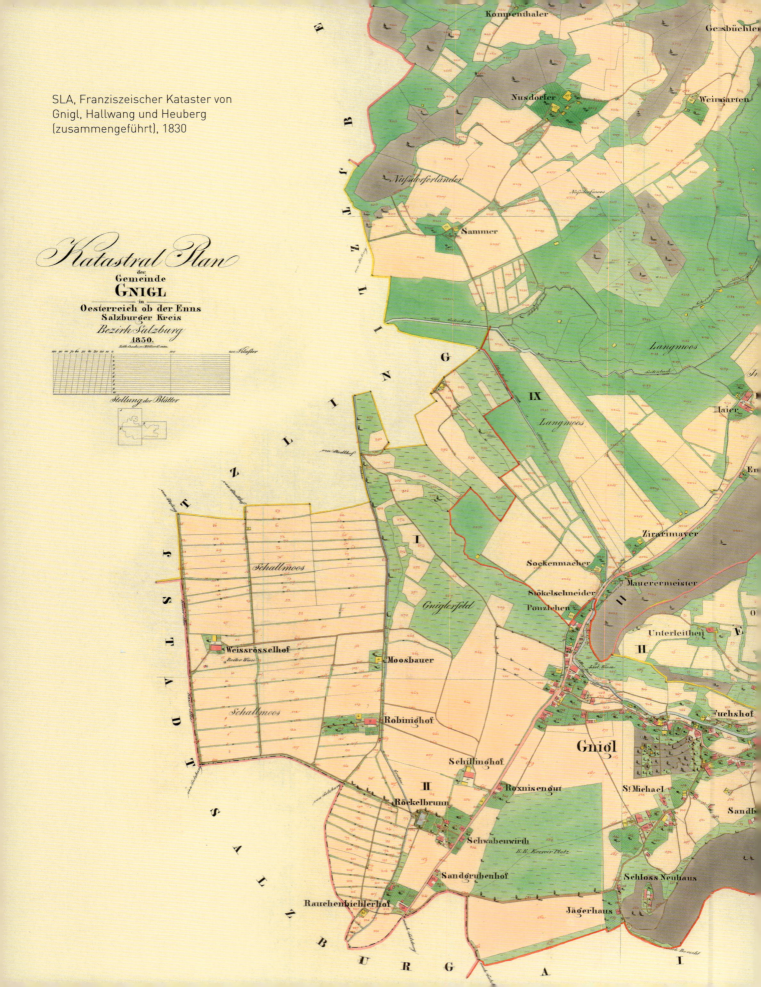

Rundschau von der Platte auf dem Heuberg,
nach der Natur augenommen von Michael Barth, 1854/55
Sammlung Peter Matern

Dampflok auf dem Gnigler Verschubbahnhof, undatiert
Archiv Reinhard Stamberg

SABINE VEITS-FALK

Die selbständige Ortsgemeinde Gnigl 1850 bis 1935
Die Eisenbahn verändert ein Dorf

Das frühneuzeitliche Mühlendorf Gnigl entwickelte sich von einem zerstreuten Dorf mit 83 Häusern (1813)[1] und 1275 Menschen (1850)[2] zur nach der Landeshauptstadt einwohnerstärksten Gemeinde Salzburgs in den 1930er Jahren. 70 Prozent der 10.897 Personen zählenden Gemeinde (1934) lebten damals direkt oder indirekt von der Eisenbahn[3]. Die Gleisanlagen zerschnitten jenen Raum, der 1850 als Organisationseinheit neu gebildet worden war, die Ortsgemeinde Gnigl. Die Bezeichnung „Gnigl-Itzling", wie sie in Zeitungen und anderen Schriften häufig zu finden ist, gab es offiziell nicht[4], sondern zeigt vielmehr, wie sich die Gemeinde selbst definierte: als eine zweigeteilte. Das alte Dorf Gnigl mit seinem eingesessenen Kleinbürgertum versuchte mit Nachdruck seine angestammten Positionen

Blick auf das Dorf Gnigl, um 1830
Aquarell von Louis Waleè, Salzburg Museum

zu verteidigen. Das früher bedeutungslose Itzling und die Ansiedlungen dies- und jenseits der Schienenstränge verselbständigten sich immer mehr als aufstrebende Arbeitersiedlungen. Vor dem Hintergrund des Aufbruchs in die Moderne prallten zwei Welten aufeinander.

Gnigl 1850 bis 1900

DIE POLITISCHE GEMEINDE GNIGL

Die Entstehung der Gemeinde Gnigl resultierte aus der Revolution 1848, die sich in Salzburg nur als „Sturm im Wasserglas" bemerkbar machte. Ihr nachhaltigster Erfolg war die Abschaffung des Systems der Grundherrschaften, womit sämtliche obrigkeitlichen Rechte der Grundherren aufgehoben waren und zugleich eine Reform auf der untersten Verwaltungsebene notwendig wurde. Das Provisorische Gemeindegesetz von 1849 schuf die politische Gemeinde als „Grundlage des freien Staats"[5]. Erstmals wurde eine zwar zentralistisch konzipierte, jedoch auf dem Prinzip der freien Selbstverwaltung beruhende Kommunalverfassung, geschaffen.

Im Mai 1850 wurde eine Liste der 59 selbständigen Gemeinden im Bezirk Salzburg – dem heutigen Flach- und Tennengau – kundgemacht: Das Gemeindegebiet ergab sich aus den 1830 im Zuge des Franziszeischen Katasters errichteten Steuer-(Katastral-)gemeinden, die wiederum auf die alten Rotten, Rügate oder Viertel (Verwaltungseinheiten) zurückgriffen[6]. Die Ortsgemeinde Gnigl setzte sich aus den Steuergemeinden Itzling, Gnigl und Heuberg (bestehend aus den Ortschaften Heuberg und Guggenthal) zusammen und hatte insgesamt 1275 Einwohner/innen (Itzling 173, Gnigl 791 und Heuberg 311 Personen), darunter 200 Steuerpflichtige[7]. Als Entfernung zum Sitz des Bezirkshauptmanns und des Bezirksgerichts, also zur Stadt Salzburg, wurden für Gnigl und Itzling jeweils eine dreiviertel und für Heuberg zwei Stunden angeführt[8].

Der Revolution 1848 folgte der Neoabsolutismus, der die selbständigen Gemeindeverwaltungen entmachtete. Erst das Reichsgemeindegesetz vom

Die Salzburger Nationalgarde bei der Fahnenweihe auf dem Neuhauser Feld am 3. Oktober 1848
Ölgemälde von Anton Reiffenstuhl, Salzburg Museum

5. März 1862, das im Grunde nur die „provisorischen" Bestimmungen von 1849 präzisierte, regelte das Gemeinwesen endgültig bis 1918[9]. Neu in diesem Gesetz war die Festlegung eines „selbständigen Wirkungskreises" der Gemeinden, mit dem die Kommunen umfangreiche Aufgaben erhielten, die ihnen neue Rechte, aber auch Verpflichtungen und Belastungen einräumten. Demnach verwaltete die Gemeinde ihr eigenes Vermögen und musste auch die dafür nötigen Mittel selbst aufbringen. Sie wurde zum Träger so genannter polizeilicher Aufgaben, wie Sicherheit der Person und des Eigentums, Erhaltung der Gemeindestraßen und -brücken, Lebensmittel-, Gesundheits- und Sittlichkeitspolizei, Gesinde- und Arbeiterpolizei, Bau- und Feuerpolizei sowie des Armenwesens. Außerdem musste sie die Volks- und Mittelschulen erhalten[10].

Der Gemeindeausschuss wurde von den Wahlberechtigten gewählt. Dieser beschloss das Gemeindebudget, verlieh das Heimatrecht, erteilte die politische Heiratserlaubnis (bis 1888 durften in Salzburg Frauen und Männer nur dann heiraten, wenn sie eine ausreichende finanzielle Grundlage nachweisen konnten[11]) und wählte den Gemeindevorstand, der sich aus dem Bürgermeister und mindestens zwei Gemeinderäten zusammensetzte[12].

Die Gemeinde galt als Personenverband, zu dem die Zugehörigkeit gesetzlich geregelt war.

Gemeindeangehörige waren nur die heimatberechtigten Personen. Das Heimatrecht wurde seit 1863 durch Geburt, Verehelichung, durch Aufnahme in den Heimatverband oder durch Erlangung eines öffentlichen Amtes begründet. Im Gegensatz zu älteren Bestimmungen wurde es nicht mehr nach einem zehnjährigen ununterbrochenen Aufenthalt in der entsprechenden Gemeinde verliehen, sondern es lag nun im Ermessen der Gemeinde, wem sie das Heimatrecht gewährte und wem nicht.

Die Gemeinde war verpflichtet, ihre Heimatberechtigten im Verarmungsfall zu unterstützen. Mit dieser Bestimmung klafften in einer Zeit der erhöhten Mobilität und des industriellen Aufbruchs aktueller Wohnsitz und Zuständigkeit im Armutsfall, das heißt wirtschaftliche Tätigkeit und rechtliche Zugehörigkeit, immer mehr auseinander. Viele nichtheimatberechtigte Personen lebten und arbeiteten in den Städten, während die meist ländlichen Herkunftsgemeinden im Armutsfall die Lasten der Unterstützung zu tragen hatten.

Erst eine Novellierung im Jahr 1893 machte es wieder möglich, das Heimatrecht zu „ersitzen", wenn der Bewerber oder die Bewerberin mindestens zehn Jahre ansässig war[13]. Wie aus den leider äußert spärlich und nur vereinzelt erhalten gebliebenen Protokollen des Gnigler Gemeindeausschusses hervorgeht, bildeten die in den *Polizeisektions-Sitzungen* abgehandelten Ansuchen um Aufnahme in den Heimatverband stets den umfangreichsten Tagesordnungspunkt[14]. Das Heimatrecht blieb bis 1938 Grundlage der österreichischen Fürsorgepraxis[15].

Neben den Heimatberechtigten zählten jene Personen, die im Gemeindegebiet Haus und Grund besaßen oder für ein Gewerbe oder eine Erwerbstätigkeit eine direkte Steuer entrichteten, automatisch zu den Gemeindemitgliedern.

Die soziale Gliederung und die Vorstellungen vom Zugang zur politischen Partizipation kamen auch im Wahlrecht zum Ausdruck. 1864 konnten erstmals auf landesgesetzlicher Basis, der Salzburger Gemeindeordnung[16], Gemeindewahlen durchgeführt werden. Die Wahlberechtigung war nach dem Steueraufkommen gestaffelt und nach einem komplizierten System eingeteilt.

Die politische Ortsgemeinde Gnigl, 1859/60, Übersichts-Karte der Stadt Salzburg und ihrer Umgebung, gedruckt bei Gregor Baldi, um 1860, Umzeichnung: Martin Zehentner

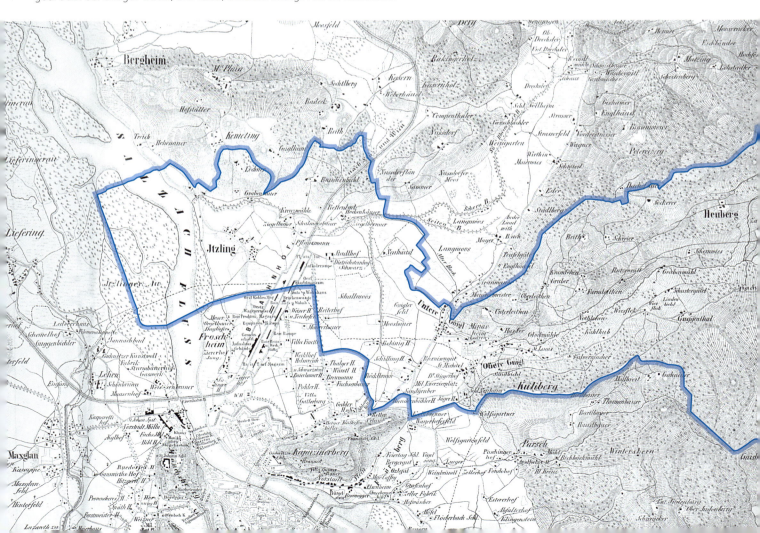

Der obere Teil der Mühlstraße mit Jesingermühle (Flöcknermühle), Guggmühle, Kirchtagmühle (Fichtl) und das Fuchsenhäusl

Der mittlere Teil der Mühlstraße mit (von links) Lehenauer Mühle, Kipfelbäck-Mühle und der Staudinger Kunstmühle, im Hintergrund der Lindenbühel mit dem alten Versorgungshaus

Blick vom Neuhauser Feld auf die Gnigler Kirche, links die alte Volksschule, rechts das Ensemble um den Blümlhof, das Haus auf dem Kirchberg und darüber das Sandbichlgut, im Hintergrund der Kühberg und in der Ferne der Nockstein

Blick vom Schlossberg auf die Häusergruppe rund um die Kirche mit dem 1876 voll ausgebauten Kirchwirtsgebäude, alle Bilder um 1885, AStS, Fotosammlung, Druckerei Rosner (Foto Friedrich Freiherr von Calisto y Borgia)

Dabei wurde die gesamte Steuerleistung gedrittelt, und jene Steuerzahler, die nach einer fortlaufenden Liste das erste Drittel an Steuern erbrachten, bildeten den ersten Wahlkörper. Analog dazu wurden die beiden anderen Wahlkörper konstituiert. Dieses plutokratische, das heißt durch Vermögen legitimierte, Wahlrecht verschaffte einem vergleichsweise kleinen Kreis großen Einfluss, die überwiegende Mehrheit der Wahlberechtigten wählte im dritten Wahlkörper, die Arbeiter vorerst gar nicht[17]. Darüber hinaus durften Geistliche, Beamte,

Akademiker, Lehrer und Ehrenbürger aufgrund ihrer Bildungsqualifikation – ohne Berücksichtigung der Steuerleistung – wählen. Auch Frauen, die aufgrund von Besitz Steuer zahlten, besaßen ein Stimmrecht. Sie durften allerdings nicht selbst zur Wahlurne gehen, sondern der Ehemann übte das Wahlrecht für seine Ehefrau bzw. ein männlicher Bevollmächtigter für andere *eigenberechtigte Frauenspersonen*[18] aus. Auch wenn es auf den ersten Blick so aussehen mag, war dies keine frauenemanzipatorische Errungenschaft. Es ging nicht darum,

Frauen eine Teilnahme am politischen Leben zu gestatten, sondern um die Repräsentation von materiellem Besitz. In diesem Fall war das Geschlecht zweitrangig. Besitz und Bildung waren die Zauberwörter der bürgerlichen Gesellschaft – das offenbarte sich im bis 1918 gültigen vor-demokratischen Gemeindewahlrecht deutlich.

Der Nagelschmied und Eisenhändler Josef Schi(e)der, Besitzer der Schleifmühle (Mühlstraße 3 und 5), bekleidete als erster das Amt des Gemeindevorstehers von Gnigl. Die ersten beiden Gemeinderäte waren Schneidermeister Georg Göltner und der Bauer Franz Oberholzer[19]. Mit ihrer *Beeidigung* am 14. Juli 1850 konstituierte sich die Gemeinde[20].

Obwohl nach dem Gesetz eine Amtsperiode drei Jahre dauern sollte, fanden die nächsten Wahlen erst wieder 1861 statt. Das neoabsolutistische Regime der 1850er Jahre beendete die eben errungenen Freiheiten, wie die Selbstverwaltung der Gemeinde, und bestimmte nun von oben die Gemeindevorsteher[21]. Mit dem Anbruch der liberalen Ära wurde nach der Gemeindeordnung von 1864 wieder regelmäßig gewählt. Während das Amt eines Ausschuss- und Ersatzmannes unentgeltlich auszuüben war, konnte mit Gemeindebeschluss festgesetzt werden, ob und welche Entlohnung der Gemeindevorsteher und die Gemeinderäte erhalten sollten. Dadurch wurde es auch leichter, geeignete und gewillte Personen zu finden[22].

In den folgenden vier Jahrzehnten änderte sich in Gnigl die Zusammensetzung des Ausschusses aus Repräsentanten von Besitz und Gewerbe zunächst kaum. Neben einem Schneider- und einem Schmiedmeister amtierten beispielsweise der Turnerwirt Andreas Brunnhuber und der Kendlwirt Egyd Fuchs, der Großgrundbesitzer Andrä Blüml, dann Anton Roth, Ökonom am Rauchenbichlerhof, oder der Arzt Franz Hattinger[23], als Gemeindevorsteher[24].

Die politische Dorf-Elite rekrutierte sich aus einer „Zwischenschicht" der reicheren Wirte, Kaufleute, Chirurgen usw., die einen gemäßigten Liberalismus vertraten[25]. Dies sollte sich erst mit der Formierung der Sozialdemokratie in Itzling und Gnigl ändern.

SCHULWESEN

Ihrer neuen Aufgabe als Schulerhalter kam die Gemeinde mit der Errichtung eines eigenen Schulhauses nach, da die im „Pfarrerstöckl" untergebrachte Schule aus allen Nähten platzte. 1858 wurde mit dem Bau eines Schulgebäudes (Eichstraße 48) begonnen[26] und ein eigenes, vierköpfiges Komitee zur Leitung und zeitweisen Beaufsichtigung des Schulhausbaus eingerichtet, das jedoch – wie ein Mitglied monierte – die Gemeindevorstehung zu keinerlei Besprechungen oder Kontrollen einlud[27] und alles im Alleingang machte. 1859 konnte das Schulhaus eingeweiht werden.

Daneben bestand von 1859 bis 1875 auch eine von Pfarrer Josef Schindlauer ins Leben gerufene und mit einem Fond von 1000 Gulden ausgestattete *Industrieschule* für Mädchen. Den Weiblichkeitsvorstellungen des 19. Jahrhunderts entsprechend sollten arme Mädchen gegen ein Schulgeld von wöchentlich zwei Kreuzern Unterricht in *weiblichen Handarbeiten* erhalten[28].

Mit dem Reichsvolksschulgesetz von 1869 wurde die achtjährige Schulpflicht eingeführt. Die Schülerinnen und Schüler mussten nun um zwei Jahre länger als bisher in die Schule gehen[29]. Davon war man in der Gemeindestube nicht begeistert. 1875 unterzeichnete die Gemeinde Gnigl mit 19 anderen Gemeinden eine Petition, die Schulpflicht wieder auf sechs Jahre zu verkürzen[30]. Man vertrat damit die Interessen der bäuerlichen Schichten, die ihre Kinder zum Arbeiten brauchten, und schlug sich in den Auseinandersetzungen der 1870er Jahre über die Kontrolle der Schule auf die Seite der katholischen Kirche.

1869 wurde dem neuen Gesetz entsprechend auch ein Ortsschulrat ins Leben gerufen, der unter dem Vorsitz von Bauunternehmer Karl Schwarz aus sechs Personen bestand, und unter anderem auch über die Befreiung von armen Kindern vom Schulgeld entschied, wie beispielsweise für Karl Pillgrab, den Sohn einer Glaserwitwe, den Kleidermachersohn Anton Schneider oder die Taglöhnertochter Susanna Schnöll[31]. Für die ohnehin schon in armen Verhältnissen lebenden Familien bzw.

Mütter bedeutete die Erlassung dieser zusätzlichen finanziellen Belastung eine große Erleichterung.

Da die Raumkapazitäten des neuen Gnigler Schulhauses schon bald erneut erschöpft waren, musste dieses 1878 um ein Stockwerk erweitert werden.

ERHEBUNG ZUR PFARRE

Bei der Festlegung der Gemeindegebiete 1850 wurden einerseits die seit 1830 bestehenden Katastralgemeinden, andererseits auch Pfarr- bzw. Vikariatsgrenzen berücksichtigt[32]. Über zwei Drittel aller Ortsgemeinden im Land Salzburg gingen aus diesen kirchlichen Organisationseinheiten hervor, die schon früher Aufgaben erfüllt hatten, die nun nach 1850 den Gemeinden zufielen, wie beispielsweise die Armenfürsorge im Rahmen der so genannten Pfarrarmeninstitute[33]. Nach der Aufhebung der Grundherrschaften 1848 bemühte sich die Kirche vor allem aus finanziellen Gründen um die Errichtung neuer Pfarren und die meisten Vikariate wurden, wie auch Gnigl, zu Pfarren erhoben. Der österreichische Staat musste nämlich als Patronatsnachfolger der bisherigen geistlichen Landesherren auch für das Gehalt der Pfarrer sorgen, das als staatlicher Mindestlohn einen standesgemäßen Unterhalt der Priester gewährleisten sollte[34].

Das Geld spielte auch bei der Erhebung Gnigls zur Pfarre eine nicht unbedeutende Rolle: Das Einkommen des Kuraten sei, wie das Konsistorium der Landesregierung gegenüber herausstrich, für den standesgemäßen Unterhalt eines Seelsorgers in Gnigl unzureichend. Begründet wurde dies mit den aus der unmittelbaren Nähe zur Stadt Salzburg resultierenden hohen Lebensmittelpreisen und damit, dass *sein Haus einem größeren Andrang von Armen aus der Stadt ausgesetzt* sei. Die Kuratie Gnigl zähle zu den bedeutenderen *Seelsorgs-Stationen* der Erzdiözese und umfasse durch seine *theilweise gebirgige Lage einen Umkreis von mehreren Stunden*. Da der Ort viele Gewerbe aufweise und die Bevölkerung *eine sehr gemischte, theilweise mit städtischem Gepräge* sei, müsse ein Seelsorger mit *Umsicht und Festigkeit des Charakters* ausgestattet sein und auch *die erforderliche Bildung* besitzen[35]. Als erster Pfarrer wurde der bisherige Kurator von Gnigl, Gottfried Beaupré eingesetzt. Das Pfarrgebiet umfasste Itzling, Froschheim, Schallmoos und die Häuser am Äußeren Stein mit insgesamt 1630 Seelen[36].

DAS ST.-ANNA-BEZIRKSKRANKEN- UND VERSORGUNGSHAUS

Seit 1831 beherbergte das Spital am Lindenbühel (Guggenthalerstraße 4) *Alte, Kranke und Preßhafte* (Menschen mit einem körperlichen oder psychischen Gebrechen)[37]. In den ersten Jahren sorgten eine Wirtschafterin und zwei Pflegerinnen sowie Wundarzt Laschensky für die Bewohner/innen des Spitals. Von den im Jahr 1848 insgesamt 157 aufgenommenen Personen verließen 91 Menschen das *Gemeindespital in der Gnigl, welches zugleich Siechen- und Versorgungshaus für das Pfleggericht Salzburg war*, als geheilt, 32 Menschen starben.

Das Gnigler Versorgungshaus, Postkarte, 1931
Sammlung Christian Lankes (Verlag Carl Jurischek)

Die im Vergleich zu anderen ähnlichen Einrichtungen hohe Anzahl von Verstorbenen wurde damit erklärt, dass hier viele alte Menschen behandelt bzw. versorgt wurden: zehn waren über 60 Jahre, zwölf über 70 Jahre und vier über 80 Jahre alt gewesen. Todesursachen waren Wassersucht, Entkräftung, chronischer Durchfall, Schlaganfall, Schwindsucht und *Beinfraß*. Um die Situation zu

Blick vom Heuberg auf Gnigl, rechts im Bild ist der Schillinghof erkennbar (1902 demoliert), vor 1904
AStS, Sammlung Kraus (Fotoatelier Würthle)

verbessern, ordnete das Salzburger Kreisamt an, die medizinische Kontrolle einem Arzt zu übertragen[38]. 1875 übernahmen drei geistliche Schwestern vom Orden der Barmherzigen Schwestern des hl. Vinzenz von Paul, der in vielen sozialen Einrichtungen in der Stadt Salzburg die Pflege übernommen hatte, die Betreuung der Kranken und Armen[39].

Im Jahr 1881 besuchte Joseph Anton Schöpf, in Gnigl geschätzter und in Guggenthal ansässiger, damals schon emeritierter Professor für Kirchenrecht an der Universität Salzburg, das Spital am Lindenbühel. Er konnte sich *nicht genug verwundern über die Duldung so vieler alter, kranker und gebrechlicher Leute, die in solch' elenden, feuchten, schattigen, niedern, mitunter stinkenden Lokalitäten gleich Häringen eingepfercht waren*. Mindestens genau so heftig empörte sich Schöpf, dass ein Teil der Bewohnerinnen und Bewohner schon mehr als fünf Jahre lang an keinem Gottesdienst mehr teilgenommen hatte. Er setzte sich für die nachhaltige Verbesserung der Zustände im Spital ein[40]. Zuerst erwog ein eigens für die Renovierung ins Leben gerufenes Komitee die Sanierung des Gebäudes. Als aber die Kosten mit einer Summe von 10.000 Gulden veranschlagt wurden, entschied man sich, das so genannte Lasserhaus, das ehemalige Pfleggerichtsgebäude (Grazer Bundesstraße 6), von den Geschwistern Spängler um 13.000 Gulden zu erwerben[41]. Es wurde 1882 ausdrücklich mit der Bestimmung angekauft, darin ein Bezirkskrankenhaus zu errichten. Eigentümer sollten 15 Gemeinden in unmittelbarer Nähe der Stadt Salzburg sein: Gnigl (14,5 %), Siezenheim (14,5 %), Maxglan (10,5 %), Grödig (10 %), Aigen (9 %), Eugendorf (8,5 %), Bergheim (6 %), Hallwang (6 %), Morzg (6 %), Leopoldskron (3 %), Elixhausen (3 %), Großmain (3 %), Koppl (2,5 %), Elsbethen (2 %) und Plainfeld (1,5 %)[42]. Den Namen „St. Anna" erhielt das Gebäude auf Vorschlag und Wunsch der Wohltäterin Gräfin Anna Revertera, die 1000 Gulden für das Spital und 40 Gulden für

DIE ORTSGEMEINDE GNIGL 1850–1935 | **129**

Blick von der Salzkammergut Straße (etwa Höhe Radauerkurve) auf die Guggenthaler Straße und die Grazer Reichsstraße im Bildzentrum die Staudinger Mühle, um 1910
AStS, Sammlung Kraus (Fotoatelier Würthle)

das neue Oratorium spendete. 1884 übersiedelten die *Pfleglinge* des alten Spitals in das umgebaute Gebäude, das Erzbischof Albert Eder in Gegenwart vieler Honoratioren am 11. Mai dieses Jahres weihte. Dies sei *der schönste Tag meines Lebens, der allerschönste unter den vielen schönen* gewesen, hielt Schöpf fest[43]. Er unterstützte die Einrichtung bis zu seinem Tod 1899 und hielt dreimal in der Woche im Oratorium die Messe. Eine Gedenktafel im Haus erinnert an seine Verdienste um das St.-Anna-Versorgungshaus.

Der Alltag in einem kombinierten Altersheim und Krankenhaus war weder für die *Pfleglinge* noch für die sie betreuenden Personen einfach zu bewältigen. 1887 trat zum Beispiel der das Versorgungshaus betreuende Arzt Franz Hattinger an Schöpf mit der Bitte heran, *gegen die Hetzereien einiger Stänkerer* gegen die Oberin das Wort zu erheben. Anlass war vor allem die angeblich schlechte Kost. Um die dafür vorgesehenen 30 Kreuzer, das musste auch Schöpf eingestehen, waren keine lukullischen Mahlzeiten zuzubereiten. Als Ursache, warum die Verpflegung im Spital einen so hohen Stellenwert hatte, ortete Schöpf, dass die *Pfleglinge* in guter Kost eine Entschädigung für die *Entbehrung der Freiheit* sahen und außerdem aus Langeweile nur ans Essen dachten. Als Abhilfe riet er – was für einen Geistlichen auf der Hand lag – zum Beten, er wollte sich aber auch für eine Spitalbibliothek einsetzen[44].

In der Realität ließen sich aber gerade die Konflikte um die Verpflegung nicht beilegen – im frühen 20. Jahrhundert kam noch eine politische Dimension dazu. Von sozialdemokratischer Seite wurde beispielsweise moniert, dass die alten Männer *wie Sträflinge gehalten* wurden und nicht wie in anderen Versorgungshäusern Geld dazu verdienen durften, um sich Tabak zu kaufen oder die Kost aufzubessern[45]. Aufgrund der *Hetzereien, die seine Gesundheit erschütterten*, erwog Verwalter Andrä Blüml sogar seine Stelle zurückzulegen[46]. 1913 kam es zu einem Ehrenbeleidigungsprozess gegen einen „vorlauten" *Pfründner*. Karl Fischer hatte behauptet, er habe gesehen, wie eine *Viertelsau aus dem Versorgungshaus weggeschafft wurde. Die Oberin sei eine gute Seele*, meinte er, *vielleicht bekommt*

ein Stück der Sau der Herr Verwalter Jungbauer, ein anderes Dr. Hattinger und ein drittes der Pfarrer. Was bleibt kriegen dann die Armen[47]. Fischer wurde wegen dieser Verleumdung zu drei Tagen Arrest verurteilt, mildernd wirkte sich seine Unbescholtenheit aus.

Bereits im Jahr 1896 wurde das Versorgungshaus seinen räumlichen Anforderungen nicht mehr gerecht. Die Verwaltung beschloss daher einen Um- und Anbau an der südlichen Front, die feuersichere Eindeckung des Daches und die Anbringung eines Glockenturms nach Plänen von Baumeister Jacob Ceconi[48]. In diesem Jahr wurden insgesamt 316 Personen verpflegt. Die im Zuge des Ersten Weltkriegs gestiegene Nachfrage nach Betreuungsplätzen machte eine neuerliche Erweiterung des Hauses notwendig. Zu diesem Zweck wurde der früher abgetrennte, von einem großen Obstgarten und einer Wiese umgebene *Ökonomiebesitz* adaptiert und mit dem „Haupthaus" durch einen unterirdischen Gang verbunden[49]. Im Jahr 1917 pflegten sieben Schwestern durchschnittlich 115 *Pfleglinge* im St. Anna-Bezirkskrankenhaus[50].

DER „NIEDERGANG DER MÜHLEN"

Ab der Mitte des 19. Jahrhunderts erfassten die Auswirkungen der Industrialisierung auch Gnigl. Neue Produktions- und Marktbedingungen wirkten sich auf die wirtschaftliche Struktur entlang des Alterbachs aus. In mehreren Phasen des „Mühlensterbens" wurden die traditionellen Wassermühlen von neuen Handelsmühlen, den so genannten „Kunstmühlen"[51], verdrängt, deren Bezeichnung von der Umstellung der Mahlsteine auf Walzen kommt[52]. Diese als wichtigste industrielle Neuerung bezeichnete Veränderung in der Müllerei begann im letzten Viertel des 19. Jahrhunderts. Anstelle von Mahlsteinen zerkleinerten nun Porzellan-, später Hartgusswalzen mit glatter oder geriffelter Oberfläche das Getreide. Zusätzlich wurde der Mahlgut- und Mehltransport in den Mühlen durch die Einführung von Förderschnecken und Hebewerken automatisiert.

Neben der Konkurrenz durch die Kunstmühlen trug auch die Eisenbahn, die zu einer erheblichen Senkung der Transportkosten führte, dazu bei, dass die Müller im Land Salzburg große Verluste machten. 1882 etwa verloren sie zwei Drittel ihrer Geschäfte. Neue *Mehlhandlungen*, der Vertrieb von *ungarischem Dampfmehl* durch „Handlungsreisende" und Preisschwankungen, die durch den Import von amerikanischem, russischem und rumänischem Getreide verursacht wurden, taten ein Übriges[53]. Wie der *hervorragendste Mühlenindustrielle im Land Salzburg* 1893 feststellte, ging nicht so sehr die Menge des vermahlenen Getreides zurück, sondern der Verdienst. Die Müller waren gezwungen, Getreide aus Ungarn anzukaufen. Der Preis der *Mahlfabrikate* hing nun nicht mehr von den örtlichen Verhältnissen ab, sondern vom (Buda-)Pester Markt. Den kleineren, in technischer Hinsicht nun rückständigen, Lohnmühlen machte die Konkurrenz besonders zu schaffen, da sie finanziell nicht in der Lage waren, ihre Anlagen zu modernisieren. Viele sattelten daher von der Müllerei endgültig auf die Brotbäckerei um. Selbst die *mit Getreidereinigungsmaschinen, mit Walzstühlen* oder *mit französischen Mühlsteinen und Mahlzylinder* ausgestatteten Betriebe mussten die *amerikanische automatische Müllerei* fürchten, die eine komplette Umwälzung der Produktion bewirkte[54].

Ein Blick ins Gewerbeverzeichnis belegt diese Entwicklung auch für Gnigl eindrucksvoll. 1868 scheinen beispielsweise noch 13 Müller bzw. Müller und Schwarzbäcker auf[55], 1910 nur mehr acht[56].

Eine Reihe von traditionsreichen Mühlen wurde stillgelegt oder reagierte auf die veränderten Bedingungen, indem sich ihre Produktpalette änderte[57].

1876 ging zum Beispiel die seit dem 13. Jahrhundert bestehende Tabakstampfe am Mosauergütl (Guggenthalerstraße 25) in Konkurs. Stattdessen wurden eine Ölstampfe, die bis 1906 bestand, und eine Deckenwalke mit Wäscherei eingerichtet. Bis zum Ende des Ersten Weltkriegs wurden in der ehemaligen Tabakstampfe Decken für das Militär gewaschen[58]. 1921 kaufte Leopold Ecker das Gebäude, entfernte die Stampfeinrichtungen und funktionierte es in ein Wohnhaus um[59]. Um 1884 wurde in der Fichtlmühle (Mühlstraße 14) eine Fourniersäge eingerichtet[60]. Die Palliermühle (Mühlstraße 7) kaufte Karl Gstirner 1893 und baute sie zu einer Bau-, Möbel- und Kunsttischlerei und ab 1917 zu einer Bürstenbrettel- und Leistenfabrik um[61]. Um 1907 stellte die Sturmmühle (Mühlstraße 10) ihren Mühlbetrieb ein. 1919 erwarb diese Hans Schörghofer und errichtete eine Tischlerei, aus der später das Möbelhaus Schörghofer hervorging[62]. Die alte Glockmühle wurde 1928 in eine *Jausenstation* umfunktioniert[63] und der neue Besitzer der Aumühle (Mühlstraße 4), Franz Staudinger, stieg auf die Herstellung von Teigwaren um. Eine Reihe anderer Beispiele wäre hier noch zu nennen.

Parallel zum „Niedergang der Mühlen" stiegen neue Erwerbszweige auf. Der Fokus verschob sich

Blick vom Heuberg auf das Gerinne des Alterbaches, in der Mitte die Freyhammer- und die Maibergermühle, rechts vorne das Doktorwirtshaus, dahinter die Tagmühle, um 1910
AStS, Sammlung Kraus
(Fotoatelier Würthle)

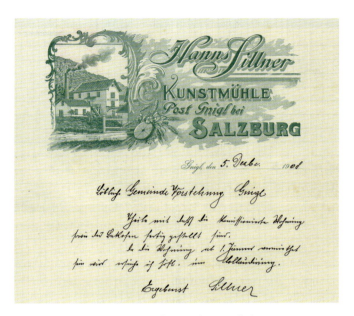

Kunstmühle Hanns Sillner, Darstellung auf einem Geschäftspapier, 1908, AStS, Bauakten

Backstube der Bäckerei Flöckner, 1920er Jahre
Sammlung Gerhard Flöckner

von der Gewerbeproduktion zum Sektor Verkehr – zur Eisenbahn, von der in den folgenden Jahrzehnten für Gnigl wichtige wirtschaftliche Impulse ausgingen[64].

EISENBAHNBAU

Für die Stadt Salzburg lässt sich mit der Eröffnung der Kaiserin-Elisabeth-Westbahn und des Bahnhofs 1860 ein relativ genaues Datum für den wirtschaftlichen Aufbruch festmachen, der schließlich auch Gnigl erreichte. Die Eisenbahn eroberte sich das Gemeindegebiet von Gnigl etappenweise: 1870 wurde mit dem Bau der eingleisigen Strecke von Salzburg nach Hallein begonnen, die das Gemeindegebiet von Gnigl auf einer längeren Strecke durchschnitt.

Die am 9. Juli 1871 eröffnete Bahnverbindung[65] hatte vorerst noch rein lokalen Charakter. Von 1873 bis 1875 wurde die Bahnverbindung salzachaufwärts bis nach Tirol erweitert. Erst mit dem Ausbau dieses Streckenabschnitts, der Giselabahn, die nun eine lückenlose Verbindung zwischen den europäischen Großstädten schuf, wurde die Stadt Salzburg Bahnknotenpunkt. Da allerdings die Bahnhofsanlage um die Jahrhundertwende dem Verkehr nicht mehr gewachsen war, wurde im Raum Gnigl ein Rangierbahnhof gebaut[66].

Am Beginn stand der Abbruch des Schillinghofes, dem damaligen Meierhof des Stifts St. Peter, dessen Anfänge in das 10. Jahrhundert zurück gehen, es folgte die Errichtung der Gleisanlagen und des Heizhauses (1903–1906)[67].

Den Bau und die Ausdehnung der Gleisanlagen nahmen die Gniglerinnen und Gnigler mit gemischten Gefühlen auf. Einerseits vertraute man auf das Potenzial von Erneuerung und Fortschritt, verkörpert durch die Staatsbahnen, und hoffte, dass *im allgemeinen Reichsinteresse die Bahn die in unmittelbarer Gegend gelegenen Ortschaften befruchten und neues Leben bringen* werde[68]. Andererseits begleiteten gleich nach Baubeginn Proteste wegen Enteignungen und Grundstücksabtretungen, vor allem hinsichtlich der Abschlagszahlungen, den Bau: So gab es zum Beispiel Beschwerden, dass der Wert der *herrlichen* und *uralten Bäume* der Villa des Baron Schwarz als schlechtes Brennholz geschätzt, oder der Einheitswert für den Lehm der Ziegelei des Ehepaars Stabauer auf dem Rettenlackengut in Itzling viel zu gering berechnet wurde[69].

1904 schlug die Stimmung aber eindeutig in eine negative Richtung um. Der Bahnhofsumbau und die Neuerrichtung des Rangierbahnhofs verursachten eine Verschlechterung der *Kommunikationsverhältnisse* und bedrohten die Trink- und Nutzwasserversorgung.

Der Rangierbahnhof erreichte eine Ausdehnung von 1,5 Kilometer[70]. Außer der Schwabenwirtsbrücke gab es keine Unterführung oder Überbrückung der Gleise, nur einen vier Meter breiten Fußweg, den Kirchenweg, der allerdings mit Fuhrwerken nicht befahren werden konnte, da er zu schmal war. Die Kommunikation zwischen den 2933 Einwohner/innen in Itzling und 1936 Personen in Gnigl (1900) war definitiv „abgeschnitten". Die Gemeindevorstehung forderte daher den Bau einer befahrbaren Brücke über den Rangierbahnhof, um nicht die Gemeinde Gnigl auf das *allerempfindlichste zu schädigen und den Zuzug aus dem Hinterland zur Bahn und zur Stadt einfach zu unterbinden*[71].

Das andere Problem war, dass durch die Abtragungsarbeiten beim Bahnbau und beim Bahngrabenaushub im Frühjahr 1904 mehrere Brunnen und Quellen in den Gnigler Haushalten versiegten[72]. Im August 1904 fand deswegen eine *kommissionelle Erhebung* vor Ort statt. Die Staatsbahn lehnte jede Verantwortung ab und weigerte sich, Abhilfe zu schaffen. Daraufhin reichte die Gemeinde Gnigl eine Beschwerde beim Eisenbahnministerium ein. Außerdem lösten die *plötzliche Entleerung aller Brunnen* und der Umstand, dass fast 60 Häuser kein Wasser mehr hatten, bei den Betroffenen Proteststürme aus. Nur mit Mühe und Not soll es der Gemeindevorstehung Gnigl gelungen sein, wie besagter Denkschrift zu entnehmen ist, *die Erbitterung der zu Hunderten getroffenen Einwohner zu besänftigen und sie in den Bahnen des Gesetzes zu halten*[73]. Es dürfe nicht angehen, dass die Staatsbahn auf Kosten der Steuerzahler bei den Baukosten spare und eine *große im Aufblühen befindliche*

Blick von der Bayerischen Aussicht auf den Salzburger Bahnhof, um 1870, Ölgemälde von Hubert Sattler, Salzburg Museum

Gemeinde wirtschaftlich ruiniere, beanstandete die Gnigler Gemeindevertretung. Die Bahn beschwöre die schlimmsten Gefahren in sanitärer und feuerpolizeilicher Hinsicht *kalten Blutes* herauf. Die Gemeindevorstehung Gnigl sehe sich daher zur ausdrücklichen Erklärung genötigt, jede Verantwortung abzulehnen, wenn sich die Erregung der so überaus schwer betroffenen Bevölkerung *in elementarer Weise* Ausdruck verschaffe[74]. Die Bahn setzte sich durch, der Rangierbahnhof wurde am 2. Jänner 1905 eröffnet. Damit war nun auch die Anbindung an die Wiener Strecke hergestellt, so dass alle von Richtung Wien kommenden Lastzüge dem Hauptbahnhof ausweichen konnten[75]. Die Eisenbahn hatte sich mit ihrem breiten Schienenbogen das Gemeindegebiet unterworfen. 1908 waren die letzten Bauarbeiten beendet[76], erst 1911 fasste die Gemeinde einen Beschluss über die Erbauung einer Trinkwasserleitung, die 1912 in Betrieb genommen wurde[77].

Eisenbahn – Sozialdemokratie – Erster Weltkrieg

Für die Lokalgeschichte Gnigls bedeutete der Bau des Rangierbahnhofs nicht nur in topographischer Hinsicht eine Zäsur. Er ist zugleich sichtbares Zeichen für den Durchbruch der Moderne in Technik, Wirtschaft, Gesellschaft und Kultur um 1900. Am 2. Dezember 1905 brannte in Gnigl zum ersten Mal elektrisches Licht[78]. 1905/06 erhielt die Gemeinde eine Gasbeleuchtung für öffentliche Straßen und Plätze[79]. Eine wesentliche Voraussetzung für diese Aufbruchsbewegung war die Anhebung des Alphabetisierungsgrades, der sich auch in einem regeren Kommunikationsverhalten durch Post- und Telegrammsendungen niederschlug. So wurde beispielsweise 1891 der erste *Briefsammelkasten* am Haus Eichstraße 43 aufgestellt[80]. Zur besseren Orientierung vergab man 1906 in Gnigl und Itzling Straßennamen und nummerierte die Gebäude[81].

Auf der gesellschaftspolitischen Ebene etablierte sich die „Klasse", auf politischem Gebiet

Blick vom Robinighof über das Gelände des Rangierbahnhofes, um 1910, Salzburg Museum

Blick von der Kapuzinerbergkanzel Richtung Neuhaus, im Vordergrund die eingleisige Bahnlinie nach Hallein, vor 1908
AStS, Sammlung Kraus (Foto Friedrich Pflauder)

Blick vom Schloss Neuhaus auf die Eichstraße, dahinter die Gablerbrauerei, um 1910
AStS, Sammlung Kraus (Fotoatelier Würthle)

erweiterte das Wahlrecht den Kreis der – vorerst nur männlichen – Stimmberechtigten. Die ganze Gesellschaft kam in Bewegung und die Bevölkerung wuchs rasant an. Der rapide Anstieg in Gnigl (von 5323 Personen im Jahr 1900[82] auf 8575 im Jahr 1920[83]) resultierte in erster Linie aus dem Zuzug von Menschen, die bei oder im Umfeld der Eisenbahn Arbeit fanden.

ARBEITERBEWEGUNG

Die Eisenbahn zog viele Männer und ihre Familien aus ländlichen Gebieten und der Landwirtschaft an, die – bedingt durch die großen Veränderungen der letzten Jahrzehnte – mit ihrer bisherigen Tätigkeit den Lebensunterhalt nicht mehr bestreiten konnten. Die meisten kamen aus dem Land Salzburg oder dem Innviertel[84], aber auch aus Böhmen, Italien, Bosnien und Kroatien[85] und versuchten beim Bahnbau, in den Werkstätten oder in den Betrieben, die infolge der Erschließung durch die Eisenbahn entstanden waren, etwa im Transportgewerbe und in der Baustofferzeugung, Arbeit zu finden. Zu diesen Firmen zählten beispielsweise die Ziegeleien Warwitz und Ceconi, die Zündholzfabrik in Sam oder auch die Maschinenfabrik Theo Strauss an der Linzer Bundesstraße (später Autogenwerk Munz)[86].

Maschinenfabrik Theo Strauss in Gnigl, Darstellung auf einem Geschäftspapier, vor 1909, AStS, Bauakten

Die neue Arbeitswelt mit ihren streng geregelten und überlangen Arbeitszeiten von elf bis zwölf Stunden, sechs Tage die Woche und ohne Urlaub, unterschied sich drastisch von den Tagesabläufen der bäuerlichen und gewerblichen Welt. Die Löhne, Arbeits- und Lebensbedingungen waren aus heutiger Sicht unglaublich schlecht. Regelrecht ausgebeutet wurden die Erdarbeiter an der Baustelle des Gnigler Rangierbahnhofs, überwiegend Kroaten, Tschechen und Italiener, die für einen 13-stündigen Arbeitstag einen Hungerlohn erhielten[87].

Ziegelei Warwitz, um 1925
AStS, Sammlung Warwitz

Auf der einen Seite solidarisierten sich die „einheimischen" Arbeiter mit den „fremden" Kollegen. So setzte sich beispielsweise 1903 der Parteisekretär der Salzburger Sozialdemokraten, Jakob Prähauser, für die *bedeutende Anzahl kroatischer Arbeiter* ein, *die unter den elendsten Verhältnissen leben musste*[88]. Andererseits wetterten die sozialdemokratischen Gewerkschafter über die Beschäftigung ausländischer Arbeiter, da sie ihre Konkurrenz fürchteten: Sie polemisierten zum Beispiel gegen die von Tischlermeister Preimesberger beschäftigten *slowenischen Streikbrecher*, die dazu beitragen würden, dass Salzburg *slavisiert* werde[89] und mit ihrer Bereitschaft zu Niedriglöhnen zu arbeiten, die Löhne drücken würden.

Die Entwicklung der Salzburger Arbeiterbewegung hatte in den 1870er Jahren von den Handwerksgesellen der Landeshauptstadt und Hallein ihren Ausgang genommen. 1867 wurde ein

Belegschaft von Baumeister Brunner, Schillinghofstraße, 1920er Jahre, Sammlung Mathias Haas

Arbeiter-Bildungsverein mit dem Ziel gegründet, den Arbeitern zu einem gesicherten materiellen Auskommen zu verhelfen[90]. Nach politischen Repressionen konnte sich die Sozialdemokratie zu Beginn der 1890er Jahre auch in einigen Dörfern im Salzburger Umland sowie in Industrie- und Bergwerksorten etablieren.

Bereits 1894/95 wurde in Itzling eine sozialdemokratische Ortsorganisation gegründet, eine der ältesten im Land Salzburg[91]. 1899 konstituierte sich die Landesparteiorganisation, im selben Jahr wurde die „Salzburger Wacht" als Sprachrohr der Partei gegründet. Die Arbeitskämpfe und ihre führende Rolle im Kampf um die Demokratisierung des Wahlrechts brachten der Sozialdemokratie nach 1900 zunehmend Sympathien und Zuspruch.

Anfangs war schon allein das Auftreiben einer geeigneten Örtlichkeit für Versammlungen ein Problem: Im Oktober 1900 hatte sich beispielsweise der Turnerwirt Andreas Brunnhuber bereit erklärt, einen Saal zur Verfügung zu stellen. Als er erfuhr, um welche Art von Zusammenkunft es sich handelte, zog er seine Zusage wieder zurück. Prompt revanchierten sich die Arbeiter, indem sie zu einem Boykott des Turnerwirts aufriefen[92].

Regen Anteil nahm man auch an den Agitationen der Sozialdemokratie in der Stadt Salzburg, wie etwa an einer Kundgebung für das allgemeine, gleiche und geheime Wahlrecht (für Männer) im September 1905[93]. Bei einer anschließenden Versammlung am Rangierbahnhof in Gnigl kam es zu Unruhen[94]. Am 4. August 1906 gründete sich die sozialdemokratische Ortsgruppe Gnigl im Neuhauser-Hof an der Eichstraße, wo auch die *Genossen aus Itzling* anwesend waren[95].

Bei den Reichsratswahlen 1907, den ersten Wahlen nach dem allgemeinen, gleichen, geheimen und direkten Wahlrecht für Männer, erzielte der

Aufruf zu einer 1. Mai-Feier, 1909
Salzburger Wacht

Sozialdemokratische Wählerversammlung, Plakat, 1910
AStS, Plakatsammlung

sozialdemokratische Kandidat Robert Preußler[96] im Wahlkreis Salzburg Umgebung, zu dem auch Gnigl gehörte, eine Mehrheit. Bei der Stichwahl unterlag Preußler nur knapp. In der Gemeinde Gnigl entfielen 889 Stimmen auf Preußler und nur 371 auf seinen deutschfreiheitlichen Gegenkandidaten Arthur Stölzl[97].

Nach der Einführung des allgemeinen „Männerwahlrechts" auf Reichsebene kämpften die Sozialdemokraten für eine Demokratisierung des Landtagswahlrechts. Im Landtag saßen der Erzbischof, die Vertreter des Großgrundbesitzes, der Städte und Märkte sowie der Landgemeinden. Dem nach Steuerleistung gestaffelten Stimmrecht wurde 1909 immerhin eine vierte, „allgemeine" Kurie hinzugefügt, in der man allerdings ein Vielfaches an Stimmen brauchte, um ein Mandat zu erringen. Robert Preußler gelang es nicht zuletzt durch die Stimmen der Gemeinde Gnigl-Itzling zum ersten Mal für die Sozialdemokraten in den Salzburger Landtag zu ziehen[98]. Obwohl die sozialdemokratische Partei die einzige Partei war, die die Einführung des Frauenwahlrechts schon 1891 als Forderung in ihrem Programm aufgestellt hatte, musste der Kampf um das Frauenstimmrecht jedoch auf Druck der Parteiführung vorerst zugunsten des Kampfes um das allgemeine Männerwahlrecht zurückgestellt werden, erst nach 1906 wurden wieder verstärkt Forderungen der Sozialdemokratinnen laut. Im April 1908 sprach Gabriele Proft aus Wien, später sozialdemokratische Nationalrätin, in einem zweistündigen Referat in Mooshammers Gasthaus in Itzling über die *Ausbeutung und Unwissenheit* der Frauen durch schlechte Erziehung, *deren Niedererstellung als die Männer* und über *die politische Entrechtung der Frauen bei Wahlen und anderen Angelegenheiten* und überzeugte die Zuhörerinnen von der Notwendigkeit eines Zusammenschlusses zu einer Organisation[99]. Am 21. September 1908 wurde eine sozialdemokratische Frauenorganisation in Itzling, eine Ortsgruppe des Vereins der Heimarbeiterinnen Österreichs, gegründet. Da es Frauen nach dem Vereinsgesetz von 1867 generell untersagt war, Mitglieder in politischen Vereinen zu werden, deklarierten die Frauen aus Itzling und

Gnigl – wie andere Frauenorganisationen auch – ihren Zusammenschluss als Berufsvereinigung, um das Verbot zu umgehen. *Obmännin* des zum Zeitpunkt der Gründung bereits 80 Mitglieder umfassenden Vereins war die spätere Landtagsabgeordnete Aloisia Franek, ihre Stellvertreterin die spätere Gnigler Gmeinderätin Therese Wowes[100].

Die Sozialdemokratische Partei bot den vielfach zugezogenen Arbeiterinnen und Arbeitern von Itzling und Gnigl so etwas Ähnliches wie eine neue „Heimat" in einem konservativen, vielfach auch feindlich gesonnenen Umfeld. Sie half bei der Arbeitsvermittlung und bot bei Lohnkämpfen den Schutz der Gemeinschaft. Über schlechte Arbeits- und Lebensbedingungen vertröstete die sozialistische Ideologie einer freien klassenlosen Gesellschaft. Der „Glaube" an eine bessere Zukunft in einer solchen gab Kraft für den aktuellen Kampf, der sich im Hier und Jetzt abspielte[101].

Zur Linderung der Not organisierte die Partei materielle Unterstützung, sei es durch Kleidersammlungen für Kinder[102], Beteiligungen der Schuljugend bei Christbaumfeiern[103] oder Spendenaufrufe, wie zum Beispiel für den Hilfsarbeiter Alois Hirsch, der in der chemischen Fabrik in Kasern erkrankt war. Die bisherige Unterstützung, mit der er nicht einmal annähernd einen Monat auskam, weil er damit noch seine alte Mutter versorgen musste, wurde eingestellt. Da ihn die Gemeinde nicht in den Heimatverband aufgenommen hatte, bekam er auch im Versorgungshaus keinen Platz[104].

In Form von kollektiver Selbsthilfe erschlossen sich Arbeiterinnen und Arbeiter auch einen bisher den bürgerlichen Schichten vorbehaltenen Zugang zur Bildung. Seit 1909 stand Wissbegierigen auch eine zweiräumige Bibliothek im neuen Arbeiterheim in Itzling zur Verfügung[105]. Nach und nach wurde an einem Netz von sozialdemokratischen Vereinen und Freizeit-Organisationen gesponnen. Im November 1900 konstituierte sich beispielsweise der Eisenbahner-Gesangsverein Flugrad im Gasthaus Auerhahn in Itzling, der alle *stimmbegabten Eisenbahner-Collegen* zu *Donnerstag-Abend-Proben* einlud[106]. Wanderungen auf den Nockstein und in die Berge der näheren Umgebung wurden organisiert. 1902 beging man im Gasthaus Pflanzmann in Itzling das erste große Arbeiterfest[107]. Jeden 1. Mai marschierte eine starke Gnigler Abordnung mit roten Fahnen zu den Kundgebungen in die Stadt. Unter dem Motto *Frauen und Mädchen von Itzling heraus* erging 1913 sogar eine gesonderte Aufforderung zur weiblichen Teilnahme[108]. Jeden Sonntag um 9 Uhr – sozusagen als provokative Alternative zum Kirchgang – fanden *Diskussionen* der sozialdemokratischen Ortsorganisationen statt. Die Ortsgruppe Gnigl traf sich in *Frau Hagmüllers Gasthaus* an der Neuhauserstraße[109]. Danach entfloh man, oft in der Gruppe, dem meist tristen (Arbeits-)Alltag durch körperliche Ertüchtigung und Ausflüge in die Natur. Trotz aller Ambitionen nach kultureller Bildung und sinnvoller Freizeitgestaltung war der Alkohol und sein Missbrauch das Problem schlechthin. Nicht grundlos schimpfte der Gnigler Kooperator Alois Jungwirth, die Arbeiter würden ihren Lohn gleich am Monatsersten im Wirtshaus verputzen[110].

Mit Vereinsaktivitäten, Bildungs- und Freizeitangeboten sollte einerseits das Gemeinschaftsgefühl gestärkt werden, andererseits war damit auch der Anspruch verknüpft, das Selbstbewusstsein der Arbeiterin und des Arbeiters zu heben und nicht länger Bürger zweiter Klasse zu sein[111].

KIRCHE UND WELTANSCHAUUNGEN

Auch in Gnigl empfand die katholische Kirche das Erstarken der Sozialdemokratie zunehmend als Bedrohung. Ihre bislang unangetastete, sinnstiftende Kraft bröckelte immer mehr ab. Das begann schon damit, dass viele Sozialdemokrat/inn/en den sonntäglichen Kirchgang verweigerten. Der Gnigler Kooperator und Katechet in der Volksschule Itzling soll einen Jungen, dessen Vater ihm nicht erlaubte, am Sonntag in die Messe zu gehen, deswegen an den Haaren gezogen haben[112]. Bereits 1897 fehlten in Gnigl und Itzling etwa 200 bis 300 Beichtkinder. Die Begründung, eine Kirche in Itzling werde für die *sozialen Bedürfnisse der Eisenbahner und den Schulgottesdienst* gebaut, provozierte dagegen viele Sozialdemokrat/inn/en.

Pfarrer Johann Arbeiter mit Mitgliedern des katholischen Arbeitervereins, in der Mitte eine Fahne mit der Aufschrift „Gott segne die christlichen Arbeiter", um 1930, Sammlung Alois Buchner

Besonders empörte sich die Salzburger Wacht, dass die Eisenbahner zum Spenden genötigt würden, weil ihnen als *Sklaven des geflügelten Rades* sonst Repressalien der *Klingelbeutelschwinger* drohten[113]. Andererseits echauffierte sich der Gnigler Pfarrer, als er 1900 im Katechismus eines Schulbuben ein Bild von Karl Marx entdeckte[114].

Als verwerflich verurteilte die Kirche die Vorstellungen vieler Arbeiter/innen von Ehe und Moral: Mithilfe von Gendarmerie und Gemeindevertretung vertrieb der Gnigler Pfarrer 1902 insgesamt 23 „in wilder Ehe" lebende Personen, zumeist die Männer[115] und Kooperator Jungwirth nannte Itzling das *altbekannte Ehebruchsviertel*[116].

Neben Predigten, die aber nur diejenigen hörten, die ohnehin in die Messe gingen, versuchte die Kirche über ein alternatives Vereins- und Freizeitangebot Einfluss auf Religiosität und Moral zu gewinnen. Der 1902 in Gnigl gegründete katholische Burschenschaftsverein, der ledige Bauernburschen und junge männliche Dienstboten ansprechen sollte, zählte in Gnigl allerdings nur 30 Lehrlinge zu seinen Mitgliedern[117]. Die katholische Frauenbewegung konnte in Gnigl noch nicht Fuß fassen, sie blieb bis zum Krieg auf die Landeshauptstadt beschränkt.

Seit den 1890er Jahren fanden in Salzburg vor allem in den bürgerlichen Schichten die Deutsch-Nationalen großen Anklang. In Gnigl bestand seit 1903 eine Ortsgruppe des Deutschen Schulvereins. 1914 war die Mehrheit der Volksschullehrer in Gnigl und Itzling deutschnationaler Gesinnung[118].

1903 wurde auch der sich an den Ideen von „Turnvater" Friedrich Ludwig Jahn orientierende Gnigler Turnverein gegründet. Er fand zunächst beim Jägerwirt, dann in der Kendl sein Domizil. Generell kannte der Salzburger Turnverein den Arierparagrafen, der Juden von einer Mitgliedschaft

140 | DIE ORTSGEMEINDE GNIGL 1850–1935

ausschloss[119]. Die politische Ausrichtung des 1898 gegründeten Gnigler Sängerbundes lag auf der gleichen Linie[120].

Eine kleine Anhängerschaft fanden auch deutschnationale Arbeiterorganisationen, weniger aus ideologischen Gründen, sondern aus ökonomischen Erwägungen, denn manche Unternehmer stellten lieber *Gelbe* als *Rote* ein und Streikbrecher erhielten höhere Löhne[121]. Die „Ortsgruppe Salzburg des Reichsbundes deutscher Eisenbahner Österreichs" soll sich auch für den Bau der Personalhäuser für Eisenbahner in der Gemeinde Gnigl eingesetzt haben[122].

Der 1899 beginnenden „Los-von-Rom-Bewegung", die einen Wechsel von der katholischen in die evangelische Kirche propagierte, schlossen sich sowohl Deutschnationale als auch Sozialdemokraten an. Von den insgesamt 647 „Mitgliedern" der evangelischen Kirche, die überwiegend aus der Stadt Salzburg kamen, waren sechs Personen aus Gnigl[123]. Nach der Volkszählung aus dem Jahr 1900 bekannten sich von den 5323 in Gnigl gezählten Personen 5206 als katholisch und 26 als evangelisch[124]. Nachdem 1907 die *klerikale Partei* in Gnigl den deutsch-nationalen, evangelischen Arthur Stölzl in der Stichwahl gegen den sozialdemokratischen, katholischen Robert Preußler unterstützt hatte, *bemächtigte sich dem römisch-katholischen Arbeiter eine Entrüstung*, die in eine Los-von-Rom-Bewegung mündete, schrieb zumindest die Salzburger Wacht[125].

GEMEINDEPOLITIK

Obwohl sich Itzling und Teile Gnigls zu einem Eisenbahnervorort proletarischen Gepräges entwickelten, blieb die Gemeindevertretung auf Grund des Klassenwahlrechts in (klein-)bürgerlicher Hand. Die politischen Eliten kamen nach wie vor aus einem katholischen oder nationalen Umfeld. Wie eng Kirche und Politik miteinander verwoben waren, zeigt der Wirkungskreis von Alois Unterladstädter[126], der in Personalunion Pfarrer von Gnigl, Mitglied des Gemeinderats und seit 1898 christlich-sozialer Reichsratsabgeordneter war. Durch seine geschickte Vorgangsweise im Zusammenspiel seiner Funktionen konnte er der Gemeinde hohe Zuschüsse der Regierung für den Bau der Schule in Itzling und für die Alterbachverbauung lukrieren und grundlegende Vorarbeiten zum Projekt der Trinkwasserleitung leisten. Die Sozialdemokraten hatten allerdings keine Freude mit ihm und kritisierten seine multifunktionalen Agenden: Als Seelsorger donnere er das Wort Gottes in die Gemeinde, als Gemeinderat sorge er dafür, dass die Gnigler ja keine Beschlüsse fassten, welche Verständnis für eine geordnete Kommunalverwaltung verraten, als Abgeordneter stecke er 20 Kronen Diäten ein und vertrete nebenbei seine Wähler im Geiste der *österreichischen Rückwärtsler*. Neuerdings würde er sich sogar auch als Literaturkritiker betätigen, in dem er Theaterstücke auf ihren *klerikalen Gehalt* untersuche, mokierte sich die sozialdemokratische Salzburger Wacht[127].

Für die Gemeindewahl im November 1900 stellte die Sozialdemokratie erstmals eigene Kandidaten für den dritten Wahlkörper auf. Wie die Salzburger Wacht selbstkritisch feststellte, seien zwar aus *Bequemlichkeit und Gleichgültigkeit* viele Eisenbahner der Wahl ferngeblieben, um aber dann gleich zu relativieren, dass die *heilenden und betenden Ordnungsstützen* alles unternommen hätten, um den Ansturm der Arbeiter zur Wahl abzuwehren[128].

Selbst unter den Bedingungen des ungleichen Kurienwahlrechts stieg in Gnigl-Itzling die Anzahl der wahlberechtigten Arbeiter, denn Eisenbahner waren Staatsbeamte und zählten somit neben Geistlichen, Lehrern, Akademikern und Ehrenbürgern zu jener Gruppe, die aufgrund ihrer beruflichen Stellung wählen durfte[129]. Ihr Anteil war so groß, dass sich ihre Gegner zum Zusammenschluss zu einem anti-sozialdemokratischen Wahlbündnis gezwungen sahen. 1903 verhinderte nur eine solche Blockbildung der vereinigten Klerikalen und Deutschnationalen einen Erfolg der Sozialdemokraten[130].

Trotzdem wurden bei den Gemeindewahlen vom 17. Dezember 1906 im dritten Wahlkörper erstmals Sozialdemokraten mit einer Mehrheit von 32 Stimmen gewählt[131].

Die *Genossen* würden nun im Gnigler Gemeinderat beweisen, dass sie keine *Krawallmacher* und *Besserwisser* seien. *In der größten Landgemeinde Salzburgs sind nun die modernen Streiter für Recht und Wahrheit eingezogen,* kommentierte die sozialdemokratische Zeitung das Ergebnis[132]. Womit man aber nicht gerechnet hatte, war, dass sich die bürgerliche Mehrheit weigerte, das Wahlergebnis anzuerkennen und die Wahl beeinspruchte. Die Wahl wäre nicht rechtens, denn Eisenbahner seien besitzlos und ihre Arbeit eine *dienende*. Daher hätten sie kein Recht zu wählen, so deren Argumente[133]. Robert Preußler intervenierte namens der nicht einberufenen Gemeindevertreter bei der Bezirkshauptmannschaft und später auch beim Verwaltungsgerichtshof. Im Juni 1907 protestierten angeblich tausend Personen im Gasthaus Pflanzmann in Itzling gegen diese *Vergewaltigung des Rechts*. Nach der Versammlung sollen die *Genossen mit Weib und Kinder* vor das Haus des Gnigler Bürgermeisters Ignaz Schatzberger gezogen sein, und *dasselbe ganz außer Rand und Band umtobt haben*[134].

Blick auf das Gnigler Kirchenviertel, im Hintergrund das Versorgungshaus, Postkarte, vor 1909
AStS, Fotosammlung

Am 27. Juni 1907 wurden dann schließlich doch der Gemeindevorsteher und die vier Gemeinderäte im Gasthaus Turnerwirt gewählt. Schatzberger wurde als Bürgermeister bestätigt. Die sechs sozialdemokratischen Gemeindeausschuss-Mitglieder vom dritten Wahlkörper versprachen, alles daran zu setzen, *um für die Gemeinde Ersprießliches zu leisten*[135]. 1908 bestätigte der Verwaltungsgerichtshof die ordnungsgemäße Wahl der Sozialdemokraten.

Ignaz Schatzberger blieb bis zur Wahl des Itzlinger Realitätenbesitzers Raimund Günther im Jahr 1913 im Amt[136]. Dass ab der Wahl Schatzbergers alle Gemeindevorsteher aus Itzling kamen, entsprach dem Aufschwung dieses Ortsteiles.

„LOS VON ITZLING" – „LOS VON GNIGL"

Die Gegensätze zwischen Gnigl und Itzling wurden immer größer. Ab 1905 wurde wiederholt die Trennung in zwei Gemeinden gefordert, ja selbst in der Gemeindevertretung ein eigenes Trennungskomitee gebildet.

1906 waren 85 Prozent der Bewohner/innen Itzlings für eine Trennung[137], einige *Besitzende* aus Itzling waren allerdings dagegen, da sie wohl befürchteten, in einer reinen Arbeitergemeinde unterzugehen[138]. 1907 reichten 95 Hausbesitzer und 460 Gewerbetreibende beim Landtag eine Petition ein, in der sie sich klar für eine Separierung aussprachen. Itzling sei in den letzten zehn Jahren so gewachsen, dass es mit 3000 Personen den größeren Teil der Gemeinde ausmache. Die vorwiegend aus Geschäftsinhabern, Bahnbediensteten und *sonstigen Arbeiterkategorien* bestehende Bevölkerung habe in Bezug auf *sanitäre und Bequemlichkeit hinzielende Gemeindeeinrichtungen* ganz andere Interessen als die vorwiegend ländliche Bevölkerung der übrigen Gemeindeteile Gnigl, Heuberg und Guggenthal. Außerdem hätten die Bahnhofsanlagen die Verbindung zwischen den Ortschaften Itzling und Gnigl bedeutend erschwert, war in dem Gesuch zu lesen[139].

Die Situierung der Gemeindekanzlei in einem Mietlokal an der Ecke Güterhallenstraße Wildenhoferstraße[140] (Güterhallenstraße 2, eine Nebenstraße der heutigen Vogelweiderstraße), sozusagen in der Mitte zwischen Gnigl und Itzling, sollte wohl einen Kompromiss signalisieren. Jeden Sonntag (zumindest 1908) wurden von 10 bis 12 Uhr beim Turnerwirt Amtsstunden abgehalten[141]. Zu den Gemeindeausschusssitzungen wurde nach wie vor

Assentierung (Musterung) in Gnigl, 1909, Sammlung Trachtenverein Gnigl

abwechselnd in Gnigler und Itzlinger Wirtshäuser geladen[142].

1913 waren die mit dem Landesausschuss geführten Verhandlungen so weit gediehen, dass eine Trennung in Sicht schien. In begrifflicher Anlehnung an die „Los-von-Rom-Bewegung" waren im Lokalkolorit die Slogans „Los von Gnigl" und „Los von Itzling" in aller Munde[143].

In einer Versammlung des Wirtschaftsvereins, die von 170 Personen – nahezu allen Bewohnern von Heuberg *nebst vielen Frauen* – besucht wurde, war man sich uneingeschränkt einig, die Separierung der beiden Ortsteile bei ausreichender Vertretung von Heuberg in einer eigenen Gemeinde Gnigl zu betreiben. In der Gemeindevertretungssitzung tags darauf verglich Gemeinderat Hermann Schuster die Situation in Gnigl-Itzling mit einer Ehe, in der ständig gestritten werde. Da sei es auch besser, man gehe auseinander. Nach dem einstimmigen Trennungsbeschluss war Gnigl beflaggt[144].

Der Landesausschuss wollte aber aufgrund von geplanten Änderungen der Grenzen zwischen Gnigl und der Stadt Salzburg über die Trennung noch die Meinung der Stadt einholen. Deren ablehnende Haltung und der bald ausbrechende Krieg beendeten aber alle weiteren Diskussionen[145].

DER ERSTE WELTKRIEG

Die Kriegserklärung Österreich-Ungarns an Serbien vom 28. Juli 1914 wurde auch in Gnigl mit großer Begeisterung aufgenommen. 600 Männer aus Gnigl rückten ein[146]. Die anfängliche Kriegseuphorie schlug schon nach wenigen Monaten um. Ehemänner, Väter und Söhne standen fern der Heimat im Kriegseinsatz. Frauen hatten sich den drastisch veränderten Lebensbedingungen zu stellen, sie mussten oder konnten so genannte Männerarbeit übernehmen, um das zivile Leben aufrecht zu erhalten.

Der Mangel an Arbeitskräften, Saatgut und Dünger reduzierte die landwirtschaftlichen Erträge. Lebensmittel, Heizmaterial und Dinge des täglichen Bedarfs wurden schon bald knapp, so zum Beispiel die Papiersäcke beim Kaufmann Haidenthaller, wo die Kunden *ihr Packzeug* nun selbst mitnehmen mussten[147].

Was im Jänner 1915 mit der Verordnung, dass in den Gasthäusern auf den Tischen kein Brot mehr vorgesetzt werden dürfe[148], begann, setzte sich bereits im Winter 1915 mit Lebensmittelrationierungen fort. Zahlreiche Flüchtlinge aus Südtirol kamen im Mai 1915 am Bahnhof an und wurden in den Ziegelwerken verköstigt. Russische Kriegsgefangene arbeiteten in Gnigl und Umgebung in der Landwirtschaft, bauten einen Weg am Heuberg[149] und wurden unter Bewachung zum Frühgottesdienst geführt[150]. In der im August 1915 errichteten Baracke für Kriegsversehrte waren im Dezember bereits 500 verletzte Soldaten untergebracht[151].

Ab 1916 herrschte Mangelwirtschaft und das Preisniveau verdoppelte sich gegenüber der Zeit vor dem Krieg. Im Februar wurden anstelle von *Mehl- und Brotbezugsbücheln* Brotkarten eingeführt, die beim Schwabenwirt Karl Grünbacher ausgegeben wurden[152]. Die Schulkinder sammelten fleißig Materialien wie Messing, Kupfer, Zinn, Wolle und Kautschuk für die Kriegsindustrie. Im Juli 1916 wurde die größte Glocke der Pfarrkirche Gnigl abgenommen und alle für die Milchlieferungen verwendeten Zughunde wurden eingezogen. Auch eine Zündhölzchensteuer war zu entrichten und zu Allerheiligen das Abbrennen von Lichtern auf den Gräbern verboten[153].

Arbeitslosigkeit, Inflation und bittere Not, die Begleiterscheinungen des Krieges, wurden immer virulenter[154]. Die Brauerei Guggenthal glich einer Ruine, da alle Holzbestandteile und Maschinen vom Mauerwerk herausgerissen wurden[155]. Im März 1917 wurden Gas, Licht und Beheizung mangels Kohle eingestellt. Auch öffentliche Anstalten und Spitäler mussten nun ohne Licht und Kocheinrichtungen auskommen. Die 30 ärmsten Kinder der Gemeinde erhielten in der Gnigler Schule zumindest ein Frühstück.

Die kriegswirtschaftliche Reglementierung des Wirtschaftslebens verschärfte sich während der letzten Kriegsjahre zusehends. Nun wurden auch in Gnigl Häuser und Bauernhöfe auf Mehl- und Getreidevorräte von der Requirierungskommission durchsucht[156].

Im April 1917 versammelten sich die Bauern der Gemeinde Gnigl, um über die Notverordnung beim Landespräsidenten vorzusprechen. Gemeindevorsteher Raimund Günther und die Approvisierungs-Kommissäre begaben sich nach Wien zum Ernährungsamt, um eine Zufuhr von Saatkartoffeln zu erreichen[157]. Eisenbahnerfrauen fuhren mit Rucksäcken und Taschen in das nahe Oberösterreich, um Lebensmittel zu hamstern, die ihnen aber teils von den Aufsichtsorganen wieder abgenommen wurden[158].

Lazarett der k. k. Landwehr (vermutlich) in Gnigl, um 1915
Sammlung Christian Lankes

Arbeitstrupp zur Errichtung von Baracken in Gnigl, 1915
Sammlung Christian Lankes

Bei einer Käseabgabe im Schlosshof von Minnesheim war die Drängelei von weinenden Frauen und Kindern so groß, dass die Kleider zerrissen wurden[159]. Die Menschen nahmen rapide an Gewicht ab. Alexander Haidenthaller vermerkte, dass sein Körpergewicht anstatt 66 nur mehr 54 Kilo betrug[160]. Im Juni 1917 kamen hunderte Kriegsflüchtlinge aus der Bukowina. Erbärmlich war auch die Lage der im *Marodenhaus* untergebrachten Soldaten. Sie mussten von Haus zu Haus um Brot und andere Lebensmittel betteln gehen[161]. Die wirtschaftliche Not provozierte Unzufriedenheit, Protest und am Ende eigenmächtiges Vorgehen gegen staatliche und kommunale Organe, die für das Versagen der „Kriegswirtschaft" verantwortlich gemacht wurden[162]. Als im April 1918 die Fleisch- und Mehlration auf nur mehr je 20 Dekagramm für 14 Tage reduziert wurde, erreichte die Missstimmung und der Unmut gegen die Regierung einen weiteren Höhepunkt[163]. An einer Demonstration in der Stadt Salzburg beteiligten sich auch viele Bewohner/innen aus Gnigl-Itzling[164]. Wegen der schlechten Versorgungslage sprach im Mai eine Delegation aus Gnigl beim Landespräsidenten vor, der ihnen nur die Antwort geben konnte, dass *nichts mehr da* sei. Als etliche verzweifelte Frauen aus Gnigl und Itzling den Landespräsidenten im Juni abermals aufsuchten, kam es sogar zu Tätlichkeiten[165].

1918 waren die Lebenshaltungskosten 18 Mal so hoch wie vor dem Krieg. Wer nun nichts am Schwarzmarkt anzubieten hatte, schaute durch die Finger. Die Lage der Arbeiter verschlechterte sich gleichermaßen wie jene der Beamten und Angestellten[166]. Bei der Hungerdemonstration am 19. September 1918 in der Stadt Salzburg eskalierte die Lage[167]. Nach einer Kundgebung von mehreren hundert Arbeiter/innen, Beamten und Hausfrauen vor dem Gebäude der Landesregierung kam es in der Stadt und auch in Gnigl zu Plünderungen. Im Sternhäusl (Eichstraße 34) soll man einem *lebenden Schwein die Ohrwaschel abgeschnitten* haben[168]. Am 3. November 1918 verkündeten Telegramme das Ende des Kriegs. Tags zuvor waren am Rangierbahnhof schon Züge mit Soldaten von der italienischen Front eingetroffen.

Durch die Ankunft von *Heeresmassen ohne Lebensmittel* wurde die Lage unsicher. In der Stadt Salzburg riefen Plakate zur Bildung von Volkswehren auf, da Plünderungen und Ausschreitungen von heimfahrenden Truppen und entwichenen Gefangenen befürchtet wurden[169]. Am 4. November stellte der Gnigler Gemeindeausschuss eine Bürgerwehr auf. In der Zeugstätte wurden Waffen verteilt und für die Nacht Patrouillen eingeführt[170]. Bei Plünderungen und Gewaltanwendungen von Soldaten aus den am Rangierbahnhof anhaltenden Zügen musste das Militär zum Teil mit Waffen eingreifen[171]. Die traurige Bilanz des Ersten Weltkriegs: Er kostete 84 Männern aus Gnigl das Leben[172].

Erinnerungskarte an die im Ersten Weltkrieg gefallenen Gnigler, um 1919, Sammlung Christian Lankes

1919 bis zur Eingemeindung 1935

Die Einführung des allgemeinen, gleichen, geheimen Wahlrechts ohne Unterschied des Geschlechts bildete die Grundlage für die beginnende Demokratisierung der Gesellschaft. Die Wahlen brachten neue Mehrheitsverhältnisse und Machtverschiebungen. 1919 stellten in zwölf Salzburger Gemeinden die Sozialdemokraten den Bürgermeister[173]. Auch in Gnigl erlebte die Sozialdemokratie einen beispiellosen Aufschwung. Das „Rote Wien" war Vorbild.

Gemeindevertretung Gnigl-Itzling 1922–1925 , AStS, Fotosammlung (Foto Wilhelm Mann)

An der Spitze der Kommunalprogramme standen der öffentliche Wohnbau, eine offensive Schulpolitik, Maßnahmen der öffentlichen Gesundheitspflege, die Fürsorge für Jugendliche, Alte, Arbeitslose sowie Errichtung öffentlicher Freizeiteinrichtungen. Die ehrgeizigen Ziele und Vorhaben dürfen aber nicht darüber hinwegtäuschen, dass vier Jahre Krieg den Menschen stark zugesetzt und die wirtschaftlichen Kapazitäten radikal eingeschränkt hatten.

Auch auf Gnigl traf das zu, was generell für die Wirtschaft der 1920er Jahre in Österreich galt: Sie konnte sich nach dem Krieg nie erholen und war durch hohe Arbeitslosigkeit gekennzeichnet.

NACHKRIEGS-GEMEINDEPOLITIK IM „ROTEN GNIGL"

Am 1. Jänner 1919 wurden im Gemeindeausschuss Gnigl die Mitglieder vorerst analog den Ergebnissen der letzten Reichsratswahl von 1911 bestellt. 19 Sozialdemokraten, darunter mit Therese Wowes (sie blieb bis 1928 im Gemeinderat)[174] erstmals eine Frau, standen elf Bürgerlichen gegenüber. Als erster Sozialdemokrat wurde August Hinterleitner aus Itzling zum Gemeindevorsteher gewählt[175]. Ihm folgte 1922 Christian Laserer, der bis 1934 im Amt blieb. Die weibliche Besetzung in der Gemeindevertretung war bescheiden, mit den beiden Sozialdemokratinnen Therese Wowes (von 1918 bis 1928) und Therese Kaltenegger[176] (von 1931 bis 1934) aber mit in Frauenangelegenheiten sehr engagierten Politikerinnen vertreten.

Zur sozialdemokratischen Hochburg entwickelte sich vor allem der „proletarische Teil" Gnigls, das Arbeiter- und Eisenbahnerviertel Itzling, auch als „Salzburger Ottakring" bezeichnet. Zentrale Figur der Itzlinger Sozialdemokraten war der Eisenbahner Karl Emminger, der unter seinen vielen Funktionen auch Gemeinderat von Gnigl,

Landtagsabgeordneter, Präsident der Arbeiterkammer sowie Landeskommandant des Republikanischen Schutzbundes war[177]. Er beeinflusste die Salzburger Sozialdemokratie maßgeblich. Die Frauen stellten 1922 ein Drittel der Mitglieder der Ortsgruppe Itzling[178].

Schon bei den Gnigler Gemeindewahlen 1919 verbanden sich die *Gegner* – so die zeitgenössische Diktion – der Sozialdemokraten. Die Christlichsoziale Partei verstand sich als Zusammenschluss des christlichen Volkes, hielt an der bestehenden Gesellschaftsordnung fest und definierte sich als dezidiertes Gegengewicht zur Sozialdemokratie. Sie verfolgte das Ziel, die christliche Weltanschauung auf allen Gebieten und in allen Lebensbereichen durchzusetzen. Sie konstituierte sich zwar als Massenpartei, war aber wegen ihrer schlechten Durchorganisierung eher eine Wählerpartei. Das eigentliche Parteileben fand in katholischen Parteiorganisationen statt – so war z. B. die Katholische Frauenbewegung sowohl Teil des kirchlichen Vereinslebens als auch eine Teilorganisation der Partei. Obwohl sie „Arbeiter, Bauern und Bürger" gleichermaßen integrieren wollte, waren sowohl Arbeiter/innen als auch Frauen schwach vertreten[179].

Als *schärfste Gegner* der Sozialdemokraten erklärten sich auch die Deutschnationalen. Sie strebten den Anschluss an das Deutsche Reich an, ideologisch waren sie antimarxistisch, antiklerikal und antisemitisch ausgerichtet. Das deutschnationale Lager war besonders zersplittert. Die bürgerlichen Nationalen gründeten 1920 die Großdeutsche Volkspartei[180]. Die Bauern bildeten eine eigene nationale Bauernpartei, den Landbund. In der Praxis schlossen sich deutschnationale Gruppen auf dem Land häufig zu verschiedenen Listen – meist instabile Konstrukte – zusammen, um so ihre Zersplitterung zu kompensieren, und verbündeten sich auch mit christlichsozialen Gruppierungen[181]. *Oft zwingen Staats- und Volksnotwendigkeit zu gemeinsamem Vorgehen,* beschrieb das Salzburger Volksblatt das Verhältnis der Großdeutschen zu den Christlichsozialen. Freundschaftlich verbunden *im Interesse der nationalen Sache* fühlten sie sich 1925 der Nationalsozialistischen Partei, und erachteten eine engere Verbindung mit dieser als wünschenswert[182]. Um gegen die Sozialdemokraten nicht völlig unterzugehen, gingen auch in Gnigl Christlichsoziale und Nationale während der Ersten Republik verschiedene Bündnisse ein, die in unterschiedlichen Listenkonstellationen und mit leicht variierenden Namen als *Gnigler Wirtschaftspartei, Nationale Wirtschaftspartei* usw. kandidierten und im Schnitt ein Viertel der Mandate im Gemeindeausschuss stellten. So waren zum Beispiel 1931 Josef Knosp und Paul Krennwallner in der *Christlich-Nationalen Wahlgemeinschaft Gnigl-Itzling* vertreten, wobei der eine später bei den Christlichsozialen, der andere in der NSDAP Karriere machte. Knosp war Verschieber bei den Bundesbahnen, später unter anderem Obmann der Christlichen Eisenbahnergewerkschafter und von 1934 bis 1938 als Vertreter des Handels und Verkehrs Mitglied des ständischen Landtags[183].

Salzkammergut Straße mit der Fichtlkurve, 1929
AStS, Josef Kettenhuemer

Krennwallner, Bauer auf dem Muhrgut in Itzling, erwarb 1930 Schloss Ursprung in Elixhausen. Von 1928 bis 1932 fungierte er als Obmann des Katholischen Bauernbundes in Itzling, war dann aber ab 1938 Gauamtsleiter für Agrarpolitik in Salzburg[184].

Blick in die Linzer Reichsstraße Richtung Turnerwirt, links das (jetzige) Frohnwieserhaus, rechts das Mauthäusl, um 1910
Haidenthaller, Chronik IV

Gemeindewahlen in Gnigl in der Ersten Republik

25. Mai 1919:
    24   Mandate Sozialdemokraten,
    6   Mandate Gnigler Wirtschaftspartei[185]
9. April 1922:
    18   Mandate Sozialdemokraten,
    6   Mandate Nationale Wirtschaftspartei[186]
29. März 1925:
    17   Mandate Sozialdemokraten,
    7   Mandate Wirtschaftspartei[187]
25. März 1928:
    19   Mandate Sozialdemokraten,
    6   Mandate Christlich-Nationale Wahlgemeinschaft Gnigl-Itzling[188]
30. März 1931:
    19   Mandate Sozialdemokraten,
    6   Christlichsoziale Partei,
    4   Deutsche Wirtschafts- und Arbeiterpartei[189]

KOMMUNALE HERAUSFORDERUNGEN

Der Gnigler Gemeindeausschuss war mit großen Herausforderungen konfrontiert: Die Bevölkerung war vom Krieg geschwächt und die Versorgungslage katastrophal. Es fehlte an Lebensmitteln, Wohnungen, an Allem. Primäre Aufgabe der Gemeindeverwaltung war es, die Versorgung der Bevölkerung mit Lebensmittel sicher zu stellen. Gnigler Kinder wurden zu *Ernährungsstationen* nach Deutschland zum „Aufpäppeln" geschickt. Bei ihrer Rückkehr sahen sie *sehr gepflegt* aus, kommentierte Haidenthaller[190].

Zwischen Produzenten und Konsumenten taten sich Gräben auf. Die hungrige Bevölkerung verlangte nach Nahrung, die Bauern konnten und wollten möglichst wenig abliefern. Daher beschloss der Gnigler Gemeinderat, dass keine Gnigler Milch mehr in die Stadt geführt werden durfte[191].

Große Bestürzung und Verunsicherung herrschten wegen der Geldentwertung. Wo es die Not erforderte, wurde das sprichwörtliche Familiensilber verscherbelt, wodurch viele *schätzbare antike Möbel und Schmuck* aus dem Ort wanderten, klagte Haidenthaller im Dezember 1919.

1922 konnte den Lehrern ihr Gehalt nur mehr verzögert ausbezahlt werden, worauf diese mit einem viertägigen Streik reagierten. Mit gezielten Sozialleistungen versuchte die sozialdemokratische Gemeinde das Allgemeinwohl zu fördern sowie die Not von Einkommensschwachen und Arbeitslosen zu lindern: Lehrlingen wurde ein mehrwöchiger Aufenthalt in Erholungsheimen gefördert und eine Mutterberatungsstelle eingerichtet. Man zahlte Erziehungsbeiträge, Zuschüsse für außereheliche Kinder, finanzierte Plätze für die Lungenheilanstalt Grafenhof, leistete Weihnachtsspenden für Arbeitslose usw.[192]

Die Erste Republik schlitterte aufgrund der massiven Strukturprobleme der österreichischen Nachkriegswirtschaft immer mehr in eine Wirtschaftskrise hinein. In ganz Österreich begann die Arbeitslosigkeit dramatische Dimensionen anzunehmen. Am Höhepunkt der „Großen Depression" 1933/34 war über ein Drittel aller österreichischen Arbeitnehmer/innen arbeitslos[193]. Auch in Gnigl nahm die Arbeitslosigkeit dramatisch zu[194]. So musste etwa Tischlermeister Niedermayer aus Arbeitsmangel vorübergehend seine Werkstatt zusperren und die Ziegelei in Langwied ging 1932 in Konkurs[195]. In Salzburg traf die Krise auch die Eisenbahner hart. Mit der Einführung des elektrischen Betriebes bei den Bundesbahnen wurde 1929 die Hauptwerkstätte, die hunderte Menschen nach dem Krieg beschäftigt hatte, aufgelöst und der Heizhausbetrieb zum Großteil verlegt bzw. eingeschränkt. Eisenbahnbedienstete wurden versetzt oder abgebaut – das heißt arbeitslos[196]. Die Bedingungen, die an die Gewährung von Arbeitslosenunterstützung[197] geknüpft waren, wurden ständig verschärft und Arbeits- und Sozialgesetze unterlaufen. Viele bekamen keine Unterstützung mehr und waren „ausgesteuert". Die Sorge um diese lag in der Verantwortung der Gemeinden.

Zapfsäule beim Frohnwieser (Linzer Bundesstraße 37), um 1925, Sammlung Peter Frohnwieser

Fleischhauerei von Engelbert und Berta Lettner (Turnerstraße 1), um 1925
Haidenthaller, Chronik IV (Foto Karl Zuber)

Brodikhaus (Linzer Bundesstraße 40), 1926
Sammlung Mathias Haas

Gemeinderätin Therese Kaltenegger, die im Jahr 1930 im Fürsorgeausschuss saß, erinnerte sich, dass das Bearbeiten der Gesuche der Arbeitslosen nach den Gemeinderatssitzungen mindestens drei Tage gedauert hatte[198]. Zwar erhielten ausgesteuerte Familien bei einigen Gnigler Kaufleuten gegen Scheine Lebensmittel, dennoch blieb Vielen nichts anderes übrig, als betteln zu gehen[199]. Die Arbeitslosen und die bettelnden Menschen wurden immer mehr, sodass sich *unter allen Ständen Unruhe geltend machte*[200], schrieb Haidenthaller. Einige empfanden die Situation so ausweglos, dass sie sich das Leben nahmen. 1931 erhängte sich im Minnesheimpark ein Malergehilfe *wegen der Arbeitslosen-Not*[201].

KOMMUNALER WOHNBAU

Die Wohnungsfrage war eine weitere zentrale Angelegenheit in der Gnigler Gemeindepolitik. Der Wohnbau war während des Krieges vollkommen stillgestanden, daher stieg die Nachfrage nach Wohnraum entsprechend an. Die Wohnverhältnisse waren vor allem wegen des enormen Zuzugs unzureichend.

Obwohl Itzling ein junger Ortsteil war und Untergnigl erst durch die Ansiedlung von Arbeiterfamilien stark angewachsen war, lebten kinderreiche Familien oft in regelrechten Elendswohnungen, wie man sie sonst nur aus den Großstädten kannte. Die Menschen hausten in Kellerlöchern und besonders in Itzling auch in Dachwohnungen ohne Luft und Licht, der Kälte und Feuchtigkeit ausgesetzt[202]. Jede Art von Unterkunft wurde als Wohnraum genutzt bzw. umgebaut: Im September 1919 begann man mit der Ausmauerung der Riegelwände der Baracken beim Rangierbahnhof, die während des Krieges als Lazarett und Flüchtlingslager gedient hatten, um sie zu Wohnungen für Eisenbahnerfamilien umzufunktionieren[203]. Der Raum, in dem der Mesner und Bestatter Georg Wallmann seine Leichenbestattungsutensilien aufbewahrte, wurde behördlich geräumt und musste als Wohnraum vermietet werden. Die Dekorationsgegenstände brachte Wallmann trotz Einspruch der Sanitätsbehörde in der Gemischtwarenhandlung seiner Frau unter[204].

„Mieten müssen erschwinglich sein" – lautete ein weiteres Credo der sozialdemokratischen Gemeinde. Nach Ende der Inflation ging man größere Projekte an, zahlreiche Gemeindewohnungen entstanden in Gnigl und Itzling. Die Gemeinde hatte schon 1915 das Schloss Minnesheim samt Parkanlage erworben und dort Schulklassen untergebracht. 1923 wurden im Minnesheimstöckl auch vier Wohnungen geschaffen. Noch vor der Fertigstellung des Schulhauses konnten die Doppelwohnhäuser vor der Gnigler Schule Ende 1927 bezogen werden. Wie groß die Wohnungsnot war, verdeutlicht die Anzahl der Bewerber/innen: Für die insgesamt 30 Wohnungen lagen 270 Ansuchen vor, so dass nur jede neunte wohnungswerbende Partei berücksichtigt werden konnte[205]. Bis 1928 schuf die Gemeinde 112 Wohnungen[206]. Zu diesem Zeitpunkt waren aber noch immer rund 800 Wohnparteien wohnungslos oder in völlig unzureichenden Räumlichkeiten untergebracht[207].

Kleinwohnhäuser der Gemeinde Gnigl, Planzeichnunger von Paul Geppert, 1931, AStS, Plansammlung

Während für Itzling eine städtische Überbauung mit größeren Wohnanlagen charakteristisch ist, hatte die Bautätigkeit in Gnigl mit dem Überwiegen von

Blick vom Kapuzinerberg auf Gnigl, im Hintergrund das neue Schulgebäude, 1928/29, Salzburg Museum

Kleinwohnhäusern stark vorstädtischen Charakter. Dort, wo noch im Revolutionsjahr 1848 die Nationalgarde vereidigt wurde[208], auf dem zwischen Schloss Neuhaus und der Bahn gelegenen Neuhauserfeld, wurde im Frühjahr 1930 mit dem Bau der ersten Ein- und Mehrfamilienhäuser begonnen[209].

INFRASTRUKTURMASSNAHMEN: SCHULE UND VERKEHR

Sozialdemokratisches Reformbewusstsein manifestierte sich vor allem in offensiver Schulpolitik. Auch die Gnigler Sozialdemokraten bezeichneten die Schule als höchstes *Gut des Volkes* und kehrten die Bedeutung der Lehrer als Erzieher der Jugend und des aufstrebenden Proletariats hervor, während sie den Bürgerlichen vorwarfen, diese zu Gehilfen des *Pfarrers oder gar des Mesners* zu degradieren[210]. Denn Proletarier könnten ihren Kindern keine Reichtümer für das Leben mitgeben, sondern *sie müssen trachten, dass sie ihnen etwas lernen*[211].

Ein „Kampf um die Schule" wurde in der Gemeinde jedoch nicht nur auf ideologischem Schlachtfeld ausgetragen, sondern vor dem Ersten Weltkrieg auch zwischen den beiden (rivalisierenden) Ortsteilen Gnigl und Itzling. 1913 wollten die Gnigler in ihrem Teil der Gemeinde auch eine Bürgerschule errichten. Die Itzlinger wollten aber dem Bauvorhaben nur dann zustimmen, wenn in Itzling gleichfalls eine Bürgerschule erbaut werden würde. Einig war man sich allerdings, dass ein Schulbau in Gnigl dringend notwendig sei, um endlich *das Wirtshausgehen der Kinder abzuschaffen (im Gasthaus Turnerwirt ist eine Wirtsstube Lehrzimmer!)*[212]. Der Erste Weltkrieg verhinderte zunächst das Projekt.

Nach 1922 griff man das Schulbauprojekt wieder auf und schritt zur Realisierung. Auf den zum Blümlhof gehörenden Gründen begann die Gemeinde 1927 mit dem Bau der Schule und den beiden schon erwähnten Gemeindehäusern, die auch als *Lehrerhäuser* bezeichnet wurden[213]. Das nach den Plänen von Paul Geppert errichtete Schulhaus, an dem sich architektonische Einflüsse der „Neuen Sachlichkeit" bemerkbar machten[214], wurde am 23. September 1928 eröffnet[215] (vgl. dazu den Beitrag über die Schule von Gertrud Czapek).

Der Schulbau verursachte eine enorme Belastung des Gemeindebudgets. Außerdem kürzte der Bund den vereinbarten 25-prozentigen Patronatsbeitrag – den er letztendlich nie ausbezahlte – weil die Schule eine Schulküche und ein Schulbad enthielt – für den Finanzminister offenbar ein überflüssiger Luxus[216]. Schon 1921/22 war an der Schillinghofstraße ein Gemeindebad eröffnet worden. Die Verbesserung der hygienischen Verhältnisse war ein weiteres sozialdemokratisches Anliegen, für welches das „Rote Wien" Pate stand. Ein Warmbad kostete 80 Kreuzer, ein Brausebad die Hälfte. Der Freitag war als „Badetag für die Herren" reserviert[217].

Die ansteigende Motorisierung und die Zunahme des Verkehrs stellte auch an das Straßennetz neue Anforderungen: Bereits 1907 bis 1909 war die Grazer Reichsstraße von Gnigl in Richtung Guggenthal mittels zweier Kehren, der Fichtl- und der Radauerkurve, neu trassiert worden. Auf der neuen Gaisbergstraße wurde im September 1929 das erste internationale Gaisbergrennen ausgetragen[218]. Beim Gasthaus Weiß war der Start des Rennens, an dem sich 50 Motorräder und 50 Automobile beteiligten und das drei Stunden dauerte.

Arbeiterturnheim an der Minnesheimstraße
AStS, Karl-Steinocher-Fonds

Arbeiter-Turnerinnen, um 1930
AStS, Karl-Steinocher-Fonds

Arbeiter-Radfahrverein Gnigl bei einem Ausflug ins Wiesthal, um 1930, AStS, Karl-Steinocher-Fonds

Szenische Darstellung „Freiheit für alle" der Gnigler Kinderfreunde im Minnesheimpark, 1925,
AStS, Karl-Steinocher-Fonds

Im Sommer 1926 verband erstmals eine Autobuslinie Untergnigl mit der Stadt Salzburg und Liefering[219].

Zwei Jahre später begannen notwendig gewordene Verbreiterungs- und Pflasterarbeiten an der Linzer Reichsstraße[220]. Die enge Ortsdurchfahrt der Grazer Reichsstraße in Untergnigl wurde 1936 durch die Anlage der Minnesheimstraße, der ein Teil des Minnesheimparks zum Opfer fiel, umgangen[221].

FREIZEIT UND SPORT

Die sozialdemokratische Freizeitgestaltung, die sich in Gnigl schon um 1900 herausgebildet und zu einer gewissen Blüte geführt hatte, entwickelte sich in der roten Gemeinde naturgemäß weiter. Die Arbeiterturnbewegung erhielt immer mehr Zulauf. Nötiger denn je werde für die *künftigen Kämpfe für die Freiheit des Proletariats* eine körperlich und geistig gesunde Jugend gebraucht. *Besser eine oder zwei Stunden gesunder, wohldurchdachter körperlicher Ausbildung als der Besuch der den Geist vergiftenden Kinos oder das ganze Gefühlsleben verscheuchenden modernen Tanzvergnügen,* hieß es 1921 in der Salzburger Wacht[222].

Der Arbeiter-Turnverein Gnigl wurde 1921 gegründet. Anfänglich traf man sich in einer Baracke an der Schillinghofstraße. *Turner und Zöglinge* trainierten am Mittwoch und am Freitag von 7 bis 9 Uhr abends, Schüler und Schülerinnen turnten von 4 bis 6 Uhr nachmittags im Gasthaus „Zum Jägerwirt"[223].

1926/27 wurde im Minnesheimpark die Arbeiterturnhalle in Eigenregie errichtet, an deren Bau die Mitglieder in ihrer knappen Freizeit selbst Hand anlegten. Solche Gemeinschaftsarbeiten, wie sie dann auch 1932 bei der Errichtung des neuen Arbeiter- und Kinderheims in Itzling[224] geleistet wurden, ließen ein besonderes Nahverhältnis zur Organisation und eine enge emotionale Verbundenheit entstehen[225]. In der Arbeiter-Turnhalle ertüchtigte man sich nicht nur körperlich. 1929 wurde hier auch der Arbeiter-Gesangsverein „Heimat" gegründet[226] und Theater gespielt[227].

Der Sportlichkeit und Fortschrittlichkeit fühlten sich die Gnigler Arbeiterradfahrer verpflichtet[228]. Lokale Sensationen waren die Gnigler Sprungschanzen. 1923 wurde eine am Heuberg, 1929 eine weitere neben der Schottermulde nördlich von Schloss Neuhaus für *die Jugend zum Training* errichtet[229]. 1931 beteiligten sich 33 in- und ausländische Schispringer an einem Wettbewerb, der Schanzenrekord wurde allerdings außerhalb des Bewerbs mit 48 Meter aufgestellt[230]. Ein Jahr später fand das Schispringen auf der verbesserten Schanze statt[231], es musste allerdings nach zwei Unfällen eingestellt werden[232]. Das Schispringen auf der Gnigler Schanze gehörte zu den Fixpunkten der Schimeisterschaft von Stadt Salzburg und Umgebung.

Eröffnung der Sprungschanze am Heuberg, Postkarte, 1923, Sammlung Christian Lankes

Blick vom Heuberg in Richtung Kirche und Neuhauserfeld, Bild von Ludwig Jung, nach einer Fotografie von 1905

KIRCHLICHE FESTE

Das Kirchenjahr[233] strukturierte noch im beginnenden 20. Jahrhundert den Gnigler Festkalender, der bei den Sozialdemokraten um den 1. Mai und die Republikfeier am 12. November ergänzt bzw. abgeändert wurde.

Tägliche Roraten und heilige Messen mit Chorgesang im Advent stimmten auf Weihnachten ein. Am Heiligen Abend zu Mittag abgefeuerte Böller- und Stutzenschüsse beendeten die Arbeit. Der Nachmittag wurde mit einer Segenandacht und Rosenkranzbeten überbrückt, bis am Abend auch in Gnigl das „Christkindlein" kam und Geschenke verteilte. Eine halbe Stunde vor Mitternacht begannen die Glocken zu läuten und riefen zur Christmette. Das Christfest wurde ebenfalls mit Böllerschüssen gefeiert. Selbstverständlich begleitete das Knallen der Böller auch Sylvester und den nachmittäglichen Dankgottesdienst zu Dreikönig.

Die Sternsinger sammelten bei ihren Besuchen in Häusern und Gaststätten.

Zu Maria Lichtmess wurden die Kerzen geweiht, der mit zwei gekreuzten Kerzen gespendete Blasiussegen am darauf folgenden Tag (3. Februar) sollte vor Halsschmerzen und allem Bösen bewahren. Nach zahlreichen Faschingsveranstaltungen begann die Fastenzeit mit einem Frühgottesdienst am Aschermittwoch, bei dem die über die Köpfe gestreute Asche zur Buße aufrief. Der Palmsonntag wurde mit einem Umzug und der Weihe von Palmbuschen gefeiert. Die Knaben verdienten sich ein Taschengeld mit dem Verkauf der Buschen im Ort und in der Stadt. Zur Auferstehungsfeier fanden sich *die Bewohner fast vollzählig in der Kirche ein*[234]. Stundenlang verkündeten *Pöllerschüsse,* abgefeuert von den umliegenden Hügeln, *das Werk des Friedens,* so der gläubige Alexander Haidenthaller. Seit den 1890er Jahren besuchten im Frühsommer überwiegend Frauen die allabendlichen

Maiandachten. In der Bittwoche fanden Bittgänge nach Ebenau, nach Hallwang, nach Aigen und seit 1923 nach Maria Loretto in der Paris-Lodron-Straße statt. Kinder durften allerdings nach der neuen Schulordnung in der sozialdemokratischen Gemeinde daran nicht mehr teilnehmen – Religion war eben Privatsache. Zu Maria Himmelfahrt inspizierte der Weihbischof alle drei Jahre die Kirche und spendete die Firmung. Dafür wurde das Dorf immer festlich geschmückt.

Einen *besonderen Prunk bildeten die Prozessionen zu Frohnleichnam*[235]. Um vier Uhr weckten die unvermeidlichen Böllerschüsse den Ort. Der Zechpropst hatte die zahlreichen Fahnen- und Kreuzträger sowie die Musik in der richtigen Marschrichtung aufzustellen. Den Zug eröffneten Schulknaben, die die Statue des heiligen Michael, den Schutzpatron der Pfarre Gnigl, trugen. Ihnen folgten die *Jungfrauen mit der Statue Maria Empfängnis*. Dann kam die Genossenschaft der Gnigler Müller mit dem Zunftkreuz, flankiert von *Lichtträgern*. Dahinter reihten sich die Mitglieder der St. Michaelsbruderschaft ein. *Kreuzträger* aus den *Habiten* verkörperten noch einmal die überkommene Einteilung der alten Gerichtsgemeinde in Rügate[236]. Die Musikkapelle sorgte für eine getragen-feierliche Stimmung. Weißgekleidete Schulmädchen und Ministranten schlossen an. Dann kam das *Allerheiligste*, getragen vom in *schwersten Ornat* gekleideten Pfarrer, begleitet von weiteren Priestern und geschützt von einem *getragenen Himmel*. Nach den Zechpröpsten mit brennenden Kerzen folgte der Gemeindevorsteher mit dem gesamten Gemeindeausschuss, dann die Ortsbeamten und Gendarmen, schließlich *viel des Volkes der Männer u. Frauen der Ortsteile Gnigl, Guggenthal, Heuberg u. Itzling*. So schildert jedenfalls Alexander Haidenthaller eine Frohnleichnamsprozession in Gnigl.

Wir wissen allerdings nicht, ob auch der rote Bürgermeister und der mehrheitlich sozialdemokratische Gemeindeausschuss geschlossen dem Allerheiligsten folgten. 1921 konstatierte Haidenthaller jedoch, die Prozession habe *an dem bisher geübten Pomp bedeutend eingebüßt*[237] – im roten Gnigl schwammen der katholischen Kirche immer mehr Felle davon.

1926 gingen nur mehr 23 Knaben und 10 Mädchen zur Erstkommunion. Auch wenn, wie Haidenthaller fast ein wenig entschuldigend schrieb, einige Mädchen aus Gnigl bei den Ursulinen in die Schule gingen und die Altkatholiken ihre Erstkommunion in der Kapelle des Schloss Mirabell feierten[238], war die Zahl erstaunlich niedrig.

1921 schlossen sich in Gnigl rund 30 Personen der von einigen Sozialdemokraten (und Deutschnationalen) favorisierten altkatholischen Kirche an. Diese Abfallsbewegung vom römisch-katholischen Glauben war in den 1870er Jahren als Protest gegen die Beschlüsse des I. Vatikanischen Konzils entstanden und erhielt durch den unkonventionellen, suspendierten Priester Hans Kirchsteiger[239] 1910 in Salzburg neuen Zulauf[240]. Sammelort der Altkatholischen in Gnigl war der Jägerwirt, wo im Saal auch Gottesdienste abgehalten wurden[241].

Aufsehen erregte im Jänner 1925 das Begräbnis einer 18-jährigen jungen Frau, die sich als konfessionslose Freidenkerin bekannt hatte. Es war das erste Leichenbegängnis am Gnigler Friedhof, das ohne Geläut, ohne Priester, ohne jeden Ritus, jedoch mit Musik und roten Fahnen begangen wurde. Der mit einem hellroten Tuch bedeckte Sarg wurde vom Leichenhaus direkt zum Grab getragen[242].

RADIKALISIERUNG – „CHRISTLICHER STÄNDESTAAT"

Die österreichische Innenpolitik der frühen 1930er Jahre war einerseits von den Auswirkungen der Weltwirtschaftskrise und andererseits von einer zunehmenden Radikalisierung geprägt. Für weite Teile des bürgerlichen Lagers war das demokratische System die Ursache schlechthin für die Krise.

Schon in den 1920er Jahren hatten sich in den politischen Lagern paramilitärische Wehrverbände gebildet. Der 1920 gegründete Salzburger Heimat- und Heimwehrdienst, an dessen Aufbau sich alle nichtsozialistischen Parteien – Christlichsoziale ebenso wie Großdeutsche – beteiligten, wurde gegen die Arbeiterschaft aufgerüstet[243].

Blick auf Gnigl, um 1930, lavierte Tuschfeder von Elfriede Mayer, Salzburg Museum

In Gnigl wurde am 12. Mai 1921 Tischlermeister Felix Egger wegen politischer Motive mit Brandlegung gedroht. Egger war Obmann der Heimwehr[244]. Er wurde am 27. Juli 1934 bei dem Versuch, putschende Nationalsozialisten, die sich beim Lieferinger Hartlwirt verschanzt hatten, festzunehmen, in einem Handgemenge erschossen[245].

Den Heimwehrkundgebungen wurden Aufmärsche des 1923 gegründeten Republikanischen Schutzbundes entgegengesetzt[246]. Im Unterschied zur Heimwehr, die eigenständig agierte und ihrerseits Einfluss auf die politische Organisation ausübte, unterstand der Schutzbund der sozialdemokratischen Parteileitung. Obmann der Salzburger Organisation war der Itzlinger Eisenbahner Karl Emminger. Öffentlich trat der Schutzbund meist bei den Mai- und den Republikfeiern auf, ab 1929 wurde die militärische Ausbildung forciert und die illegale Bewaffnung verstärkt[247].

Im Oktober 1931 kam es zu gewalttätigen Auseinandersetzungen beim Jägerwirt zwischen Mitgliedern der im selben Jahre gegründeten NSDAP-Ortsgruppe Gnigl[248], Schutzbündlern und Heimatschutz-Mitgliedern (vgl. dazu den Beitrag von Siegfried Göllner).

Nach der Ausschaltung des österreichischen Nationalrats durch den christlichsozialen Bundeskanzler Engelbert Dollfuß im März 1933 nehmen die Repressalien gegen die Sozialdemokraten zu. In Itzling wurde das Arbeiterheim von der Polizei umstellt und nach Waffen durchsucht[249].

Als es am 12. Februar 1934 österreichweit zu bürgerkriegsartigen Aufständen kam, blieb es in der Stadt Salzburg weitgehend ruhig. Lediglich die Eisenbahner in Gnigl leisteten einen zweistündigen Widerstand, indem sie die Drehscheibe der Remise mit einer quergestellten Lok blockierten, um das Ausfahren der übrigen Lokomotiven aus dem

Rundschuppen zu verhindern[250]. Zwei Tage zuvor hatte im Itzlinger Arbeiterheim noch ein Ball stattgefunden, allerdings hielt die Heimwehr schon die letzten Sitzreihen des Saales besetzt[251]. Mit dem Verbot der Sozialdemokratischen Partei wurden auch die sozialdemokratischen Mandatare aus den politischen Gremien entfernt. Die Gemeindevertretung von Gnigl wurde – so wie die der anderen sozialdemokratischen Landgemeinden – aufgelöst[252]. Die Führung der Gemeindegeschäfte übernahm ein Regierungskommissär, in Gnigl Finanzrat Dr. Karl Brandstätter[253]. *Hier wurden die Vereine dieser [sozialdemokratischen] Partei aufgelöst, die Turnhallen von Gnigl und Itzling geschlossen, nachts patrouillieren die Gendarmen und Schutzkorps*[254], kommentierte Haidenthaller die Ereignisse. Am 31. August beschloss die Gemeinde-Vorstehung unter Regierungskommissär Karl Brandstätter, die Eichstraße in Dollfußstraße umzubenennen[255].

EINGEMEINDUNG NACH „GROSS-SALZBURG"

Nach den Februarereignissen 1934 bestand in der Stadt Salzburg über ein Jahr ein provisorischer Gemeinderat. Diese Übergangsphase nutzte Landeshauptmann Franz Rehrl, um die Eingemeindungsfrage, unter autoritären Vorzeichen, zu regeln. Bis dahin war sie an der ablehnenden Haltung der betroffenen Gemeinden, wie z. B. Aigen, am Widerstand der bürgerlichen Gemeinderatsfraktion gegen eine Integration der Arbeiterbevölkerung von Gnigl-Itzling und Maxglan und auch an der Frage der Übernahme der Schulden der Umlandgemeinden gescheitert[256]. Gleich nach dem Ende des Ersten Weltkriegs hatten sich die sozialdemokratischen Abgeordneten der Stadt wegen der drückenden Wohnungsnot für eine Erweiterung des Gemeindegebiets eingesetzt[257].

Stadtplan von Salzburg 1:15.000, Freytag & Berndt, Wien 1940 (verkleinerter Ausschnitt)

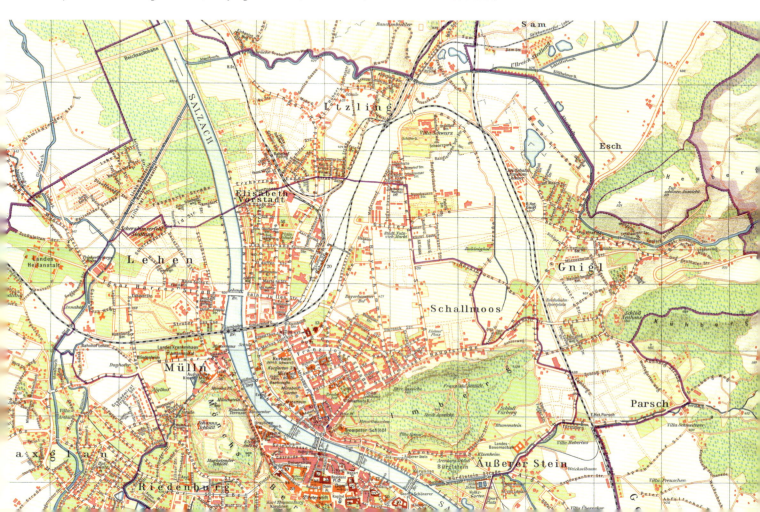

Mit dem Verbot der Sozialdemokratie waren nun auch die Bedenken gegen die Eingemeindungen verschwunden und diese konnten ohne aufwendige Verhandlungen durchgesetzt werden.

Die Gemeindegrenzen von Gnigl waren bereits 1933 geändert worden. Bis in die 1930er Jahre hatte sich in Heuberg und Guggenthal die Bevölkerungs- und Wirtschaftsstruktur kaum verändert. Nachdem der Plan der Heuberger, eine eigene Ortsgemeinde zu gründen, fehlgeschlagen war, versuchte man es mit dem Anschluss an die Nachbargemeinde Koppl. Die Bauern vom Heuberg konnten sich mit der bäuerlichen Lebenswelt in Koppl besser identifizieren als mit der Stadtrandgemeinde, deren steigende Infrastrukturkosten sie mittragen mussten. Bei einer Abstimmung im November 1932 wurde mit 125 zu 83 Stimmen die Angliederung an Koppl beschlossen. Die Umgemeindung trat mit 1. Juli 1933 in Kraft[258].

Für die in Finanznöten steckende Gemeinde Gnigl-Itzling war die Eingemeindung in die Stadt Salzburg beinahe notwendig, um einen Konkurs zu vermeiden[259]. Die Schulden betrugen in Gnigl 1,85 Millionen Schilling. Zum Vergleich: Aigen war mit 320.000, Morzg mit 420.000 und Maxglan mit 935.000 Schilling verschuldet[260]. Die hohe Verschuldung der sozialdemokratischen Gemeinde resultierte nicht zuletzt aus ihrer eigenen, an sozialen Zielvorgaben orientierten Politik, vor allem die Ausgaben für Sozialleistungen und für den Wohnbau waren durch die sozialen Folgen der Wirtschaftskrise explodiert. Eine Konsolidierung des Budgets wäre nur durch erhebliche Steuerzuschläge erreichbar gewesen.

In mehreren großen Zeitungsartikeln strich Landeshauptmann Franz Rehrl die Vorteile der Schaffung von „Groß-Salzburg" hervor. Nachdem *die parteipolitischen Erwägungen und Einflüsse* gefallen seien, könne der Abbau der hohen Schulden der Umlandgemeinden am besten im Rahmen eines gestärkten, größeren Wirtschafts- und Verwaltungsgebietes erfolgen, so Rehrl[261]. Dem Wortlaut des Landesgesetzblattes entsprechend, hörte die Ortsgemeinde Gnigl mit 1. Juli 1935 als selbständige Ortsgemeinde zu bestehen auf[262]. Die Stadtgemeinde Salzburg übernahm die Bediensteten und Liegenschaften, aber auch die Schulden. Die ehrgeizigen Ziele und hoffnungsfrohen Wünsche des „roten Gnigl", wie die Errichtung eines modernen Gemeindehauses oder eines Freibades[263], waren somit obsolet geworden. Die *Perle Salzburgs*[264], wie Alexander Haidenthaller den *holden Ort* Gnigl nannte, war nach 85 Jahren selbständiger kommunaler Verwaltung Teil von „Groß-Salzburg" geworden.

Gemeindevorsteher von Gnigl[265]

1850	Josef Schi(e)der	Nagelschmied in Gnigl
1852	Georg Gö(o)ltner	Schneidermeister in Gnigl
1860	Paul Krennwallner	Bauer in Itzling
1861	Georg Göltner	Schneidermeister in Gnigl
1862	Mathias Holzner	Mühlenbesitzer in Gnigl
1864	Franz Hattinger	Arzt in Gnigl
1871	Egyd Fuchs	Gastwirt zur Kendl in Gnigl
1874	Albert Reichard	Krämer in Gnigl
1877	Johann Neudorfer	Butterhändler in Gnigl
1880	Andreas Brunnhuber	Gastwirt zum Turner in Gnigl
1881	Andreas Blüml	Großgrundbesitzer in Gnigl
1883	Franz Jesinger	Mühlenbesitzer in Gnigl
1886	Egyd Fuchs	Gastwirt zur Kendl in Gnigl
1889	Johann Flöckner	Mühlenbesitzer in Gnigl
1892	Anton Roth	Oekonom zu Rauchenpichl in Itzling
1895	Michael Tauer	Schmiedmeister in Gnigl
1904	Mathias Staudinger	Mühlenbesitzer in Gnigl
1905	Ignaz Schatzberger	Kaufmann in Itzling
1913	Raimund Günther	Realbesitzer in Itzling
1919	August Hinterleitner	Mechanikermeister in Itzling
1922	Christian Laserer	Bundesbahnbeamter in Itzling
1934	Dr. Karl Brandstätter	Finanzrat, Regierungskommissär

Bevölkerung der Gemeinde Gnigl[266]

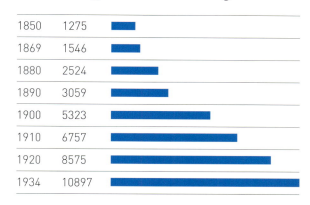

1850	1275
1869	1546
1880	2524
1890	3059
1900	5323
1910	6757
1920	8575
1934	10897

Zerstörte Remise auf dem Gnigler Bahnhof, 1944
AStS, Fotosammlung

SIEGFRIED GÖLLNER

Radikalisierung und Vernichtung
„Ständestaat" und Nationalsozialismus

In den 1930er Jahren war Österreich geprägt von den Auswirkungen der Weltwirtschaftskrise und einer zunehmenden Radikalisierung der Politik. Das ungefestigte demokratische System verlor gegenüber autoritären und faschistischen Strömungen an Boden. Diese österreichischen bzw. europäischen Entwicklungen lassen sich auch im Kleinen, in Gnigl, beobachten.

RADIKALISIERUNG DER POLITIK

Eine neue Form der Radikalisierung in der Politik stellte das Auftreten der Nationalsozialisten dar. Scharfe antiparlamentarische Diktion und regelmäßige Saalschlachten zeichneten ihre Veranstaltungen aus.

Bereits am 31. Oktober 1931 kam es nach einer Versammlung der von Josef Hamminger geführten – und im selben Jahr gegründeten[1] – NSDAP-Ortsgruppe Gnigl beim Jägerwirt (Leopold-Pfest-Straße 5) zu gewalttätigen Auseinandersetzungen. Der Gendarmerieposten Gnigl berichtete über einen Besuch von 70 *Hitlerleuten* und etwa 40 Andersgesinnten. Neben dem nationalsozialistischen Kreisleiter Franz Pisecky sprachen auch Baumeister Andreas Gieshammer vom Heimatschutz, der Kommunist Jakob Murauer sowie Johann Binder, ein ehemaliges Mitglied des Republikanischen Schutzbundes. Dessen Ausführungen trafen auf den Unmut der sozialdemokratisch gesinnten Teilnehmer, es wurden Rufe laut wie *Gauner, Fallot, wir machen dich zu einem Gulasch*.

Daraufhin folgte das Kommando der Nationalsozialisten, den Saal zu räumen. Nach einem Bierglas-Wurf kam es im und vor dem Lokal zu Raufereien, bei denen zwei Nationalsozialisten, ein Schutzbündler, ein Heimatschutz-Mitglied und eine weitere Person verletzt wurden. Nachdem ca. 80 Jugendliche von einer Tanzveranstaltung in der Gnigler Arbeiterturnhalle (Minnesheimstraße 35, demoliert, jetzt Kulturzentrum Vereinshaus Gnigl) mit *Keulen und Gummiknütteln bewaffnet*, wie das Polizeiprotokoll vermerkt, herangelaufen kamen und die Menge vor dem Gasthof auf 300 bis 400 Personen angewachsen war, musste die Gnigler Gendarmerie Verstärkung aus der Stadt Salzburg anfordern, der es schließlich gelang, den Platz zu räumen[2].

Eine Ende November 1931 abgehaltene Veranstaltung der Nationalsozialisten mit bereits 140 Teilnehmern verlief hingegen ohne Zwischenfälle[3]. Bei einer sozialdemokratischen Versammlung in Itzling warnte Schutzbundführer Landesrat Karl Emminger, Eisenbahner, Gemeinderat in Gnigl-Itzling, später Landesrat und Arbeiterkammerpräsident[4], dass das Programm von Hitler und den Faschisten *auf Gewalt aufgebaut* sei[5].

Dass sich diese Radikalisierung auch in der Sprache der nationalsozialistischen Redner bemerkbar machte, zeigt eine Versammlung im März 1932 beim Jägerwirt. Kreisleiter Pisecky bezeichnete die *heutigen Volksvertreter als Schädlinge und Totengräber des Volkes, als Volksbetrüger und Volksbestehler*. Die Nationalsozialisten würden dieses *Übel* ausrotten und mit diesem *Parasitengesindel* scharf abrechnen[6].

Bei einer überfüllten sozialistischen Versammlung im Gasthaus Zum Rangierbahnhof (Schillinghofstraße 14) begehrten 40 bis 50 Nationalsozialisten lautstark Einlass, als die Rednerin Ilse Kulcsar von der Zentralstelle für das Bildungswesen in Wien über die Politik der NSDAP und über Judenverfolgungen in Deutschland sprach.

Einem Vertreter der Nationalsozialisten wurde, von zwei Gendarmeriebeamten beschützt, Gelegenheit zu einer Gegenrede gegeben[7]. Im August 1932 hielt die NSDAP in Mayrwies eine nächtliche Geländeübung ab und marschierte anschließend geschlossen bis zur Schwabenwirtsbrücke[8].

Nicht ohne Pikanterie ist ein Entschuldigungsschreiben, welches NSDAP-Ortsgruppenleiter Josef Hamminger, ein Techniker bei der Firma Siemens & Halske, zu Weihnachten 1932 an Landeshauptmann Franz Rehrl bezüglich beleidigender Äußerungen sandte, die ihm zugeschrieben worden waren. Er selbst könne sich nicht daran erinnern, wenn er sie jedoch in *stark alkoholisiertem Zustande begangen haben sollte*, so möge der Landeshauptmann, den er *sowohl als Mensch, als auch als Politiker stets hochverehrt* habe, dies entschuldigen:

> *Wenn sie wirklich gefallen sein sollten, so kann ich mir das nur mit meiner damaligen gänzlichen Unzurechnungsfähigkeit erklären. Mir würde nie im Leben ernsthaft einfallen, derartige Untergriffe gegen Herrn Landeshauptmann öffentlich zu erheben. Ich habe mich noch niemals in irgend einer Form radikal politisch betätigt und habe auch noch nie diesbezüglich persönliche oder polizeiliche Anstände gehabt.*

Hamminger bat Rehrl, ihm keine Nachteile aus der Geschichte erwachsen zu lassen, was dieser in seiner Antwort auch versicherte. Rehrl bat die Firma Siemens, von etwaigen Strafmaßnahmen gegen Hamminger abzusehen, ihn aber auch nicht mehr als Techniker in Räumen der Landesregierung zu verwenden[9].

Die Häufigkeit politischer Versammlungen und der Zuspruch, den sie gerade bei jungen Menschen fanden, mag aus heutiger Sicht überraschen. Harald Lohmanns Erinnerung, dass man es sich in den 1930ern „nicht leisten" konnte, „keine Ideale" zu haben, weil es nichts „anderes" gegeben habe[10], mag eine Erklärung dafür bieten.

„STÄNDESTAAT"

Nach der Ausschaltung des Nationalrates am 4. März 1933 durch Bundeskanzler Engelbert Dollfuß wurde auch auf Gemeindeebene die Aushöhlung bzw. Ausschaltung der Demokratie, mit der 1927 bzw. 1932 begonnen wurde, forciert[11]. Schrittweise wurden einerseits sozialdemokratische kommunistische und gewerkschaftliche Verbände und andererseits nationalsozialistische verboten. Während die Nationalsozialisten nach dem Parteiverbot vom 19. Juni 1933 ihren terroristischen Kampf intensivierten, reagierten die Sozialdemokraten angesichts dieser von außen gestützten Bedrohung zurückhaltender[12].

Auf die Auflösung des Republikanischen Schutzbundes am 31. März 1933, die Stellung der „Salzburger Wacht" unter Vorzensur, das Versammlungsverbot[13] und die Untersagung der Feier zum 1. Mai 1933 antwortete man beispielsweise mit einem Marsch von ca. 400 Schutzbündlern, Wehrturnern und Mitgliedern der Sozialistischen Arbeiterjugend von der Gnigler Turnhalle zu einer Versammlung im Arbeiterheim, die in einer Rede von Schutzbundführer Karl Emminger gipfelte[14].

Am 27. Mai 1933 beschloss die sozialdemokratisch dominierte Gemeindevertretung Gnigl-Itzling mit 21 Stimmen bei zwei Enthaltungen, einen Protest gegen das Vorgehen der österreichischen Bundesregierung einzulegen. Bürgermeister Christian Laserer sandte diesen an Landeshauptmann Rehrl und den Bundesrat. Kritisiert wurde der Verfassungsbruch der Regierung, über das kriegswirtschaftliche Ermächtigungsgesetz Notverordnungen zu erlassen, die Rechte der Arbeitnehmer zu schmälern sowie der Erlass eines einseitigen Aufmarschverbotes. Die Gemeinde Gnigl forderte die Neueinberufung des Nationalrates bzw. die Ausschreibung sofortiger Neuwahlen[15].

NATIONALSOZIALISTISCHER TERROR

Nach dem Verbot der NSDAP im Juni 1933 intensivierten die Nationalsozialisten 1933/34 zunehmend ihre von Deutschland aus unterstützten terroristischen und propagandistischen Aktionen[16]. Flugblätter und ausgestanzte Papier-Hakenkreuze wurden gestreut, Hakenkreuze auf Wände gemalt, Hakenkreuzfeuer auf dem Heuberg abgebrannt, Hakenkreuzfahnen zum Beispiel auf dem ehemaligen Ziegeleischlot in Langwied oder auf dem Nockstein aufgezogen.

Immer wieder kam es zu Papierböllerexplosionen und Sprengstoffanschlägen, die sich im Vorfeld des Putschversuches vom Juli 1934 häuften. Zahlreiche Aktionen fanden in der Nacht zum 10. Mai 1934 statt, in der u. a. eine Sprengladung mit Zeitzünder an einem Eisenmast der Fernleitung bei der Schwabenwirtsbrücke explodierte. Dieser wurde nur leicht beschädigt, aber Fenster an den umliegenden Gebäuden zertrümmert. Auch an der Guggenthalerstraße wurden Fernleitungsmasten[17] und bei der Ziegelei Warwitz ein Hochspannungsmast gesprengt[18]. Ziel eines Anschlages wurde am Fronleichnamstag 1934 der Gnigler Pfarrhof. Die Detonation zog neben den kirchlichen Gebäuden u. a. auch den benachbarten Kirchenwirt in Mitleidenschaft[19].

Aufgegriffene Nationalsozialisten wurden je nach Schwere des Deliktes zu Geldstrafen verurteilt oder verhaftet und u. a. ins „Anhaltelager" Wöllersdorf gebracht. In den Gaststätten Kendl und Weiß wurde der Getränkeausschank im Juni 1934 wegen politischer Betätigung verboten[20]. Bereits im Jänner war der Sohn des Gastwirts, Leonhard Weiß, wegen der Abfeuerung von Geschossen am Heuberg verhaftet[21], und bis April in Wöllersdorf inhaftiert worden[22]. Haidenthaller berichtet von acht Gnigler Nationalsozialisten, die in dieser Phase zeitweise im „Anhaltelager" festgehalten wurden[23].

In der Nacht auf den 29. Juni 1934 setzten sich die Sprengstoffanschläge mit einer Sprengung am Transformatorenschalthaus der Starkstromleitung in Gnigl fort, wodurch die Lichtleitung gestört wurde[24]. In Folge der Anschlagsserie in der Stadt Salzburg und ihren Vororten war ab 21 Uhr das Fahren mit Motor- und Fahrrädern verboten und Jugendlichen unter 18 Jahren der Aufenthalt auf öffentlichen Straßen und Plätzen untersagt.

Zerstörte Schaltstation „Warwitz" nach einem nationalsozialistisch motivierten Anschlag, 28. Juni 1934
AStS, Fotosammlung (Foto Salzburger Stadtwerke)

Während des nationalsozialistischen Putschversuches am 25. Juli 1934 blieb es in Gnigl, wie auch in der Stadt Salzburg, ruhig[25].

FEBRUAR 1934

Nach seinem Verbot 1933 versuchte der Schutzbund im Rahmen des Arbeiter-Turnvereines tätig zu bleiben und hielt Sitzungen in der Gnigler Turnhalle ab[26], wo, wie an anderen, zum Teil nur der Parteiführung bekannten Orten (darunter angeblich auch der Stollen bei Schloss Neuhaus[27]), Waffen und Munition eingelagert wurden[28]. Selbige waren dann aber am 12. Februar 1934 unauffindbar, die Arbeiter warteten vergeblich auf den Einsatzbefehl im Arbeiterheim Itzling und auf dem Heuberg, während sich die sozialdemokratische Parteiführung im Parteiheim in der Paris-Lodron-Straße verhaften ließ[29]. Die am Heuberg zusammengekommenen Schutzbündler, unter ihnen auch Gnigler, versuchten noch die Fischach-Brücke in Hallwang zu sprengen und die Stromleitung aus dem Wiestal zu unterbrechen. Beides misslang[30], die Stadt war nur *5 Minuten* ohne Strom und *in Finsternis gehüllt*[31].

Landeshauptmann Franz Rehrl bei der Abnahme einer Truppenparade am 21. April 1936 am Residenzplatz
AStS, Fotoarchiv Franz Krieger

Somit blieb es am 12. Februar 1934 in Salzburg weitgehend ruhig[32], während in Teilen Ost- und Südösterreichs Bürgerkrieg herrschte[33]. In den folgenden Tagen wurden in Gnigl im Zeughaus der Feuerwehr, sowie im Brotwagen eines Bäckers, Munition und Waffen, darunter ein Maschinengewehr, entdeckt. Am 24. Februar kam es beim Jägerwirt zu einem *politischen Streithandel*, bei dem ein Mann von einem Schlag *so heftig getroffen* wurde, dass *er nach eingetretenen Blutungen unmittelbar darauf starb*[34].

Das Vereinsleben der Arbeiterschaft war zwischen März 1933 und Februar 1934 kaum eingeschränkt. Im Jänner 1934 fand noch die Schimeisterschaft der Arbeitersportler statt, deren Höhepunkt das Schispringen auf der Gnigler Schneider-Schanze vor über 1000 Zusehern war. Lokalmatador Josef Weilguny stand mit 42 Metern den weitesten Sprung[35].

Nach dem Verbot der sozialdemokratischen Partei und aller ihr nahestehenden Verbände sowie der Eliminierung ihrer politischen Mandate[36], sorgte der nicht autoritär orientierte Landeshauptmann Rehrl für die rasche Enthaftung der sozialdemokratischen Funktionäre[37]. Die Bindungen, die in sozialdemokratischen Vereinen und Organisationen entstanden waren, blieben auch nach dem Parteiverbot 1934, zumindest in den Kernschichten, aufrecht, während die Ränder abbröckelten. Stark organisiert blieben die Eisenbahner[38], die auch am aktivsten bei der Verbreitung von Propagandamaterial waren[39].

KOMMISSARISCHE VERWALTUNG UND EINGEMEINDUNG

Die Gnigler Gemeindevertretung wurde umgehend aufgelöst und der seit 1922 amtierende Bürgermeister von Gnigl-Itzling, Christian Laserer[40] (den Landeshauptmann Rehrl, wie man einer späteren Intervention für dessen Sohn Karl Laserer entnehmen kann, sehr geschätzt hat[41]), durch den Regierungskommissär[42] Dr. Karl Brandstätter ersetzt[43]. Brandstätter war dabei innerhalb der christlichsozialen Organisationen keine unumstrittene Wahl, so warf ihm etwa die Ortsführung der Ostmärkischen Sturmscharen Untauglichkeit vor[44], während ein Mitglied des Hausbesitzervereines Gnigl zugunsten seines Obmanns bei Landeshauptmann Rehrl intervenierte, da Brandstätter *sehr langsam* arbeite, und *man* sich erzähle, dass er *braun angestrichen* sei[45].

Das Verbot der Sozialdemokratie hatte auch auf der Ebene der Gemeindeangestellten Entlassungen zur Folge, so wurde beispielsweise eine Aushilfskraft am Gemeindeamt vom Regierungskommissär entlassen, weil er Funktionär beim Arbeiter-Turnverein Itzling war[46]. Einem weiteren, dem Schulwart Leonhard Willitsch, wurde vorgeworfen, Mitarbeiter zum Streik aufgerufen zu haben[47].

Die neuen politischen Verhältnisse begünstigten die Lösung der lange anstehenden Frage der Eingemeindung der Vororte in die Stadt Salzburg. Die bürgerlich regierte Stadt hatte sich zuvor gegen die Eingemeindung der sozialdemokratisch dominierten Gemeinde Gnigl-Itzling gewehrt, nun gab es keine Bedenken mehr dagegen. Für die in Finanznöten steckende Gemeinde Gnigl war die am

1. Juli 1935 vollzogene Eingemeindung hingegen beinahe notwendig[48]. Die Stadtgemeinde übernahm sowohl Bedienstete und Liegenschaften, als auch Schulden von Gnigl-Itzling[49].

WIRTSCHAFTSKRISE

Auflösung von Betrieben, Kurzarbeit, Entlassungen, Kürzungen von Löhnen und Gehältern prägten das Österreich der Weltwirtschaftskrise. Mit der 1933 von NS-Deutschland verhängten „1000-Mark-Sperre" wurde zudem der Fremdenverkehr entscheidend geschwächt[50]. Ein strikter Sparkurs der Regierung sorgte u. a. für die Beschneidung der Arbeitslosenunterstützung, der Arbeitsschutz- und Sozialgesetze. Ende 1932 war die Hälfte aller kammerumlagepflichtigen Arbeiternehmer im Bundesland Salzburg arbeitslos[51]. Harald Lohmann, zu dieser Zeit Volksschüler in Gnigl, schreibt, dass mehr als die Hälfte der Väter seiner Mitschüler arbeitslos waren. Viele Kinder hatten kein eigenes Bett, die hygienischen Zustände führten zu häufigen Infektionskrankheiten[52].

Auf kommunaler Ebene setzte Bürgermeister Hildmann auf einen strikten Sparkurs. Innerhalb von nur zwei Jahren baute er die eingemeindungsbedingte Mehrverschuldung wieder ab. Eingespart wurde vor allem beim Personal, bei den Ausgaben für Kunst und Kultur sowie bei sozialen Aufwendungen und städtischer Infrastruktur. Durch den Verzicht auf kommunale Investitionen litt die Bauwirtschaft unter Auftragsmangel[53]. Abgesehen vom Bau von Wohnblöcken an der Minnesheimstraße 1935 bis 1937 tat sich in Gnigl wenig[54], vor allem im Vergleich zum Umfang des Gemeindewohnbaus in den Vorjahren[55]. Diese Situation spiegelt sich in persönlichen Bittbriefen von Gnigler Unternehmern an Landeshauptmann Rehrl wider. Baumeister Paul Angleitner verwies darauf, dass die Arbeitsbeschaffung gerade in Gnigl eine *äusserst trostlose* sei und bat wiederholt um Berücksichtigung bei Auftragsvergaben[56], wie auch Zimmermann Heinrich Böckl[57]. Die Vernachlässigung der Infrastruktur führte zu Mängeln im öffentlichen Verkehr. Die Bundesstraße sei in einem Zustand, dass der Autobusverkehr von Gnigl zur Stadtmitte *für die Fahrgäste eine ernste Gefahr bedeutet*, hieß es in einem Leserbrief. Zudem seien die Autobusse zur Mittagszeit *polizeiwidrig* überfüllt[58].

Arbeitslosigkeit und die Einsparungen im Sozialbereich führten zur Situation, dass Personen in Notlage oftmals auf Almosen angewiesen waren. Bettler auf Bittgängen waren allgegenwärtig[59]. Wer sich nicht anders zu helfen wusste, bat den Landeshauptmann um Unterstützung, beispielsweise ein von der Delogierung bedrohter Schneidermeister in Gnigl, der nach Aufgabe seines selbständigen Betriebes keine Anstellung fand[60], oder eine Frau, die um Zuteilung von Schuhen an ihren Sohn bei der Winterhilfsaktion bitten musste[61]. Wer Besitzer einer goldenen Tapferkeitsmedaille war, hatte hingegen ministerielle Fürsprecher, um eine Anstellung zu erlangen[62]. Der arbeitslose Gnigler Erfinder Karl Zanier wandte sich in dieser Situation mit Ideen zur Arbeitsbeschaffung und Selbsthilfe an den interessiert antwortenden Landeshauptmann. Sein Konzept, *die freiwillige, produktive ‚Eigenhilfe' als Gegenseitigkeitsaktion für ausgesteuerte Arbeitslose,* sollte den aus der Arbeitslosenunterstützung Gefallenen Gelegenheit bieten, durch werktätige Arbeit Kost und Logis zu verdienen[63]. Weniger Sorgen hatte hingegen Schuldirektor Josef Keldorfer aus Guggenthal, der 1936 einen *Dr. Franz Rehrl-Marsch* komponierte und gemeinsam mit Militärkapellmeister Prof. Franz Ippisch zur Uraufführung bringen wollte[64].

WIDERSTAND IM STÄNDESTAAT

Die in die Illegalität abgedrängten Sozialdemokraten organisierten sich 1935 neu als Revolutionäre Sozialisten. Im Herbst dieses Jahres kam es in Salzburg zu ersten Verhaftungswellen, betroffen war u. a. eine Jugendgruppe aus Itzling, Gnigl, Sam und Parsch. Nach neuerlichen Verhaftungen Ende August 1936 und dem Sozialistenprozess vom 28./29. November 1936, der mit 18 Haftstrafen endete, scheinen die Aktivitäten der Organisation abgenommen zu haben[65].

Franz Schmiedhammer wurde im September 1936 verhaftet[66] und zu fünf Monaten Kerker verurteilt. Der Handelsangestellte aus Gnigl war für die Verteilung von Druckschriften verantwortlich gewesen[67]. Franz Haini wurde wegen Hochverrats und Körperbeschädigung im November 1935 angezeigt, weil er beim Verteilen von Flugzetteln gegen ein Heimwehr-Mitglied tätlich geworden sein soll[68]. Der Gnigler Oberlehrer Wolfgang Hallasch wurde wegen einer *Geldspende an sozialdemokratische Parteigenossen zur Beschaffung falscher Ausreisedokumente in die tschechoslowakische Republik* zu einer Polizeistrafe von sechs Wochen verurteilt, sowie mit Amtsverlust bestraft. Das Landesgericht befand im November 1935, er sei Mitglied einer Geheimorganisation mit sozialdemokratischen bzw. kommunistischen Zielen gewesen[69]. Interessanter Weise setzte sich die Landesleitung der Vaterländischen Front für eine Wiedereinstellung Hallaschs' ein, da sich dieser nach Auflösung der Roten Falken im Reichsbund betätigt habe und damit nicht länger ein *Staatsfeind* sei. Auf Intervention Rehrls wurde Hallasch ohne Kürzung seiner Bezüge in den Ruhestand versetzt[70].

Auch die schon 1933 verbotene Kommunistische Partei blieb illegal tätig und setzte vor allem auf Flugzettelaktionen, etwa mit Streikaufrufen zum Jahrestag des 12. Februar[71]. Zur Verteilung kam auch die Arbeiterzeitung, beispielsweise vor der Zündholzfabrik in Sam[72]. Zur Produktion der Flugblätter benutzte die KPÖ eine Druckerei, die in einem zur Gemeinde Koppl zählenden Haus am Heuberg untergebracht war[73]. Teile der Landesleitung der KPÖ Salzburg mit Obmann Simon Gröbner, Anton Mailinger und Josef Stöckl, allesamt wohnhaft in Gnigl, wurden 1936 verhaftet[74].

Insgesamt erwiesen sich die Repressionsmaßnahmen des autoritären „Ständestaates" in der Verfolgung von Sozialdemokraten und Kommunisten effizienter als in jener der von Deutschland unterstützten Nationalsozialisten[75].

NATIONALSOZIALISTISCHE MACHTÜBERNAHME

Nach dem Scheitern der Terrorstrategie und des Putschversuches vom Juli 1934 hatten sich die Nationalsozialisten auf die Unterwanderung der staatlichen Institutionen verlegt, die durch den Versuch des austrofaschistischen Regimes, die Nationalsozialisten nach dem Juliabkommen 1936 in die Vaterländische Front einzubinden, schließlich begünstigt wurde[76]. Terroranschläge wurden seltener, die Propagandatätigkeit fokussierte alljährlich um den „Führergeburtstag" am 20. April, an dem es zum Abbrennen großflächiger Hakenkreuzfeuer am Heuberg kam[77].

Das Berchtesgadener Abkommen vom 12. Februar 1938 bedeutete schlussendlich die praktische Legalisierung des Nationalsozialismus[78]. Kurz zuvor war es der Salzburger Polizei noch gelungen, am Bahnhof zwei Waggonladungen Propagandamaterial sicher zu stellen[79]. Im Zuge der Ermittlungen tauchte auch ein Jahresbericht der illegalen NSDAP-Parteiorganisation Salzburg auf, der einen Mitgliederstand von 1.100 verzeichnete, davon 128 (81 Männer, 47 Frauen) im *Bezirk 4*, Stein, Fürberg, Parsch, Gnigl, sowie 429 (250 Männer, 179 Frauen) im *Bezirk 3*, St. Andrä, Schallmoos, Elisabethvorstadt, Itzling[80].

Einmarsch deutscher Truppen am 12. März 1938
AStS, Fotoarchiv Franz Krieger

Die Diktatur des „Ständestaates" hatte nicht den nötigen Rückhalt in der Bevölkerung, um dem Druck des Nationalsozialismus von innen und außen etwas entgegensetzen zu können. Zwar erreichte die Einheitsorganisation „Vaterländische Front"[81] einen hohen Organisationsgrad, dieser beruhte jedoch vor allem auf der Zwangsmitgliedschaft der Beamtenschaft. Ein österreichisches Nationalbewusstsein vermochte das Regime nicht zu schaffen, dies musste schon auf Grund der Ausschaltung der politischen Linken scheitern. Die Eigendefinition als „besserer deutscher Staat"[82] konnte der „Anschluß-Sehnsucht", die sich auch auf Grund der wirtschaftlichen Entwicklung in Hochkonjunktur befand, nichts entgegensetzen[83]. Für den „Anschluß" hatte in Salzburg angesichts der schwachen österreichischen Identität schon 1921 eine überwältigende Mehrheit in einer Volksabstimmung votiert[84]. Der „Imitationsfaschismus", wie Ernst Hanisch die Diktatur des „Ständestaates" typologisierte, war vielmehr eine „emotionale Vorbereitung für die NS-Herrschaft"[85].

Mit der, dem Einmarsch der Deutschen Wehrmacht vorausgehenden, Machtergreifung der Salzburger Nationalsozialisten am Abend des 11. März 1938 durch die Besetzung von Chiemseehof, Rathaus, Landesgericht, Polizeidirektion etc. begann in der Stadt Salzburg die nationalsozialistische Herrschaft[86]. Gnigls Chronist Alexander Haidenthaller fing die Stimmung weiter Teile der Bevölkerung am 12. März 1938 folgendermaßen ein:

Kirchenglocken verkündeten ein Geschehen, heller Jubel in der Stadt so auch in Gnigl weckten alle Ruhenden um ihnen die Freuden Botschaft zu verkünden der deutsche Führer Adolf Hitler kommt mit seinem Stabe in Österreich einmarschiert um das Volk aus seiner unsicheren Lage zu befreien. Das deutsche Militär zog ein. Schon im Morgengrauen standen Truppen auf österreichischem Boden vereint mit einem Volke das mit Sehnsucht die Erlösung erwartete, von einem österr. Sprößling dem Führer des Deutschen Reiches Adolf Hitler.[87]

Die Deutsche Wehrmacht passierte Gnigl durch die Linzer Bundesstraße[88]. Von den Häusern der Gemeinde *wehen die Fahnen und Fähnlein*, berichtete Haidenthaller. Der *Hitler-Gruß* führte sich ein[89]. Ein ähnliches Bild bot sich, als einige Tage später die nach Deutschland geflohenen illegalen Nationalsozialisten, die so genannte Österreichische Legion, durchmarschierte[90]. Einen Eindruck von der Begeisterung, die viele Menschen dem „Führer" entgegenbrachten, gibt ein Leserbrief von Franz Lösch, der von der Durchfahrt des Zuges von Adolf Hitler, der im Vorfeld der „Volksabstimmung" Österreich bereiste, durch den Gnigler Bahnhof berichtete:

Das Fenster war voll geöffnet. Da stand der Führer im braunen Kleide hoch und aufrecht am Fenster und streckte seine Rechte zum Gruße aus dem fahrenden Wagen. Tiefe Ergriffenheit erfasste uns, die wir dastanden, bis das Bild nur allzuschnell entschwand – Ergriffenheit vor der wahrhaftigen Größe eines Menschen, des Führers des deutschen Volkes, der uns einen kurzen Augenblick so nahe war.[91]

Mit der Machtübernahme der Nationalsozialisten begann zum einen eine Mobilisierungs- und Propagandakampagne, getragen von den gleichgeschalteten Zeitungen (wobei das Salzburger Volksblatt bereits zuvor offen nationalsozialistisch eingestellt war) und Massenveranstaltungen, zum anderen startete sofort die den verbreiteten Antisemitismus in Taten umsetzende Verfolgung der jüdischen Bevölkerung, die zuerst den Griff nach deren Vermögen, sodann ihre Vertreibung und schließlich ihre Vernichtung bedeutete[92], sowie Maßnahmen gegen die katholische Kirche und die Inhaftierung von Funktionären des „Ständestaates"[93]. Damit verbunden war die Besetzung wichtiger Stellen mit eigenen Parteigängern, wie auch Haidenthaller bemerkte: *Nun kommen alle jene die sich in der Zeit der Dollfuß-Schuschnigg Regierung der D.N.A.P. [sic!] angeschlossen hatten in Vorzugsstellen*[94].

Die Gleichschaltung aller Lebensbereiche führte auch zu Änderungen im Vereinswesen.

Zündwarenfabrik „Handler & Pfifferling" an der Samstraße, 1920er Jahre, Archiv Reinhard Stamberg (Foto Rudolf Scibonski)

Sämtliche Vereine mussten ihre Statuten dem nationalsozialistischen Einheitsstatut anpassen, „Führer"- und „Arierprinzip" übernehmen. So wurde der in „Schützengilde" umbenannte Schützenverein Gnigl Teil des Deutschen Schützenverbandes und damit des NS-Reichsbundes für Leibesübungen[95]. Passierte eine solche Änderung nicht, wie im Falle der Vereins- und Ortsmusikkapelle Gnigl mit Sitz im Gasthof Kendl und ihrem letzten Obmann Aegidius Fuchs, so fielen Inventar und Vermögen an die NSDAP, die damit einen eigenen Musikzug bildete[96].

„ARISIERUNGEN"

Die Maßnahmen gegen die jüdische Bevölkerung zielten zunächst auf die „Arisierung" von Ämtern, Geschäften und Eigentum ab. Nach Erhebung der Volkszählung von 1934 lebten im Land Salzburg 239 Juden, davon zwei in Gnigl[97]. Angesichts von über 600 Arisierungsfällen im Land geht Albert Lichtblau davon aus, dass in dieser Zahl nicht alle Familienmitglieder erfasst worden sein dürften[98]. Unmittelbar nach dem „Anschluß" wurden freihändig kommissarische Verwalter jüdischer Geschäfte und Firmen eingesetzt, mit dem Gesetz über die Anmeldung jüdischen Vermögens wurde dieser Vorgang bürokratisiert und nachträglich schein-legalisiert[99]. Die offen antisemitische Grundstimmung[100] war u. a. durch die Tätigkeit des „Eisernen Besens", der in Salzburg herausgegebenen Zeitschrift des „Deutsch-Österreichischen Schutzvereines Antisemitenbund"[101] bereitet worden. Seit 1921 bestand in Gnigl eine eigene Ortsgruppe mit mindestens 20 Mitgliedern[102], die 1923 durch Peter Schwegel offiziell ins Vereinsregister eingetragen wurde[103]. 1931 wurde der Gnigler Verein aufgelöst, nachdem er offensichtlich nicht mehr aktiv war und polizeilich keine Vorstände mehr zu ermitteln waren[104].

Ein prominentes Beispiel einer „Arisierung" ist die Zündwarenfabrik „Handler & Pfifferling" in Sam, die seit den 1920er Jahren im Besitz von Regina und Jules Gourary stand. Die beiden verließen Österreich noch im März 1938. Als kommissarischer Verwalter wurde Julius Neumann eingesetzt, der sogleich die zwei jüdischen unter den ca. 60 Arbeitern und Angestellten entließ. Nach Beschlagnahmung des gesamten Vermögens der Besitzer auf Grund des „Reichsfluchtsteuergesetzes", setzten sich unter den zahlreichen Interessenten für die Firma schließlich Dipl. Ing. Erich Kerbl und Dipl. Ing. Viktor Kopf, der Betriebsleiter der Fabrik, durch. Der Kaufvertrag wurde am 5. Dezember 1940 bewilligt, die Käufer zahlten 40.000 Reichsmark, das Deutsche Reich erhielt ein im Grundbuch eingetragenes Pfandrecht über 135.000 Reichsmark[105].

Ebenfalls „arisiert" wurde die Liegenschaft von Emanuel Rosenberg in der Untergnigl, die Baumeister Paul Angleitner übernahm[106].

NS-BAUPROGRAMM

Basis der Identifikation[107] breiter Teile der Bevölkerung mit der NS-Herrschaft war eine Politik der Modernisierung, ein umfangreiches Bauprogramm, die Ausgestaltung städtischer Einrichtungen im Sozial- und Schulbereich und vor allem der Abbau der Arbeitslosigkeit[108].

Zu den ersten Baumaßnahmen der NS-Zeit gehörte die Staubfreimachung bzw. Asphaltierung von stark befahrenen Straßen, etwa der Gaisbergstraße, Vogelweiderstraße und der Fürbergstraße[109]. Der Salzburger Stadtrat beschäftigte sich auch mit der Frage, das Schulbad der Volksschule Gnigl für die öffentliche Benützung freizugeben[110]. Nach anderen Quellen stand das Schulbad der Bevölkerung schon seit 1937 samstags als „Tröpferlbad" zur Verfügung[111].

Besonderes Augenmerk wurde auf den Wohnbau gelegt. Die Zahl der jährlich fertig gestellten Wohnungen verdoppelte sich im Zeitraum von 1938 bis 1942 gegenüber der „Ständestaat"-Zeit, allerdings kamen diese nicht nur der Bevölkerung zugute, sondern dienten auch als Unterkünfte für Angehörige der Wehrmacht sowie für zugezogene Südtiroler und „Volksdeutsche"[112]. 1942 wurden zwischen Bachstraße und Josef-Waach-Straße von der Reichsbahn in neun unterschiedlich großen Baracken 77 Wohneinheiten (jeweils Küche, Zimmer und WC) sowie ein Gemeinschaftswaschhaus errichtet[113]. Auch das St. Anna Spital musste dem Wohnungsbedarf weichen. Zum Jahreswechsel 1941/42 wurden die Pfleglinge nach Michaelbeuern umquartiert. Das Versorgungshaus wurde aufgelöst und zu Wohnungen umgebaut[114].

Der Verbauungsplan für Gnigl von 1941/42 sah die Zusammenlegung der Bahnhaltestellen Gnigl und Parsch, sowie eine teils lockere, teils geschlossene Verbauung für Gnigl vor, wobei im Süden in Fortsetzung des Kühberges ein Grüngebiet erhalten werden sollte[115]. In Nord-Süd-Richtung sollte zudem eine „Äußere Ringstraße" die Linzer Reichsstraße im Norden aufnehmen und die Grazer Reichsstraße kreuzen. An dieser Kreuzung sollten Parteibauten und öffentliche Gebäude errichtet werden[116].

Der Spatenstich für die Verbauung des Neuhauserfeldes, wo u. a. Wohnungen für Reichsbahnangestellte entstanden, erfolgte im Dezember 1942[117]. Von Bedeutung war auch der Ausbau des Rangierbahnhofs ab 1939[118].

KOMMUNALE PROPAGANDA

Die Nationalsozialisten erkannten die Gemeinde als sozialen Raum, „in dem es möglich war, wesentliche Grundlagen der Identifikation mit einem Regime zu schaffen" und legten daher viel Wert auf kommunalpolitische Propaganda und Öffentlichkeitsarbeit[119]. Im Vorfeld der „Volksabstimmung" vom 10. April 1938 wurde daher nicht nur auf Massenkundgebungen, sondern auch auf lokale „Wahlversammlungen" gesetzt, bei denen Funktionäre der NSDAP sprachen, wie etwa in Gnigl Theo Stadler im Gasthof Kendl am 27. März 1938. Die Versammlung schloss mit dem Deutschland- und dem Horst-Wessel-Lied[120].

Am Vorabend der „Volksabstimmung", der als Tag des „Großdeutschen Reiches" begangen wurde, waren die Häuser (wie schon – auf Anordnung – zum Besuch Hitlers in Salzburg am 6. April[121]) mit Fahnen und Girlanden geschmückt. Der Männergesangsverein Gnigl *veranstaltet ein Straßensingen*, die Bewohner des Ortes sammelten sich zum *Sterneinmarsch nach Salzburg*[122], wo am Residenzplatz eine Kundgebung stattfand[123]. Am Vormittag der „Volksabstimmung" marschierte die Gnigler Musikkapelle durch die Straßen. Die Abstimmungslokale befanden sich in den Gasthöfen Kendl, Turnerwirt und Neuhauserhof (Eichstraße 2)[124]. Auch die nächsten Wochen, in die der Geburtstag Hitlers, der 1. Mai und der Muttertag fielen, waren von feierlichen Märschen und Kundgebungen geprägt[125].

In von der Nationalsozialistischen Volkswohlfahrt (NSV) organisierten Massenausspeisungen wurde sozialer Einsatz demonstriert. Zu Ostern 1938 verteilte die NSV in Salzburg laut Parteiangaben 12.000 Kilo Lebensmittel. Die Ausgabestelle für Gnigl, deren Ortsgruppe von Anna Hamminger geleitet wurde, war die Turnhalle der Volksschule[126]. Ende April wurde die Dienststelle VI (Gnigl) der NSV im Haus Linzer Reichsstraße 46 eingerichtet[127]. Zum Muttertag am 15. Mai 1938 wurden im Gasthof Kendl 250 bedürftige Mütter mit einer Jause versorgt[128]. Zuvor hatte die Gau-Frauenschaft dazu aufgerufen, Kuchen und Torten zu spenden[129].

Die Amtsträger der einzelnen NSDAP-Gliederungen übten sich in periodisch abgehaltenen Schulungen, Appellen, Weihefeiern und Märschen, die die ideologische Durchdringung und Festigkeit schulen, sowie symbolisch die Klassenschranken aufheben sollten[130]. Zum 10-jährigen Jubiläum ihres Bestehens hielt die NSDAP-Ortsgruppe Gnigl im August 1941 eine *Morgenfeier* ab, an der die NSDAP-Ortsgruppenleitung, alle politischen Leiter, SA, SS, NSKK, NS-Reichskriegerbund Kameradschaft Gnigl, eine Ehrenformation der NS-Kriegsopferversorgung und der NS-Frauenschaft sowie eine Abordnung der Freiwilligen Feuerwehr teilnahmen. In Vertretung des abwesenden Ortsgruppenleiters Hans Streubl[131] begrüßte sein Stellvertreter Josef Hamminger, der schon die illegale Ortsgruppe geleitet hatte, den stellvertretenden Kreisleiter Ludwig Watzinger und sprach vom *Kampf der Bewegung auf diesem heißen Boden*. Die Feier schloss, so die Salzburger Landeszeitung, *mit einer Ehrung der Helden des gegenwärtigen Krieges*, die Gefallenen wurden namentlich genannt[132].

Während des Krieges trat zu den staatlich verordneten Anlässen das Totengedenken am Kriegerdenkmal am Gnigler Friedhof hinzu. Am 19. Oktober 1941 versammelten sich dort 400 Personen vom Reichskriegerbund Gnigl, der Kriegerkameradschaft Salzburg, der Feuerwehr Gnigl, vom Turnverein Gnigl sowie von der Hitler-Jugend, um 13 Gefallene aus Gnigl zu ehren[133]. Im Mai 1944 wurde schließlich von freiwilligen Kräften mit der Anlage eines *Heldenheins* [sic!] im Minnesheimpark begonnen[134].

Neben der Heldenfolklore wurden auch während des Krieges die „Volkssprechtage" des Gauleiters abgehalten[135], der die Ortsgruppen besuchte. Im November 1942 war *der Gauleiter bei seinen Gniglern. Der große SA-Heim-Saal war viel zu klein*, wie die Salzburger Zeitung zum Besuch von Reichsstatthalter Gauleiter Gustav Scheel festhielt, der über den Krieg und bevorstehende Rohstofflieferungen aus Russland sprach. Die Wohnungsnot sei nach wie vor ein Problem, die Fehler *der Systemzeit* noch nicht ganz zu beseitigen gewesen. Abschließend dankte Josef Hamminger dem Gauleiter für seine Ausführungen, womit er, *wie der große Beifall zeigte, den Dank der Gnigler Volksgenossen*[136] ausgedrückt habe.

KIRCHE IM NATIONALSOZIALISMUS

Die Nationalsozialisten versuchten den Einfluss der katholischen Kirche, insbesondere in der Erziehung, zurückzudrängen, weshalb die Teilnahme am Religionsunterricht[137] zunächst, wie Landesrat Karl Springenschmid schon im Juni 1938 bekannt gab, frei gestellt wurde[138], während im Herbst 1939 bereits eine schriftliche Anmeldung zum Konfessionsunterricht bei der Schulleitung nötig war[139], worauf Pfarrer Johann Achorner die Gnigler per Anschlag an der Kirchentüre hinwies[140]. Ein Jahr später nahmen von 460 Schülern der Volksschule nur noch 261, also 57 Prozent, am Religionsunterricht teil[141]. Bestehende katholische Privatschulen in Salzburg wurden aufgelassen bzw. verstaatlicht, die Lehrerschaft politisch ausgesiebt und zu einer nationalsozialistischen Erziehung angehalten[142].

So wie die Zahl der Kirchenaustritte stieg – nach Haidenthaller 1938/39 in Gnigl 300[143] –, nahm die Teilnahme an kirchlichen Feierlichkeiten ab[144]. Die Gegnerschaft zwischen Partei und Kirche zeigte sich beispielsweise beim Begräbnis des SA-Mitgliedes Michael Tegele, einem Tischlergehilfen, am Friedhof Gnigl. Der Leichenzug fand ohne geistliche Begleitung, aber unter Teilnahme von Musik, Gesangsverein, Turnerbund, SA, Arbeitsdienst und Hitler-Jugend statt[145].

Pfarrer Franz Dürnberger, um 1960 (Ausschnitt) Sammlung Helga Pflanzer

Erst als 1942 immer mehr Gefallene zu beklagen waren – in Gnigl fanden im Oktober bereits jeden zweiten Sonntag Trauergottesdienste für Gefallene statt[146] – und schließlich der Bombenkrieg Salzburg 1944 erreichte, strömten die Menschen zurück in den Schoß der Kirche[147]. Zu diesem Zeitpunkt schlugen in den Kirchtürmen längst keine Glocken mehr. Am 6. und 7. Jänner 1942 wurden die drei kleinen sowie die große Glocke der Gnigler Pfarrkirche abgenommen[148]. Das Metall wurde kriegswirtschaftlich verarbeitet.

Der Konflikt zwischen Nationalsozialismus und Kirche betraf auch die Nutzung von kirchlichem Besitz.[149] Im Jänner 1941 wurden die der Erzabtei St. Peter gehörenden Schillinghofgründe enteignet. Die Deutsche Reichsbahn betrachtete diese als Erweiterungsgebiet, allerdings kam es auf Grund von unterschiedlichen Interessen von Gau und Reich und einer unklaren vermögensrechtlichen Situation nie zur grundbücherlichen Überschreibung der Gründe an die Reichsbahn. 1945 übernahm St. Peter wieder die Verwaltung, die österreichischen Staatsbahnen führten den Kauf 1949 durch, nachdem die Pacht für die Jahre der unrechtmäßigen Nutzung nachgezahlt worden war[150].

Der Kirchenkampf wurde auch durch die Gestapo geführt. Im Land Salzburg wurden in der NS-Zeit 116 Priester in Haft genommen[151]. Dem katholischen Pfarrer von Gnigl, Franz Dürnberger, wurde die Abhaltung einer Seelenmesse für einen hingerichteten kommunistischen Widerstandskämpfer, um die dessen Mutter gebeten hatte, zum Verhängnis[152]. Dies wurde als *staats- und volksfeindliches Verhalten* gewertet[153] und führte zur Verhaftung des Seelsorgers am 24. September 1943. Im November wurde Dürnberger vom Polizeigefängnis Salzburg ins Konzentrationslager Dachau überstellt, wo er bis 5. April 1945 inhaftiert blieb[154].

Erzbischof Dr. Andreas Rohracher bat den Berliner Bischof Heinrich Wienken mehrmals, für eine baldige Freilassung des Gnigler Pfarrers zu intervenieren und betonte dabei das *Recht eines Katholiken auf einen Begräbnisgottesdienst*. Er werde aber *veranlassen, dass alles vermieden wird, was auch nur einen leisen Schein einer Sympathiekundgebung auslösen könnte*[155].

Nach Kriegsende übernahm Dürnberger im Juni 1945 wieder seine Pfarre und schilderte in der Predigt zu seiner Amtswiedereinführung sein Schicksal[156]. Glaubt man dem Nachruf zu seinem Ableben 1974 im Rupertusblatt, so soll er später *nie darüber* gesprochen haben[157]. Eine Haltung, die er angesichts des gesellschaftlichen Schweigens über die NS-Verbrechen mit vielen anderen Opfern teilte. Geradezu symptomatisch dafür wurden die Jahre 1938–1945 im 1983 erschienen Heftlein über die Geschichte Gnigls durch eine Leerzeile[158] repräsentiert.

WIDERSTAND IM NATIONALSOZIALISMUS

In der Zeit des Nationalsozialismus gab es keinen einheitlichen „österreichischen" Widerstand. Es gab die Widerständigkeit der Kerngruppen der einzelnen Parteien, von weltanschaulichen, religiösen und nationalen Gruppen, sowie von Einzelpersonen. Der Begriff Widerstand bezieht sich dabei nicht nur auf aktive Handlungen, sondern auch auf die Aufrechterhaltung oppositioneller Strukturen und die vielfältige Verweigerung der Unterstützung des Regimes durch nonkonformes Verhalten[159].

Eine der aktivsten Widerstandsgruppen bildete sich bei den Salzburger Eisenbahnern heraus, die der Kern der Arbeiterbewegung im Land gewesen waren, getragen von Revolutionären Sozialisten und Kommunisten. Über deren aufrechte Netzwerke war es möglich, Informationen über Gefangene zu beschaffen und Nachrichten an deren Angehörige zu vermitteln. Eine zentrale Rolle bei den Sozialisten spielte dabei Engelbert Weiß, der als Metalldreher in der Reichsbahnwerkstätte Salzburg beschäftigt war[160].

Auf Seiten der Kommunisten waren Josef Haidinger, vor dem Parteiverbot langjähriger Obmann der Gnigler Arbeitersportler, und Othmar Schiller, ebenfalls Arbeitersportler, führend im Widerstand der Eisenbahner[161]. 1942 wurde die kommunistische Eisenbahnergruppe von einem Gestapo-Spitzel aufgedeckt. Der Reichsbahn-Oberwerkmann Haidinger, der im Auftrag der KP-Landesleitung die Bildung der Eisenbahner-Gruppe vorangetrieben hatte, wurde am 17. Jänner verhaftet und im November wegen *Vorbereitung zum Hochverrat* zum Tode verurteilt[162]. Ebenso verurteilt wurden Othmar Schiller (zu acht Jahren Zuchthaus), Richard Doleyschi (wegen Mitgliederwerbung im Reichsbahn-Betriebswerk II Gnigl zu sieben Jahren) und Ulrich Steinwender (wegen KPÖ-Mitgliedschaft und der Abhaltung von Zusammenkünften im von ihm gepachteten Gasthaus Zur Glockenmühle zu fünf Jahren)[163], Gottfried Riffler (zu zwölf Jahren), Roman Herzog (zu fünf Jahren), Roman Schmidhammer (zu acht Jahren)[164], Franz Voithofer (zu zwölf Jahren), Friedrich Hofer, Alois Schrempf (zu je zehn Jahren), Franz Holztrattner, Johann Stadler, Johann Bruckmoser (zu je acht Jahren), Karl Steinocher, Franz Anglberger (zu je sieben Jahren) und Josef Schwanninger (zu fünf Jahren), jeweils wegen KPÖ-Mitgliedschaft[165].

Die Mitglieder der KPÖ-Ortsgruppe Gnigl, Michael Kritzinger, Alois Innerberger, Johann Schweitzer, Richard Schubert und Josef Sollereder wurden ebenso wegen *Vorbereitung zum Hochverrat* angeklagt[166]. Noch vor ihrer Verurteilung verhaftete die Gestapo die Frauen mehrerer Angeklagter, unter ihnen Marianne Innerberger, und verschleppte sie Mitte 1942 ins Vernichtungslager Auschwitz. Ihnen wurde zum Vorwurf gemacht, ihre Männer nicht bei den Behörden denunziert zu haben. Innerberger starb mit 41 Jahren in Auschwitz. Ihr Mann wurde am 19. Februar 1943 zum Tod verurteilt, überlebte die Konzentrationslager Dachau und Sachsenhausen und sollte später begnadigt werden[167].

Auch zahlreiche Revolutionäre Sozialisten wurden von der Verhaftungswelle Anfang 1942 erfasst. Sieben von ihnen wurden zum Tode verurteilt, die Urteile gegen Engelbert Weiß, August Gruber, Anton Graf und Johann Dornstauder wurden vollstreckt, während die Strafen gegen Karl Seywald, Alfred Reska und Gustav Holztrattner zu zehn Jahren Zuchthaus umgewandelt wurden[168]. Weiß nahm am Tag der Urteilsvollstreckung mit einem Brief Abschied von seiner Familie:

Mit diesen Zeilen nehme ich Abschied von Euch und der Welt. Es ist nun doch alles anders gekommen, als wir geglaubt haben. Es wäre auch zu schön gewesen, um wahr zu sein. Heute wurde mir mitgeteilt, daß meine Begnadigung abgelehnt wurde. Ich muß also sterben. Heute abend um sechs Uhr am Karfreitag ist mein Leben zu Ende. Ich sterbe aufrecht. Verzeiht mir, daß ich Euch diesen Kummer bereitet habe, dieses Schuldbewußtsein drückt mich; ansonsten füge ich mich in das unabänderliche Schicksal. Haltet zusammen! Meine Freunde sollen mich nicht vergessen. Ich bitte Euch nochmals Haltet zusammen! Erfüllt mir diese letzte Bitte. Es erleichtert mir das Sterben.[169]

Selbst ein Freispruch in einem Prozess bedeutete im Nationalsozialismus nicht unbedingt eine Freilassung. Der langjährige Gnigler Gemeinderat Valentin Aglassinger, bis 1938 Mitglied der Revolutionären Sozialisten, wurde freigesprochen, da er glaubhaft machen konnte, sich nach 1938 nicht politisch betätigt zu haben. Er wurde dennoch ins Konzentrationslager Dachau verbracht, wo er im Februar 1944 starb[170].

Andere Gnigler Kommunisten und Revolutionäre Sozialisten wiederum hatten bereits zur Zeit des „Ständestaates" die internationalen Brigaden im Spanischen Bürgerkrieg unterstützt. So etwa Walter Hintschich, der in Spanien fiel, und Anton Mailingers Bruder Alois, der ab 1939 inhaftiert und in die Konzentrationslager Buchenwald und Ravensbrück verbracht wurde[171]. Georg Lacher ging 1937 nach Spanien, wurde 1939 in Frankreich inhaftiert und 1940 dem Sicherheitsdienst übergeben.

Engelbert Weiß, um 1940
AStS, Karl-Steinocher-Fonds

Nach Haft in mehreren Gefängnissen sowie im KZ Dachau, wurde er von März 1941 bis zur Befreiung durch die US-amerikanische Armee im KZ Mauthausen festgehalten[172].

Die Zeugen Jehovas wurden im Nationalsozialismus bereits auf Grund ihrer bloßen Zugehörigkeit verfolgt. Sie setzten meist keine aktiven Widerstandshandlungen, sondern widersetzten sich vor allem durch Weigerungen dem Regime, so etwa beim Wehrdienst, dem „Hitler-Gruß", der Teilnahme an Abstimmungen und durch die Verweigerung jeglicher Unterstützung des Tötungsapparates[173]. Die Gnigler Anna Kern (verheiratete Staufer) und Josef Staufer wurden mehrmals aufgrund ihrer Widerständigkeit verhaftet.

Anna Kern musste insgesamt fünf Jahre im Konzentrationslager Ravensbrück verbringen. Sie war der „Volksabstimmung" über den „Anschluß" ebenso ferngeblieben wie den Luftschutzabenden, verweigerte den „Hitler-Gruß" und den Einsatz für kriegswirtschaftliche Arbeit[174]. Die Brüder Johann und Matthias Nobis, die beide in Gnigl (beim Turnerwirt, bzw. als Landarbeiter) berufstätig waren und dabei Zeugen Jehovas kennen gelernt hatten, verweigerten den Wehrdienst, als sie eingezogen wurden. Die Brüder wurden verhaftet, ins Gestapo-Gefängnis Berlin-Moabit gebracht und 1940 hingerichtet[175].

Im Streben nach der Perfektionierung des deutschen „Volkskörpers" versuchten die Nationalsozialisten, alle Menschen, die sie als nicht „wertvoll" definierten, auszugrenzen, einzusperren, zu sterilisieren und zu töten. Im Sinne einer „rassischen Reinigung", wie sie die Eugenik in den 1930er Jahren propagierte, galt in Österreich mit Jahresbeginn 1940 das Gesetz zur „Verhütung

Gedenktafel für hingerichtete Eisenbahner im Verwaltungsgebäude der Bundesbahnen, AStS (Foto Stadtarchiv)

erbkranken Nachwuchses", das zur Zwangssterilisation von 6000 Menschen in Österreich führte. Das Euthanasieprogramm, das mit der Erfassung von Kranken durch Meldebögen begann, woran Ärzte, Gemeinden, Fürsorgebehörden und Ortsgruppenleiter beteiligt waren, endete mit dem Transport der Kranken nach Hartheim, wo sie in Gaskammern getötet wurden[176]. Haidenthaller vermerkte in seiner Chronik im Juni 1941, dass in dieser Woche *in Gnigl drei Familienangehörige von ihren unheilbaren Geisteskranken [...] Aschenurnen zugestellt* bekommen haben[177]. Auf den Listen der von der Landesheilanstalt nach Hartheim transferierten Patienten finden sich fünf mit Wohnort Gnigl sowie zwei Pfleglinge des St. Anna-Spitals[178].

KRIEGSWIRTSCHAFT

Von den Auswirkungen des Krieges blieb Salzburg lange Zeit verschont, erst ab 1942/43 machten sich Mängel im täglichen Leben durch die totale Unterordnung unter die Kriegswirtschaft bemerkbar[179]. Neben der Rationierung von Lebensmitteln und dem Mangel an Materialien, die v. a. für Kriegszwecke benötigt wurden und daher kaum mehr für zivile Zwecke erhältlich waren, betraf dies auch Auswirkungen des Personalmangels durch die Einberufungen zur Wehrmacht, etwa bei der Müllabfuhr[180]. Durch den Überschuss an Barmitteln waren viele Waren oftmals ausverkauft.

STÄNDESTAAT UND NATIONALSOZIALISMUS | 173

Das *Hamsterwesen*, schrieb Haidenthaller in seinem Tagebuch, habe es *zuwege gebracht, die Vorräte an vielen Geschäften fast gänzlich zu entleeren. Textilwaren fast bis zu 20% ausverkauft, Papierwaren fast alle Lagerbestände gelichtet, Eisenwaren, Email, Ton und Porzellangeschirr ausverkauft und Geschäfte geschlossen.* Zudem sei das Interesse an Unterhaltung sehr groß. Theater und Kinos seien überfüllt und die Karten einige Tage im Voraus ausverkauft[181]. Informationsbedürfnis und die Sehnsucht nach Ablenkung trugen dazu wohl gleichermaßen bei. Das Schubert-Kino, im September 1938 auf Tonfilm umgebaut[182], zeigte täglich mehrere Vorstellungen. Ein Platz kostete zwischen 40 und 80 Pfennig[183].

Trotz des „totalen" Kriegszustandes kam es für Gnigl noch 1944 mit der Eröffnung der Obuslinie zu einer Verbesserung der Verkehrsanbindung. Am Ausbau der Strecke waren, wie das NSDAP-Parteiblatt Salzburger Zeitung vermerkte, Ausländer aus zwölf Nationen beteiligt[184], dabei dürfte es sich vor allem um Kriegsgefangene bzw. Zwangsarbeiter gehandelt haben, wie auch aus den Aufzeichnungen von Haidenthaller zu Baubeginn der Strecke im Juni 1943 hervorgeht[185]. Eingesetzt wurden Gefangene u. a. auch für die Schneeräumung[186]. Gnigls Chronist vermerkte auch den Einsatz von serbischen und russischen Gefangenen bei einem hiesigen Kohlenhändler sowie am Neuhauserhof. Untergebracht seien sie in einem Gebäude am Heuberg[187]. In Gnigl gab es zumindest drei Kriegsgefangenenlager. Bei der Firma „Universale" Hoch- und Tiefbau waren für den Bahnhofsumbau Gnigl bis zu 100 belgische Gefangene untergebracht, die Insassen des Lagers Schillinghofstraße von der Reichsbahn wurden wahrscheinlich am Rangierbahnhof eingesetzt, die Baufirma „Heuberger" hatte, vermutlich an der Neuhauserstraße, ein Lager mit 73 Franzosen und Italienern[188].

BOMBENKRIEG UND BEFREIUNG

Obwohl bereits im September 1938 Verdunkelungs-[189] und im April 1939 erste Luftschutzübungen durchgeführt wurden, bei denen Keller aufgesucht und der Verkehr angehalten wurden[190], erfolgte erst Mitte 1943 der Befehl zum Bau öffentlicher Luftschutzbunker in Salzburg[191]. Bis dahin bestanden die Luftschutzmaßnahmen vor allem im Brandschutz durch Dachbodenentrümpelung[192] sowie in der Verdunkelung. Dafür wurden etwa eigene *Luftschutzleuchten* montiert, die mit schwarz angestrichenen 60 Watt-Glühbirnen bestückt waren, bei denen nur ein kleiner Sektor für den Lichtaustritt freigelassen wurde[193]. Wohnungsfenster mussten entsprechend abgedunkelt werden, und zu Allerheiligen 1939 waren die Grablichter um halb sechs abends abzulöschen[194].

Insgesamt wurde in der Stadt Salzburg an 23 Stollenanlagen und zahlreichen Splittergräben gebaut[195] sowie Luftschutzräume in öffentlichen Gebäuden angelegt. In der Gnigler Schule verstärkte man den Baderaum[196]. Im Gasthof Zum Rangierbahnhof wurden zwei Luftschutz-Sanitätstruppen stationiert. Stützpunkt der II. Feuerlösch- und Entgiftungsdienst-Bereitschaft waren der Gnigler Park und die umliegenden Straßen an der Minnesheimstraße[197].

Die Splitter- oder Deckungsgräben verliefen knapp unter dem Erdniveau in Zick-Zack-Form, hatten zwei Ausstiege mit Gasschleuse und waren mit dünnen Betonplatten gedeckt[198]. Sie konnten zwischen 50 und 200 Personen aufnehmen. In Gnigl wurden die Gräben Flöcknermühle (Fassungsraum 50 Personen), Röcklbrunnstraße (200), Minnesheimstraße (100), Gniglerstraße (200), Gnigler Schule (200 + 150), Vogelweiderstraße (200), Reichsbahn-Baracken (200), Reichsbahn-Lager Josef-Waach-Straße (200) und Samstraße (100) angelegt[199]. Volltreffer auf solche Gräben in Itzling und in der Schwarzstraße, die zahlreiche Opfer forderten, machten deutlich, dass nur die Stollenanlagen Schutz bieten konnten[200].

Der Luftschutzstollen im Schlossberg sollte im Endausbau ohne Belüftungsanlage 616, mit Belüftung 1069 Personen Zuflucht bieten, jener an der Linzer Reichsstraße 951 bzw. 1710[201]. Die Eingänge befanden sich an der Eichstraße und an der Kreuzung Schlossstraße-Neuhauserstraße[202] bzw. am

Zerstörungen auf dem Gnigler Bahnhof, 1944/45
AStS, Nachlass Felix Zakarias

KZ-Häftlinge beim Beseitigen von Bombenschäden
auf dem Gnigler Bahnhof, 1945
AStS, Nachlass Felix Zakarias

Zerstörungen auf dem Gnigler Bahnhof, 1944/45
AStS, Nachlass Felix Zakarias

Amerikanische Panzer auf der Linzer Bundesstraße,
Mai 1945, Sammlung Peter Frohnwieser

Blindgänger auf dem Gnigler Rangierbahnhof, 1944, AStS, Nachlass Felix Zakarias

Alterbach und auf Höhe der Kreuzung Turnerstraße-Linzer Bundesstraße[203]. Bis Ende August waren die beiden Stollen so weit ausgebaut, dass sie 800 bzw. 500 Menschen Schutz bieten konnten[204], im März 1945 boten sie 1300 bzw. 800 Personen Platz[205].

Der Befund von Ernst Hanisch, dass die „Lasten der Kriegswirtschaft" auf die „ausländische Zwangsarbeit" abgewälzt wurden[206], trifft auch auf den Bau der Luftschutzstollen zu[207]. Beim Neuhauserstollen waren zwischen April und August 1944 zwischen zwölf und 28 Arbeiter beschäftigt, davon waren bis zu 20 Kriegsgefangene, beim Stollen Linzer Reichsstraße waren 15 bis 42 Arbeiter im Einsatz, darunter bis zu 25 Kriegsgefangene[208].

Erstmals wurde Salzburg am 16. Oktober 1944 bombardiert, 14 weitere Angriffe sollten folgen[209]. Haidenthaller schreibt über stundenlange Stollenaufenthalte in gebückter Stellung, bei denen zahlreichen Personen übel wurde, auch berichtet er von einem tödlichen Schlaganfall während des Bombardements am 17. November 1944[210]. Die Hauptstollen waren jeweils ca. 7 Meter breit und an der höchsten Stelle 3,5 Meter hoch, die Verbindungsstollen maßen etwa 2,4 Meter Breite und 2,2 Meter Höhe[211], die Luftverhältnisse waren dementsprechend schlecht.

Schwer getroffen wurde Gnigl am 20. Jänner 1945, die in den Neuhauserstollen geflüchteten Menschen mussten 14 Treffer auf den Schlossberg, die auch zur Verschüttung eines Stolleneingangs und zum Erlöschen des Lichts im Stollen führten, überdauern[212]. *Einer der bisher schrecklichsten Tage für Untergnigl war der 1. Mai*, schrieb Haidenthaller zu den beiden Angriffen an diesem Tag, die zahlreiche Gebäude der Gemeinde zerstörten[213]. Gnigl war wie Itzling auf Grund der Bahnanlagen ein besonders schwer getroffenes Gebiet der Stadt Salzburg. Zahlreiche Gebäude an der Linzer Bundesstraße, Minnesheimstraße, Neuhauserstraße, Eichstraße, Schillinghofstraße, Turnerstraße,

Wüstenrotstraße, Josef-Waach-Straße, Grazer Bundesstraße etc. wurden beschädigt oder zerstört[214].

Von den Betriebsanlagen des Bahnhofs Gnigl wurden 85 Prozent der Gleisanlagen, die E-Lokhalle, zahlreiche Stellwerke, Dienstgebäude und Gefolgschaftsbaracken vernichtet. Zudem wurden die Eichstraßenbrücke und die Wohnbaracken in der Schillinghofstraße zerstört[215]. An bedeutenden historischen Gebäuden traf es u. a. die Maibergermühle, das von Paris Lodron erbaute Schloss Röcklbrunn[216] und die Steinmühle[217].

Die Front und das Ende des Krieges waren nur noch Tage entfernt. Nach der kampflosen Übergabe der Stadt an die Amerikaner marschierten diese gegen Mittag des 4. Mai 1945 ein[218]. Die Bewohner von Gnigl erhielten die Nachricht von der Übergabe vormittags in den Stollen, die sie nunmehr für immer hinter sich lassen konnten. Den Tag über fuhren amerikanische Militärfahrzeuge durch die von weißen Fahnen gesäumten Straßen[219], welche die Befreier und die anbrechende neue Zeit, sowie vor allem das Ende des Krieges begrüßten.

Die neue S-Bahn-Haltestelle unterhalb der Schwabenwirtsbrücke, 2004
AStS, Fotosammlung (Foto Gustav Helpferer)

THOMAS WEIDENHOLZER
Gnigl in den letzten sechzig Jahren
Vom Vorort zum Stadtteil

TRÜMMER, FLÜCHTLINGE UND BARACKEN

Unsicherheit darüber, was da kommt und Hoffnung auf das baldige Ende des Krieges hielten sich die Waage. Salzburg hatte 15 Luftangriffe erlebt und wiederholt hatten die amerikanischen Streitkräfte die Gnigler Bahnanlagen bombardiert[1] und dabei zahlreiche zivile Gebäude getroffen. Allein beim letzten Luftangriff am 1. Mai 1945 starben in Gnigl 20 Menschen[2]. Und, Gnigl hatte in den letzten Kriegsmonaten Tausende Flüchtlinge gesehen, Vertriebene, Evakuierte, Ausgebombte, aus Angst vor der Roten Armee und vor den Kriegsereignissen Fliehende. Man musste zusammenrücken. Während *Stundengebete* die Kirche füllten[3], blieb die Milchabgabestelle leer. Bei den Bäckern war kein Weißbrot zu erhalten[4]. Man sah mit Sorgen dem Künftigen entgegen und tätigte *Masseneinkäufe von Textil, Kurzwaren und Lebensmittel*, allerdings nur *nach Ausmaß der Bezugsanweisungen*[5]. Die Nacht zum 4. Mai verbrachten die Gniglerinnen und Gnigler abermals in den Luftschutzstollen des Heu- und des Kühberges. Um 9 Uhr *wurde im Stollen bekannt, daß die Stadt Salzburg frei sei*[6]. Weiße Fahnen signalisierten schließlich das Ende des „Tausendjährigen Reiches". Am Nachmittag erreichten die ersten amerikanischen Fahrzeuge Gnigl, welche sich *zu 100ten vermehrten* und *tausende von Mannschaften* brachten[7].

Zerstörungen, Flüchtlinge und Baracken prägten das Stadtbild. Die Gnigler Bahnanlagen waren zur Gänze verwüstet: die Remise ein Trümmerhaufen, zerschossene Waggons und aufgerissene Gleise[8]. Zahlreiche Häuser in Gnigl waren getroffen, beschädigt oder ganz zerstört[9], die Gnigler Wasserleitungen ramponiert, der Strom zeitweise

Wiederaufbau der zerstörten Remise auf dem Gnigler Bahnhof, 1948, AStS, Privatarchive (Foto Felix Zakarias)

ausgefallen, die Straßen nur erschwert passierbar. In der Turnerstraße, und nicht nur in dieser, klafften Bombentrichter[10]. Das beinahe tägliche Heulen der Sirenen und die Detonationen abgeworfener Bomben müssen lange in den Köpfen nachgehallt haben[11]. Ausgebombte fanden etwa in der selbst beschädigten Gnigler Schule Notquartier[12]. Die Gnigler Kirche diente als Zwischenlager für aus dem Schutt geborgenen Hausrat[13].

Die Befreiung vom nationalsozialistischen Regime empfanden nicht alle als solche. Die Verhängung einer allgemeinen Ausgangssperre war eine der ersten amerikanischen Maßnahmen. Geschäfte und Läden blieben geschlossen. Die Amerikaner beschlagnahmten Wohnungen. Monatelang bestimmten amerikanische Einquartierungen den Alltag zahlreicher Gnigler. „Off-Limits" hieß es in allen Gasthäusern, bis in den Sommer hinein. Beim Kendlwirt z. B. waren in den ersten

Nachkriegstagen 118 Soldaten einquartiert[14]. Es kursierten Gerüchte über Übergriffe, trotzdem notierte Alexander Haidenthaller: *Die Mannschaften verhalten sich entgegenkommend und gütig*[15]. Später errichteten die Amerikaner im Minnesheimpark Militärbaracken für etwa hundert Mann Besatzung. Eine große Anzahl von Autos verstellte den Park. Die grün leuchtenden Bogenlampen boten dagegen *einen schönen Anblick*[16]. Ein im Neuhauser Hof (Andrä-Blüml-Straße 30) untergebrachtes *Patalion* [!] *Negersoldaten* sorgte für neugieriges Bestaunen[17].

Das Riesen-Feuerwerk, das die Amerikaner am 8. Mai aus Anlass der Kapitulation Hitler-Deutschlands abbrannten, war auch in Gnigl zu sehen[18]. Am nächsten Tag las ein amerikanischer Feldpriester in der Kirche einen Dankgottesdienst. Ein Unterhaltungsabend beim Kirchenwirt bot den GIs jazzige Pianomusik[19].

Am 10. Mai öffneten in Gnigl die ersten Bäckerläden und Geschäfte, vor denen sich Warteschlangen bildeten [20]. Die erste Fronleichnamsprozession nach dem Krieg erfreute sich außergewöhnlich großer Teilnahme, die Schuljugend durfte ja wieder teilnehmen, ein ukrainischer Pfarrer las die Messe[21]. Ende Juni war Gnigl wieder mit dem Obus erreichbar und das Postamt geöffnet[22]. Die in Gang gesetzte Kirchturmuhr spiegelte so etwas wie Normalität vor[23], die es noch nicht gab. Anfang September läutete zum ersten Mal als Ersatz für die eingeschmolzenen Kirchenglocken eine kleine aus der Filialkirche Guggenthal geholte Glocke[24]. Täglich kamen einzelne Heimkehrer in Gnigl an[25], aber nicht alle sollten zurückkommen. In den Zeitungen erschienen Inserate, die nach Vermissten suchten. Spätabends lief im Radio der Suchdienst des Roten Kreuzes. Mitte Juni begrüßte die Pfarre mit einer *mächtigen Choraufführung* und *weiß bekleideten Mädchen mit Blumen* den aus dem Konzentrationslager Dachau heimgekehrten Pfarrer Franz Dürnberger[26]. Zahlreiche Menschen folgten im Herbst dem Sarg des an den Folgen der Haft in Landsberg gestorbenen Lorenz Küstel[27]. Eine auf Betreiben von Pfarrer Dürnberger angebrachte *schöne* Marmortafel wünschte dagegen *unseren Helden* Frieden[28]. Die Nationalsozialisten mussten sich registrieren lassen. Die Namen von 647 Gniglerinnen und Gniglern standen 1947 in den zur öffentlichen Einsicht aufgelegten Listen[29].

Im Juli 1945 hielten sich in der Stadt Salzburg über 66.000 Flüchtlinge auf[30]. An der Schillinghof-, an der Josef-Waach- und an der Bundschuhstraße standen zahlreiche Baracken[31]. Ein Teil davon war im Krieg das „Lager Heuberger" gewesen, in dem italienische „Militärinternierte", so genannte „Zivilfranzosen", aber auch Angehörige anderer Nationen untergebracht waren[32]. Die Amerikaner nutzten dann für kurze Zeit das Lager für kriegsgefangene deutsche Soldaten. Im Sommer 1946 war es ein Durchgangslager für jüdische Überlebende des Holocaust und erhielt den Namen Bet Trumpeldor[33]. Dann kamen vertriebene Volksdeutsche.

Vor allem in den ersten Tagen nach Kriegsende kam es zu zahlreichen Plünderungen. Nachdem frei gekommene sowjetische Kriegsgefangene in der Weinkellerei Behacker (später Zechbauer, Eichstraße 52) große Lagerfässer angestochen hatten, beschlagnahmten die Amerikaner den ausströmenden Wein. Die Bevölkerung bediente sich reichlich mit mitgebrachten Kübeln[34]. Mehrmals wurden auf dem Gnigler Bahnhof abgestellte Waggons geplündert[35]. Im Sommer 1945 förderte eine Reihe mehrerer Hausdurchsuchungen in Gnigl Kleidung, Kaffeeersatz, Suppenwürfel, Butterschmalz und Selchfleisch zu Tage[36].

Lebensmittelkarte der Stadt Salzburg, 1945/46
AStS, Privatarchive

Der überhand nehmende Diebstahl von Fahrrädern wurde zunehmend als Problem empfunden[37]. Man verdächtigte „Fremde" und „Flüchtlinge", die in den Lagern lebten, verdrängend, dass der heimische Anteil an Plünderern mindestens so groß war. Gewohnte Feindbilder lebten fort und steigerten sich medial zur *Ausländerplage*[38].

Mangel an Allem begleitete den Alltag. Lebensmittel und andere Bedarfsartikel waren nur mit Marken zu bekommen, die die Gniglerinnen bei der Kartenausgabestelle beim Doktorwirt (Grazer Bundesstraße 13) beheben mussten. *Schönes Weißbrot* aus amerikanischer Mehlspende löste im Juni 1945 nicht nur in Gnigl *große Freude* aus[39], blieb aber die Ausnahme. In der Regel mussten die Gnigler mit zerbröselndem Polentabrot (Kukuruzbrot) vorlieb nehmen[40]. Dass die Wintergerste bereits Anfang August *eingeheimst* war und das Korn kurz vor der Ernte stand, ließ zwar Hoffnung aufkommen[41], Lebensmittel blieben aber knapp. Die aufreibende Sorge um ausreichende Versorgung mit Essbarem beherrschte den Tagesablauf. Alles drehte sich um Kalorien.

Wer über die entsprechenden Ressourcen verfügte und die notwendige Risikobereitschaft aufbrachte, konnte sich mit Hamstern oder auf dem Schwarzen Markt die bescheidenen offiziellen Rationen aufbessern. Im Sommer 1946 nahm die Unterversorgung Salzburgs katastrophale Ausmaße an. Ohne internationale Hilfe wäre ein Überleben kaum möglich gewesen. Im Mai wurden die Lebensmittelzuteilungen auf 950 Kalorien pro Tag gekürzt. Verbesserungen bei Teigwaren, Grieß und Corned Beef wogen die empfindlichen Kürzungen bei Fleisch, Zucker und Brot bei weitem nicht auf. Der Brotkorb hing hoch. Der bescheidene tägliche Achtelliter Magermilch für Kinder über sechs Jahre wurde im Sommer auf fünf Achtelliter in der Woche gekürzt[42]. Schulausspeisungen der Amerikaner, mit süßem Gebäck und Kakao, trugen dagegen nicht unwesentlich zu deren Imagebesserung bei[43]. Aber noch 1947 löste die Nachricht *bei der Raudaschl gibt's Salzweckerl ohne Lebensmittelkarten* einen Ansturm auf den kleinen Kiosk an der Schwabenwirtsbrücke aus[44].

Tabaktrafik und Viktualienhandel Raudaschl, undatiert
Sammlung Anneliese Paukenhaider

Instandsetzung von Behelfsbauten, 1940er Jahre
Sammlung Anneliese Christmann

Neben dem Hunger war die Wohnungsnot das größte Problem, das der Krieg als Erbe hinterließ. 7600 zerstörte Wohnungen machten in der Stadt Salzburg 14.000 Menschen obdachlos, ein ständig wachsender Zuzug von Flüchtlingen sowie die Beschlagnahme von Wohnraum durch die Amerikaner machten diesen knapp. Überdies mangelte es an Baumaterial und Arbeitskräften, um beschädigte Wohnungen instand setzen zu können[45]. Bis in den Oktober 1945 hinein mussten die Gniglerinnen und Gnigler auf Fensterglas warten[46].

Aus einer bis zur Behebung des Bombenschadens für zwei bis drei Monaten gedachten Übergangslösung in einer selbst gezimmerten Baracke an der Schillinghofstraße wurde beispielsweise für drei Familien mit sieben Personen ein mehrjähriger Aufenthalt. Die Baracke hatte drei Wohnräume, eine Schlafkammer und einen Vorraum, der zugleich Küche war, insgesamt 30 Quadratmeter Nutzfläche[47]. Baracken und Behelfsbauten, errichtet auf kleinen Grundstücken, oft ohne Stromversorgung und ohne Wasseranschluss, dafür mit bescheidener Landwirtschaft mit Hühnern, Hasen und Gemüsegarten waren das Zuhause nicht weniger Menschen[48].

WIEDERAUFBAU

Trotzdem, der Wiederaufbau kam allmählich in Gang. Die Wohnbautätigkeit beschränkte sich zunächst auf die Wiederherstellung von zerstörten Wohnungen. Baugenehmigungen waren an strenge Regeln gebunden, überschritt das Bauvorhaben die Summe von 2000 Schilling, so war das Ansuchen an das Wiederaufbauministerium zu richten. 1947 bis 1949 kam die Wohnbautätigkeit allerdings durch Kohlenkrise und Währungsreform fast vollständig zum Stillstand. Ab 1950 begannen dann die verschiedenen öffentlichen Wohnbaufonds zu wirken[49]. Auch in Gnigl entstanden neue Bauten wie etwa Personalhäuser der Bundesbahnen oder sozialer Wohnbau an der Schulstraße. Zahlreiche Einzelhäuser wurden mit viel Eigeninitiative, Improvisationskunst und Nachbarschaftshilfe errichtet[50]. Neben der Herstellung von Wohnraum kam dem Aufbau der Infrastruktur besondere Bedeutung zu. Schon bald nach Kriegsende konnten auf dem Gnigler Bahnhof die Gleisstränge zumindest provisorisch wiederhergestellt werden. Bis 1947 waren Abfertigungsgebäude, Stellwerk, Elektrohalle und Remise II gebaut sowie 13.000 Kilometer Schienen und 57 Weichen neu verlegt[51]. 1952 konnten das neue Betriebs- und Verwaltungsgebäude und ein Jahr später die neue Ausbesserungshalle vollendet werden[52].

Der Gnigler Kirchenwirt Josef Schnöll mit dem Ehepaar Zechbauer bei der Weinkellerei Zechbauer an der Eichstraße, Sammlung Alois Buchner (Foto Karl Zuber)

Wohnbau in Gnigl, 1958
AStS, Fotosammlung

Wiederaufgebaute E-Lokhalle und Remise II im Bahnhof Gnigl, 1951
AStS, Privatarchive (Foto Felix Zakarias)

Die Jahre des Mangels waren um 1950 vorbei. Die Lebensmittelkarten hatten ausgedient und die Regale füllten sich. Nur für Zucker und Kunstspeisefette benötigte man noch eine Zeit lang Marken. Mitte der 1950er Jahre musste man allerdings Rahm noch vorbestellen, um ihn überhaupt zu bekommen[53].

Nicht weniger als 24 Kleinhändlerinnen und -händler[54] boten 1950 ihr (noch immer bescheidenes) Sortiment den Gniglerinnen und Gniglern zum Kauf an: Erbswurst zum Beispiel, oder Linde, Ersatzkaffee in den Packungen mit den hellblauen Punkten, das Meiste wurde aber offen zum Verkauf angeboten und in der gewünschten Menge abgefüllt, ab und zu gab es Bensdorp Schilling-Schokolade, deren Schleifen gesammelt und gegen eine Extraportion Schokolade eingelöst werden konnten. „Stollwerk" diente auch als Ersatz für das „Zehnerl", der Zehn-Groschen-Münze. „Kracherl" und Brause gab es etwas später, dafür in buntesten Farben. Milch war nur offen zu bekommen und wurde in „Pitschen" nach Hause getragen. Der „Konsum" öffnete bald nach Kriegsende, nachdem diesem das vom NS-Regime enteignete Verkaufslokal (Linzer Bundesstraße 44) restituiert worden war[55]. Er war dann Anfang der 1960er Jahre einer der ersten Selbstbedienungsläden. 1964 eröffnete Meinl an der Aglassingerstraße einen weiteren Selbstbedienungsladen[56].

SEHNSUCHT NACH NORMALITÄT UND EINER HEILEN WELT

Die Nachkriegszeit sehnte sich nach Harmonie und bescheidenem Wohlstand. Die laufenden Bilder kamen diesen Sehnsüchten entgegen. Bereits am 13. August 1945 eröffneten die Gnigler Schubert-Lichtspiele (Eichstraße 2) mit dem amerikanischen Streifen „Sieben junge Herzen"[57], eine Liebeskomödie mit Kathrin Grayson in der Hauptrolle[58]. Nonstop-Wochenschauen in allen Salzburger Kinos waren sonntags Vormittag der große Hit. Melodramatische Unterhaltungsfilme (auch jüngerer deutscher Produktion), verhalten erotische

Konsum an der Linzer Bundesstraße, 1984
AStS, Baudokumentation (Foto Gerhard Plasser)

Schubert-Kino Gnigl, um 1960
Sammlung Hans Holztrattner

Verwechslungskomödien, Phantasien vom großen Geld und eben solchem Glück halfen den Nachkriegsalltag bewältigen[59]. Das Kino an der Eichstraße war mehr als ein Lichtspieltheater, es war kommunikativer Treffpunkt. Im benachbarten Neuhauser Hof (Eichstraße 2) konnte ein Abend stillvoll zum Ausklang gebracht werden, vorausgesetzt man bestand die Alterskontrollen der städtischen Polizei[60].

In den 1950er Jahren überwog der österreichische Heimatfilm mit Stars wie Hans Moser oder den Hörbigers und natürlich mit Romy Schneider. Amerikanische Streifen, wie z. B. die Tarzanfilme oder „Vom Winde verweht" fanden vor allem bei der Jugend Anklang.

Der ‚Volksempfänger' hatte ausgedient. Nun unterhielt Radio Rot-Weiß-Rot. Am Nachmittag eine Viertelstunde „Amerika ruft Österreich", Unterhaltungsmusik, am Abend Übertragung aus dem Mozarteum, natürlich Operette, dann Tanzmusik und zum Ausklang: eine Stunde Suchmeldungen[61].

Später, gegen Ende der 1950er Jahre, erzitterten auch die Gniglerinnen und Gnigler vor dem Fernseher – dem Leitmedium der Wirtschaftswunderjahre – österreichische Schitriumphe. Die Fernsehserie „Familie Leitner" war ein ‚Straßenfeger' und gewährte Blicke ins Privatleben der Österreicher, in die Freuden und Plagen des alltäglichen Alltags, friktionsfrei und harmonisch. Die Serie bot ein idealisierendes Bild intakter Familien. Die (Fernseh-)Bilder der Ermordung des amerikanischen Präsidenten John F. Kennedy 1963 prägten das kollektive Bildgedächtnis einer ganzen Generation[62].

Ferngesehen wurde zunächst beim Nachbarn oder im Wirtshaus. 1961 gab es in Salzburg über 11.000 Fernsehapparate[63]. 1970 hatten bereits 70.000 Salzburger Haushalte einen Fernsehanschluss[64].

Noch Ende Mai 1945 klagte Alexander Haidenthaller: *In Folge der Verwendung für den Belag der Besatzungsmannschaften sind sämmtliche Gastwirtschaften geschlossen, so auch keine Getränke zugeführt werden können*[65]. Im Juni 1945 öffneten wieder die meisten Gasthäuser, der Turnerwirt, der von Bomben schwer getroffen war, allerdings erst 1949[66]. Der Wein war teuer und das Bier dünn. Die Gnigler (und Gniglerinnen) mussten auf Bier in Friedensqualität mit 12° Stammwürze noch bis 1949 warten[67]. Der Frühschoppen nach dem sonntäglichen Hochamt war noch lange Ritual.

Zwischen Messe und Sonntagsmahl traf sich ein Gutteil der männlichen Bevölkerung der Gnigl,

„Kendl-Hansi" (Hans Stidler) mit Serviererinnen, um 1955
Sammlung Berta Moser

Kirchenwirtin Genoveva Glöcklhofer mit Personal und Kindern, um 1960, Sammlung Helga Pflanzer

Feier beim Kirchenwirt, mit Pfarrer Franz Dürnberger (rechts unten), um 1960, Sammlung Helga Pflanzer

Stammtisch im Gasthaus Weiß, Matthias Meingassner und Hans Jakob, um 1960, Sammlung Helga Pflanzer

Weihnachtsfeier in der „Schönen Aussicht", um 1960
Sammlung Helga Pflanzer

Gasthaus Löwenstern, 1986
AStS, Baudokumentation (Foto Gerhard Plasser)

Turnerwirt, 1991
AStS, Baudokumentation (Foto Gerhard Plasser)

Der ehemalige Gasthof Jägerwirt, 2003
AStS, Fotosammlung (Foto Harald Starke)

Heuberger Bauern wie Bürger, vor allem beim Kendl-, aber auch beim Kirchenwirt oder beim Gasthof Weiß[68].

Sein großer Saal machte den Kendlwirt unbestreitbar zum Zentrum Gnigler Geselligkeit. Fixer Bestandteil des Gnigler Jahreslaufs waren Bälle wie der Feuerwehr-, der Sänger-, der Turner- oder der Trachtenball. Bisweilen war der Andrang so groß, dass verschiedenfärbige Mascherl die Tänzer in zwei Gruppen teilen mussten, da sie nur abwechselnd die Tanzfläche nutzen konnten[69]. Die vor der Kendl betriebene Viehwaage, auf der man, wenn man gewollt hätte, auch ein Viertel Butter hätte abwiegen können, lockte Bauern aus der Umgebung, wenn sie zum Viehmarkt unterwegs waren, in die Taverne. Weißwürste und Bier beschlossen dann den ihren Tag in der Stadt. Vieh konnte im wirtshauseigenen Stall eingestellt werden. Auch beim Gasthof Weiß konnte das auf den Bauern wartende Vieh an Ringen, die an der Mauer angebracht waren, angebunden werden[70].

Das gastronomische Angebot in Gnigl war beeindruckend. Neben den erwähnten Lokalitäten gab bzw. gibt es das Gasthaus Löwenstern (Eichstraße 34), das auf eine lange Tradition zurückblicken kann, den Doktorwirt (Grazer Bundesstraße 13), den Jägerwirt (Leopold-Pfest-Straße 5), die Glockmühle (Glockmühlstraße 2) mit ihrem herrlichen Gastgarten. In der Untergnigl boten sich der Turnerwirt (Linzer Bundesstraße 54), das Gasthaus Langwied (Linzer Bundesstraße 92) und der Rangierbahnhof (Schillinghofstraße 14) an.

Nicht zu vergessen sind die Wirtshäuser jenseits der Brücke: „Zu den Sieben Schwaben" (Linzer Bundesstraße 16) und der direkt gegenüber liegende Gasthof Röcklbrunn (Linzer Bundesstraße 15) sowie der Neuhauser Hof (Eichstraße 2). Kurze Zeit gab es auch den Gasthof Schlossberg (Neuhauserstraße 14). Die „Schöne Aussicht" (Heuberg 3), wiewohl auf dem Heuberg gelegen, darf getrost zum zentralen gastronomischen Angebot der Gnigl gezählt werden[71].

Im Oktober 1946 eröffnete im Gasthof Rangierbahnhof (Schillinghofstraße 14) der Komiker Karl Eßl sein beliebtes „Bauernbrettl" mit Stücken in *echtem Volkshumor* (Eigendefinition)[72]. Man gab die Bauernkomödie „Das furchtbare Geheimnis". In der Pause unterhielten die beiden Jodlerinnen Rosa Monuth und Hedi Schobersberger[73].

Das Baden im Alterbach war sommerliches Vergnügen. Von der Glockmühle bachaufwärts boten unterhalb der Wasserfälle der „Frauen-", der „Herren-" oder der „Löwen-Tümpel" erfrischenden Spaß. Die seichte „Froschlacken" hatte dagegen etwas wärmeres Wasser[74]. Wesentlich wärmer zum Baden war der Söllheimerbach. Das Idyll aus zweiter Hand, der Warwitzweiher, entstanden durch den Abbau von Lehm für das nahe Ziegelwerk, war lange Zeit ebenfalls Gnigler Naherholungsgebiet, ehe er mit ‚problematischem' Bauschutt gefüllt wurde. Heute gilt das Areal in der Weggabelung von Bach- und Bundschuhstraße als ökologische Verdachtsfläche[75].

Nicht nur Eislaufen im Winter und Baden im Sommer lockten zum Weiher, sondern auch Lokalitäten wie die „Kupfermuckn"[76] oder die „Fischerhütte".

Zum dörflichen, gerade noch nicht städtischen Charakter Gnigls trugen Figuren bei wie der „Latschen-Riepl", dessen Spitzname sich von den stets an seinem Hut befestigten Latschenzweigen herleitete, oder der „Bluadige", dessen auffälliges Gefährt bzw. sein unausgesetztes Fluchen lokales Berühmtsein eintrug[77].

Der Knecht beim Schmitzberger, der Lois, wiederum erlangte stadtweite Bekanntheit, weil sein Konterfei mit qualmender Pfeife als Gnigler Original in den städtischen Bussen Werbung für eine Gärtnerei machte[78].

Gesellschaft in der „Fischerhütt'n", um 1960
Sammlung Gertrude Kaschnitz

Gesellschaft bei der „Fischerhütt'n", um 1960
Sammlung Hermine Egger

„Kupfermuckn", um 1960
Sammlung Hermine Egger

MILIEUS UND POLITISCHE STRUKTUREN IN GNIGL DER NACHKRIEGSZEIT

Die politischen, kulturellen, mentalen und religiösen „Lager" bestanden über die Jahre der nationalsozialistischen Herrschaft fort. Nach dem Krieg beeindruckten die Prozessionen zu Fronleichnam genauso wie die sozialdemokratischen Maiaufmärsche. Die Kirche war so voll wie die Parteiveranstaltungen besucht wurden. *Alle kirchlichen Veranstaltungen […] in gewohnt feierl. Art durchgeführt*, notierte der Pfarrer[79], weithin sichtbar seien die roten Fahnen der Sektionen Gnigl und Itzling gewesen, schrieb die Parteipresse.

Der „Männergesangsverein Heimat" aus der Gnigl intonierte am Ersten Mai eine *Hymne an die Freiheit*[80], der Kirchenchor „Großer Gott wir loben Dich" zum Festgottesdienst. 1947 erinnerten heulende Sirenen und pfeifende Lokomotiven an die Ereignisse des 12. Februar 1934[81]. Die konservative Presse wiederum jubilierte 1953 über die *imposante Glockenweihe in einer Arbeiterpfarre*[82]. Die katholische Jugend traf sich im Pfarrheim, die sozialistische in der Turnhalle.

Die Konstanz dieser Zusammenhänge zeigen auch die ersten Wahlen nach dem Krieg, wie die Nationalratswahlen im November 1945, die allerdings unter Ausschluss der ehemaligen Nationalsozialisten stattfanden. Die politischen Lager hatten beinahe unverändert den Nationalsozialismus überdauert. Gnigl blieb rot.

Die SPÖ erreichte in Gnigl mit 65 Prozent beinahe eine Zwei-Drittel-Mehrheit, die ÖVP kam auf 29 und die Kommunisten immerhin noch auf gut sechs Prozent der Stimmen[83].

Primiz von Franz Krispler, Festzug in der Versorgungshausstraße, 1957, Sammlung Alois Buchner

Erstkommunion in der Gnigler Kirche mit Fahnenabordnungen der Vereine, um 1960, Sammlung Weihrauter

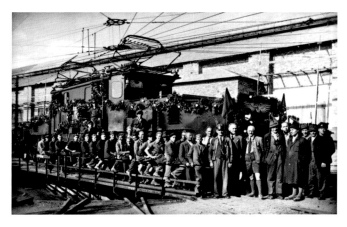

Geschmückte E-Lok in der Zugförderleitung am Ersten Mai, 1946 oder 1947, AStS, Karl-Steinocher-Fonds

Ankunft der neuen Kirchenglocke an der Stadtgrenze, 1953 Sammlung Anneliese Christmann

Wählerinnen und Wähler der ehemals selbständigen Gemeinden Gnigl-Itzling und Maxglan ermöglichten 1946 damit erstmals einen sozialistischen Bürgermeister in der Stadt Salzburg[84].

Mit den Lohn-Preis-Abkommen zwischen den (künftigen) Sozialpartnern Ende der 1940er Jahre sollte die wirtschaftliche Entwicklung in Österreich stabilisiert werden. Damit einher gehende Reallohnverluste erzeugten eine aufgeregte Stimmung. Der von der KPÖ propagierte Generalstreik gegen das vierte Lohn-Preis-Abkommen im Oktober 1950 erhielt in den westlichen Bundesländern aber kaum Unterstützung. In Gnigl traten lediglich die Fordwerke an der Fürbergstraße in Streik. Vergeblich versuchte eine Abordnung Streikender, die Eisenbahner der Betriebswerkstätte der Gnigler Remise zum Streik zu überreden[85].

Die politischen Mehrheiten in Gnigl waren eindeutig. Die latenten Spannungen zwischen sozialdemokratischem und katholischem Milieu existierten weiter, aber man lebte auf freundlicher Distanz. Die sozialdemokratische Welt der Eisenbahner und die katholisch geprägte bürgerlich-gewerbliche Welt berührten sich kaum. Das nationale Lager hatte wie das katholische in der gewerblichen Struktur Gnigls seinen sozialen Hintergrund, die Grenzen zwischen katholischem und nationalem Rekrutierungsfeld waren fließend. Die Gnigler Vereine wie zum Beispiel die Freiwillige Feuerwehr, der Trachtenverein und auch die Kameradschaft organisierten sich dagegen durchaus parteiübergreifend und stärkten Gnigler Identität.

Lagerübergreifend waren aber auch mehr oder weniger rigide Moralvorstellungen und restriktive

Radrennen auf der Aschenbahn des Sportplatzes Gnigl, 1946
AStS, Fotosammlung (Foto Anny Madner)

Österreichische Rad-Bergmeisterschaft auf der Gaisbergstraße, 1946, AStS, Fotosammlung (Foto Anny Madner)

Turner des ASKÖ Gnigl, um 1960
Sammlung Max Lankes

Weihnachtsfeier des Turnvereins Gnigl, um 1955
Sammlung Helga Pflanzer

Auffassungen von Disziplin. Predigten gegen *Schmutz und Schund*[86] hörten auch die Gnigler Messgänger. Der Lehrmeister der Gnigler Lehrwerkstätte der Bundesbahnen warnte wiederum eindringlich vor *Mädchenbekanntschaften* und forderte die Eltern der Lehrlinge auf, ihre Söhne *in keine Tanzschule, keine Tanzunterhaltungen, Bars und ähnliche anrüchige Vergnügungsstätten* gehen zu lassen und fügte hinzu: *Überwachen Sie ihn beharrlich*[87].

Und ewig lockte das Thema schlechthin: 1948 löste die männlich-voyeuristische Fantasien bedienende ‚Filmkomödie' „Der Leberfleck"[88], die im Gnigler Schubert-Kino gezeigt wurde, ein veritables Handgemenge aus. Erst das Einschreiten der Polizei konnte diesen Raufhandel beenden. Ein *halbes Hundert Jungmänner*, darunter *viele von der Katholischen Jugend* hatte die Vorführung *eines der schmutzigsten Filme*, so der katholische Rupertibote[89], gestürmt und ihren Abbruch erzwungen. Die sozialdemokratische Presse sprach dagegen von Aufhetzung der Jugend durch einen *mit Komplexen behafteten Theoretiker*[90].

Die Sportvereine organisierten sich zunächst entlang der politischen Lager. Der Eisenbahnersportverein ESV-SSK 1919[91], der ATSV Gnigl[92] oder der Turnverein Gnigl[93] waren eindeutig politisch zuordenbar. Nach der Beseitigung der Bombentrichter konnte der Eisenbahnersportplatz in Gnigl bald wieder bespielt werden, ebenso die Arbeiterturnhalle (Minnesheimstraße 35, demoliert, jetzt Kulturzentrum Vereinshaus) und die Sportanlagen des Gnigler Turnvereines an der Eichstraße. Die *stürmischen Beifallskundgebungen*, zu denen sich die gut zweitausend Zuseher beim Radrennen auf der Aschenbahn des Eisenbahnersportplatzes 1946 hinreißen ließen, waren wohl kaum politisch motiviert[94], genauso wenig wie das rege Publikumsinteresse an der Österreichischen Bergmeisterschaft der Radfahrer, die 1946 beim Gasthof Weiß (Grazer Bundesstraße 26) startete und auf die Gaisbergspitze führte[95]. Wohl alle Gnigler drückten dem Motorradrennfahrer und Lokalmatador Peter Frohnwieser beim Gaisbergrennen die Daumen[96]. Und, der nicht unbedingt der „roten Reichshälfte" zuordenbare SAK 1914 spielte 1952 seine Staatsligaspiele auf dem Eisenbahnersportplatz. Am 16. November setzte es mit 3:5 eine derbe Heimniederlage gegen den LASK[97]. Beliebt war in der Nachkriegszeit auch Handball. Hunderte verfolgten Spiele wie Gnigl I gegen Itzling II[98]. Populär war selbstverständlich Fußball, aber auch Faustball. Die engen politischen Bindungen der Sportvereine sind heute weitgehend (aber nicht ganz) aufgebrochen.

Die mehr oder weniger geschlossenen Milieus durchliefen einen langsamen, Jahrzehnte dauernden, Korrosionsprozess und gerieten unter Druck neuer konsumistischer Leitbilder: von Coca-Cola etwa. Dieses prickelnd-erotisierende, aber schwersüße Getränk spiegelte Modernität und Aufbegehren vor. Noch war es nur in Kaffeehäusern zu erhalten, um vier Schilling die Flasche[99]. Bluejeans, Inbegriff amerikanischer Lässigkeit, wurden am Körper getragen zuerst gebadet und anschließend getrocknet und so eng an den Körper angepasst, um unangepasste Lebenshaltung zu demonstrieren. Das weibliche Gegenstück jugendlichen Aufbegehrens gegen prüde Kleidungsvorschriften war der Petticoat. Den „Schlurf", diese provokante Haarlocke, frisierte etwa Frisör Bartl (Linzer Bundesstraße 37). Und zum Fünf-Uhr-Tee im Saal des Jägerwirts (Leopold-Pfest-Straße 5) ließ die Musik von Bill Halley und Elvis Presley ein neues Lebensgefühl erahnen[100]. Zumindest ab und zu modern, um nicht zu sagen amerikanisch, ging es auch sonst beim Jägerwirt zu: *Maskenball mit Jazzmusik* hieß es 1947[101]. Die „Tanzschule Bein" *ältestes Tanzlehrunternehmen Salzburgs* (Eigendefinition) bot beim Jägerwirt *Gesellschaftstanzkurse für Anfänger*[102]. In der Gnigler Turnhalle spielte samstags Johann Heger mit seiner Band zum Tanz[103]. 1946 lockte das Café Schillinghof (Schillinghofstraße 1) mit *Rhythmus* und *Swing-Stimmung*[104] und 1947 mit der rhetorischen Frage *Wohin nach dem Theater oder Kino?* In den 1950er Jahren entwickelte sich dieses Kaffeehaus zum rock'n rollenden Mittelpunkt Gnigls[105]. Als „Metro" wurde das Kaffeehaus in den 1960er Jahren zu einer der ersten Discos[106]. Die kulturellen Welten waren also auch in der vorstädtischen Peripherie in Bewegung geraten.

EIN STADTTEIL ÄNDERT SICH – GNIGL IM „WIRTSCHAFTSWUNDER"

Nach den Entbehrungen der Nachkriegszeit kam, je länger die 1950er Jahre dauerten, zunehmend optimistische Stimmung auf. Auch in Gnigl entdeckte man die neuen Leitbilder der Konsumgesellschaft: das Auto, den Staubsauger und die Waschmaschine, die HMW-Maschine (Halleiner Motorenwerke)[107] oder das Telefon. Heute sind sie weitgehend aus dem Stadtbild verschwunden: die *Fernsprecher-Automaten*. Als im Herbst 1948 ein solcher an der Minnesheimstraße aufgestellt wurde, war das eine Zeitungsmeldung wert[108].

Die Realeinkommen begannen ab Mitte der 1950er Jahre kontinuierlich zu steigen. Die Aussicht auf steigenden Wohlstand verdrängte die Bilder des Gräuels der eben erst überstandenen Jahre der nationalsozialistischen Herrschaft und deckte das Grauen zu. Prosperierende Wirtschaft und steigender Wohlstand machten die 1950er und 1960er Jahre zum „goldenen Zeitalter"[109]. Vollbeschäftigung, steigende Einkommen, Bildungsexplosion und Massenkonsum waren die Eckpfeiler dieser Entwicklung.

DAS GEWERBEGEBIET RUND UM DIE BACHSTRASSE

In Gnigl ist dieser stürmische Fortschritt an der Entwicklung des Gewerbe- und Industriegebietes auf den Flächen des ehemaligen Gnigler Mooses gut ablesbar. Vergleichsweise günstige Grundflächen und ideale Anbindung an Eisen- wie Autobahn bildeten dafür ideale Vorraussetzungen[110]. Vorhandene Betriebe expandierten wie z. B. Hannak. 1928 hatte Josef Hannak das insolvente Ziegelwerk Warwitz erworben und 1937 mit dem Baustoffhandel an der Schillinghofstraße begonnen[111]. Nach dem Krieg wurde der Betrieb Schritt für Schritt vergrößert und sein Angebot der gestiegenen und geänderten Nachfrage angepasst[112]. Ab 1952 konzentrierte man sich auf den Handel mit Baustoffen[113]. 1961 wurde das alte Fabriksgebäude abgetragen. 1997 fusionierten „Baustoffe Hannak" mit „Bauwelt Schwarzinger" zu einem der größten Bauzentren Österreichs[114].

Die „Salzburger Strumpf-Industrie" Sastri (Linzer Bundesstraße 53, heute demoliert) übersiedelte 1953 nach Gnigl und entwickelte sich in den 1960er Jahren zum *größten Sockenstricker Österreichs* (Eigendefinition). Das deutsche Eiskunstlauf-Paar

Gnigler Jugendlicher auf einer Puch, 1958
Sammlung Martin Jeschko

Sprengung des alten Schlotes auf dem Gelände der Firma Hannak, 1961, AStS, Fotosammlung (Foto Johann Barth)

Bürgermeister Heinrich Salfenauer auf Besuch bei der Firma HAMO, 1976
AStS, Fotosammlung (Foto Ingrid Tautscher)

Hans-Jürgen Bäumler und Marika Kilius, mehrfache Weltmeister und Silbermedaillengewinner bei den Olympiaden 1960 und 1964, wurde von Sastri eingekleidet[115]. Schon immer mit Raumproblemen und Provisorien kämpfend wurde Sastri nach ihrem Konkurs 1986 vom amerikanischen Arlington-Konzern aufgefangen, der die Produktion allerdings bereits zwei Jahre später in den Fernen Osten verlegte[116].

1956 verlegte die Baufirma Heinrich ihren Betrieb an den Möslweg und begann, Flachdachtechniken zu entwickeln. Zwanzig Jahre später spezialisierte sich Heinrich ausschließlich auf Flachdächer und Bauwerksabdichtungen[117]. Die Firma Campo an der Bachstraße fertigte in den 1960er Jahren *nahtlose Gummiwaren* (Kondome)[118]. 1960 siedelte die Firma HAMO (h.moser, Gällegasse 11a) nach Gnigl. Sie ist heute eine der führenden Bekleidungshersteller für Tracht, Landhauskleidung und Out-door-Mode[119].

Der ‚Duft' von Spear- und Doublemint begleitete die Gniglerinnen und Gnigler seit 1968[120]. Die amerikanische Kaugummifabrik Wrigley (Josef-Waach-Straße 11, jetzt Wohnanlage) fiel im Jahr 2000 russischer Billigproduktion zum Opfer[121]. Die Druckerei Roser (früher an der Schillinghofstraße) dagegen verlegte ihre Produktionsstätte nach Mayrwies ins Gemeindegebiet von Hallwang[122]. Die Zündholzfabrik „Handler & Pfifferling" in Sam, bekannt für die „Schubert Sicherheitszünder" war 1954 von ihren Konkurrenten aufgekauft und 1956 geschlossen worden[123]. 1976 wurde der Schlot der ehemaligen Fabrik gesprengt[124]. Auf lange Familientradition greifen die Tischlerei Niedermayr (Linzer Bundesstraße 45) und die Zimmerer Niederreiter (Bachstraße 6a) zurück[125].

AN DER FÜRBERG- UND AN DER RÖCKLBRUNNSTRASSE

Die Möbelfabrik Preimesberger (Ignaz-Härtl-Str. 2, demoliert, heute ZIB) entwickelte sich aus einem kleinen Familienbetrieb zu einem Betrieb von überregionaler Bedeutung. 1939 war Preimesberger in das Gebäude des still gelegten „Gablerbräu" an der Ignaz-Härtl-Straße übersiedelt[126]. Preimesberger spezialisierte sich auf die Fertigung von Küchen und entwickelte Produktlinien wie „Mirabella"[127]. Das riesige Ausstellungsgebäude an der Fürbergstraße ist heute Teil des ZIB (Zentrum im Berg). 1987 schloss die Möbelfabrik[128].

1931 hatte Josef Schörghofer als Tischler in der Obergnigl begonnen und seine Betriebsstätte wenig später an die Eichstraße verlegt[129]. Sein Sohn Theodor baute diese in den 1950er Jahren zu einem Möbelhaus aus. Nach einem Brand im Jahr 1971[130] errichtete man 1975 ein ‚hypermodernes' Verkaufsgebäude[131].

Bürgermeister Salfenauer bei der Firma Preimesberger, 1976, AStS, Fotosammlung (Foto Ingrid Tautscher)

Mittelpunkt dieses Grätzels war zweifellos das Gnigler Kino. Hier gab es auch die Bäckerei Holztrattner. Die 1921 an der Fürbergstraße gegründete Fleischerei wurde 1938 von Anton Karl erworben. 1976 mit einer neuen Produktionsanlage ausgestattet wurde die Metzgerei ständig modernisiert und erweitert[132].

DIE BUNDESBAHNEN

Mit Abstand der größte Arbeitgeber in Gnigl blieben die Bundesbahnen[133]. Anfang der 1950er Jahre war der Wiederaufbau der Bahnanlagen im Wesentlichen abgeschlossen, die Remise II und das Verwaltungsgebäude neu errichtet, eine neue Gelenkdrehscheibe in Betrieb und die Wagenausbesserungshalle gebaut. 1954 kam eine Verschubfunkanlage und 1961 eine Unterflurdrehmaschine zum Einsatz. Schließlich nahm 1975 das neue Zentralstellwerk mit modernen Sicherheitsanlagen den Betrieb auf. Zentrum der gesamten Anlage des Gnigler Verschubbahnhofes ist der Ablaufberg, über den Mitte der 1970er Jahre täglich sechzig neue Güterzüge zusammengestellt wurden[134]. Seit 2003 ersetzt die Station der Schnellbahn, die über die Schwabenwirtsbrücke erreichbar ist, das alte Stationsgebäude an der Schillinghofstraße. An der Schillinghofstraße entstanden in den 1970er Jahren Wohnblöcke für Eisenbahnerfamilien.

Blick auf den Verschubbahnhof Gnigl, mit Station der Schnellbahn, 2010, AStS, Fotosammlung (Foto Stadtarchiv)

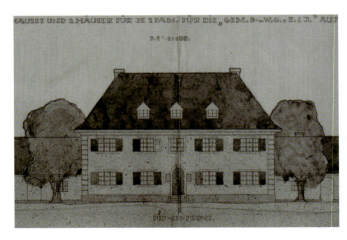

Eisenbahnerhäuser an der Josef-Waach-Straße, 1924
AStS, Bauakten

Für die Erhaltung der alten Eisenbahnerhäuser Josef-Waach-Straße 1 und 3 sowie Schillinghofstraße 32, von der „Gemeinnützigen Bau- und Wohnungsgenossenschaft für Eisenbahner" 1924 errichtet, machte sich eine Initiative stark, die das Ensemble als *kulturhistorische Denkmäler des Eisenbahnerdorfes Gnigl* gerettet wissen wollte[135]. 1990 wurde es trotzdem abgerissen, heute steht hier eine neue Siedlung.

DIE OBERE GNIGL – DAS ALTE MÜHLEN- UND DAS KIRCHENVIERTEL

Ganz anders als im boomenden neuen Gewerbegebiet verlief die wirtschaftliche Entwicklung in der oberen Gnigl. Nur wenigen Betrieben gelang der Sprung zu überlebensfähiger Größe. Die Bäckerei Flöckner etwa ist ein Betrieb mit alten Gnigler Wurzeln, der sich zum Großbetrieb entwickelte. 1980 wurde in der neuen Bäckerei (Grazer Bundesstraße 27 a) die Produktion aufgenommen und 1989 ein österreichweit neuartiges „Schockgefrier-Verfahren" eingeführt, das es ermöglichte, ständig frisch aufgebackenes Gebäck anzubieten[136]. Heute ist Flöckner eine der größten Bäckereien Salzburgs.

Die Gegend um die Grazer Bundesstraße und die Mühlstraße war in der Frühen Neuzeit das gewerbliche Herz Gnigls gewesen. Eine Reihe alteingesessener Betriebe musste der stürmischen

Entwicklung der Nachkriegszeit Tribut zollen, stagnierte oder verschwand. Seit dem Bau der Minnesheimstraße 1936 und seit den wirtschaftlichen Boom-Jahren des ‚Wirtschaftswunders' wurde in diesem Viertel das Leben beschaulicher.

1955 gab es hier immerhin noch vier Müller, viele Mühlen waren aber zu diesem Zeitpunkt schon nicht mehr in Betrieb. Das Säge- und Hobelwerk Schmitzberger (Grazer Bundesstraße 16) und die Kunstmühle Sillner (Mathias Fischinger, Grazer Bundesstraße 25) schlossen als letzte. Die Staudingermühle (Mühlstraße 4), früher die größte und leistungsstärkste der Gnigler Mühlen, hatte ihre Nudel- und Teigwarenfabrikation eingestellt. Die Kipflbäckmühle (Mühlstraße 7), Leisten-, dann Bürsten- und Pinselfabrik, spezialisierte sich zuletzt auf Obstverwertung und produzierte ungeschwefelten und nicht-pasteurisierten Most ohne Konservierungsstoffe[137]. Heute wird im alten Gnigler Mühlenviertel kein Mehl mehr gemahlen und kein Holz gesägt.

1955 gab es in ganz Gnigl acht Bäcker, an der Grazer Bundesstraße, dem alten Zentrum der Schwarzbäckerei, immerhin noch drei[138]. Siegfried Gatterer (Grazer Bundesstraße 16) übersiedelte 1962 an die Linzer Bundesstraße (und später nach Bergheim), Johann Heigl (Grazer Bundesstraße 19) buk 1959 sein letztes Brot. Abgesehen von der Großbäckerei Flöckner gibt es heute keine (Schwarz-)Bäckerei mehr in Obergnigl. Die Bäckereien scheinen sich in der Untergnigl zu konzentrieren: Siegfried Ursprunger (Lerchenstraße 58), Ferdinand Schober (Turnerstraße 17), Josef Schober (Bachstraße 26) sowie Otto Müller (Linzer Bundesstraße 33).

Mit der Metzgerei Glöcklhofer (Leopold-Pfest-Straße 5)[139] war nicht nur der Jägerwirt, sondern, wohl kaum zur Freude der Nachbarn, auch eine Schweinezucht verbunden. Wirtshaus, Fleischerei (1973) und Zucht stellten der Reihe nach ihren Betrieb ein. Zuletzt diente das Gebäude als Gastarbeiterunterkunft[140]. Josef Nowy, der benachbarte Feilenhauer (Steinmühle, Leopold-Pfest-Straße 6) hörte Anfang der 1960er Jahre auf[141], genauso wie die Tischlerei Schramm (Grazer Bundesstraße 12, demoliert)[142].

Freyhammermühle, 1984
AStS, Baudokumentation (Foto Gerhard Plasser)

Schmitzberger-Haus, 1984
AStS, Baudokumentation (Foto Gerhard Plasser)

Die ganz oben gelegene Tischlerei Fercher florierte dagegen noch lange, um letztlich des Platzes wegen nach Seekirchen zu übersiedeln.

Das Greißlersterben erfasste auch Gnigl. Kleine Lebensmittelläden verschwanden[143]. 1955 gab es in ganz Gnigl (Ober- und Untergnigl) nicht weniger als 31 Kleinhändler. Es war typisches Kleingewerbe mit geringen Verdienstchancen, ergo überwiegend von Frauen ausgeübt[144]. Das Lebensmittel- und Milchgeschäft der Elsa Tannerberger (Grazer Bundesstraße 20, demoliert), die Gemischtwaren- und Flaschenbierhandlung von Martin und Therese Schwarzmeier (Grazer Bundesstraße 33) oder die Handlung des Josef Prieler (Guggenthalstraße 2) gehören genauso der Vergangenheit an wie die Fleischhauereien beim Kendlwirt[145], beim Gasthaus Weiß und beim Jägerwirt.

Winterliche Grazer Bundesstraße, 1952
AStS, Nachlass Franz Ledwinka

In den 1960er Jahren beendete auch der Sattler Franz Panzl (Linzer Bundesstraße 46) sein Gewerbe.

Es war also ruhig geworden und man entdeckte die Wohnqualität dieses Viertels. Die Stadtplanung wollte ausdrücklich den historischen Kern Gnigls erhalten wissen[146]. Der Charme alten Gemäuers verträgt sich aber mitunter nicht mit wirtschaftlichen Interessen. Historische Bauten fielen der Spitzhacke zum Opfer (z. B. die Tagmühle, Grazer Bundesstraße 12; das Minnesheim-Stöckl, Grazer Bundesstraße 20) oder die Sanierung endete als (heftig umkämpfter) Kompromiss zwischen wirtschaftlichem Verwertungsinteresse und Denkmalschutz, wie das Bespiel der Freyhammer-Mühle zeigt[147]. Den Reiz des alten Mühlenviertels aufgreifend verwirklichte dagegen Architekt Erich Flir auf den Schmitzbergergründen (an der Grazer Bundesstraße) ein Wohnprojekt unter dem Motto „Dorf in der Stadt"[148]. Weitgehend unbeachtet ist heute das beeindruckende Mühlenensemble an der oberen Mühlstraße.

Der im Herbst 2010 an der Grazer Bundesstraße aufgestellte Brunnen versucht, an das dörfliche Flair dieses Teiles Gnigls anzuknüpfen.

KIRCHENVIERTEL UND EICHSTRASSE

Auch das Kirchenviertel entlang der Eichstraße durchlief eine vergleichbare Entwicklung, mit einem gravierenden Unterschied: dem (Durchzugs-)Verkehr. Der Kendlwirt (Eichstraße 70) verlor mit der Zeit seine zentrale dörfliche Rolle. Zum italienischen Restaurant wandelte sich der Kirchenwirt (Eichstraße 54). Das Gasthaus Weiß (Grazer Bundesstraße 26) schloss vor kurzem seine Gaststube. Eine Zeitlang erkoren Mitglieder der Berliner Philharmoniker das Gasthaus Löwenstern (Eichstraße 34) zum sommerlichen Quartier[149]. Das Pfarramt (Eichstraße 58) wurde 1967/68 anstelle des alten (und früheren Kramerstöckl) errichtet.

Bestattung Buchsteiner-Wallmann, ein Unternehmen sozusagen für die Ewigkeit, 1880 gegründet, seit 1911 an der Eichstraße, übersiedelte 2009 an die Fürbergstraße[150]. Die Gemischtwarenhandlung Pannholzer (vormals Haidenthaller) an der Eichstraße existierte noch bis in die 1970er Jahre. Das Neuhauser Feld (etwa das Geviert zwischen Minnesheim-, Versorgungshaus-, Parscher- und Eichstraße) wurde ab den 1930er Jahren mit Ein- und Zweifamilienhäusern bebaut.

Das 1967/68 neu errichtete Gnigler Pfarramt, 2010
(Foto Stadtteilverein Gnigl, Martin Zehentner)

DIE UNTERE GNIGL – ENTLANG DER LINZER BUNDESSTRASSE

Ganz anders wiederum verlief die Entwicklung an der Linzer Bundesstraße. Der dörfliche Kern der unteren Gnigl (etwa von der Abzweigung der Minnesheimstraße bis zur Abzweigung Bachstraße) änderte sein Erscheinungsbild drastisch. Zäh fließender Verkehr verdrängte dörfliches Flair. Der Charme der alten Ackerbürgerhäuser ist nur mehr

Kreuzung an der Minnesheimstraße, 1964, AStS, Fotosammlung

erahnbar. Der Kreuzungsbereich Linzer und Grazer Bundesstraße hat seine zentralörtliche Funktion schon längst verloren. Das alte Dorfwirtshaus, der Turnerwirt, dient heute als fluktuierende Massenherberge. Viele kleine Geschäfte und Handlungen (1955 gab es an der Linzer Bundesstraße allein 13) verschwanden, wie z. B. jene des Ernst Buchner (Linzer Bundesstraße 48), der Kathi Fischbacher (Linzer Bundesstraße 20) oder jene des Adolf Heger (Linzer Bundesstraße 38). Ria-Moden (Linzer Bundesstraße 38) war für modebewusste Gniglerinnen und Gnigler erste Adresse[151]. Der Konsum (Linzer Bundesstraße 44), einer der ersten Selbstbedienungsläden, war nicht nur für das ‚rote' Gnigl bevorzugtes Geschäft für den täglichen Bedarf gewesen. Er gab sich modern und erlaubte (noch vor dem Meinl) seinen Kunden, sich selbst an den mittlerweile prall gefüllten Regalen zu bedienen[152]. Mit seinem österreichweiten Konkurs 1995 ging ein Stück sozialdemokratischer Geschichte zu Ende[153]. Die Lokalitäten des Gnigler Konsums nutzten zunächst der Mondo und heute der Pennymarkt.

Auch das von der „Interessensgemeinschaft Gnigler Wirtschaftstreibender" rund um den Juwelier Heinz Brodik betriebene Projekt, entlang der Linzer Bundesstraße ein ‚Einkaufszentrum Gnigl' zu schaffen, blieb im Stau stecken. Weder der Ausschank von Kaffee und Champagner an langen Einkaufssamstagen[154] noch ein Stadtteilkonzept Gnigler Kaufleute mit dem dramatischen Appell *Belebt Gnigl!*[155] brachten diesem Ziel näher.

Häuserensemble an der Linzer Bundesstraße, 1984
AStS, Baudokumentation (Foto Gerhard Plasser)

Kreuzung an der Minnesheimstraße, 2010 (Foto Stadtarchiv)

Die Einkaufsmeile Gnigl, eigentlich eine wunderbare Idee, blieb Utopie. Der erste Eindruck mag ja trüben, aber heute konkurrieren „Würstl-Pub", Card Casino und Wettbüro mit Betrieben wie Zweirad Frohnwieser (Linzer Bundesstraße 37), seit 1926 hier ansässig oder mit Tapezierer Brugger (Linzer Bundesstraße 46). Juwelier Brodik[156], der auf eine über mehr als 100-jährige Geschichte zurückblicken konnte, schloss vor wenigen Jahren. Die sich seit 1904 in Familienbesitz befindliche Fleischhauerei Lettner am Ausgang des alten Dorfzentrums (Turnerstraße 1)[157] hat ihre Produktionsstätte nach Guggenthal verlegt[158]. Angesiedelt hat sich dagegen etwa Foto Sulzer 1977, dessen Palette

Kreuzungsbereich Linzer und Grazer Bundesstraße, 2009 (Foto Stadtarchiv)

Penny-Markt an der Linzer Bundesstraße, 2009 (Foto Stadtarchiv)

an fotografischen Dienstleistungen breit ist und von Architektur-, über Porträt- bis zu Werbefotografie reicht[159].

Die Firma „Bremsen-Eder", 1930 gegründet, 1934 in die Untergnigl in die Gebäude des Reisenbergerhofes (Linzer Bundesstraße 22) übersiedelt, wurde zu einer Autowerkstätte um- und schrittweise ausgebaut. 2000 und 2002 konnten trotz erheblicher Schwierigkeiten beim Erwerb von Gründen des benachbarten Eisenbahner-Sportvereines[160] neue Firmengebäude eröffnet und der Betrieb erheblich erweitert werden (Volvo Truck & Bus Servicecenter)[161].

Das Gebiet rund um Aglassinger- und Schillinghofstraße wiederum ist in seinem südlichen Teil von Ein- bzw. Zwei- und Mehrfamilienhäusern geprägt. Richtung Norden anschließend entstand sukzessive eine Reihe von Siedlungen. Verkehrsberuhigende Maßnahmen und qualitätsvolle Architektur verleihen dieser Gegend heute hohe Wohnqualität.

EINE ENDLOSE GESCHICHTE: DER VERKEHR

Das Automobil, eines der Symbole des ‚Wirtschaftswunders' war auch Symbol ständig zunehmender Mobilität, „Autofahrer unterwegs" eine der beliebtesten Radiosendungen und „Freiheit auf Rädern" einer der zentralen Losungen des 20. Jahrhunderts. 1948 waren im Bundesland Salzburg nicht einmal 3000 PKW zugelassen. Bis 1960 verzehnfachte sich diese Zahl. 1970 waren in Salzburg über 70.000 Konsumenten mobil geworden[162]. Neue Tankstellen, Kfz-Werkstätten und Auslagen von Autohändlern stimmten auf das mobile Zeitalter ein. Ab 1955 präsentierte etwa Alfred Brudl die Luxusmarke Alfa Romeo (Minnesheimstraße 8)[163] zum Kauf.

Dentist Hans Fößl, der Gemeindearzt Josef Hattinger und Bäcker Hans Flöckner zählten zu den ersten Gnigler Autobesitzern[164]. Es gibt keine Zahlen über die Entwicklung des Autobesitzes in Gnigl. Dass aber der Verkehr ständig wuchs, nahmen die Gnigler an seinen Stockungen etwa an der Schwabenwirtsbrücke wahr. Ihre alte Konstruktion musste 1951 einer neueren weichen. Schon vorher war die Belastbarkeit der Eichstraßenbrücke erhöht worden[165], um während der Bauarbeiten den Verkehr umleiten zu können. Gegen Jahresende 1951 war dieses Nadelöhr beseitigt[166]. Ein Jahr später begrüßte eine Tankstelle am Brückenkopf den stetig zunehmenden Verkehr. 1953 beschloss der Gemeinderat die Verbreiterung der Linzer Bundesstraße auf zwölf Meter. Baulinien wurden zurückgesetzt, etwa beim Schwabenwirt (1960 im „modernen" Nachkriegsstil wieder errichtet). Enteignungsverfahren folgten.

Rund um den Turnerwirtsstadel, der weit in die Straße ragte, entwickelte sich ein aufwendiger

Minnesheimstraße, Postkarte, Postkarte, um 1960
Sammlung Karl-Heinz Lanzersdorfer

Die Eichstraßenbrücke im Jahr 1950
AStS, Privatarchive (Foto Felix Zakarias)

Die alte Schwabenwirtsbrücke kurz vor der Abtragung, 1951
AStS, Privatarchive (Foto Felix Zakarias)

Die neue Schwabenwirtsbrücke, 1952
AStS, Privatarchive (Foto Felix Zakarias)

Tankstelle an der Ecke Fürbergstraße/Linzer Bundesstraße vor 1952, AStS, Fotosammlung

Tankstelle an der Schwabenwirtsbrücke (heute eine Trafik), Architekturskizze, 1952, AStS, Bauakten

Rechtsstreit, ehe dieses Verkehrshindernis abgetragen werden konnte. Erst Anfang der 1960er Jahre wurde die Linzer Bundesstraße auf ihre heutige Breite ausgebaut[167].

Man setzte voll auf das Automobil. Asphalt ersetzte Schotter und Pflaster[168]. Die Planung von Straßen und Straßenzügen boomte bis in die 1970er Jahre. Mobil-Sein, Lärm, Schnell-Sein, Stau, Status-Zeigen, wirtschaftliches Kalkül, Abgase und Staub, dieser Mix aus gegensätzlichen Wünschen und Befürchtungen macht das Thema Verkehr komplex und kontroversiell. Es emotionalisiert wie kaum ein anderes Thema die Kommunal- und Lokalpolitik[169]. Die Entdörflichung Gnigls zeigt am augenscheinlichsten der Verkehr. Dieser hat den alten dörflichen Mittelpunkt der unteren Gnigl entlang der Linzer Bundesstraße entschieden geändert.

EIN STADTTEIL FINDET NEUE MITTELPUNKTE

In der stillgelegten Staudinger Kunstmühle (Mühlstraße 4) versuchte 1980 das aus Graz stammende Ensemble „Theaterarbeiterkollektiv", einen kulturellen Treffpunkt aufzubauen. Dem *Theater ohne Spielleiter und Ensembleordnung* (Eigendefinition) schwebte ein breites Angebot an Workshops und Ausstellungen sowie Jazzkonzerten und Lesungen vor[170].

Auch die Vereine vor Ort sollten einbezogen werden. Während sich die Politik zu Gesprächen über eine öffentliche Förderung der „Kulturinitiative Kunstmühle"[171] bereit zeigte[172], lehnten die Gnigler Vereine das Projekt ab. Die Staudingermühle sei zu klein, die Vereine würden einen Saal für 500 Personen benötigen[173].

Es waren wohl nicht allein die Größe der Räumlichkeiten, sondern auch und vor allem die unterschiedlichen Kulturvorstellungen der traditionellen Gnigler Vereine bzw. der „alternativen" Kulturinitiative, die da aufeinanderprallten[174]. Das Projekt „Kunstmühle" zerschlug sich. Heute beherbergt das beeindruckende Ensemble der ehemaligen Staudingermühle die private Kulturinitiative „Neuhauser Kunstmühle"[175].

Die Gnigler Vereine – auch wenn sie nicht alle Gniglerinnen und Gnigler repräsentieren – bilden doch ein starkes Identifikationsangebot für den Stadtteil. Nach einem längeren Planungsprozess haben sie im 1988 eröffneten Kulturzentrum Vereinshaus eine Bleibe gefunden. Zahlreiche Vereine nutzen heute diese Örtlichkeiten für Treffen und Veranstaltungen der unterschiedlichsten Art. Auch Bürgerversammlungen finden hier statt[176].

Als weiterer kultureller Treffpunkt hat sich das „Pfarr- und Begegnungszentrum St. Severin" (Ernst-Mach-Straße 39) etabliert. Die 2006 geweihte Kirche entstand aus dem Um- und Ausbau einer alten Schuhpastafabrik (Architekt Peter Schuh)[177]. St. Severin entwickelte sich seitdem zu einem wichtigen Ort der Kommunikation, weit über die Pfarre hinaus. Musikschulen, eine Patchwork-Initiative, die Kameradschaft Gnigl, die Rainermusik, Pfadfinder und andere finden hier Platz. Die Palette des Angebots reicht vom Maibaumaufstellen über interkulturelle Feste bis zum Eisstock- und Asphaltschießen[178].

Auch das Bewohnerservice Gnigl-Schallmoos ist ein kulturell-sozialer Treffpunkt in Gnigl. Das 2002 eröffnete Bewohnerservice, ursprünglich im alten Versorgungshaus (Grazer Bundesstraße 6) untergebracht, jetzt im früheren Jägerwirtshaus (Leopold-Pfest-Straße 5), entwickelte sich zu einer Drehscheibe für Dienstleistungen in den Bereichen Gesundheit, Bildung und Kultur. Sein stadtteilorientiertes Angebot bietet Hilfestellung bei Behördenwegen, Unterstützung in Konflikt- und Krisensituationen. Ein Ort der Begegnung für ältere Menschen ist seit 1992 auch das Sozial- und Gesundheitszentrum St. Anna (Grazer Bundesstraße 6)[179]. Es wird als Tageszentrum geführt.

Bau des Vereinshauses an der Minnesheimstraße, 1988
AStS, Fotosammlung (Foto Gustav Helpferer)

Eröffnung des Vereinshauses an der Minnesheimstraße, Landeshauptmann Hans Katschthaler und Vizebürgermeister Gerhardt Bacher, 1988
AStS, Fotosammlung (Foto Gustav Helpferer)

Blick vom Kapuzinerberg auf Gnigl, um 1950 (Cosy-Verlag)

RESÜMEE

Es ist nicht Aufgabe einer Geschichte Gnigls, und schon gar nicht einer so kurz gerafften, sich in aktuelle Debatten einzumischen. Es seien daher zum Schluss nur ein paar ‚Aufreger' der jüngsten Vergangenheit angerissen.

Fragen der Stadtplanung bewegen sich immer entlang verschiedenster Interessen. Dementsprechend konfliktträchtig sind ihre Klärung und Beantwortung. Durchaus heftige Auseinandersetzungen gab es über die Widmung bzw. Umwidmung von Teilen der Hannakgründe, ein Konflikt, der nicht nur private und politische Interessen aneinanderbrachte, sondern auch die Politik entzweite[180]. Diskussionen gab es auch über die Errichtung eines Gefängnisses auf diesem Areal[181]. Der Neubau des Jugendzentrums MARK (Hannakstraße 17) war ebenfalls lokal ein bewegendes Thema[182]. Unumstritten blieb dagegen der Neubau der „Geschützten Werkstätten" (Warwitzstraße 9–11), der 2009 eröffnet wurde. Die Werkstätten bieten 370 Mitarbeiterinnen und Mitarbeitern mit Behinderung Arbeit und Ausbildung[183].

Der geplante Wohnbau auf den Lankesgründen geriet zwar zum zeitweiligen Pingpong zwischen Stadt- und Landesplanung, weil lange Zeit Fragen des Emissions- und Lärmschutzes ungeklärt waren[184]. Letztlich glichen sich in einem längeren Diskussions- und Planungsprozess die Interessen aus. Leid tragend waren dabei allerdings die Kinder, die deswegen jahrelang im „Container-Kindergarten" im Sommer Hitze und im Winter Kälte ertragen mussten[185]. 2003 konnte schließlich auch der Kindergarten Sam-Alterbach fertig gestellt werden[186]. Heute zeichnet sich das Siedlungsgebiet südlich des Alterbaches, der in den 1990er Jahren renaturiert wurde, durch hohe Wohnqualität aus. Nicht weit entfernt liegen die von Simon Speigner geplanten „Passivhäuser" am Samer Mösl (Lerchenstraße 7–21). Sie bestechen durch hohe Energieeffizienz und architektonische Qualität[187]. Dafür

Kreuzung an der Minnesheimstraße, 2010 (Foto Reinhold Seeger)

erhielt Speigner mehrere Preise, darunter 2010 den „Österreichischen Staatspreis für Architektur und Nachhaltigkeit"[188].

„Wirtschaftswunder", Hochkonjunktur, Arbeitskräftemangel: In den 1960er Jahren kamen die ersten Gastarbeiter[189], und blieben. 1971 hatte Gnigl[190] einen Ausländeranteil von zehn, 1981 von 15 Prozent, der seither allerdings kaum mehr gestiegen ist. 2010 waren 18 Prozent der Gnigler Ausländer[191]. Gnigl ist in dieser Hinsicht aber kein Problem-Stadtteil. Jugendliche Aufeinanderprallungen entlang ethnischer Gruppen gibt es dennoch. Ein „Islamisches Kulturcentrum" an der Röcklbrunnstraße kümmert sich um Islam-Gläubige.

Das „Zentrum im Berg" (ZIB) entstand auf dem Areal der Möbelfabrik Preimesberger und eröffnete 1996[192]. Die Erwartungen an das neue Einkaufszentrum waren größer als davon offensichtlich eingelöst werden konnten. 2009 musste das ZIB, in dessen Gebäudekomplex eine Zeit lang auch die Universität Mozarteum untergebracht war, vor dem Konkurs gerettet werden[193]. Keine wie immer geartete kommunalpolitische Auseinandersetzung verursachte etwa die Sanierung des Gnigler Feuerwehrhauses[194]. Fast unbemerkt endete eine sozialpolitische Errungenschaft der Zwischenkriegszeit: das 1935 eröffnete „Gemeindebad Gnigl", das Tröpferlbad. 1989 wurde das letzte Bad eingelassen. Heute ist hier ein Kinderhort untergebracht[195].

Die Entwicklung Gnigls verlief in den letzten sechzig Jahren rasant. Die Zahl der Einwohner, der Betriebe, der Häuser und Gebäude vervielfachte sich. Anschaulich wird das, wenn wir vom Kapuzinerberg auf unseren Stadtteil blicken. Um 1950 ist die beginnende Verstädterung gut sichtbar, allerdings noch ohne großstädtischen Charakter zu haben. Das Straßengeviert um Turner-, Albrecht-Dürer- und Wüstenrotstraße (linke Bildmitte) ist von Ein- und Mehrfamilienhäusern bebaut. An der Bachstraße hat sich eine erste Häuserreihe angesiedelt. Das anschließende (künftige) Wohn- und Gewerbegebiet besteht noch aus Wiesen und Feldern, die unbebaut bis Söllheim reichen. Rund um die Aglassingerstraße dominieren Baracken und Behelfsbauten.

Auf dem ehemaligen Neuhauserfeld (rechte Bildmitte) hat sich nur entlang der Reisenbergerstraße seit den 1930er Jahren eine Siedlung von Einzelhäusern entwickelt. Der Wohnblock der „Eisenbahn-Siedlungs-Gesellschaft" (Ferdinand-Spannring-Straße 18 und 20) ist auf unserem Bild gerade in der Phase der Fertigstellung. Der Bau war 1942/43 begonnen, wegen der Kriegsereignisse allerdings bald eingestellt und 1944 durch Bomben beschädigt worden. Die Andrä-Blüml- und die Parscher Straße sind noch unbebaut. Die Sportanlage des Eisenbahnersportvereines dominiert das Areal. Wenn man genau hinschaut, erkennt man, dass auf der Linzer Bundesstraße mehr Menschen zu Fuß unterwegs sind als Autos fahren.

Gut fünfzig Jahre später scheint der Verstädterungsprozess abgeschlossen. Das Neuhauserfeld ist gänzlich überbaut, der Sportplatz zugunsten des Betriebsareals von „Bremsen-Eder" verkleinert. Ebenfalls verbaut sind die Gründe entlang der Aglassinger- und der Schillinghofstraße. Anschließend, Richtung Norden, dominieren Siedlungsbauten. Das Gewerbegebiet nimmt im Nord-Westen eine beherrschende Stellung ein.

So augenscheinlich der Vergleich der beiden Panoramabilder die Veränderungen und den Wandel eines Stadtteils an der Peripherie vor Augen führt, so wenig sagt er letztlich über den Wandlungsprozess selbst aus. Daran ändert auch der bescheidene Versuch, sich mit der jüngsten Geschichte Gnigls zu beschäftigen, wenig. Es konnten nur Fragen angerissen und Problemfelder angetippt werden.

BETRIEBE IN DER UNTERGNIGL UM 1973 (AUSSCHNITT)[196]

1	Schuhe Hans Berger	Linzer Bundesstr. 20
2	Bremsen Eder	Linzer Bundesstr. 22
3	Herbert Enzensberger, Sattler	Linzer Bundesstr. 24 a
4	Parfümerie Weinsberger	Linzer Bundesstr. 19
5	Bäckerei Manfred Gatterer	Aglassingerstr. 1
6	Mercedes Kalt	Aglassingerstr. 3
7	Hermann Schermerka, Arzt	Aglassingerstr. 2
8	Meinl	Linzer Bundesstr. 21
9	Dentistenkammer	Aglassingerstr. 2
10	Hans Fößl, Dentist	Linzer Bundesstr. 21
11	Salzburger Sparkasse	Linzer Bundesstr. 21
12	Weinkellerei Zechbauer	Aglassingerstr. 6
13	Karl Hau, Tischler	Aglassingerstr. 11
14	Konditorei Doblinger	Linzer Bundesstr. 23
15	Transport Gollackner	Linzer Bundesstr. 25
16	Franz Maier, Maler	Christian-Laserer-Str. 5
17	Schleiferei Glanz	Aglassingerstr. 13
18	Drahthandel Franz Vogl	Linzer Bundesstr. 27
19	Erentrudis Apotheke	Linzer Bundesstr. 29
20	Küchengeräte Manfred Krenk	Linzer Bundesstr. 31
21	Franz Frauenlob, Schlosser	Schöpfgasse 4
22	Fiaker Juza	Schöpfgasse 6
23	Zrost Backwaren	Linzer Bundesstr. 33
24	Radio Schmiderer	Linzer Bundesstr. 33
25	Café „Metro" (Herta Sekoll)	Linzer Bundesstr. 35
26	Maschinenbau Schmidleitner	Schöpfgasse 14
27	Installateur Breitenlechner	Schillinghofstr. 9
28	Lebensmittel Hohensinn	Schillinghofstr. 15
29	Johann Dobler (Trafik)	Schillinghofstr. 17
30	Zweirad Peter Frohnwieser	Linzer Bundesstr. 37
31	Kfz-Werkstätte Max Eibel	Linzer Bundesstr. 39
32	Laubichler, Spängler u. Glaser	Schillinghofstr. 6
33	Rudolf Laubichler, Installateur	Schillinghofstr. 6
34	Eisenhandlung Grössinger	Schillinghofstr. 6
35	Paul Kobor, Arzt	Schillinghofstr. 12
36	Gebrauchtwagen Harlander	Schillinghofstr. 14
37	Gasthof Rangierbahnhof	Schillinghofstr. 14
38	Ferdinand Schober, Bäcker	Turnerstr. 17

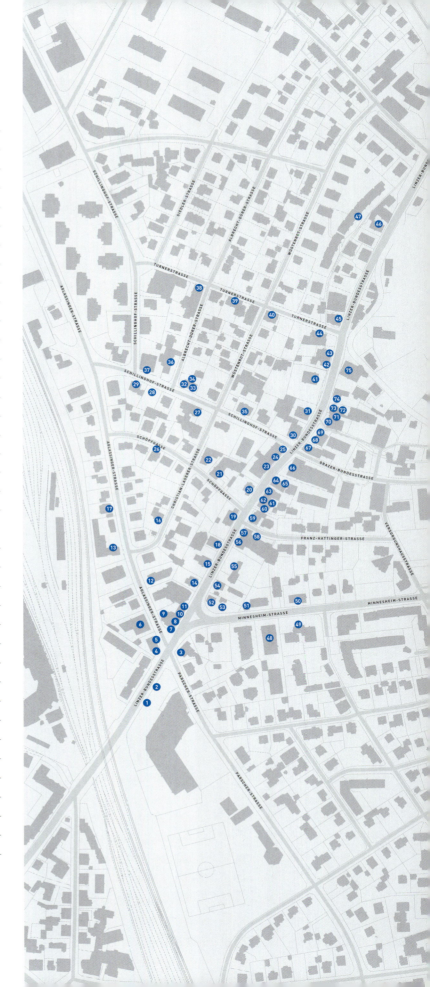

39	Malerbedarfsartikel Rahofer	Turnerstr. 13
40	Lebensmittel Fritz Braunwieser	Turnerstr. 9
41	Albert Walch, Frisör	Linzer Bundesstr. 41
42	Ilona Walchshofer, Trafik	Linzer Bundesstr. 43
43	Hilti-Center, Metallwaren	Linzer Bundesstr. 43 a
44	Engelbert Lettner, Metzgerei	Turnerstr. 2
45	Tischlerei Niedermeyer	Linzer Bundesstr. 45
46	Farbenquell, Muster & Co	Linzer Bundesstr. 55 a
47	Strumpfindustrie SASTRI	Linzer Bundesstr. 53
48	Alfa Romeo Brudl	Minnesheimstr. 8
49	Tankstelle Stockinger	Minnesheimstr. 8 a
50	Fritz Kohlbacher, Viehhandel	Minnesheimstr. 11
51	Roth Gerda, Trafik	Minnesheimstr. 5
52	Stefanitsch Wurstwaren	Linzer Bundesstr. 26
53	Gebrauchtwagen	Linzer Bundesstr. 26
54	Albert Umlauft, Frisör	Linzer Bundesstr. 28
55	Tankstelle Eppenschwendtner	Linzer Bundesstr. 30 a
56	Elektroinstallateur Augeneder	Linzer Bundesstr. 32
57	Gastberger Orthopädie	Linzer Bundesstr. 34
58	Malerbedarf Rahofer	Turnerstr. 13
59	Anton Velikogne, Papier- und Spielwarenhandlung	Linzer Bundesstr. 36
60	Pentz Textilhandlung	Linzer Bundesstr. 38
61	Pentz Gemischtwaren	Linzer Bundesstr. 38
62	Rosa Tratter, Büffet	Linzer Bundesstr. 38
63	Juwelier Heinz Brodik	Linzer Bundesstr. 40
64	Gnigler Reinigung	Linzer Bundesstr. 42
65	Ferdinand Schmidl, Orthopädie	Linzer Bundesstr. 42
66	Konsum-Union	Linzer Bundesstr. 44
67	Johann Brugger, Tapezierer	Linzer Bundesstr. 46
68	Blumenhandlung Heil	Linzer Bundesstr. 48
69	Farben & Lacke Lichtenegger	Linzer Bundesstr. 48
70	Julius Ellenhuber, Frisör	Linzer Bundesstr. 50
71	Bohr- und Sprenggesellschaft	Linzer Bundesstr. 50
72	Lieselotte Kirschner, Büffet	Linzer Bundesstr. 50 a
73	Helga Habit, Putzerei	Linzer Bundesstr. 50a
74	Anton Feßl, Kleidermacher	Linzer Bundesstr. 52
75	Turnerwirt (Karl Fuchshuber)	Linzer Bundesstr. 54

AUS DER
          GESCHICHTE

Blick auf die Häusergruppe rund um die Gnigler Kirche,
mit Koadjutorstöckl, Pfarrhofgebäude, Neuhauserhof und Neuhauser Wirtschaftsgebäude
Lithographie (Ausschnitt) nach einer Zeichnung von Georg Pezolt, gedruckt bei Oberer 1837
Sammlung Peter Matern

ROLAND KERSCHBAUM
Die Pfarre Gnigl und ihre Kirchen
Geschichte und Kunst im Wandel der Zeiten

Das Jubiläum „75 Jahre Eingemeindung von Gnigl in die Stadt Salzburg" ist der Anlass für vielfältige Betrachtungen rund um diesen Stadtteil, der sich in manchen Bereichen bis heute einen ländlichen Charakter bewahren konnte. Monographisch wurde Gnigl in den letzten Jahrzehnten publizistisch kaum gewürdigt, auch die kirchliche Geschichte dieses Stadtteiles bildet hier keine Ausnahme, sieht man von kleineren Publikationen und Forschungen zu einzelnen Bereichen (z. B. die Pfarrkirche und ihre Künstler) ab[1].

Wenn der französische Gelehrte Pierre Nora einmal zwischen kalten, das heißt emotional abgekühlten und für die Gegenwart vernachlässigbaren und heißen Orten der Geschichte unterscheidet, so kann sich dieses Jubiläum samt seinen wissenschaftlichen Erträgen wie diesem Artikel als Beitrag zu einer heißen Geschichte Gnigls verstehen, die auch heute Menschen dieses Stadtteiles und darüber hinaus bewegt, beschäftigt und die Augen für manche bisher verborgene Zusammenhänge und „heiße" Eisen der Geschichte öffnet. Die kirchliche Entwicklung Gnigls fügt sich mit der Betrachtung ihrer künstlerischen Ausdrucksformen auf Basis des christlichen Gedankengutes und ihrer Symbolik als Mosaikstein in diesen umfassenden Gedankenreigen ein.

Vom „Ausreiterposten" zur selbständigen Pfarre

DIE SEELSORGE IN GNIGL BIS 1699

Archäologische Funde in Gnigl deuten wie auch der vorrömische Ortsname auf eine lange Siedlungstradition in diesem Gebiet hin[2]. Spätestens seit dem 13. Jahrhundert findet sich der Flussname „Gnigel" in Urkunden ebenso wie Schloss Neuhaus als Sitz des späteren Pfleggerichtes[3].

Da archivalische Hinweise für die Existenz eines mittelalterlichen Kirchenbaues in Gnigl fehlen und im Bereich der heutigen Pfarrkirche bislang keine archäologischen Grabungen durchgeführt worden sind, kann zumindest für das späte Mittelalter eine Kapelle mit großer Sicherheit vermutet werden. Beinahe alle publizistischen Notizen zur Geschichte der heutigen Gnigler Pfarrkirche erwähnen einen urkundlich ersten Kirchenbau als Filiale der Stadtpfarrkirche in Salzburg für das Jahr 1585. Wenngleich die „Urquelle" dieses Datums archivalisch nicht greifbar ist, so steht doch fest, dass Gnigl mit seinen angrenzenden Gegenden Itzling und Heuberg seit dem Mittelalter durch die Stadtpfarre in Salzburg seelsorglich betreut worden ist. Kirchliches Zentrum der Stadtseelsorge war seit dem Jahr 1139 die heutige Franziskanerkirche als Pfarrkirche, die in weiterer Folge dem Domkapitel zur Betreuung anvertraut worden ist[4]. Für die umliegenden Gebiete waren in erster Linie die Stadtkapläne zuständig, die als „Ausreiter" mit einem „Dienstpferd" ihre Aufgaben auch in Gnigl erfüllen sollten[5]. Seelsorgliche Beziehungen bestanden allerdings nicht nur von Salzburg nach Gnigl, sondern auch umgekehrt. Da erst im Jahre 1696 ein eigener Friedhof für Gnigl genehmigt worden ist, mussten die Toten von Gnigl, Itzling und dem Heuberg bis zu diesem Zeitpunkt in den Stadtfriedhöfen, vornehmlich am Domfriedhof und seit etwa 1600 am Friedhof von St. Sebastian begraben werden[7].

Zum alten Salzburger Dom bzw. der Sebastianskirche gab es in Form der Sebastians- und

Rochusbruderschaft einen weiteren Bezugspunkt für Teile der Gnigler Bevölkerung[7]. Vormals nur dem hl. Sebastian geweiht, wurde die mittelalterliche Bruderschaft um 1625 neu gegründet und um den hl. Rochus erweitert[8]. Vermutlich haben die Bewohner der Ortschaften Gnigl, Itzling und des Heuberges zunächst die Sebastiansbruderschaft am Martinsaltar des alten Domes als ihre „Versicherung" für Zeit und Ewigkeit auserkoren (oder sogar gegründet)[9]. Als die Stadtbevölkerung die neue Sebastians- und Rochusbruderschaft an der Sebastianskirche ins Leben gerufen hat, war naturgemäß auch die Gnigler Bevölkerung stark vertreten, was auch Auswirkungen auf andere Bereiche der Gnigler Pfarrgeschichte haben sollte[10]. In einigen archivalischen Dokumenten wird bezeugt, dass die *Undtherthannen Zu Yzling, am Heyberg, und in der Gnigl, samentlich nacher Salzburg gepfärt, auch undter denselben die mehrern der Würdigen Bruederschaft S:S: Sebastiani et Rochi allda einverleibt sindt.*[11]

Der wie sein Vorgänger um die Reform des kirchlichen Lebens bemühte Fürsterzbischof Johann Ernst Graf Thun errichtete schließlich nach Vorstufen im Jahre 1699 im Zuge einer Reform der gesamten Stadtseelsorge eine Kuratie Aigen und Gnigl, eine Allianz, die bis zur Pfarrerhebung Aigens im Jahr 1852 Bestand haben sollte[12]. In diesem Jahr beginnt in Gnigl auch die vollständige Führung der pfarrlichen Matriken für Taufe, Hochzeit und Begräbnis[13]. Ein eigener Seelsorger sollte nunmehr in Abhängigkeit von der ebenfalls neu errichteten Stadtkaplanei St. Andrä die Seelsorge in diesem flächenmäßig sehr großen Gebiet betreiben, das neben Itzling, Gnigl, dem Heuberg, Aigen und Parsch auch den äußeren Stein umfasste[14]. Im Zuge dessen wurde bereits 1696 ein *freythoff bey St. Michaels=Khirchen*[15] errichtet. Zudem wurde dem Kuraten ein eigenes Wohnhaus vor Ort zur Verfügung gestellt[16]. Gemäß einer Resolution vom 17. Juli 1699 musste der Kuratpriester die Hauptgottesdienste in der Aigner Kirche halten, in Gnigl sollten Aushilfen aus dem neu errichteten Priesterseminar die Messe feiern. Mit der Schaffung der Kuratie für Gnigl und Aigen und einem eigenen Seelsorger vor Ort war der erste Schritt für eine spätere Pfarrgründung gesetzt.

VON DER KURATIE ZUR SELBSTÄNDIGEN LANDPFARRE

Die Schaffung eines Hilfspriesterpostens 1723 und eines weiteren 1747 verbesserte die Seelsorge in diesem großen Sprengel noch zusätzlich, da man jetzt nicht mehr auf die städtischen Aushilfen angewiesen war[17]. Zudem hatte sich die kleine Gnigler Michaelskirche bereits seit dem 17. Jahrhundert zu einem beliebten Ziel für Bittgänge von Bruderschaften entwickelt und lag außerdem am viel begangenen Wallfahrtsweg nach St. Wolfgang, was speziell für die Kapelle von Maria Luggau in der Obergnigl von Bedeutung war[18]. Dieser Zulauf verstärkte sich, als um 1698 eine Kopie des Gnadenbildes von Maria Pötsch in der Kapelle aufgestellt wurde. Obwohl Kopien auch in St. Peter, in der neuen Kajetanerkirche und in St. Andrä aufgestellt wären, so kämen doch viele Leute aus der Stadt besonders gerne nach Gnigl zur Verehrung dieses Gnadenbildes, meinte der Kurator[19]. 1716 ist bereits von einer Kommunikantenzahl von 1800 die Rede, wobei dies alles als Gründe für einen raschen Kirchenneubau angeführt werden, der allerdings erst in den 1730er Jahren realisiert werden sollte[20].

Nach der Errichtung der neuen Kirche in Gnigl wurde mit der am 15. August 1748 feierlich eröffneten Bruderschaft zu Ehren Mariens und des hl. Erzengels Michael ein weiterer wichtiger seelsorglicher Akzent gesetzt[21]. Hauptziele dieser religiösen Vereinigung waren ein frommes Leben, gemeinschaftliche Teilnahme an den Bruderschaftsfesten (hauptsächlich Marienfeiertage), das Gebet für die Verstorbenen und die Gewinnung von Ablässen[22].

Da auf eine lückenlose Darstellung der weiteren Pfarrgeschichte aus Platzgründen hier verzichtet werden muss, sollen die wichtigen pfarrlichen Weichenstellungen des 19. und 20. Jahrhunderts hier in das Blickfeld genommen werden.

Nachdem es 1846 zu Gebietsabtretungen an die Pfarre St. Andrä im Bereich des Äußeren Steins gekommen war und der Aigner Teil der Kuratie 1852

Kirchenraum der Pfarrkirche Gnigl, 2009 (Foto Reinhard Weidl, Verlag St. Peter)

zur Pfarre erhoben wurde, erfolgte auch in Gnigl 1857 die Erhebung zur Pfarre[23]. Erster Pfarrer wurde der bisherige Kuratpriester Gottfried Beaupré (1793–1873), der zwei Jahre später aus Altersgründen seine Pfarrtätigkeit niederlegte und als Pensionist nach Großgmain übersiedelte[24].

Nachdem das Salzburger Pfarrnetz über Jahrhunderte fast unverändert geblieben war, bemühte sich die erzbischöfliche Regierung speziell in den Jahrzehnten nach der Grundentlastung von 1848 um die Errichtung neuer Pfarren. Die Gründe lagen Mitte des 19. Jahrhunderts weniger im gestiegenen Prestige oder dem Bevölkerungswachstum, als vielmehr in finanzrechtlichen Dingen, da der österreichische Staat als Patronatsnachfolger der bisherigen geistlichen Landesherren auch für eine ordentliche Besoldung der Pfarrer mittels der „Kongrua" zu sorgen hatte. Diese „portio congrua" verstand sich als staatlicher Mindestlohn zur Ermöglichung eines standesgemäßen Unterhaltes der für den Staat enorm wichtigen Priesterschaft[25]. Als Patron verfügte daher die Salzburger Landesregierung bis 1938 auch über das Vorschlagsrecht bei der Besetzung freier Pfarrstellen, indem sie aus einer Namensliste des erzbischöflichen Ordinariates einen Kandidaten für eine Pfarrstelle auswählen und dem Erzbischof präsentieren konnte.

PFARRLICHE VERÄNDERUNGEN IM 20. UND 21. JAHRHUNDERT

Die nächste Änderung für die Pfarre Gnigl ergab sich mit der Abspaltung des stetig wachsenden Ortsteiles Itzling, 1898 zählte die Gemeinde bereits

6600 Katholiken und 40 Andersgläubige, von denen die meisten in Itzling wohnten[26]. 1901 wurde mit dem Bau einer Kirche in Itzling begonnen, 1904 erfolgte die Erhebung Itzlings zur Expositur und 1912 zur selbständigen Pfarre[27].

In den folgenden Jahrzehnten kam es, durch die Eingemeindung in die Stadt und durch Seelsorgsveränderungen (z. B. Gründung des Pfarrvikariates Parsch 1948), zu zahlreichen Grenzregulierungen[28].

Im Grenzgebiet zwischen den Pfarren Itzling und Gnigl wurde vor wenigen Jahren in Sam das neue seelsorgliche Zentrum St. Severin errichtet. Nach langwierigen Vorarbeiten entstand ab Frühling 2003 nach den Plänen von Diözesanarchitekt Peter Schuh aus einer ehemaligen Fabrikshalle eine Kirche samt pfarrlichem Zentrum. Am 1. Mai 2006 wurde die 2001 gegründete Seelsorgestelle St. Severin zur Pfarre erhoben und geweiht[29]. Die letzte Pfarrgrenzänderung zwischen Koppl und Gnigl ist im Jahr 2009 vollzogen worden. Mit 1. September 2009 wurden die Ortsteile Guggenthal und Heuberg aus dem Territorium der Pfarre Gnigl herausgelöst und der Pfarre Koppl eingegliedert, wodurch sich die politischen und pfarrlichen Grenzen Koppls decken[30]. Die 1863/64 errichtete Filialkirche in Guggenthal, die von 1899 bis 2009 in seelsorglicher Betreuung der Pfarre Gnigl stand, gehört seither zur Pfarre Koppl[31].

Heute sind für die Pfarren Gnigl und St. Severin neben den Pfarrern weitere hauptamtliche Mitarbeiterinnen und Mitarbeiter zuständig, unterstützt von vielen ehrenamtlichen Helferinnen und Helfern, die das Pfarrleben wesentlich prägen und bereichern[32].

Häuser für die Seelsorger

VOM KURATENHAUS ZUM PFARRHOF

Die Errichtung der Kuratie Gnigl 1699 mit einem Seelsorger vor Ort machte die Schaffung einer Wohnmöglichkeit für den neuen Kuraten unumgänglich. So kam es wohl bereits um 1699/1700 zur Errichtung (oder Adaptierung) eines entsprechenden Gebäudes. Bei diesem Objekt handelt es sich um das mehrfach umgebaute, so genannte Pichlerhaus (Andrä-Blüml-Straße 32 bzw. Eichstraße 41)[33]. Ein im Salzburg Museum erhaltener und nach 1712 zu datierender Lageplan der alten Kapelle und des Friedhofes Gnigl zeigt auch den Pfarrhof und den *Pfarrer sein garten* an diesem Standort eingetragen[34].

Der franziszeische Katasterplan für Gnigl aus dem Jahr 1830 bezeugt ebenfalls den Pfarrhof am entsprechenden Standort[35]. Das Kuratenhaus diente in den Anfangsjahren im Erdgeschoß kurzfristig auch als Unterkunft der bereits bis ins 17. Jahrhundert zurück reichenden Schule[36]. An diesem Kuratenhaus gab es im Lauf der Jahrhunderte verschiedene Adaptierungs- und Umbauarbeiten, zuletzt nach der Pfarrerhebung in den Jahren zwischen 1860 und 1865[37].

Am 1. Mai 1889 wurde dieses Objekt verkauft und dafür ein bestehendes Haus an der heutigen Eichstraße 58 erworben, das sich in unmittelbarer Nachbarschaft südlich der Pfarrkirche Gnigl befindet[38]. Der alte Pfarrhof steht seit dieser Zeit in privater Nutzung.

Beim nunmehrigen Pfarrhof wurden in den Jahren nach 1889 kleinere und größere Umbauarbeiten durchgeführt[39].

Pfarrer Johann Arbeiter, sozusagen lokaler Exponent des Ständestaats, war Ziel nationalsozialistischer Agitation. Nach einer Reihe von Anschlägen im Frühjahr 1934 wurde auf den Gnigler Pfarrhof ein Sprengstoffanschlag von illegalen Nationalsozialisten verübt, der erheblichen Sachschaden anrichtete[40].

In den 1960er Jahren verstärkte sich der Wunsch, das bestehende Objekt des Pfarrhofes abzutragen und einen Neubau an der selben Stelle zu errichten. Als Gründe werden 1966 unter anderem die Kleinheit des Hauses aufgrund der geänderten pfarrlichen Bedürfnisse, die extreme Feuchtigkeit wegen der Hanglage und anderes genannt[41].

1968 wurde der Denkmalschutz für den Pfarrhof aufgehoben[42] und 1969 das gegenwärtige Gebäude nach den Plänen von Sepp Weißenberger und Walter Ratschenberger errichtet[43]. Im historisch gewachsenen Ortsbild von Obergnigl wirkt dieses nunmehr rund 40 Jahre bestehende Gebäude architektonisch eher wie ein Fremdkörper, der den Geist seiner Erbauungszeit zu atmen scheint. Doch in Verbindung mit der nahe gelegenen Pfarrkirche erfüllt er einen wichtigen Dienst als Ort der Seelsorge und des umfangreichen pfarrlichen Lebens.

DAS KOADJUTORSTÖCKL

Das heute nicht mehr bestehende Koadjutorstöckl befand sich in unmittelbarer Nachbarschaft des Kuratenhauses (heute Andrä-Blüml-Straße 33) und wird in mehreren Abhandlungen über Gnigl kurz erwähnt[44]. Zum Koadjutorstöckl gehörte auch das sogenannte Spitzangerl, ein kleines Grundstück in Dreiecksform, das sich in Richtung des Friedhofes erstreckte. Infolge der Anstellung eines eigenen Hilfspriesters vor Ort im Jahr 1723 wurde das Koadjutorstöckl als Wohnmöglichkeit eingerichtet. Laut Haidenthallers Chronik wurde das Gebäude um 1680 erbaut und für den Hilfspriester adaptiert[45]. Zugleich diente das Haus dem Mesner und Schullehrer als Wohnung, eher er in das 1858/59 errichtete neue Schulhaus an der Eichstraße übersiedeln konnte. 1860 wurde das Koadjutorstöckl samt Mesnerwohnung und Spitzangerl um 1200 Gulden verkauft, von der alten Bausubstanz sind heute keine Reste mehr sichtbar[46].

Der Gnigler Friedhof

ZUR GESCHICHTE DES FRIEDHOFES

Bis 1696 wurden die Verstorbenen aus Gnigl und vom Heuberg auf verschiedenen Stadtfriedhöfen bestattet, wobei bis Ende des 16. Jahrhunderts der Domfriedhof und der Sebastiansfriedhof als bevorzugte Begräbnisorte dienten.

Die Errichtung eines eigenen Friedhofes rund um die bestehende Michaelskapelle im Jahr 1696 bedeutete für die Bevölkerung eine wesentliche Erleichterung[47]. Der schon erwähnte, nach 1712 zu datierende Lageplan der alten Michaelskapelle zeigt den Friedhof als leicht trapezförmiges Grundstück mit dem Haupteingang (wie auch heute noch) im Süden[48]. In die nördliche Umfassungsmauer ist die Kapelle mit der anschließenden Sakristei integriert, wobei der Sakristeianbau nach Norden vorspringt. Dieser erste Friedhof dürfte in seinen Ausmaßen im Wesentlichen dem heutigen Geviert entsprechen, das die jetzige Pfarrkirche als Gräberfeld umgibt. Die Lithographie nach Georg Pezolt aus der Zeit um 1837 zeigt diesen Friedhof, umgeben von einer etwas unregelmäßig verlaufenden Mauer, die mit Steinplatten gedeckt ist[49]. Die Größe des Friedhofes dürfte lange Zeit ausreichend gewesen sein.

Das Bevölkerungswachstum in der zweiten Hälfte des 19. Jahrhunderts machte eine Erweiterung des Friedhofes unumgänglich[50], welche 1881/82 erfolgte und die mit einem Holzzaun umfriedet wurde[51]. Zugleich wurde von der politischen Gemeinde Gnigl eine neue Friedhofsordnung verabschiedet, die in sieben Abschnitten das Friedhofswesen genau regelte[52]. Neben der Raumeinteilung des Friedhofes, der Grabvergabe, ging es hier vor allem um gesundheitspolizeiliche Vorschriften, um Grabgestaltung, Gebühren und allgemeine Vorschriften. Im neuen Friedhof gab es ein eigenes Gräberfeld für Akatholiken, der Zeit entsprechend waren ausschließlich Erdbestattungen vorgesehen[53]. Eine eigene Friedhofskommission der Gemeinde wachte über das Begräbniswesen, wobei der praktische Arzt als Mitglied u. a. in seiner Aufgabe als Friedhofsinspektor den Totengräber und sein Hilfspersonal zu überwachen hatte[54]. Spätestens im selben Jahr ging die Friedhofsverwaltung von der Pfarre endgültig auf die politische Gemeinde über. Bis heute stehen nur mehr die unmittelbar rund um die Kirchenmauer angesiedelten Gräber in pfarrlicher Verwaltung[55].

Das enorme Bevölkerungswachstum machte schließlich 1904 abermals eine Erweiterung notwendig. Nach der Übernahme in städtische Verwaltung 1935 wurde der Friedhof 1963 zum dritten Mal erweitert. Die 1970 beschlossene Friedhofsordnung ist bis heute in Kraft[56]. Auch am Gnigler Friedhof sind zahlreiche lokal oder überregional bekannte Persönlichkeiten bestattet. Als Beispiele seien hier nur die Grabstätten bzw. Erinnerungstafeln für Emilie Viktoria Freifrau von Wolfsberg (geb. Kraus, die sogenannte „Hundsgräfin"), Carl Freiherr von Schwarz, Hofrat Dr. Emanuel Czuber, Alexander Haidenthaller, Leopold Ladislaus Pfest neben Grabtafeln etlicher Kuraten und Pfarrer erwähnt.

DIE TOTENKAPELLE

Um 1740 wurde in der südwestlichen Ecke des alten Friedhofes eine rechteckige Totenkapelle errichtet[57]. Der flach gedrückte Rundbogen an der Straßenseite gewährt mit dem friedhofseitigen Portal durch seine Gitter hindurch einen Einblick in diesen für die Stadt Salzburg einzigartigen Kapellenraum. Zentrales Element ist der kulissenartig errichtete Allerseelenaltar, geschmückt durch hölzerne Kerzenleuchter und Altarpyramiden. Die zwei gemalten Frauengestalten als Allegorien auf die göttliche Hoffnung und den Glauben umrahmen den Kruzifixus als Inbegriff der göttlichen Liebe, womit die drei theologischen Tugenden als Grundsäulen christlicher Existenz dem Betrachter vor Augen geführt werden.

Innenansicht der Totenkapelle, 2009
(Foto Reinhard Weidl, Verlag St. Peter)

Die Inschriftkartuschen mit Zitaten aus dem Alten Testament (Ijob und 2. Makkabäerbuch) betonen in Verbindung mit der Darstellung der armen Seelen im Fegefeuer in der offenen Mensa des Altares die Wichtigkeit des Gebetes für die Verstorbenen.

Stellvertretend für alle Toten des Friedhofes werden an den übrigen Wänden in kleinen Holzkästen teilweise bemalte und beschriftete Totenschädel verwahrt. Sie bezeugen dem Vorübergehenden die Vergänglichkeit allen irdischen Seins und stehen in Verbindung mit dem Altargeschehen zugleich für die Auferstehungshoffnung, die dem Glaubenden aus dem Kreuz Christi entspringt.

Die heutige Pfarrkirche in Gnigl

DIE ALTE MICHAELSKAPELLE

Aufgrund fehlender Quellen und keinerlei archäologischer Grabungen können über das Aussehen der Vorgängerkapelle der heutigen Pfarrkirche keine schlüssigen Auskünfte gegeben werden. Erst für die Zeit um 1700 erlauben archivalische Zeugnisse genauere Angaben über einen bestehenden Kirchenbau[58]. Die in der älteren Literatur teilweise geäußerte Behauptung, Erzbischof Johann Ernst Graf von Thun habe um 1696 eine neue Kirche errichten lassen, wird durch den Quellenbefund nicht bestätigt[59]. Neben der Anlegung eines Friedhofes wurden an der Kapelle Ausbesserungsarbeiten vorgenommen, zusätzlich wurde wahrscheinlich eine Sakristei und schließlich auch um 1712 ein Vordach errichtet, um die zahlreichen Gottesdienstbesucher zumindest vor Witterungseinflüssen schützen zu können[60].

Der in die Zeit nach 1712 zu datierende Lageplan der alten Gnigler Kapelle und des Friedhofes gibt diesen Zustand weitestgehend wieder[61]. Er zeigt eine oktogonale Kapelle mit nördlich anschließender Sakristei, im Süden des Haupteinganges ist im Plan eine längliche Vorhalle angedeutet. Der Hofsteinmetz- und Maurermeister Sebastian Stumpfeger berechnete für diese Kapelle in einem Schreiben ein Fassungsvolumen für ungefähr

50 Personen, was für die neu gegründete Kuratie natürlich als viel zu klein erscheinen musste[62]. Zudem erfreute sich das seit etwa 1698 hier aufgestellte Gnadenbild von Maria Pötsch zunehmender Beliebtheit, zahlreiche Bittgänge aus der Stadt hatten Gnigl zum Ziel[63]. Eine Vergrößerung bzw. ein Neubau der bestehenden Kirche erschien daher unumgänglich.

PLÄNE FÜR EINE ERWEITERUNG DER ALTEN MICHAELSKAPELLE

Da die Finanzlage der jungen Kuratie nicht rosig war, dachte man zunächst an eine Erweiterung der bestehenden Kapelle. Dieser Plan Sebastian Stumpfeggers sah vor, den bestehenden Altarraum und die Sakristei in einen Neubau zu integrieren, auch der Hochaltar hätte weiterhin Verwendung gefunden. Die erhaltenen Risse von 1712 geben dieses Projekt im Grund- und Aufriss wieder und zeigen einen einheitlichen Saalraum mit dem polygonalen 5/8 Chorschluss[64]. Zwei Seitenaltäre sind direkt an den Längswänden positioniert, an der Ostwand befindet sich die Kanzel. Der Fassadenaufriss zeigt nur geringe Ähnlichkeiten mit dem heutigen Kirchenbau. Der zentrale Südturm wird in die reich durchfensterte Fassade integriert, der Turm ist niedriger und wirkt gedrungener wie der heutige. Finanzielle Schwierigkeiten und zahlreiche Verhandlungen mit dem Konsistorium ließen dieses Projekt vorerst nicht zustande kommen[65].

PROJEKTE FÜR EINEN KIRCHENNEUBAU

Die sich verbessernde Finanzlage in den 1720er Jahren war wohl ein wesentlicher Faktor für den endgültigen Entschluss, einen Kirchenneubau anzustreben, der den Platzbedürfnissen mehr Rechnung tragen sollte als eine einfache Erweiterung der bestehenden Kapelle. Neben freiwilligen Spenden verlangte das Konsistorium verbindliche Unterstützungszusagen einflussreicher Persönlichkeiten[66]. Die namhaften Messstiftungen der Salzburger Familie Hagenauer in Höhe von insgesamt 2000 Gulden und anderer privater Personen

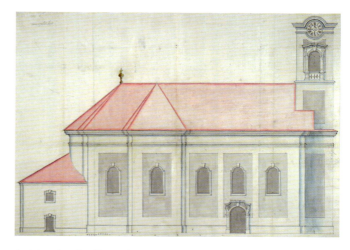

Aufriss der Südfassade
Architekturzeichnung von Tobias Kendler, um 1730
Salzburg Museum, Graphiksammlung

sowie die testamentarische Überlassung von 2000 Gulden durch den kaiserlichen Gesandten Stefano de Messa 1727 für eine neue Kirche in Gnigl stehen stellvertretend für diesen Kapitalienzuwachs[67].

Der seit 1722 bis zu seinem Tod 1752 in Gnigl wirkende Kurat Johannes Scherer war wohl der zweite wesentliche Motor für die Realisierung eines Neubaus der Kirche[68]. Nachdem bereits 1716 von einer neuen Kirche für Gnigl die Rede gewesen war, bekam dieser Plan durch seine Person die nötige Durchschlagskraft. Unterstützt vom Pfleger von Neuhaus, richtete er alljährlich Appelle an das Konsistorium im Namen seiner *nach disem gepay seifzendten Pfaarsgemeindt*[69]. Erste Neubaupläne dieser Zeit (wie der erhaltene Entwurf eines Gnigler Maurermeisters oder weitere Projekte Stumpfeggers) blieben jedoch unausgeführt[70].

Erfolg beschieden war schließlich erst den Plänen des seit 1729 in Salzburg tätigen Hofmaurermeisters Tobias Kendler (ca. 1695–1755)[71]. Neben einem unausgeführten Entwurf haben sich im Salzburg Museum auch die Pläne für die heutige Pfarrkirche Gnigl erhalten[72]. Kendler greift in diesen Entwürfen frühere Pläne auf, dynamisiert sie aber zugunsten einer geschwungenen Linienführung an den abgerundeten Kanten des Äußeren und in der Gesimszone bzw. der Emporengestaltung im Inneren[73].

Mit der Weihe erhielt die Kirche wegen des Pötscher Gnadenbildes ein neues Patrozinium zu Ehren der Muttergottes (Patroziniumsfest Maria Himmelfahrt, 15. August), der frühere Hauptpatron Michael fungiert seither als zweiter Kirchenpatron.

DAS ÄUSSERE ERSCHEINUNGSBILD

Die zuletzt im Jahr 2007 im Inneren restaurierte Pfarrkirche Gnigl gilt als die beste Arbeit ihres Architekten Tobias Kendler, wobei das schlichte Äußere die noble Eleganz des harmonischen Innenraumes kaum erahnen lässt[76]. Einen wesentlichen Akzent des Baues mit seinem leicht hervorspringenden Querhaus bildet hierbei der Turm, dessen Stuckrahmungen an den Schallfenstern und dessen Rundbogenportal mit seinem gesprengten Segmentgiebel und den seitlich abgetreppten toskanischen Pilastern in Verbindung mit der Sonnenuhr und seinem Chronogramm (früher 1854, heute 1988) einen wesentlichen Akzent bilden.

Die Seitenfassaden mit ihren breiten Putzbändern, den eingezogenen Rundbogenfenstern und den Rundbogenportalen mit gerader Überdachung sind im Vergleich zum Entwurf Kendlers einfacher ausgeführt worden.

DER INNENRAUM

Der saalartige Innenraum mit seiner durch das Querhaus verbreiterten Altarfront überrascht den Besucher mit seiner qualitätvollen Ausstattung[77]. Ionische Pilaster gliedern mit einer kräftigen, verkröpften und teilweise geschwungenen Gesimszone den Raum und schaffen so die Basis für die Gewölbezone. Die zurückhaltenden Stuckaturen des Kirchenschiffes aus dem Jahr 1733 steigern sich ausgehend von der dynamisch geschwungenen Orgelempore über das zentrale Feld der Vierung (als Rahmen eines mehrfach übermalten Deckenbildes der Aufnahme Mariens in den Himmel) bis zu ihrem reichen Gitter- und Bandwerkdekor im leicht eingezogenen Altarraum[78]. Diese Stuckaturen werden in der Forschung fast einhellig dem aus Vorarlberg gebürtigen Stuckateur und Baumeister Johann

Hochaltar mit dem Altarbild des heiligen Michael von Jacob Zanusi, 2009
(Foto Reinhard Weidl, Verlag St. Peter)

Die Bauarbeiten am Abbruch der alten bis zur Errichtung der neuen Kirche erstreckten sich über die Jahre 1731–1734, wobei es aufgrund Geldmangels 1732/33 sogar zu einer vorläufigen Einstellung des Bauvorhabens kam[74]. Schließlich wurde der Bau bis 1738 auch im Inneren komplettiert, sodass Fürsterzbischof Leopold Anton Freiherr von Firmian am 24. Juni 1738 die feierliche Kirchweihe vornehmen konnte[75].

Kleber zugeschrieben[79]. Die Harmonie des Innenraumes wird verstärkt durch die Einheitlichkeit der zeitgenössischen Ausstattung und ihrer Qualität.

DIE AUSSTATTUNG – KUNSTWERK UND GLAUBENSZEUGNIS

Zentraler Blickfang des Innenraumes ist der 1738 von Sebastian Stumpfegger in verschiedenen Marmorarten geschaffene Hochaltar, der gleich einem Triumphbogen die Apsiswand ausfüllt und im Vor- und Zurückschwingen seiner Bauteile eine dynamische Antwort auf die geschwungene Orgelempore zu geben scheint. Wie bei einem Theater eröffnet der zentrale Rundbogen im Altarblatt den Blick in eine andere Welt und zeigt den Kampf des Erzengels Michael gegen die Mächte des Bösen[80].

Unter Anlehnung an verschiedene Vorbilder verfertigte der Salzburger Hofmaler Jacob Zanusi (1679–1742) neben den übrigen Altarblättern hier 1738 eines seiner größten und bedeutendsten Gemälde[81]. Dieses Bild zollt dem alten Kirchenpatron gebührenden Respekt. Michael, dem in Salzburg bereits im 8. Jahrhundert Kirchen geweiht worden sind, wurde schon früh als Patron vieler Berufsgruppen verehrt (Bäcker, Kaufleute, Schneider, Soldaten usw.), sein Kampf mit dem Drachen machte ihn außerdem zu einem beliebten Sumpf- und Rodungspatron, was für Gnigl und seine angrenzenden Moose und Sümpfe nicht unbedeutend gewesen sein mag[82].

Das Auszugsbild mit der Darstellung der göttlichen Dreifaltigkeit verdeutlicht, dass auch der Erzengel Michael letztlich nur ein dienendes Wesen, ein Bote für einen Höheren ist. An diesen Gott darf der Mensch glauben, auf ihn hoffen und ihn lieben, deshalb tragen Engel am Auszug Symbole der göttlichen Tugenden (Kelch mit Hostie, Anker und das Kreuz als Sinnbild göttlicher Liebe). Diese Liebe ist in Jesus Christus Mensch geworden, worauf die Kopie des Gnadenbildes von Maria Pötsch (Pocs in Ungarn) anspielt, die sich seit etwa 1698 in Gnigl befindet[83]. Das gekrönte und mit Silberschmuck verzierte Gnadenbild geht auf byzantinische Vorbilder zurück (Typus der sogenannten

Gnadenbild „Maria Pötsch" am Hochaltar, 2009
(Foto Reinhard Weidl, Verlag St. Peter)

Hodegetria, Wegführerin, die den Sohn präsentierende Gottesmutter), das Jesuskind auf dem linken Arm Mariens hält in der linken Hand eine Blume. Eine Bildunterschrift erklärt den Ursprung des Gnadenbildes von Mariapocs, das 1697 in den Wiener Stephansdom überführt worden ist. Das Originalbild wurde im 17. Jahrhundert von einem ungarischen Richter aufgrund eines Gelübdes nach der Befreiung aus türkischer Gefangenschaft gestiftet. In der Kirche von Mariapocs soll das Bild 1696 wiederholt Tränen vergossen haben.

Als Schreinwächter das Altares und Symbole der Weltkirche flankieren die Statuen der Apostel Petrus und Paulus das Gnadenbild, geschaffen wie der übrige Skulpturenschmuck der Kirche wohl von Joseph Anton Pfaffinger (1684–1758)[84].

DIE PFARRE UND IHRE KIRCHEN | **215**

Linker Seitenaltar, Altarbild „Die sieben Zufluchten" von Jacob Zanusi, 2009

Rechter Seitenaltar, Altarbild hl. Johannes Nepomuk, 2009 (beide Fotos Reinhard Weidl, Verlag St. Peter)

Pfaffinger orientierte sich hier an den beiden Apostelfiguren seines Schwiegervaters Bernhard Michael Mandl (Mändl) vor dem Salzburger Dom, die er mehrfach in seinem Werk aufgegriffen hat[85]. Das vor dem Hochaltar schwebende Triumphbogenkreuz führt in Verbindung mit seinen Assistenzfiguren (Johannes und Maria) dem Betrachter den Kern des christlichen Glaubens vor Augen, unter dem sich alles liturgische Tun in der Kirche vollzieht.

Flankiert wird die Hochaltarfront von den beiden originell gestalteten, 1734/35 entstandenen Seitenaltären, die mit ihren marmorierten und teilweise stuckierten Aufbauten reizvolle architektonische Details liefern. Durch übereckgestellte Pilaster samt Gebälk in Verbindung mit zahlreichen Voluten bilden die Altäre einen lebendigen Architekturrahmen für die qualitätvollen Altarblätter Zanusis, die wiederum von Statuen Joseph Anton Pfaffingers umrahmt werden.

In der Auswahl der Heiligen offenbart sich hier ein typisch barockes Bildprogramm mit beliebten und für die damalige Bevölkerung wichtigen Patronen, galten doch die Heiligen als gewichtige geistige Versicherungsinstanz für alle Nöte und Sorgen des menschlichen Lebens.

Die beiden Altarblätter des linken Altares lieferte Jacob Zanusi 1735. Sie zeigen im lyraförmigen Auszugsbild den hl. Josef mit dem Jesuskind und die im Hauptblatt bei Zanusi selten zu findende Darstellung der sieben Zufluchten des Menschen[86]. Erst in der Barockzeit wurde es üblich, den seit der

Neuzeit häufig verehrten Josef (Patron vieler Berufe, für eine gute Sterbestunde und Helfer aussichtsloser Situationen) so wie in Gnigl allein mit dem Jesuskind in seinen Händen darzustellen. Die Andacht zu den sieben Zufluchten (Dreifaltigkeit, gekreuzigter und eucharistischer Christus, Maria, Engel, bestimmte Heilige und arme Seelen) erfreute sich seit dem ausgehenden 17. Jahrhundert großen Zulaufes[87]. Die beliebten Schreinwächter Florian und Georg bilden auf ihren seitlichen Konsolen eine Ergänzung des Zufluchtenprogramms dieses Altares, zumal sie selbst auf vielfache Weise von der Bevölkerung in Nöten angerufen wurden[88].

Die Altarblätter für den rechten Seitenaltar (Oberbild Antonius von Padua, Hauptblatt Johannes Nepomuk) schuf Zanusi 1734[89]. Antonius, der zweite Namenspatron Erzbischof Firmians, wurde seit dem ausgehenden 16. Jahrhundert in Österreich auf vielfältige Weise verehrt. Der heute oft nur mehr als Patron der „Schlampigen" geltende Heilige wollte durch seine Predigttätigkeit aber verlorene Seelen wieder gewinnen und wurde in vielfältigen Anliegen (Krankheiten, Reisende, Bauarbeiter, Liebespatron) angerufen[90]. Johannes Nepomuk war der Salzburger Modepatron im 18. Jahrhundert und erfreute sich großer Beliebtheit. Als Patron der Müller und gegen die Gefahren des Wassers stellte er gerade für Gnigl einen wichtigen Fürsprecher dar[91]. Das Altarblatt zeigt ihn als Patron des Beichtgeheimnisses[92]. Zwei große Reformer der Kirche im 16. Jahrhundert, Ignatius von Loyola und Karl Borromäus rahmen in plastischer Gestalt den Altar[93].

Die bemerkenswerte Stuckmarmorkanzel hat den Berichten zufolge 1733 Kurat Johannes Scherer aus eigenen Mitteln errichten lassen[94]. Der plastische Schmuck stammt wahrscheinlich aus der Werkstatt Pfaffingers, die Kanzel selbst wurde in der Literatur verschiedenen Meistern zugeschrieben. Stilistische Vergleiche lassen zumindest eine Ähnlichkeit zu den Werken des Henndorfer Stuckateurs Christoph Fenninger erkennen[95].

Kanzel, 2009
(Foto Reinhard Weidl, Verlag St. Peter)

Vergoldete Stuckreliefs der vier Evangelisten am Kanzelkorb stehen stellvertretend für die frohe Botschaft Jesu, die auf dieser Kanzel ausgelegt worden ist[96]. Durch die Predigt werden Glaube, Hoffnung und Liebe in den Herzen der Menschen gestärkt, woran drei Engel mit den Symbolen für die drei göttlichen Tugenden erinnern. Damit dem Prediger das Übersetzen des Gotteswortes gelingt, darf er auf die Kraft des heiligen Geistes vertrauen, der sich wie in Gnigl zumeist auf der Unterseite des Schalldaches befindet. Der bekrönende Engel mit der Posaune als Gerichtsinstrument samt der Fahne mit der Aufschrift „Höret" erinnert an die Vergänglichkeit allen Seins und lädt die Gemeinde zur Offenheit für das Wort Gottes ein.

Neben den Heiligenfiguren auf den Langhauskonsolen (Antonius, Franziskus, Johannes Nepomuk und Leonhard) bildet die Darstellung Marias in Form der Immaculata unter Anlehnung an das damals beliebte Wessobrunner Gnadenbild der „Mutter der schönen Liebe" einen besonderen Akzent im Langhaus der Gnigler Kirche. Gleichsam als „Gegenkanzel" erzeugt sie einen architektonischen Ausgleich zur gegenüberliegenden Kanzel und trägt so zum harmonischen Ganzen des Gnigler Kirchenraumes bei[97].

Die Kapelle Maria Luggau

ZUR CHRONOLOGIE IHRER GESCHICHTE

Die kleine, in Privatbesitz befindliche Kapelle Maria Luggau in Obergnigl befindet sich heute abseits der Hauptverkehrswege und atmet in ihren Mauern eine mehr als 300-jährige bewegte Geschichte, die im Folgenden in geraffter Form dargelegt wird[98].

Um 1689 ereignete sich beim Bau eines neuen Hauses für den Müller Adam Reitmair und seine Frau Rosina ein folgenschweres Unglück[99]. Das Baugerüst brach mit sieben Arbeitern zusammen und fiel in den Graben. Das fromme Müllerpaar gelobte im Moment des Unfalles die Errichtung eines Kreuzes mit einer Marienstatue. Wie durch ein Wunder kam kein Arbeiter zu Schaden.

Gnadenbild der Luggauerkapelle, 2009 (Foto Sulzer)

Der ebenfalls unversehrt gebliebene Maurermeister half als Dank am Bau einer kleinen Kapelle zu Ehren der Muttergottes von Luggau mit[100]. Wahrscheinlich stammte einigen Erzählvarianten der Ursprungsgeschichte zufolge dieser Maurermeister mit seinen Arbeitern aus dem Kärntner oder Osttiroler Raum, wo das 1513 entstandene Gnadenbild von Luggau, eine geschnitzte Pietà, häufig verehrt worden ist. Die Kapelle wurde allerdings ohne Erlaubnis des Konsistoriums um 1690 errichtet[101].

1691 berichteten die Stadtkapläne dem Konsistorium von diesem „Schwarzbau". Müller Reitmair erklärte, er habe gedacht, auf seinem Grund könne er bauen, was er wolle. Beigelegt ist dem Schreiben eine kolorierte Zeichnung der Kapelle mit Maßangaben (eine *visier*)[102]. Das Konsistorium verordnete den Abbruch der Kapelle, doch auf Intervention der Müllerin beim Erzbischof wurde der Abbruchbescheid wieder zurückgenommen[103].

1699 wurde die Kapelle an die Sebastian- und Rochusbruderschaft in Salzburg übergeben[104]. Die am Wallfahrtsweg nach St. Wolfgang gelegene und viel besuchte Luggauer Kapelle entwickelte sich mit ihren Opferstöcken neben weiteren Kapellen der Bruderschaft in Gnigl (Wolfgangkapelle, Magdalenenkapelle seit 1747) zu einer wichtigen Einnahmequelle[105].

Seit den 1720er Jahren gab es Bemühungen für eine Erweiterung der bestehenden Kapelle. Die Verhandlungen zwischen dem Konsistorium, der Bruderschaft und dem Grundeigentümer Jacob Reitmair (wohl ein Sohn des Kapellengründers) zogen sich über mehrere Jahre hin[106]. Zwischen 1725 und 1727 erhielt die Kapelle, nicht zuletzt unterstützt durch ein Legat des verstorbenen Stadtphysikus Franz Duelli ihr heutiges Aussehen[107].

Im Verlauf des 19. Jahrhunderts ging das Leben der Sebastian- und Rochusbruderschaft stark zurück, das Vermögen wurde von der städtischen Stiftungsverwaltung administrativ betreut[108]. Deshalb wurde auch von der städtischen Verwaltung ab den 1870er Jahren ein Verkauf der Gnigler Luggauerkapelle in Erwägung gezogen[109]. 1878/79 ging die Kapelle in den Besitz von Johann Flöckner über und wird seither von derselben Familie betreut[110].

EIN KLEINKUNSTWERK DER BAROCKZEIT

Das schlichte Äußere dieser rechteckigen Kapelle mit leicht eingezogener Rundbogenapsis und Dachreiter lässt kaum auf den reichen Inventarbestand im Inneren schließen. Der architektonisch schlichte Kapellenraum wird an seiner flachen Decke durch zwei Stuckrahmen geziert, wobei in den Rahmen der Apsisdecke ein Leinwandbild des 18. Jahrhunderts (Gottvater und Heiliger Geist) eingelassen ist. Ein schmiedeeisernes und bis zur Decke reichendes Rankengitter mit zentralem IHS-Monogramm in einer Blütenmandorla bildet den Übergang vom Kapellensaal zum Altarraum[111].

Das zentrale Kultbild (Öl auf Blech, datiert 1690) befindet sich in einem Holzrahmen mit Band- und Gitterwerkdekor am Hochaltar aus marmoriertem Holz, dessen Aufbau von Voluten flankiert ist[112]. Diese gemalte Kopie des im Original geschnitzten Gnadenbildes von Maria Luggau (Maria mit dem toten Christus) ist mit zahlreichen

Die Luggauerkapelle, die Fichtlkurve im Hintergrund, um 1910, Haidenthaller, Chronik I, (Foto Friedrich Pflauder)

Wallfahrtsgegenständen verziert (Rosenkränze, silberne Herzen, Schmuck und Amulette)[113]. Die Altarmensa ziert ein Gemälde des toten Christus im Grabe, am Altar befindet sich neben anderem Schmuckwerk das bemerkenswerte Zunftkreuz der backenden Müller aus der Mitte des 18. Jahrhunderts. Unter dem Kreuz ist das Zunftwappen (ein Mühlenrad) dargestellt, die Rückseite zeigt die Muttergottes im Strahlenkranz[114].

In einer Rundbogennische rechts vom Gitter steht die Kopie des Wiesheilandes aus der Mitte des 18. Jahrhunderts, die wahrscheinlich der Salzburger Bildhauer Georg Joseph Fries gefertigt hat[115]. Neben zwei erhaltenen Votivbildern (1766 und 1814), der Kopie eines wundertätigen Gnadenbildes aus Rom (mit aufgeschriebener Ursprungslegende von 1669), der kolorierten Kupferstichfolge eines Kreuzweges und anderer Gemälde seien hier noch drei Bildwerke des Kapellensaales herausgehoben.

Links vom Eingang befindet sich das großflächige, 1702 datierte Gemälde mit einer Darstellung der Wunder der Muttergottes von Luggau (Feuersbrunst, Kindsnöte, Unwetter und Unfälle), die vom großen Marienfreund Kaiser Ferdinand III. und seiner Gemahlin verehrt werden[116].

An der gleichen Wand zeigt ein Gemälde aus der Zeit um 1700 das Luggauer Gnadenbild mit den sieben Gründern des Servitenordens, der den Gnadenort Maria Luggau seit 1635 seelsorglich betreut. Maria wird durch Inschriften als Schutzherrin des Hauses Österreich gepriesen, wobei ihre Hilfe an einzelnen Habsburgern exemplarisch vorgeführt wird.

Passend zum ehemaligen Mühlenort Gnigl, befindet sich zwischen diesen beiden Ölbildern eine Gedenktafel mit neobarockem Rahmen für die im Ersten Weltkrieg gefallenen Müller- und Bäckersöhne der Gemeinde Gnigl, wobei jedem der sechs Gefallenen ein eigenes Bild samt Inschrift gewidmet ist.

Kunst und Kirche – Vernetzung zwischen Stadt und Land

Vielfältig vernetzt in Geschichte und Gegenwart zeigen sich aufgrund dieser Untersuchung die historischen, künstlerischen und kirchlichen Verbindungslinien zwischen dem heutigen Stadtteil Gnigl, seiner Pfarrgemeinde und der Stadt Salzburg. Ein gegenseitiges Geben und Nehmen konnte im Laufe der Jahrhunderte sowohl die Stadt als auch das Dorf Gnigl bereichern. Zeugen dieses Dialoges sind nicht zuletzt die qualitätvollen Kirchen mit ihrer wertvollen Ausstattung. Sie atmen in ihren Mauern und Bildwerken eine lange und bewegte Geschichte, sie stellen künstlerische Leistungen vor Augen und geben als „Religionsbücher" Zeugnis sowohl von den Freuden und Nöten der Menschen als auch von der Kraft und Schönheit des christlichen Glaubens, der Vergangenheit und Gegenwart, die Menschen untereinander und den Menschen mit Gott vernetzen kann.

Zunftkreuz aus der Mitte des 18. Jahrhunderts (Foto Sulzer)

Gedenktafel für die im Ersten Weltkrieg gefallenen Müller- und Bäckersöhne von Gnigl, 2009 (Foto Sulzer)

PFARRER IN GNIGL

Gottfried Beaupré	1857–1859	Johann Arbeiter	1908–1936
Thomas Hetzenauer	1859–1868	Johann Achoner	1936–1941
Max von Kurz zu Thurn von Goldenstein	1868–1878	Franz Dürnberger	1941–1963
Stefan Fuchs (Pfarrprovisor)	1878–1885	Bruno Rothbauer	1963–1982
Josef Herzog	1885–1886	Hans Kaufmann	1982–1999
Simon Hotter	1886–1888	Richard Schwarzenauer	1999–2009
Joseph Alphons Kiederer	1888–1897	Peter Larisch	2009–2010
Alois Unterladstätter	1897–1908	Martin Walchhofer	seit 2010

DIE PFARRE UND IHRE KIRCHEN

Kirchweihe und Pfarrerhebung durch Erzbischof Alois Kothgasser am 1. Mai 2006 (Foto Sulzer)

ASTRID ZEHENTNER

Pfarre und Kirche St. Severin
Neues Gemeindeleben entwickelt sich

Die Pfarrkirche St. Severin, direkt am Alterbach gelegen, besticht durch die gelungene architektonische Verbindung von Kirche und modernem Pfarrzentrum. Das Ensemble ermöglicht ein Begegnungszentrum für Jung und Alt und hat bereits jetzt Modellcharakter für kirchliche Neubauten. Wenn von Ferne der Blick auf St. Severin ruht, könnte man meinen, das Zentrum wäre schon immer so geplant gewesen. Doch die Entwicklung von St. Severin war von vielen Problemen, aber auch glücklichen Fügungen geprägt.

Die Geschichte St. Severins beginnt im Jahr 1987. Die Pfarre Gnigl suchte dringend neue Räumlichkeiten für ihre Jugendarbeit. Ein Grundstück der Erzdiözese am Kreuzungspunkt der drei Ortsteile Sam, Langwied und Untergnigl schien der ideale Ort dafür zu sein. Ein eigener pfarrlicher Bauausschuss unter Diakon Friedrich Reiterer kümmerte sich um erste Planungen.

BEGINN DER GRUPPENARBEIT UND DER SEELSORGE

1997 konnte ein Nutzungsvertrag mit der Heimat Österreich für das aufgelassene Fabriksgebäude der Firma Popp ausgehandelt werden. Damit wurde die Basis für die Seelsorge und die pfarrliche Jugendarbeit in St. Severin gelegt.

Am 8. Juni 1997 konnte der erste Gottesdienst im alten Firmengebäude und in der dazugehörenden Lagerhalle gefeiert werden. Mit Unterstützung des neu gegründeten Kirchenbau- und Förderervereins, der Vereine und Initiativen wurden die Räumlichkeiten soweit adaptiert, dass diese schon im Herbst 1997 ihre neue Heimat fanden.

1999 konnte das ehemalige Firmengelände Popp durch Grundstückstausch erworben und die Grenzen der zukünftigen Seelsorgestelle St. Severin festgelegt werden. Mit 1. November 2001 wurde St. Severin schließlich als eigenständige römisch-katholische Seelsorgestelle errichtet. Dafür wurden Teile der Pfarren Itzling und Gnigl durch Beschlüsse der jeweiligen Pfarrgemeinderäte an St. Severin übertragen.

Auch Planungen für den Bau der Kirche und des künftigen Pfarrzentrums St. Severin wurden während dieser Zeit weiter vorangetrieben und ein weiterer Architektenwettbewerb durchgeführt. Statt des ursprünglich geplanten Neubaus sollten die bestehenden Bauten integriert werden. Die Pläne lieferte Diözesanarchitekt Peter Schuh. Nachdem zwischenzeitlich auch die Finanzierung gesichert war, konnte am 5. April 2003 der Spatenstich erfolgen, nicht einmal ein halbes Jahr später war der Rohbau fertig.

Beim folgenden Erntedankfest konnte der neue Pfarrsaal erstmals genutzt und zu Pfingsten 2004 der erste Gottesdienst in der neuen Kirche gefeiert werden. Die Gruppen und Vereine bezogen ihre Räumlichkeiten und füllten das Pfarrzentrum mit Leben.

KIRCHWEIHE UND PFARRERHEBUNG AM 1. MAI 2006

Aus der ehemaligen Lagerhalle wurde die heutige Pfarrkirche. Durch die Öffnung des Daches und großflächige Fenster entstand ein lichtdurchfluteter Altarraum. Die Bänke sind halbkreisförmig angeordnet und auf Ambo und Altar ausgerichtet. Auf der rechten Seite befinden sich der Taufbrunnen und der Tabernakel, der die Kirche mit der angrenzenden Kapelle verbindet. Der Kirchenraum selbst ist modern und einfach gestaltet.

Der Kirchweihe wohnten Hunderte Menschen aller Generationen und Vereine bei. Nach dem rituellen Pochen an die Kirchentür mit dem Bischofsstab, wurde diese geöffnet. Diakon Friedrich Reiterer, Erzbischof Alois Kothgasser und Parrer Richard Schwarzenauer vor dem Altarbild von Michaela Sturm, 1. Mai 2006 (alle Bilder Foto Sulzer)

Das abstrakte, in den liturgischen Farben gehaltene Altarbild der Künstlerin Michaela Sturm, lenkt den Blick zum Altar aus Kramsacher Marmor.

Am 19. März 2006 läuteten die in Maria Laach gegossenen Glocken zum ersten Mal. Die Kirche und das neue Pfarrzentrum weihte Erzbischof Alois Kothgasser am 1. Mai 2006. Gleichzeitig wurde die Seelsorgestelle zur Pfarre St. Severin erhoben. Bei der Feier wurden Taufbrunnen, Ambo und Tabernakel gesegnet und der Altar mit den beigesetzten Reliquien des Hl. Severin geweiht. Seit dem 8. Dezember 2008 flankiert auch die auf das Wesentliche reduzierte Marienstatue des Künstlers Andreas Lex aus Sölker Marmor die linke Altarseite.

Zwischen den Kirchweihen der beiden Gnigler Pfarrkirchen liegt mehr als ein Vierteljahrtausend.

Kirche und Pfarrzentrum St. Severin, 2010
(Foto Martin Zehentner)

Eine wunderschöne Barockkirche steht einer an den heutigen Bedürfnissen ausgerichteten modernen Kirche gegenüber.

So verschiedenartig beide Bauten auch sein mögen, jede Kirche ist auf ihre Weise gelungen. Im Stil der jeweiligen Zeit errichtet stehen sie nicht in Konkurrenz zueinander, sondern sind Ausdruck lebendiger Vielfalt.

Schloss Neuhaus, um 1930, AStS, Fotosammlung (Cosy-Verlag)

MARTIN ZEHENTNER
Schlösser, Gutshöfe und Ansitze in Gnigl

SCHLOSS NEUHAUS

Das imposante und in seinem Kern wohl eines der ältesten erhaltenen Bauwerke Gnigls ist Schloss Neuhaus. Die Burg ragt weit sichtbar aus dem Wald des steilen Neuhauserberges, der dem Kühberg vorgelagert ist. Sie sicherte die Straßenverbindung über den Guggenthaler Sattel in das Salzkammergut und die Engstelle zwischen Kapuziner- und Kühberg[1].

1219 wird ein *Chunradus de nova domo* als Zeuge in einer Urkunde genannt[2]. Die Burg begegnet uns in schriftlichen Quellen als *novum castrum* oder *newn hous*, wovon sich der Name Neuhaus ableitet. 1254 schenkte Erzbischof Philipp dem Abt Richker von St. Peter *manum unum sub novo castro situm*, also eine Hube, welche unter Schloss Neuhaus lag[3].

Die frühe Entwicklung der Adelsburg Neuhaus hat Heinz Dopsch in seinem Beitrag über die mittelalterliche Geschichte Gnigls ausführlich dargestellt. Im 14. Jahrhundert gingen die Erzbischöfe dazu über, die Burg nun nicht mehr als Lehen zu vergeben, sondern gegen Besoldung nur auf bestimmte Zeit. Anstelle der Bezeichnung Burggraf setzte sich Pfleger durch. 1382 wurde ein Dr. Hans Strawn als Pfleger genannt, ihm folgten Hans der Schefherr und Ulrich der Strasser. 1431 hatte mit Caspar Oeder ein Vertreter eines einflussreichen Salzburger Bürgergeschlechts diese Funktion inne[4].

1508 wurde das Gericht von Radeck nach Neuhaus verlegt und dieses damit zu einem Pfleggericht aufgewertet. Den Amtsgeschäften wurde nur teilweise auf der Burg nachgegangen. Zu Gericht saß man etwa unten im Ort, wie das Vorhandensein einer „Verhörstube" in der Taverne in der unteren Gnigl belegt. 1605 war Folterwerkzeug im Amtmannhaus (Linzer Bundesstraße 48) untergebracht. Um 1600 machte Schloss Neuhaus einen baufälligen Eindruck. Das Schloss sei *an etlichen Orten offen*, so dass *jedermann ein- und ausgehen kann*, berichtete der Pfleger. Passanten waren durch herabfallende Steine gefährdet, Schlösser aufgebrochen und der Brunnen *eingeworfen*. 1608 hieß es über das Schloss, es sei *nit zu bewohnen*. An diesem Zustand scheint sich in den folgenden Jahren wenig geändert zu haben.

Eine gewisse militärische Aufwertung erfuhr das Schloss während des Dreißigjährigen Krieges. Ein mächtiger Wall, die „Gnigler Schanze", verband nun die Burg über das Tal hin mit dem Fürberg und bildete damit eine Talsperre. Über das 1629 von Dombaumeister Santino Solari entworfene Franziski-Schlössl war die städtische Verteidigungslinie bis zum Schloss Neuhaus geschlossen[5]. Der Wall wurde erst Ende des 19. Jahrhunderts im Zuge des Eisenbahnbaus eingeebnet und darauf die Neuhauser Straße angelegt[6].

Die frühere Bedeutung erreichte das Gebäude allerdings nicht mehr, es wurde nur mehr teilweise als Amtsgebäude genutzt. 1650 hören wir von einem Zimmermeister, der darum bat, in das Zimmer *ober der Capelle* einziehen zu dürfen. Erst 1672 wurde der Archivraum verstärkt gesichert[7]. 1695 setzte ein Blitzschlag Schloss Neuhaus in Brand und richtete großen Schaden an. Die Amtsräumlichkeiten wurden provisorisch instand gesetzt. Zwei Jahre später übersiedelte das Pfleggericht in das unter Erzbischof Johann Ernst Graf Thun zu einem Amtsgebäude umgebaute Gut Holzhausen an der Grazer Straße (Grazer Bundesstraße 6, Versorgungshaus St. Anna). Das Schloss wurde nur bescheiden instand gesetzt und Räumlichkeiten an bedürftige Familien vermietet. 1750 machte das Gebäude einen derart verwahrlosten Eindruck, dass man fürchtete, *liederliches* und *räuberisches* Volk könne *ohne sonder Gewalt* jederzeit einbrechen[8]. Der Turm fand als Pulvermagazin Verwendung[9].

Schloss Neuhaus vom Fürberg aus betrachtet, um 1990
Sammlung Neuhauser Kunstmühle

Eingang durch das alte Burgtor, 2009
(Foto Bundesdenkmalamt)

1793 pachtete die ehemalige Burg jedoch ein Graf Lehrbach und 1795 schließlich Graf Franz Lodron, der es 1811 auch kaufte. Graf Lodron setzte Neuhaus instand und gestaltete es *in einen der angenehmsten Wohnsitze. Die blumigsten Terrassen, die reichste Aussicht* und die *immer reiner wehende Luft* würden den Besucher *zum Genusse der Freuden des Lebens* einladen[10]. Man dürfe nur ja nicht den Sonnenuntergang von Neuhaus aus mit seinem Blick über die *erhabenen Naturszenen* (Richtung Süden) und *schön gebauten Höfe* (Richtung Westen) versäumen[11].

In der Folge wechselten die Besitzer rasch. Schloss Neuhaus ist heute immer noch deutlich als Burg zu erkennen, wenngleich auch viele historisierende Elemente im Stil der Romantik ab 1851 hinzugefügt wurden wie die Zinnenbekrönung fast sämtlicher Bauteile. Ein Teil dieser Elemente wurde bei späteren Renovierungen wieder entfernt.

1963 erwarb die Familie Topic-Matutin das Schloss. Sie ließ die Gebäude 1988 umfassend renovieren und führte Neuhaus eine Zeit lang als kleines, aber luxuriöses Schlosshotel[12]. In den Kellerräumen wurde eine Galerie für zeitgenössische Kunst eingerichtet. Die Galerie wird heute in der „Neuhauser Kunstmühle" (ehemalige Staudingermühle) in Obergnigl fortgeführt.

Schloss Neuhaus wurde vor wenigen Jahren an den deutschen Industriellen Hubertus Benteler verkauft. Seit 2009 wird das Schloss Neuhaus auf dem nicht denkmalgeschützten Areal erweitert.

DIE TROCKENLEGUNG DES SCHALLMOOSES

Die Entwicklung von Gnigl und Schallmoos ist Mitte des 17. Jahrhunderts untrennbar mit dem Namen Paris Lodron verbunden. Bis dahin war Gnigl durch die ausgedehnten Moore von Schallmoos und Itzling von der Residenzstadt getrennt. Die Menschen fürchteten sich vor den aufsteigenden „Dämpfen" der Moore. Ihre „Miasmen" machte man für die Ausbreitung von Krankheiten verantwortlich. Die Pestwellen, die, wie etwa jene von 1597, aber vor allem jene, die während des Dreißigjährigen Krieges Salzburg heimsuchten, gaben den Anlass, das Schallmoos trocken zu legen[13].

Neben diesen gesundheitlichen Überlegungen war es aber vor allem die Aussicht auf neue landwirtschaftliche Nutzflächen, die die Pläne zur Trockenlegung des großen Schallmooses vorantrieben. Bereits unter Erzbischof Wolf Dietrich war dies ins

Auge gefasst worden. Die Pest des Jahres 1625 gab schließlich den endgültigen Anstoß zur Trockenlegung des Moores. Da vor allem der Alterbach das Becken zwischen Heuberg und Salzach bewässerte und hauptsächlich für die Entstehung des Schallmooses verantwortlich war, wurde sein Lauf Richtung Norden umgeleitet. Des Weiteren wurde der Lemer- oder Röcklbrunnerbach, der am Nordabhang des Kapuzinerberges entsprang, in einem Abzugskanal abgeleitet.

Im Jahr 1631 machte Erzbischof Paris Lodron schließlich das Angebot, Anteile am Moor gegen dessen *ganz freyen Überlassung denen anliegenden Itzlingern, Gniglern und anderen Unterthanen* unter der Voraussetzung zu übergeben, das große Werk der Urbarmachung zu vollenden. Wohl wegen des enormen Aufwandes wurde dieses Angebot aber kaum wahrgenommen, weshalb der Erzbischof die Trockenlegung selbst vorantrieb.

Für die Leitung und Durchführung der Drainagearbeiten wurden ab 1632 vorwiegend holländische und damit wahrscheinlich protestantische Ingenieure und Deicharbeiter eingesetzt. Dies wurde oft als Beweis für die religiöse Toleranz des Landesfürsten interpretiert. Auch wenn dies durchaus zutreffen mag, so waren es doch in erster Linie ihr Fachwissen und ihre Erfahrungen im Deichbau, die ausschlaggebend für ihr Engagement waren. Als Arbeitskräfte standen aber auch die während des Dreißigjährigen Krieges zusammengezogenen Soldaten der „Landfahne" zur Verfügung. Aber auch Bettler, Landstreicher und Delinquente – vor allem Steuerhinterzieher – und zeitweise Laufener Schiffer wurden zu den arbeitsintensiven Arbeiten herangezogen.

Nach Vollendung der Trockenlegung wurde schnurgerade vom Kapuzinerberg bis zum Plainholz die Fürstenstraße angelegt. Dieser, nicht allgemein zugängliche Weg, wurde mit schnellwachsenden Weiden befestigt. Er war für den Erzbischof und andere privilegierte Personen vorbehalten. 1930 wurde der Fürstenweg in Vogelweiderstraße umbenannt.

Um die Bodenqualität des Moorbodens zu erhöhen, wurde dem gelockerten Torf Mineralerde zugeführt. Die Oberfläche wurde im Anschluss etwa einen Fuß hoch (knapp 30 Zentimeter) mit „guter Erde" und Mergel überdeckt, die von weit her transportiert werden mussten[14]. Auch Aushubmaterial der Befestigungsanlagen fand Verwendung. Der Großteil der Flächen wurde als Gras- und Weideland, nur ein kleiner Teil als Ackerland kultiviert. Frisches Quellwasser leitete man in Röhren vom Gut Röcklbrunn zu. Häuser und Scheunen mussten zur besseren Stabilität auf Piloten errichtet werden.

Auf den nun urbar gemachten Gründen an der Grenze zu Gnigl entstanden Gutshöfe und schlossartige Ansitze, wie der Schallhof (Stadlhof, Schwarzvilla), der Mitterhof, später der Laimprucher-, der Lairer- und der Kochhof (der spätere Robinghof) sowie eine Reihe kleinerer und mittlerer Höfe[15]. 1644 waren die Arbeiten weitgehend abgeschlossen.

Im Zuge der Trockenlegung von Schallmoos wurde Paris Lodrons deutlicher Hang zur Vetternwirtschaft deutlich. 1643 schenkte er verfügbare Teile der neu gewonnenen Gebiete samt Schloss Röcklbrunn seinem Bruder. 1648 übergab er allerdings vier Höfe, die im Besitz der Familie Lodron waren (Schallmooser Hof, Mittelhof, Weiklhof und Röcklbrunner Hof) an das Domkapitel.

SCHLOSS RÖCKLBRUNN

Das Gut Röcklbrunn (Reckenbrunn) am Rande des großen Moores gehörte zum ältesten Besitz von St. Peter. Die ältere Geschichte dieses Gutes hat Heinz Dopsch in seinem Beitrag in diesem Band dargestellt. Im Zuge der Trockenlegung des Schallmooses erwarb 1636 Erzbischof Paris Lodron Gut Röcklbrunn, um es 1643 seinem Bruder zu schenken. Nur wenige Jahre später, 1648, übergab er dieses dem Domkapitel. Es diente künftig als Sommersitz des Dompropstes[16].

In diese Zeit fällt auch seine barocke Umgestaltung. Das dreigeschoßige Schlösschen erhielt einen barocken Garten mit Weihern, Springbrunnen und Glashäusern.

Schloss Röcklbrunn, Radierung von Mathias Diesel, um 1730, Haidenthaller, Chronik II

Schloss Röcklbrunn, um 1900
Haidenthaller, Chronik II

1698 wurde ein Meierhaus gebaut und 1791 ein eigenes Gärtnerhaus.

1803 ersteigerte der Salzburger Kaufmann Johann Rauchenbichler das Schloss[17]. Er errichtete auf dem Schlossgrund eine Branntweinbrennerei und Liqueurfabrik, die allerdings nur wenige Jahre Bestand hatte[18].

Im Zweiten Weltkrieg wurde Schloss Röcklbrunn 1944 von Bomben zerstört. Das dazugehörige Meierei-Gebäude wurde bald nach Kriegsende abgerissen. An der Stelle des Schlosses entstand ein Mehrfamilienhaus (Röcklbrunnstraße 6), das in einem ähnlichen Baustil und in vergleichbarer Größe errichtet wurde. Eine Tafel erinnert heute an das ursprüngliche Gebäude. Auf dem verbleibenden Areal der Schlossanlage wurden ab den 1960er Jahren eine Wohnsiedlung gebaut[19].

ROBINIGHOF

Der Hof mit Rokoko-Fassade hat die Form eines Flachgauer Einhofes mit Wirtschafts- und Wohngebäude unter einem Dach. 1648 kam er zusammen mit anderen Höfen an das Domkapitel. Es folgten bäuerliche und bürgerliche Besitzer. Nach einem von ihnen, dem fürsterzbischöflichen Meisterkoch Wolf Feichtner, wurde das Bauernhaus „Kochhof" genannt. 1744 verkaufte der Lebzelter Franz Lebitsch den Kochhof an den Eisenhändler Georg Joseph Robinig[20]. Die Familie Robinig von Rottenfeld besaß ein Sensenwerk in Thalgau, das Arsenikwerk in Murwinkel im Lungau, eine Eisenhandlung an der Getreidegasse und ein Haus an der Kirchgasse (Sigmund-Haffner-Gasse)[21].

Ab Mitte des 17. Jahrhunderts stieg die Bevölkerungzahl der Stadt Salzburg von damals 9000 deutlich an und erreichte 1787 bereits knapp 16.300 Einwohner. Salzburg wurde damit zu einer „Großstadt", die deutlich vor Linz und Innsbruck lag. Der Adel und vermögende Familien des Patriziats, wie zum Beispiel die Robinigs, zogen das Leben in Villen und Höfen außerhalb der engen Stadtmauern vor. In der Gegend des trockgelegten Schallmooses entstanden so einige Sommersitze.

Nach 1750 ließ Robinig das Gebäude nach Plänen von Anton Danreiter zu einem Rokokoschlösschen mit beeindruckender Fassade und schmucken Fensterumrahmungen völlig neu gestalten. Danreiter war auch Hofgärtner. Die Anlage des barocken Mirabellgartens geht neben Fischer von Erlach wesentlich auf Danreiter zurück. Im Inneren des Hauses ließ Robinig um 1785 klassizistische Fresken anbringen.

Sein Sohn Sigismund (1760–1823), gerufen „Sigerl", und seine Schwester Luise waren Jugendfreunde von Wolfgang Amadé Mozart[22]. Der junge Komponist war ein gern gesehener Gast im Robinighof, in dem häufig Konzerte gegeben wurden.

Bis 1814 blieb der Hof im Besitz der Familie Robinig[23]. Das Schlösschen wurde zuletzt 2005 restauriert. Das Reliefmedaillon über dem Eingangsportal zeigt den Heiligen Josef und darüber das Wappen der Robinig-Aniser.

Robinghof, um 1930
Sammlung Ursula Schwarzbeck (Foto Gustav Abel)

Robinighof, 1912
Haidenthaller, Chronik II (Foto Friedrich Pflauder)

Die zwei Seiten des Robinighofes:
Der vordere Teil mit Rokoko-Fassade des Wohnbereichs, der hintere Wirtschaftstrakt in nüchterner Gestaltung, 2010
Sammlung Stadtteilverein Gnigl (Foto Martin Zehentner)

SCHLOSS MINNESHEIM

1644 erwarb Erzbischof Paris Graf Lodron das so genannte Hofhölzl, das sich entlang der Grazer Straße erstreckte. Im oberen Teil dieses Wäldchens ließ Paris Lodron für seine Schwägerin Gräfin Katharina Lodron ein Lustschlösschen mit Park errichten, das später Schloss Minnesheim genannt wurde[24]. Das Schloss war kostbar möbliert, bekannt war seine Ausstattung mit wertvollen Kupferstichen und Gemälden.

1790 ließ Reichsgraf Franz von Lodron den Park in einen englischen Garten umwandeln und bestimmte diesen zu *einem Lustort für Alle*. Der Park entwickelte sich tatsächlich zu einem beliebten

Schloss Minnesheim, kolorierte Radierung von Friedrich Müller, um 1793, Salzburg Museum

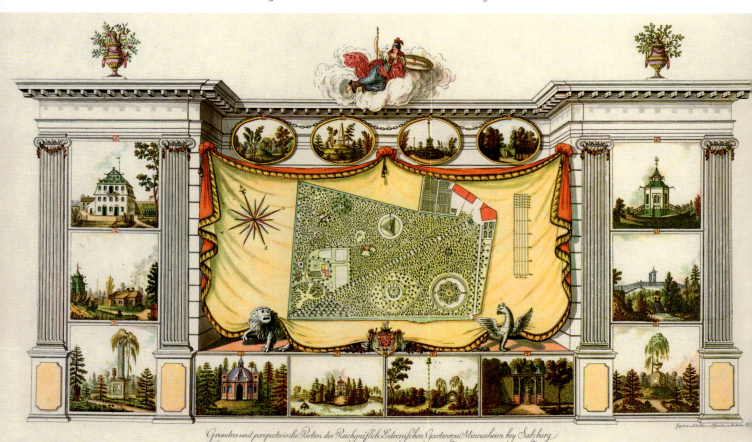

Ausflugsziel. *Selten wird man die im Garten befindlichen Tische und Bänke ohne Gruppen finden, die bey Kaffee oder Bier gelagert sind*, bemerkte Graf Friedrich Spaur und stellte weiter fest, dieser *jedermann geöffnete und dem öffentlichen anständigen Vergnügen gewidmete Garten* würde *die Menschlichkeit des Besitzers rühmen*[25].

Alleen, künstlich angelegte Hügel, Blumenbeete, ein chinesisches Lusthäuschen auf einem Rosenhügel, so wie es bei Adeligen im ausgehenden 18. Jahrhundert besonders beliebt war, ein Vogelhaus und ein Ententeich mit einer Kanincheninsel lockten die Besucher. Im Garten befanden sich weitere aus weißem Alabaster gearbeitete Denkmäler, welche etwa dem Ritter Sylvester Baron von Latran, Kaiser Leopold I. oder dem römischen Dichter Publius Vergilius Maro, kurz Vergil, gewidmet waren[26]. Ein Obelisk in der Mitte des Parks wies mit seinen Geheimzeichen Graf Lodron als Freimaurer aus. Ein steinernes Postament mit der Inschrift *Der einsamen Betrachtung – Dem denkenden Leser – Dem geselligen Vergnügen* drückte das Programm der Anlage aus[27].

Durch einen tiefgreifenden Umbau ging der frühere Charakter des Schlossgebäudes weitestgehend verloren. Schloss und Park Minnesheim wurden schließlich 1915 vom völlig abgewirtschafteten letzten Besitzer um 100.000 Kronen an die Gemeinde Gnigl verkauft, die darin Gemeindewohnungen einrichtete. Von 1915 bis zur Eröffnung der neuen Volksschule 1928 war das Schloss auch Schulhaus. Die ausgedehnten Parkanlagen verwahrlosten[28] und wurden 1936 durch den Bau der Minnesheimstraße entlang des früheren Johann-Nestroy-Weges zerschnitten. Die frühere kleinräumige und kunstvolle Gestaltung des 18. Jahrhunderts ist heute kaum mehr erkennbar. Nur wenige Statuen sind erhalten geblieben.

Beim Bau der Gnigler Turnhalle wurde der künstliche Hügel angeschnitten und zusammenstoßende Grundmauern, Mosaiksteinchen, Bruchstücke von römischen Heiz- und Dachziegeln und Gefäßen sowie eine weiße Marmorstatue gefunden, die auf ein römisches Landhaus an dieser Stelle schließen lassen[29].

Schloss Minnesheim vom Park aus betrachtet, um 1900
Haidenthaller, Chronik II

Schloss Minnesheim von der Grazer Bundesstraße aus, 2010
Sammlung Stadtteilverein Gnigl (Foto Martin Zehentner)

SCHLÖSSER, GUTSHÖFE UND ANSITZE | 233

Rauchenbichlerhof, um 1900, Haidenthaller, Chronik II (Foto J. Grillparzer)

RAUCHENBICHLERHOF

Das Gut Waldbichl (der spätere Rauchenbichlerhof) wird bereits im 12. Jahrhundert erwähnt und gelangte im 13. Jahrhundert zum Grundbesitz der Abtei St. Peter. Im 15. Jahrhundert finden wir den Hof im Besitz bekannter Salzburger Bürgergeschlechter wie etwa der Oeder oder der Alt. 1741 erwarben der Händler Franz Anton Rauchenbichler und seine Frau Maria Theresia Poschinger den Hof und ließen das alte Häusl an der Wegkreuzung herrichten. Wenig später hören wir von einem *neu erpauten* Hof[30]. Bekannt wurde die Familie Rauchenbichler vor allem durch Anton Hermann Rauchenbichler (1780–1834), der sich Verdienste in den Kämpfen des Jahres 1809 gegen die Bayern und Franzosen erwarb.

1831 kaufte Emilie Kraus Baronin von Wolfsberg (1785–1845), bekannter unter dem Namen „Hundsgräfin", den Rauchenbichlerhof. 1881 kam dieser schließlich in den Besitz der Familie Mayr, die das Gablerbräu in der Linzer Gasse führte – daher auch die Bezeichnung „Gabler Hof".

Der zweistöckige Bau ist mit einem Walmdach und im Oberstock mit Stuckarbeiten versehen. Der angrenzende kleine historische Garten mit einem ovalen Pavillon ist gut erhalten.

SCHILLINGHOF

Der heute nicht mehr bestehende Schillinghof (früher auch Schillinghube) war der älteste ständig genutzte Siedlungsplatz in der Gnigl. Er geht bis ins 10. Jahrhundert zurück, wie Hans Krawarik und Heinz Dopsch in ihren Beiträgen zeigen. 1333 ging die „Schillinghube" in den Besitz der Domfrauen über, in der Folgezeit in jenen verschiedener Salzburger Bürgergeschlechter wie den Säppel oder Keutzel. Mitte des 16. Jahrhunderts finden wir mit

Sebastian Schilling den Stadttrinkstubenwirt auf dem Hof. 1661 erwarb das Stift St. Peter unter Abt Amand Pachler den Schillinghof um 5000 Gulden. Es wurde damals ausdrücklich darauf hingewiesen, dass der Hof mit nur wenigen Lasten (Abgaben oder Steuerschulden) beschwert sei und somit von jeder Grundherrschaft frei war. Er war somit Eigengut des Stiftes St. Peter und wurde als Meierhof geführt[31]. 1699 erhielt unter Abt Edmund Sinnhuber das Gebäude des Schillinghofs sein imposantes und repräsentatives Aussehen. Als Baumeister hat sich dabei vermutlich Sebastian Stumpfegger ausgezeichnet. Zum St. Petrischem Meierhof gehörte auch eine Kapelle. Der Garten war ummauert und mit einem herrschaftlichen Tor versehen. Im Gegensatz zum zeitgleich entstandenen Weichselbaumhof in Parsch war der Schillinghof besser ausgestattet[32].

Nach fast 200 Jahren ohne größere Veränderungen wurde durch den Bau der Eisenbahn eine Entwicklung eingeleitet, welche schließlich zur Demolierung des Schillinghofes und zur Verbauung des größten Teiles der landwirtschaftlichen Nutzflächen führte. Bereits der Bau der Halleiner Bahn trennte die Schillinghofgründe 1871 in zwei Teile[33]. Dem Bau des Rangierbahnhofes fiel schließlich der Meierhof selbst zum Opfer. 1902 wurde der Schillinghof abgetragen.

Der Schillinghof, Ölgemälde, Franz Xaver König zugeschrieben, wohl um 1760, Kunstsammlungen der Erzabtei St. Peter

Der Schillinghof, von der Linzer Straße aus gesehen, um 1900, Archiv St. Peter

Idyllisches Ensemble aus der Gründerzeit in Gut Guggenthal, 2010, Sammlung Stadtteilverein Gnigl (Foto Martin Zehentner)

GUT GUGGENTHAL

Die erste urkundliche Erwähnung des Gutes Guggenthal datiert aus dem Jahre 1272. Damals belehnte Friedrich der Erwählte Elisabeth, Gattin des Vizedoms Gottschalk von Neuhaus, unter anderem mit Einkünften von einem Gut unterm Nockstein bei „Gukkenthal". Der Erzählung nach leitet sich dieser Name vom Ausblick in das Salzachtal ab: Guck (oder schau) ins Tal.

Das lodronsche Herrenhaus auch Jagdschloss, 2010 Sammlung Stadtteilverein Gnigl

1588 erwarben Andrä und Maximilian Stainhauser, reiche Salzburger Handelsherren, die gleich unterhalb im Graben eine Messinghütte betrieben, das Gut Guggenthal. Ihr Interesse galt aber vor allem der Mühle, die zum Gut gehörte (Grabenmühle, Guggenthal 8). Das Gut selbst verpachteten sie. Nach dem Konkurs ihres Handelshauses erwarb das Gut und die Taverne der Salzburger Handelsmann Sebastian Stainsperger, nach ihm, 1633, Catharina Gräfin Lodron (geborene Spaur), die Schwägerin von Erzbischof Paris Graf Lodron. Dieser ließ 1642 das *Guett oder Hoff zu Guggenthall und Müll im Graben, nit weniger das neuerpaute Herrnhaus* [Guggenthal 24]*, Pach- und Selchstatt, Stallung, Wagenhütten und Mühl* durch die Hofkammer ankaufen. Den Lindenbichlhof, wie das Gut Guggenthal auch genannt wurde, samt dem neuen Herrenhaus schenkte der Erzbischof als freies Eigen an Bischof Johann Christoph von Chiemsee. Das *alt geweste und unlengst zu einem Würtshaus gerichte Mayrbehausung* blieben im Besitz der Familie Lodron[34].

Mitte des 19. Jahrhunderts nahm diese Gebäudegruppe eine neue Entwicklung, als das Ehepaar Georg und Elisabeth Weikl das Gut aus einer Konkursmasse übernahm. Das Ehepaar besaß in der

Stadt Salzburg zahlreiche Häuser, darunter den Mohrenwirt an der Judengasse und betrieb ein Bankgeschäft. Unter Georg und Elisabeth Weickl entstand nach den Plänen des Salzburger Baumeisters Valentin Ceconi ein für Österreich einzigartiges Ensemble im Stile des Historismus. Dem Beispiel der Stadtflucht des wohlhabenden Bürgertums folgend ließ sich 1862 das Ehepaar gegenüber der Taverne an der „alten Grazer-Eisenstraß" eine Villa im Stile des romantischen Historismus errichten. Gleichzeitig begannen die Bauarbeiten für ein neues Brauhaus.

Das Ensemble aus Villa, Brauhaus und alter Taverne wurde durch eine Kirche vervollständigt. Schon vor 1670 hatte der „Edelsitz zu Guggenthal" über eine kleine Kapelle verfügt, in welcher auf einem tragbaren Altar (lateinisch: *altare portatile*) die heilige Messe zelebriert wurde. Vorbehalten des Gnigler Pfarrers, der eine Konkurrenzierung seiner Kirche fürchtete, begegnete das Ehepaar Weickl damit, es werde jeweils nur die Hälfte des Personals in Guggenthal an der Messe teilnehmen, während die andere weiterhin nach Gnigl gehen würde. Der Pfarrer von Gnigl stimmte dem Ansuchen, eine Kirche errichten zu dürfen, schließlich nur zu, wenn die Guggenthaler Kirche als Filialkirche von Gnigl geführt werde. Außerdem dürften an bestimmten Feiertagen in Guggenthal keine Messen abgehalten werden[35].

Guggenthaler Kirche, 2010, Sammlung Stadtteilverein Gnigl

Am 10. Oktober 1863 wurden die Glocken unter Anwesenheit der höchsten Repräsentanten des Landes von Fürsterzbischof Maximilian Joseph von Tarnóczy geweiht[36]. Auf der *herrlichen Anhöhe von Guggenthal, wo sich dem Auge eine bezaubernde Aussicht in das schöne Salzachtal eröffnet*, zeigte sich das Salzburger Kirchenblatt begeistert, habe *der Großhändler Hr. Weickl und dessen fromme Gemahlin den vortrefflichen Gedanken gehabt […], aus freiem Antrieb und lediglich aus eigenen Mitteln eine Kirche* zu erbauen und *würdig* einzurichten[37].

Weickl-Villa und Taverne, die frühere Meierei, 2010

Weickl-Villa, 2010, beide Sammlung Stadtteilverein Gnigl

SCHLÖSSER, GUTSHÖFE UND ANSITZE | 237

Guggenthaler Kirche vom neuen Friedhof aus, rechts das neue Mesnerhaus, 2010, Sammlung Stadtteilverein Gnigl

Hatschek zur drittgrößten Brauerei Salzburgs und bekam das Prädikat „Erzherzoglicher Kammerlieferant". 1913 betrug der Bierausstoß noch 51.500 Hektoliter pro Jahr, kurz nach Ausbruch des Ersten Weltkriegs musste die Produktion eingestellt werden. Das Fabriksgebäude fand danach keine adäquate Verwendung. 1928 berichtete der Gnigler Chronist Alexander Haidenthaller, dass *das Gebäude unter den Einflüssen der Zeit sehr an seinem Bestande gelitten* habe und *einer verfallenen Ruine gleiche*[38]. Mitte der 1930er Jahre scheiterte der Versuch, die alte Brauerei in ein Hotel umzugestalten.

Das alte Herrenhaus an der Wolfgangsee Bundesstraße diente von 1910 bis 1913 als Expositurschule mit 40 Schülern von Guggenthal, Heuberg, Aigen sowie Plainfeld. Danach war es für kurze Zeit eine Gaststätte. 2001 konnte ein neues Mesnerhaus, von Architekt Hermann Rehrl entworfen, geweiht werden, einige Jahre später wurde im Anschluss über eine kleine Brücke ein Friedhof der Gemeinde Koppl samt Aussegnungshalle errichtet.

Georg Weickl starb wenig später, 1869, und wurde in der Familiengruft der Kirche unmittelbar vor dem Altar begraben. Hier wurde auch Dr. Joseph Anton Schöpf, ein enger Freund der Familie, der 1868 die geistliche Funktion in der Kirche übernommen hatte, bestattet.

Die Brauerei entwickelte sich bis 1893 unter den späteren Besitzern Sigmund und Mathilde

Im Laufe der letzten Jahrzehnte tauchten immer wieder Pläne zur Revitalisierung von Gut Guggenthal auf, jedoch erwiesen sich diese allesamt als unrealisierbar. 2008 ging das Ensemble schließlich in den Besitz einer Wiener Investorengruppe über. Nach deren Plänen soll etwa das Bräuhaus

Das gewaltige Brauhaus harrt seit 90 Jahren seiner Nachnutzung, 2010, Sammlung Stadtteilverein Gnigl (Foto Martin Zehentner)

Blick vom Neuhauserfeld Richtung Gnigl und Kühberg, 1792, aquarellierte Federzeichnung von Franz Treml, Salzburg Museum

Am Fuße des Schlossberges das Weberbartl-Haus (Eichstraße 42), in der Bildmitte das Wirtschaftsgebäude der Neuhauser Meierei (Andrä-Blüml-Straße 31), links anschließend der Reihe nach der alte Pfarrhof (Andrä-Blüml-Straße 32), das Koadjutorstöckl (Andrä-Blüml-Straße 33) und hinter einem Baumgarten versteckt das Stockgütl (Eichstraße 52), vis-a-vis der Kirche das Kramerhaus (Eichstraße 58), ganz links das Gütl zu Grub (Eichstraße 49)

als Automuseum mit Erlebnisgastronomie wiederbelebt werden und auf dem Professorenfeld ein Hotel sowie eine Siedlung mit Zweitwohnungen entstehen. Die 2010 fertig gestellte neue Zufahrtsstraße gibt Anlass zur Hoffnung, dass zumindest Teile der Planung umgesetzt werden.

DAS NEUHAUSER FELD

Am Fuße der Burg Neuhaus lag der zu ihr gehörende Meierhof mit seinen Wirtschaftsgebäuden (Neuhauserhof und Blümlhof). Unter Erzbischof Franz Anton Fürst Harrach erhielt der Hof im Wesentlichen sein heutiges Aussehen.

Ein Teil der Gründe, die zum Meierhof gehörten, das „Neuhauserfeld", diente lange Zeit als Exerzierplatz und gelegentlich als Richtplatz. So beobachteten 1865 Tausende auf dem Neuhauser Feld die Hinrichtung des Giftmörders Johann Oberreiter. 1848 wurden auf dem Neuhauser Feld die Fahnen der Salzburger Nationalgarde geweiht.

Pferderennen der Brigade lockten viele Besucher auf das Feld[39]. Hier empfing Erzbischof Paris Graf Lodron 1628 aber auch den Großherzog Ferdinand II. von Toskana, einen Neffen von Kaiser Ferdinand II. in Begleitung des Prinzen Johann Karl von Medici sowie den Fürsten von Vensoa mit allem barocken Pomp[40]. Im Jahre 1875 wurde unter Teilnahme ranghoher Regierungsmitglieder und Baron Karl Freiherr von Schwarz die Giselabahn eröffnet[41]. Das Neuhauser Feld ist heute großteils verbaut.

Fridoline Grössinger

Die erzbischöfliche Meierei
Der Neuhauser und der Blümlhof

An der Straße, die an Schloss Neuhaus vorbei nach Obergnigl führt, *kommt man zu einem hochfürstl. Meyerhofe, welcher aus einem gutgemauerten Hause, einer gleichen Scheune, und einer gegenüberstehenden Stallung (welche aber vor kurzem durch eine Feuersbrunst eingeäschert worden ist) besteht*, beschrieb Lorenz Hübner diesen landwirtschaftlichen Betrieb. Erzbischof Hieronymus habe diesem Meierhof *ein vorzügliches Augenmerk gewidmet*, ihn neu herrichten lassen und Schweizer Rind aus Glarus eingestellt.

Sowohl die Beschreibung Hübners als auch die Federzeichnung Franz Tremls, beide aus dem Jahr 1792, führen uns ein stattliches Anwesen vor Augen, welches in dieser Form an der Wende vom 17. zum 18. Jahrhundert so entstanden war.

Die erste schriftliche Erwähnung des Meierhofes stammt aus dem Jahr 1592, als das Gebäude abbrannte, weil *des Mayrs Weib gepachen und garn gesotten* hatte und dabei Kamin und Feuerstelle *zerkloben* war. Das Gebäude hatte noch nicht diese stattlichen Dimensionen, sondern nur *zwo Stuben aufeinander*, wobei in den oberen Räumen zeitweilig der Pfleger, in den unteren der Meier und das Gesinde wohnten.

1695 brannte Schloss Neuhaus vollkommen ab. Während die Landesfürsten zu keinen weiteren Investitionen in eine Burg – diese hatten längst auch ihre militärische Funktion eingebüßt – bereit waren, blieb ihr Interesse am landwirtschaftlichen Betrieb weiter bestehen. 1697 wurde das Meierhofgebäude neu gebaut, wovon eine Inschrift auf dem Marmorwappen über dem Eingang berichtet[42].

In Gnigl galt besonders der Viehzucht das Augenmerk. 1707 kaufte Erzbischof Johann Ernst die Almwirtschaft auf der Zistel am Gaisberg, um sie als Sommerweide für das Vieh zu nutzen[43]. Wenig später, im Jahr 1712, ließ Erzbischof Franz Anton die eingeäscherte Scheune und Stallung neu errichten, wie sie bei Treml detailgetreu dargestellt ist und im Kern – mit Ausnahme eines flachen Anbaus zwischen Waschhaus und Stallgebäude – auch heute noch besteht. 1729 erwarb schließlich Erzbischof Leopold ungarische Büffel, die auf der Zistelalm weideten[44]. Der Meierhof Gnigl wurde als

Blick auf den Neuhauser Hof mit Wirtschaftsgebäude, Aquarell von Maximilian Suppantschitsch, um 1900 SLA, Graphiksammlung

erzbischöflicher Musterbetrieb weitum bekannt.

Die Franzosenkriege brachten auch diesen landwirtschaftlichen Betrieb in Schwierigkeiten, das Neuhauser Feld wurde für militärische Übungen genutzt. 1812 versteigerte die bayerische Herrschaft das Gut an Private[45].

Franziska Freifrau von Grimming, Ferdinand von Pichl, Georg Zierer, der Chirurg Josef Reisenberger, Rechtsanwalt Josef Valentin Stieger heißen die sich rasch abwechselnden Besitzer. Anfang der 1870er Jahre erwarben Andreas und Maria Blüml das Anwesen. 1875 verkaufte das Ehepaar Blüml das Wohngebäude (den Neuhauser Hof, Andrä-Blüml-Straße 30) an Karl und Viktoria Schum, Pächter des „Krebswirtshausanwesens" in Salzburg.

Die beiden Gebäude haben seither eine getrennte Entwicklung genommen, das nun Schum-Villa genannte Gebäude erwarb schließlich der frühere Landeshauptmann Hugo Graf Lamberg (Lamberg-Villa). Mit dem Mathematiker Emanuel Czuber hatte das Gebäude einen weiteren prominenten Besitzer. Nach seiner Adaptierung im Jahr 1974 benutzte es die Firma Lanz als Werkstätte (Schneiderei). Seit einem weiteren Umbau in den 1990er Jahren dient es als Wohnhaus[46].

Das Wirtschaftsgebäude des ehemaligen Meierhofes (Andrä-Blüml-Straße 31) wurde vom Ehepaar Blüml bewohnbar gemacht und bewirtschaftet, was auch die im Grundbuch festgeschriebene Verpflichtung, dem jeweiligen Pfarrer von Gnigl jährlich vier Fuhren Dünger, wöchentlich ein Pfund Butter und täglich ein Salzburger Viertel Milch zu liefern[47], mit sich brachte. 1888 übergab Blüml den Hof an seinen gleichnamigen Sohn. Die Landwirtschaft wurde in Form einer reinen Milchwirtschaft mit drei Knechten und Mägden betrieben. Eine Untersuchung zu den landwirtschaftlichen Verhältnissen 1905 in Salzburg hebt die hohe durchschnittliche Milchleistung der Kühe von 9 Litern hervor.

Die Umstellung auf Kriegswirtschaft im Ersten Weltkrieg bedeutete einen drastischen Einschnitt: aufgrund der schlechten Versorgungslage der Bevölkerung wurde 1916 der Blümlhof zwangsweise der Landesregierung unterstellt. Die kinderlose Witwe Andrä Blümls vererbte den völlig heruntergewirtschafteten Hof 1919 ihrem Neffen Johann Grössinger aus Eugendorf.

Johann Grössinger (1892–1954) konsolidierte den landwirtschaftlichen Betrieb[48]. Der Grundbesitz wurde durch den Verkauf von Parzellen an der Minnesheim- und Eichstraße für den Straßen- und Wohnbau sowie 1921 zur erneuten Friedhofserweiterung verringert. 1937 erwarb er das zur Versteigerung stehende Gut Oberleiten am Heuberg für seinen Bruder Vinzenz (Gasthaus „Zur schönen Aussicht").

Die Landwirtschaft wurde zu Beginn der 1960er Jahre aufgegeben und der Stall zu einem Lebensmittelgeschäft umgebaut. Dabei wurden die von Lorenz Hübner erwähnten *marmornen Barnen* entfernt. 1978 generalsaniert beherbergt der Blümlhof heute neben Wohnungen eine Physiotherapiepraxis und eine Gärtnerei.

2. Klasse der Mädchen-Volksschule Gnigl, um 1935
Sammlung Anneliese Paukenhaider

GERTRUD CZAPEK
Chronik der Gnigler Schulen

Alexander Haidenthaller beginnt in seiner Chronik mit der Beschreibung des Schulwesens in Gnigl mit der ersten Hälfte des 17. Jahrhunderts. Der älteste namentlich bekannte Schulhalter war Wolfgang Freiseisen, der am 21. September 1631 starb. Erst im Jahre 1683 liest man von einer Schule mit regelmäßigem Unterricht. Der ständige Schulhalter hieß Matthäus Mackh. Es wurde ihm Schulgeld für einige arme Kinder aus dem Eleemosinariat, einer Almosenausgabestelle, bewilligt, ebenso seinem Nachfolger Johann Tausch. Der Schulhalter Josef Egger erhielt 1696 als zusätzliche Aufgabe den Mesnerdienst und ab 1697 bezog er eine jährliche Besoldung sowie fünf Klafter Holz durch das Pfleggericht Neuhaus. Ein Jahr später bekam er auch Geld für das „Wetterläuten" – bei aufziehenden Gewittern wurden die Glocken geläutet, da man glaubte, damit Schutz vor dem Gewitter zu erhalten.

Die Nachbarschaft Itzling bat wiederholt, z. B. 1711, 1727, 1758, 1760, 1763, 1768 und 1773, um eine Nebenschule, aber immer vergebens. 1761 wurde nur zugegeben, *dass oberstandten Schul lediglich ad dies vitae des alterlebten Schulmeisters, R. Neumayr, dissimulando tolerirt; hingegen aber solche von der Geistlichkeit behörigen Massen visitirt werden solln. Demnach wurde also tolerirt, dass R. Neumayr auf Lebenszeit in Itzling inoffiziell Schule halten konnte, von der Geistlichkeit aber behördlicher Weise visitiert werden sollte.*

Nachdem in Gnigl die Schule in verschiedenen Privathäusern Unterkunft gefunden hatte, wurde sie bei der Errichtung der Kuratie Gnigl 1699 im Erdgeschoß des später mehrfach umgebauten Kuratenhauses (dem so genannten Pichlerhaus, Andrä-Blüml-Straße 32 bzw. Eichstraße 41) untergebracht, von 1708 an wieder in Privathäusern, denen die Kirche immer einen Mietzins bezahlte. 1797 kaufte die Kirche von der Beamtenwitwe Fellacher ein halbes Haus – „rückwärts des gegenwärtigen

Ansicht des Stiegerhof (Blümlhof), in dem auch Schulklassen untergebracht waren, Georg Pezolt, Gaisberg, um 1860
aquarellierte Federzeichnung, Salzburg Museum

Pfarrhofs, „Pfarrerstöckl" und errichtete darin die Schule, wo sie bis zum Jahre 1859 verblieb.

Die Pfarrschule war eine so genannte Trivialschule, benannt nach dem Basiswissen des Triviums, in dem Grundkenntnisse des Lesens, Schreibens, Rechnens und der Religion vermittelt wurden. Sie war einklassig geführt, das heißt, Kinder aller Altersstufen wurden in einer Klasse gemeinsam unterrichtet. 1821 scheint zwar das erste Mal ein Schulgehilfe auf, doch dürfte die Schule den spärlich vorhandenen Aufzeichnungen nach noch immer einklassig gewesen sein.

Vom Schuljahr 1831/32 an wurde die 1. Klasse um eine Vorbereitungsklasse erweitert, somit gab es nun zwei getrennte Klassen. Erst 1858 wurde von der *gesetzlichen Konkurrenz* ein neues einstöckiges Schulhaus an der Eichstraße Nr. 48 gebaut. Die Kollaudierung fand im Jänner 1860 statt. 1859 unterrichteten der Lehrer und sein Gehilfe 120 Wochen- und 50 Sonntagsschüler.

Die Gnigler Schule an der Eichstraße, um 1910
AStS, Fotoatelier Würthle

Der Unterricht fand im Sommer täglich von 7.30 Uhr bis 10 Uhr, im Winter von 8.30 Uhr bis 11 Uhr und nachmittags immer von 12 Uhr bis 14.30 Uhr statt und dauerte also täglich fünf Stunden.

Der Unterhalt des Lehrers, der zugleich Mesner und Organist war, sowie seines Gehilfen bestand aus der Wohnung im neuen Schulhaus, dem Genuss des Gartens und einer Entlohnung von 1425 Gulden 14 ½ Kreuzer für beide zusammen.

Im Jahre 1859 gründete Pfarrer Josef Schindlauer zusätzlich eine zweiklassige *Industrieschule* für Mädchen, die bis Ende 1875 bestand. Sie wurde von ihrem Gründer mit einem Fond von 1000 Gulden ausgestattet. Von dessen Erträgen sollten laut Stiftsbrief arme Mädchen gegen ein Schuldgeld von wöchentlich zwei Kreuzern in *weiblichen Handarbeiten* unterrichtet, aber auch Stoffe zur Verarbeitung angeschafft und die *Fabrikate den Mädchen eigentümlich überlassen* werden. Ab 1. Juni 1873 erhielt die Schule auch eine eigene Handarbeitslehrerin.

Als *Pfarrschule* stand die Schule unter der Aufsicht des Vikars bzw. ab 1857, als Gnigl zur Pfarre erhoben wurde, des Pfarrers, der zugleich Lokalschulinspektor war, und dem jeweiligen weltlichen Ortsschulaufseher des k. u. k. Schuldistrikts, der für Gnigl Bergheim war.

1836 fand eine Schulvisitation durch Erzbischof Friedrich von Schwarzenberg statt und 1853 visitierte Fürsterzbischof Maximilan Joseph von Tarnoci die Gnigler Schule. Als Jakob Hochmuth Dechant in Bergheim war, wurden die Schulfeierlichkeiten anlässlich der Schulprüfungen besonders feierlich abgehalten. Er wünschte als bischöflicher Kommissär mit Glockengeläute empfangen zu werden. Die Kirche musste festlich geschmückt sowie ein überzogener Betschemel bereitgestellt werden und der Ortsseelsorger ihm in Talar, Rochett (Chorrock) und Stola, mit Kreuz und Leuchterträgern, begleitet von der Schuljugend, eine bestimmte Strecke des Weges entgegen gehen.

SCHULE IM SPÄTEN 19. UND FRÜHEN 20. JAHRHUNDERT

Mit dem Reichsvolksschulgesetz von 1869 begann für die Volksschulen Österreichs eine neue Ära. Die Schulbildung wurde nun vollständig dem Staat unterstellt und die Kirche verlor ihre Bildungsaufsicht. Das Gesetz verlängerte außerdem die Schulpflicht auf acht Jahre und führte einen Ortsschulrat ein, der die Interessen der Schule, der Lehrer, der Gemeinde und der Eltern auf das *Beste zu wahren* hatte.

Auch die Schule Gnigl bekam im Jahre 1869/70 einen eigenen Ortsschulrat, der sich unter dem Vorsitz von Carl Schwarz, Bauunternehmer, der wesentlichen Anteil am Eisenbahnbau und an der Stadterweiterung hatte, aus folgenden Personen zusammensetzte: Albert Reichard (Vorsitzender Stellvertreter), Karl Buxbaum (Ortsschulinspektor), Dr. Franz Hattinger (praktischer Arzt), Pfarrer Maximilian Kurz von Goldenstein sowie Anton Zehentner (Lehrer und Leiter der Schule Gnigl).

Da die Schülerzahl beständig anstieg, wurde 1874 die Schule bereits 3-klassig geführt und im Jahr 1878 musste auf die Schule ein zweites Stockwerk aufgesetzt werden, das dem Schulhaus die noch heutige Gestalt verlieh und nun auch mehr

Klassen ermöglichte. Nach dem Aufbau konnten 286 schulpflichtige Kinder untergebracht werden.

Die ständige Zunahme der Schulkinder brachte aber neue Probleme mit sich. Viele arme Eltern konnten ihre Kinder nicht mit den nötigen Lehrmitteln versorgen. Ein Großteil der Kinder aus Itzling, Heuberg und Guggenthal ging in Gnigl zur Schule und konnte in der Mittagspause nicht zum Essen nach Hause gehen. Um Abhilfe zu schaffen, wurde 1888 ein Volksschulverein ins Leben gerufen, um den sich Theologieprofessor Joseph Anton Schöpf sowie Franz Lösch, Oberlehrer der Schule in Gnigl, hohe Verdienste erwarben. Schon im ersten Bestandsjahr wurden über 3000 Suppenportionen ausgegeben und zusätzlich ein bestimmter Betrag für Lehrmittel und warme Kleidung im Winter. Da von Jahr zu Jahr die Anzahl der schulbesuchenden Kinder weiter stieg, wurde auch der Volksschulverein immer mehr in Anspruch genommen. 1910 bis 1913 erlahmte aber seine Tätigkeit und wurde zuletzt ganz eingestellt. 1913/14 passte jedoch Oberlehrer Franz Fessmann die Statuten des Vereins den damaligen Verhältnissen an und sicherte so den Fortbestand des Vereins.

Um weiteren Platz für Klassen zu erhalten, wurde die Lehrerwohnung aufgelassen. 1896 verfügte die Schule bereits über fünf Klassen.

Am 1. Februar 1897 wurde endlich eine *Excurrendo Schule*, also eine Art Expositur, in Itzling unter Beisein der k. k. Schulbehörden, der Gemeindevertretung und Lehrerschaft Gnigl etc. eröffnet. Der Lokalschulfond Gnigl steuerte sogar 50 Gulden für die Gründung eines Schulfonds in Itzling bei. Die Zahl der Schülerinnen und Schüler sank in Gnigl allerdings auch nur von 524 auf 444, also um 80 Kinder. 1906, inzwischen sechsklassig geworden, war der Raummangel wieder so groß, dass beim Turnerwirt ein geeigneter Saal für die Schule adaptiert werden musste.

Schließlich gelang es auch den Guggenthalern eine Expositurschule zu bekommen. Am 20. Oktober 1913 öffnete die Schule in Guggenthal, was aber auch nicht die gewünschte Entlastung brachte. Durchschnittlich rund 400 Kinder besuchten die Schule in Gnigl. Nachdem die Gemeinde

Mädchenklasse im Schloss Minnesheim, vor 1930
Sammlung Alois Buchner

Gnigl-Itzling Schloss Minnesheim 1915 erworben hatte, ließ sie auch hier in umgebauten Räumlichkeiten drei Klassen einrichten.

Während des Ersten Weltkriegs stieg die Raumnot der Schule weiter an: Die beiden, zuvor beim Turnerwirt untergebrachten Schulzimmer mussten für Kriegsflüchtlinge geräumt werden. Die Kinder der ersten beiden Klassen erhielten einstweilen jeden zweiten Tag, abwechselnd mit der zweiten und dritten Klasse, im Schulhaus Unterricht. An den „schulhausfreien" Tagen wurden die Schülerinnen und Schüler der betreffenden Klassen bei günstiger Witterung im Freien, im Schlosspark oder im Zuge eines Lehrausganges unterrichtet. Als weiteres Klassenzimmer wurde der Saal im Gasthaus „Zur Kendl" (1915) genutzt und 1917/18 musste wegen Brennholzmangels über die Wintermonate der Unterricht zeitweise vollständig eingestellt werden bzw. Klassen wurden zusammengezogen. Die Kegelbahn des Kendlwirts beherbergte eine Ausspeisung für 90 arme Kinder.

Kindergarten Gnigl, 1933, Sammlung Warwitz

Nach Kriegsende, im Jahre 1919, mietete und adaptierte die Gemeinde wegen der verpflichtenden Teilung nach Geschlechtern Räume für weitere drei Klassen in den sogenannten „Via-Werken" (Eichstraße 5 – eigentlich dem zum Haus gehörigen Maschinen- und Materialgebäude), eine aufgelassene Speisewürfelfabrik aus der Kriegszeit, die dann der Obstverwertung diente. An deren Stelle stand später die Möbeltischlerei Schörghofer – heute ist hier die Lebenshilfe untergebracht. Somit befanden sich 1921 im Schulhaus fünf, im Schloss vier und in den „Via-Werken" drei Klassen. Schulunterricht konnte in allen zwölf Klassen ganztägig erteilt werden.

Mädchen-Volksschulklassen, 1920er Jahre, Sammlung Theo Luigs

Die wachsenden, unzulänglichen Platzverhältnisse der Schule Gnigl gaben den Anlass, an eine neu zu bauende Schule zu denken. Schon 1911 wurde ein eigenes Schulhauskomitee gebildet. Die Verhandlungen zogen sich hin. Im Jahre 1913 konnte man sich immer noch nicht wegen „territorialer Schwierigkeiten", das heißt über die Frage, ob die Schule in Itzling oder Gnigl gebaut werden sollte, einigen. In diesem Jahr stimmten die Itzlinger Vertreter im Gemeinderat dem Bau einer Bürgerschule in Gnigl nur unter der Bedingung zu, dass sie ebenso eine solche bekämen. Der Erste Weltkrieg brachte dann das Projekt völlig zum Stillstand und verzögerte es bis in die Mitte der 1920er Jahre. Bei der Finanzierung fehlte noch immer der Patronatsbeitrag des Bundes, der ein Viertel der Gesamtkosten ausmachte. Diese Zahlung verzögerte sich deshalb, weil Architekt Paul Geppert zwei Reserveklassen hinzubaute und diese irrtümlicher Weise mit „Zeichen- und Physiksaal" bezeichnete und der Bund daraufhin behauptete, es werde eine Bürgerschule gebaut und daher sei er nicht beitragspflichtig.

DAS SCHULHAUS IN GNIGL

Der Schulhausbau gilt zu Recht als eine „historische Tat" der sozialdemokratischen Gemeindeverwaltung Gnigl-Itzling. Die Pläne für den 52 Meter langen Bau auf den ehemaligen Gründen des Blümlhofs am unteren Ende des Gemeindeparks „Minnesheim" stammten vom Architekten und Baurat Paul Geppert, der auch die Bauoberleitung hatte.

Vor dem Schulgebäude wurden zeitgleich zwei Wohnhäuser gebaut, die hauptsächlich als Lehrerwohnungen bestimmt waren, und mit dem Schultrakt eine einheitliche Anlage bilden. Im Mai 1927 fand die Feier zur Grundsteinlegung statt. Baupläne, Beschreibung der Baukosten, damals kursierendes Münzgeld und je eine Ausgabe der drei Salzburger Tageszeitungen wurden in einer Bleibüchse verlötet in den Grundstein gesteckt und dieser im Boden des Turnsaales versenkt. Bereits eineinhalb Jahre später, am 23. September 1928, wurde die Schule feierlich eröffnet. Bürgermeister Christian

Luftbildaufnahme der Gnigler Schule, um 1930, AStS, Fotosammlung

Schulhof der Gnigler Volksschule, 2010 (Foto Stadtteilverein Gnigl, Martin Zehentner)

Laserer betonte in seiner Festrede, dass es sich hier um eine Volksschule handle und die Hauptschule einmal an einem ganz anderen Platze stehen werde. Diese Frage werde erst im Zusammenhang mit der Eingemeindung von Gnigl-Itzling in die Stadt Salzburg zu lösen sein. Hierauf erhielt Direktor Ferdinand Spannring die Schlüssel der Schule.

Das Schulhaus hatte für Knaben und Mädchen zwei gesonderte Eingänge. Über den beiden Toren prangen symbolische Statuen, Sinnbilder des Verkehrs und des Gewerbes, der Landwirtschaft und der Kinderfürsorge. Für Knaben und Mädchen gab es auch separate Eingänge in den Turnsaal, der von einer Pfeilergalerie umsäumt war, von der aus man den Übungen zusehen konnte. Die vordere Längswand trägt die Inschrift: *Erbaut 1927/28 unter dem Bürgermeister Christian Laserer nach den Plänen des Architekten Paul Geppert, ausgeführt von der Fa. Grundstein, gemeinsam mit den ortsansässigen Gewerbetreibenden.* Vom Turnsaal gelangte man in das Brausebad, das damals allen Anforderungen moderner Hygiene entsprach. Es gab eine Schulbadeanstalt und ein öffentliches Bad mit Einzelduschen und Wannenbädern. Bis zum Jahre 1990 wurde das öffentliche Bad von der Bevölkerung genützt. In den beiden Stockwerken waren zwölf modern eingerichtete Klassenzimmer und vier Reserveklassen untergebracht.

Ein Klassenraum wurde als Kinosaal zur Vorführung von Lehrfilmen verwendet. 1930 genehmigte der Bezirksschulrat der Schulleitung sogar die fallweise Vorführung belehrender Filme vor Eltern und anderen erwachsenen Angehörigen. In sechs Klassenzimmern waren neue, nach den Plänen des Schularztes angefertigte Bänke aufgestellt. In diesen Zimmern waren auch so genannte amerikanische (schon bewegliche) Schultafeln angebracht, sowohl an der Stirnseite des Raumes für den Lehrer, als auch an der Seitenwand für die Schüler. Die Direktionskanzlei, das Konferenzzimmer und das auf dem Dachboden untergebrachte Musikzimmer entsprachen ebenso den damals modernsten Anforderungen. Erwähnenswert sind auch die Garderobenräume seitlich an den Längswänden der Gänge, die durch zweckentsprechende Holzgitter abgeschlossen werden konnten.

1930 wurde die Unterbringung der Mutterberatungs- und Säuglingsfürsorgestelle in der Volksschule Gnigl genehmigt, da die Souterrainräume, die für die Schulküche bestimmt waren, nicht mehr benötigt wurden.

Ein botanischer Schulgarten, der am Platz vor der Schule angelegt worden war, wurde 1931 im Beisein des Bürgermeisters, Vertreter des Lehrkörpers und Ortsschulrates, des fachmännischen Beraters Hauptschullehrer G. Stampfer und des Flurwächters und Schulgärtners Alois Tonner, der für das *Säen, Setzen und Aufziehen aller Pflanzen* der Schule verantwortlich war, übergeben. Der Schulgarten wurde als Erziehungsmittel gesehen, nach dem Motto *Die Kinderhand, die selbst Blumen und Nutzpflanzen gehegt und gepflegt hat, wird auch draußen in der Natur nicht wie ein Wüstling walten.*

„Alpinum", um 1935, Schulchronik Gnigl

Der Schulgarten sah, wie der Schulchronik zu entnehmen ist, folgendermaßen aus:

Die rechtsseitige Anlage (27 x 10 m) vor dem Schulhaus enthält Nutzpflanzen wie: Getreidepflanzen, Öl liefernde Pflanzen, Gewürze, technisch wichtige Pflanzen, Gemüse-, Futterpflanzen, die Pflanzenfamilie der Hülsenfrüchte, Heilpflanzen, Obstbaumschule und Sträucher nach der Ordnung Windblütler und Insektenblütler, Einhäusigkeit und Zweihäusigkeit.

Die mittlere Anlage (14 x 14 m) vor dem Schulhaus enthält Pflanzen mit Stacheln, Dornen und Borsten behaftet, als Schutzmittel gegen laubfressende Tiere, ferner Pflanzen mit Schutzmitteln chemischer Natur wie Milchsäfte, Äther, Öle, eingelagerte Kristalle, weiters mit Schutzmitteln gegen zu starke Verdunstung, lichthungrige- und kletternde Pflanzen, Insektenblütler, und zwar Tagfalter-, Nachtfalter-, Wespen-, Fliegen-, Bienen und Hummelblumen.

In einem betonierten Wasserbassin einige Sumpfpflanzen. Es gibt auch noch Giftpflanzen und eine Gruppe, welche die Verbreitung der Früchte und Samen veranschaulicht wie Schleuder-, Schüttel-, Klett-, Vogel-, Ameisen- und Windfrüchtler.

Die Abteilung an der Nordseite des Schulhauses (17x8,5m) enthält Zierblumen und Ziersträucher. Die südliche Anlage (22 x 10 m) das „Alpinum"

Mit 1. Juli 1935 trat das Landesgesetz betreffend die Erweiterung des Gebietes der Landeshauptstadt Salzburg in Kraft. Die Schule Gnigl unterstand ab diesem Zeitpunkt dem Stadtschulrat Salzburg.

Am 25. Februar 1945 wurde die Schule durch einen Bombenangriff schwer beschädigt. Erst ab April 1945 konnte der Unterricht in den notdürftig hergerichteten Räumen wieder aufgenommen werden. Das Schulgebäude wurde dann zur Unterbringung von Militär und von 400 bis 500 Flüchtlingen benützt. Von 30. Juli bis 6. September war der ganze erste Stock der Schule von Sträflingen der 42. US-Infanterie-Division belegt. Alle Fenster wurden vergittert und der Aufgang streng bewacht. Im November 1945 konnte ein „Notunterricht" aufgenommen, aber erst ab März 1946 wieder der tägliche Unterricht im normalen Stundenausmaß abgehalten werden.

Im Jahre 1952/53 wurde der Schulbetrieb umgestellt. Das zweite Stockwerk musste an die Hauptschule für Mädchen von St. Andrä abgetreten werden, während die Volksschule im ersten Stock verblieb.

Die neue Hauptschule Schloßstraße, um 1970, Chronik der Hauptschule Schloßstraße (Foto Carl Pospesch)

Dadurch musste der Halbtagsunterricht mit wöchentlichem Wechsel eingeführt werden. 1963/64 gab es noch immer – also bereits 12 Jahre – Wechselunterricht, weil die Hauptschule im Haus untergebracht war. Im Mai 1954 begann die erste große Renovierung nach dem Krieg, der 1963 noch weitere größere Arbeiten folgten. Das Alpinum wurde aufgelassen (1960/61), da es in den Nachkriegsjahren vollkommen verkrautet war, die Baumgruppe wurde gelichtet und die Grünfläche an der Schulstraße vergrößert.

DIE HAUPTSCHULE AN DER SCHLOSSSTRASSE

1963 wandten sich die Leitung, der Lehrkörper beider Schulen und die Eltern an den Gemeinderat der Stadt Salzburg mit dem eindringlichen Ansuchen um den Bau einer neuen Hauptschule in Gnigl. Ein größeres Grundstück in Richtung Parsch musste noch gesucht werden. 1967 konnte das aus einem Wettbewerb hervorgegangene Siegerprojekt der beiden Architekten Wolfgang Soyka und Georg Aigner in einer Versammlung des Elternvereins vorgestellt und ein Jahr später die Spatenstichfeier für die neue Hauptschule an der Radnitzkystraße begangen werden. Unter Direktor August Margreiter wurde die Hauptschule, die erste Hallenschule im Stadtbereich, am 6. November 1970 eröffnet. Die zunächst mit zwei Klassenzügen geführte Hauptschule Schloßstraße wurde 1985/86 auf drei Leistungsgruppen umgestellt. Von 1977/78 bis 2007/08 nannte sie sich Sporthauptschule, im Schuljahr 2008/09 legte sie den Schwerpunkt auf die Wirtschaft, den sie als „Neue Mittelschule" ab dem Jahre 2009 weiterhin beibehält.

DIE VOLKSSCHULE GNIGL BIS HEUTE

1968 wurde eine ganze Reihe von Renovierungsarbeiten in der Volksschule Gnigl in Angriff genommen, die 1976 unter Direktor Hans Gabriel ihren Abschluss fand.

So gab es in den Ferien 1970, als die Hauptschule bezugsfertig wurde, große Veränderungen im Schulhaus. Dazu kamen weitere Umbaumaßnahmen wie beispielsweise neue Heizanlagen, Pendeltüren, die Errichtung einer Vitrine unter der der Grundstein wieder eingebaut wurde, der Einbau von Waschbecken und Lautsprecheranlagen in allen Klassenzimmern usw. Als krönenden Abschluss bekam die Schule im Jänner 1976 die

Plastik des Bildhauers Bernhard Prähauser „Große Musikgruppe – Pax" als Leihgabe.

1987 wurde unter Volksschuldirektor Franz Jahn „60 Jahre Volksschule Gnigl" gefeiert, zehn Jahre später stand die Feier „70 Jahre Grundsteinlegung" unter dem Titel „Schule ohne Grenzen". Direktorin Sigrid Benesch wählte diesen Titel deshalb, weil inzwischen Kinder aus Indien, Pakistan, China, Peru, Türkei, Kroatien, Serbien, Bosnien, Afrika und Japan, hier in die Schule gingen. Fast 400 Schüler und Schülerinnen und 30 LehrerInnen gestalteten das Fest.

In den letzten Jahren führe die Volkschule Gnigl auch eine Reihe von Kunstprojekten durch. Eine Schulklasse bearbeitete unter dem Künstler Karl Schönswetter Ziegelsteine und brachte diese dann an der Außenfassade neben dem Eingang zur Mutterberatung an (1999). 2001 schuf eine vierte Klasse im Rahmen der Veranstaltung „Schulschluss kreativ" eine Sonnenuhr, die an der Südseite des Schulhauses zu sehen ist.

Knaben-Volkschulklasse, 1964, Sammlung Alexander Bartl

2004 gestaltete die Textilkünstlerin Maria Treml mit Kindern ein Kunstwerk aus 300 Meter Seil, 900 Meter Gurte und 60 Kilo Baumwollbändern aus Recyclingmaterial.

Die Gnigler Schule vom Kühberg gesehen, 2007 (Foto Sulzer)

Schulhof der Waldorf Schule in Langwied, 2010 (Foto Stadtteilverein Gnigl, Martin Zehentner)

Da das Schulhaus – wie schon so oft – wieder aus allen Nähten zu platzen droht, müssen alle Räumlichkeiten bis auf die letzten Ressourcen für den Unterricht genützt werden. Daher wird 2010 mit dem Neubau eines Kindergartens und Hortes, sowie mit der dringenden Sanierung des Schulgebäudes begonnen. Der Hort ist bisher in zwei Kellerräumen des Schulhaustraktes untergebracht, die zu neuem Nutzen für die Nachmittagsbetreuung frei werden sollen.

Nach 80 Jahren wurde nun im Jahre 2010 die Mutterberatung geschlossen, sodass die Souterrainräume, die für die Schulküche bestimmt waren, ihrem ursprünglichen Sinn zugeführt werden können. Die Ganztagsschul-Klassen, die die Schule ja auch schon seit fünf Jahren zu führen hat, benötigte schon dringend diese Räumlichkeiten.

DIE WALDORFSCHULE

Im Schuljahr 1975/76 ergriff die Malerin und Kunsttherapeutin Gertha Knirr, die in der Lebenshilfe Salzburg nach waldorfpädagogischen Gesichtspunkten therapeutisch mit Kindern arbeitete, die Initiative zur Gründung eines Waldorfkindergartens. Zwei Jahre später leitete Gerlinde Halm bereits im sogenannten „Schweizerhaus" an der Fürstenallee 19 einen Waldorfkindergarten. 1979 traf sich erstmals ein Kreis von Interessenten für eine Schulgründung und im darauf folgenden Schuljahr meldeten fünf Mütter ihre Kinder in den „häuslichen Unterricht" ab, die in einem Kellerraum des Waldorfkindergartens im „Kellerschülchen" von Rainald Grugger unter Mithilfe der Eltern unterrichtet wurden.

Zur Vorbereitung der Schulgründung bildete sich ein neuer Vereinsvorstand, der sich mit den geistigen Grundlagen einer neuen Sozialgestaltung, wie sie Rudolf Steiner entwickelt hatte, auseinander setzte. Später sprach man vom „Salzburger Sozialimpuls", der entscheidend für die Salzburger Waldorfbewegung wurde.

Wegen Platzmangels dachte man schon lange an einen Neubau. Nachdem die Schule 1981 das Öffentlichkeitsrecht und die Eignung zur Erfüllung der Schulpflicht erhalten hatte, sodass zusätzliche externe Prüfungen entfielen, bezog man in Langwied ein Zweifamilienhaus (Maierwiesweg 7) unweit des jetzigen Schulhauses. Neben den vier Klassen konnte hier auch noch eine Kindergartengruppe untergebracht werden. Bis zum Schuljahr 1983/84 blieb die Schule in diesem Haus, bald herrschte jedoch so großer Platzmangel, dass bereits die ersten zwei Klassen in die Volksschule Itzling ausgelagert werden mussten.

1984/85 übersiedelte die Schule in das ehemalige Bayerhamergut und nutze auch das Gebäude der angebauten, schon längst geschlossenen Handschuhfabrik (Bayerhamerstraße 35), drei Jahre später musste durch einen Barackenanbau neuerlich dringend benötigter weiterer Schulraum geschaffen werden.

Nach längeren Verhandlungen konnte im Winter 1992 am jetzigen Grundstück am Söllheimer Bach in Langwied mit dem Bau des neuen Schulgebäudes nach einem Entwurf des Architekten Jens Peters begonnen werden.

Am 27. Februar 1993, dem Geburtstag Rudolf Steiners, fand das Fest der Grundsteinlegung statt. Im Endausbau wirkten viele Eltern engagiert mit, sodass am 29. September 1994 die Einweihung des Schulneubaus stattfinden konnte. 1996/97 wurde der erste Maturalehrgang erfolgreich durchgeführt und damit eine weitere Ausbaustufe der Schule zum Abschluss gebracht. 2001 fanden die Feierlichkeiten zum zwanzigjährigen Jubiläum der Schule und zum fünfundzwanzigjährigen Bestehen der Waldorfpädagogik in Salzburg statt.

DIE SCHULHALTER UND VORSTEHER DES LEHRKÖRPERS DER VOLKSSCHULE GNIGL

1683	Matthias Mackh	Schulhalter
	Johann Tausch	Schulhalter
1696	Josef Egger	Schulhalter
1761	R. Neumayer	Schulmeister
1763	Karl Wegmayer	Schulhalter
1783	Virgil Fellacher	Schulhalter
1798	Corbinian Fellacher	Schulhalter
1829	Johann Schmid	Schulhalter
1839	Johann Seywaldstätter	Oberlehrer & Mesner
1858	Anton Zehentner	Oberlehrer & Mesner
1873	Sebastian Schalkhammer	Oberlehrer & Mesner
1876	Franz Lösch	ab 1896 Direktor
1903	Michael Rieser	Oberlehrer
1916	Franz Fessmann	Schuldirektor
1923	Alois Leißnig	Schuldirektor
1928	Ferdinand Spannring	Schuldirektor
1931	Josef Suppin	Schuldirektor
1938	Wilhelm Eder	Schuldirektor
1945	Wolfgang Hallasch	Schuldirektor
1947	Lorenz Zapf	Schuldirektor
1952	Georg Pabst	Schuldirektor
1954	Robert Neimer	Schuldirektor
1957	Karl Döttl	Schuldirektor
1969	Hans Gabriel	Schuldirektor
1977	Rudolf Klier	Schuldirektor
1981	Franz Jahn	Schuldirektor
1996	Sigrid Benesch	Schuldirektorin
1998	Franz Jahn	Schuldirektor
2002	Sigrid Benesch	Schuldirektorin

Quermauern entlang des Alterbachs oberhalb der Glockmühle, 2010 (Foto Martin Zehentner)

HERBERT WEIGL

Der Alterbach. „Vom Greuel der Verwüstung, der Seuchengefahr und der Wassernoth"

Welch' schreckliches Element das sonst so wohlthäthige Wasser ist, kann eigentlich nur derjenige recht und ganz beurtheilen, dem es wiederholt an Leib und Leben gegangen.

So schrieb Joseph Anton Schöpf über die Überschwemmungskatastrophe des Jahres 1886, die hohen Sachschaden und Tote gefordert hatte[1]. Schöpf hatte als Kind die Gefahren von Überschwemmungen 1825 auf seinem elterlichen Hof im Ötztal am eigenen Leib erfahren. 61 Jahre später musste er eine ähnliche Katastrophe in seiner neuen Heimat Gnigl mit ansehen. Das wirtschaftlich genutzte Alterbachwasser[2] war 1886 zur Existenz- und Lebensbedrohung für viele Gnigler geworden. Derartige „Störungen"[3] hinterlassen deutliche Spuren und bieten Ansatzpunkte für die umwelthistorische Forschung. Der Alterbach bedrohte immer wieder Gnigl. Neben der Überschwemmungsgefahr waren auch die Gefährdung der Trinkwasserversorgung und die Seuchengefahr, die häufig in verunreinigtem Wasser ihren Ausgangspunkt hatte, brisante Themen der Jahrzehnte am Übergang vom 19. zum 20. Jahrhundert. Die gehäuften und von den Zeitgenossen so bedrohlich wahrgenommenen Probleme rund um das *wohlthätige* Wasser sind ein Hinweis auf grundlegende Veränderungen.

DAS „SCHWERE" UNGLÜCK 1886 ÜBERSCHWEMMUNGEN AM ALTERBACH

Ein Wolkenbruch in der Nacht vom 25. auf den 26. August 1886 ließ den Alterbach und seine Seitenbäche zu reißenden Flüssen anschwellen und über die Ufer treten. Zwei Todesopfer, verheerende Schäden an Wirtschafts- und Wohngebäuden, Wiesen und Verkehrswegen waren die Folge. Kaum ein Grundstück, eine Bebauung in der Nähe des Alterbaches war von der zerstörerischen Kraft verschont geblieben.

Der Alterbach habe *Wohngeräthe, Baumstämme und ganze Wände von Hütten und Stadeln* mit sich geführt, hieß es über das *schwere Unglück*. Der Versuch, Mehl- und Getreidesäcke zu retten, wurde für zwei Müllerburschen zum tödlichen Verhängnis. Sie wurden im Lagerraum vom einbrechenden Wasser überrascht und mitgerissen[4]. Wenige Tage später sprach Joseph Schöpf im ebenfalls schwer mitgenommenen St.-Anna-Spital *Ueber den Greuel der Verwüstung in der Gemeinde Gnigl*[5]. Er berichtete über die Schäden und über die in ihrer Existenz bedrohten Familien. Seine Bitte an die Bewohner der Stadt Salzburg, die Geschädigten mit Spenden zu unterstützen, brachte eine Summe von beinahe 8000 Gulden ein[6].

Schadensliste von 1886	Anzahl der Geschädigten	Schadenssumme in Gulden			
		bis 500	500–2000	über 2000	über 5000
Gnigl	50	22	12	9	7
Itzling	15	9	4	1	1
Heuberg	11	8	2	1	0
Guggenthal	4	3	1	0	0
Gesamt	80[7]	42	19	11	8

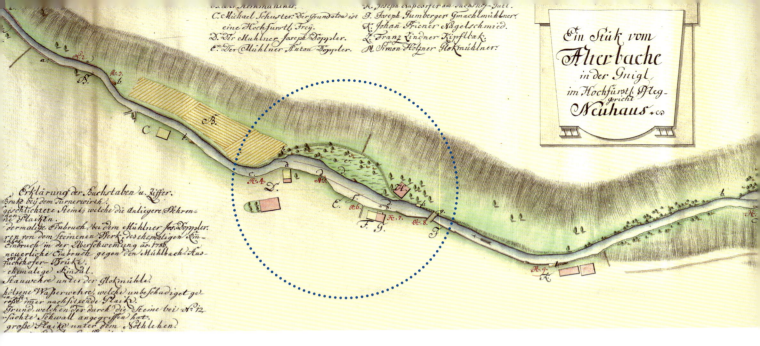

Ein Stück vom Alterbache in der Gnigl im Hochfürstlichen Pfleggerichte Neuhaus, 1792, SLA, Karten und Risse 046

Diese Darstellung zeigt die Auswirkungen der Überschwemmung 1792. Die roten Nummerierungen, im gekennzeichneten Bereich Nr. 4–8 von insgesamt 13, markieren jene Stellen, an denen das Hochwasser Schaden anrichtete. Auf dem Grund des Mühlenbesitzers Joseph Doppler (D) ist der *dermalige Einbruch* (c) eines früheren Hochwassers zu sehen. Die Reste einer steinernen Uferbefestigung (d) sind durch punktierte Linien angedeutet. Die Ausschwemmung des Hochwassers von 1786 (e) ist anhand der eingezeichneten Geländelinie klar zu sehen. Eine Auswirkung der Überschwemmung von 1792 war der *neuerliche Einbruch gegen den Mühlbach* (f). Die Mühlbacheinmündung befand sich auf der Höhe des Fuchshof-Gütls (H), die eingezeichnete Brücke lag am Grund des Gmachlmüllers (F).

Eine Schadensliste[8] beschreibt stichwortartig die Schäden und beziffert die geschätzte Schadenshöhe. Folgeschäden, wie beispielsweise Verdienstentgang, wurden nicht berücksichtigt.

Die Ortschaft Gnigl war von der Katastrophe am stärksten betroffen[9]. Die häufigsten Schäden waren Verschlammungen von Wiesen, Äcker und Gärten sowie Zerstörung von Zäunen und Gartenmauern. Aber auch Brennholz, Obstbäume, Werkzeuge und dergleichen gehörten zu den verlorenen Gütern. Die Zerstörung mehrerer Wehre, Mühlgerinne und ganzer Brücken bedeutete einen besonders großen Schaden. Den höchsten Sachschaden hatte der Glockmüller Engelbert Weinhäupl mit 15.500 Gulden zu beklagen.

Ihm wurden eine Wehr, sein Mühlgerinne, eine Brücke, eine Flussmauer und Zäune weggerissen. Diese Auflistung vermittelt insbesondere bei den Geschädigten mit einer Schadenshöhe von über 5000 Gulden das Bild wirtschaftlicher Existenzbedrohung. Aber auch ein Schaden von „nur" 500 Gulden entzog 22 Haushalten ihre wirtschaftliche Grundlage. Die behördliche Auflistung differenzierte daher nach sozialen Kriterien wie *arm, sehr arm, verschuldet* oder *überschuldet*, um in Härtefällen gezielt helfen zu können[10].

Das starke Gefälle war ein entscheidender Standortfaktor für den Betrieb von Mühlen[11]. Wehre und Mühlgerinne wurden gebaut, um unterschiedlichste Betriebe, vom Wäscher bis zum Müller und Bäcker, mit Wasser zu versorgen. Und genau dort, wo das Wasser so besonders *wohlthätig* war, musste man dessen Gefahren am deutlichsten zur Kenntnis nehmen.

Überschwemmungen drohten ständig. Im Juli 1848 etwa hatten die Wassermassen ein noch größeres Ausmaß als 1886 erreicht. Trotzdem sei der Schaden geringer gewesen, da *die Entwaldung damals nicht so fortgeschritten war*, erklärte Joseph Schöpf[12]. Wenn er mit dieser Behauptung richtig lag, müsste die holzwirtschaftliche Nutzung rund um den Alterbach in der zweiten Hälfte des 19.

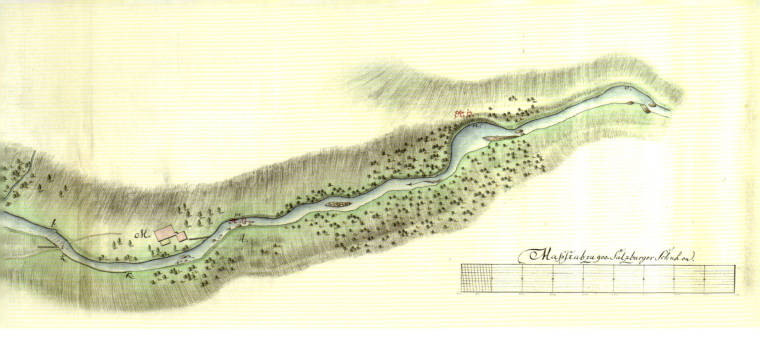

Jahrhunderts mitverantwortlich für das Ausmaß der Katastrophe von 1886 gewesen sein. Auch 1792 und 1807 war der Alterbach aus seinen Ufern getreten und hatte eine Spur der Verwüstung gezogen.

Bis 1886 gab es kein Verbauungskonzept, das über punktuelle Schutzbauten hinaus ging. Schäden an Sicherungsbauten und Mühlgerinnen wurden umgehend behoben. Nach dem Katastrophenhochwasser von 1886 musste die Wirkungslosigkeit der Schutzmaßnahmen bei einem Elementarereignis dieses Ausmaßes zur Kenntnis genommen werden. Zunächst blieb den Betroffenen nichts anderes übrig, als möglichst rasch die Wasserleitungssysteme wieder herzustellen.

Im Herbst einigten sich nach komplizierten Verhandlungen, in denen die unterschiedlichsten Wasserrechte berücksichtigt werden mussten, schließlich Geschädigte, Mühlenbesitzer und die Behörden über die Zuteilung von Hilfsgeldern und Regulierungsmaßnahmen des Alterbaches[13].

VON DER ALTERBACHREGULIERUNG UND DER RENATURIERUNG

Ein Bevölkerungswachstum von 28 Prozent[14] in Gnigl-Itzling in den 1880er Jahren[15] und der enorme Schaden in der Höhe von 125.000 Gulden, davon 80 Prozent in der Ortschaft Gnigl, waren der Anlass für eine in mehreren Phasen durchgeführte Verbauung des Alterbaches[16]. Dabei spielte die Frage nach den Ursachen von Hochwässern eine entscheidende Rolle. Die Fließgewässerstudien aus dem Jahr 1986 weisen dem Einzugsgebiet[17] des Alterbachs eine Fläche von 13,3 Quadratkilometern[18] zu, wobei dieser Bereich mit geringen Retentionsräumen ausgestattet ist. Aufgrund fehlender Durchlässigkeit der Bodenschichten kommt es bei Regenfällen nach Sättigung der obersten Bodenschicht zu einem raschen Anstieg der Abflusswerte[19]. Wolkenbrüche oder Dauerregen können Hochwässer bewirken. Schöpfs Feststellung, dass die Entwaldung für das Ausmaß der Katastrophe von 1886 verantwortlich sei, spielte in der Ursachenforschung für Hochwässer in den 1880er Jahren eine wichtige Rolle.

Das Unglück am Alterbach fiel zeitlich in die Anfangsphase groß angelegter Wildbachverbauungen in Österreich. Hochwasserkatastrophen in Kärnten und Tirol im Jahr 1882 waren Anlass für die Schaffung von rechtlichen[20], finanziellen und organisatorischen Voraussetzungen für die Wildbachverbauung gewesen[21]. Französische Erfahrungen dienten als Vorbild[22]. Die 1884 geschaffene „Forsttechnische Abteilung für Wildbachverbauung" wurde rasch ausgebaut und erweitert[23]. Der Alterbach gehörte zur *Gruppe* von Bächen[24], bei denen man die Gefahr in massenhaft mitgeführtem Geröll als Folge von Uferbrüchen sah.

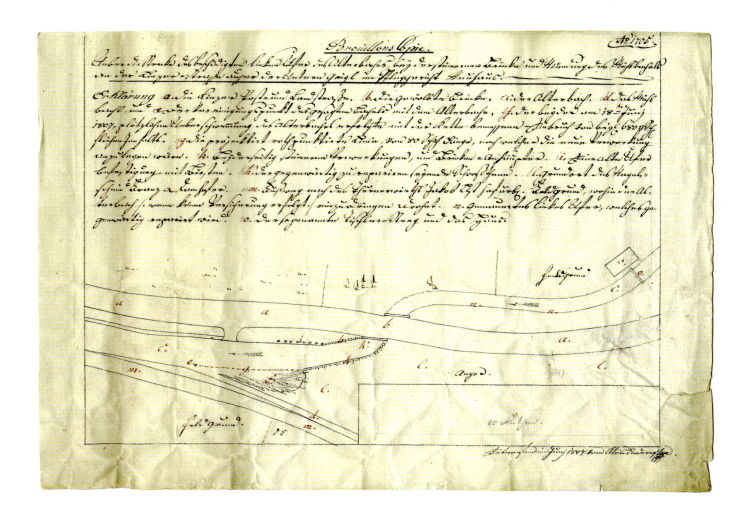

Zeichnung über den Einbruch am Alterbach, Juni 1807
SLA, Karten und Risse 048

Hier ist der Bereich der *Linzer Post- und Landesstraße* (a) mit der *gewölbten Brücke* (b) über den Alterbach (c) und der Einmündung des Mühlbaches (d) zu sehen. Diese Fläche vor dem Vereinigungspunkt (e) der beiden Bäche wurde durch das Hochwasser am 18. Juni 1807 weggerissen. Zu sehen sind weiters eine *alte Uferbefestigung* (i) und eine *steinerne Verwerkung* (h). In der Beschreibung des Plans wird auf die Wichtigkeit der Wiederherstellung der abgeschwemmten und beschädigten Befestigungs- und Schutzbauten hingewiesen. Ansonsten würde dem *Fußweg nach des Thurnerwirts Jakob List* (m), sowie dessen Hof und Feldgrund die Gefahr des Eindringens des Alterbachs drohen.

Maßnahmen im Oberlauf sollten Brüche konsolidieren, Geschiebe und rasch abfließende Niederschlagswässer zurückhalten sowie in tieferen Lagen *entsprechende Regulierungsmaßnahmen*[25] den Hochwasserschutz ermöglichen[26].

Ab 1887 wurde die Alterbachverbauung vorbereitet. Ein den Gnigler Hauptgraben sowie den Vorder- und Hinterguggenthalgraben betreffendes Detailprojekt mit etlichen Querbauten, Entwässerungsanlagen, Bachlaufkorrekturen usw. wurde ausgearbeitet[27].

Für die Konsolidierung einzelner Bereiche waren massive Verbauungen notwendig. Gemeinde, Landesregierung und Ackerbauministerium einigten sich 1887/88 über die Rahmenbedingungen für das Projekt. Die Gemeinde Gnigl trat als Unternehmer auf und übernahm 30 Prozent[28] der Gesamtkosten in der Höhe von gut 25.000 Gulden[29]. Die restlichen Kosten des innerhalb von drei Jahren (1889–1891) durchzuführenden Vorhabens wurden zu gleichen Teilen aus Landes- und Staatsmitteln aufgebracht[30]. Da in Österreich in dieser Phase viele vergleichbare Projekte realisiert wurden, kam es zwar zu Engpässen im staatlichen Meliorationsfonds[31], trotzdem einigten sich Ministerium und Gemeinde über die Zahlungsmodalitäten[32].

Ab Mai 1889 wurden 78 Arbeiter aus Südtirol und Italien[33] sowie 30 Sträflinge[34] eingesetzt. Noch vor Beginn des ersten Teilprojekts wurden die von Gniglern selbst errichteten Verbauungen durch ein weiteres Hochwasser 1887 zerstört. 1889, 1897 und 1899 gab es abermals Hochwässer[35], wobei das große Hochwasser 1899 zur erfolgreichen Bewährungsprobe der Mittellaufverbauung wurde. Die dringlichsten Baumaßnahmen konnten mittels eines Vorschusses[36] von jeweils 6000 Kronen von Ackerbauministerium, Land und Gemeinde behoben werden[37]. Anschließend wurde die Ausarbeitung eines zweiten Detailprojekts, das hauptsächlich den Unterlauf bis zur Einmündung des Söllheimer Baches betraf, voran getrieben. Die vollständige Abtragung des Kreuzermühlewehrs, die Beseitigung der *Serpentinierung* des Baches und Herstellung eines gleichmäßigen Gefälles waren einige der Ziele der zweiten Verbauungsphase[38]. Die Vorbereitungen des Projekts verdeutlichen die Vielzahl von Interessen, die durch Wasserrechte, Anrainerinteressen und die Berührungspunkte mit Verkehrswegen zu koordinieren waren. Die Abklärung dieser Interessen[39] spielte in der Finanzierung die entscheidende Voraussetzung. So erhielt z. B. Georg Wörndl, Besitzer der Kreuzermühle, eine Ablösesumme von 16.000 Kronen[40].

Das Interesse der Absicherung von Verkehrswegen war stets Anlass für Schutzbauten gewesen und trat am Beginn des 20. Jahrhunderts aufgrund der Erweiterung von Straßen- und Bahnnetzen noch stärker in den Vordergrund. Im Bereich der projektierten Verbauung querten die Lokalbahntrasse, die Landstraße und die Staatsbahnentrasse den Alterbach. Eine Tieferlegung der Alterbachsohle war auch im Interesse der Erhalter[41] der Verkehrswege. Das bedeutete, dass auch bauliche Veränderungen an den Viadukten der Verkehrswege vorzunehmen waren. Die Alterbachverbauung in diesem Teilstück war für die Staatsbahnen gerade im Hinblick auf den projektierten neuen Rangierbahnhof von Interesse. Die Begradigung des Baches bewirkte eine schnellere Fließgeschwindigkeit.

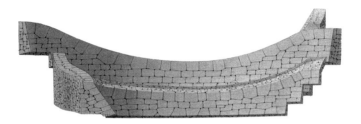

Grundriss einer Quermauer zur Verbauung des Alterbaches, Bauzeichnung 1:100, 1889
Archiv der Wildbachverbauung Salzburg

Unterhalb der Kreuzermühle wurden die Ufer mit Verbauungen gesichert. Am Ende der Bauzeit in den Jahren 1904 bis 1909 existierten bereits Pläne für ein drittes Verbauungsprojekt[42], das durch Bauten im unteren Mittel- und im Unterlauf die Verbauung des Alterbaches vervollständigte[43]. Die Umsetzung verzögerte sich jedoch durch den Ersten Weltkrieg[44]. Abgesehen von kleineren Instandsetzungsarbeiten ruhte die Bautätigkeit von 1910 bis Juli 1915.

Regulierungsarbeiten am Oberlauf des Alterbaches, 1905
Archiv der Wildbachverbauung Salzburg

DER ALTERBACH | 259

Regulierungsarbeiten in der Untergnigl, 1906
Archiv der Wildbachverbauung Salzburg

Am 8. Juli 1915 beschädigte ein Hochwasser vor allem die unverbauten Stellen. Nach einem Dammbruch vermurte der Alterbach Fluren. Die Ziegelei „Gebrüder Leube" war besonders schwer betroffen.

Alterbach beim Turnerwirt am Beginn der Bauarbeiten, 1906
Archiv der Wildbachverbauung Salzburg

Die Verbauungen bewährten sich bei diesem Hochwasser, wurden jedoch teilweise beschädigt. In den Tagen nach dem Hochwasser arbeiteten bereits 70 kriegsgefangene Russen an den Sicherungsbauten, um einer weiteren Katastrophe vorzubeugen[45]. Ein Gutachten der Wildbachverbauungssektion Linz[46] belegte die Dringlichkeit des Vorhabens. Neben der Absicherung von Häusern war die *gerade jetzt so hervorragend wichtige Sicherung des Bahnverkehrs* vordringlich.

Schadensersatzklagen der Gebrüder Leube und anderer gegen die Wildbachverbauungssektion wegen unzureichender Verbauung des Alterbaches beschleunigten letztlich die Realisierung des dritten Teilprojektes[47], auch wenn Hochwässer wie jenes im Jahr 1920 sowie die Geldentwertung die Verbauung abermals verzögerten und zeitweise zum Stillstand brachten. 1927 wurden im Rahmen von Notstandsprogrammen Arbeitslose eingesetzt. Ein Jahr später konnte man zufrieden resümieren: *das Verbauungsbild im ganzen Alterbachgebiete [ist] ein durchaus günstiges und zufrieden stellendes*[48]. Kleinere Baumaßnahmen in den 1930er Jahren dienten der Instandhaltung. Nur der Wildwuchs bereitete noch Probleme[49].

Von 1889 bis 1930, also in einem Zeitraum von gut 40 Jahren, wurde der Alterbach reguliert. Das Ergebnis war ein auf weiten Strecken begradigter und kanalartiger Flusslauf. Hochwasserschutz und bessere Nutzung von landwirtschaftlichen Flächen hatten in diesen Projekten oberste Priorität. Ende der 1920er Jahre waren diese Ziele zumindest soweit erreicht worden, dass in den Gefahrenmonaten Juli bis September Hochwasserereignisse im Regelfall nur geringe Schäden verursachten.

Das Gefahrenpotenzial des Alterbachs war damit aber keineswegs beseitigt. Die Naturkatastrophe am 20. März 1948 verdeutlichte die geologische Sondersituation. Ein Berghang an der Wolfgangsee-Bundesstraße, gegenüber dem Kohlhubgut war abgerutscht und hatte die Straße und eine Quelle verschüttet, sowie ein Wohnhaus und einen Kalkofen zerstört.

Heiße und niederschlagsarme Sommer 1946/47 und ein darauf folgender niederschlagsreicher aber frostarmer Winter 1947/48 führten zu Rissen und Runsen im Hang und brachten die tonigen, mit Sandsteinbruchstücken und Kalkdolomitschutt durchsetzten Massen zum Aufquellen. Eine Schottergrube schwächte darüber hinaus die Stabilität des Hanges. Um diesen zu konsolidieren, wurde er aufgeforstet und der Abfluss des Wassers geändert[50].

1977 richtete ein Hochwasser im Bereich Gnigl-Langwied-Sam Schäden in der Höhe von 20 Millionen Schilling an[51]. Es zeigte sich, dass die Verbauungen bei einem „Jahrhunderthochwasser" nur bedingt Schutz bieten konnten. Die Erhöhung der Flussgeschwindigkeit durch den begradigten Verlauf und die fehlenden Retentionsräume am Mittel- und Unterlauf wirkten sich folgenschwer aus. Fließgewässerstudien resümierten, dass der Bach *seine natürliche Funktion größteils verloren* habe und *aus der Landschaft herausgeschnitten* worden war[52]. Der Großteil der Bachbereiche wurde als naturfern oder hart verbaut bezeichnet[53]. Die Projekte am Beginn der 1980er Jahre versuchten zunächst noch durch weitere Verbauungen, den Hochwasserschutz zu verbessern[54].

Erst in den 1990er Jahren begann man umzudenken und bezog nun den Lebensraum Alterbach mit seiner Flora und Fauna in die Überlegungen ein. Ein passiver Hochwasserschutz durch mehr Raum für das Gewässer war eine Grundidee von Revitalisierungen[55]. Das Restrukturierungsprojekt am Beginn der 1990er Jahre wurde in Teilabschnitten durchgeführt, der geplante Umfang konnte allerdings aufgrund fehlender Flächenverfügbarkeit teilweise nicht erreicht werden. Dieses Problem trat beispielsweise im Bereich um die Ziegeleistraßenbrücke auf.

Der größte Revitalisierungserfolg wurde im Bereich um die Samstraßenbrücke erreicht. Dort ermöglichten Grundkäufe die Schaffung eines breiten Querprofils[56]. Heute ist der Alterbach gerade in den revitalisierten Bereichen ein beliebter Naherholungsort. Weiterhin werden Ergänzungsprojekte[57] durchgeführt.

Obwohl der Gnigler Bach keineswegs mehr die wirtschaftliche Bedeutung wie im 19. Jahrhundert

Regulierungsarbeiten beim Turnerwirt,
im Hintergrund die Metzgerei Haider (heute Lettner) sowie die heutige Tischlerei Niedermayr, 1906
Archiv der Wildbachverbauung Salzburg

Regulierter Alterbach bei der Zimmerei Oitner (Niederreiter), links oben im Hintergrund die Zündwarenfabrik, 1905
Archiv der Wildbachverbauung Salzburg

hat und in manchen Bereichen hinter Verbauungen vollkommen verschwindet, so wird er auch in Zukunft immer wieder ein Thema sein müssen, um Überschwemmungskatastrophen zu verhindern.

Regulierungsarbeiten, 1961
AStS, Fotosammlung

TRINKWASSER IN GNIGL – VON DER „WASSERNOTH" BIS ZUR HOCHQUELL-WASSERLEITUNG

Der Alterbach beschäftigte am Beginn des 20. Jahrhunderts nicht nur wegen der Hochwassergefahr die Gnigler Gemeindevertretung. Die Staatsbahnen wollten aus dem Alterbach Nutzwasser gewinnen. Diese Absicht entwickelte sich für die Gemeinde Gnigl zu einem erheblichen Problem.

1901 wurde über die *Herstellung des Rangierbahnhofs* verhandelt. Zu diesem Zeitpunkt war die Gemeindevertretung darum bemüht, eine größere Beeinträchtigung der Ortsverbindung zwischen Itzling und Gnigl zu verhindern und in Gnigl auch eine Station zu bekommen, um den Vorteil einer Bahnanbindung zu erreichen[58]. Zwei Jahre später wurden im Zuge der Bahnerweiterungsbauten die Wasserrechte am Alterbach verhandelt. Die Staatsbahnen beabsichtigten, mit Hilfe eines Pumpwerks an der Kreuzungsstelle zwischen Alterbach und der Bahnlinie Wien-Salzburg diesem Wasser zu entnehmen. Die Gemeindevertreter vermuteten hinter diesem Antrag einer Entnahme von 50 Sekundenlitern nur den Anfang einer langfristig viel höheren Wassernutzung. Man befürchtete sowohl eine teilweise Trockenlegung als auch Versumpfung des Baches, sowie flussabwärts *schädliche Ausdünstungen*. Weiters monierten die Gemeindevertreter die Möglichkeit der Wasserentnahme bei Bränden[59].

Im September 1903 kam es zu einem bedrohlichen Engpass in der Trinkwasserversorgung. Die Abgrabungen im Zuge der Bauarbeiten für die Errichtung des Gleiskörpers für den Rangierbahnhof führten zum Versiegen einer Vielzahl von Brunnen[60]. Diese Probleme wiederholten sich, die auch durch Vertiefung von Brunnenschächten nicht beseitigt werden konnten. Offensichtlich hatten die Baumaßnahmen den Grundwasserstrom dermaßen verändert, dass kurzfristig 60 Häuser von Trink- und Nutzwasser abgeschnitten waren[61].

Die Interessenskonflikte um das Gnigler Wasser spielten sich am Beginn des 20. Jahrhunderts vor dem Hintergrund einer gewachsenen und offenbar in der Neuzeit ausreichenden Versorgung Gnigls mit Wasser ab. *Seit undenklichen Zeiten erfreute sich die Gemeinde Gnigl […] der Wohltat eines sehr guten Trink- und Nutzwassers, welches selbst bei größter und langandauernder Trockenheit in reichlicher Menge aus den Hausbrunnen und Quellen stets bezogen werden konnte*[62]. Die Gemeinde Gnigl verfügte am Beginn des 20. Jahrhunderts über keine Druckwasserleitung. Die Quellen der umliegenden Berge wurden vereinzelt von Anrainern genutzt. Das Quellgebiet am so genannten Gniglerberg (entlang des Kühberges) war bereits seit der Frühen Neuzeit Teil des Versorgungsnetzes (Mirabell- und Residenzquelle) der Stadt Salzburg gewesen. Ende des 19. Jahrhunderts wurden die Quellfassungen erneuert und in einem gusseisernen Leitungsstrang in das Versorgungsnetz der Stadt eingespeist[63]. Für die Ablöse seiner Quelle erhielt 1897 der Gnigler Hausbesitzer Kajetan Gugg vergünstigtes Wasser aus der städtischen Leitung[64]. Viele Gnigler, besonders in Untergnigl und Itzling, waren aber auf Wasser aus Brunnen angewiesen, die immer wieder wegen Verunreinigungen gesperrt werden mussten[65].

Die mangelnde Hygiene von Hausbrunnen wurde ein immer größeres Problem, mit dem in der zweiten Hälfte des 19. Jahrhunderts viele europäische Städte konfrontiert waren. Die kombinierten und immer wieder ergänzten Systeme der Frühen Neuzeit, gespeist aus *Quell- und Grundwasser und ergänzenden Zuleitungen durch Holzröhrensysteme*[66], waren den demographischen und wirtschaftlichen Veränderungen nicht mehr gewachsen. Im benachbarten Salzburg waren bereits seit den 1860er Jahren große Anstrengungen zur Verbesserung der Sicherung der Versorgung mit sauberem Trinkwasser unternommen worden[67].

Ein weiteres Problem in Gnigl war die unzureichende Entsorgung der Abwässer. Die Kanalisierung steckte erst in ihren Anfängen. Erst 1906 wurde im Bereich der Magazin- und Güterhallestraße mit dem Anschluss an das Kanalsystem der Staatsbahnen begonnen[68]. Die direkte Ableitung von Abwässern und überlaufende Senkgruben belasteten die Bäche schwer. Aus dem Fehlen einer Wasserleitung und einem unzureichenden Entsorgungssystem ergab sich ein verhängnisvoller Zusammenhang. Immer wieder wies die Gemeindevertretung auf die Gefahr von Epidemien hin[69]. Eine Typhusepidemie im Jahr 1903 bestätigte diese Befürchtung.

1910 erwog man schließlich den Bau einer Wasserleitung von der Tiefenbachquelle in Hallwang nach Gnigl und die Versorgung *sämmtlicher Häuser der Ortschaften Itzling und Gnigl aus der neuen Leitung mit Trinkwasser*, aus amtsärztlicher Sicht eine der vordringlichsten Assanierungsmaßnahmen in Salzburg[70]. Bis zur Realisierung vergingen jedoch mehrere Jahre. 1910 erkrankten acht Personen an Typhus, von denen zwei starben. Die Untersuchungen konzentrierten sich auf die Wohnverhältnisse, insbesondere die Trinkwasserversorgung, die Entsorgungsmöglichkeiten von Abwässern und die sanitären Verhältnisse auf den Arbeitsplätzen der Erkrankten. Dabei entpuppte sich die Verunreinigung des Alterbaches durch

Quellfassung des Hochbehälters beim Nussdorfer Hof, 2010 (Foto Martin Zehentner)

Abwässer in zweifacher Hinsicht als Problem. Zum einen waren Brunnen im Nahbereich des Alterbachs kontaminiert. Das konnte auch beim ersten Typhusfall des Oberbauarbeiters Leopold Palmsteiner nachgewiesen werden. Er wohnte beim Turnerwirt und bezog sein Trinkwasser aus einer 20 bis 25 Meter tiefen *Cisterne*, die sich in der Nähe einer Senkgrube befand. Ein Überwasserkanal führte von der Senkgrube in das *trockene Flussbett* und *verpestete* die *Umgebung*. Die chemische Untersuchung des Brunnenwassers bestätigte diese Vermutung.

Ein ähnliches Problem wurde in der Landstraße festgestellt. Auch hier konnte eine *Kommunikation* der Trinkwasserversorgung mit dem Alterbach nachgewiesen werden. Zudem wurde dort Alterbachwasser in einem Kanal als Nutzwasser zugeleitet und u. a. für die Reinigung von Geschirr verwendet. Das zweite Problem konnte im Umgang mit dem Nutzwasser für die Staatsbahnen festgestellt werden. Eine Itzlinger Dienstmagd, beschäftigt im Bahnhofsrestaurant, erkrankte an Typhus und war damit bereits der dritte Typhusfall von Bahnhofsangestellten. Es war offenbar zu einer Verwechslung oder Vermischung von Nutz- mit Trinkwasser gekommen.

Ende Oktober 1910 wurde am Alterbach abermals eine Vielzahl von sanitären Missständen festgestellt: übervolle Jauchefässer, undichte Senkgruben, direkte Abwasserabflüsse, Misthaufen am Bachbett usw. Eine Reihe von Sanierungsmaßnahmen wurde angeordnet. Die Staatsbahnen wurden ersucht, das Nutzwasser nur mehr für das Speisen der Maschinen zu verwenden und die Ausläufe im Küchenbereich zu sperren. Diese Assanierungsmaßnahmen brachten langfristig allerdings auch keine Lösung.

In Salzburg kann die Typhusepidemie von 1865[71] als „Sanitätsreformer"[72] bezeichnet werden. In Europa entfachte vor allem die Cholera eine Hygienediskussion. Dabei prägten die vom Hygieniker Max von Pettenkofer propagierte Bodentheorie[73] und die Trinkwassertheorie Robert Kochs den wissenschaftlichen Diskurs[74]. Bei beiden Theorien mit ihren unterschiedlichen Ansätzen zur Verhinderung von Epidemien war eine einwandfreie Wasserversorgung die wichtigste Maßnahme[75].

Die Dringlichkeit des Baus einer Gnigler Wasserleitung hatte sich seit dem Ausbau der Bahnanlagen noch verstärkt. Die Bevölkerungszahlen waren in Gnigl-Itzling von 1905 von ungefähr 6000 bis 1912 auf 7000 gestiegen. Der Landtag hatte bis zum Baubeschluss der Gnigler Gemeindevertretung am 18. Oktober 1911 bereits mehrfach seine *Geneigtheit* ausgesprochen. Die finanzielle Unterstützung des Projekts war für Gnigl in Anbetracht der Wichtigkeit des Vorhabens und der vielseitigen Belastungen u. a. durch Alterbachverbauung, Straßenbau, Kanalisierung und Erweiterung der Schule eine Voraussetzung für die Umsetzung[76]. Im Besonderen sah man die Staatsbahnen in der Pflicht, ihren Beitrag an einer Gnigler Wasserversorgung zu leisten. Die Nutzwasserleitung war gegen das Einverständnis der Gnigler Gemeindevertreter in Betrieb genommen worden.

Die Zusage der Staatsbahnen, einen finanziellen Beitrag zum Gnigler Wasserleitungsprojekt zu leisten, beendete die Streitigkeiten[77]. Darüber hinaus beteiligten sich die Staatsbahnen an der Verbesserung der sanitären Situation in Itzling, indem einige Häuser aus der bahnärarischen, so genannten *Gampenthalerwasserleitung*, mit sauberem Trinkwasser versorgt wurden[78]. Für die Realisierung des Gnigler Wasserleitungsprojekts mussten viele Einzelinteressen verhandelt werden. Dabei ging es um Vereinbarungen mit Grundbesitzern, über deren Besitz die Leitung führte, wie die Firma Gebrüder Leube, die den Bau einer Zweigleitung zu ihrer Ziegelei erreichte. Weiters bestanden Wasserrechte, beispielsweise des Fischereiberechtigten Sebastian Krieg, der für die Verminderung der Wassermenge und die für die Fischerei resultierenden Folgen in Laichgewässern entschädigt wurde[79]. Am 24./25. August 1912 konnten die Einweihungsfeierlichkeiten der *Hochquell-Wasserleitung* stattfinden. Dabei standen die Einweihung der Quellfassung und des Hochbehälters Nussdorf, sowie eine Hydrantenprobe durch die freiwillige Feuerwehr im Mittelpunkt[80].

Die Lösung der Wasserfrage war, wie anderorts auch, in Gnigl nur vorübergehend. Ende der 1920er Jahre wurde von einer *Wassermisere* gesprochen. Die bereits vor dem Ersten Weltkrieg gekaufte „Kalte Kendlquelle" wurde Gegenstand eines neuen Wasserversorgungsprojekts. Davon sollte besonders Obergnigl profitieren. Auch der Kanalisierungsfortschritt beschränkte sich auf Teile Itzlings und sollte zu einem Projekt mit dem Ziel der *vollständigen Kanalisierung der ganzen Gemeinde Gnigl* werden[81].

Die *Hochquell-Wasserleitung* von 1912 markierte den Übergang in eine neue Ära der Gnigler Wasserversorgung.

ZUSAMMENFASSUNG

Der Lebensraum Gnigl erlebte ab den 1880er Jahren, dass gerade das Wasser aus dem Alterbach, seit Jahrhunderten als Antriebskraft für Mühlräder genutzt, zur Bedrohung wurde. Gnigl befand sich am Ende des 19. Jahrhunderts in einer Phase grundlegender Veränderung. Die Bevölkerungszahlen stiegen und machten Gnigl bis zur Eingemeindung neben der Stadt Salzburg zur bevölkerungsreichsten Gemeinde des Landes Salzburg. Die Bedrohung durch die Hochwässer in den Sommermonaten erhielt dadurch eine viel größere Dimension.

Dass das Elementarereignis von 1886 zum Auslöser für die umfassende Alterbachverbauung wurde, hatte zudem in den veränderten gesetzlichen Rahmenbedingungen eine Ursache. Denn an der Erkenntnis über Ursachen, Gefahren und Vorbeugungsmaßnahmen gegen Hochwasserkatastrophen mangelte es auch davor nicht. Das belegen mehrere Schriften zur Wildbachverbauung am Beginn des 19. Jahrhunderts[82]. Durch staatliche Subventionierung von Verbauungsprojekten konnte dem immer dringlicher werdenden Anspruch, wichtige Verkehrswege in Gnigl (Reichsstraßen und Eisenbahnen) zu schützen, entsprochen werden.

Ein sicherer Alterbach war also keineswegs nur ein Anliegen der Gnigler Bevölkerung. Die vielseitigen Interessen mussten in der groß angelegten Alterbachverbauung koordiniert werden. Nach über vierzig Jahren Verbauungsmaßnahmen konnte ein positives Resümee gezogen werden. Bereits die darauf folgenden Jahre zeigten, dass ein Wildbach ein Dauerprojekt ist. Dass die geologische Situation ein ständiges Gefahrenpotential darstellt, führte 1948 die Hangrutschung deutlich vor Augen. Bis heute gibt es immer wieder Baumaßnahmen zur Sicherung von Lebensraum und Verkehrswegen. Die Qualität des Lebensraums Alterbach für Fauna und Flora spielte als Ziel der Wildbachverbauung erst ab den 1980er Jahren eine Rolle, was Renaturierungsprojekte nur mehr eingeschränkt ermöglichte.

Die Gefährdung der Trinkwasserversorgung war das zweite große Problem am Beginn des 20. Jahrhunderts. Bei der Ursachenforschung stellten sich Systeme, die über Jahrhunderte funktioniert hatten, als nicht mehr den veränderten Bedingungen gewachsen heraus. Die Qualität von Brunnenwässern wurde aufgrund einer stärkeren Boden- und Bachbelastung durch Abfälle und Abwässer stark gemindert. Die Kanalisierung war erst am Anfang, eine Versorgung durch Quellwasser aus einer Wasserleitung bestand für den Großteil Gnigls nicht und so wirkten sich Veränderungen des Grundwasserstroms durch Bauarbeiten an den Bahnanlagen für die Trinkwasserversorgung fatal aus. Gerade der Ausbau der Bahnlinien, die für Fortschritt und wirtschaftliche Entwicklung standen, stellte sich dabei noch in einem weiteren Punkt als Problem dar. Verschmutztes Nutzwasser aus dem Alterbach wurde in seiner Verwendung im Betrieb der Bahnhofsanlagen zum Auslöser für Typhuserkrankungen[83]. Für Gnigl war erst der Bau der Hochquellleitung von Hallwang nach Gnigl ein wirksamer Schritt gegen Wassermangel, Qualitätsprobleme und Epidemiegefahr.

Die Wildbachverbauung und der Bau der Trinkwasserleitung sind die deutlichsten Merkmale für ein demographisch und wirtschaftlich stark verändertes Gnigl zur Jahrhundertwende.

Teilnehmer der Gnigler Bauernhochzeit vor dem Gasthof Weiß, um 1905
Salzburg Museum

JUTTA BAUMGARTNER
Leben in Gnigl an der Wende zum 20. Jahrhundert
Streiflichter zwischen Tradition und Wandel

BEGINN DES „EISENBAHNZEITALTERS" IN GNIGL

Die Geschichte Gnigls und die Geschicke seiner Bevölkerung sind untrennbar mit dem im 19. Jahrhundert beginnenden „Eisenbahnzeitalter" verbunden. Mit der Bahn kamen eine neue Zeit[1] und eine neue Berufsgruppe: die Eisenbahner. Durch die geringe Industrialisierung Salzburgs und seiner Umgebung war der Anteil der Eisenbahner an der Salzburger Arbeiterschaft sehr hoch. Mit der Eröffnung der Bahnen nach Wien (Kaiserin-Elisabeth-Westbahn) und nach München (Maximiliansbahn)[2] wurde Salzburg 1860 an das internationale Eisenbahnnetz angeschlossen, ab 1875 gab es eine Verbindung nach Tirol (Gisela-Bahn). Lokalbahnen erschlossen die nähere Umgebung. Durch den Bau des Gnigler Rangierbahnhofes und der Eröffnung der Tauernbahn 1909, die eine durchgehende Nord-Süd-Verbindung schuf, wurde Salzburg endgültig zu einem wichtigen Eisenbahnknotenpunkt der Habsburgmonarchie[3].

Die Bahn, ihre Bauten und Werkstätten zogen zahlreiche Arbeitskräfte an. Für viele ehemalige Landarbeiter, Häusler- und Kleinbauernsöhne, deren Lebensunterhalt auf dem Land nicht mehr gesichert war, wurde die Eisenbahn zur neuen Erwerbsquelle. Die Zahl der Eisenbahnbediensteten in der Stadt Salzburg und ihrem Umkreis nahm kontinuierlich zu[4].

Die Arbeits- und Lebensbedingungen sowie die Lohnverhältnisse der Eisenbahner waren im 19. Jahrhundert generell hart. Nahezu rechtlos, unterbezahlt und ohne sozialen Schutz wurde das Eisenbahnpersonal zur Einhaltung der Disziplin und Erfüllung ihrer Berufspflichten *erzogen*[5]. Eine gesetzlich geregelte Arbeitszeit gab es nicht.

Werkstätte der k. k. Staatsbahnen in Gnigl, undatiert
Archiv Reinhard Stamberg

Bis zu zwölf Stunden pro Tag an sechs Tagen in der Woche wurde gearbeitet, Urlaubsanspruch gab es keinen. Ebenso wenig war ausreichender Schutz für Alte, Invalide oder Arbeitslose vorhanden. Der Krankenschutz war unzureichend und die Löhne so niedrig, dass sie kaum zum Überleben reichten[6]. Besonders schlimm hatten es die Erdarbeiter, die zum Bau der Gleisanlagen benötigt wurden. Sie kamen meist aus entfernteren Gebieten der Monarchie[7] und arbeiteten unter schwierigsten Bedingungen und zu Hungerlöhnen. Die tägliche Arbeitszeit an der Baustelle des Gnigler Rangierbahnhofs etwa betrug bis zu 13 Stunden und dies ohne einen freien Tag[8].

Untergebracht waren sie in einfachsten Baracken. Sie waren die „Gastarbeiter" des 19. Jahrhunderts. Nach Vollendung einer Baustelle wurden sie zur nächsten weiter gereicht. Und, sie waren in Salzburg alles andere als willkommen. Eine Beschwerdeschrift mit dem Titel „Eisenbahnbau-Scandale" beklagte, dass beim Bau der Salzburg-Tiroler-Bahn

Blick von Gnigl Richtung Itzling mit Wohnanlagen für Eisenbahner, undatiert, Salzburg Museum

trotz des Arbeiter-Elends, welches beinahe in allen Provinzen unseres engeren Vaterlandes herrscht, ausnahmslos ausländische Ingenieure und Arbeiter verwendet wurden. Der österreichische Arbeiter ist von jeher nicht nach dem Geschmacke[9].

Gewerkschaftlich und sozialdemokratisch ausgerichtete Organisationen nahmen sich der vielfältigen Probleme der Arbeitswelt und des täglichen Lebens an. Sie organisierten die Interessen eines wachsenden Teils der Bevölkerung[10]. Existenzsicherung, humanes Dienstrecht und soziale Sicherheit galt es zu erlangen. So organisierten sich um die Jahrhundertwende die sozialdemokratischen Eisenbahner im „Allgemeinen Rechtsschutz- und Gewerkschaftsverein"[11].

Die Eisenbahnbediensteten gewannen auch in der Gemeinde politisch zunehmend an Gewicht. 1906 wurden in Gnigl-Itzling trotz eines ungleichen Wahlrechts, das Besitz und Bildung bevorteilte, die ersten Sozialdemokraten — es waren sechs, davon vier Eisenbahner — in den Gemeinderat gewählt. Damit wollte sich aber der alte Gemeinderat nicht abfinden und war der Ansicht, *daß Eisenbahner nichts anderes als ‚Dienstboten' seien und für Dienstboten sei kein Platz in der Gemeindestube*[12]. Man verweigerte die Konstituierung der eben gewählten Gemeindevertretung. Die sechs Sozialdemokraten hielt man fast ein Jahr von den Sitzungen fern[13]. Proteste erzwangen schließlich aber die Anerkennung des Wahlergebnisses.

Am 19. Juni [1907] 11ʰ nachts fand vor dem Hause des Gemeinde Vorstehers Ignaz Schatzberger eine Demonstration der sozialdemokratischen Eisenbahner statt, wobei Herr Schatzberger manch Grobheiten zu Ohren bekamm. Grund dazu bot, die noch nicht Einberufung und noch nicht constituirenden [Sitzung] der im Monat Dezember 1906 neu gewählten Gemeinde Ausschüsse wobei auch 6 Sozialdemokraten Platz fanden. Wie ich gehört, soll gegen diese Wahl von bürgerlicher Seite ein Prottest erhoben worden sein, was die Ursache dieser Verzögerung war[14], berichtete Alexander Haidenthaller in seinem Tagebuch.

Es sollte aber noch bis 1918 dauern, bis die Arbeiter und somit auch die Eisenbahner aus ihrer politischen, sozialen und rechtlichen Randexistenz heraustreten und entscheidende Erfolge verzeichnen konnten[15]. Bei den Gemeinderatswahlen 1919 gingen in der Gemeinde Gnigl-Itzling 18 von 24 Gemeinderatsmandate an die Sozialdemokraten[16].

Der Zuzug von Eisenbahnern nach Gnigl und vor allem nach Itzling war größer als das Wachstum der Zahl der Wohnungen[17]. Die Wohnsituation war ausgesprochen beklagenswert. Die Wohnungen waren meist überfüllt[18], Dachböden und Keller vielfach die Unterkunft für die Unterschichten[19].

Man lebte auf engstem Raum, nicht selten drängten sich mehrere Kinder, die Eltern, dazu noch Verwandte, alle in einer kleinen Küche-Zimmer-Kombination[20]. Die beengten Wohnverhältnisse, unzureichende Versorgung mit Trinkwasser und fehlende Kanalisation bewirkten die ständige Gefahr des Ausbruchs von Seuchen. Der Mangel an Wohnraum stärkte dagegen die Position der „Hausherren". In der Stadt und in ihrer Peripherie waren die Wohnungsmieten beinahe doppelt so teuer als auf dem Land[21]. Vor Anbruch der kalten Jahreszeit, wenn die Wohnparteien am meisten auf ein Dach über dem Kopf angewiesen waren, und es beinahe unmöglich war, eine neue Wohnung zu finden, war es leicht, Erhöhungen der Mieten durchzusetzen[22]. Zahlreiche Konflikte zwischen Hausbesitzerverein und sozialdemokratischen Organisationen waren die Folge.

Während etwa der Hausbesitzerverein Gnigl berichtete, die Wohnungsverhältnisse seien in der Gemeinde Gnigl im *allgemeinen befriedigende* und es gebe derzeit keinen Mangel *an kleinen, gesunden [...] Wohnungen mit niedrigen Zinsen, nämlich Arbeiterwohnungen*[23], so machte die sozialdemokratische Presse die Wohnungsfrage zu einem allgemein diskutierten Thema der Kommunalpolitik. Eine von den Sozialdemokraten organisierte „Volksversammlung" beim Pflanzmann in Itzling im Frühling 1909 forderte Maßnahmen gegen die Steigerung der Mieten und den Bau von öffentlich finanzierten „Personalhäusern" für die Eisenbahner[24]. Das war eine Forderung, welche umgehend vom Gnigler Hausbesitzerverein abgelehnt wurde. Insbesondere sprach sich Bürgermeister Ignaz Schatzberger dagegen aus. Die sozialdemokratische Agitation war aber insofern erfolgreich, als 1910 deutschnationale Abgeordnete zum Salzburger Landtag, unter ihnen auch der Gnigler Bürgermeister Schatzberger, selbst den Bau von „Personalhäusern" forderten. Schatzberger begründete seine Meinungsänderung damit, dass *viele Leute [...] in elenden Kammern und in äußersten Winkeln untergebracht* seien[25]. Dieser einstimmige Beschluss des Salzburger Landtages realisierte sich jedoch nicht. 1914 lehnte der (nun) ehemalige Gnigler Bürgermeister wiederum die Errichtung von Personalhäusern ab. Er wisse, wie es in solchen Häusern zugehe, ‚*a Haufen Kinder*', Streitereien und andere ‚*Schweinereien*' seien der Alltag[26].

Nicht nur die Höhe der Miete, die Pünktlichkeit ihrer Begleichung oder die Ausstattung der Wohnungen waren Reibungspunkte zwischen Hausbesitzern und Mietern. Auch unterschiedliche Moralvorstellungen über das Zusammenleben der Geschlechter führten zu Auseinandersetzungen. Eine Frau Merkscha, Hausbesitzerin und Schweinehändlerin an der Fürbergstraße, stieß sich am Zusammenleben ohne Trauschein eines ihrer Mieter mit einer Frau. ‚*Hinaus mit die roten Sozi!*', so rief vor kurzem die Frau Merkscha, [...] *als sie in Erfahrung gebracht, daß ihre Parteien den roten Sozi angehören*, berichtete empört die sozialdemokratische Salzburger Wacht. *Sofort ging Frau Merkscha daran, den Parteien gerichtlich zu kündigen. Herr Philipp Haberda, Bahnbediensteter, erkundigte sich um die Ursache der Kündigung, wobei er folgende Antwort erhielt:* ‚*Wenn Sie den intimen Verkehr mit Frau Anna Huber einstellen, so können Sie weiter verbleiben, denn ich mag diese rote Gesellschaft absolut nicht.*' *Herr Haberda ließ sich selbstverständlich den Verkehr nicht verbieten und so mußte er unbarmherzig seine Wohnung räumen. Selbstredend auch die verhaßte Frau Anna Huber.*[27]

Wohnhäuser an der Fürbergstraße sowie Gleisanlagen in Gnigl, Postkarte, undatiert
Archiv Reinhard Stamberg (Verlag Amalie Merkscha)

Gebäude am Gnigler Rangierbahnhof, um 1910, Salzburg Museum

VERÄNDERUNGEN DES ORTSBILDES DURCH DIE EISENBAHN

Das Vordringen der Eisenbahn veränderte Gnigl nicht nur in wirtschaftlicher, kultureller und soziologischer[28] Hinsicht, sie verlangte auch eine teilweise Anpassung, eine Unterwerfung der räumlichen Gegebenheiten und prägte das Ortsbild entscheidend. Die damit einhergehenden Widrigkeiten für Bevölkerung und Wirtschaft waren nicht unerheblich.

Ende des 19. Jahrhunderts hatte das Verkehrsaufkommen am Salzburger Bahnhof ungeheure Dimensionen erfahren[29]. Es war nur ein gedeckter Bahnsteig vorhanden, im Inneren des Gebäudes waren die Betriebs- und Publikumsräume viel zu klein, der Personenverkehr konnte kaum mehr bewältigt werden, noch viel weniger der enorme Güterumschlag[30]. Als Ausweg wurde die Trennung von Personen- und Güterverkehr beschlossen[31] und ein Programm für die Auslagerung des letzteren nach Gnigl ausgearbeitet[32]. Nach längeren Verhandlungen kauften die Staatsbahnen[33] der Ortschaft vorgelagerte Wiesen und Felder[34]. Der Schillinghof[35], ein Meierhof des Stifts St. Peter[36], wurde im Sommer 1902 für den Bau des Rangierbahnhofs mit seinen Gleisanlagen, dem Heizhaus (erbaut 1903–1906)[37] und der Gnigler Haltestelle[38] abgerissen[39].

Am 2. Jänner 1905 wurde der Rangierbahnhof eröffnet und die direkte Anbindung an die Wiener Strecke ihrer Bestimmung übergeben, sodass nun alle von Richtung Wien kommenden Lastzüge dem Hauptbahnhof ausweichen konnten[40]. In der Salzburger Zeitung findet sich dazu lediglich die kleine Notiz: *Vorgestern wurde hier in aller Stille der neue Rangierbahnhof eröffnet, sowie die Haltestelle Gnigl dem Verkehre übergeben. Mit der Inbetriebsetzung dieser [...] Bahnhofanlage ist der größte Teil unserer Bahnhofausgestaltung vollendet.*[41] Erst 1908 waren die letzten Bauarbeiten beendet[42].

Der Rangierbahnhof brachte jedoch für die Gnigler Bevölkerung eine Reihe von harten Belastungen mit sich. Über eine Ausdehnung von 1500 Meter erstreckte sich der Rangierbahnhof durch Gnigl. Weder eine Unterführung noch eine Brücke darüber waren nach dessen Errichtung für den Fuhrverkehr vorhanden, sodass ein Teil Gnigls von Salzburg nun regelrecht abgeschnitten war. Von den k. k. Staatsbahnen erhielt die Gemeinde Gnigl lediglich die Zusage zur Herstellung eines Fußweges[43], zu dessen Zweck eine Summe von 91.800 Kronen bei Gericht deponiert wurde[44]. Die dringend benötigte befahrbare Brücke über den Bahnhof wollten die Staatsbahnen nicht unterstützen. Auch zu der zum Gemeindegebiet gehörigen Ortschaft Itzling gab es als einzige Verbindung nur mehr den so genannten

Kirchenweg mit einer Breite von 4 Meter, für den Gesamtverkehr zu schmal. Ein Ausweichen bei zwei sich begegnenden Fuhrwerken war kaum möglich. Zwar hatten die Staatsbahnen zugesagt, einen Weg in entsprechenden Ausmaßen zu schaffen, es geschah dies jedoch nicht[45]. Das Fehlen der Kommunikationswege zwischen Gnigl und Itzling bzw. Gnigl und der Stadt Salzburg stellte durchaus ein Sicherheitsrisiko dar, wie der Bericht der Salzburger Zeitung über den Brand der Kantine für die Torfarbeiter der Elektrizitätswerke in Itzling zeigt:

Am Brandplatze erschienen [...] die Feuerwehren von Gnigl, Staatsbahn, Liefering, III. Kompagnie der Stadtfeuerwehr und die Hofspritze. Als ein großer Uebelstand machte sich die gegenwärtige, schon vielbesprochene, für die Gemeinde Gnigl so ungünstige Straßenanlage bemerkbar. Die Gnigler Feuerwehr mußte, um zum Brandplatze zu gelangen, einen weiten Umweg machen und die Staatsbahnfeuerwehr ihre Geräte über das Bahngeleise tragen.[46]

Der Bau des Rangierbahnhofes brachte eine weitere einschneidende Beeinträchtigung des täglichen Lebens der Gnigler Bevölkerung, denn die Wasserversorgung des Ortes kam innerhalb kürzester Zeit fast gänzlich zum Erliegen.

Um den Bahnhof mit Nutzwasser versorgen zu können, erwirkten die Staatsbahnen von der Bezirkshauptmannschaft Salzburg 1903 die Erlaubnis zur Entnahme von Wasser aus dem Alterbach. Dies geschah jedoch in einem Umfang, dass *den anrainenden Grundbesitzern durch den Entgang des zur Viehtränke und zu wirtschaftlichen Zwecken bisher dem Alterbache entnommenen Nutzwassers ein bedeutender Schaden zugefügt*[47] wurde. Ihr Trinkwasser dagegen bezogen die Gnigler aus ihren Hausbrunnen und Quellen. Durch die Bahnbauten versiegten im Frühjahr 1904 mehrere dieser Brunnen. Ein Großteil von Gnigl war mit einem Schlag ohne Trink- und Nutzwasser. Man versuchte, dies durch Vertiefung der Brunnen zu beheben, was sich aber auf die Wasserqualität auswirkte.

Die Vertreter der k. k. Staatsbahnen lehnten jede Verantwortung und Schadenersatzpflicht ab[48]. 1911 begannen die Bauarbeiten für die Gnigler Wasserleitung von der Tiefenbachquelle im Gemeindegebiet von Hallwang. Diese wurde am 24. August 1912 in Betrieb genommen[49].

SOZIALDEMOKRATISCHES VEREINSLEBEN

Die Sozialdemokratie des flachen und gebirgigen Landes bildete nur kleine Inseln in einem agrarisch-konservativen Milieu. Neben den gewerkschaftlichen und politischen Organisationen, die die Interessen der Arbeiterschaft bündelten, gab es zahlreiche Vereine, die sich um kulturelle Belange, um Bildung, Freizeit und Erholung kümmerten. Arbeiterbildungsvereine etwa stellten das Monopol der bürgerlichen Bildungsschichten auf Wissen und Bildung in Frage. Die Sozialdemokratie bot der Arbeiterschaft in vielfach feindlicher Umgebung eine neue Heimat. Bei Lohnkämpfen und politischen Prozessen, durch Vermittlung von Arbeit und Unterkünften für Durchreisende sicherte sie den solidarischen Schutz der Gemeinschaft[50]. Ein dichtes Netzwerk an solidarischen Beziehungen[51] brachte eine neue Lebensqualität in eine Welt, die ständig von Armut bedroht war[52].

Kollektive Selbsthilfe erschloss den Arbeitern neue Welten. Sie erleichterte den Zugang zur Kultur. Vorträge, Zeitungen und Kalender, Lesezirkel und eine eigene Bibliothek[53] erweiterten den Wissenshorizont. Viele neu gegründete Vereine boten Raum für öffentliche und soziale Entfaltung[54].

Die „Kinderfreunde" etwa ermöglichten Kindern nach der Schule Unterhaltung und Beschäftigung in einem gesicherten, betreuten Umfeld. Das Domizil der Arbeiter-Kinderfreunde befand sich an der Itzlinger Hauptstraße[55].

Sozialdemokratische Kulturvereine wie Arbeitergesangsvereine organisierten Bälle oder Gartenfeste. So veranstaltete beispielsweise der am 4. November 1900 in Itzling im Gasthaus Auerhahn[56] gegründete Eisenbahner-Gesangvereines Flugrad Kostüm- und Masken-Kränzchen[57]. Naturfreunde und Arbeiter-Radfahrer kompensierten am Sonntag die Enge von Arbeitsplatz und Behausung durch körperliche Bewegung und Naturerlebnis.

Einen Arbeiter-Radfahrverein, wie sie Ende des 19. Jahrhunderts in ganz Österreich entstanden waren, gab es auch in Gnigl[58]. Der „Arbeiter-Turn- und Sportverein Itzling/Gnigl" wurde 1926/27 gegründet. Nicht nur das Turnen, auch Leichtathletik, Ballspiele und Wintersportarten fanden hier regen Zuspruch[59] und sogar zum Theaterspielen trafen sich die Arbeiterturner[60]. Die neue kulturelle Begehrlichkeit war ein Akt der politischen Selbstbestimmung, sie war der Anspruch, nicht mehr Bürger zweiter Klasse zu sein. Die ambitionierte Kultur- und Erziehungsarbeit war jedoch nicht immer erfolgreich, sollte der Arbeiter doch auch aus der Knechtschaft des Alkohols fliehen. Dennoch eroberte die sozialdemokratische Vereinskultur der Arbeiterschaft Kenntnisse, Bildungsgüter, Erfahrung und Freuden, die ihr bisher die bürgerliche Welt vorenthielt[61].

Oben: Gnigler Arbeiter-Radfahrer, um 1920
Sammlung Christian Lankes,
Mitte: Arbeiter-Gesangs-Verein „Eintracht"
Gnigl-Parsch-Aigen, Postkarte, 1912
Sammlung Christian Lankes (Foto Wilhelm Mann)

Unten: „Arbeiter-Kinderfreunde Gnigl" im Minnesheimpark, um 1920, AStS, Karl-Steinocher-Fonds

Feuerwehrübung beim Kendlwirt, vermutlich 1906, Archiv Reinhard Stamberg

BEISPIELE „BÜRGERLICHER" VEREINSKULTUR

Während die Gleisanlagen des riesigen Verschubbahnhofes die dörfliche Idylle sprengten, wollten die zugewanderten zahlreichen Eisenbahner nicht so recht in das gewohnte Bild dörflichen Zusammenlebens passen. Konflikte zwischen diesen beiden Welten waren daher nicht selten[62]. Die dörfliche Gemeinschaft fand ihrerseits in den Vereinen neue Formen, soziale Kontakte zu organisieren, die langsam die alten Formen des sozialen Zusammenhalts und kulturellen Institutionen (Innungen, Zünfte, Bruderschaften) ersetzten. Eine der wichtigsten Zusammenschlüsse dieser Art waren die Feuerwehren.

Am 1. März 1881 fanden sich 52 Männer aus Gnigl im Gasthaus von Vinzenz Gürtler (Gasthof Weiß, Grazer Bundesstraße 26) zur konstituierenden Generalversammlung ein[63] und gründeten – mit k. k. Postmeister Ignaz Eigner als gewähltem Hauptmann sowie Krämer Albert Reichart als dessen Stellvertreter[64] – die erste freiwillige Feuerwache in Gnigl[65]. Mit dem Leitspruch „Gott zur Ehr, dem Nächsten zur Wehr"[66] war die 33. Feuerwehr des Landes Salzburg ins Leben gerufen worden[67].

Als Initiatoren wirkten der Arzt Franz Hattinger und der Grundbesitzer Andrä Blüml (der Ältere). Sie wurden dabei von dem in Gnigl lebenden und um das Salzburger Feuerwehrwesen verdienstvollen Ignaz Härtl unterstützt.

Am 10. März genehmigte die Gemeindevorstehung Gnigl die ausgearbeiteten Statuten[68]. Kaum einen Monat später, am 6. April 1881, musste die junge Feuerwehr ihre Feuertaufe bestehen, als sie den Brand des Klein-Rauchenbichlergutes in Itzling trotz widriger Umstände löschen konnte[69].

Der Tag der Fahnenweihe am 3. September 1882 führte die Gemeinde zusammen und beschwor gegenseitige Unterstützung. Die Fahne samt Band hatte man in Prag bestellt. Das Fest, an dem viele umliegende Feuerwehren zugegen waren, demonstrierte dörflichen Zusammenhalt. Der Festzug durchquerte sowohl Ober- als auch Untergnigl. Eine Schauübung nach der Festtafel im Gasthaus „Zur Kendl" begeisterte hunderte Zuseher[70].

In den ersten 25 Jahren ihres Bestehens hatte die Feuerwehr Gnigl durchgehend etwa vier bis fünf Dutzend Mitglieder. Die jährlichen Generalversammlungen fanden meist in der „Kendl" oder im Gasthaus des Leonhard Weiß (vormals Vinzenz Gürtler) statt. Zu nicht weniger als 58 Bränden innerhalb sowie außerhalb der Gemeinde rückte die Feuerwehr in den Jahren 1881 bis 1906 aus[71]. Dem Jubiläumsfest im Juli 1906 ging eine lange Planung voraus, war es doch ein dreifacher Anlass, den es zu feiern galt: einerseits das 25-Jahr-Jubiläum der Gnigler Feuerwehr, dann die Weihe einer neuen Fahne und schließlich den Flachgauer Gautag der Feuerwehren[72].

Dabei feierte sich nicht nur die Freiwillige Feuerwehr, sondern das Dorf selbst. Bereits in der Woche vor dem Fest begannen die Einwohner Gnigls, ihre Häuser zu schmücken[73]. Am Samstagabend löschten sie in ihren Wohnungen die Lichter, damit der Fackelzug, der bei Eintritt der Dunkelheit durch den Ort zog, besonders zur Geltung kam[74]. [Die] *Illumination am Samstag* [war] *eine geradezu feenhafte*[75], beschreibt Alexander Haidenthaller die Stimmung. Selbst der Heuberg leuchtete im Feuerschein. Am selben Abend fanden im Gasthaus „Zur Kendl" die Ehrungen statt und es wurde den Feuerwehrmännern mit 25-jähriger Dienstzeit das von Kaiser Franz Josef I. gestiftete Ehrenzeichen verliehen.

Am Sonntag, dem 8. Juli, dem Tag der Fahnenweihe, waren nicht weniger als 96 auswärtige Vereine mit 900 Mitgliedern und 34 Fahnen angereist[76]. Beginnend beim Gasthaus „Zur Kendl"

Die Gnigler Feuerwehr vor dem Jägerwirt, undatiert, Archiv Reinhard Stamberg

Wagen der Guggenthaler Brauerei auf dem Gnigler Hochzeitszug, 1905, Sammlung Trachtenverein Gnigl

ging der Zug zur Baumann-Wiese, dem Festplatz, auf dem nach der Festrede die Fahnenbänderverteilung stattfand[77]. Als Fahnenmutter konnte Frau Viktoria Blüml gewonnen werden[78]. Im Anschluss daran gaben verschiedene Musikkapellen Konzerte in den Gnigler Gasthäusern[79]. Der Gautag am Montag war von 34 Vereinen beschickt und den *fachlichen Gegenständen gewidmet*, so wurde vor dem Schulhaus eine eindrucksvolle Sanitätsübung abgehalten. Ein nachmittäglicher Ausflug nach Guggenthal beschloss das dreitägige Fest[80].

Die Brauchtumsbewegung gewann immer mehr Sympathisanten[81]. Sie nahm sich auch der Pflege des „Volksliedes" und des „Volkstanzes" an und bot Identifikation und Orientierung in einer sich rasch ändernden Welt. Bald sprengte sie die Enge dieser Vereine und wurde zu einem wichtigen Faktor der öffentlichen Feiern und Kulte[82].

1898 wurde in Gnigl zur Pflege des Volksliedgutes der Männergesangsverein gegründet, der bald 20 Mitglieder hatte und seine Proben im Gasthaus „Zur Kendl" abhielt. Besonders in der Faschingszeit bot der Verein ein buntes Programm mit Schauspiel und Tanzeinlagen. Veranstaltungen dieser Art schufen Öffentlichkeit und demonstrierten dörfliche Geschlossenheit.

Sehr erfolgreich verstand man es in Gnigl, sich mit einmaligen, innovativen Ideen der Öffentlichkeit zu allerlei festlichen Gelegenheiten zu präsentieren und Gnigl in den Fokus des kulturellen Wirkens der Region zu stellen. Aufsehen erregte etwa der am Faschingsdienstag des Jahres 1905 von der Gnigler Ortsgemeinschaft[83] erstmals organisierte „Gnigler Hochzeitszug". Dargestellt wurde eine Hochzeit, wie sie sich vor 100 Jahren hätte zutragen können, ein – wie man meinte – *äußerst gelungener Faschingsfestzug*[84]. Im 100-jährigen Sujet manifestierte sich die Sehnsucht „nach der guten alten Zeit". Zur Organisation dieser umfangreichen Zurschaustellung historischer Tracht und Bräuche wurde eigens ein Ausschuss gebildet, der in wochenlanger mühevoller Arbeit alles koordinierte[85] und historische Trachten, Seidenkleider, alte Reitzeuge und Schmuck aus Gnigl und den

angrenzenden Gemeinden zusammentrug.

An dem imposanten Zuge beteiligten sich 15 Wagen, denen 20 Vorreiter vorausritten. Unter den Wagen fielen besonders durch Pracht auf: der Brautwagen, in dem sich das Brautpaar befand (die Braut war 84 Jahre alt), ein vierspänniger Wagen der Brauerei Guggental, auf dem sich 20 Frauen mit Goldhauben befanden. Besonders hervorgehoben zu werden verdient der Kammerwagen mit der Heiratsausstattung. Nach dem Umzuge, bei dem eine vielhundertköpfige Menschenmenge Spalier bildete, kehrte der Festzug wieder in das Gasthaus zurück [Gasthaus des Leonhard Weiß], wo ein Hochzeitsmahl zu 90 Gedecken stattfand.[86]

Den Hochzeitszug führte man noch einige Male zu besonderen Gelegenheiten auf, so anlässlich des Anthropologenkongresses am 28. August 1905[87], beim Parkfest im Kaiser-Franz-Josefs-Park[88], als die Gemeinden des Landes aufgerufen waren, ihre Bräuche und Sitten zu zeigen[89]. Beim Alpinia-Festzug in Salzburg wurde die Bauernhochzeit eine Woche später wiederum zum Besten gegeben – und prämiert. Aus den Händen Erzherzog Eugens erhielten die Arrangeure den 2. Preis, ein Trinkhorn im Wert von 300 Kronen[90].

Eine große Ehre wurde den Gniglern zuteil, als sie ihren historischen Hochzeitszug, diesmal mit schweren Pferden, den so genannten Pinzgauern, in Wien bei dem großen 60. Regierungsjubiläum Kaiser Franz Josefs I. am 10. Juni 1908 ein weiteres Mal vorführten und er mit großem Beifall aufgenommen wurde[91] – ein Höhepunkt im Gnigler Kulturleben. Später wird der 1925 gegründete „Volks- und historische Trachtenverein" diese Tradition wieder aufgreifen.

Der wachsenden Naturbegeisterung im ausgehenden 19. Jahrhundert widmeten sich Alpenvereine und Naturschutzvereine[92]. Der deutsch-österreichische

Von oben nach unten:
Gnigler Hochzeitszug, Brautwagen vor dem Kendlwirt, 1905
Salzburg Museum
Festlicher Reiter auf dem Gnigler Hochzeitszug, um 1905
Salzburg Museum
Teilnehmer der Gnigler Bauernhochzeit, um 1905
Sammlung Trachtenverein Gnigl (Foto Karl Hintner)

Alpenverein und die Naturfreunde organisierten dabei unterschiedliche politische Interessen.

Gnigl war schon im ausgehenden 18. Jahrhundert Ausflugsziel der Städter gewesen. Lockten zunächst der Minnesheimpark und Gasthäuser wie die Kendl oder der Turnerwirt, so waren es im 19. Jahrhundert zunehmend die landschaftlichen Reize der näheren Umgebung Gnigls. Der frühere Salzburger Landeshauptmann Hugo Graf Lamberg, der in Gnigl wohnte, machte sich etwa für die Erschließung des Nockstein verdient (Lambergsteig). Wanderwege über den Kapuzinerberg in die Stadt und von Guggenthal auf die Gersbergalm wurden angelegt[93].

Die Verbesserung der touristischen Infrastruktur machte sich der Gnigler Verschönerungsverein zu seinem Anliegen. Nach knapp zwei Monaten Vorarbeit kamen auf Einladung Alexander Haidenthallers am 12. September 1907 etwa 70 Gnigler in „die Kendl" zur Gründungsversammlung des Gnigler Verschönerungsvereins. Bereits vor der Gründung hatten 60 Personen ihr Interesse an der Mitgliedschaft bekundet[94]. Vereinsziele waren beispielsweise die Finanzierung und Durchführung bereits in Angriff genommener Straßenbauten, die Renovierung des Alterbachflussbettes, die Schaffung schattiger Anlagen und weitere Verschönerungen des Ortsbildes, die aus dem Gemeindeetat nicht geleistet werden konnten[95].

Gnigler Bäuerin in Tracht, undatiert
Salzburg Museum

Sterneck-Kreuzung vom Dach des Amedia Hotels Salzburg betrachtet, 2010 (Foto Martin Zehentner)

GUIDO MÜLLER UND THOMAS WEIDENHOLZER
Ein vom Verkehr geprägter und geplagter Stadtteil

Am 1. Mai 1897 veröffentlichte die „Salzburger Zeitung" unter dem Titel „Ein Gnigler Wunsch" folgende von Joseph Anton Schöpf[1] gezeichnete Zuschrift:

Daß die Bewohner des Westens einer Stadt im Vergleiche mit denen des Ostens stets und überhaupt bevorzugt sind, ist eine bekannte Thatsache. So steht es auch in Salzburg. Während die Tramway durch das Nonnthal bis Drachenloch fährt, ist Gnigl, überhaupt die ganze Ostgegend, auf die bisherigen Fuhrwerke angewiesen. Und doch müßte sich die Tramway in Ober- und Untergnigl unbezweifelbar gut rentiren. Beim Weiß'schen Gasthause mündet die Straße von St. Gilgen, an welche die Strobler, Gilgner, Fuschler, Hinterseer, Faistenauer, Hofer, Ebenauer, Koppler, Plainfelder und Guggenthaler gewiesen sind und die auch tagtäglich von morgens früh bis Abends spät von Fußgehern und Fahrern benützt wird. Also ein ergiebiges Materiale für die Tramway. Beim Sattler Jungbauer gabelt sich die Straße nach Linz und Ischl. Auch diese Straßen sind den ganzen Tag hindurch sehr belebt und würden der Tramway hinlänglich Passagiere zuführen. Da die Traçirung der Bahn mit weit geringeren Kosten und Schwierigkeiten verbunden ist, als die nach westwärts, so dürfte sich die Erfüllung des Wunsches über kurzem realisiren.[2]

FRÜHER ÖFFENTLICHER VERKEHR. EISENBAHNEN, TRAMWAY UND AUTOBUS

Es darf angenommen werden, dass der um Gnigl und Guggenthal sehr verdiente Verfasser, früher selbst als Zeitungsredakteur tätig[3], die Ankunft des ersten Automobils in Salzburg im Jahr 1895 registriert hatte und um die Anfänge der Motorisierung wusste. Trotzdem, als „Kind seiner Zeit" war er auf das damals moderne und im Stadtgebiet einzige öffentliche Verkehrsmittel, die Eisenbahn, fixiert.

Einige Jahre später wurden Eisenbahnschienen auf Gnigler Boden, und zwar gleich in einem ganzen Bündel, gelegt, doch nicht in der von ihm erwarteten Richtung, sondern, Hürden gleich, quer dazu. Anders als die hier bereits 1870/71 von Salzburg nach Hallein gebaute eingleisige Bahnstrecke, die 1875 als Salzburg-Tiroler-Gebirgsbahn ihre Fortsetzung fand, bedeutete nämlich der Bau des Rangierbahnhofs in einer Länge von über zwei Kilometern und einer Breite von bis zu 200 Metern sowohl für die Kommunikation zwischen Gnigl und der Stadt Salzburg als auch für die zwischen den rasch wachsenden Gnigler Gemeindeteilen Itzling und Gnigl einen äußerst folgenschweren Einschnitt, der überdies die aus ganz anderen Gründen zwischen Itzling und Gnigl aufgekommenen Trennungstendenzen förderte.

Gewiss gab es damals auch Bestrebungen im Sinne des Wunsches von Joseph Schöpf: Im Jahr 1898 erhielt nämlich die Firma Siemens u. Halske, Wien, im Verein mit der AG Elektrizitätswerke Salzburg auf Dauer von sechs Monaten die Bewilligung zur Vornahme technischer Arbeiten für eine Kleinbahnlinie Mirabellplatz–Paris-Lodron-Straße–Franz-Josef-Straße–Schallmooser Hauptstraße–Gnigl[4].

Am 11. Februar 1920 stellte der Salzburger Gemeinderat Georg Reitlechner den dringenden Antrag, die Trassierung einer elektrischen Bahn nach Gnigl zu betreiben[5]. Auch ein Jahr später war die Gnigler Bahn noch Gegenstand gemeinderätlicher Erörterung[6]. Dieser Initiative blieb allerdings der Erfolg versagt, und bald wendete sich, einem Zug der Zeit entsprechend, in der Stadt Salzburg das Blatt zu Gunsten eines öffentlichen Straßenverkehrs mit Autobussen.

Angesichts des sich allgemein rasch entwickelnden Verkehrs hat die Eröffnung der Salzkammergut-Lokalbahn (1893) keine fühlbare Entlastung der durch Gnigl führenden Hauptverkehrswege gebracht. Einen direkten Nutzen konnte Gnigl von dieser das bergige Gelände im Osten der Stadt umfahrenden und bis 1957 bestehenden Bahnverbindung ohnedies nicht ziehen.

Wenden wir uns noch kurz dem von Joseph Schöpf angesprochenen Verkehrsmittel „Tramway" in Salzburg zu. Als er 1897 seinen Wunsch aussprach, gab es in Salzburg seit elf Jahren eine Dampftramway, die später auf elektrischen Betrieb umgestellt wurde[7]. Als „Rote Elektrische" fuhr sie vom Bahnhof zum Platzl, querte die Karolinenbrücke und strebte weiter über Nonntal und Hellbrunn nach Süden. Als Zubringer zur Gaisberg-Zahnradbahn erfüllte eine Zweiglinie nach Parsch ihre Aufgabe. Die „Gelbe Elektrische" nahm ab 1909 ihren Weg vom Bahnhof zum Platzl, später über die Staatsbrücke zum Universitätsplatz und ab 1916 durch das Neutor in die Riedenburg. Wie daraus zu ersehen ist, profitierte Gnigl in keiner Weise von diesen Stadt- bzw. Lokalbahnen. Die Salzkammergut-Lokalbahn war vielmehr ein Grund dafür, dass die zeitliche Entwicklung der von Salzburg ausgehenden und durch Gnigl nach Osten führenden Autobuslinien verzögert wurde. Denn während in anderen Teilen des Landes Salzburg erste Autobuslinien zum Teil schon vor dem Ersten Weltkrieg eingerichtet wurden, nahmen von Salzburg über Gnigl führende Kurse erst ab 1927 ihren Betrieb auf, zu einer Zeit also, da Gnigl bereits von einer städtischen Autobuslinie bedient wurde. Es waren dies einerseits Busverbindungen von Salzburg über Fuschl nach St. Gilgen, andererseits über Eugendorf-Strass nach Henndorf und Neumarkt bzw. über Seekirchen nach Mattsee[8]. Nur soweit Haltestellen auf Gnigler Boden eingerichtet waren, betrafen sie die Interessen der Bevölkerung.

Der erste „Omnibusverkehr" (von Pferden gezogen) zwischen Salzburg und Gnigl ging auf eine Initiative des 1907 gegründeten Gnigler Verschönerungsvereines[9] zurück: An Sonntagen sollten Salzburger und „Fremde" die Möglichkeit haben, Gnigl mit seinen Anziehungspunkten bequem zu erreichen[10].

Die erste regelmäßig verkehrende städtische Autobuslinie verband ab 24. Juli 1926[11] als Linie III im 15-Minuten-Intervall Untergnigl mit der Stadt und Liefering. Ihre Haltestellen ab Gnigl waren: Rangierbahnhof Gnigl, Doblerweg, Virgilgasse, Franz-Josef-Straße, Paris-Lodron-Straße, Mirabellplatz usw. Die Nöte der damaligen Zeit waren nicht dazu angetan, dem neuen Verkehrsmittel höhere Frequenzen zu garantieren. Mit geänderten Linienführungen und Fahrplänen versuchte man diesem Problem zu begegnen. Als Salzburg nach dem „Anschluß" den schienengebundenen Verkehr ab 1940 durch Oberleitungsbusse ersetzte, folgte der Ringlinie L/M ab 1. Februar 1944 die Obuslinie A nach Gnigl.

VERKEHRSVERHÄLTNISSE UM 1900

Wie war es um das Straßenwesen an der Wende zum 20. Jahrhundert bestellt? Den Anforderungen des Fuhrwerks- und des Fußgängerverkehrs waren die Straßen leidlich gewachsen. Als neue Verkehrsteilnehmer traten um die Jahrhundertwende die Radfahrer immer mehr in Erscheinung[12]. Ihr Tempo wurde nicht selten als störend empfunden, noch weniger freundlich begegnete man den ersten motorisierten Verkehrsteilnehmern, meist waren es ohnehin „Fremde". Aber auch die wenigen einheimischen Autobesitzer genossen bei der breiten Masse der Bevölkerung kaum Sympathien.

In einer Zeitungsmeldung vom August 1900 aus Hof, das ja am selben Straßenzug wie Gnigl liegt, wird unter Hinweis auf Gefahren für Kinder und den Frachtverkehr ausgeführt: *Automobilfahrten durch unseren Ort gehören jetzt schon zu den wöchentlichen Erscheinungen*[13].

Eine ausführliche und massive Kritik an den Straßenverhältnissen ist vom Juli 1913 überliefert: *Sanitätswidrige und lebensgefährliche Zustände herrschen auf der Linzer Reichsstraße, und zwar von der Stadtgrenze an durch die Ortschaft Gnigl bis zur Hallwanger Gemeindegrenze. Die Straßengräben seien*, so hieß es hier weiter, *mit Schlamm und Unrat gefüllt. Dazu die größte Frequenz im Autoverkehr, – es verkehren durchschnittlich täglich 100 Auto, welche bei der gegenwärtig schlechten Witterung die Häuser bis zum ersten Stock hinauf mit Kot bespritzen und auf dieselbe Weise die Kleidung der Fußgänger beschmutzen und beschädigen, außerdem eine ständige Lebensgefahr im Straßenverkehr bilden; […] bei schönem Wetter besorgt der rege Autoverkehr wieder die unausstehliche Staubplage bei Tag und Nacht […]*[14].

DER BEGINN DES ZEITALTERS DES AUTOMOBILS

Die Straße nach Linz war bereits in den Jahren 1900 und 1902 Schauplatz von bemerkenswerten motorsportlichen Ereignissen überregionalen Charakters: Am 1. Juni 1900 wurde in Gnigl die zweitägige „Erste internationale Automobil-Fernfahrt Salzburg–Wien" mit der Etappe Salzburg–Linz gestartet[15]. Am 29. Juni 1902 erfolgte hier für 86 Fahrzeuge der Start zur letzten Etappe der „Großen Automobil-Wettfahrt Paris–Wien"[16].

Da ganz allgemein Gemeindestraßen und -wege in der ersten Zeit dem Automobilverkehr nicht zugänglich waren[17], kam dafür nur das übergeordnete Straßennetz in Betracht. In Gnigl waren das in erster Linie die Linzer und die Grazer Reichsstraße. Die noch unbedeutende Fürbergstraße, erst durch den Bau der Karolinenbrücke (1858) etwas aufgewertet, zählt mittlerweile zu den am stärksten befahrenen Straßen Salzburgs. Der Straßenzug Ignaz-Härtl-Straße/Eichstraße bestand zwar als kürzere Verbindung zwischen den Reichsstraßen schon seit Ende des 16. Jahrhunderts, war aber privilegierten Personen vorbehalten[18]. Die Vogelweiderstraße (Fürstenweg), teils auf Stadt-, teils auf Gnigler Gemeindegebiet verlaufend, wurde insbesondere durch den Autobahnanschluss zu einer Hauptverkehrsachse.

Die winterlich verschneite Linzer Reichsstraße, um 1905
Salzburg Museum, Fotosammlung

Als Verbindung der vor dem Bahnbau noch kleinen bäuerlichen Ansiedlung Itzling mit Gnigl diente der ursprünglich nur eineinhalb Meter breite so genannte Gnigler Kirchenweg[19]. Durch die Bahnanlagen mehrfach zerschnitten, erhielt er einen längeren und überdies unübersichtlichen Verlauf. Heute kommt dem Straßenzug Ziegeleistraße/Schillinghofstraße (bzw. Bachstraße) nicht allein diese Verbindungsfunktion zu.

Start der Automobil-Fernfahrt Salzburg–Wien in Mayrwies, 1900, Fotomontage
Die Gartenlaube 1900, H. 16 (Foto Siegmund Schneider)

Separat-Ausgabe.
Salzburger Zeitung.

Pränumerations-Preis:
Für Salzburg: Hauptblatt mit Amtsblatt halbjährig 12 K, vierteljährig 6 K, monatlich 2 K. Hauptblatt ohne Amtsblatt halbjährig 8 K, vierteljährig 4 K, monatlich 1 K, 34 h.
Mit Postversendung: Hauptblatt mit Amtsblatt halbjährig 15 K, vierteljährig 7 K 50 h, monatlich 2 K 50 h. — Hauptblatt ohne Amtsblatt halbjährig 11 K, vierteljährig 5 K 50 h, monatlich 1 K 80 h. — Einzelne Nummer 10 h

Inserate:
werden per Zeile mit 10 h für 1mal, mit 20 h für 3mal berechnet. Für öftere Einschaltung ansehnlicher Rabatt. — Inserate nehmen für uns entgegen die Herren: A. Oppelik in Wien, I., Grünangergasse 12; Haasenstein & Vogler (Otto Maas) in Wien, I., Walfischgasse 10; Rudolf Mosse in Wien, I., Seilerstätte, Eckhaus; M. Dukes Nachfolger in Wien, I., Wollzeile 6—8; Heinrich Schalek in Wien, I., Wollzeile 12; Coursbücher-Abteilung J. Danneberg in Wien, I., Kumpfgasse 7; Rud. Hell in Wien, IX., Porzellang. 11.

Unfrankirte Briefe werden nicht angenommen, anonyme Mitteilungen nicht berücksichtigt.

Nr. 146 — Telefon Nr. 103 — Montag 30. Juni — 1902

Automobil-Rennen Paris—Wien!

Vom Start in Gnigl.

Gnigl, 29. Juni. Die Automobil-Rennfahrer Henri Farman um 6 Uhr 45 Min., Edmond um 7 Uhr, Graf Zborowsky um 7 Uhr 5 Min. Pinson um 7 Uhr 8 Min., Geste 7 Uhr 10 Min. und Baron de Forest um 7 Uhr 12 Min., haben als Erste den Start verlassen. Ihnen folgte Marcell Renault um 7 Uhr 14 M. Bis 8 Uhr 20 M. sind weiters abgegangen: Maurice Farman um 7 Uhr 16 Min., Marcellin, Crawhez, Berteaux und Baras um 7 Uhr 24 Min. In der Garage in Salzburg sind im Ganzen 86 Weitfahrer eingetroffen.

Unfälle auf der Strecke.

Frankenmarkt, 29. Juni. Das Automobil Nr. 85, Fahrer Weigel, beschädigte sich bei der Bahnübersetzung unterhalb Frankenmarkt infolge Anfahrens an die Bahneinfriedung und unterbrach die Fahrt. Verletzt wurde niemand.

Amstetten, 29. Juni. Ein Automobilfahrer, angeblich Nr. 43 Briollet (Porlier?) stürzte bei der Bahnübersetzung und zog sich eine Verletzung des rechten Auges und Armes zu.

St. Pölten, 29. Juni. Das Automobil Nr. 97 (Oury) ist zwischen Gerersdorf und Prinzersdorf verunglückt. Der Fahrer erlitt einen schweren Schulterbruch, das Automobil wurde zertrümmert.

St. Pölten, 29. Juni. Das Automobil Nr. 188 (M. Durand) ist in einen vor ihm fahrenden Wagen hineingefahren und mußte wegen der hiebei erlittenen Beschädigung die Weiterfahrt aufgeben. Niemand ist verunglückt.

Tulln, 29. Juni. Das Automobil Nr. 147, Fahrer Marcel Renault, ist um 12 Uhr 54 Min. als erstes hier durchgefahren. Dann folgten Nr. 26 (Zborowsky), Nr. 27 (Baron de Forest), Nr. 6 (M. Farman).

Ankunft in Wien.

Tulln, 20. Juni. Als Erster traf in Wien ein Marcell Renault um 2 Uhr 18 M. Zweiter Zborowski 2 Uhr 42 M., Dritter M. Farman 2 U. 57 M., Vierter Baras 3 Uhr 1 M.

Forest disqualifiziert.

Als Siebenter traf Baron de Forest ein, welcher einen Maschinendefekt erlitten hatte und von einer Comitémaschine durchs Ziel gezogen werden mußte; er wurde disqualifiziert. Im ganzen sind bisher (4 Uhr 30 Min. nachmittags) 25 Rennfahrer hier eingetroffen.

Fahrtdauer Salzburg—Wien.

Nr. 147 **Marcel Renault** (leichter Renaultwagen) 7 St. 04 M.
Nr. 26 **Graf Zborowsky** (Mercedeswagen) 7 St. 37 M.
Nr. 6 **Maurice Farmann** (Panhardwagen) 7 St. 41 M.
Nr. 35 **Baras** (leichter Spiritus-Darracqwagen) 8 St. 37 M.

Letzte Meldungen.

Aus St. Pölten wird gemeldet, daß Nr. 189, P. Rivierre (C. W. Dechamps) einen Wagendefekt erlitten habe. Der Fahrer stürzte und konnte nach der ärztlichen Untersuchung mit einer Stunde Verspätung die Fahrt in langsamem Tempo fortsetzen.

Aus Tulln wird berichtet, daß unweit der Brücke ein Automobil über die Böschung hinabgestürzt sei. Der Fahrer erlitt unbedeutende Verletzungen und konnte die Fahrt gleich fortsetzen.

Wien. Der Empfang der ankommenden Automobilisten war ein enthusiastischer. Riesige Menschenmengen waren in den Prater geströmt. Der Sieger wurde jubelnd begrüßt.

Bericht vom Etappenstart des Automobilrennens Paris–Wien in Gnigl, 1902, AStS, Separatausgabe der Salzburger Zeitung

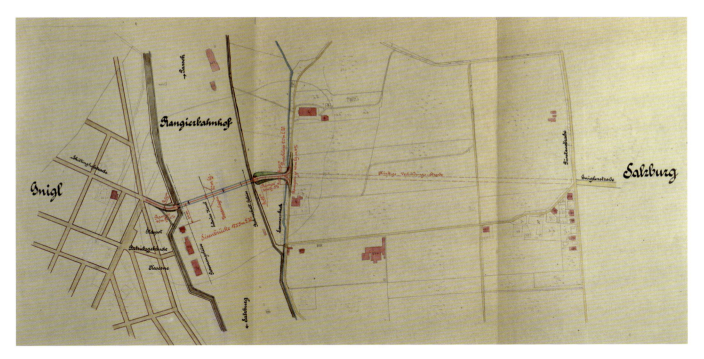

Gesüdeter Plan einer Brücke von der Schillinghofstraße über die Gleisanlagen des Rangierbahnhofes nach Schallmoos, 1905
SLA, Landesausschussakten (Planzeichnung Karl Holter)

DER RANGIERBAHNHOF – INTERNATIONALE DREHSCHEIBE UND LOKALE BARRIERE

Rangierbahnhofbau, starkes Bevölkerungswachstum und aufkommende Motorisierung waren für Gnigl am Beginn des 20. Jahrhunderts große Herausforderungen. Einerseits wurde der Rangierbahnhof zu einer bis heute wirksamen Barriere, andererseits siedelten sich viele bei der Bahn Beschäftigte in Gnigl an. Das ausgedehnte Gelände des Rangierbahnhofs wurde für die Arbeitswege zum Hauptbahnhof, zum Lokalbahnhof, zum Frachtenbahnhof, zu den Magazinen, Werkstätten und zum Rangierbahnhof selbst sowie ganz allgemein für die Kommunikation innerhalb der Gemeinde zum Hindernis. Aus der Sicht der Stadt Salzburg dürfte das weniger dramatisch empfunden worden sein, war doch bereits mit der Errichtung des Hauptbahnhofs eine ähnliche Sperrwirkung verbunden.

So stand die Gemeinde Gnigl eher allein da, als es darum ging, ihre Vorstellungen gegenüber dem Eisenbahnministerium durchzusetzen. Über die Gnigler Forderungen in Zusammenhang mit den durch den Rangierbahnhofbau erfolgten Eingriffen in das Grundwasser, verbunden mit dem Versiegen vieler Brunnen, wird an anderer Stelle dieses Buches berichtet[20]. Hier soll der Verkehrsaspekt beleuchtet werden. Seitens der Bahn hatte es für Gnigl die vertraglich abgesicherte Zusage gegeben, den Rangierbahnhof mit einem Fußgängersteg zu überbrücken[21]. In Gnigl machte sich bald die Einsicht breit, nur eine Fahrbrücke könne den Anforderungen entsprechen. Die Gemeinde beschloss den sofortigen Bau einer Zufahrtsstraße[22] und schritt gleich zur Tat: Der Einmündung der Grazer Reichsstraße gegenüber wurde die Schillinghofstraße mit einer neun Meter breiten Fahrbahn in Richtung der vorgesehenen Überbrückung angelegt. Diese sollte sich bei Bahnkilometer 2,490 zwischen den heutigen S-Bahn-Haltestellen Salzburg-Sam und Salzburg-Gnigl befinden. Ein Vorprojekt, vom Land erstellt[23], zeigte, dass mit den vier- bis fünffachen Baukosten gegenüber einem Fußgängerübergang zu rechnen wäre. In der Abbildung ist das Projekt zu sehen, wobei zu beachten ist, dass der Plan (Originalmaßstab 1:2500) nicht genordet ist, sondern eine südliche Orientierung aufweist.

VOM VERKEHR GEPRÄGT UND GEPLAGT | **283**

Gnigler Rangierbahnhof mit Haltestelle Gnigl, um 1905
AStS, Fotoarchiv Würthle

Die Salzburg-Halleiner Bahn nach ihrem zweigleisigen Ausbau, um 1913, Salzburg Museum, Fotosammlung

Die Länge der Brücke sollte 173,5 Meter betragen, dazu kamen die 4 bis 5 Prozent steilen beidseitigen Auffahrtsrampen.

Die Gemeinde Gnigl sah sich außerstande, die zusätzlich erforderlichen Mittel auch nur annähernd aufzubringen. Das Ministerium verwies auf die getroffenen Vereinbarungen. Im Übrigen wollte es ein definitives Projekt erst nach der Trassierung des Gleises für den Doppelspurbetrieb erstellen. Aus den umfangreichen Aufzeichnungen der Protokolle der Landtagssitzungen sind über Jahre keine echten Fortschritte herauszulesen[24]. Der sozialdemokratische Abgeordnete Robert Preußler stellte in der Sitzung am 23. Februar 1912 die Situation wie folgt dar:

Die Gemeinde Gnigl hat bei Durchführung der neuen Bahnhofanlage ohnedies übersehen, daß dieser neue Verkehrsweg den eigentlichen Verkehr zwischen Gnigl und den anderen Ortsteilen auf der einen und Itzling auf der anderen Seite, sowie den Verkehr mit der Stadt sehr stark unterbindet; dadurch haben die Geschäftsleute und die Arbeiter einen ungeheuren Schaden und es kommt zu großen Verkehrsstörungen für Private und Gewerbe. Nun haben jahrelange Verhandlungen stattgefunden, damit man endlich auf der einen oder anderen Seite eine Verbesserung schafft. Die Staatsbahndirektion hat sich dafür ausgesprochen, es wurden Kommissionen abgehalten und jetzt ist noch immer nichts geschehen.[25]

Es stellt sich die Frage: Hat das Eisenbahnwesen insgesamt die Kommunikation zwischen Gnigl und der Stadt verschlechtert oder verbessert? Nicht einmal ein Jahr nach Eröffnung der Westbahn (1860) hatte eine Privat-Gesellschaft mit Karl Schwarz an der Spitze den Plan verfolgt, entlang dem rechten Salzachufer eine Zweigbahn von Salzburg nach Hallein zu bauen[26], also nicht, wie dies dann tatsächlich geschah, über Gnigler Gemeindegebiet. Trassierungen sowohl westlich als auch östlich der Salzach wurden erwogen, ehe 1869 die Entscheidung fiel. Dann ging es ziemlich rasch, denn schon für den 10. Juli 1871 konnte der fahrplanmäßige Verkehr nach Hallein angekündigt werden[27]. An der ab 6. August 1875 über Hallein hinaus verkehrenden Salzburg-Tiroler Gebirgsbahn[28], sie fuhr täglich viermal in beiden Richtungen, gab es auf dem Weg von Salzburg nach Hallein vorerst nur die Haltestellen Aigen und Puch. Die am 15. Juni 1885 eröffnete Haltestelle Parsch[29] hatte zumindest für Teile von Gnigl eine gewisse Relevanz, ehe dann ab 2. Jänner 1905 Gnigl durch die gleichnamige Haltestelle Nutzen ziehen konnte[30]. Am 30. April 1913 konnte schließlich der doppelgleisige Betrieb von Salzburg bis Golling aufgenommen werden. 1920 wurde die Strecke Salzburg–Hallein elektrifiziert[31].

Seit 2003 stehen mit den S-Bahn-Haltestellen Salzburg-Gnigl und Salzburg-Sam zwei Ein- und Ausstiegsstellen dieses modernen Verkehrsmittels auf Gnigler Boden zur Verfügung.

ZWEI STRASSENPROJEKTE: NEUTRASSIERUNGEN LINDENBÜHEL UND MINNESHEIMSTRASSE

Die erste große Baumaßnahme für eine neue Straßentrasse brachte für Gnigl selbst keinen größeren Nutzen: Es ging um die längst fällige Umlegung der ab Obergnigl steil ansteigenden Grazer Reichsstraße (der alte Trassenverlauf ist heute noch zu erkennen). Die ab 1907 in mehreren Etappen gebaute neue Straße wurde am 15. Juni 1909 zwischen Gnigl und Guggenthal endgültig fertig gestellt und dem Verkehr übergeben. Die Neutrassierung entschärfte die Steigung des Lindenbühels erheblich. Der große Straßenbogen (mit der Fichtl- und der Radauerkurve) durchschnitt die Mühlstraße und damit das alte Mühlenviertel. Das Hindernis der großen Steigung war damit zwar ausgeschaltet, aber die enge Durchfahrt durch den untersten Teil der Grazer Reichsstraße blieb bestehen. Mit dem Bau der Gaisbergstraße ab Februar 1928 fürchteten Anrainer dieses engen Straßenstückes eine weitere Zunahme der Verkehrsbelastung[32]. Als Lösung wurde die bisher für den motorisierten Verkehr bestehende Sperre der Eichstraße 1929 aufgehoben und der *Talverkehr* durch diese geleitet[33]. Um das unterste Stück der Grazer Reichsstraße (Bundesstraße) vollständig zu entlasten, aber auch um den Verkehr ins Salzkammergut zu beschleunigen, bot sich deren völlige Neutrassierung an. Doch das schien nur auf Kosten des Gnigler Parks, seit 1915 im Besitz der Gemeinde[34], zu gehen.

Bau der Fichtlkurve, 1906
AStS, Fotoarchiv Würthle

Die neue Umfahrung des Lindenbühels, im Bild die Fichtlkurve, um 1910, Salzburg Museum, Fotosammlung

Die neue Umfahrung des Lindenbühels, im Bild die Radauerkurve, um 1907, AStS, Fotoarchiv Würthle

Fichtl- und Radauerkurve, um 1930
Sammlung Karl-Heinz Lanzersdorfer, Postkarte (Cosy-Verlag)

Schlittenfahrer auf der verschneiten Radauerkurve, 1929
AStS, Fotosammlung (Foto Josef Kettenhuemer)

1930 konnte sich der Gnigler Gemeinderat mit einer solchen Umlegung lediglich dann anfreunden, wenn die neue Straße asphaltiert, links und rechts mit Zäunen versehen und der Park (durch Grundtausch) ungeschmälert erhalten werde[35]. Ein Jahr später stimmte der Gemeinderat dem Straßenprojekt zu, sein Wunsch, nach (fast) vollständigem Erhalt des Gemeindeparks[36], erfüllte sich letztlich aber nicht. Als nämlich das von der Landesregierung ausgearbeitete Projekt bekannt wurde, gingen in Gnigl die Wogen hoch. Die Gemeinde nahm gegen diese Planungen *namens der gesamten Bewohnerschaft schärfstens Stellung*[37].

Die Linzer Reichsstraße, um 1925
AStS, Sammlung Kraus (Foto Friedrich Pflauder)

Es half nichts, der Park wurde Opfer des – wie es der Gnigler Schuldirektor ausdrückte – *Moloch Verkehr*, der *sich in aller Welt jetzt breit* mache[38]. Im Mai 1936 begannen im Minnesheimpark die Baumfällungen und wenig später die Bauarbeiten[39]. 1937 war die gepflasterte Straße fertig gestellt. *Quecksilber-Dampflampen* sorgten nächtens nun für die nötige Helligkeit[40].

AUTOBAHNBAU UND PROJEKTE IN DER NS-ZEIT

Der Bau der Autobahn hatte zwar nicht direkte Auswirkungen auf Gnigl, beeinflusste aber das künftige Verkehrsgeschehen nachhaltig. Mit erheblichem propagandistischen Aufwand nahm Adolf Hitler wenige Wochen nach dem „Anschluß" am 7. April 1938 den Spatenstich zum Bau der Autobahn am Walserberg vor. Das deutsche Autobahnnetz diente nicht zuletzt der Glorifizierung der nationalsozialistischen Herrschaft und war als Arbeitsbeschaffer Inbegriff euphorischer Hoffnungen. Der Salzburger Gauleiter Anton Wintersteiger und der Münchner Baudirektor Hahn legten die Trasse um Salzburg *in ein paar Stunden* fest[41]. Viele fanden bei diesem Straßenprojekt Arbeit. Der Bau selbst machte anfangs rasche Fortschritte, musste allerdings kriegsbedingt Ende 1941 eingestellt werden.

Bau der Minnesheimstraße, 1936
Salzburg Museum, Fotosammlung

Bis dahin war die Autobahn Richtung Anif bzw. bis Bergheim zwei- sowie bis Zilling einbahnig fertig gestellt[42]. Die provisorische Ausfahrt Salzburg-Nord mündete in die Land- bzw. Vogelweiderstraße ein.

Auch die weiteren nationalsozialistischen Verkehrsplanungen für die Stadt Salzburg waren auf die Autobahn orientiert und hätten für Gnigl gravierende Folgen gehabt. Ein mehrspuriger Straßenring durch die Stadt hätte den Kapuzinerberg östlich umfahren und in einem Bogen Richtung Autobahn die untere Gnigl zerschnitten[43]. Während der Personenbahnhof am Fuß des Plainberges neu situiert werden sollte, wäre der Gnigler Verschubbahnhof nach Freilassing verlegt worden[44]. Der Krieg verhinderte die Realisierung dieser Planungen.

Unmittelbar nach dem Krieg diskutierte man ernsthaft die Frage, ob man überhaupt Autobahnen brauche[45]. 1954 feierte die Politik dann aber doch den Spatenstich zum Weiterbau der Autobahn bis Eugendorf[46]. Die Strecke bis Mondsee wurde 1958 eröffnet[47].

VERKEHRSPLANUNG NACH 1945

Die wirtschaftliche Entwicklung und die exorbitante Steigerung der Mobilität in der Zeit des „Wirtschaftswunders" konfrontierten Gnigl aber nicht nur mit den Segnungen der Automobilität. Die Durchzugsstraßen Linzer und Salzkammergut Bundesstraße zählen heute zu den frequentiertesten Verkehrszügen der Stadt. Die immer rascher fortschreitende Trennung von Wohn- und Arbeitsort ist eine der charakteristischen Entwicklungen der zweiten Hälfte des 20. Jahrhunderts. 1955 pendelten etwa 10.000 Menschen in die Stadt, 1961 waren es 12.000[48], 1971 an die 16.000, eine Zahl, die in den folgenden zehn Jahren auf über 32.000 hochschnellte. Man benutzte zunächst den Bus oder die Bahn, ab den 1960er Jahren wurde aber das Auto zunehmend das Fortbewegungsmittel der Pendler[49].

Das merkte man auch in Gnigl. 1961 passierten 4000 Autos pro Tag die Linzer Bundesstraße, 1970 waren es knapp 9000, 1982 bereits 14.000 und 2005 18.000. Etwas „weniger" belastet war (ist) die Salzkammergut Bundesstraße, zuletzt wurden aber auch hier 12.500 Fahrzeuge täglich gezählt[50]. Ein Vergleich, der uns die drastische Zunahme des Verkehrs vor Augen führt: Am 7. Juli 1928 wurden in der Linzer Reichsstraße 723 Autos, 586 Motorräder, 950 Fahrräder und 45 Fuhrwerke gezählt[51]. Kein Wunder, dass bereits Mitte der 1970er Jahre der Lärm der Straße, aber auch jener der Bahn, von gut einem Drittel aller Gnigler als beeinträchtigend empfunden wurde[52].

Der Straßenzug Schallmooser Hauptstraße und

Bau der Autobahn, um 1940
Sammlung Karl Kopf

Bau der Autobahn, um 1940
Sammlung Karl Kopf

Linzer Bundesstraße (die Sterneckstraße war noch nicht gebaut) entwickelte sich nicht nur wegen der rasch wachsenden Gewerbegebiete in Schallmoos und in Gnigl nach dem Zweiten Weltkrieg immer mehr zum verkehrlichen Nadelöhr. 1951 wurde zunächst die Belastbarkeit der Eichstraßenbrücke erhöht[53] und dann die Schwabenwirtsbrücke verkehrstauglicher gemacht[54]. Letztere erhielt ein neues Tragwerk, die Widerlager blieben bestehen. Die (damals) neuen Brückenkonstruktionen hatten immer wieder mit Korrosionsproblemen zu kämpfen und mussten mehrfach repariert[55], die Eichstraßenbrücke 1970/71 neu gebaut werden[56].

Den Erfordernissen des wachsenden Verkehrs war damit keineswegs Genüge getan. 1953 beschloss der Salzburger Gemeinderat die Regulierung der Linzer Bundesstraße, die von neun auf zwölf Meter verbreitert werden sollte, eine Vergrößerung der Verkehrsfläche um etwa ein Drittel. Es folgten aufwendige Enteignungsverfahren, vor allem um den so genannten Turnerwirtsstadel, der weit in die Straße ragte. 1962 wurde dieses Verkehrshindernis schließlich abgetragen[57]. Die Idee, den Kreuzungsbereich Minnesheimstraße/Linzer Bundesstraße als Kreisverkehr zu gestalten (1959), wurde fallengelassen[58], dafür 1963 eine Signalanlage errichtet[59].

Der damit in Zusammenhang stehende Bau eines durchgehenden Straßenringes von der Gabelsbergerstraße um den Kapuzinerberg nach Parsch war fixer Bestandteil der städtischen Verkehrsplanung.

Eröffnung der Eichstraßenbrücke, 1972
AStS, Fotosammlung

Blick in die Schallmooser Hauptstraße, 1957
AStS, Fotosammlung

Linzer Bundesstraße Richtung Schwabenwirtsbrücke, vor Beginn der Regulierungsarbeiten, links Gasthof Röcklbrunn
1957, AStS, Fotosammlung

Regulierte Linzer Bundesstraße, links Rauchenbichlhof
1961, AStS, Fotosammlung

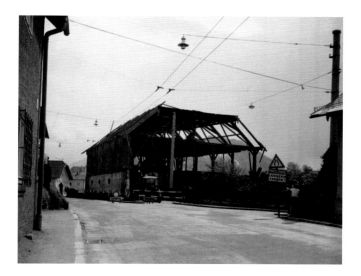

Abriss des Turnerwirtsstadels, 1962
AStS, Fotosammlung

Einen solchen sahen eigentlich alle Regulierungs- und Verkehrspläne der Nachkriegszeit vor[60], der allerdings nur allmählich realisiert werden konnte. 1955 wurde die Verbindung von der Gabelsbergerstraße bis zur Vogelweiderstraße gebaut[61], 1963 die Sterneckstraße bis zur Linzer Bundesstraße weitergeführt und 1966 die neu situierte Eberhard-Fugger-Straße dem Verkehr übergeben. Von 1977 bis 1979 wurde schließlich die Verbindung mit der Fürberg- bzw. Eberhard-Fugger-Straße hergestellt

und damit die Sterneckkreuzung voll ausgebaut[62]. Dieser wichtigen Kreuzung fielen mehrere Objekte, darunter das Sandgrubengut, zum Opfer[63]. Heute ist die Sterneckkreuzung einer der neuralgischen Punkte im Salzburger Straßennetz.

Mehrfach wurde der Bau eines Tunnels durch den Kapuzinerberg zur Lösung der Verkehrsprobleme vorgeschlagen, regelmäßig begleitet von heftigen kommunalpolitischen Debatten, je nach Interesse und Wohnort pro oder contra[64]. Mit der Ableitung des überregionalen Verkehrs aus Oberösterreich und dem Salzkammergut über die Autobahn, dann über eine neue Trasse parallel zur Vogelweiderstraße und durch den Kapuzinerberg sollte (nicht nur) Gnigl entlastet werden. Von den Parschern zuerst radikal in Frage gestellt, dann genauso heftig herbei gewünscht, vor allem von Anrainern der Eberhard-Fugger-Straße immer wieder gefordert, von den Schallmoosern (vor allem jenen an der künftigen Trasse) abgelehnt, von den Gniglern teils befürwortet, teils mit Skepsis begegnet. Gnigler Geschäftsleute wiederum fürchteten im Falle einer Umleitung des Verkehrs durch den Tunnel um ihr Geschäft. Vorstöße für den Bau des „City-Tunnels", wie der Kapuzinerbergtunnel kurzfristig genannt wurde, nach der Jahrtausendwende, betrieben vor allem von Wirtschafts- und Arbeiterkammer, brachten aber keine Annäherung der Standpunkte[65].

Bau der Sterneckstraße, Einmündung in die Linzer Bundesstraße (Sterneckkreuzung), Oktober 1963

Bau der Sterneckstraße, Oktober 1963
beides AStS, Straßenakten

Die Sterneckkreuzung, mit Tankstelle, Dezember 1963
AStS, Straßenakten

Kreuzung Ignaz-Härtl-Straße/Fürbergstraße, vor dem Vollausbau, 1977/78, AStS, Fotosammlung

Kreuzung Ignaz-Härtl-Straße/Fürbergstraße, vor dem Vollausbau, 1977/78, AStS, Fotosammlung

Ausgebaute Sterneckkreuzung, Blickrichtung Osten, 1978
AStS, Fotosammlung

Sterneckkreuzung im Jahr 2010 (Foto Martin Zehentner)

Sterneckkreuzung im Jahr 2010 (Foto Martin Zehentner)

Den stetig wachsenden Verkehr zum Gewerbegebiet sollte eine neue Straßenverbindung entlang des Söllheimer Baches Richtung Sam abfangen[66]. Ein bei Mayrwies abzweigendes überdimensioniertes Stück Straße erinnert noch heute an die geplante, aber nicht realisierte Straßenverbindung. Die verkehrliche Aufschließung des Gewerbegebietes, insbesondere die Regelung des LKW-Verkehrs, blieb Gegenstand etlicher lokaler Konflikte[67].

ÖFFENTLICHER VERKEHR

Schon im Juni 1945 konnte der Obusverkehr (Linie A) nach Obergnigl wieder aufgenommen werden. Im Dezember 1946 wurde die Autobuslinie G, die nach Sam führte, in Betrieb genommen[68] und der Albus kutschierte ab Mai des selben Jahres wieder Ausflügler auf die Gaisbergspitze[69]. 1957 wurde auch Langwied vom Obus erschlossen. Jeder zweite Obus der Linie A (ab 1972 Linie 4) fuhr ab der Minnesheimstraße nach Langwied, der andere wie bisher zum Kendlwirt, jeweils im 20-Minuten-Takt[70]. Nur wenige Jahre (von 1975 bis 1983) umrundete die Linie U östlich den Kapuzinerberg und verband in einer etwas eigenartigen Linienführung die Akademie- mit der Schillinghofstraße[71]. Auch der Linie W (Linie 33), die ab 1983 dem öffentlichen Verkehr eine nördliche Querverbindung erschloss und mit kleinen City-Bussen bedient wurde, blieb eine nachhaltige Frequenz versagt[72].

Seit 2005 führt die Linie 2 in einer neuen Streckenführung nach Obergnigl. Die Linie 4 wurde 2007 bis Mayrwies verlängert. 2009 nahm die Linie 10 die östliche Umrundung des Kapuzinerberges wieder auf und fährt bis in die Lankessiedlung[73].

1985 wurde der Obergnigler Ast der Linie 4 aufgelassen und stattdessen mit der Linie 20 eine weitere direkte Verbindung Gnigls mit der Stadt geschaffen. Als, um diese Linie zu beschleunigen, für die Eichstraße ein Fahrverbot erlassen wurde[74], mag dies zwar den Verkehr beruhigt haben, nicht aber die Gemüter. Die Wogen gingen hoch. Was die einen ent-, be-lastete die anderen[75]. Eine Aktion „Obus Obergnigl" forderte, unterstützt von 800 Unterschriften, die Aufhebung der Sperre der Eichstraße[76]. 600 Unterschriften, die sich für die Aufrechterhaltung der Sperre einsetzten, wurden Gegenstand staatsanwaltlicher Untersuchung[77]. Auf einer Bürgerversammlung prallten die gegensätzlichen Interessen heftig aufeinander[78]. Selbst die Bürgermeister von Koppl und Hof intervenierten gegen diese verkehrspolitische Maßnahme[79].

Eröffnung der Zweiglinie A nach Langwied, August 1957
AStS, Fotosammlung (Foto Anny Madner)

Eröffnung der Linie 20 mit Bürgermeister Josef Reschen und Vizebürgermeister Gerhard Buchleitner, 1985
AStS, Fotosammlung (Foto Ingrid Tautscher)

Tempo-30-Zone in der Aglassingerstraße, 1991
AStS, Fotosammlung (Foto Gustav Helpferer)

Auch wenn die Einführung einer Tempo-30-Zone rund um die Aglassinger- und die Schillinghofstraße[80] und etwas später rund um die Bachstraße von einer Interessensgruppe um den Baustoffhändler Wilhelm Hannak beeinsprucht wurde und sich die Debatten darüber Jahre hinzogen, wurde ihre Realisierung 1992 schließlich mehrheitlich gutgeheißen[81].

Werkstättenhalle des Gnigler Verschubbahnhofes, 2009
(Foto Stadtarchiv)

Gnigler Zustimmung fand die Schaffung der Buskorridore 1994 auf den Zubringerstraßen[82]. Ein Salzburger Schnellbahnsystem war erstmals Mitte der 1970er Jahre in Zusammenhang mit dem Gesamtverkehrsplan, der eigentlich einen großzügigen Ausbau des Straßennetzes vorsah, ins Spiel gebracht worden[83]. Ein mehrjähriger Diskussions- und Planungsprozess[84] konnte 1998 mit einem Vertrag zur Errichtung einer Schnellbahn abgeschlossen werden. Mit dem Bau wurde dann 2002 begonnen. Die Eröffnung der S-Bahn-Haltestellen unter der Schwabenwirtsbrücke und in Sam im Herbst 2003 ermöglichte eine verbesserte Verbindung der Verkehrssysteme der Bundesbahnen und des städtischen öffentlichen Verkehrs[85].

In Zusammenhang mit dem Bau der Schnellbahn steht auch der Neubau der Schwabenwirtsbrücke, der wegen Korrosionsschäden notwendig geworden war[86]. Dieser machte die zeitweilige Sperre der Linzer Bundesstraße, dieser zentralen Zufahrt in die Stadt, unumgänglich. Appelle, öffentliche Verkehrsmittel zu benutzen und ausgeklügelte Verkehrsregulierungen ließen die befürchteten Mega-Staus ausbleiben. Die Brücke konnte im Frühsommer 2000 dem Verkehr übergeben werden[87].

Einem Versuch, die Entwicklung des Verkehrs in einem gerafften Überblick zu zeichnen, steht nicht an, sich in tagespolitische Verkehrsdebatten einzumischen. Es bleibt nur zu konstatieren: den euphorischen Mobilitäts- und Automobilitätserwartungen der 1950er und 1960er Jahre folgte die lärm- und abgasbelastete Ernüchterung. Verkehrsprojekte hatten zunehmend mit skeptischer Beurteilung und mit (standortbezogenen) Anrainerprotesten zu rechnen[88]. Während die Mobilität im Stau auf ihre Grenzen stieß[89], änderte die Kommunalpolitik die Ziele der Verkehrsplanung[90]. Das (nicht einstimmig beschlossene) „Verkehrspolitische Ziel- und Maßnahmenkonzept"[91] gilt als Trendwende der Salzburger Verkehrspolitik[92]. Trotzdem, Verkehrspolitik blieb weiterhin ein heftig umstrittenes Thema, wie die Diskussionen um das „Verkehrsleitbild der Stadt Salzburg" (1997)[93] und die „Verkehrspolitischen Ziele und Maßnahmen" des „Räumlichen Entwicklungskonzeptes" (2007)[94] zeigen[95].

Schöpfgasse mit Blick Richtung Gaisberg und Kühberg, dem jähen Ende der Kalkalpendecke, 2009 (Foto Wolfgang Kauer)

WOLFGANG KAUER

Die untere Gnigl. Fallstudie der Siedlungsgenese auf dem Alterbachschwemmkegel

Das Gnigler Gemeindegebiet ist stark geprägt durch sein unruhiges Relief: Die steilen Dolomit-Wände von Kühberg und Nockstein hatten ursprünglich ihre Fortsetzung in Kapuzinerberg und Festungsberg gefunden, bevor diese entlang der tektonischen Bruchzone westwärts gedriftetet sind. Im Stadtteil Gnigl enden daher die Kalkvoralpen, und zwar schroff und unmittelbar vor den sanften Hängen der weichen Flyschzone, dem Heuberg. Die Bruch- und zugleich Grenzlinie zwischen beiden Gesteinszonen zeichnet der obere Alterbach nach, der mitten durch ein Bergsturzgelände ins Salzburger Becken einströmt.

Die relativ flache Untere Gnigl breitet sich erst zu Füßen des steilen Obergnigler Reliefs aus. Ein 1995 bei Aushubarbeiten im Unterboden des Hauses Schöpfgasse 9 gefundenes kleines Saurier-Ei könnte über eine Hangrutschung an der Steilwand des Kühbergs auf den Schotterkegel des Alterbachs gelangt sein.

Bezeichnete man als „Untergnigl" oder „Niedergnigl" in früheren Jahrhunderten bloß einen Weiler aus Schmieden und Mühlen am flacheren Abschnitt des Alterbachs, so dehnte sich später der Siedlungs- bzw. Wirtschaftsbereich bis nach Itzling und weit ins Schallmoos hinein aus. Das ursprünglich weitläufige Gemeindegebiet von Gnigl wird inzwischen von mehreren Bahntrassen zerschnitten. Insofern ist heute dem Volksmund gemäß der Begriff „Untere Gnigl" nur noch für das Areal nordöstlich der Westbahntrasse und für das Fürbergviertel zu verwenden.

Zunächst war der bezeichnete Ausschnitt ein wenig höher gelegenes Terrassenstück des weitläufigen Schallmooses, der Hinterlassenschaft des Salzachgletschers. Während der Frühgeschichte bot das angrenzende Moor einen natürlichen Schutz vor Angriffen und es wurde seit jeher extensiv genutzt. 1632 ließ Erzbischof Paris Lodron den Alterbach entlang der Heuberg-Flanke verlegen und in den Söllheimer Bach umleiten, um fortan eine bis dahin rezente allochthone Durchfeuchtung des Moors zu unterbinden. Auch nach der Trockenlegung durfte Gnigler Vieh in dem von Föhren bewachsenen Dickicht der Gnigler Au beiderseits des Alterbachs weiden. Bis Mitte des zwanzigsten Jahrhunderts wurden Torfwasen gestochen, getrocknet und als Heizmaterial verwendet.

Schon den Römern hatte der mächtige Alterbach-Schwemmkegel am Rand des Moors den Standort einer Villa und einer festen Straße in Richtung Ovilava (Wels) und Lauriacum (Enns) ermöglicht. Westlich der Straße waren in dieser Zeit Tonziegel produziert worden. Die reichen Tonvorkommen erlaubten auch später noch Ziegeleien. Vom Abbau zeugten die beliebten Warwitzweiher. Das Gelände westlich der Römerstraße, heute Linzer Bundesstraße, gehörte schließlich zur Grundherrschaft St. Peter. Seit dem Mittelalter existierten im Umfeld des Alterbachs die unterschiedlichsten Gewerbe: Ketten-, Draht- und Nagelschmiede, Müller u. a. sowie eine Taverne mit Tanzboden. Zu ihrer Versorgung hielten die Handwerker ein wenig Vieh und hatten Gärten und Krautäcker. Energiespender war der Alterbach, der allerdings im 19. Jahrhundert allmählich seine gewerbliche Bedeutung verlor[1].

Die Errichtung der Bahnstrecke nach Hallein, mitten durch Gnigler Gemeindegebiet hindurch, wirkte sich auf die Zuwanderung belebend aus. In der späten Gründerzeit entstanden entlang der Turnerstraße und der Schillinghofstraße Wohngebäude mit bis zu drei Geschoßen plus Scheinmansarden, wie etwa die Mietshäuser Schillinghofstraße

9 und 16, mit Zweizimmer-Bassena-Wohnungen. Die Schillinghofstraße erregte das Interesse gründerzeitlicher Investoren, weil sie eine sanft abfallende Verlängerung der Grazer Bundesstraße darstellte. In diesem Südabschnitt des „Gnigler Corsos" entstand 1886 ein langes zweigeschoßiges Haus, das 1902 von Anna Kohlig erworben wurde, die es in den beliebten „Gasthof Rangierbahnhof" (heute „Rangie") umwandelte. Der eingeschoßige Anbau im Westen war anfangs noch in den Gastgarten miteinbezogen gewesen[2]. Die Ansiedlung dieses Gewerbes liegt sicherlich in der Errichtung einer Bahnstation am untersten Ende des Corsos begründet. 1902 musste der alte Schillinghof dem Neubau des raumgreifenden Rangierbahnhofs weichen. Eine Masse an Arbeitern bedeutete auch regen Gasthausbesuch.

Allmählich verdeutlichten sich die Nachteile der Zerschneidung des Gemeindegebiets durch die Bahntrassen: Die gesellschaftlichen wie wirtschaftlichen Aktivitäten zwischen den Ortsteilen Itzling, Gnigl und Fürbergviertel wurden zunehmend schwieriger. Auch der kaiserliche Exerzierplatz, das Neuhauserfeld, musste dem Bahnbau weichen. Zunächst ermöglichte eine – im Gegensatz zu heute – angenehm flache Schwabenwirtsbrücke den einzig sicheren Übergang über den Gleiskörper, doch die meisten Schulkinder querten die gefährliche Trasse trotzdem einfach irgendwo.

Das abgenabelte Itzling begann mit Gnigl um Investitionen zu streiten und Anfang der 1930er Jahre wäre es um ein Haar zu derben Ausschreitungen gekommen[3]. Als ein möglicher Ausweg erwies sich 1935 die Eingemeindung Gnigls in die Landeshauptstadt. Seitlich der Schillinghofstraße boomte nun auch die Bautätigkeit in der Wüstenrotstraße und zwischen Turnerstraße und Josef-Waach-Straße sowie auf dem Neuhauser Feld. Die Dynamik dafür ging von der Stadt Salzburg aus. Alte Flurwege wurden allmählich zu Nebenstraßen. Auch im Westen entstand in dieser Zeit ein locker verbautes Wohngebiet.

Doch mit Kriegsbeginn 1938 endete diese Entwicklung und bis 1945 wurden nur noch Baracken und Behelfslager errichtet. Die Verantwortung für den Luftschutzkeller im Kühberg trug damals Stollenwart Albert Lenz, der später, 1952, einen Schlossereibetrieb an der Schöpfgasse 4 gründete.

Durch die Luftangriffe im Jahr 1945 war besonders der Verschub gefährdet. Die Verdunkelung erlaubte nur Karbidlampen, so genannte „Funserln". Auf Distanz gaben diese zu wenig Licht ab, sodass die Lokführer die Dosierung des Abstoßes der Waggonketten schlecht bemessen konnten. Das forderte zahlreiche Todesopfer unter den Kupplern, welche die rollenden Waggons eingliedern mussten[4].

Durch das Bombardement des Rangierbahnhofes 1944/45 durch die Amerikaner wurden zahlreiche Häuser in der Untergnigl (v. a. Wüstenrot- und Turnerstraße) dem Erdboden gleichgemacht.

Nachdem kurz zuvor einige politisch aktive Eisenbahner des Rangierbahnhofs hingerichtet oder durch die NS-Justiz in Konzentrationslager verschleppt und zu Tode gekommen waren, wie der Gewerkschafter Valentin Aglassinger, soll es auch noch nach Kriegsende zu inhumanen Zwischenfällen gekommen sein. So wird berichtet, dass junge Internierte aus Glasenbach zur Instandsetzung des zerbombten Rangierbahnhofs eingesetzt wurden und durch die schwere Arbeit stark abgemagert waren. Gnigler Mädchen steckten ihnen unerlaubt Brot zu. Amerikanische Aufseher machten sich angeblich einen Sport daraus, den Gefangenen das Nahrungsmittel aus den Fingern zu *kicken*. Eine der Wachen soll gar einen stark entkräfteten Jungen dazu gezwungen haben, das verschmutzte Brot gebückt und mit gestrecktem Zeigefinger so lange zu umkreisen, bis er aus Erschöpfung zusammenbrach. Über diese Demütigung empörten sich besonders einige Gnigler Mädchen, weil sie sich die Brotstücke von ihrer eigenen kargen Ration abgespart hatten[5].

Bis zum Eintreffen der amerikanischen Hilfslieferungen der UNRRA, der United Nations Relief and Rehabilitation Administration, im Frühjahr 1946, war die Versorgungsnot in Salzburg derart groß, dass man nur ans nackte Überleben denken konnte. Als Zentrum der US-Besatzungszone war die Stadt zum Angelpunkt der größten Wanderungs- und Fluchtwelle geworden, von der

Österreich jemals betroffen war. Sie hatte schlagartig zu einer Verdopplung der Einwohnerzahl geführt[6].

Für das Studium der Verhältnisse und Veränderungen in der Nachkriegszeit stellt „die Gnigl" einen Idealfall dar. Salzburger Jugendliche und GIs verbrachten in diesem Außenbezirk Mußestunden, andererseits waren die zahlreichen Baracken mit Ausgebombten, Vertriebenen und Flüchtlingen voll. Junge Stadtbewohner bevorzugten in diesen Jahren das Gnigler Kino, obwohl die Filme hier noch durch Spulenwechsel unterbrochen wurden, was in den städtischen Kinos weniger der Fall war. Aber das Gnigler Kino (Fürbergstraße 17) punktete damit, dass die Betreiberin, Frau Oberrauch, ihre Gäste noch mit Handschlag begrüßte und eine familiäre Atmosphäre vermittelte. Dabei soll die Jugend zwar die Wegstrecke als sehr weit empfunden haben, aber beim Marsch die Schallmooser Hauptstraße entlang zählte nur das Gruppenerlebnis. Gleiches galt für die Tanzveranstaltungen im Gnigler Café Knappek (Linzer Bundesstraße 35). Der Cafétier wurde aus illegaler Quelle mit Wein beliefert, der sonst schwer zu bekommen war, weil ein Großteil der Weinbaugebiete in der russisch besetzten Zone lag[7].

Junge Paare kamen während ihrer Hausbauphase in den 1950er Jahren in der Jausenstation Voggenberger unter, heute Gasthof Kittl (Hallwang). Allerdings musste man sich dort das Wasser vom Brunnen holen und für sämtliche Hausbewohner existierte nur ein einziges „Plumpsklo". Die Wäsche wurde am Bach geschwemmt. Im Haus Schöpfgasse 11 vermietete Frau Haiden kurzfristig Zimmer an „Frauleins", die sich diskret mit Besatzungssoldaten trafen, um Kaugummis und Nylonstrümpfe anzunehmen[8].

Nicht nur von so genannten „Ami-Bräuten" sind die Besatzungssoldaten 1955 in die USA begleitet worden, sondern mitunter auch von einzelnen beruflich ambitionierten Jugendlichen, wie dem 16-jährigen Stephan Haiden (Schöpfgasse 11), der schließlich in Kanada zum Techniker für Eisenbahnmotoren und zum wohlhabenden Mietshausbesitzer aufstieg.

DIE BARACKENLAGER

In den Nachkriegsjahren mussten Heimkehrer, Flüchtlinge und Vertriebene versorgt werden. Für die meisten war Salzburg nur Zwischenstation. Von den 18 Flüchtlingslagern der Stadt lag eines nahe dem südlichen Warwitzweiher und eines an der Fürbergstraße. Die Baracken nahe dem Weiher wurden nicht nur von Volksdeutschen bewohnt, sondern auch von Südtirolern, die von Hitler ins Reich gelockt worden waren und nicht mehr nach Italien zurückkehren konnten. Die Mehrheit der Displaced Persons jedoch waren „polnische" Juden. Auf dem Weg nach Palästina mussten sie bis 1948 illegal nach Italien weiterreisen, wobei der Marsch über den Krimmler Tauern Geschichte geschrieben hat, weil die englischen Besatzer Kärntens die französischen Besatzer dazu gedrängt hatten, keine Flüchtlinge mehr über Tirol ausreisen zu lassen und der Krimmler Tauern den einzigen direkten Übergang zwischen Salzburg und Italien darstellte.

Nach der Staatengründung Israels, dem 1. Mai 1948, erfolgte die Ausreise der DPs auf legale Art. In den Salzburger Lagern kümmerte sich bis dahin die geheime jüdische Organisation „Bricha" (dt. Flucht) um ihre DPs. Frisches Obst und Gemüse organisierte der Bricha-Aktivist Marko Feingold, indem er einige Salzburger Gärtnereien dazu überredete, ihn mit Frischwaren zu beliefern. Den Brennstoff Kohle erhielten die illegalen Bricha-Männer von einer Gnigler Wirtin im Tauschgeschäft[9]. Welches der vorhandenen Lager während der Sommermonate 1946 als jüdisches Flüchtlingstransitlager „Bet Trumpeldor" genützt worden war, ist nicht mehr bekannt.

Für die westliche der beiden Barackengruppen am Warwitzweiher, die im Ersten Weltkrieg als Lazarett errichtet worden waren, setzten die Banater den Begriff „Familienhäuser" durch[10].

Johann Roth, nach dem Ersten Weltkrieg aus der Batschka zugewandert, betrieb nach dem zweiten Krieg ein allseits beliebtes Holzbaracken-Gasthaus mit dem Namen „Kupfermuckn", das gern von Feuerwehrleuten und Eisenbahnern frequentiert

wurde. Die Wirtin, Maria Roth (1914–1998), half ihrem Mann, einem Polier, anfangs häufig als Bauarbeiterin, weil das Geld nicht reichte.

Nach und nach konnten sie an die Stelle der Baracke ein Haus aus Stein setzen, in dem die „Kupfermuckn" noch bis 1972 betrieben wurde. An Wochenenden spielte hier die Band „The Jak's Men" auf, benannt nach einer Gnigler Familie[11].

Johann und Maria Roth, „Kupfermuckn"-Wirtsleute
1960er Jahre, Sammlung Maria Roth

Die „russischen" Baracken lagen in der Fürbergstraße. Bis 1945 sollen hier noch Kriegsgefangene für den Stollenbau im Fürberg untergebracht gewesen sein[12]. Im Oktober 1946 zählte das Statistische Amt hingegen 3461 „Russen"[13]. Diese Menschen waren in mehreren Flüchtlingswellen nach Österreich gekommen, sodass sie keine homogene Gruppe darstellten. Trotzdem erwiesen sie sich als besonders schutzbedürftig, weil Stalin eine Politik der gewaltsamen Rückführung betrieb, die für fast alle Opfer nachweislich den Tod bedeutete.

Bereits nach 1917 waren Angehörige der weißrussischen Armee in Österreich eingetroffen. Sie hatten gegen die „Roten" gekämpft und waren ins Ausland geflohen. In einer zweiten Welle landeten unter General Andreji Wlassows Führung Kosaken in Österreich, die sich 1944 mit der deutschen Wehrmacht im Kampf gegen Stalin verbündet hatten, eingefädelt durch Claus Schenk Graf von Stauffenberg. Und schließlich gab es auch noch fahnenflüchtige Offiziere der Sowjetarmee, die sich in die US-Zone abgesetzt hatten. Die Gruppenzugehörigkeit wurde bei der Baracken-Zuteilung nicht berücksichtigt, sodass die Russengruppen vermischt waren. Dies sollte sich noch als vorteilhaft erweisen.

Bis es ihnen erlaubt war zu arbeiten, erhielten sie unter Patronanz der IRO (International Refugee Organisation) eine Lager-Ausspeisung. Ende 1947 waren 85 Prozent von ihnen bei den Amerikanern

„The Jak's Men" bei der Probe, 1960er Jahre
Sammlung Maria Roth

Baracken an der Aglassingerstraße, 1970er Jahre
Sammlung Maria Roth

beschäftigt. Sie betätigten sich als Schlosser, Tischler, Schuster. Viele Männer arbeiteten auch als Hilfsarbeiter beim Gleisbau, im Straßenbau oder in Marmorsteinbrüchen. Die Frauen reinigten die Waggons des „Mozart-Express" (USFA-Soldatenzug), der täglich zwischen Wien und Salzburg verkehrte, oder sie waren als Küchenhilfen in amerikanischen Kasernen im Einsatz.

Von der guten Infrastruktur im „unteren" Russenlager in Parsch (Kirche, Theater, Kindergarten und anderes) konnte das „obere" Russenlager in Gnigl nicht profitieren. Aber sonst wurde alles gleich empfunden: In den Unterkünften bestickten Frauen Vorhänge oder bastelten fürs Osterfest. Zwischen den Baracken hielten sie auch Hühner und hörten aus dem Radio laut amerikanische Musik. Doch die Idylle trog. Jahrelang herrschte Todesangst. Im Vertrag von Jalta hatte Stalin gegenüber Churchill das Recht durchgesetzt, alle Russen sowie deren Nachkommen repatriieren zu dürfen. Dies rechtfertigte er mit jenem Bevölkerungsvakuum, das durch Bürgerkrieg und Weltkrieg entstanden war. Tatsächlich war es seine Absicht, Abtrünnige zu liquidieren oder in Arbeitslagern von kriminellen Aufsehern „ausschinden" zu lassen. Obwohl Salzburg in der US-Zone lag, genossen die russischen Offiziere der Repatriierungskommission völlige Bewegungsfreiheit in den Lagern.

Noch weitaus gefürchteter waren die Agenten des sowjetischen Militär-Geheimdienstes SMERSCH[14]. Sie veranstalteten gnadenlos Menschenjagden. Sogar eine Schülerin wurde aus dem Unterricht gezerrt und in ein Auto Richtung Moskau gesetzt. Dabei war das Mädchen bereits außerhalb des russischen Territoriums geboren worden. Ein Kind aus dem Gnigler Lager ist auch Anna Well. Ihr Vater, Serge B., hatte sich im Gefolge General Wlassows befunden und das Massaker von Judenburg durch waghalsige Flucht überlebt. Er fand schließlich in einem Kärntner Steinbruch Arbeit und in einer Wiener Fabriksarbeiterin die Mutter seiner Tochter Anna. 1952, ein Jahr nach deren Geburt, übersiedelte die junge Familie nach Salzburg. Margarethe B. bekam im Kloster St. Peter eine Stelle als Küchengehilfin, ihr Mann Serge arbeitete im Adneter Steinbruch. Während Anna in der Gnigler Kirche getauft wurde, erhielt ihr jüngerer, bereits in Gnigl geborener Bruder Alexander statt der katholischen Taufe die russisch-orthodoxe Weihe, von einem „fliegenden" Popen. Aus Angst vor der Repatriierung impfte der Vater den Kindern ein, unter keinen Umständen aufzufallen. Wenn lange Ledermäntel im Lager auftauchten, brach Panik aus.

Gnigler Russenlager, Anna Well als Kind mit Mutter und deren Freundin, 1950er Jahre, Sammlung Well

Doch nun erwies sich die Gruppendurchmischung in den Baracken als ein unbezahlbarer Vorteil. Die russischen Offiziere überprüften zwar, konnten aber nicht unterscheiden, welcher der drei Flüchtlingswellen ein Befragter angehörte. Die Barackenbewohner hatten rasch erkannt, worauf es bei der Befragung ankam: Alt-Emigranten fielen nicht unter den Vertrag von Jalta!

Anna Well weiß nicht, was ihr Vater dem sowjetischen Geheimdienst gegenüber zu Protokoll gegeben hat. Er könnte sich – wie andere Kalmücken – als Tibeter ausgegeben haben.

Die Kalmücken waren im 17. Jahrhundert zugewandert und hatten südlich von Wolgograd extensive Weidewirtschaft betrieben. Sie hatten im Zweiten Weltkrieg auf Deutschlands Seite gegen Stalin gekämpft, weil dieser ihre Tempel entehrt und viel Vieh konfisziert hatte. Auch ihre Religion hatte Stalin verboten, den tibetischen Buddhismus. Diesem gegenüber blieb Serge B. bis zu seinem Lebensende loyal, obwohl er offiziell als griechisch-orthodox gemeldet war. Seine Tochter hingegen hielt Gnigl und der katholischen Religion die Treue. Ihr blieb die Kindheit im Lager in positiver Erinnerung und sie ist immer noch stolz auf ihre Taufe. Anna Well hat es stets geschätzt, keine „Getriebene" sein zu müssen, wie ihr Vater, bevor er am Saalachspitz Ruhe fand[15].

Einige Stadtpolitiker zur Zeit des Wirtschaftswunders empfanden Flüchtlingslager als „Barackenschande, die beseitigt gehört(e)"[16]. Der Transfer in feste Quartiere erfolgte jedoch sehr schleppend, nur die Volksdeutschen, vorwiegend Bauern, heißt es, sollen die Baracken gern verlassen haben. Da sie den Bau von Eigenheimen anstrebten, überließ ihnen das Stift St. Peter bereits 1949 Siedlungsgelände zu günstigen Konditionen, zunächst in Elsbethen, dann am Salzachsee und an der Eichethofstraße.

1962 wurde das letzte Barackenlager aufgelöst. Nach Abriss der Baracken rund um die Warwitzweiher entwickelte sich im Einzugsbereich des Rangierbahnhofs eine neue Gewerbezone. Anschlussgleise, Autobahnnähe und billige Gründe waren vor allem für Betriebe mit Großgüter-Erzeugung oder Großhandel standortentscheidend. Kesselbau, Kfz-Handel und Transportunternehmen ließen sich nieder.

Der südliche Warwitzweiher könnte heute noch ein kostbares Gnigler Biotop sein. Die Söhne der Obergnigler „Glockmühlwirtin", Kurt und Günther Seiler, pflegten darin einst Köderfische zu fangen, mit denen sie an den großen Seen auf Hechtfang gingen. Doch um potentielles Bauland zu gewinnen, verlängerte ein Baustoffhändler sein Anschlussgleis und verfüllte ganze Waggons voll altstädtischen Bombenschutts in den Weiher hinein, bis die Tonmulde zur Gänze aufgefüllt war.

Aus einer Notwendigkeit heraus entwickelte sich eine neue Gewerbeart: In Zusammenhang mit den Viehtransporten, die auf dem Frachtenbahnhof eintrafen, hatten sich Gasthäuser mit großen Stallungen für „Nutzvieh" etabliert, das zunächst entladen wurde und bis zum nächsten Tag versorgt werden musste. Nach dem Zweiten Weltkrieg wurde der Viehmarkt neu organisiert, die Gasthäuser entlang des Frachtenbahnhofs in Wohnungen umgewandelt oder dem Verfall preisgegeben. Für Deutschland bestimmte Tiere wurden wieder von der Warterampe in die Waggons zurückgetrieben, nach Kennzeichnung durch den Tierarzt und Fütterung an einem neu errichteten Betontrog (auf Höhe Lastenstraße 24). Inzwischen waren die Waggons geputzt worden und frisches Heu eingelegt. Die für Italien bestimmten Tiere hingegen landeten auf dem Gnigler Bahnhof, wo sie die Waggons nicht verlassen durften und per Schlauch mit Wasser versorgt wurden.

Dieses neue Gewerbe „Viehfütterung und Tränkung" wurde für derart wichtig erachtet, dass man es sogar konzessionierte. Der einzige Inhaber dieser Konzession hieß Rudolf Mühlberger. Er konnte ein Grundstück neben dem Rangierbahnhofsgebäude erwerben und ließ dort vom Salzburger Architekten Gerhard Garstenauer ein erstes Passivenergiehaus errichten (Aglassingerstraße 33). Weil Mühlberger ÖBB-Angestellter war, musste die Gewerbekonzession auf seine Frau Rosa ausgestellt sein, die sich im Jahr 1956 von ihrem Architekten *nur eines wünschte: Sonne, Sonne und nochmals Sonne!*[17] Noch heute reicht die Glasfront bis unters Dach und Innenwände sind nach wie vor gelb und rot gestrichen.

2009 erhielt die Warwitzstraße durch den Bau der „Geschützten Werkstätten" für Menschen mit

Bulle wird zur Tränke geführt, 1960er Jahre
Sammlung Elisabeth Mühlberger

Behinderung auch eine soziale Funktion, aber auch in der Aglassingerstraße wurde 2010 ein Studentenheim hochgezogen.

An der Bachstraße haben sich in den letzten Jahren eine Autorenlesereihe namens „Freitagslektüre" (Café Schober), ein Jugendzentrum und ein Tanzstudio des Landestheaters etabliert. Bildende Künstler richten sich immer wieder Ateliers in den Hallen des Gewerbegebiets entlang der Bachstraße ein. Die Vermietung von Lagerflächen ist zum Trend geworden.

DIE AGLASSINGERSTRASSE UND IHR ZWEITER KONJUNKTIV

Von der Linzer Bundesstraße zweigte unmittelbar nach der Schwabenwirtsbrücke anfangs ein Fußweg ab, mit zunächst einigen Gewerbebetrieben (Schierzeugung, Bäckerei, Schleiferei, Tischlerei, Weinkellerei) und danach Schrebergärten und Baracken. Dieser Schotterweg in Richtung des Gasthofs Rangierbahnhof wurde ab 1949 nach und nach durch eine Straße, die Aglassingerstraße, ersetzt. Als der leicht veränderte Straßenverlauf noch nicht in der Landschaft sichtbar war, machten sich Passanten über die vermeintliche Schrägstellung des ersten Neubaus lustig. Noch in den 1960er Jahren, als sich die Reste des Fußwegs infolge der Parzellierung in der Schöpfgasse auflösten, gab es Konflikte um die Nutzung desselben[18].

Die neue Straße entlang dem Rangierbahnhofsgelände hat den Namen des sozialdemokratischen Gnigler Gemeinderats Valentin Aglassinger erhalten. Dieser war gegen Kriegsende des Hochverrats angeklagt worden, weil er unter Eisenbahnerkollegen Geld für verarmte Familien gesammelt hatte. Trotz Freispruch von „jeder revolutionären Betätigung nach 1938" wurde der 58-Jährige am 19. Jänner 1944 von der Gestapo ins KZ Dachau eingeliefert, wo er am 7. Februar 1945 zu Tode kam.

Die erste von St. Peter verkaufte Parzelle hatte die Adresse Aglassingerstraße 14 erhalten. Der neue Eigentümer, Wilhelm Brückner, verstand sich als Planer der Tauernkraftwerke-AG auch auf die Errichtung seines Privathauses und machte alles in Eigenregie. Die Parzelle hatte 30 Schilling pro Quadratmeter gekostet, damals der Monatsverdienst einer Anwaltssekretärin. Die Finanzierung erfolgte über zwei Bausparverträge zu je 30.000 Schilling. Bei Vergabe an einen Baumeister hätte der Neubau bis zu 400.000 Schilling kosten können.

Nach Aushub der Baugrube mittels Holz-Scheibtruhe goss der Bauherr mit seiner Frau Hermine und drei weiteren Hilfskräften die damals üblichen Vierkammer-Betonziegel. Deren Isolationswert wurde durch Beimengung von Schlackenstaub aus dem Linzer Stahlwerk verbessert. Auf die Baugenehmigung musste man lange warten, sie wurde erst erteilt, als der Keller bereits fertiggestellt war. Wegen der hohen Inflation verzögerte und verteuerte die Bausparkasse die zweite Vertragsauszahlung, was sich auf den Baufortschritt negativ auswirkte.

Jeder Liter Wasser musste von einem Brunnen am Rangierbahnhof herbeigekarrt werden, dann erst konnte das Material per Muskelkraft verarbeitet werden. Die Ziegelreihen verband ein Zementmörtel- bzw. Kalkzementmörtelgemisch. Den Kalk lagerte man in einer Kalkgrube und löschte ihn erst vor Gebrauch (eine Grube benötigte ca. 200 Liter Wasser). Um rascher vorwärts zu kommen, schalte man einige der Innenwände und schüttete das Material ein. Weil der Strom fehlte, diente eine Petroleumlampe als Lichtquelle. Nach Fertigstellung des Obergeschoßes konnten die Brückners dieses vermieten und so über die Runden kommen.

Das Auftragen des Außenverputzes wurde über mehrere Jahre ausgedehnt, denn durch längeres Lagern verbesserte sich die Qualität des Kalks. Für die Abwasser-Entsorgung musste eine Zweikammern-Kläranlage errichtet werden. Die Zweigeschoßigkeit plus Dachgeschoß und das Krüppelwalmdach erinnern heute an den Gnigler Einhof, doch der Grundriss ist in Richtung Quadrat modifiziert.

Noch heute repariert Herr Brückner sein Dach selbst. Bei dieser Tätigkeit stürzte er 2007 sieben Meter in die Tiefe. Der Zweiundachtzigjährige prellte sich dabei lediglich die Hand, weil Blumentöpfe seinen Körper abfederten.

In der noch nicht asphaltierten, aber bereits eingetieften Aglassingerstraße sammelte sich zunächst das Regenwasser. Franz Glanz, ein Anrainer, leitete es ab, indem er mit der Spitzhacke eine Rinne quer über die Straße zog. Diese Unebenheit bemerkte ein Radfahrer zu spät und ein schwerer Sturz war die Folge. Das Gerichtsurteil beinhaltete eine ruinöse Geldstrafe, doch der Verursacher war ausreichend versichert. Die Familie Glanz betrieb im Haus Nummer 13, das zeitgleich mit Nummer 14 errichtet wurde, lange Zeit eine österreichweit führende Schleiferei für Haarschurgeräte. Die Tochter des Hauses, Brigitte van Tijn, erinnert sich an die Asphaltierung der Aglassingerstraße in den 1950er Jahren: *Plötzlich hatten wir einen Eislaufplatz vor dem Haus! Unser Vater kaufte meinem Bruder und mir Kufen, die wir an die Schuhe binden konnten, und so fegten wir über die eisglatte Straße. Im Sommer spielten wir in den Rohbauten der Umgebung. Und als ein Schrebergartenhäuschen abgerissen wurde, in dem ein Maler gearbeitet hatte, sprangen plötzlich knallbunte Mäuse hervor, die in die offenen Farbtöpfe gefallen waren!*[19]

Im Jahr 1979 wurde die Aglassingerstraße verlängert, mehrere Reihen gemauerter ÖBB-Baracken mussten weichen. Der neue Straßenabschnitt

Wilhelm Brückner bei der Planung seines Hauses, 1949
Sammlung Hermine Brückner

Aushub Baugrube Aglassingerstraße, 14. 4. 1950
Sammlung Hermine Brückner

Aushub Baugrube Aglassingerstraße, 14. 4. 1950
Sammlung Hermine Brückner

Einhängen der Kellerdecke, 1950
Sammlung Hermine Brückner

führte den alten geradeaus weiter und ließ ihn ein zweites Mal in die Schillinghofstraße einmünden. Die aus den Baracken weichenden Eisenbahner erhielten Mietwohnungen in den Plattenbauten an der Bundschuh- und an der Bachstraße.

Heute behaupten Passanten manchmal, die Aglassingerstraße wäre überflüssig oder überflüssig breit. Zur NS-Zeit war ihr jedoch eine hohe Verkehrsfrequenz zugedacht gewesen. Sie sollte – der Bahntrasse folgend – die breite Parscher Straße fortsetzen und eine Nordumfahrung der Stadt ermöglichen. Das beinhaltete auch die Funktion eines Autobahnzubringers. Doch wegen des raschen Siedlungswachstums war dieser Nord-Ring bald zu eng gezogen. Die schmale Unterführung der Leube-Bahnbrücke erforderte überdies ein Ampelsystem mit wechselnden Einbahnen.

Infolge großer ökonomischer Erwartungen hatten sich rundum viele Kfz-Werkstätten angesiedelt, wie z. B. eine Reparaturwerkstätte für LKW-Bremsen. Doch als bekannt wurde, dass die Nordumfahrung von Salzburg nicht zu verwirklichen war, sah sich beispielsweise ein Mechanikermeister, der die Eckparzelle Schöpfgasse 17 gekauft hatte, gezwungen, den Bauplan für einen eigenen Kfz-Fachbetrieb in den eines Wohnhauses umzuändern[20].

Mühsame Schalung, 1950
Sammlung Hermine Brückner

Aglassingerstraße 14, Errichtung des Dachstuhls, Juni 1951
Sammlung Hermine Brückner

Unasphaltierte Aglassingerstraße, Haus Nr. 13 im Rohbau, Gertrude und Franz Glanz mit dem kleinen Franz, 1952,
Sammlung Gertrude Glanz

Das fertig gestellte Haus Aglassingerstraße 13 und Pfütze, um 1956,
Sammlung Gertrude Glanz

DIE UNTERE GNIGL

Kalklöschen, 1950
Sammlung Hermine Brückner

Mitte der 1970er Jahre veranlassten Anrainer-Initiativen eine Verschönerung des Straßenbilds. Sie wurde rückgebaut und durch Schwellen, Grüninseln und Radar verkehrsberuhigt. Heute sind Parscher- und Aglassingerstraße angenehme Flanierstraßen, die zum Verweilen einladen, besonders nach der Gymnastikstunde in der achteckigen Dojo-Halle (Übungshalle für japanische Kampfkünste) eines Sportvereins.

PAARLÄUFE IN DER SCHÖPFGASSE

Als das Stift St. Peter nach dem Krieg eine große Blockflur parzellieren ließ, entstanden als deren Unterteilungsachsen die Schöpfgasse und die Christian-Laserer-Straße, beide quasi „orientalisch" gekrümmt.

Was erwartete eigentlich ein „Neusiedlerehepaar" der 1950er Jahre vom Standort in der Unteren Gnigl? Man wollte einen Altensitz errichten oder war durch Push-/Pull-Faktoren vom Land oder aus einer zerbombten deutschen Stadt gekommen oder man hatte lediglich nach größeren Wohneinheiten gesucht. Seit dem Ersten Weltkrieg herrschte eine Tendenz zum Eigenheim mit Garten, was sich nach dem Zweiten Weltkrieg fortsetzte. Typisches Beispiel dafür ist die Verbauung der unteren Schöpfgasse. Hier errichtete man - mangels Geld - in Eigeninitiative seit Ende der 1940er Jahre Ein- und Zweifamilienhäuser, die man mit annähernd quadratischen Fenstern, grün gestrichenen Holz-Fensterläden, einfachen Balkonen und Kupferdächern über den Windfängen versah.

Die meisten Siedler stellten ihre Ziegel selbst her. Auch Peter und Theresia Leitner (Schöpfgasse 13), beide Flachgauer Bauernkinder, verfügten 1949 über wenige Eigenmittel. *Die Frau hat sich abgerackert wie ein Mann, unglaublich fleißig!*, bewundert Nachbar Brückner noch heute die bereits 1985 Verstorbene. Um eine größere Stabilität der Mauern zu erreichen und den Baufortschritt zu beschleunigen, verzichteten die Leitners auf Luftkammern. Derart konnten sie auch groben Flussschotter einarbeiten. Den lieferten sie teils per LKW, teils schleppten sie ihn sogar per Rucksack von der drei Kilometer entfernten Salzach herauf[21].

Die Enkelin, heute stolze Hausbesitzerin, schmunzelt: *Wenn man ein Loch in die Wand bohrt, muss man aufpassen, dass kein Schotterstein herausbricht!*

Mit Schlackenbetonziegeln scheinen die Gnigler allgemein gute Erfahrungen gemacht zu haben, denn diese wurden sogar noch 1973 verwendet, obwohl der Handel inzwischen massive Tonziegel anbot.

Einstandsfeier in der Schöpfgasse 9, Otto und Laura Werner sowie deren Schwester Erna, 1956, Foto Elfrieda Kauer

Kreuzung Schöpfgasse/Christian-Lasererstraße
Ende 1950er Jahre (Foto Otto Werner)

Kreuzung Schöpfgasse/Christian-Laserer-Straße, 2009
(Foto Wolfgang Kauer)

Im Haus Schöpfgasse 13 wurde übrigens die erste frei hängende Ziegeldecke montiert, die so genannte „Kranzinger-Decke" der gleichnamigen Firma in Neumarkt. Bis in die 1980er Jahre war es üblich, die Grundmauern mit Teer zu bestreichen und die Außenwände innen mit Heraklith-Platten zu isolieren, deren lange schwarze Fasern die Bauarbeiter beim Umbau des Objektes Schöpfgasse 11 fast zur Verzweiflung gebracht hätten, denn die Bohrmaschinen schmierten daran ständig ab.

In den 1950er Jahren etablierten sich in der Schöpfgasse und in der Aglassingerstraße mediterran anmutende Bauelemente, die immer noch Zustimmung finden und inzwischen sogar bewusst eingesetzt werden. Sogar am Kreuzberger-Haus (Aglassingerstraße 23), in den 1980er Jahren neu errichtet und innen ein modernes Mietshaus, finden wir außen einige traditionelle Elemente der 1950er Jahre in vorbildlicher Weise umgesetzt: zwei Satteldächer, die Proportionen, die verschachtelte Fassade, die abwechselnd vor und zurück springt, den gedeckten Windfang und die Fassadenfarbe Gelb. Leider ist der eigenwillige Charakter des Viertels durch Nachverdichtung und durch Aufreißen der harmonischen Dachlinie gefährdet.

Die heute unglaublich hart anmutenden Schilderungen über den Eigenheimbau in den 1950er Jahren sind verbunden mit Geschichten von einer lebenslangen Liebe und gegenseitigen Wertschätzung der Ehepaare, die sich auch im lebenslangen Traum von einer möglichst selbstständigen Versorgung niederschlägt: Obstgärten dienten den Gnigler Ackerbürgern schon seit jeher zur Eigenversorgung und zwischen den Obstbäumen weideten damals Kleintiere. Fruchtgenuss ist untrennbar verbunden mit altem Wissen: Der Großvater von Egon Luck zum Beispiel legte Königskerzen vom Rangierbahnhofsgelände in Öl ein und gewann daraus eine entzündungshemmende Tinktur.

Der Bahnbedienstete Hans Seeleitner mähte nach dem Krieg das Böschungsgras der Ischlerbahntrasse ab und konnte davon sogar drei Ziegen füttern. Viele Eisenbahner, wie z. B. Egon Luck, verfügen über das Privileg der Gemüsezucht im eigenen Schrebergarten. Jährlich im Herbst lesen einige von ihnen die Nüsse eines 1956 an der Schöpfgasse 9 gesetzten, inzwischen haushohen Hasel-Strauchs vom Asphalt auf. Die Nachbarin dieses Strauchmonsters, Frau Theresia Haiden aus Ingolstadt (1906–2003), lebte bis ins hohe Alter hinein von selbst gezogenen Bohnen, Weißbier und bizarren Bismarck-Witzen.

Peter Leitner (Schöpfgasse 15) verdiente sich lange Zeit ein Zubrot durch Pflege fremder Gärten. Herbert Hufnagl (Wüstenrotstraße 7) bewirtschaftet noch heute fremde Grundstücke. Mit viel Geschick und Urgesteinsmehl züchtet er die größten Krautköpfe der Untergnigl. Durch Pflege eines

Doppel-Mietshaus Kreuzberger an der Aglassingerstraße 2009 (Foto Wolfgang Kauer)

klösterlichen Obstgartens im Tausch gegen Fruchtgenuss kommt er dem Ziel Eigenversorgung sehr nahe. Mit Heu aus den fremden Gärten füttert er sogar an die zwanzig Kaninchen durch, die er nach Bedarf schlachtet oder verkauft[22].

Solange Autolenker probierten, eine ampelgeregelte Kreuzung der Linzer Bundesstraße über die Schöpfgasse zu umfahren, passierten auf dem viel zu engen und unübersichtlichen Verkehrsweg verheerende Unfälle, woran auch eine Einbahnregelung nichts ändern konnte. Erst in zwei trennenden Grüninseln und Pollern inmitten der Schöpfgasse fand die Verkehrsplanung in den 1980er Jahren die bis heute erfolgreiche richtige Lösung zur Verkehrsberuhigung, welche nicht zuletzt dem Radweg in Richtung Hallwang zugute kommt. Gleichzeitig wird diese verkehrsberuhigte Kreuzung gern als Treffpunkt der Jugend angenommen. Man könnte sie als den „Residenzplatz von Gnigl" bezeichnen, denn durch die angrenzende Fiakerei Vitzthum-Juza wird sie von den schönsten Kutschen Salzburgs frequentiert, wobei das Hufgetrappel und der angenehm ländliche Geruch einen nostalgischen Nachklang vermitteln. Dies spiegelt zugleich die gesellschaftliche Problematik des Stadtteils wider, das Ringen zwischen städtischem und ländlichem Gefüge.

NACHBAR RANGIERBAHNHOF

Der Verschub der Güterwaggons auf dem Rangierbahnhof Gnigl ist mit starkem Lärm verbunden. Als um die Jahrtausendwende die Schnellbahntrasse gebaut wurde, erhielten die Anrainer plötzlich die Chance auf eine Reduktion des Lärmpegels, welcher zwischen zwei und vier Uhr früh als besonders schlafstörend empfunden wird. In den Straßenzügen entlang der Westbahn bildeten sich mehrere Bürgerinitiativen, die sich zu einer gemeinsamen Plattform formierten, um ausreichend hohe Lärmschutzwände einzufordern. Allein für die Aglassingerstraße engagierten sich zwei verschiedene Bürgerinitiativen. Als Ergebnis dieser Bemühungen wurde der Megaphon-Einsatz während der Nachtschicht untersagt, was eine spürbare Verbesserung der Lebensqualität der Anrainer darstellt. Eine weitere Lärmquelle könnte durch eine „rollautomatische Zielgleisbremse" beseitigt werden, wofür jedoch derzeit noch der politische Wille fehlt. Es bleibt zu hoffen, dass sich dies eines Tages ändern wird. Schallschutzfenster helfen nur jenen Anrainern, die nicht bei offenem Fenster schlafen.

Bei manchen wirkt sich der Rangierbahnhof positiv aus, aufs Gemüt. Der Pensionist Josef Scheffenacker (Aglassingerstraße 25) beispielsweise verweigerte als Einziger die Lärmschutzwand entlang seines Grundstücks, mit der Begründung, er sei Eisenbahnfan und wolle weiterhin das Kommen und Gehen der Loks und Waggons beobachten können. Auch für Anna Well, die nach ihrer Kindheit im „Russenlager" in der Aglassingerstraße wohnte, bedeutete der Verschublärm stets Musik, weil ihr die Nähe des Lagers zur Bahntrasse Geborgenheit vermittelt hatte.

Beim Abtenauer Forstamtsleiter Otto Werner (1888–1972, Schöpfgasse 9) lösten die Schienenstränge Sehnsucht nach der Ferne aus. Für ihn, einen vorbildlichen und verantwortungsbewussten k. u. k. Offizier, hatte der Erste Weltkrieg in russischer Gefangenschaft geendet, die er wegen einer Typhus-Epidemie im Lager nur knapp überlebte. Inmitten der ostsibirischen Taiga hatten die Geleise der Transsibirischen Eisenbahn für ihn die einzige Hoffnung auf Rückkehr verkörpert, welche später tatsächlich über Wladiwostok ermöglicht wurde. Im hohen Alter kehrte dieses Fernweh wieder, sodass er wiederholt verschiedenste Bahnstrecken entlang marschierte. Dabei wurde er im Spätsommer 1972 bei Anthering von einer Lok erfasst und tödlich verwundet[23].

Mühle und Schwarzbäckerei Azetmühle (Sperlingweg 23, demoliert 1971), um 1900, Archiv Reinhard Stamberg

HELGA THALER
Bilder aus Langwied

Langwied ist für viele Gnigler weit weg, gehört nicht wirklich dazu. Man bezeichnet damit in etwa das Gebiet nördlich der Bachstraße bis zur Stadtgrenze zwischen dem Fuß des Heubergs und dem Nußdorfer Hügel. Es gehörte früher zur Gemeinde Hallwang-Esch. Seine Eingemeindung erfolgte 1935. Es handelt sich hier nicht um einen gewachsenen Ort oder Ortsteil, sondern um einen Landschaftsraum mit unscharfen Grenzen. Der Name Langwied leitet sich wohl von mittelhochdeutsch „wide" (Weide) ab und bezieht sich auf die Weidenbäume, die die nassen Böden in Mooren lieben. Dazu passt gut die Bezeichnung des Ortsteils Esch nach den dort wachsenden Eschen[1]. Der Teil beim Zusammenfluss des Söllheimerbachs mit dem Alterbach, am Bachwinkel, heißt Sam, mit dem Samhof als ältestem Hof von Langwied. Der Großteil des Gebietes bestand aus Moor, sauren Wiesen und Lehmböden, war überwiegend unfruchtbar und bildete den nordöstlichen Rand des großen Schallmooses.

BAUERNHÖFE

Deshalb begann die mittelalterliche Besiedlung auch an den erhöhten Rändern der Senke entlang, dem Nußdorfer Hügel, und an der heutigen Linzer Bundesstraße[2]. Bis zum Ende der 1960er Jahre gab es eine Reihe von Bauern, von denen heute nur mehr zwei, der Weingarten- und der Geisbichlhof, als landwirtschaftliche Betriebe geführt werden.

Der älteste Bauernhof ist neben dem Nußdorfer Hof in der Gemeinde Hallwang, wie gesagt, der Samhof, der schon 1250 schriftlich in Aufzeichnungen aus dem Stift St. Peter erwähnt wird[3]. Der Name „saume" oder „sam" bezieht sich auf die „Saumer" oder „Samer", das waren Träger, die im Mittelalter und der Frühen Neuzeit Waren auf

Die Linzer Reichsstraße bei Langwied, Postkarte, um 1940
Sammlung Christian Lankes

Samerhof (Berg-Sam 23), 2010 (Foto Martin Zehentner)

Saumpfaden vom Mittelmeerraum in den Norden brachten. Saum bezeichnete dabei die Last, die ein Tier zu tragen hatte[4]. Das Gut war mit dem ganzen Umland dem Stift St. Peter grunduntertänig. Heute ist der alte Hof im Besitz der Familie Mösenbacher (Berg-Sam 23).

Weingartenhof (Berg-Sam 24), 2010
(Foto Stadtteilverein Gnigl, Martin Zehentner)

Kapelle unterhalb des Weingartenhofes, 2010
(Foto Stadtteilverein Gnigl, Martin Zehentner)

Geisbichlbauer (Geisbichlweg 7), 2010
(Foto Stadtteilverein Gnigl, Martin Zehentner)

Ein Stück weiter nach Nordosten erhebt sich etwas oberhalb des Söllheimer Wanderweges der Weingartenhof der Familie Weickl (Berg-Sam 24). Erste schriftliche Belege gehen in das 15. Jahrhundert zurück, der Kern der heutigen Bausubstanz stammt aus dem Jahr 1887[5]. Der Hof wurde von den jetzigen Besitzern 1950 gekauft. Die kleine Kapelle unterhalb des Wanderweges errichteten 1848 die Vorbesitzer, die Familie Pann. Der Söllheimer Wanderweg verläuft auf der ehemaligen Trasse der Ischlerbahn, die bis 1957 fuhr. Eine offizielle Haltestelle gab es hier keine, die nächsten waren Itzling bzw. Söllheim, aber der Lokführer nahm die bei der Kapelle auf einem „Milchbankerl" abgestellten Milchkannen mit. Auch Schüler sollen dort unerlaubter Weise zugestiegen sein.

Unterhalb der ehemaligen Bahntrasse liegt der Geisbichlbauer (Geisbichlweg 7), heute im Besitz der Familie Lettner, der ebenfalls bis in die Zeit um 1400 zurückgeführt werden kann[6].

Auf der anderen Seite der Senke, Richtung Linzer Bundesstraße, befand sich bis 1971 die Azetmühle (Sperlingweg 23), die sowohl Landwirtschaft als auch eine Mühle mit einer Schwarzbäckerei betrieb. Josef Rieder kam um 1800 auf den Besitz. Auch der Franziszeische Kataster von 1830 verzeichnet einen *Bäck und Landwirth* in der *Landwith*. Die Bezeichnung „Azetmüller" bzw. „Bruckmüller" geht auf die letzte Besitzerin (geb. Lackner) zurück, die in erster Ehe den Hofbesitzer Johann Azetmüller und in zweiter einen Bruckmüller heiratete. 1971 ließ sie den Hof mit der Mühle abreißen und die Liegenschaft ging an Ägidius Lackner, Kohlhubbauer in Guggenthal[7].

Gleich in der Nähe befindet sich das Gut Langwied (Sperlingweg 15), heute im Besitz der Familie Weissacher, das nach neuesten Forschungen schon im späten 11. Jahrhundert errichtet worden sein könnte[8] und im ältesten Urbar (grundbücherliche Aufzeichnung) des St. Erhardspitals im Nonntal 1486 erstmals unter dem Namen „Langwaid" erwähnt wird[9]. Dies ist zugleich die erste Nennung des Namens Langwied. Heute ist um den ältesten Kern, ein Gewölbe aus dem 15. Jahrhundert, ein modernes Gebäude errichtet worden.

Blick Richtung Abtswald, rechts der Langwieder Wirt, links das Gut Langwied, 1945, Sammlung Agnes Wanghofer

Ein Stück stadteinwärts befindet sich der frühere Zirarimayer-Hof (Amselstraße 11) von Elisabeth Kurz. Das Haus, das wegen seiner altertümlichen Bauweise, zum Teil unter Verwendung von Kohleschlacke auffällt, stammt aus dem Jahr 1872. Die Ziegel dürften wohl aus einer Ziegelei dieser Gegend stammen. Der Hof besaß große Grundstücke, Wälder und auch eine Quelle im Bereich der heutigen Bushaltestelle Zeisigstraße. Teile der „Vogelsiedlung" (u. a. Zeisigstraße, Lerchenstraße) sind darauf errichtet worden[10]. Der benachbarte Grabnerbauer (heute Kanal-Grabner, Linzer Bundesstraße 61 A), dessen Grund bis an den Alterbach heranreicht, ist heute auch nicht mehr landwirtschaftlich aktiv.

Ebenfalls auf den Gründen eines ehemaligen Bauernhofes wurde die neue Lankes-Siedlung gebaut, die ihren Namen vom Lankeshof (heute Bachstraße 62) hat. Diesen Hof, der ursprünglich dem Metzger Sauter gehört hatte, kaufte 1916 Max Lankes. Er lag auf weiter Flur und weit weg vom nächsten Haus, der Zimmerei Oitner-Niederreiter (heute Bachstraße 6A). Nur eine kleine Schotterstraße, auf der die Pferdefuhrwerke fuhren, führte zum Hof. Heute ist dieser Weg die Bachstraße.

Die Bachstraße ist die Verbindung von der Linzer Bundesstraße entlang dem regulierten Alterbach nach Nordwesten (Itzling) und war lange Zeit wenig bebaut.

Zirarimayer (Amselstraße 11), 2010
(Foto Stadtteilverein Gnigl, Martin Zehentner)

Sauterhof (Lankeshof), um 1930
Sammlung Max Lankes

Idyll am Warwitzweiher, 1966, Sammlung Familie Plank

Die Nummerierung wurde in den 1970er Jahren umgedreht. Früher hatte der Lankeshof die Hausnummer 1 und die Zimmerei Oitner (jetzt Niederreiter) die Adresse Bachstraße 39 – offenbar hat sich nicht nur das Orientierungsschema, sondern auch die Interessensrichtung in Richtung Stadtzentrum geändert[11].

An der heute linken, stadteinwärts gelegenen Seite der Bachstraße, befanden sich früher die beiden „Warwitzweiher", die durch den Lehmabbau der Ziegelei Warwitz entstanden sind. Noch in den 1960er Jahren luden die Gewässer mit Schilf und Schwänen zum Verweilen ein, während das Areal nördlich der Bachstraße landwirtschaftlich genutzt wurde. Die Idylle änderte sich aber, als in den Weihern und an ihren Ufern Abfälle abgelagert wurden. Schließlich wurden sie ganz zugeschüttet[12]. Auf einem Teil des Areals entstand die Bundschuhsiedlung, ein weiterer Teil wird von großen Gewerbebetrieben genutzt.

Neben den ursprünglichen Bauernhöfen, den gewerblichen Betrieben und den Siedlungen gab es auch eine Anzahl kleinerer Häusler gegen die Mitte der Senke. Dort war der Boden unfruchtbar und der Ertrag gering.

DIE ZIEGELEIEN

Ein für Langwied typisches Gewerbe war die Ziegelherstellung. Der hier anstehende Lehm und die Möglichkeit, sich leicht Brennmaterial zu beschaffen – Holz vom Heuberg, Torf aus dem Moor – sowie die günstige Verkehrsanbindung boten dafür gute Voraussetzungen.

Eine dieser Ziegeleien befand sich etwa an der heutigen Ecke Seitenbachweg–Lerchenstraße–Finkenstraße. 1873 kaufte die Firma Angelo Saullich, „Erste Salzburger Ringofenziegelei", den Grund von der Familie Golser[13]. Lehm war hier immer schon abgebaut worden und Ringöfen waren damals die modernste und effektivste Art der Ziegelbrennerei. Die Ziegel waren etwas kleiner als die modernen, man kann sie z. B. über der Haustüre des Hauses Amselstraße 11 noch sehen. Nachdem zwischenzeitlich das Zementwerk Leube die Ziegelei übernommen hatte, erwarb es das angesehene Bauunternehmen Ceconi, das um die Jahrhundertwende 1900 zu den großen Baufirmen der Alpenländer gehörte und zu dieser Zeit über 1000 Arbeiter beschäftigte.

Eine Besonderheit der Firma Ceconi war, dass sie ihre Baumaterialien selbst herstellte. So hatte sie z. B. auf dem Rainberg einen eigenen Konglomeratsteinbruch und in Langwied, Hallwang und Itzling[14] auch eine Ziegelei. Bekannte Bauten der Firma sind das ehemalige Hotel de l'Europe, die Faberhäuser an der Rainerstraße, das Café Bazar, verschiedene Villen am Giselakai sowie die Kirche von Guggenthal[15]. Nach dem Ersten Weltkrieg und der folgenden Wirtschaftskrise musste die Langwieder Ziegelei 1932 liquidiert werden und verfiel. Der Schlot stand aber noch lange und wurde erst in den 1950er Jahren gesprengt.

Schräg gegenüber der Ceconi-Ziegelei, auf der anderen Seite von Langwied, schon in Sam (heute Aglassingerstraße 62), befand sich lange eine weitere, bedeutende Ziegelei, jene der Familie Warwitz. Eduard Warwitz kaufte 1918 das im Besitz der Firma Leube befindliche Ziegelwerk und baute es großzügig aus. Der Betrieb nannte sich „Tonwaren und Sägewerk". Sein Vorteil war die gute Anbindung an die Eisenbahn. Zur Versorgung der Ziegeleiarbeiter wurde eine werkseigene Landwirtschaft unterhalten.

Durch den Abbau des anstehenden Lehmbodens entstanden die so genannten „Warwitzweiher", deren letzter Rest heute die Samer Weiher sind, die umgangssprachlich nach Baumeister Franz Bittner auch „Bittnerweiher" genannt werden. 1930 brach in der Ziegelei einer der größten Brände in Gnigl aus, bei dem freiwillige Feuerwehren aus den umliegenden Gemeinden zu Hilfe kamen. Die Fabriksgebäude wurden wiederhergestellt und gingen 1938/39 in den Besitz der Familie Hannak über[16].

Brand des Ziegelwerkes Eduard Warwitz, April 1930
AStS, Sammlung Warwitz

ZÜNDHOLZFABRIK

Ein typischer kleinindustrieller Betrieb am Rand der Stadt war die Zündholzfabrik in Sam, die Firma „Handler & Pfifferling", früher „Vulkan" (1920–1956). Das Werk profitierte schon in den 1920er Jahren von der guten Verkehrsanbindung durch die Ischlerbahn und die frühe Elektrifizierung. Die Fabriksgebäude wurden auf den Gründen der ehemaligen Ziegelei (!) Hillinger errichtet. Man arbeitete mit speziellen Zündholzmaschinen, so dass die Firma mit den „Solo-Chemischen Fabriken A. G. Linz" konkurrieren konnte.

Die Salzburger „Schubert"-Zündhölzer waren weitgehend giftfreie Sicherheitszünder. Die Fabrik beschäftigte rund 50 bis 60 Arbeiterinnen und Arbeiter. Der Anteil an Frauen war hoch, während des Zweiten Weltkrieges arbeiteten hier auch so genannte „Fremdarbeiterinnen" aus Russland und der Ukraine. Nach 37 Jahren wurde der Betrieb aber dann doch durch die Konkurrenz aus Linz und Klagenfurt zur Liquidation gezwungen. Auf dem ehemaligen Grund der Zündholzfabrik wurde die Wohnanlage Sam I, II, III gebaut. Der Schlot wurde erst 1976 gesprengt[17].

Zündwarenfabrik „Handler & Pfifferling" an der Samstraße, 1920er Jahre (Foto Harald Pritz)

DIE LINZER BUNDESSTRASSE

Die Hauptverkehrsader von Langwied war und ist die Linzer Bundesstraße, die Bauern- und Wirtshäuser, Gewerbebetriebe, Geschäfte und ganz gewöhnliche Wohnhäuser säumen. Der Verkehr war zu jeder Zeit und auf seine Weise rege: Befahren wurde die Straße per Pferdekutsche, Auto, Fahrrad oder Bus. 1900 und 1902 startete hier sogar ein Autorennen[18] – natürlich noch auf einer Fahrbahn ohne Asphalt!

Wenn man sich in Langwied stadtauswärts bewegt, ist der erste Betrieb die Zimmerei Niederreiter. Das Haus aus dem Jahr 1951 steht genau an der Biegung des Alterbachs weg von der Linzer Bundesstraße hin zur Langwieder Senke und wird zur Bachstraße (Bachstraße 6A) gezählt. Das Gebäude ist seit 1525 nachweisbar, Besitzer und Namen wechselten im Laufe der Jahrhunderte. Im 17. Jahrhundert hieß es nach einem Johann Kopp „Koppengut", im 18. Jahrhundert besaß es ein Sockenstricker, daher wurde es „Sockenstrickergut" genannt[19]. Der jetzige Besitzer ist Thomas Niederreiter, der den Betrieb als Neffe und Ziehsohn der Familie Oitner übernahm, die schon hundert Jahre lang eine Zimmerei betrieben hatte.

Schräg gegenüber war das Haus des Tischlers Sommerauer (Linzer Bundesstraße 68), das 1978 wegen Baufälligkeit abgerissen und wieder neu gebaut wurde[20]. Das Haus Linzer Bundesstraße 78 ist seit drei Generationen Sitz der Schneiderei Hinterhöller, auch vorher lebte und arbeitete hier ein Schneider.

Haus des Schneidermeisters, Linzer Bundesstraße 78, vor 1900, Sammlung Josef Hinterhöller

Langwieder Wirt und Ceconi-Ziegelei, Postkarte, 1916
Sammlung Christian Lankes (Verlag Simon Schönleitner)

Kleinhäuser (Linzer Bundesstraße 68 und 70), 1930er Jahre
Sammlung Anna Sommerauer

„Multifunktionale" Bedeutung hatte und hat weiter stadtauswärts der „Langwieder Wirt" (Linzer Bundesstraße 92). Das Anwesen selbst ist sehr alt, 1872 wurden das Wirtshaus und die Landwirtschaft gebaut, 1876 erhielt es eine Poststation und 1891 übernahm der Urgroßvater der jetzigen Besitzerin, Agnes Winkler, das Gasthaus.

Die Bauern kehrten hier häufig ein, denn sie konnten ihre Pferde im Stall mit Anbindemöglichkeiten einstellen und hatten auch die Gelegenheit zum Pferdewechsel oder zum Vorspann den Renger Berg hinauf. Auch die Arbeiter vom nahen Ceconi-Ziegelwerk waren oft beim „Langwieder Wirt" anzutreffen. Später wurde der Pferdestall

Zimmerei Oitner (Niederreiter mit (künftiger Bachstraße), 1905, Archiv der Wildbachverbauung Salzburg

Krämerei der Juliane Lanner, Linzer Reichsstraße 49, Postkarte, gelaufen 1904, Sammlung Christian Lankes

REGULIERUNG DES SÖLLHEIMER- UND DES SCHLEIFERBACHS 1929–1934

Die Regulierung des Söllheimer- und des Schleiferbachs von 1929 bis 1934 gab wichtige Impulse zu weiteren Ansiedlungen in Langwied. Die beiden Bäche mäandrierten sehr stark. Durch ihre Kanalisation sollte neuer Boden gewonnen werden. Außerdem war zur Zeit der großen Arbeitslosigkeit der Zwischenkriegszeit auch die Arbeitsbeschaffung ein wichtiges Ziel. Steine für das neue Bachbett wurden von einem Steinbruch unterhalb der Autobahn durch einen Schrägaufzug über die Ischlerbahntrasse hinweg hinuntergebracht bzw. auf Loren, die von einem 12 PS Austro Daimler gezogen wurden, von Mayrwies herbeigeschafft.

Die Regulierung erfolgte durch strenge Begradigung der Gerinne, die eine Trockenlegung bewirkte, was aber nicht nur Vorteile brachte: Die Hochwässer konnten nicht hundertprozentig vermieden werden (z. B. das Hochwasser von 1977)[23], dagegen wurde das Gebiet des Samer Mösls von Austrocknung bedroht. Deshalb kam es zu einer „Rettungsaktion Samer Mösl", die damit endete, dass das Gebiet 1991 zum geschützten Landschaftsbereich erklärt wurde. Dennoch ermöglichte erst die

umgebaut und eine Metzgerei dem Wirtshaus angeschlossen. Eine Zeit lang befand sich hier noch das Café „Rosengartl" (Linzer Bundesstraße 94)[21].

Noch bis in die 1970er Jahre versorgte eine Reihe von Gemischtwarenhandlungen Langwied, so etwa das Geschäft von Frau Eder gegenüber vom Gasthaus Langwied. Bis 1981 führten Alexander und Charlotte Huber im Haus Linzer Bundesstraße 91 ein Lebensmittelgeschäft, das zuletzt auf eine Fläche von 240 Quadratmeter anwuchs und als Selbstbedienungsladen geführt wurde. Der leichte Anstieg zu diesem Geschäft wurde daher auch „Huberhügel" genannt.

Wo jetzt ein Teil des Gutes Langwied ist, wurde ein kleiner mit Fichten bewachsener Abhang von den Kindern noch in den 1970er- und 1980er Jahren gerne als Rodel- und Schihang benützt. Während manche Läden ihre Geschäftsflächen ausbauten, blieb der Laden von Frau Hörbinger in der Amselstraße 22, in dem man bis 1979 Essiggurkerln offen kaufen konnte, nach heutigen Verhältnissen „winzig".

Zu den „alten" Gemischtwarenhandlungen zählt auch das ehemalige Spargeschäft des Ehepaares Pritz (Samstraße 23, heute Trafik). Schon die Mutter von Gisela Pritz arbeitete als junges Mädchen in dem damaligen Kiosk (1935) und musste die Waren in aller Früh per Rad von der Schranne am Mirabellplatz holen[22]. Sam war damals sehr weit außerhalb der Stadt.

Schrägaufzug zur Gewinnung von Steinmaterial für die Regulierung des Söllheimer Baches, um 1930
Sammlung Martin Lettner

Regulierungsarbeiten am Söllheimer- und Schleiferbach um 1930, Sammlung Martin Lettner

Trockenlegung der Langwieder Senke Ansiedelungen, wie z. B. die Strasser-Siedlung am Maierwiesweg und jene am Abtswald schon ab 1930, also noch während der Regulierung. Auch ein Gewerbebetrieb, der Holzbetonwaren herstellte, siedelte sich an: Die Familie Heinrich kaufte 1956 ein bestehendes Gebäude, obwohl zu dieser Zeit das Trinkwasser in Flaschen per Auto mitgenommen werden musste, weil die Versorgung mit einwandfreiem Trinkwasser in dieser Gegend noch immer nicht durchgehend funktionierte[24]. Der Familienbetrieb mit rund 70 Mitarbeitern ist heute auf Flachdächer und Bauwerksabdichtungen spezialisiert[25].

Etwa gleichzeitig entstanden die Siedlungen in Sam 1934 an der Maxstraße und 1935 zwischen der Ischlerbahn und dem Schleiferbach[26]. Rund 30 Jahre später, 1969, wurde in Langwied die so genannte „Vogelsiedlung" gebaut, die ihren Namen von den Straßen hat, die hier alle nach einheimischen Vögeln benannt sind. Später wurden dann die schon erwähnten Häuser an der Samstraße (1980) sowie die Siedlung am Seitenbachweg (1991) gebaut.

DIE GEISTIGEN ZENTREN: ST. SEVERIN UND DIE WALDORFSCHULE

Die starke Besiedlung führte auch zur Gründung einer eigenen Pfarre, St. Severin, deren Kirche im Pfarrgebiet sehr zentral (Grenze gegen Gnigl entlang der Aglassinger Straße), im Raum Langwied allerdings am Rande liegt.

Dass die Kirche in Zeiten, in denen Gotteshäuser geschlossen werden, gebaut und 2006 geweiht werden konnte, ist ein kleines Wunder. Allerdings ist sie nicht „auf der grünen Wiese" entstanden, sondern mit großem Engagement der dortigen Anrainer unter Miteinbeziehung von schon bestehenden, aber bereits verfallenden Gebäuden, wie ein Wohnhaus und eine Fabriks-Lagerhalle (Ernst-Mach-Straße 39). Die Vorgängerbauten hatte verschiedenen Zwecken gedient: Zuerst gehörte dort Hans Lettner eine Fabrik, die Schuhcreme, „Lederglänze", erzeugt hatte[27]. Später gab es eine Getränkeproduktion, eine Druckerei und zuletzt die Elektrohandelsfirma Popp, nach der das Haus in der Gegend lange Zeit „Popphaus" hieß[28].

Das Kirchengebäude umfasst neben der eigentlichen großen Kirche noch eine kleine Kapelle sowie mehrere größere und kleinere modern ausgestattete Veranstaltungs- sowie Verwaltungsräume. Es konnte ein richtiges Pfarr- und Kommunikationszentrum geschaffen werden[29].

Auf der anderen Seite von Langwied, im äußersten Nordosten, liegt seit 1994 die Waldorfschule. Stadtauswärts kommend, sieht man schon von Weitem das eigenartige Gebäude aus der Menge der umgebenden Bauten ragen.

St. Severin, 2009 (Foto Martin Zehentner)

Die Rudolf-Steiner-Schule (Waldorfschule) an der Waldorfstraße, 2009 (Foto Hans-Peter Rosenlechner)

Die Mauern des großen Komplexes sind in Rot-, Gelb- und Brauntönen gehalten, das vielfach gebrochene Dach ist türkis wie patiniertes Kupfer. Die Schule liegt als „Tal im Tale" zwischen dem Maierwiesgraben und dem Söllheimer Bach und gestaltet den Körper eines Kindes nach: einer sphärisch-runden Kopfgestalt (Lehrer- und Eurythmiebereich) folgen die Klassen in Zweierpaaren wie Wirbel entlang eines dreigeschoßigen Rückgrates. 2007 kam noch ein großer Festsaal hinzu. Der ganze Komplex versucht das Profil der „umgebenden Berge" nachzugestalten[30].

In diesem der Natur nachempfundenen Schulgebäude wurden im Schuljahr 2009/10 320 Schüler von 37 Lehrern[31] nach den die Natur als Ganzes betrachtenden Gedanken Rudolf Steiners unterrichtet. Diese Schule hat ihr eigenes Konzept und die meisten Schülerinnen und Schüler kommen weitgehend von einem Einzugsgebiet außerhalb Langwieds. Sie ist auch nach außen verkehrstechnisch bestens erschlossen. Nach Langwied führt allerdings nur ein schmaler Weg.

Man kann sagen, dass sich die Besiedelung von Langwied von den Rändern her kreisförmig nach innen entwickelt und zwei geistige Pole hat. Diese liegen einander diametral entgegengesetzt an den Rändern des Kreises und in der Mitte – die große grüne Wiese und das Mösl.

MENSCHEN UND SOZIALES LEBEN IN GNIGL

Die Tagebücher des Alexander Haidenthaller, AStS, Privatarchive (Foto Martin Zehentner)

ROBERT HOFFMANN

Alexander Haidenthaller
Aus dem Tagebuch eines Gemischtwarenhändlers

Alexander Haidenthaller ist der Nachwelt vor allem als Verfasser einer vielbändigen Gnigler Gemeindechronik in Erinnerung geblieben, welche er bereits zu Lebzeiten der Volksschule von Gnigl vermachte. Dass Haidenthaller daneben auch ein privates Tagebuch führte, das der Gemeindechronik an Umfang kaum nachsteht, ist erst seit Kurzem bekannt. Allein schon der lange Zeitraum, den dieses Tagebuch umspannt, rechtfertigt seine Einstufung als alltagsgeschichtliche Quelle von außergewöhnlichem Rang.

Im Alter von 32 Jahren fasste der Gemischtwarenhändler im September 1902 den Entschluss, sein bisheriges *Wirken, Handeln, Denken*[1] aufzuzeichnen. Daraus erwuchs in weiterer Folge das Bedürfnis, den einmal begonnenen Schreibprozess kontinuierlich fortzusetzen. Im März 1903 begann er daher mit der Niederschrift der jeweils *unmittelbaren gegenwärtigen Vorkommnisse*, einer Praxis, an der er bis zu seinem Ableben 1946 festhielt. Zwar handelt es sich hierbei nicht um ein „Tagebuch" im engeren Sinn, da das fortlaufende Geschehen im zeitlichen Abstand von einigen Tagen oder auch Wochen zusammengefasst und bewertet wurde. Aufgrund der Erlebnisnähe, Regelmäßigkeit und chronologischen Anordnung der Aufzeichnungen scheinen die wesentlichen Merkmale eines „Tagebuchs" dennoch gegeben.

Haidenthaller vermerkte in seinem Tagebuch die Mühen und Freuden des Alltags, den Gang des Geschäftslebens, seinen Vermögensstand, tagespolitische Ereignisse, das Geschehen im engeren und weiteren Familienkreis sowie sein seelisches und gesundheitliches Befinden. Eingebettet in die Chronologie der laufenden Ereignisse finden sich zudem ausgedehnte religiöse und moralische Reflexionen. Elf Tagebuchbände im Umfang von mehr als 4000 handgeschriebenen Seiten zeugen somit nicht nur vom Bedürfnis, alles Erlebte mit buchhalterischer Akribie aufzuzeichnen, sondern darüber hinaus von einem stark ausgeprägten Drang nach permanenter schriftlicher Selbstvergewisserung, einem Wesenszug, der sich bei extensiven Tagebuchschreibern häufig findet[2].

Alexander Haidenthaller
Haidenthaller, Chronik I

Angesichts der fast unübersehbaren Materialfülle der Quelle beschränkt sich die folgende Darstellung notgedrungen auf eine streiflichtartige Auswertung einzelner ausgewählter Aspekte.

JUGEND UND AUSBILDUNG

Alexander wurde am 7. Februar 1868 im Haus Linzer Gasse Nr. 46 als Sohn des aus Murau in der Steiermark zugezogenen Färbermeisters Johann Haidenthaller und dessen Gattin Johanna geboren. Als jüngstes von sieben überlebenden Geschwistern sah er sich zeitlebens in ein dichtes Netzwerk an verwandtschaftlichen Beziehungen eingebettet. Ursprünglich für die geistliche Laufbahn vorgesehen, zerschlug sich dieses Vorhaben nach dem Tod des ältesten Bruders Johann, der bereits als Ordenspriester im Stift St. Peter gewirkt und dem kleinen Alexander fördernd zur Seite gestanden hatte. Als Alternative bot sich für den körperlich eher schwächlichen und überdies durch Schwerhörigkeit beeinträchtigten Knaben die Handelslaufbahn an. Im Alter von 14 Jahren begann er daher im Manufaktur- und Schnittwarengeschäft des Johann Kindlinger eine Handelslehre, mit der ein obligatorischer Besuch der Handelsschule verbunden war. Auf die Lehrzeit folgte eine mehrjährige Tätigkeit als Commis im Hause Kindlinger, wobei sich Haidenthaller jene praktischen Kenntnisse des Kaufmannsberufs aneignete, welche er im späteren selbständigen Geschäftsleben erfolgreich umsetzen sollte[3]. Nach dem Tod des Vaters im August 1888 wurde der elterliche Haushalt in der Linzer Gasse aufgelöst, sodass sich erneut die Frage nach der zukünftigen beruflichen Ausrichtung stellte. Das bescheidene Gehalt eines Commis reichte für eine eigenständige Haushaltsführung nicht aus, so dass Haidenthaller im Alter von 21 Jahren – ausgestattet mit einem väterlichen Erbe von 1700 Gulden – den Entschluss fasste, sich selbständig zu machen und *eine Krämerei entweder pachtweise oder käuflich zu erwerben*[4].

Auf eine Zeitungsannonce meldete sich eine Vermittlerin, welche Haidenthaller auf die angeblich verkäufliche „Stiegenkrämerei" in Gnigl hinwies. Bei einem Besuch stellte sich allerdings heraus, dass Johanna Fuschlberger, deren Besitzerin, keineswegs an einen Verkauf dachte, sondern vielmehr an einer Verehelichung interessiert war. Haidenthaller berichtet in seinen autobiographischen Aufzeichnungen, dass er zunächst entrüstet gewesen sei, *einer Kupplerin anheim gefallen* zu sein. Im Verlauf mehrerer sonntäglicher Besuche in Gnigl kamen Alexander und Johanna sich jedoch näher, und wenige Monate später wurde am 11. August 1889 tatsächlich der Bund der Ehe geschlossen[5]. Auch wenn dieser Ehe von beiden Seiten keine romantischen Gefühle, sondern rationale Überlegungen zugrunde lagen, gestaltete sich die Beziehung zwischen den beiden ungleichen Partnern – Johanna zählte zum Zeitpunkt der Eheschließung bereits 38 Jahre – durchaus harmonisch. Vor allem aber ergänzten sich die Ehepartner auf der Ebene des arbeitsteiligen Wirtschaftens im Haushalt und im Geschäftsleben ganz ausgezeichnet, wovon der rasche wirtschaftliche Aufstieg des Paares im ersten Jahrzehnt ihrer Ehe zeugt.

GEMISCHTWARENHÄNDLER UND HAUSBESITZER

Die „Stiegenkrämerei" befand sich im Haus Nr. 102 in Gnigl (Eichstraße 66), das die aus Ruhpolding zugezogene Bauerntochter Johanna Fuschlberger 1886 käuflich erworben hatte[6]. Erfüllt von Tatendrang übernahm Alexander Haidenthaller die Führung des Geschäfts nach der Heirat in die eigene Hand: *Es war für mich die Aufgabe gestellt um vorwärts zu kommen, fleißig zu arbeiten, keine Arbeit zu scheuen, mich in Gesellschaft beliebt zu machen und besonders zur Ehre meines erworbenen Berufes nach kaufmännischer Manier ehrlich zu handeln*[7].

Da im Haus Nr. 102 keine Möglichkeit für eine Geschäftserweiterung bestand, erwarb das Ehepaar Haidenthaller im Februar 1891 im Tauschweg sowie gegen eine Aufzahlung von 1000 Gulden das auf der gegenüberliegenden Straßenseite gelegene Haus Nr. 45 (Eichstraße 47)[8].

Ehemalige „Stiegenkrämerei", 1984
AStS, Baudokumentation (Foto Gerhard Plasser)

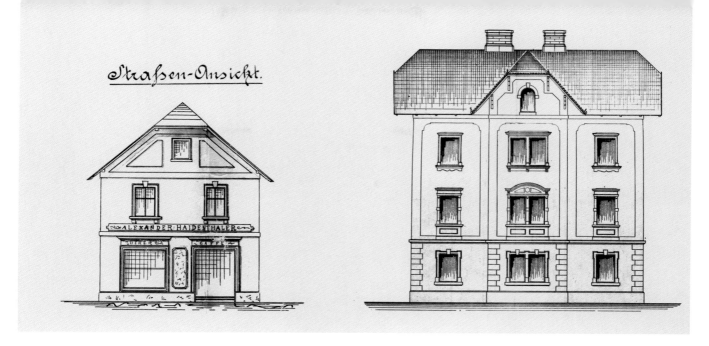

Handlung Alexander Haidenthaller (Eichstraße 47), 1891
AStS, Bauakten (Planzeichnung, Jacob Ceconi)

Wohnhaus Alexander Haidenthaller (Eichstraße 45), 1896
AStS, Bauakten (Planzeichnung, Jacob Ceconi)

Weitere 4000 Gulden wurden in die Adaptierung und Aufstockung des Gebäudes durch Baumeister Jacob Ceconi investiert, so dass einer Erweiterung der Krämerei in eine reguläre Gemischtwarenhandlung nichts im Wege stand, welcher nach amtlicher Definition der Handel mit *allen im freien Verkehr gestatteten und rückschließlich des Verschleißes nicht an eine besondere Bewilligung (Concession) gebundenen Waren* gestattet war[9]. Haidenthallers Gemischtwarenhandlung führte neben den Lebensmitteln des alltäglichen Bedarfs zahlreiche weitere Artikel: *Spezerei-, Viktualien-, Conditor-, Spirituosen-, Waschartikel-, Borstenwaaren, Hafner- Porzellan- und Emailgeschirr, Farben, Farb Oehle, Drahtstiften, Klein Eisenwaaren, Schreibmaterialien, Post- u. Ansichtskarten, Schularttikel, Kalender und Gebetbücher Verlag, Spiel-, Kurz-, Galanterie-, Wachs-Waaren, Herren- u. Damen Wäsche und Confektion, Posamentier und Wirkwaaren, Regenschirme, Zeugschuhe, Manufaktur- und Schnittwaaren, ecctc. ecctc*[10]. Ein beträchtlicher Teil des Vermögens war folglich im Warenlager gebunden, dessen Wert etwa im Jahr 1907 mit 9200 Kronen beziffert wurde[11].

Neben dem Gemischtwarenhandel ergab sich aus der Wohnungsvermietung eine weitere Verdienstmöglichkeit. Zudem erreichte Haidenthaller die Verlegung des bis dahin in Untergnigl gelegenen Postamts in einen 1894 errichteten Anbau. Da bauliche Investitionen angesichts des akuten Mangels an Wohnraum eine sichere Rendite versprachen, nahm Haidenthaller zu guter Letzt auch die Verbauung eines benachbarten Wiesengrundstücks in Angriff, das bereits 1891 um 1100 Gulden erworben worden war. Mit finanzieller Unterstützung seines Bruders Anton[12] wurde 1896 ein stattliches *Wohnhaus in Schweizerform* errichtet, dessen Vermietung problemlos gelang.

Blick aus dem Haidenthaller-Wohnhaus auf den Friedhof und den Pfarrhof, Glasplatte, 1910
AStS, Sammlung Kraus (Foto Friedrich Pflauder)

Blick vom Kirchberg auf die beiden Haidenthaller-Häuser, Glasplatte, 1910, AStS, Sammlung Kraus (Foto Friedrich Pflauder)

Neben mehreren privaten Mietparteien beherbergte das neue Zinshaus nun auch den Gnigler Gendarmerieposten samt einer Dienstwohnung für den Postenkommandanten. Wie nicht anders zu erwarten, rief die Verlegung von Post und Gendarmerie aus der unteren in die obere Gnigl auch Neider auf den Plan[13]. Bereits 1896 konnte Haidenthaller zufrieden auf das Erreichte zurückblicken: *Das Geschäft hatte seinen guten Gang genommen, auch durch die Arbeiter, welche an dem Baue thätig gewesen und auch durch die neuen Parteien. Es gab viel zu denken, viel zu arbeiten während die neue Schuldenlast nicht minder Kopfweh machte. Nun auch dies wird zum Ueberwinden sein [...]. Ich und Johanna arbeiten ja immer geschlossen, daher das eigene selbstbewußte Vertrauen*[14].

Diesem Vertrauen in die eigene Tatkraft stand zeitlebens eine ausgeprägte Zukunftsangst gegenüber. Bereits im Alter von 30 Jahren bedrückte Haidenthaller die Sorge um die finanzielle Absicherung des Lebensabends. Wer würde das Geschäft einmal übernehmen, wer ihn und seine Gattin im Alter pflegen? *Stets war es ja unser Kummer, eigene Kinder entbehren zu müssen, viel hatten wier geopfert, Dienstpersonen anhänglich zu machen, aber die heutige Jugend kümmert sich in unverständlicher Weise nicht mehr um das Wohl und Wehe für eigenes zukünftiges, noch weniger jenes ihrer Vorgesetzten oder Dienstherrn und auf diese Art sind gerade kinderlose Eheleute, denen es obliegt ein Geschäft zu führen, am meisten betroffen [...]*[15]. Als Alternative bot sich für das Ehepaar Haidenthaller die Annahme einer Ziehtochter an. Nachdem ein erster Versuch mit der Stieftochter eines Geschäftsfreundes gescheitert war[16], fasste Alexander Haidenthaller den Entschluss, die

Tochter seiner Schwester Johanna, die mit einem Gastwirt in Rohitsch (heute Rogaska in Slowenien) verheiratet war, in den Haushalt aufzunehmen. Die elfjährige Henriette („Herri") kam im August 1903 nach Gnigl und wirkte schon bald im Geschäft mit[17].

Der wirtschaftliche Aufschwung der 1890er Jahre, der sich in der Stadt Salzburg und ihrer näheren Umgebung vor allem in einer regen Bautätigkeit manifestierte, hielt nach der Jahrhundertwende zunächst noch an. Zugleich wurde aber auch der Konkurrenzdruck stärker. Gerade in Gnigl und Itzling mit ihrer zahlreichen Arbeiterschaft mussten sich die etablierten Kaufleute gegenüber den sozialdemokratischen Konsumvereinen behaupten. Auch Haidenthaller ärgerte sich über die neue Konkurrenz, durch welche ihm gerade die *geldkräftigen Arbeiter Familien*[18] abhanden gekommen waren: *Ich hatte mir schon des öfteren Preislisten vom Staatsbahn Consum, Post Consum und Arbeiter Consum ‚Vorwärts' besorgt und daraus ersehen, daß meine Preise nicht nur nachkommen, sondern durch meine gewohnte Coulants sich diese verbilligen. [...] Gewichtskleinlich, nichts entgegenkomend, keine Nachsendung, Verpackung oder sonstige Nebenauslagen; das sind die Prinzipen eines Consumvereines, die wir Geschäftsleute nicht so drocken ausüben können. Auf diese Weise würde sich manches Verkehrleben aufhören, wenn nicht Nachdenkende oft wieder zurückkehren würden, die guten Eigenschaften eines Geschäftsmannes auszunützen. So kommt es, daß die eine Kundschaft geht und die andere kommt*[19].

Genugtuung empfand Haidenthaller als im August 1907 auf Druck des gewerblichen Mittelstandes die Zutrittsschranken für bestimmte Handelsgewerbe wieder erhöht wurden: Während zuvor *jeder Bauernknecht und Diener [...] vom Landwirtschaftswesen in die Stadt* geflüchtet sei, um *sodann ein Wirth, Wirthin, Krämer oder Krämerin zu werden*, so werde es nun *den tatsächlich gewerbefähigen Commis, Kellner- oder Brauergehilfen ermöglicht [...] sich eine Existenz ohne einer unfähigen Conkurrenz nach und nach zu verschaffen*[20]. Wie die jährlichen Erträge zeigen, konnte Haidenthaller auch nach der Jahrhundertwende mit dem Geschäftsgang zufrieden sein. Im Geschäftsjahr 1906/07 standen einem Jahresumsatz von 36.663 Kronen Wareneinkäufe und Geschäftsspesen von 32.874 Kronen gegenüber, so dass ein Überschuss von immerhin 3924 Kronen erzielt wurde[21].

Die Gemischtwarenhandlung florierte nicht zuletzt dank der zahlreichen Arbeiter, die beim Umbau des Gnigler Bahnhofs, der Wildbachverbauung sowie beim Bau der neuen Straße ins Salzkammergut beschäftigt waren. Nach Beendigung dieser Arbeiten kehrte jedoch *ungewohnte Ruhe* in Gnigl ein, was Haidenthaller fürchten ließ, dass *früher oder später* sein *dereinst guter Geschäftsposten ohnehin Abwertung erfahren* werde[22]. Dazu kam, dass im August 1910 der Gendarmerieposten zurück in die untere Gnigl verlegt wurde, was nicht nur den Verlust einer zuverlässigen Mietpartei bedeutete, sondern darüber hinaus einen Rückgang an Laufkundschaft nach sich zog[23].

VERPACHTUNG UND WIEDERÜBERNAHME DES GESCHÄFTS

Haidenthaller hatte den Rückzug in den Ruhestand ursprünglich für das Jahr 1914 geplant, in dem das Jubiläum der Silbernen Hochzeit bevorstand. Seiner Kalkulation nach würden Johanna und er sich bis dahin ein Vermögen von 70.000 Kronen[24] erwirtschaftet haben, was – abzüglich des ursprünglichen Vermögens von 5000 Kronen – auf eine Vermögensvermehrung von 65.000 Kronen innerhalb von 25 Jahren hinauslief.

Gewiß ein Erfolg, vermerkt er voll Stolz, *dessen wenige sich zu erfreuen haben*[25]. Die konjunkturelle Abschwächung während der letzten Vorkriegsjahre und ein verstärkter Konkurrenzdruck beschleunigten das Vorhaben der Geschäftsaufgabe. Dazu kam, dass Ehefrau Johanna zu kränkeln begann, sich das Zusammenwirken mit der heranwachsenden Ziehtochter Herri im Geschäftsalltag keineswegs konfliktfrei gestaltete und auch die Schwierigkeiten mit unzuverlässigen Dienstboten zunahmen.

Das Gnigler Kirchenviertel mit den beiden Haidenthaller-Häusern auf einer Postkarte, um 1900
Sammlung Karl-Heinz Lanzersdorfer (Verlag Gregor Baldi)

Blick vom Kirchberg auf die Haidenthaller-Häuser, 2010
(Foto Martin Zehentner)

Als dann mit Franz Lehbrunner, dem Schwiegersohn eines angesehenen Hoteliers aus Bad Ischl, ein ernsthafter Interessent für die Übernahme des Geschäfts in Erscheinung trat, zögerte Haidenthaller nicht lange und schloss einen auf drei Jahre befristeten Pachtvertrag ab.

Ausgestattet mit einem Jahreseinkommen von 2101 Kronen aus Vermietung und Verpachtung zog sich das Ehepaar mit Beginn des Jahres 1913 ins Privatleben zurück[26]. Haidenthaller blieb jedoch nicht gänzlich untätig, sondern übernahm gegen geringes Entgelt Buchhaltungsarbeiten für seinen Bruder Anton. Dennoch machten sich Entzugserscheinungen bemerkbar. *Obgleich ich für Arbeit immer Vorrat habe, fühle ich mich so namenlos und deprimiert [...]*[27]. Und auch Gattin Johanna vermochte den Ruhestand nicht zu genießen, da sie den Verkehr mit den Kunden vermisste, *also sich hierüber entsetzlich langweilt*[28]. Immerhin fand Haidenthaller nun endlich Zeit für sein Herzensanliegen: *Habe ich nun mit 22. Januar mit der laufenden Schriftstellung der Geschichte [von] Gnigl begonnen, nachdem ich schon ein hübsches Sümmchen von Sammlung beisammen hatte*[29].

Trotz aller Betriebsamkeit stellte sich für Haidenthaller schon bald die Frage einer Wiederübernahme des Geschäfts. Zwar ließ sich an der Geschäftsführung durch Pächter Lehbrunner nichts aussetzen. Der innerfamiliäre Friede war jedoch nicht mehr gewährleistet seitdem Gattin Johanna die meiste Zeit allein zu Hause verbrachte (*Vorwürfe sind daher viel an der Tagesordnung*). Zudem lagen die Einkünfte nur mehr wenig über den Haushaltsausgaben. Einen Verkauf seiner Liegenschaften schloss Haidenthaller während des Ersten Weltkrieges kategorisch aus, *da bei der gegenwärtigen unsicheren Geldlage zumal Objekte immer den Wert behalten werden, ohne größeren Verluste dabei zu erleiden*[30]. Nach reiflicher Überlegung und nicht zuletzt auf Drängen von Ziehtochter Herri, die seit der Verpachtung als Ladnerin in der Stadt Salzburg arbeitete, erfolgte am 6. September 1915 die Wiederübernahme der Gemischtwarenhandlung[31].

Der Geschäftsgang nahm schon bald *seinen guten normalen Lauf [...] und stehen nun ich, Johanna und Herri im Laden zum Betriebe der Ein- und Verkäufe während eine Köchin Paula die häuslichen Arbeiten versorgt*[32]. Innerfamiliäre Konflikte stellten sich dennoch wieder ein, da die offenbar recht selbstbewusste Ziehtochter *den Kunden Verkehr gänzlich an sich zu ziehen* trachtete. Nicht nur Gattin Johanna fühlte sich an den Rand gedrängt, auch Haidenthaller beklagte sich, dass Herri *ganze Türme von Waren auf die Pudel* türme, sich mit den Kunden unterhalte, während er kaum damit fertig werde, die Sachen wieder zu verräumen[33].

Eine mit der Dauer des Krieges ständig zunehmende Belastung ergab sich aus der kriegswirtschaftlichen Reglementierung des Warenverkehrs. Neben seinem Geschäft wurde Haidenthaller die „Aprovisionierungs Buchhaltung" der Gemeinde Gnigl aufgebürdet, eine Verpflichtung, der er sich im öffentlichen Interesse nicht entziehen konnte. Dabei ging es um die Verwaltung der chronisch unzulänglichen Lebensmittelzuteilungen, wobei sich der bürokratische Aufwand während des Krieges kontinuierlich erhöhte: *Der Mangel an Produkten fördert die wachsende Nachfrage und müssen die Quantum verkleinert respektive vermindert abgegeben werden.* Ausgabezeit war jeweils an Mittwochnachmittagen, wobei lange Listen über die Verteilung der einzelnen Produkte erstellt werden mussten[34].

Das Preisniveau lag Anfang 1916 um 100 Prozent über jenem der Vorkriegszeit, so dass Haidenthaller beim Ein- und Verkauf seiner Waren stets auch die rasch voranschreitende Inflation einzukalkulieren hatte. Vor allem bestand zu diesem Zeitpunkt bereits ein eklatanter Mangel an Grundnahrungsmitteln. Bohnen, Erbsen, Reis und Weizengries fehlten bereits gänzlich. Als Ersatz diente Polentagries, aber auch davon wurde zu wenig geliefert, so dass Haidenthaller nicht einmal den Bedarf seiner 90 Stammkunden befriedigen konnte[35]. Als gute Kunden erwiesen sich übrigens die *Südtiroler Flüchtlinge* – gemeint ist die aus den umkämpften Regionen des Trentinos evakuierte Bevölkerung – die Butter und Olivenöl auch zu hohen Preisen einkaufte[36].

Die kriegswirtschaftliche Reglementierung des Wirtschaftslebens verschärfte sich während der letzten Kriegsjahre und auch während der ersten Nachkriegsjahre blieb die Versorgungslage angespannt. Der Bezug der für die Gnigler Bevölkerung vorgesehenen Waren erfolgte vierzehntäglich aus dem Lebensmittelmagazin in Itzling.

Die zeitraubende Prozedur des Vorwiegens und Vorschreibens der Bezugsquantitäten für die Kunden sowie die Evidenzhaltung der Kundenlisten oblag Haidenthaller. Eine Entlastung von diesen Aufgaben brachte erst der politische Wechsel im

Mehlausgabe in Gnigl, 1916
Haidenthaller, Chronik VII

Gefolge des Umsturzes von 1918, als die bürgerliche von einer sozialdemokratischen Gemeindevorstehung abgelöst wurde und diese die Bewirtschaftung selbst übernahm[37].

Die Rückkehr zur Normalität fand in der Lebensmittelversorgung erst zu Beginn des Jahres 1922 statt, als der freie Verkauf aller Grundnahrungsmittel gestattet und auch die freie Geschäftswahl durch die Kunden wieder eingeführt wurde[38]. Angesichts der Normalisierung des Geschäftslebens und des fortgeschrittenen Alters lag es für das Ehepaar Haidenthaller nahe, den so lange aufgeschobenen Rückzug aus dem Geschäftsleben nun endlich zu vollziehen und das Geschäft definitiv Ziehtochter Herri zu übergeben, welche kurz zuvor adoptiert worden war. Johanna zählte nun immerhin bereits 72 Jahre, zudem hatte Herri sich ein Jahr zuvor mit dem Kaufmann Karl Pannholzer[39] verehelicht, so dass nun auch personell in jeder Hinsicht vorgesorgt war.

Die Geschäftsübergabe erfolgte am 1. Mai 1922, wobei sich Haidenthaller im Übergabevertrag eine Lebensrente in der Höhe des Gehalts eines „ersten Handlungsangestellten" gemäß den damals geltenden Kollektivvertragsbedingungen ausbedungen hatte[40].

Blick auf die Handlung „Haidenthaller Nachf. Karl Pan[n]holzer", Glasplatte, nach 1921
AStS, Sammlung Kraus (Foto Friedrich Pflauder)

„ALEXANDER HAIDENTHALLER – NACHFOLGER KARL PANNHOLZER – HANDLUNGSHAUS"

Wie nicht anders zu erwarten, war der Rückzug aus dem Geschäftsleben auch jetzt nicht vollständig: *Johanna und ich unterstützen sie [Herri und ihren Mann] in Haushalt und Geschäft. Ich verrichte alle bisherigen Geschäfte in Bezug der mir zugewiesenen Waarengattungen und Buchführungen. Diese Arbeiten zu verrichten besteht keine Verpflichtung, sondern ist im familiären Entgegenkommen gelegen*[41]. Gerade in dieser Phase der sich rapide beschleunigenden Inflation war die Mithilfe des Seniors höchst notwendig, *da das Geschäft durch das ständige Hinaufstellen der Waarenpreise, also durch Angstkäufe stets einen engen Tagesverkehr aufweist. So gibt es durch Einlagen nummerieren, Preisgleichstellungen, Noten ordnen Arbeit in Hülle und Fülle, so dass ich deren kaum zu folgen vermag und mit meinen Arbeiten in Haus, Hof und Garten ständig im Rückstande verbleibe*[42].

Kaum mehr als ein halbes Jahr nach der Geschäftsübergabe erlitt Johanna Haidenthaller einen Schlaganfall, dem sie nach zweiwöchigem Siechtum am 9. Dezember 1922 erlag[43]. Das Begräbnis erfolgte unter zahlreicher Beteiligung der Gnigler Bevölkerung. Neben der Gnigler Gemeindevorstehung mit dem sozialdemokratischen Bürgermeister Christian Laserer an der Spitze gaben Abordnungen zahlreicher Vereine sowie eine Delegation der Salzburger Kaufmannschaft der Verstorbenen die letzte Ehre[44]. Alexander Haidenthaller war vom Tod der Gattin schwer getroffen: *Johanna ruht, es gibt keine Verständigung mehr mit ihr, kein lieben, kein klagen, kein fragen, haben wir ja doch nichts unternommen ohne uns über jeden Gegenstand zu vereinbaren*[45]. Ablenkung boten die Mithilfe im Geschäft sowie die Niederschrift der Gnigler Geschichte, einer Aufgabe, der er sich mit Vorliebe in den frühen Morgenstunden widmete.

Herri hatte anlässlich ihrer Adoption präsumtiv auf das Erbrecht nach dem Ableben eines der beiden Elternteile verzichtet, weshalb sich nach Johannas Tod beide Liegenschaften in Haidenthallers Besitz befanden[46]. Zur Übergabe des Geschäftshauses Nr. 45 (Eichstraße 47) an die Adoptivtochter und deren Gatten Karl Pannholzer kam es erst Ende 1926[47]. Auf dem Firmenschild hieß es nun: *Alexander Haidenthaller – Nachfolger Karl Pannholzer – Handlungshaus*[48]. Nach wie vor ergaben sich aus dem Nebeneinander der Generationen im Geschäftsbetrieb Reibereien, wie etwa anlässlich des Ankaufs einer mechanischen Waage um den Preis von 700 Schilling, den Haidenthaller für völlig überflüssig hielt[49]. Mit ständiger Sorge wurde von ihm die Geschäftsgebarung beobachtet: *Schwer ist es im Geschäft sich den Kundenkreis zu erhalten, da insbesonders die genossenschaftliche Konkurrenz am Platze ist, daher es einer ausdauernden Umsicht erfordert, diesen zu erhalten*[50].

Um der wachsenden Familie von Herri Platz zu machen – auf den 1922 geborenen Sohn Karl war 1927 Tochter Henriette gefolgt – übersiedelte Haidenthaller in das Nachbarhaus, wo er nun in den frühen Morgenstunden an seinem *schön dekorierten Schreibtisch mit Bildern und Blattpflanzen* ungestört seinen Schreibneigungen nachgehen konnte[51]. Auch im privaten Leben zeichnete sich nun eine Wendung ab. Haidenthaller hatte bereits im April 1925 – wir wissen nicht bei welcher Gelegenheit[52] – die aus München stammende Juwelierswitwe Karoline Tschernik, geborene Gildschwert, kennen gelernt. Der Entschluss zur Wiederverehelichung fiel dem Witwer, der sich der verstorbenen Gattin nach wie vor verbunden fühlte, nicht leicht. Erst nach mehrjähriger Bekanntschaft und zahlreichen wechselseitigen Besuchen fand im Mai 1928 die Hochzeit mit Karoline („Lina") in Rosenheim statt. Im Anschluss daran bezog das frisch verheiratete Paar eine neu adaptierte Wohnung im eigenen Haus[53].

Für die 1930er Jahre mangelt es an Nachrichten über das familiäre Geschehen und die geschäftliche Entwicklung[54]. Während des Zweiten Weltkriegs wurde die Gemischtwarenhandlung unter schwierigen kriegswirtschaftlichen Bedingungen weitergeführt. Der Tod Karl Pannholzers nach schwerer Krankheit im März 1941 machte dessen Witwe Herri zur alleinigen Firmeninhaberin[55] und veranlasste Alexander Haidenthaller trotz seines fortgeschrittenen Alters *wieder täglich 6–8 Stunden im Geschäft* mitzuhelfen. Allerdings klagt er nun über die *gegenwärtig zerrüttenden Geschäftsverhältnisse* und das Unverständnis von Herri, welche trotz einer Ordnungsstrafe der Preisüberprüfungskommission nicht erkenne, *dass gegenwärtig die Buchungsordnung dem Kundenbesuch vorzuziehen ist, eine Arbeit die unproduktiv heute den Wirtschaftsbetrieb schwer belastet*[56].

Auch in seinen letzten Lebensjahren blieb Haidenthaller unermüdlich tätig. Noch im März 1945 notierte er ins Tagebuch, dass er *die Buchung im Geschäft zu besorgen, das stark verminderte Waarenlager zu inventieren, neu ankommende Waaren einzulagern und den eigenen Hausstand zu besorgen* habe[57]. Während der letzten Kriegsphase, in der auch Gnigl von schweren Bombenangriffen betroffen war, fand Haidenthaller wie auch in früheren schwierigen Lebensphasen Trost in der Religion. Den Untergang des Dritten Reichs kommentierte er lakonisch mit der Feststellung: *Der Krieg ist zu Ende und die Schuldigen haben sich selbst das Leben genommen, da ihnen die ideale Zukunft versagt blieb, trotz der Treue im Kampfe, die dem Führer von seinem Volke in der Zeit von 6 ½ Jahren entgegengebracht wurde*[58]. Aufgrund seiner religiösen Grundeinstellung und seiner Ablehnung jedes politischen Radikalismus war Haidenthaller dem Nationalsozialismus ohne Zweifel innerlich distanziert gegenüber gestanden. Freilich hatte auch er sich – wie seiner „Geschichte von Gnigl" zu entnehmen ist – im März 1938 der fast allgemeinen Aufbruchsstimmung nicht entziehen können.

Obwohl sich sein Gesundheitszustand seit dem Sommer 1945 immer mehr verschlechterte, nahm Haidenthaller weiterhin regen Anteil am familiären Geschehen, vor allem am Schicksal der kriegsgefangenen Neffen.

Blick auf das winterliche Gnigl, Postkarte, um 1940
Sammlung Weihrauter (Cosy-Verlag)

Noch beschäftigte er sich auch mit der Sammlung historischer Materialien und der Niederschrift kleinerer Abhandlungen. Besondere Sorge bereitete ihm die sichere Verwahrung seines Lebenswerks, der zwölfbändigen „Geschichte von Gnigl", die er vorübergehend von ihrem Standort im Gnigler Schulgebäude wieder ins eigene Heim verbrachte. Auch seine letzte Tagebucheintragung vom 7. Juli 1946 zeugt von ungebrochener Betriebsamkeit: *Nun gaben mir einige Tage des schönen Wetters Veranlassung, mit Lina die Ribislernte vorzunehmen, mit deren Ergebnis wir sehr zufrieden waren.*

Birnen sind fast gänzlich ausgefallen, während Äpfeln eine reiche Frucht versprechen[59]. Am Vormittag des 24. August 1946 bediente er, wie seine Gattin Lina in einem Nachtrag zum Tagebuch vermerkte, zum letzten Mal die Kunden in der Gemischtwarenhandlung. Am Abend desselben Tages erlag Alexander Haidenthaller im 79. Lebensjahr einem Schlaganfall, auf den Monat genau 57 Jahre nach der Übernahme der damaligen „Stiegenkrämerei" im August 1889[60].

ALLTÄGLICHE LEBENSWEISE[61]

In fast zwanghafter Art und Weise schildert Alexander Haidenthaller immer wieder aufs Neue in minutiöser Genauigkeit seinen Tagesablauf. Immerhin wird dadurch ein Einblick ins alltägliche Leben eines Kleingewerbetreibenden um 1900 vermittelt, der an Genauigkeit nichts zu wünschen übrig lässt:

Das Geschäft bringt es mit sich, täglich früh um 5 Uhr aufzustehen. Es wird kein Wort gesprochen, nun nehmen wir Toilette ich bei dem Brunnen im Küchenzimmer meine Gattin Johanna im Schlafzimmer (gewöhnliche Hand und Kopfwaschung), dann separat ein kurzes Morgengebet. Ich verrichte weiters die Öffnung des Geschäfts, die Johanna räumt das Schlafzimmer, während ein Dienstbothe Caffe kocht. Ein kräftig guten Morgen wünschend eröffnet erst die weiteren üblichen Plaudereien. Um 6 Uhr früh wird Caffe eingenommen, der meine sieht ganz weiß aus, mit viel Milch beigemischt. Nun geht jedes seiner Arbeit nach, ich verrichte meist die Schriftlichen, während sich meine Johanna mit Haus oder Näharbeiten zu schaffen machte, dabei gieng man abwechselnd in das Geschäft bis gegen ½ 8 Uhr dortselbst immer mehr zu thun war, ja nach Erforderniß blieb man bis circa 9 – ½ 10 Uhr gänzlig im Geschäft, wir bedienten mit Beihilfe des beigestellten Dienstbothen, man besorge die Einschaffung der Waaren, nachfüllen, tägliche Reinigung vor Staub. Nachschau der mehr ablagernden Waaren, Räumungen der Magazine ecctc. Hinzu wird ein einmaliger Stadtgang in der Woche erforderlich, welch' Geschäfte rasch und genau erledigt werden müssen. Um 9 Uhr wenn thunlich nehmen wier ein 1/8 Wein mit Wasser gemischt, Brod, eventuell 1 paar Würstel hinzu. Ist im Geschäfte viel zu thun, so werden diese üblichen Arbeiten bis nachmittag verschoben. Meine Johanna beginnt um 10 Uhr zu kochen, wenn nicht eventuell ohnehin ein geeigneter Dienstbothe bestimmt ist. Um 12 Uhr nehmen wir das Mittagmahl gemeinsam ein. Dies besteht größtentheil aus Suppe, abwechselnd eingekocht, Rindfleisch, Sonntag Braten u. dergl. und Gemüse. An Freitag und anderen Fasttagen kommen hiefür bestimmte Speisen auf den Tisch und habe ich besonders für solche mit Obst gemischt eine Vorliebe. Meine Johanna, eine gar vortrefflich tüchtige Köchin, bringt solch tadellos auf den Tisch.

Nachmittag wird den üblichen Arbeiten nachgegangen; bedienen, reinigen, Besorgung der häuslichen Arbeiten, ferner, Nachschau im Hause, Hof räumen, Obst Garten pflegen, Kisten zerlegen, Holz verkleinern u.s.w. Arbeit finden wir immer genug. Um 3 Uhr nimmt die Johanna mit den Dienstmädel Caffe ein, ich habe zu keiner Jause Verlangen, ausnahmsweise während der langen Tageszeit Rettig und Seidl Bier oder etwas Speck eventuell auch Butterbrod. Sonntags pflegen wir gerne fortzugehen meist an die umliegenden Höfen befindlichen Gasthäuser aufzusuchen, wo ich Kundschaft habe. Eine kleine Bergparthie ist mir sehr behaglich; an Wochentagen nehmen wier um abends 6 Uhr eine Mahlzeit ein, ich nur Suppe allein während die Johanna noch mit den Dienstbothen die sogenannte kleine Kost einnimmt, ich verfüge mich nun um ½ 7 Uhr in den sogenannten Bürgertag[62] *abwechselnd dorthin, wo es mein Geschäft erfordert, trinke drei Glas Bier oder 2 Glas Bier und 1/8 Wein, beim ersten Glas das vom Gastgeber angetragene Essen Wurst Gulias oder Brathen und rauche hernach eine Portorico Cigarre dabei mit meinen guten Geschäftskunden Tagesneuigkeiten besprechend, politische Gemeindeangelegenheiten fanden nicht viel Gehör; Spielen außergewöhnlich, Kartenspiel zuschauen ist mir lästig, Sommerszeit war mir eine Stunde Kegelscheiben ein Vergnügen.*

Blick vom Kapuzinerberg auf Gnigl, Glasplatte, 1905, AStS, Sammlung Kraus (Fotoatelier Würthle)

Um 8 – ½ 9 Uhr trette ich meist den Heimweg an, meine Johanna besorgt während dieser Zeit noch das Geschäft, nimmt ½ L. Bier mit Brod zu sich, es wird um 8 Uhr das Geschäft geschlossen, Ueberall Nachschau gehalten, alles in Ordnung gebracht, was einem eventuellen Unglücke begegnen könnte und endlich in Gottes Namen wieder zur Ruhe gegangen. Es wird das Tagesereigniß, was ich gehört oder in den Zeitungen gelesen, (welche streng unpolitisch sind, Broschüren interessieren mich nur meist Historische Zeitschriften) eventuell noch abgeplaudert, bis wir gegen 9 Uhr nach einem gemeinsamen kurzen Abendgebete ohne noch ein Wort zu sprechen Ruhe finden wollen. Freilich hat man oft noch keine Ruhe, die Ereignisse des Tages drängen noch um nachzudenken. Ruhig ist mein Schlaf nicht, aufregende Träume sind viele. Die Johanna schläft oft wenig aber ruhig. Um nicht zu übersehen, führe ich an, daß ich gar manchen Abend gerne zu Hause bleibe, 1 Glas Bier trinke, 1 Cigarre rauche und mich an den obgenannten Broschüren interessiere. Desgleichen führe ich noch an, daß wir auch jede Woche meine Johanna Freitag und ich Samstag eine körperliche Waschung vornehmen, immer Sommer baden, auf deren Vornahme ich viel halte u.s.f. u.s.f.[63]

Über eheliche Konflikte berichtet Haidenthaller nur wenig, über das harmonische Zusammenleben mit Gattin Johanna im häuslichen Alltag umso mehr. Er preist ihr *gleichmäßig ruhiges Temperament*, denn sie sei *nachgiebig, gut anhänglich, zufrieden, meist guter Laune* und wende jeden Verdruss ab: *Schelt oder Schimpfworte fallen überhaupt nicht und sind uns diese von anderen Personen unwiderstehlich ekelhaft*[64].

An der patriarchalischen Rollenverteilung lässt er freilich keinen Zweifel: *Es heißt Du wirst das Elternhaus verlassen, wirst Deiner Gattin anhangen und es werden zwei sein in einem Fleische. Ich sage, es ist so, eine wirklich glückliche Ehe hat dies wirklich in sich. Es ist absolut nicht richtig wenn sich ein Theil vorherrschend glaubt, jedoch noch schlimmer ist wenn dies bei der Gattin der Fall ist. Die gegenseitige Achtung muss nach innen stark und nach außen erst recht stark sein*[65].

POLITISCHE EINSTELLUNG

Politik kenne ich nicht, beteuert Haidenthaller wiederholt in seinem Tagebuch, *soweit es meine Anmaßungen erlaubten, habe ich mich in diesem Punkte ferne gehalten.* Gerade für einen Geschäftsmann, so lautet sein Credo, bringe jede Art von politischer Betätigung nur Nachteile mit sich: *Ein Geschäftsmann der nationale [oder] confessionelle Politik treibt, kann und wird nicht viel ausrichten, es bringt zu viele Feinde, man wird einseitig und kann sich schließlich nicht in jeder Gesellschaft bewegen, weil es daher wieder an gegenseitiger Achtung fehlt*[66]. Seiner religiösen Grundhaltung entsprechend stand er dem christlichsozialen Lager tendenziell näher als allen anderen politischen Gruppierungen. Aber auch hier wahrte er Distanz zur Tagespolitik. Die christlichen Tugenden Glaube, Liebe und Hoffnung sollten dem Staatswesen zwar als Grundlage dienen, jedoch ohne jeden parteipolitischen Egoismus: *Betschwesterei, Politik der Geistlichen und dergl. verachte ich ebensogut wie auf entgegengesetzter Seite, da nach meiner Anschauung ein Politiker keine Nächstenliebe kennen kann*[67]. Zugleich war er aber auch überzeugt davon, dass *der Staat als Haushaltungsvorstand [...] sich von der Mutter der Confession nicht trennen [sollte], wie derzeit es in Frankreich geschehen ist, weil das Volk als Kinder zu ihren Vorgesetzten das Vertrauen verliert*[68].

Gänzlich ablehnend stand Haidenthaller der radikalen deutschnationalen Agitation gegenüber, die seit den 1890er Jahren auch in Salzburg vor allem in den bürgerlichen Schichten großen Anklang gefunden hatte. Seinen Austritt aus der Ortsgruppe Gnigl des „Deutschen Schulvereins", dem er nur für kurze Zeit angehört hatte, rechtfertigt er nicht nur mit eventuell nachteiligen Folgen für sein Geschäft: *Als kerndeutscher Salzburger wäre mir es eckelhaft durch eine andere Sprache verdrängt zu werden und würde ich alles geben meine deutsche Muttersprache vor einer Gefahr zu schützen, doch halte ich es dann nicht für ausgeschlossen daß dies auch die andern Nationen tun werden. Durch die radikalen Anführer, ‚unsere Advokaten', werden aber kampfesweise Hetzereien heraufbeschworen, wodurch Sieger und Besiegte hervortreten, und dadurch auf Kosten des Volkes sich Industrie und Geldmarkt aufreibt, und jene Politik hebt, die dem Juden zur Ausbeutung verhelfen*[69]. Groß ist sein Ärger, als der „Deutsche Schulverein" Spendengelder von 230 Kronen *zur Speise der national hungernden Advokaten im Egerland* verwendet[70].

Haidenthaller beklagte sich bitter darüber, dass die Aufsplitterung des gesellschaftlichen Lebens durch die politischen Vereine das alltägliche Zusammenleben sogar in Gnigl vergifte:

Jedes Wort muß auf die Wagschale gelegt werden, es besteht eine Furcht, den sogenannten Bürgertag aufzusuchen und sich hier frei nach Tagesmüdigkeit zu erholen. Kein anderer Stand keine andere Nation soll existieren, extrem sagt jeder, nur ich habe das Anrecht auf diesen Erdenfleck[71]. Und weiter: *Es gibt doch kein Gesetz hier auf Erden, das einem Volke einen Vorrang vom höchsten Wesen aus vor anderen zugesteht; daher ist jeder derartige Anspruch eitel und der Streit hierüber vergeblich*[72].

Seine Einstellung gegenüber der Sozialdemokratie ist ambivalent. Einerseits akzeptierte er, dass den Sozialdemokraten *in jenen Orten, wo Großindustrie vorherrschend ist, dort wo der Arbeiter nie mit einer sich zu gründenden Selbstständigkeit rechnen kann, die Politik zur Verbesserung seiner Lage ganz gerechtfertigt erscheint um als Mensch hier auf Erden auch ein Anrecht seiner wirtschaftlichen und kulturellen Existenz zu finden, die dem Menschen ebenbürtig ist.* Andererseits beklagte er den *enormen Druck der organisierten Arbeiterschaft demokratischer Ideen*, der schwer auf dem Mittelstand laste, weshalb die Sozialdemokratie in *jenen Orten, wo zum Großteile wie in Salzburg das Kleingewerbe vorherrscht* als *ein Uebel sondergleichen* einzustufen sei[73].

Bemerkenswert erscheint die Klarsicht, mit der Haidenthaller bereits 1908 die internationale politische Entwicklung voraussah, die dann tatsächlich zum Ausbruch des Ersten Weltkriegs führen sollte: *Wir sehen einer sehr schlimmen Zeit entgegen, ja es hat den Anschein, wir stehen bereits vor der Türe. Unser lieber Kaiser Franz Josef vermag die Zügel kaum mehr zu erhalten. Auf seine jetzt 60 jährige weise Regierung wird ein schlechter Dank kommen. Ein Krieg am Balkan wird gleichzeitig das Beginnen innerer Zerwürfnisse werden, dem kein Mensch mehr entgehen kann. Hier wird jeder Rechenschaft abgeben müssen ob er warm oder kalt ist. Nation und Kultur werden die Streitpunkte sein, alle 10 Gebote, auf Grund deren alle Gesetze eigentlich gebaut sind, werden auf einige Zeit über den Haufen geworfen werden*[74].

Als dann der Krieg im Juli 1914 tatsächlich ausbrach, war Haidenthaller kaum überrascht. Schon wenige Tage nach dem Attentat von Sarajewo notierte er ins Tagebuch: *Ich rechne, dass nach Ablauf der Erntezeit [...] die schrecklichen Blüten eines Krieges sich reifen werden, der von den größten politischen Männern als unausbleiblich erachtet wird*[75]. Wieder bewies er insofern Weitsicht, als er bereits zu diesem Zeitpunkt eine militärische Auseinandersetzung auch mit Italien für unvermeidlich hielt[76]. Trotz aller Zukunftsbedenken stand Haidenthallers patriotische Gesinnung für Kaiser und Vaterland außer Zweifel.

BÜRGERLICHE GESELLSCHAFTSPFLICHTEN

Für Haidenthaller war die Übernahme von Verantwortung im Dienste der Öffentlichkeit eine Selbstverständlichkeit: *Alles ruft nach Gesetzen zu seinem Schutze, jeder Beruf will, daß sich Staat und Regierung ausschließlich nur seinem Wohle beschäftigen und keiner denkt an Selbsthilfe*[77]. Zwar wurden diese – wie er sie nannte – *bürgerlichen Gesellschaftspflichten* von ihm mitunter als Last empfunden. Im Grunde kamen sie aber seinem betriebsamen Naturell durchaus entgegen, ganz abgesehen davon, dass derlei Aktivitäten sich fast immer in der einen oder anderen Weise als geschäftsfördernd erwiesen[78].

Bereits im Herbst 1891 übernahm Haidenthaller im Auftrag der Gemeindevorstehung von Gnigl die Stelle des Schriftführers und Kassiers

Blick vom Kapuzinerberg auf Gnigl, um 1940
Sammlung Weihrauter (Verlag Jurischek)

der „Allgemeinen Dienstbothen Krankenkasse Gnigl"[79], eine Funktion, die er acht Jahre innehatte. Im selben Jahr begann auch sein langjähriges Engagement in der Freiwilligen Feuerwehr von Gnigl, in der er seit 1895 als Schriftführer und ab 1896 auch als Kassier und *Intendant* (Verwalter) wirkte[80]. Hieß es 1903 noch: *Die Feuerwehr ist und bleibt mir edel, dieser Verein kennt keine Politik noch Parteilichkeit*[81] so wuchs ihm in späteren Jahren die administrative Belastung allmählich über den Kopf, was angesichts des von 44 auf 130 angestiegenen Mitgliederstandes nicht verwundert[82]. 1908 gelang es ihm endlich, zumindest die Funktionen des Schriftführers sowie des Intendanten zurückzulegen[83].

Auch im 1898 gegründeten Gnigler Sängerbund übernahm der trotz seiner Schwerhörigkeit sangesfreudige Haidenthaller die Funktionen des Schriftführers und Kassiers, ehe ihm die Politisierung des Vereinslebens im deutschnationalen Sinn zuwider wurde: *Jedoch konnte ich mich in diesem Verein nicht lange halten, da erstens das Wesen desselben in Politik, weder im Verhältnis zu meinem persönlichen Sinnen stand, ohnehin für einen Geschäftsmann nicht angepaßt und 2. die Arbeiten zu viel wurden*[84]. Auch im Rahmen der gewerblichen Interessensvertretung engagierte sich Haidenthaller.

Als Gemischtwarenhändler gehörte er der Genossenschaftsgruppe VI der Handels- und Gewerbekammer als Ausschussmitglied an, in welcher sämtliche in den 15 Umgebungsgemeinden der Stadt Salzburg befindlichen Krämer, Holzhändler, Viehhändler usw. zusammengefasst waren. Auch hier versuchte er sich zu engagieren, etwa für wirksame Maßnahmen gegen den Hausierhandel. Wegen der Untätigkeit dieses Gremiums zog er sich jedoch auch hier schon bald wieder zurück[85].

Eine überaus nützliche Aufgabe erfüllte Haidenthaller als er im Jahr 1900 damit begann, für die Gemeinde Gnigl *mit den Ortschaften Guggenthal, Heuberg und Itzling ein genaues Verzeichnis über die Nummerierung sämmtlicher Gebäude, deren Lage, Hausnamen und Besitzer anzulegen, um den häufigen Anfragen willkommene Antworten geben zu können*. Bis dahin hatte es in Gnigl noch keine straßenweise Nummerierung der Gebäude gegeben, *daher der Uebelstand, daß man stundenlang um eine Hausnummer suchen mußte*[86]. Nach Fertigstellung dieses Verzeichnisses machten *Dienstmänner, Fiaker, Amtsdiener, Ausgeher, Geschäftsleute, Wohnungssuchende*, freute sich dessen Verfasser, *von dieser unentgeltlichen Gelegenheit reichlichen Gebrauch*[87].

Ein besonderes Anliegen war Haidenthaller die Förderung des Fremdenverkehrs in Gnigl. Angesichts des Umstandes, dass die Ortschaft von einer ständig wachsenden Zahl von Ausflüglern besucht wurde und hier auch immer mehr Sommervillen errichtet wurden, schien es ihm nur naheliegend, die Schaffung einer entsprechenden touristischen Infrastruktur in Angriff zu nehmen.

Postkarten aus der Sammlung Christian Lankes (Verlag Alexander Haidenthaller)
oben links: Blick auf Gnigl, 1904; oben rechts: Gnigl und Neuhaus, um 1900;
unten links: Kirche und Gemischtwarenhandlung, 1900; unten rechts: dasselbe Motiv (gelaufen, 1906)

Als erster Schritt in diese Richtung bot sich die Gründung eines Verschönerungsvereins an, ein Unterfangen, das Haidenthaller seit dem Juli 1907 mit Nachdruck verfolgte[88]. Die Konstituierung des Vereins gelang allerdings erst nach einigen Anläufen im November desselben Jahres, wobei der Initiator erwartungsgemäß in die Position des Vorstandes gewählt wurde. Am Programm stand neben der Errichtung einer Parkanlage vor allem die Schaffung von Promenadewegen[89]. Ein längs des Alterbaches geplanter Fußweg kam wegen des Widerstands einer Anrainerin jedoch nicht zustande. Immerhin gelang im ersten Vereinsjahr die Anlage eines Kinderspielplatzes sowie eines Gehwegs längs der Eichstraße sowie die Aufstellung von Sitzbänken[90]. Dass Haidenthaller in seinem Laden Postkarten mit Motiven von Gnigl vertrieb, versteht sich fast von selbst.

Gedenktafel Alexander Haidenthaller auf dem Gnigler Friedhof, 2010 (Foto Stadtarchiv)

VOM WINDE VERWEHT?

An Alexander Haidenthaller erinnert heute in Gnigl außer einer kleinen Gedenktafel am Friedhof nur eine 1951 nach ihm benannte Seitenstraße. Sein Grab an der Kirchenmauer hat sich ebenso wenig erhalten wie die Gemischtwarenhandlung, welche über einen Zeitraum von 57 Jahren so eng mit seinem Namen verbunden gewesen war. Henriette Pannholzer übergab das Geschäft schon bald nach Haidenthallers Tod an ihren Sohn Karl, der nebenbei als Textilkaufmann tätig war. Dessen Betrieb scheint unter dieser Adresse bis 1971 auf.

Die beiden Häuser Eichstraße Nr. 45 und 47 waren schon 1953 gegen eine Leibrente in den Besitz von Johann und Hedwig Holztrattner übergegangen, die an der Fürbergstraße einen Gemischtwarenhandel betrieben und noch in den 1970er Jahren um eine Fortführung des Geschäfts an der Eichstraße bemüht gewesen waren[91]. Der traditionelle Gemischtwaren- und Lebensmittelkleinhandel befand sich zu dieser Zeit jedoch bereits in einer Phase des unaufhaltsamen Niedergangs. Heute zeugen lediglich die funktionslosen Auslagen des Hauses Eichstraße Nr. 45 davon, dass sich hier über viele Jahrzehnte das Geschäftszentrum der oberen Gnigl befunden hatte.

Dank Alexander Haidenthallers Tagebüchern war es möglich, einen Einblick in die vergangene Lebenswelt einer dörflich-vorstädtischen Krämerei zu eröffnen.

"Meinem lieben Gnigl", Text von Harald Forstmaier, Ton von Franz Lösch, Verlag Alexander Haidenthaller

Meinem lieben Gnigl!

Text von
Stadtkooperator Harald M. Forstmaier

Vertont von Direktor Franz Lösch

1. Wo die Berge stolz sich heben, wo der Nockstein grüßt ins Land, von des Heubergs Grün umgeben, war's, wo meine Wiege stand. Gnigl, trauter, lieber Ort, sei gegrüßt mir immerfort; Heimat immerdar auf's neu' ruf ich's dir: Ich bleib dir treu, ruf ich's dir: Ich bleib dir treu!

2. Gleich vor Salzburgs hohen Toren streckt sich deine Schönheit aus, gern an hellen Sommertagen alles strömt zu dir hinaus. Deine Schönheit und dein Grün muß ja alles zu dir ziehn. Gnigl, ich bin stolz auf dich Heimat, ach wie lieb ich dich, Heimat, ach wie lieb ich dich!

Schloß Neuhaus, Wahrzeichen Gnigls,
Siebenhundert Jahr sind's her,
Daß die Ritter von Neuhausen
Bauten dich zu Schutz und Wehr.
Erzbischöfe, Grafen hoch,
Schmückten stets dich schöner noch;
Gnigl, güld'ner Ring so fein,
Neuhaus ist dein Edelstein.

Wärst du arm in öder Ferne,
Trügst du nicht das schöne Kleid,
Hätt' ich dich gerad' so gerne,
Gleiche Treu wär dir geweiht.
Froh, dem Herrgott danke ich,
Daß so schön gemacht er dich.
Gnigl, an des Gaisbergs Fuß,
Dir gilt stets mein liebster Gruß!

Verleger Alexander Haidenthaller

Blick auf den Blümlhof, um 1910
Salzburg Museum, Fotosammlung

Blick vom Schlossberg auf das Kirchenviertel, um 1910
Haidenthaller, Chronik VIII (Foto Friedrich Pflauder)

Blick auf das winterliche Gnigl, um 1940
Sammlung Karl-Heinz Lanzersdorfer (Cosy-Verlag)

Kirche mit Friedhof, 2006 (Foto Sulzer)

Kirche vom Kühberg aus betrachtet, 2006 (Foto Sulzer)

FOTOSAMMLUNG KIRCHE | **337**

Gnigler Trachtenverein, 1928, Sammlung Christian Lankes

FRIDOLINE GRÖSSINGER
Menschen in Gnigl

Von den vielen Gniglerinnen und Gniglern, über die es wert wäre zu berichten, konnte nur eine kleine Auswahl getroffen werden. Diese muss notwendigerweise unvollständig bleiben, noch lebende Personen blieben unberücksichtigt.

Valentin Aglassinger
* 14. 2. 1886 in St. Pantaleon; † 7. 2. 1945 im Konzentrationslager Dachau; Eisenbahner

Valentin Aglassinger 1922, AStS, Fotosammlung, Bildausschnitt (Foto Wilhelm Mann)

Valentin Aglassinger war von 1925 bis 1934 sozialdemokratischer Gemeinderat in Gnigl. Nach dem Verbot der sozialdemokratischen Partei im Jahr 1934 schloss er sich den Revolutionären Sozialisten an.

Aglassinger wurde 1943 von der Gestapo verhaftet und der „Vorbereitung zum Hochverrat" angeklagt. Obwohl er vom Oberlandesgericht Wien am 19. Jänner 1944 in der in Salzburg durchgeführten Hauptverhandlung freigesprochen wurde, weil ihm keine Betätigung für die Revolutionären Sozialisten nach dem März 1938 nachgewiesen werden konnte, wurde er nicht aus der Haft entlassen und Ostern 1944 in das Konzentrationslager Dachau überstellt, wo er im Februar 1945 starb.

Siegfried Göllner

Andrä Blüml (der Ältere)
* 13. 10. 1827 in Lochen; † 13. 1. 1899 in Gnigl; Großgrundbesitzer

Andrä Blüml, begüterter Denkbauer aus Lochen, erwarb im Jahr 1874 den Neuhauser-Hof mit dem sogenannten Koadjutor-Stöckl (heute die Gebäude Andrä-Blüml-Straße 30, 31 und 33) und ausgedehntem Grundbesitz (das Neuhauser Feld) sowie Wald in Aigen um den Kaufpreis von fast 40.000 Gulden. Im Alter von 47 Jahren verlegte Blüml wohl wegen der großen Anziehungskraft der Stadt den Lebensmittelpunkt seiner Familie vom Innviertel nach Salzburg. Die nicht unerhebliche Kaufsumme konnte Blüml durch den Verkauf seines Besitzes in Lochen aufbringen.

Andrä Blüml der Ältere war engagiertes Mitglied der jungen Gemeinde Gnigl. In den Jahren 1881 bis 1883 übte er sowohl die Funktion des Gemeindevorstehers als auch die eines Verwalters des St.-Anna-Versorgungshauses aus. 1894/95 war er außerdem Vorstand des Ortsschulrates. Zusammen mit dem Arzt Franz Hattinger beteiligte er sich maßgeblich an der Gründung der Freiwilligen Feuerwehr Gnigl (1881).

Andrä Blüml (der Jüngere)
* 14. 11. 1855 in Astätt bei Lochen; † 10. 6. 1917 in Gnigl; Großgrundbesitzer

Andrä Blüml Haidenthaller, Chronik

Die gleichnamige Straße in Obergnigl ist nach Andrä Blüml dem Jüngeren benannt. Er war kein gebürtiger Gnigler, sondern kam in Lochen als Sohn des Denkbauern Andrä Blüml dem Älteren zur Welt. Nach der Heirat mit der Eugendorfer Bauerntochter Viktoria Gruber (Zenzenbauergut) übernahm er 1888 die elterliche Landwirtschaft. Über seine Tätigkeit als Landwirt gibt eine Untersuchung zu den landwirtschaftlichen Verhältnissen in Salzburg aus dem Jahr 1905 Auskunft, welche detailliert den Bestand an Grund und Boden, an Tieren, die Erträge aus Ackerbau und Viehzucht sowie Einnahmen und Ausgaben auflistet. Auch wenn der Betrieb rentabel geführt werden konnte, so sicherte doch vor allem der Grundbesitz die materielle Existenz. Die positive wirtschaftliche Entwicklung des Kronlandes Salzburg (seit 1850) und die damit verbundene Zunahme der Bevölkerung steigerte die Nachfrage nach Grund und Boden für öffentliche und private Bauvorhaben. Ab 1876 finden sich im Grundbuch vermehrt Verkäufe aus dem Blüml-Besitz. Eine Parzelle erwarb etwa Karl Schwarz für den Bau der Bahnlinie nach Hallein. Für die Friedhofserweiterungen der Jahre 1882 und 1903 wurden Parzellen an die Pfarre Gnigl verkauft, 1911 für den geplanten Neubau der Schule an die Gemeinde.

Andrä Blüml war wie sein Vater in der Gnigler Kommunalpolitik engagiert. So war er in den Jahren 1903 bis 1905 und 1909 bis 1911 Vorstand des Gnigler Ortsschulrates. Der durch die ständig steigende Schülerzahl entstandene Platzmangel oder die Bedürftigkeit vieler Eltern, die ihre Kinder nicht mit den benötigten Lernmaterialien versorgen konnten, stellte die Verantwortlichen immer wieder vor Probleme.

Blümls Ruf als Wohltäter der Gemeinde Gnigl beruhte vor allem auf seiner Funktion als Vorstand des St.-Anna-Kranken- und Versorgungshauses von 1906 bis 1911. Blüml war auch Ehrenbürger der Gemeinde Gnigl. Noch zu Lebzeiten ehrte ihn die Gemeinde mit der Benennung der am Neuhauser-Hof vorbeiführenden Straße mit seinem Namen. Die letzten Lebensjahre verliefen für Blüml bedrückend. Infolge einer Krankheit musste er sich 1911 aus dem Ortsschulrat und aus der Verwaltung des Versorgungshauses zurückziehen. Zwei Jahre später sah er sich gezwungen, den landwirtschaftlichen Betrieb zu verpachten und in das benachbarte Koadjutor-Stöckl zu übersiedeln. Der Kriegsausbruch 1914 bzw. die dadurch entstehende katastrophale Versorgungslage der Bevölkerung brachte 1916 die militärische Zwangsbewirtschaftung des Gutes. Auch wurden Flüchtlinge einquartiert. Die Rückgabe des völlig brachliegenden Hofes nach Kriegsende erlebte er nicht mehr.

Schwester Jovita (Maria) Buchner
* 5. 1. 1863 in Oberndorf; † 1. 12. 1947 in Michaelbeuern; Ordensfrau

In Oberndorf als Tochter einer Spenglermeisterfamilie geboren, trat Maria Buchner 1881 in die Gemeinschaft der Barmherzigen Schwestern vom hl. Vinzenz von Paul in Salzburg-Mülln ein. Nach dem Noviziat nahm sie den Ordensnamen Schwester Jovita an.

1882 regte Joseph Anton Schöpf die Gründung eines Bezirkskrankenhauses zur Pflege alter und kranker Menschen, das Versorgungshaus St. Anna im ehemaligen Pfleggerichtsgebäude (Grazer Bundesstraße 6) an. Die umliegenden Gemeinden Salzburgs teilten sich Plätze und Kosten. Schwester Jovita war von Beginn an mit der Pflege alter und kranker Menschen betraut. 1903 übernahm sie die Leitung der Pflege im Gnigler Versorgungshaus.

1941 musste St. Anna auf Anordnung der nationalsozialistischen Machthaber geräumt werden, um Mädchen des Reichsarbeitsdienstes unterzubringen. Die etwa 150 hochbetagten (und kranken) Menschen und mit ihnen Schwester Jovita mussten ins beschlagnahmte Benediktinerkloster Michaelbeuern übersiedeln, wo sie im Alter von 84 Jahren starb.

Alois Buchner

Schwester Jovita Buchner, um 1920, Haidenthaller, Chronik

Friedrich Freiherr von Calisto y Borgia
* 20. 9. 1819 in Laibach; † 1891 in Gnigl; Fotograf

Calisto arbeitete zunächst als Kopist in der Anwaltskanzlei Josef Stieger in Salzburg und trat 1850 in den Dienst der Stiftungenverwaltung der Salzburger Landesregierung. Nachdem seine Bemühungen um Definitivstellung mehrfach gescheitert waren, machte sich Calisto 1861 als Fotograf in Salzburg selbständig. 1863 übersiedelte er nach Fürth im Walde in Bayern. 1882 zwang ihn eine Krankheit nach Salzburg zurückzukehren. Da er hier das Heimatrecht besaß, durfte er eine bescheidene Armenunterstützung erwarten. Ab diesem Zeitpunkt war Calisto in Gnigl (Grazer Bundesstraße 12, demoliert) wohnhaft. Der Verkauf von Fotografien verschaffte – kaum erwähnenswertes – zusätzliches Einkommen. Von Calisto stammen die (bisher bekannten) ältesten fotografischen Aufnahmen Gnigls.

Thomas Weidenholzer

Emanuel Czuber
* 19. 1. 1851 in Prag; † 22. 8. 1925 in Gnigl; Mathematiker

Emanuel Czuber, Website der Universität Belgrad

Emanuel Czuber war ein bedeutender Mathematiker, der seinen Lebensabend in der Lamberg-Villa, dem ehemaligen erzbischöflichen Meierhof, in Gnigl verbrachte.

Geboren in Prag studierte er am dortigen deutschen Polytechnikum und wurde schon als Student Assistent an der Lehrkanzel für praktische Geometrie. Von 1874 bis 1886 arbeitete er als Lehrer für Mathematik und darstellende Geometrie an der deutschen Oberrealschule in Prag. Ab 1886 lehrte er als ordentlicher Professor an der Deutschen Technischen Hochschule in Brünn, deren Rektor er 1890/91 war. 1891 wurde er an die Technische Hochschule Wien berufen, wo er die Lehrkanzel für Mathematik übernahm, die er bis 1919 innehatte. Czuber, der sich vor allem mit Wahrscheinlichkeitsrechnung und Versicherungsmathematik befasste, fand internationale Anerkennung (Ehrendoktorat der Technischen Universität München 1918, korrespondierendes Mitglied der Gesellschaft für Naturwissenschaften Lüttich).

Eine Erkrankung zwang ihn 1918, sich von seiner Lehrtätigkeit zurückzuziehen. Schon während des Ersten Weltkrieges hatte Czuber seinen Wohnsitz nach Gnigl verlegt.

Adam Doppler
* 18. 12. 1806 in Gnigl; † 14. 6. 1885 in Salzburg; Priester, Archivar

Adam Doppler wurde in Gnigl als Sohn eines Bäckers geboren. 1830 zum Priester geweiht, war er in der Seelsorge u. a. in Köstendorf, Nonntal, Vigaun, Mauterndorf und Siezenheim tätig. 1846 wurde er Archiv-Adjunkt im erzbischöflichen Konsistorialarchiv, dessen Leitung er 1858 übernahm und bis 1874 inne hatte. In den Mitteilungen der Gesellschaft für Salzburger Landeskunde edierte Doppler u. a. die Urkunden des Salzburger Konsistorialarchives. Von ihm stammt auch die Salzburger Häuserchronik, eine umfangreiche Sammlung von Quellenbelegen, die heute im Salzburger Landesarchiv verwahrt wird.

Franz Dürnberger
* 5. 10. 1903 in Bad Hofgastein; † 13. 1. 1974 in Gnigl; Priester

Franz Dürnberger, um 1960 (Ausschnitt) Sammlung Helga Pflanzer

Franz Dürnberger wurde am 18. Juli 1926 zum Priester geweiht und als Nachfolger von Johann Archoner 1941 Pfarrer von Gnigl. Als solcher bemühte er sich 1942 vergebens um Ersatz für die zu Kriegsrüstungszwecken abgenommenen Kirchenglocken. Wegen einer Seelenmesse für einen kommunistischen Widerstandskämpfer, um die ihn dessen Mutter gebeten hatte, wurde Dürnberger am 24. September 1943 verhaftet. Am 28. November wurde der Seelsorger vom Polizeigefängnis Salzburg ins Konzentrationslager Dachau überstellt, wo er bis 5. April 1945 inhaftiert blieb. Interventionsversuche von Erzbischof Andreas Rohracher waren erfolglos geblieben.

Nach Kriegsende übernahm Dürnberger im Juni 1945 wieder seine Pfarre und schilderte in der Predigt zu seiner Amtswiedereinführung sein Schicksal, während er es später nicht mehr thematisiert haben soll. Dürnberger blieb bis 1963 Seelsorger der Pfarre. Er starb am 30. Jänner 1974.

Siegfried Göllner

Paula Fichtl
* 2. 3. 1902 in Gnigl; † 8. 8. 1989 in Oberalm;
Haushälterin

Mit den Worten *Hier bei Freud* pflegte sich Paula Fichtl – im Bewusstsein der Bedeutung des Namens – zu melden, wenn in der Berggasse 19 in Wien das Telefon läutete. Paula Fichtl war ab dem Jahr 1929 mehr als fünfzig Jahre im Dienst der Familie Freud Stubenmädchen und Haushälterin, aber auch Sprechstundenhilfe, Vertraute und zuletzt Pflegerin Sigmund Freuds (1856–1939). Dass sie ihr Leben in nächster Nähe zu historischen Persönlichkeiten verbringen würde, schien der Eisenbahnertochter aus Gnigl zunächst nicht in die Wiege gelegt zu sein.

Mit ihrer Kindheit in Gnigl verband Paula Fichtl keine schönen Erinnerungen. Ihr Vater Felix Fichtl, Schaffner bei der k. u. k. Eisenbahn, erbte 1904 als ältester Sohn die verschuldete Kirchtagmühle. Er zog zwar mit seiner Frau Maria und den vier Kindern von Itzling nach Gnigl, hatte aber weder Zeit noch Lust, sich um den Mühlenbetrieb und die Familie zu kümmern. Paulas Mutter litt schon seit einigen Jahren an Tuberkulose und verstarb nach zwei weiteren Schwangerschaften im Jahr 1908. Felix Fichtl heiratete ein knappes Jahr später erneut, die Verhältnisse im Haus Fichtl verbesserten sich aber nicht: die Stiefmutter hatte keinerlei Erfahrung im Umgang mit Kindern, Geld war kaum

Paula Fichtl, Sammlung Gertrude Fichtl

vorhanden, Streitereien und Schläge standen auf der Tagesordnung.

Nach dem Ausbruch des Ersten Weltkrieges fand Paula im Alter von zwölf Jahren in einer Krämerei in Nußdorf Arbeit, wo sie zwar erstmals so etwas wie Anerkennung für ihre Dienste erfuhr, aber keinen Lohn und nur wenig Verpflegung erhielt. In den schwierigen Nachkriegsjahren verdingte sich Paula Fichtl als Küchen- und Stubenmädchen. Da für sie ein Leben in der traditionellen Rolle als Ehefrau nicht in Frage kam und kaum mehr Beziehungen zu ihrer eigenen Familie bestanden, löste sie 1926 ihre Verlobung und ging nach Wien. Dort arbeitete sie als Kindermädchen bei der amerikanischen Millionärstochter Dorothy Burlingham-Tiffany, der späteren Lebensgefährtin von Sigmund Freuds Tochter Anna. Diese war es auch, die Paula Fichtl an die Familie Freud weiterempfahl, für die sie im Sommer 1929 zu arbeiten begann, eine

Tätigkeit, die erst mehr als 50 Jahre später mit dem Tod Anna Freuds 1982 endete. Zunächst überwog die Skepsis, für „alte Leute" – Sigmund Freud war 72 Jahre alt – arbeiten zu müssen. Es dauerte auch einige Zeit, bis sich Paula an die strikten Regeln des Haushalts, in dem alles auf das Wohlergehen des seit 1923 an Mundhöhlenkrebs erkrankten Psychoanalytikers ausgerichtet war, gewöhnt hatte. Die wissenschaftliche Arbeit Freuds und die Psychoanalyse blieben ihr fremd. Ihr Aufgabenbereich erstreckte sich vom Wäschewaschen über den als Privileg empfundenen Telefondienst – Freud war kein Freund dieser Erfindung – bis hin zum Empfang von Patienten und Gästen (u. a. Bruno Walter, Stefan Zweig, Thomas Mann, in England Salvador Dali, H. G. Wells, Winston Churchill, Virginia Woolf), die sie zu deren Freude mit ihren Kochkünsten verwöhnte. Sie erwarb sich die Zuneigung und das Vertrauen des von ihr verehrten Professors durch viele kleine Verrichtungen.

Trotzdem blieb Paula Fichtl für die Familie Freud eine Hausangestellte, die in der Berggasse nicht einmal über ein eigenes Zimmer in der aus 19 Räumen bestehenden Wohnung verfügte, sondern auf einem Sofa in der Diele schlief. Für Paula Fichtl waren die Berggasse und die Familie Freud trotzdem ihre ‚Heimat'. Für sie war es selbstverständlich, mit dem Ehepaar Freud und Tochter Anna 1938 ins Exil nach London zu gehen. Dort umsorgte sie den todkranken Sigmund Freud während seines letzten Lebensjahres. Seit Kriegsbeginn 1939 galt Fichtl in England als feindliche Ausländerin, weil sie Österreich ‚freiwillig' und nicht aus politischen Gründen verlassen hatte. Im Mai 1940 wurde sie in ein Internierungslager auf der Isle of Man gebracht, das sie erst nach einer Intervention Winston Churchills im Frühjahr 1941 verlassen konnte.

Für Paula Fichtl war ihre Arbeit für die Familie Freud zum Lebensinhalt geworden und so zog sie eine Rückkehr nach Österreich niemals in Erwägung. Sie führte weiterhin den Haushalt Anna Freuds und verwaltete das Haus in London, das immer mehr zu einer Wallfahrtsstätte für die Anhänger Freuds und der Psychoanalyse wurde. Im Jahr 1955 erhielt sie die britische Staatsbürgerschaft.

Ihren Lebensabend verbrachte sie, frei von materiellen Sorgen – Anna Freud hatte ihr die Tantiemen der deutschsprachigen Ausgaben ihrer Bücher vermacht – im Seniorenheim Schloss Kahlsperg (Oberalm). Paula Fichtl war nun als Zeitzeugin selber zu einer „historischen" Persönlichkeit geworden.

Karl Fritsch der Ältere
* 16. 8. 1812 in Prag, † 26. 12. 1879 in Gnigl; Meteorologe

Karl Fritsch war Meteorologe und Botaniker und gilt als Begründer der Phänologie (Lehre vom Einfluss des Wetters und des Klimas auf den jahreszeitlichen Entwicklungsgang) in Österreich. Er wurde als Sohn einer wenig begüterten Familie in Prag geboren. Obwohl sein Interesse von Kindheit an der Natur und ihren Erscheinungen galt, studierte er von 1833 bis 1836 Rechtswissenschaften und arbeitete bis 1846 als Verwaltungsbeamter.

Seine gleichzeitig an der Universität Prag betriebenen naturwissenschaftlichen Studien und seine meteorologischen Beobachtungen brachten Fritsch in Kontakt mit dem späteren Leiter der Prager Sternwarte Carl Kreil. Als dessen Assistent bereiste er von 1846 bis 1848 Österreich, um erdmagnetische Messungen und geographische Ortsbestimmungen durchzuführen. 1844 war Fritsch zum außerordentlichen und 1849 zum ordentlichen Mitglied der Königlichen Böhmischen Gesellschaft der Wissenschaften ernannt worden. 1849 wurde er korrespondierendes Mitglied der Kaiserlichen Akademie der Wissenschaften in Wien. Zwei Jahre später nahm er einen Posten an der Zentralanstalt für Meteorologie an, zu deren Vizedirektor Fritsch 1863 ernannt wurde.

In zahlreichen Publikationen beschäftigte er sich mit periodischen Erscheinungen der Pflanzen- und Tierwelt in ihrem Zusammenhang mit wiederkehrenden Witterungserscheinungen und wurde damit zum Pionier der Phänologie. Nach seiner Pensionierung ließ sich Fritsch, der seit 1864 jeden Sommerurlaub in Salzburg verbracht hatte, im Weiherhäusl in Gnigl (Kühbergstraße 4, demoliert) nieder. Als Leiter der meteorologischen Station setzte er seine wissenschaftliche Arbeit bis zu seinem Tod fort.

Karl Fritsch der Jüngere
* 24. 2. 1864 in Wien; † 17. 1. 1934 in Graz; Botaniker

Karl Fritsch, Mitteilungen des Naturwissenschaftlichen Vereins für Steiermark, 1935

Karl Fritsch wurde in Wien geboren. Er studierte in Innsbruck und Wien Botanik. Auch er verbrachte wie sein Vater die Sommerferien stets im Weiherhäusl (Kühbergstraße 4, demoliert) in Gnigl. Im Jahr 1900 wurde er zum außerordentlichen, 1905 zum ordentlichen Professor für Botanik an der Universität Graz ernannt.

Wie sein Vater war auch er korrespondierendes Mitglied der Akademie der Wissenschaften. Zu seinen frühen Veröffentlichungen zählen Arbeiten zur Flora Salzburgs. Seine 1897 erstmals erschienene „Exkursionsflora für Österreich" gilt auch heute noch als botanisches Standardwerk.

Eberhard Fugger
* 3. 1. 1842 in Salzburg; † 21. 8. 1919 in Salzburg; Naturforscher, Museumsdirektor

Eberhard Fugger MGSL 59 (1919)

Eberhard Fugger, einer der bedeutendsten Naturforscher Salzburgs im 19. Jahrhundert, wurde auf Schloss Bürglstein (Arenberg) geboren und in Gnigl getauft. Fugger studierte in Wien Chemie, Physik und Mathematik. 1863 legte er die Lehramtsprüfung für Realschulen ab und unterrichtete anschließend sechs Jahre in Stockerau. 1870 ließ er sich an die Oberrealschule in Salzburg versetzen, wo er bis zu seiner Pensionierung 1899 als Lehrer tätig war. 1877 wurde er in den Verwaltungsrat des Salzburger Museums Carolino Augusteum und zum Leiter der mineralisch-geologischen Sammlungen berufen. Seit 1878 war er Korrespondent der Geologischen Reichsanstalt, seit 1881 Kustos des Botanischen Gartens in Salzburg. 1884 übernahm er die Leitung der meteorologischen Beobachtungsstation in Salzburg. Als Ausschussmitglied des Alpenvereins (1884) führte er Instruktionskurse für Bergführer ein. 1896 wurde Fugger von der Kaiserlichen Akademie der Wissenschaften zum Erdbebenreferenten des Landes Salzburg berufen. Seit 1880 war Fugger Mitglied der Gesellschaft für Salzburger Landeskunde, zu deren Vorstand er 1888 gewählt wurde, eine Funktion, die er bis 1918 ausübte. Von 1902 bis 1919 leitete er das Salzburger Museum Carolino Augusteum. Ein besonderes Anliegen war ihm die Inventarisierung und wissenschaftliche Katalogisierung der Bestände.

1893/94 engagierte sich Fugger, wenn auch erfolglos, für die Erhaltung des Linzer Tores und 1915/16 für die Erneuerung der Fresken an der Pferdeschwemme.

Fuggers wissenschaftliches Werk blieb zwar räumlich auf das Land Salzburg beschränkt, zeichnet sich aber durch inhaltliche Breite und Vielfalt aus. Es liegen geologische, mineralogische, bergbauliche, geographische, meteorologische, höhlenkundliche, botanische, zoologische, chemische und limnologische Veröffentlichungen vor. Fuggers Sammlung von Salzburger Gesteinen, Mineralien und Fossilien befindet sich heute im „Haus der Natur".

Alexander Haidenthaller
* 7. 2. 1868 in Salzburg; † 24. 8. 1946 in Gnigl; Kaufmann, Ortschronist

Siehe den Beitrag von Robert Hoffmann in diesem Buch.

Ignaz Härtl
* 19. 11. 1843 in Passau; † 2. 3. 1901 in Gnigl;
Schrannenverwalter

Ignaz Härtl, um 1870
Haidenthaller,
Chronik (Foto Baldi
& Würthle)

Der in Passau geborene Ignaz Härtl absolvierte nach dem Tod seines Vaters eine Lehre als Einzelhandelskaufmann in Salzburg. 1870 trat in die Dienste der Stadtgemeinde Salzburg, 1895 wurde zum Verwalter der städtischen Schranne ernannt.

Besonders verdient machte er sich um die Organisation des Feuerwehrwesens in Stadt und Land Salzburg. Sowohl bei der Feuerwehr der Stadt Salzburg als auch beim Landesfeuerwehrverband übte er die Funktion des Schriftführers aus. Härtl war die Gründung Freiwilliger Feuerwehren ein großes Anliegen. In Gnigl gab es vor 1850 nur eine Feuerwehrspritze, die in einem Nebengebäude des Blümlhofes lagerte. Eine Auflistung der Löschgeräte von 1865 zeigt, dass Leitern, Eimer oder Feuerhaken über das Gemeindegebiet verteilt waren. Der Großbrand in Obergnigl am 26. Juli 1868, der neben der Jesinger-, der Lehenauer- und der Staudingermühle drei weitere Gebäude einäscherte, bewirkte, dass sich die Gemeinde ernsthaft mit diesem Thema auseinandersetzte. Die Freiwillige Feuerwehr Gnigl konnte am 1. März 1881 als 33. Feuerwehr des Landes gegründet werden. Die Gnigler Initiatoren waren der Arzt Franz Hattinger und Andrä Blüml (der Ältere), unterstützt von dem in Gnigl lebenden Ignaz Härtl.

Für seine Verdienste um das Feuerwehrwesen wurde Härtl 1895 mit dem Goldenen Verdienstkreuz der Monarchie ausgezeichnet und eine Straße nach ihm benannt.

Franz Hattinger
* 16. 11. 1827 in Neumarkt in Oberösterreich;
† 8. 8. 1911 in Gnigl; Arzt

Beschäftigt man sich mit der Geschichte Gnigls in der zweiten Hälfte des 19. Jahrhunderts, stößt man unweigerlich auf den Namen Franz Hattinger. Von Beruf Arzt war er in der Gemeinde in all jenen Bereichen aktiv, die in weitestem Sinn Gesundheit und Wohlergehen seiner Mitbürger betrafen.

Der in Neumarkt in Oberösterreich geborene Sohn eines Leinenwarenhändlers besuchte ab 1846 die medizinisch-chirurgische Lehranstalt in Salzburg. Über die Einstellung des Studenten zu den Ereignissen des Revolutionsjahres 1848, die er samt *ihren Begleiterscheinungen mitgemacht hatte,* ist nichts Genaueres zu erfahren. Seine Ausbildung beendete Hattinger 1850 mit dem Diplom zum Wund- und Geburtsarzt. Dieser Studiengang war mit einem regulären Universitätsstudium nicht zu vergleichen.

Franz Hattinger,
um 1895
Haidenthaller,
Chronik
(Foto Eduard Bertel)

Seine ärztliche Laufbahn begann er in St. Johann im Pongau. 1858 übersiedelte er nach Gnigl, wo er die Praxis (samt Apotheke, Grazer Bundesstraße 10) des verstorbenen Medizinalchirurgen Franz Rothardt kaufte und bis 1891 als praktischer Arzt tätig war. In seinen Zuständigkeitsbereich fiel auch das Armen- und Krankenhaus am Lindenbühel (Guggenthaler Straße 4) sowie die Betreuung der Gemeinden Hallwang, Koppl, Ebenau und Aigen, die Hattinger zu ihrem Gemeindarzt ernannt hatten.

Von 1864 bis 1871 war Hattinger Gemeindevorsteher. In seine Amtszeit fiel der Bau der Gisela-Bahn, der Eisenbahnverbindung nach Hallein. Hattinger verstand es, die divergierenden Interessen des Bahnunternehmers Karl Schwarz und diejenigen der Grundbesitzer auszugleichen.

Am 26. Juli 1868 fielen in Obergnigl sechs Gebäude, darunter die Jesinger-, die Staudinger- und die Lehenauermühle, einem Großbrand zum Opfer. Hattinger betrieb daher die Verbesserung des Feuerlöschwesens. 1881 konnte die Freiwillige Feuerwehr Gnigl gegründet werden.

Besonderes Anliegen war Hattinger die Entwicklung und Förderung von Kindern und

Jugendlichen. Neben dem gesundheitlichen Aspekt lag ihm Bildung bzw. Ausbildung am Herzen. Der Schulunterricht fand in Gnigl bis 1858/59 in verschiedenen Privathäusern statt. 1859 konnte das neue Schulgebäude an der Eichstraße eröffnet werden. 1878 wurde ein weiteres Stockwerk errichtet. Wegen seines Engagements im Bereich Schule wurde Hattinger 1869 in den ersten Ortsschulrat berufen, dessen Vorstand er von 1873 bis 1876 war.

Die Gemeinde Gnigl ernannte Hattinger 1884 für seine Verdienste um die Errichtung des St. Anna-Kranken- und Versorgungshauses zum Ehrenbürger. Hattinger, der als Spitalsarzt die katastrophalen hygienischen Verhältnisse im alten Spital am Lindenbühel genau kannte, war neben Joseph Anton Schöpf die treibende Kraft der Realisierung des neuen Versorgungshauses im alten Pfleggerichtsgebäude.

Nach einer Krankheit im Jahr 1891 übergab Hattinger seine Praxis seinem gleichnamigen Sohn (1859–1941) und zog sich in den Ruhestand zurück. Er selbst mietete im Haus der Familie Pichler (Andrä-Blüml-Straße 32) das erste Stockwerk, wo er bis zu seinem Tod 1911 wohnte. Bis in die letzten Lebensjahre war er als Arzt aktiv und unterstützte seinen Sohn in allen medizinischen Belangen. Alexander Haidenthaller erwähnt beeindruckt, dass Hattinger noch 82-jährig Geburtshilfe leistete, und das bei Schlechtwetter in einem abgelegenen Haus am Gaisberg.

Dora Hohlfeld
* 11. 2. 1860 in Leopoldshöhe/Westfalen;
† 21. 2. 1931 in Salzburg; Schriftstellerin

Die Schriftstellerin Dora Hohlfeld stammte aus Westfalen und feierte mit Romanen und Erzählungen große Erfolge, geriet aber noch vor ihrem Tod in Vergessenheit. Für kurze Zeit ließ sie sich in Gnigl nieder.

Sie wurde als Theodore Tenge auf Gut Niederbarkhausen in Leopoldshöhe geboren und entstammte einer der bedeutendsten Kaufmannsfamilien des östlichen Westfalen. Die großbürgerliche

Dora Hohlfeld, um 1890,
Archiv Tenge-Rietberg, Familienarchiv

Atmosphäre des Elternhauses prägte das Mädchen. Die Eltern Therese und Carl Friedrich gehörten einem literarischen Kreis an, der mit Schriftstellern, Intellektuellen und Politikern aus ganz Deutschland in Kontakt stand. Die Mutter war eine begabte Pianistin.

1885 heiratete sie den Kavallerieoffizier Maximilian von Reitzenstein, der ebenso wie ihr ältester Sohn im Jahr 1903 starb. Schon als fünfjähriges Mädchen hatte Dora Tenge begonnen, Gedichte, Märchen und Theaterstücke zu schreiben. Während ihrer ersten Ehe setzte sie die schriftstellerische Tätigkeit weiter fort, ohne ihre Werke zu veröffentlichen. Ihr Leben blieb, dem herrschenden Weiblichkeitsideal entsprechend, auf die Familie und die Rolle als Ehefrau, Hausfrau und Mutter beschränkt.

Die zweite Ehe, die Dora von Reitzenstein mit dem Kunst- und Porträtmaler Bruno Hohlfeld 1904 einging, eröffnete ihr den Zugang zu Künstlerkreisen. In den Jahren 1905 bis 1915 veröffentlichte sie einen Novellenband und sechs Romane. Sind Hohlfelds erste Werke, wie ihr Erfolgsroman „Die arme Josefa" (1906), von westfälischen Eindrücken geprägt, so wurde später Salzburg, wo sich das Künstlerehepaar niedergelassen hatte (sie wohnten in den Jahren 1906/07 in Gnigl, Linzer Reichstraße 6), vielfach zum Schauplatz der Handlungen. Der Roman „Im Freudensaal" (1907) spielt z. B. in Schloss Freisaal. Ihre schriftstellerische Tätigkeit entfremdete sie der Familie Tenge.

1917 beging ihr Mann Bruno Selbstmord. Sie selbst trat erst wieder 1923 mit einem Porträt über den österreichischen Schriftsteller Richard von Schaukal, mit dem sie eine langjährige Freundschaft verband, an die Öffentlichkeit. In den folgenden Jahren konnte sie noch zwei weitere Romane veröffentlichen, die erhofften Neuauflagen ihrer früheren Werke blieben aber mit einer Ausnahme („Die arme Josefa", 1930) aus. Hohlfeld wurde zur Zeit ihres Ruhmes mit bedeutenden Dichtern wie Annette von Droste-Hülshoff, Theodor Storm oder Selma Lagerlöff in eine Reihe gestellt, heute ist ihr Werk weitgehend vergessen.

Johann Jell, um 1910, Haidenthaller, Chronik

Jell verfasste ein über 500 Seiten starkes Manuskript über die Salzburger Flora, eine Arbeit, die ihn täglich von früh bis spät beschäftigte. Bedauerlicherweise ist dieses Manuskript verloren gegangen.

Johann Jell
* 1834 in Pöndorf; † 23. 2. 1911 in Gnigl; Schnapsbrenner

Der unternehmungslustige Bauernsohn aus Pöndorf in Oberösterreich kam als Zwanzigjähriger nach Salzburg, wo er in der Apotheke „Zum Goldenen Engel" an der Linzer Gasse zunächst eine Anstellung als Hausdiener fand und später zum Laborgehilfen aufstieg. 1874 machte er sich selbständig und verdiente seinen Lebensunterhalt vor allem als Schnapsbrenner, aber auch mit Kalkbrennen. Seine alkoholischen Erzeugnisse lieferte Jell zu Fuß mittels „Kraxn" bis nach Abtenau. In Gnigl sesshaft geworden, errichtete er an der Eichstraße eine Schnapsbrennerei samt Ausschank, die er bis 1895 betrieb. In Gnigl war Jell wegen seiner beiden Tätigkeiten als „Geistermandl", „Geisterbrenner" oder „Kalkbrenner Hansei" bekannt.

Christian Laserer
* 29. 11. 1872 in Bad Goisern; † 8. 8. 1962 in Salzburg; Eisenbahner, Bürgermeister

Nach seiner Übersiedlung nach Gnigl bekam Christian Laserer 1896 eine Stelle bei der Österreichischen Staatsbahn. 1907 zog er zum ersten Mal für die Sozialdemokratische Partei für drei Jahre in den Gnigler Gemeinderat ein. 1919 kam Laserer abermals in den Gnigler Gemeinderat und wurde zum Vizebürgermeister gewählt. Nach dem Ausscheiden von Albert Hochleitner aus dem Gemeinderat wurde er 1922 Bürgermeister von Gnigl.

Christian Laserer AStS, Karl-Steinocher-Fonds

Diese Funktion hatte Laserer bis zum Verbot der Sozialdemokratischen Partei im Jahre 1934 inne. In seiner Amtszeit wurde eine Reihe von kommunalpolitischen Projekten verwirklicht, darunter der Bau von Gemeindewohnungen und der neuen Schule an der Minnesheimstraße.

Franz Lösch I.
* 5. 8. 1837 in Gnigl; † 26. 8. 1910 in Gnigl; Schuldirektor

Franz Lösch, um 1900, Haidenthaller, Chronik

Nach seiner Ausbildung am Lehrerseminar in Salzburg trat Franz Lösch 1856 in den Schuldienst. 1875 wurde er zum Oberlehrer nach Gnigl berufen.

Lösch war Mitglied des Bezirksschulrates. Er gründete den Gnigler Volksschulverein, der arme Schüler unterstützte. Lösch war an der Planung der Itzlinger Schule wesentlich beteiligt und wurde deren erster Direktor. 1900 wurde er zum Ehrenbürger von Gnigl ernannt.

Hanno Bayr

Franz Lösch II.
* 4. 3. 1861 in Schärding; † 4. 5. 1908 in Salzburg; Lehrer

Sein Onkel, Franz Lösch, der Schuldirektor in Gnigl war, brachte ihn nach Salzburg, um ihn an dem Salzburger Domsingknaben-Institut musikalisch ausbilden zu lassen. Daneben besuchte Lösch die Staats-Realschule und anschließend die Salzburger Lehrerbildungsanstalt. Nach Abschluss seiner Ausbildung wurde er Lehrer zunächst in Aigen, anschließend in Gnigl und schließlich in St. Andrä.

Lösch machte sich im Salzburger Lehrerverein einen Namen und war Mitglied des Bezirksschulrates Salzburg-Land.

Hanno Bayr

Franz Lösch III.
* 6. 5. 1875 in Gnigl; † 5. 1. 1951 in Salzburg; Schuldirektor

Franz Lösch war Lehrer in Maxglan, Oberalm, Gnigl, Anthering, St. Georgen und Bergheim, ehe er 1897 nach Neumarkt kam, wo er 36 Jahre lang, von 1902 an als Oberlehrer und schließlich Direktor wirkte. Nach seiner Pensionierung 1933 übersiedelte er wieder nach Gnigl.

Lösch engagierte sich im Landeslehrerverein Salzburg, im Turnverein und im Männergesangsverein Gnigl. Im Salzburger Volksblatt publizierte Lösch zahlreiche lokalgeschichtliche Reportagen. Lösch ist Ehrenbürger der Gemeinde Neumarkt am Wallersee.

Hanno Bayr

Leopold Ladislaus Pfest
* 15. 11. 1769 in Isen bei Erding; † 3. 10. 1816 in Gnigl; Pfleger bzw. Landrichter von Neuhaus

Der letzte Pfleger des Pfleggerichtes Neuhaus, Leopold Ladislaus Pfest, war gebürtiger Bayer, er stammte aus Isen bei Erding. In Salzburg studierte er Rechtswissenschaften und trat 1791 in salzburgischen Landesdienst.

Pfest betrieb in den 1790er Jahren in Salzburg eine Leihbibliothek. Als religionskritische Werke und solche, die mit der Französischen Revolution sympathisierten, verliehen wurden, musste Pfest seine Leihbibliothek auf obrigkeitliche Anordnung schließen. Das tat aber seiner Beamtenlaufbahn keinen Abbruch. Diese führte ihn über Neumarkt, Mattsee, Waging und Saalfelden schließlich 1804 als Administrator des Pfleg- und Landgerichtes Neuhaus nach Gnigl. 1805 wurde Pfest zum kursalzburgischen Rat und wirklichen Pfleger von Neuhaus ernannt, 1810 schließlich zum königlich bayerischen Landrichter. 1816 erlebte er noch seine Ernennung zum kaiserlich österreichischen Landrichter.

Das Pfleggericht befand sich damals im ehemaligen Gut Hinterhausen, dem späteren St.-Anna-Kranken- und Versorgungshaus (Grazer Bundesstraße 6).

Franz Lösch III. (links) mit seinen Geschwistern Elisabeth und Hermann, Sammlung Hanno Bayr

Pfest verfasste zahlreiche Gedichte und Epigramme im Stil Friedrich Schillers. In seinen Gedichten spiegelt sich sowohl die Zeit- als auch seine persönliche Lebensgeschichte. Er bejubelte etwa den Regierungsantritt Ferdinands von Toskana 1803, äußerte sich abwertend über die bäuerliche Bevölkerung Innergebirgs, in dem er sie „Barbaren" hieß. Pfest selbst besaß eine für die damalige Zeit riesige Bibliothek, aus der weiterhin Bücher verliehen wurden. In den kriegerischen Auseinandersetzungen und den daraus folgenden Herrschaftswechseln versuchte Pfest (meist vergeblich) die Belastungen für die Bevölkerung möglichst gering zu halten.

Als Salzburg 1810 an Bayern fiel, wurde das Gericht von der Gnigl in die Stadt verlegt. Allzu große Änderungen der Grenzen des Gerichts, die für die Gemeinde finanzielle Verluste bedeutet hätten, konnte Pfest verhindern. Der mit den Salzburger Verhältnissen nicht vertraute bayerische Beamte sei bei den Verhandlungen dem erfahrenen

Juristen Pfest völlig unterlegen gewesen, hieß es. Seine Abrechnung mit der bayerischen Administration, eine Art Ballade mit dem Titel „Abschied der Salzburger von den Baiern 1816", durfte auch nach Salzburgs Eingliederung in die Habsburgermonarchie wegen ihres polemischen Inhalts nicht veröffentlicht werden.

Leopold Ladislaus Pfest starb am 3. Oktober 1816 im Alter von 47 Jahren an Tuberkulose. Sein Grab befindet sich in Gnigl. An ihn erinnert die Leopold-Pfest-Straße, die von der Grazer Bundesstraße abzweigt und zur Linzer Bundesstraße führt.

Roland Ratzenberger
* 4. Juli 1960 in Gnigl; † 30. 4. 1994 in Imola; Autorennfahrer

Ratzenberger war von Jugend an rennsportbegeistert, nahm an Seifenkistenrennen am Heuberg teil und war regelmäßiger Besucher am Salzburgring.

Roland Ratzenberger (Foto Christoph Huber)

Um in den Motorsport einsteigen zu können, wurde er 1976 Mitglied im ersten Salzburger Kart-Rennclub. Er selbst saß 1979 am Salzburgring erstmals selbst im Cockpit, trainierte in den Rennschulen von Walter Lechner und Jim Russel und holte sich seine ersten Erfolge in der Formel-Ford-Serie. 1987 errang er in der Formel-3-Serie auf dem Nürnburgring einen Sieg. 1988 wechselte er in die Formel 3000 und übersiedelte 1990 nach Japan. Ab 1991 konnte er bei den 24-Stunden-Rennen von Le Mans große Erfolge feiern. Bis zu seinem Aufstieg in die Formel 1 hatte er in seinem besten Jahr 25 Rennen in fünf verschiedenen Rennklassen absolviert. Insgesamt fuhr er 186 Rennen, davon konnte er 33 Siege feiern.

Obwohl Ratzenberger bereits 1991 für einen Wechsel in die Formel 1 vorgesehen war, kam dann sein Aufstieg in die Königsklasse im Jahr 1994 eher überraschend. Er wurde zweiter Fahrer im neu gegründeten Simtek-Team, scheiterte aber in der Qualifikation zum Großen Preis von Brasilien in Interlagos. Zwei Wochen später bestritt Ratzenberger beim Pazifik-Grand-Prix in Aida sein erstes und einziges Formel-1-Rennen und wurde Elfter. Ratzenberger war nur 53 Tage lang Formel-1-Fahrer. Am 30. April 1994 verunglückte er im Qualifikationstraining für das dritte Rennen der Saison, den Großen Preis von San Marino in Imola, tödlich.

Matthäus Schiestl der Jüngere
* 27. 3. 1869 in Salzburg; † 30. 1. 1939 in München; Maler und Grafiker

Der Maler und Graphiker wurde in Salzburg im Äußeren Stein (Pfarre Gnigl) als Sohn des Zillertaler Schnitzers Matthäus Schiestl des Älteren (1834–1915) geboren, der um 1870 versucht hatte, in Salzburg Fuß zu fassen, aber bald nach Würzburg weiter gezogen war. Sein Sohn Matthäus arbeitete zunächst in der Werkstätte des Vaters. Da ihn aber die Tätigkeit als kopierender Handwerker immer weniger zufrieden stellte, ging er 1893 nach München, um an der Akademie der Bildenden Künste zu studieren. Um die Jahrhundertwende schuf

Schiestl großformatige Lithographien, die ihm zum Durchbruch verhalfen. Er bevorzugte religiöse Motive, verwendete aber auch solche aus Sagen und Märchen. Seine Kunst wurzelte in der vom Vater vermittelten bäuerlich-handwerklichen Tradition. In seinen Bildern vereint er die Tradition der Nazarener mit Elementen der Neuromantik, des Jugendstils und der Heimatkunst zu einem eigenen Stil und erlangte mit dieser Darstellungsweise große Popularität. Schiestl stattete zahlreiche Kirchen in Deutschland aus, besonderen Bekanntheitsgrad erreichte er durch die zahllosen Reproduktionen religiöser Andachtsbilder und durch die Illustrierung von Erbauungsliteratur.

Joseph Anton Schöpf
* 5. 2. 1822 in Umhausen (Tirol); † 21. 11. 1899 in Guggenthal; Theologe, Schriftsteller

Gniglern ist Joseph Anton Schöpf vor allem wegen seiner Verdienste um den Umbau des St.-Anna-Kranken- und Versorgungshauses 1884 bekannt. Als Theologe erlangte der Professor für Kirchenrecht und Kirchengeschichte aber eine über Salzburg hinausreichende Bedeutung.

Schöpf wurde als Sohn wohlhabender Bauern in Umhausen im Tiroler Ötztal geboren. Nach philosophischen Studien in Innsbruck und Graz studierte Schöpf von 1841 bis 1845 Theologie in Salzburg. Nach der Priesterweihe 1845 war er zunächst als Koadjutor in Stumm im Zillertal (Tirol) tätig.

1848 wurde Schöpf Hilfslehrer für Kirchengeschichte, 1849 auch für Kirchenrecht am Salzburger Lyzeum. Bereits ein Jahr nach seiner Promotion wurde er zum ordentlichen Professor an der Theologischen Fakultät berufen. Zu seinen wichtigsten wissenschaftlichen Arbeiten zählt die Ausarbeitung eines neuen Studienplans für das Theologiestudium 1852, der 1858 in die neue Studienordnung einging und für ganz Österreich verbindlich wurde sowie das vierbändige Handbuch für Kirchenrecht. Bis zu seiner Pensionierung 1885 war Schöpf sechsmal Dekan.

Schöpf hinterließ auch eine große Zahl journalistischer Arbeiten (u. a. für die Salzburger Zeitung,

Joseph Anton Schöpf, um 1895
Haidenthaller, Chronik (Foto Eduard Bertel)

das Salzburger Kirchenblatt und die Augsburger Allgemeine Zeitung), die ihn als einen am öffentlichen Leben interessierten Mann und als Seelsorger zeigen, der bemüht war, christliches Gedankengut in volkstümlicher Weise zu verbreiten. Von 1848 bis 1851 leitete Schöpf die von Erzbischof Friedrich Schwarzenberg (1836–1850) gegründete reformkatholische Salzburger Constitutionelle Zeitung. Mit seinen Reformideen verärgerte Schöpf mehrmals den Erzbischof, sodass er zeitweise als Redakteur abgelöst wurde. Schöpfs liberale Einstellung zeigt sich auch in seinem Eintreten für religiöse Toleranz, als um 1860 in Tirol eine Auseinandersetzung um die Niederlassung von Protestanten bzw. den Grunderwerb durch Nichtkatholiken entbrannte. Als sich in den 1880er Jahren in Salzburg eine antisemitische Stimmung breit machte, bezog Schöpf engagiert in mehreren Zeitungsartikeln dagegen

Stellung und brandmarkte den Antisemitismus als „Antihumanismus". Obwohl sich Schöpf damit auch manche Gegnerschaft in kirchlichen Kreisen zuzog, ließ er sich nicht davon abhalten, seine Überzeugung kundzutun.

Auf Anregung Adolf Kolpings gründete Schöpf 1852 in Salzburg den „Katholischen Gesellenverein", dessen Präses er bis 1874 war. Ziel dieses katholischen Vereines war, den Gesellenstand zu unterstützen, kranken und wandernden Mitgliedern zu helfen und Bildungsmöglichkeiten anzubieten. Religion spielte zwar eine wichtige Rolle, der Verein stand aber ganz im Sinn Schöpfs auch Andersgläubigen offen. Der protestantische Drechslergeselle und spätere Führer der deutschen Sozialdemokratie August Bebel war 1859/60 Vereinsmitglied. Als Mitglied des Salzburger Gemeinderats (1861/62) förderte Schöpf den Bau eines Gesellenhauses und war 1862 Mitbegründer der „Schulkinder-Bewahranstalt", in der Kinder berufstätiger Eltern in der unterrichtsfreien Zeit beaufsichtigt und verköstigt wurden.

Vom Jahr 1868 an bis zu seinem Tod übte Schöpf als Vertrauter der Familie Weickl die geistlichen Funktionen in der Kirche von Guggenthal aus. Sonntags hielt er hier seine berühmten „Guggenthaler Bauernpredigten". 1875 erwarb Schöpf das Gut Wiesfleck und ließ sich in Guggenthal nieder. Seinem Interesse für Landwirtschaft entsprechend legte er hier Versuchsfelder an, auf denen er mit in- und ausländischen Kulturen experimentierte, um auf diese Weise die Bauern zu fortschrittlichen Anbaumethoden zu bewegen.

Schöpf engagierte sich in kommunalpolitischen Fragen der Gemeinde Gnigl. So ist ihm die Gründung des Volksschulvereines in Gnigl 1888 zu verdanken, der sich zum Ziel gesetzt hatte, arme Schüler mit Unterrichtsmaterialien und warmen Mahlzeiten zu versorgen. Schöpf betrieb auch die Modernisierung des alten Spitals am Lindenbühel. 1882 entschloss man sich zum Ankauf des alten Pfleggerichtsgebäudes, an dessen Umbau Schöpf regen Anteil nahm.

1884 konnte das St.-Anna-Kranken- und Versorgungshauses eröffnet werden. Die Gemeinde Gnigl würdigte Schöpf im selben Jahr mit der Ernennung zum Ehrenbürger.

Joseph Anton Schöpf starb 1899 unerwartet an den Folgen eines Bienenstichs. Er wurde in der Gruft der Familie Weickl in der Kirche Guggenthal beigesetzt.

Josef Schulz
* 27. 11. 1893 in Salzburg; † 13. 8. 1973 in Salzburg; Maler

Im Ersten Weltkrieg wurde Schulz an der Dolomitenfront schwer verwundet und kehrte erst im Oktober 1919 aus italienischer Kriegsgefangenschaft zurück. Zunächst verdiente er seinen Lebensunterhalt als Lehrer an der Volksschule Gnigl. Aufgrund seiner Kriegsverletzung wurde er 1928 pensioniert. Nach Studienaufenthalten in Wien, Paris und Berlin kehrte Schulz 1931 nach Salzburg zurück.

Zu Beginn seiner künstlerischen Laufbahn war Schulz ausschließlich als Zeichner tätig, erst sein Mentor Anton Faistauer konnte ihn zur Ölmalerei animieren. Sein Werk umfasst Landschaften, Blumenbilder und Stilleben, Porträts und Darstellungen biblischer Themen.

Josef Schulz, um 1970, Salzburg Museum

Eine Zuordnung zu einer bestimmten Kunstrichtung hat Schulz selbst immer abgelehnt. Seine Entwicklung war unangepasst, oft sprunghaft, aber nie epigonal, wechselnd zwischen hellen und dunklen Perioden. Sein gesamtes Künstlerleben war geprägt von der Suche nach der Verwirklichung der Darstellung seiner Vision des „wahren Lichts".

Schulz galt als Salzburger Original. Er lebte zurückgezogen in einer Dachkammer mit winzigem Atelier an der Haunspergstraße, war menschenscheu, doch im Freundeskreis als wortgewaltiger Erzähler bekannt, der mit seiner drastischen Ausdrucksweise manchen Zuhörer erschreckte. Er pflegte Kontakte zu zahlreichen Künstlern seiner Zeit. Die Freundschaft mit Ludwig von Ficker, dem Herausgeber der für die Epoche des Expressionismus bedeutenden Zeitschrift „Der Brenner", geht auf die Zeit des Ersten Weltkrieges zurück.

In den 1920er Jahren findet man Schulz mit Stefan Zweig, Hugo von Hofmannsthal und Anton Faistauer im Künstlerkreis der aufstrebenden Festspiele. Eine besondere Freundschaft entwickelte sich mit Georg Rendl, später auch mit Karl Kraus, Adolf Loos und Alfred Kubin.

Anfang der 1920er Jahre hatte der Maler erstmals an einer Ausstellung teilgenommen. Nach dem „Anschluß" Österreichs 1938 war seine Kunst nicht mehr gefragt. Nach 1945 arbeitete Schulz bis zu seinem Lebensende anerkannt und erfolgreich, wie zahlreiche Ausstellungen (u. a. mit Herbert Boeckl und Oskar Kokoschka oder Eduard Bäumer, Rudolf Hradil und Wilhelm Kaufmann) und verschiedene Ehrungen zeigen. Trotzdem zählt Josef Schulz zu den „Malern der verlorenen Generation", da ihm der große internationale Durchbruch durch die NS-Herrschaft versagt geblieben war.

Karl Freiherr von Schwarz
* 23. 7. 1817 in Neutitschein, Böhmen;
† 21. 10. 1898 in Gnigl; Bauunternehmer

Der Bau der Kaiserin-Elisabeth-Bahn von Wien nach Salzburg (1856–1861) brachte den Bauunternehmer Karl Schwarz nach Salzburg, wo er sich 1860 niederließ. Geboren wurde Schwarz als Sohn

Karl Freiherr von Schwarz, um 1880
AStS, Privatarchive

eines mittellosen Schneidermeisters in Söhle bei Neutitschein in Mähren (Tschechien). Nach der Hauptschule machte er eine Maurerlehre und absolvierte danach ein Studium an der Technischen Akademie in Olmütz. 1842 lernte Schwarz den Bauunternehmer F. Klein, der hauptsächlich Eisenbahnbauten errichtete, kennen. Als dessen Teilhaber, später auch selbständig, arbeitete sich Schwarz zum größten Eisenbahnbauunternehmer der Monarchie empor. In Salzburg baute er neben der Westbahn auch die Salzburg-Halleiner Bahn, die über Gnigler Gemeindegebiet führt, und die Salzkammergut-Lokalbahn.

Die Errichtung der Bahnhofsanlage 1859/60 durch das Bauunternehmen Klein-Schwarz-Theurer an der damaligen Peripherie der Stadt Salzburg erforderte eine neue Verkehrserschließung und involvierte Karl Schwarz in die Diskussionen um die künftige bauliche Entwicklung der Stadt. 1861 trat er dem vom Salzburger Gemeinderat eingesetzten Stadterweiterungskomitee als beratendes Mitglied bei und nahm planerisch und finanziell wesentlichen Anteil an der Stadtentwicklung. Obwohl er sich 1866 wieder zurückzog, ist sein Einfluss in der

Idee der Neustadt zu erkennen. Schwarz regulierte auf eigene Kosten einen Abschnitt des rechten Salzachufers und errichtete Kaianlagen (Gisela-, Rudolfs-, Elisabeth- und Franz-Josef-Kai). Als gewinnorientierter Unternehmer verlangte er allerdings dafür die Überlassung der so gewonnenen Baugründe. Einen Teil der Gründe trat Schwarz 1867 an die Stadtgemeinde zur Errichtung des Kurparks ab, ebenso schenkte er ihr die in seinem Besitz befindlichen Aktien der von ihm gegründeten Kurhaus-Aktiengesellschaft. Zu den Bauten Schwarz zählen unter anderem das Hotel Schwarz (Österreichischer Hof, heute Hotel Sacher Salzburg) sowie das erste moderne Zinshaus Salzburgs: das Fünfhaus am heutigen Max-Ott-Platz. Die Geschäftspraktiken von Karl Schwarz waren teilweise umstritten, so war er anlässlich der Vergabe eines Bahnbaus in Galizien in einen Korruptionsskandal verwickelt.

Nicht unerwähnt bleiben darf das Wirken von Karl Schwarz als Mäzen für unzählige soziale und kulturelle Einrichtungen, wovon auch die Gemeinde Gnigl profitierte. Schwarz war von 1870 bis 1873 der erste Ortsschulratsvorsitzende Gnigls und unterstützte den notwendigen Erweiterungsbau der Schule an der Eichstrasse 1878. Karl Freiherr von Schwarz ist auch Ehrenbürger der Gemeinde Gnigl.

1859 erwarb er den unter Erzbischof Paris Lodron erbauten, damals zu Gnigl gehörenden Stadlhof und baute ihn zu einer prächtigen Villa im Renaissancestil aus. Wohn- und Nebengebäude beherbergten eine Bildergalerie, eine Bibliothek mit wertvollen Beständen, ein Kabinett mit einer Sammlung optischer Geräte sowie ein chemisches Labor. Den umgebenden Grundbesitz ließ er in einen für die Öffentlichkeit zugänglichen Park umwandeln, dessen Mittelpunkt eine lebensgroße Statue Friedrich Schillers (heute Furtwängler-Park) bildete.

Alois Unterladstätter
* 21. 4. 1856, in Schwaz in Tirol; † 28. 4. 1908 in Gnigl; Priester

Alois Unterladstätter war in den Jahren 1897 bis 1908 Pfarrer von Gnigl. Nach der Absolvierung des Priesterseminars in Salzburg – Unterladstätter war Student Joseph Anton Schöpfs – wurde er 1880 zum Priester geweiht und war in verschiedenen Pfarrgemeinden (Pfarrwerfen, Saalfelden, Golling und Krimml) als Seelsorger tätig.

Die Pfarre Gnigl galt in kirchlichen Kreisen als schwierig. Zur Pfarre gehörten die Ortschaften Gnigl, Itzling, Heuberg, Guggenthal, Schallmoos, Froschheim und Äußerer Stein. Schon allein ihre räumliche Ausdehnung und der rasche Anstieg der Bevölkerung stellten große Anforderungen an ihren Seelsorger. Durch den regen Zuzug von Arbeitssuchenden in die neuen Bahnzentren änderte sich die Bevölkerungsstruktur gravierend und die vorwiegend sozialdemokratisch orientierte Arbeiterschaft erlangte immer größeren Einfluss, Konflikte mit der Kirche waren vorgezeichnet. Trotzdem konnte die (christlich-soziale) Salzburger Chronik anlässlich des Todes Unterladstätters erwähnen, dass sich der Priester infolge seiner Klugheit und Umsicht bei der Leitung der Pfarre die Achtung der gesamten Bevölkerung über die Parteigrenzen hinweg erworben habe.

Alois Unterladstätter Haidenthaller, Chronik

Unterladstätter selbst war (partei)politisch engagiert. 1898 wurde er als Vertreter der christlich-sozialen Partei in den Reichsrat gewählt, er war Mitglied des Gemeinderats Gnigl und ab 1901 des Bezirksschulrats Salzburg und Umgebung. Seinem Einfluss verdankte die Gemeinde Gnigl hohe Zuschüsse der Regierung zum Bau einer Schule in Itzling 1900, zur Verbauung des Alterbachs und zur Errichtung des Gnigler Bahnhofes.

Ein besonderes Anliegen war dem Priester die Errichtung der Kirche zum hl. Antonius in Itzling (1901–1903), die er mit erheblichen Summen aus seinen Aufwandsentschädigungen als Reichratsabgeordneter unterstützte. Mit der Ernennung zum Ehrenbürger von Gnigl bzw. zum Geistlichen Rat (1903) würdigten sowohl Gemeinde als auch Kirche das Engagement Unterladstätters.

Josef Waach
* 25. 2. 1860 in Rausenbruck; † 4. 8. 1910 in Graz; Baufachmann

Der spätere k. k. Oberforstkommissär wurde 1860 in Rausenbruck bei Znaim in Mähren geboren. Nachdem er das Studium an der Hochschule für Bodenkultur absolviert hatte, erhielt er 1888 eine Anstellung an der forsttechnischen Abteilung für Wildbachverbauung Linz. In dieser Funktion war er mit den Problemen, die der unverbaute Alterbach seit jeher im Raum Gnigl verursachte, befasst. Die Katastrophenhochwässer der Jahre 1886, 1887, 1889, 1897 und besonders 1899 und 1900 waren Anlass, den Alterbach zu verbauen. In einem ersten Schritt wurden von 1887 bis 1892 im Oberlauf des Alterbaches und in dessen Einzugsgebiet (samt den Guggenthaler Gräben) 37 Steinsperren errichtet. In den Folgejahren wurden Ufermauern gebaut und die Flusssohle gepflastert. Fertig gestellt wurde die Verbauung des Alterbaches 1928.

Bis zum Jahr 1909 war Josef Waach für Projektierung und Bauausführung verantwortlich. Sein unermüdlicher Einsatz nach den verheerenden Wasserschäden der Jahre 1899 und 1900 brachte ihm die Sympathien der Gnigler Bevölkerung ein, die Gemeinde erhob ihn 1902 zum Ehrenbürger. Mit 102 verbauten Wildbächen gilt Waach als Pionier des Wasserbaus, weitere Ehrenbürgerschaften (der Gemeinden Thalgau und Altenmarkt im Pongau) sowie die Verleihung des goldenen Verdienstkreuzes durch Kaiser Franz Joseph würdigen seine Verdienste.

Elisabeth Weickl, geborene Fürnkranz
* 7. 10. 1813 in Wien; † 29. 3. 1889 in Guggenthal; Bankerin und Realitätenbesitzerin

Elisabeth Weickl leitete nach ihrer Heirat mit dem Realitätenbesitzer Georg Weickl dessen Bankgeschäft in der Judengasse. Joseph Anton Schöpf beschrieb sie als *einfache, beinahe ärmlich gekleidete Frau, mit einerseits gütigen, andererseits fast männlichen Gesichtszügen.* Beeindruckt zeigte er sich von ihrer tiefen Religiosität. Ihre großzügigen Spenden für den Katholischen Gesellenverein Johann Kolpings und die Schulkinder-

Elisabeth Weickl, um 1880, Salzburg Museum

Bewahranstalt veranlassten Schöpf dazu, die Seelsorge in Guggenthal unentgeltlich zu übernehmen. Elisabeth Weickl vermittelte den Ankauf des Lasserhauses (das Pfleggerichtshaus, Grazer Bundesstraße 6) durch die Gemeinde Gnigl-Itzling zur Unterbringung des St. Anna Kranken- und Versorgungshauses.

1860 erwarb das Ehepaar Weickl das Gut Guggenthal, das aus dem Gasthaus (Guggenthal 12) und dem daneben liegenden Wohnhaus (Moarhäusl, Guggenthal 11), dem Lindenbühelhof (Guggenthal 9) und dem Hufschmiedhaus (Guggenthal 13) bestand. In den folgenden Jahren wurde der Guggenthaler Besitz ständig vergrößert, 1864 das heute an der Salzkammergut Bundesstraße liegende Jagdschloss Guggenthal (Guggenthal 24) gekauft. Kirche, Brauerei und Villa entstanden in den Jahren nach der Übernahme des Gutes nach Plänen von Valentin Ceconi (1823–1888). Die neugotische Kirche, für die das Ehepaar Weickl die Kanzel aus dem romanischen Dom erwarb, wurde

1864 geweiht. Im selben Jahr wurde auch das dreigeschoßige Brauereigebäude (Guggenthal 27), ein typischer Industriebau des Frühhistorismus, fertig gestellt.

1889 dotierte Elisabeth Weickl die Guggenthaler Kirche mit einer Stiftung in der Höhe von 10.000 Gulden. Von 1868 bis zu seinem Tod im Jahr 1899 übte Joseph Anton Schöpf die geistlichen Funktionen in der Kirche aus, die den Mitgliedern der Familie Weickl als Begräbnisstätte diente. Als einziges Nichtfamilienmitglied wurde Schöpf als enger Vertrauter hier beigesetzt.

Das Ehepaar Weickl ließ über dem tief in den Berg reichenden Keller des Gasthauses eine repräsentative Villa (Guggenthal 28) erbauen, wo es den zweiten Stock bewohnte. Nach dem Tod ihres Ehemannes verkaufte Elisabeth Weickl 1876 das Gut Guggenthal samt Brauererei an Sigmund Hatschek.

Georg Weickl
* 1. 10. 1803 in Frankenmarkt;
† 17. 8. 1869 in Guggenthal; Weinhändler und Realitätenbesitzer

Der Unternehmer Georg Weickl war Mitte des 19. Jahrhunderts einer der größten Realitätenbesitzer der Stadt Salzburg. Weickl war Ehrenbürger der Gemeinde Gnigl.

Er wurde als Sohn eines Besitzers einer Weinschenke in Frankenmarkt geboren. Schon früh kam er in die Obhut seines Onkels Peter Paul Weickl, dem Besitzer des Mohrenwirts in der Stadt Salzburg. Dieser vermachte 1831 seinem Ziehsohn Georg seinen gesamten Besitz: neben dem Mohrenwirt (Judengasse 9) ein Haus an der Judengasse, verschiedene Keller, Gebäude in der Kaigasse und weitere Objekte. In den folgenden Jahren erwarb der auch im Weingroßhandel tätige Weickl einen umfangreichen Immobilienbesitz, zu dem u. a. der Turnerwirt in Gnigl und der Ganslhof in Schallmoos gehörten. Georg Weickl war auch 1855 Gründungsmitglied der Salzburger Sparkasse.

Den Höhepunkt seiner Tätigkeit bildete wohl der Kauf des Gutes Guggenthal im Jahr 1860, das gemeinsam mit seiner Frau Elisabeth zu einem beeindruckenden gründerzeitlichen Ensemble ausgebaut wurde.

Georg Weickl, um 1865, Salzburg Museum

Emilie Viktoria (Victorine) Freiin von Wolfsberg
geb. Eva Luzia Cäcilia Viktoria Emilie Kraus, genannt die „Hundsgräfin"
* 1785 in Idria; † 16. 4. 1845 in Gnigl

Die angebliche Mätresse Napoleons I., die 1831 den Rauchenbichlerhof (Linzer Bundesstraße 1) erwarb und mit ihrer Tierschar dort residierte, wurde aufgrund ihres Lebenswandels zu einer bekannten Figur der mündlichen Salzburger Erzähltradition. Die Legenden, die sich um die von Geheimnissen und Widersprüchen umgebene Frau bildeten, fanden auch in Romanen und Erzählungen ihren Niederschlag, deren verklärende Perspektive den Blick auf das außergewöhnliche Schicksal einer Frau zur Zeit des Biedermeier fast völlig verstellt.

Über das Leben der Freiin von Wolfsberg vor ihrer Übersiedlung nach Salzburg gibt es kaum

Venus, auf einem Ruhebett schlafend, mutmaßlich Viktoria Emilie Kraus darstellend, 1826, Öl auf Leinwand von Johann B. Lampi d. J., Belvedere, Wien

gesicherte Daten. Sie wurde als Tochter eines Bergarbeiters in Idria (Kroatien) geboren und wuchs in ärmlichen Verhältnissen auf. Nach dem Tod des Vaters 1795 wurde sie als Zehnjährige vom Artillerieoffizier und späteren Beamten im Hofkriegsrat Philip von Mainoni adoptiert. Für Mainoni dürfte aber weniger das Wohl des Mädchens als vielmehr das eigene im Vordergrund gestanden sein: der Verdacht auf Missbrauch der Minderjährigen liegt ebenso nahe wie die Annahme, dass er sie später mit dem Mann, von dem er sich die meisten Vorteile erhoffte, nämlich Napoleon, verkuppelte.

Im Jahr 1805, als sich Napoleon nach seinem Sieg bei Austerlitz in Schönbrunn aufhielt, soll die erste Begegnung stattgefunden haben. Eva Kraus behauptete zeit ihres Lebens, damals im Geheimen mit Napoleon getraut worden zu sein, ihn bis 1813 als Adjutant in Männerkleidung auf allen Feldzügen begleitet und während der kurzen Friedenszeiten versteckt in Paris gelebt zu haben. Als sich Napoleons Herrschaft dem Ende zuneigte, trennten sich ihre Wege. Zuvor soll der Kaiser Eva Kraus noch mit einem Adelstitel und einem beträchtlichen, auf einer englischen Bank deponierten Vermögen, welches Mainoni verwaltete, versorgt haben.

In Wien heiratete sie 1815 oder 1817 den Advokaten Johann Michael Schönauer. Die Ehe scheiterte bald. Emilie Viktoria von Wolfsberg, wie sie sich nun nannte, bereiste Frankreich, Italien und die Schweiz. 1824 ließ sie sich mit Mutter und Schwester in Bregenz nieder, wo sie den Wundarzt Vinzenz Brauner kennen lernte und mit ihm eine Beziehung begann. Als dieser die Stelle des Kreiswundarztes in Salzburg erhielt, zog das Paar im Jahr 1828 hierher. In Salzburg machte die Freiin von Wolfsberg zunächst wegen ihres luxuriösen Lebens von sich reden. Sie erwarb einen Trakt des

Lodronschen Primogeniturpalastes am Mirabellplatz und kurz darauf den Rauchenbichlerhof, den sie um angeblich 10.000 Gulden einrichten ließ. Beeindruckt war man von der zahlreichen Dienerschaft und den Equipagen, für weiteren Gesprächsstoff sorgte ihre Tierliebe: sie hielt Hunde, Katzen, Affen und exotische Vögel in großer Zahl, für die eigens gekocht und serviert wurde. Ihre besondere Zuneigung galt, wie ihr Spottname besagt, den Hunden, die angeblich auf Daunenbetten schliefen, an ihren Geburtstagen mit einer Masche geschmückt Kuchen aus Porzellangeschirr fraßen und denen sie im Garten marmorne Grabsteine setzen ließ.

Woher das Geld, das ihr Mainoni zukommen ließ, wirklich stammte, lässt sich nicht mehr feststellen. 1832 beging Philip von Mainoni Selbstmord und mit seinem Tod hatten die Zahlungen schlagartig ein Ende. Ihr Vermögen, der von Napoleon geschenkte Schmuck und der Adelsbrief waren unauffindbar. Letzteren soll Mainoni zusammen mit allen Napoleon betreffenden Dokumenten verbrannt haben. Der Abstieg der Emilia Viktoria von Wolfsberg begann mit fortschreitender Verarmung und endete schließlich in völliger Verwahrlosung. Ihr Lebensgefährte Brauner konnte keinen finanziellen Beitrag leisten, weil er seine Anstellung verloren hatte. Behalf sich Wolfsberg zunächst mit Hypotheken, mit denen sie ihren Besitz belastete, begann sie ab 1833, Bettelbriefe zu versenden. Bei der Kaiserin-Witwe Carolina-Augusta war sie erfolgreich, denn ab 1838 erhielt sie von dieser eine jährliche Unterstützung von 400 Gulden.

Da sie ihren Lebensstil zunächst – wohl mangels Einsicht in die tatsächliche finanzielle Lage – beibehielt und auch die kostspielige Tierhaltung nicht aufgab, sah sie sich ab 1836 gezwungen, nach und nach ihre Habe zu versetzen. Anstelle der Equipage fuhr sie mit einem Eselgespann durch die Stadt. Nach dem Tod Brauners 1838 spitzte sich die Lage weiter zu. Pfändungen, die Versteigerung des Rauchenbichlerhofes im Jahr 1841 und Delogierung gingen Hand in Hand mit der Verschlechterung ihres Gesundheitszustandes. 1843 fand sie ihr Vormund Valentin Stieger krank und verwahrlost mit den verbliebenen zwölf Hunden und einigen Vögeln im Fischerhäusel, einem Nebengebäude des Rauchenbichlerhofes, wo sie ihr Leben fristete. Mit seinem Ansinnen, sie in ein Krankenhaus zu bringen, scheiterte er ebenso wie mit dem Versuch, ihre Wohnung reinigen zu lassen. Streitbar blieb die Freiin von Wolfsberg bis an ihr Lebensende: in zahllosen Eingaben an die Behörden beschwerte sie sich über die Behandlung, die sie zu erdulden hatte.

Als sie 1845 starb, erinnerte nichts mehr an jene schöne Frau, die der Porträtist Johann Baptist Ritter von Lampi d. J. – angeblich im Auftrag Napoleons – 1805 als „Ruhende Venus" dargestellt hatte. Sie wurde auf dem Gnigler Friedhof begraben, wo heute noch eine Gedenktafel an sie erinnert. Ihre Schwester Anna Kraus, die den Haushalt der Baronin geführt haben dürfte, wurde im Gnigler Versorgungshaus aufgenommen, wo sie sieben Jahre später starb.

Therese Wowes
* 3. 4. 1869 in Mettmach (Oberösterreich);
† 24. 3. 1929 in Gnigl; Heimarbeiterin, Gemeinderätin

Therese Wowes war die erste Gemeinderätin in Gnigl. Als zum Jahreswechsel 1918/19 der Gnigler Gemeinderat analog dem Stimmenverhältnis der letzten Wahlen vor dem Ersten Weltkrieg zusammengesetzt wurde, zog Wowes für die Sozialdemokarten als einzige Frau in den Gemeinderat ein, wo sie sich vor allem durch ihre Arbeit in der Armensektion einen Namen machte. Diese Funktion hatte sie bis 1928 inne. Sie hatte sich früh in der Itzlinger Sozialdemokratie engagiert und war 1908 an der Gründung einer Ortsgruppe der Heimarbeiterinnen beteiligt. Von 1918 bis 1927 war Wowes Vorsitzende des Landesfrauenkomitees der SDAP Salzburg, von 1925 bis 1927 auch Abgeordnete zum Salzburger Landtag.

Therese Wowes, 1922, AStS, Fotosammlung, Bildausschnitt (Foto Wilhelm Mann)

Turnerwirt, 1926
Haidenthaller, Chronik IV (Foto Karl Zuber)

Gasthaus und Fleischhauerei Weiß, 1933
AStS, Nachlass Franz Ledwinka

Gasthof Rangierbahnhof, Postkarte, 1909
Sammlung Christian Lankes (Verlag Anitta)

Karl Kaisers Gasthaus zum Löwenstern, um 1920
Haidenthaller, Chronik II

Jagdgesellschaft der dem Langwied Wirt, undatiert
Sammlung Agnes Wanghofer

Gasthaus zum Jägerwirt, um 1926
Haidenthaller, Chronik II

Badeausflug von Hans Holztrattners Löwin „Sugar" auf der Luftmatratze im Fuschlsee, um 1962, Sammlung Hans Holztrattner

HANS HOLZTRATTNER
Kindheit und Jugend in Gnigl
Autobiografische Erinnerungen eines Untergniglers

Aufgewachsen bin ich in Untergnigl als ältester Sohn des Bäckermeisters Hans Holztrattner und seiner Frau Hedwig, geb. Kaindl. Ich habe drei Geschwister: Karl, Selma und Peter. Meine Großeltern mütterlicherseits betrieben eine Fassbinderei in der Eichstrasse. Unser Wohnhaus und die Bäckerei befand sich in der Häuserzeile Fürbergstraße 19, flankiert von der Fleischerei Karl und dem Haus Oberrauch mit Kino und Gaststätte. Diese Häuserzeile wurde 1893 von Franz Hummer, Gastwirt und Kinobetreiber, meinem Großvater Karl Holztrattner, Bäckermeister und Ludwig Dillinger gebaut.

Die Dillingers waren eine Fleischhauerdynastie. Tochter Olga heiratete Seidl. Seidl war bis nach dem Krieg Gendarm. Anton Karl kaufte von Dillinger die Fleischhauerei – daher später Karl und Seidlhaus. Seidls Hausteil wurde nach dem Krieg vom Tapeziermeister Pogacnik, der auch dort seinen Betrieb hat, erworben.

Die Fürbergstraße kreuzte sich mit der aus der Stadt führenden Ignaz-Härtl-Straße, früher Eichstraße (während der Zwischenkriegszeit von 1934–1938 Engelbert-Dollfuß-Straße, die damals bis in die Obergnigl so benannt war) und der nach dem Krieg wieder umbenannten, beginnenden Eichstraße und mündet bei der Schwabenwirtsbrücke in die Linzer Bundesstraße. Bevor die Eberhard-Fugger-Straße gebaut wurde, mündete die Fürbergstraße bei der heutigen Fürstallergasse in die Gaisbergstraße. Ein schmaler Fußweg, der beim Gasthof Fürberg begann und an der Postgarage vorbei führte, war die von Fußgängern benutzte Verbindung zur Gaisbergstraße.

Die Neuhauser Straße zweigte damals von der Fürbergstraße ab und führte über einen gesicherten Bahnübergang zur Kühbergstraße.

Franz Hummers Gasthof und Kino, Eichstraßenbrücke wird gerade gebaut, 1905, Sammlung Hans Holztrattner

Das Fürbergviertel, Postkarte, um 1905
Enzenbergerhaus, Knerhaus, Zachhaus, Hummer-, Holztrattner-, Karl- und Seidlhaus,
Sammlung Christian Lankes

Direkt an der Bahn befand sich die Brückenbaufirma Janisch und später das Schweißwerk Satran. Alle diese Straßen waren Schotterstraßen.

In diesem Viertel, am östlichen Abhang des Kapuzinerberges wuchs ich auf. In diesem relativ kleinen Areal befanden sich in den 1950er Jahren

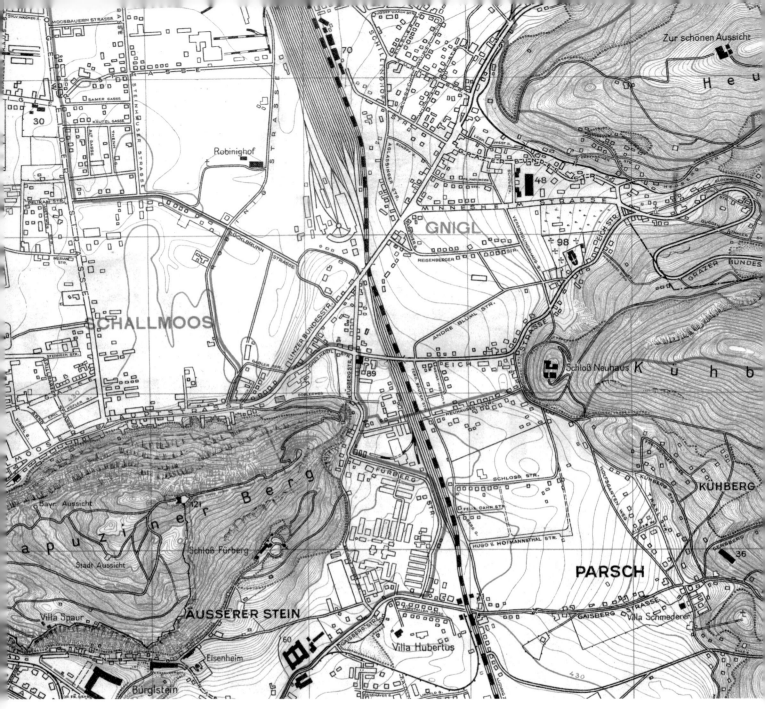

Stadtplan von Salzburg, 1:10.000, 1949 (Ausschnitt), AStS, Plansammlung

eine für heutige Zeiten fast unglaublich erscheinende Anzahl von Geschäften und Betrieben. Es gab: 3 Friseure, 5 Gemischtwarenläden, 2 Schlossereien, 1 Schuster, 1 Schneider, 4 Wirtshäuser, 2 Fleischereien, 1 Tabaktrafik, 1 Trödler, 2 Baumeister, 1 Rauchfangkehrer, 1 Transportunternehmer, 1 Bäckerei, 2 Tischlereien, 1 Großtischlerei, 1 Schweißwerk, 1 Tapezierer, 1 Kino und 1 Tankstelle.

Östlich der Bahnstrecke, über der Eichstraßenbrücke, waren dann noch: 1 Baumeister, 2 Wirtshäuser, 1 Gemischtwarenladen, 1 Friseur, 1 Konditor, 1 Fassbinder, 1 Weinschenke, 1 Kohlenhändler, 1 Tischlerei, die Firma Hammerle (Feinbohrwerk) und eine Autobuswerkstätte. Alle diese Betriebe waren etwa im Umkreis von einem Kilometer um unser Haus.

Bei der Schwabenwirtsbrücke war die Tabaktrafik Raudaschl. Agnes Raudaschl, die Besitzerin, und ihre Nichte Fanny führten dort den Verkauf. Es war ein kleiner Holzkiosk, in dem sie später auch Obst und Süßigkeiten verkauften. Zwei Häuser weiter befand sich das Eggerhaus, in dem der Friseur Bartl mit seiner Tochter Mitzi das Geschäft führte. Es folgten das Haus und die Stallungen der Schweinezucht Jakob Merkscha (später Fleischerei Merkscha) und der Tapezierer Pogacnik, der später den Hausanteil Fürbergstraße 23 kaufte und dorthin übersiedelte. Schräg gegenüber im Genböckhaus wohnte der Rauchfangkehrer Johann Bartacek, der mir in Erinnerung ist, weil er ein meckerndes Lachen und immer ein rußgeschwärztes Gesicht hatte und ständig bei uns war.

Von der Bäckerei meines Großvaters, in der noch mit einem großen Holzofen gebacken wurde, blieb ein schliefbarer hoher Kamin, an den nun der mit Kohle beheizte Dampfbackofen angeschlossen war. (Umbau durch meinen Vater 1933). Bartacek kletterte zu meiner größten Bewunderung im Kamin hinauf. Im Haus Fürbergstraße 11, das während der Bombardierungen beschädigt wurde und lange abgepölzt war, wohnte auch eine alte Frau (Spitzer) mit Ihrem Sohn Ernst. Sie trug immer mindestens fünf Röcke übereinander, hatte graue strähnige Haare und einen Krückstock mit dem sie wie eine Hexe aussah. Stets begleitete sie ein kleiner fetter schwarzer Hund mit dem Namen „Bläcki".

Sie wurde immer fuchsteufelswild und schwang ihren Stock gegen uns, wenn wir zu ihr sagten, der Metzger hätte Bläcki schon längst zu Wurst verarbeiten sollen. Im nächsten Haus wohnte ein weiteres Original: Der „Wecker Franz". Er lebte bei seiner Schwester – verwitwete Klopf. Sein richtiger Name war Pednarik Franz – die meisten Leute nannten ihn aber Peterscheck Franz. Dann kam das Fuhrunternehmen Schönberger-Hillinger, die einen Lastwagen besaßen. An der Kreuzung zur Eichstraße war das Haus der Familie Zach mit einem Garten – zur linken Seite der Eichstraße befand sich die Tischlerei Schörghofer, ebenfalls damals mit einem Garten zur Straße.

Fürbergstraße 17, Oberrauchhaus: Gasthof (Neuhauserhof), ursprünglich von Karl Oberrauch geführt, dann verpachtet an die Familie Wernbacher – der Treffpunkt aller Untergnigler. Die Eingangstüre zeigte direkt auf die Kreuzung und war ständig offen zum Hinausschauen, weil diese Kreuzung durch ihre vielen Unfälle in ganz Salzburg bekannt war, mindestens einmal im Monat passierte etwas. Im selben Haus war das Gnigler Kino (Schubert-Kino), geführt von Karl Oberrauch und seiner Mutter, damals ein Anziehungspunkt für Erwachsene und natürlich für uns Jugendliche. Die Kasse und der Eingang befanden sich in der Eichstraße.

Vor jedem Kartenverkauf zog sich Karl Oberrauch schwarze seidene Ärmelschoner über – nach dieser Prozedur war die Kassa eröffnet.

Tabaktrafik Raudaschl, um 1950
Sammlung Anneliese Paukenhaider

Haus der Familie Zach mit Urgroßmutter, Großmutter und Mutter, um 1910, Sammlung Heinrich Zach

Seine Mutter kontrollierte am Eingang die Karten und bevor der Film begann, ging sie mit einer Messingspritze durch den Kinosaal und versprühte ein Duftwasser. In den 1920er Jahren wurden die Filme noch mit Klaviermusik begleitet, es spielte ein Postbeamter. Dieses Kino sorgte für viel Unruhe, weil vor allem die Jugendlichen nach dem Film mit ihren Mopeds und „Filmbesprechungen" für eine entsprechende Lärmkulisse sorgten. Das führte des Öfteren dazu, dass die Mutter des Betreibers „Tante Mirli" vom Balkon des ersten Stockes Wasser auf die lauten Eckensteher schüttete.

Unser Wohnhaus und die Bäckerei waren durch zwei Torbögen vom Oberrauchhaus und Karlhaus getrennt und hatten einen großen Innenhof. Nach dem Haus der Familie Karl war noch das Seidlhaus angebaut, ebenfalls mit einer Tordurchfahrt.

Danach war eine Baracke, in der während des Krieges irgendwelche Sachen gelagert waren. In den 1950er Jahren hatte dort die Baufirma Universale Unterkünfte für spanische Gastarbeiter und einen Lagerplatz für Pontons aus Kriegsbeständen. Anschließend war wieder Brachland.

Ein schmaler Schotterweg ging von der Fürbergstraße Richtung Bahn und über die Geleise, die Neuhauser Straße. Dieser Übergang wurde später geschlossen. Neben dieser erstreckte sich eine große Schotterhalde, die vom Ausbruch des Kapuzinerbergstollens stammte, der von russischen und französischen Kriegsgefangenen gebaut wurde, die dort auch in zwei Baracken untergebracht waren. Bewacht wurden sie von jungen SS-Soldaten. Ich habe als 6-jähriger Knirps einige Male Mehl von der Bäckerei gegen Holzspielzeug von den Gefangenen eingetauscht. In Erinnerung sind mir pickende Hühner, die auf einem Holzbrett mit Schnüren und einem Stein darunter bewegt wurden. Auch eine aus Holz und Stoffstreifen zusammengeklebte bewegliche Schlange konnte ich eintauschen. Es war zwar streng verboten, mit den „Russen" Kontakt aufzunehmen, aber uns Kindern wurde wohl nicht so viel Aufmerksamkeit geschenkt – es war uns auch möglich, wenn nicht so strenge Bewacher da waren, ab und zu mit den Kipploren vom Stolleneingang bis zum Abladeplatz mitzufahren.

Besonders in Erinnerung ist mir eine Szene aus dieser Zeit, die sich in unserem Vorhaus abgespielt hat: Es war wegen der Fliegerangriffe Verdunklung angeordnet und bei uns im Vorhaus hat noch Licht gebrannt. Es war ein Raum, von dem kein Licht nach außen dringen konnte. Bei der Kontrolle hat der Blockwart da herumgeschrien, meine Mutter wurde von ihm mit einer Anzeige bedroht und sie hat unter Tränen gebeten, das nicht zu tun – seine braune Uniform und seine Reitgerte, mit der er auf seine Stiefel schlug, sind mir unvergesslich geblieben.

Auch die ständigen Fluchten bei Fliegeralarm in den Kapuzinerberg-Stollen, die Angst und die stickige, eigenartig süßlich riechende Luft sind mir in Erinnerung geblieben. Nach einem dieser Angriffe kamen wir heraus und vor unserem Haus über der Straße war eine Bombe gefallen. Alle Auslagen- und Fensterscheiben unserer Häuserzeile waren zu Bruch gegangen und in unserem Haus waren etliche Türstöcke aus der Mauer gerissen worden. Bei diesem Angriff wurden viele Häuser Richtung Schwabenwirtsbrücke getroffen und zerstört. Ich war damals ganz glücklich, einen Bombensplitter zu finden, der an den Bruchstellen blau und violett glänzte. Auch an das unangenehme Auflegen von in heißes Schweineschmalz getauchten Stofflappen auf die Brust, damals scheinbar ein probates Mittel gegen den Husten nach den Stollenaufenthalten, kann ich mich erinnern.

Wieder zurück zur anderen Straßenseite der Fürbergstraße. An der Linzer Straße war das Gasthaus Schwabenwirt. Es folgten zwei weitere Häuser, die von Bomben zerstört wurden – auch das Schwabenwirtshaus wurde getroffen. An dieser Ecke stand dann eine kleine Tankstelle. Im nächsten Haus wohnte die Familie Hofer mit drei Söhnen, davon einer in meinem Alter (Rudolf, Hans und Toni). Diese Familie verlor in den 1960er Jahren den jüngeren Sohn bei einem Sturm auf dem Wallersee, wo er ertrunken ist. Der ältere war bei der Eisenbahn beim Verschub beschäftigt und hätte bei einem Unfall mit einem Bremsschuh beinahe sein Bein verloren. In diesem Haus war auch ein Friseur (Matzinger).

Im nächsten Haus befand sich ein Gemischtwarenladen, der von zwei Schwestern (Ortner-Gebetsroither) geführt wurde. Etwas zurückgesetzt war die Schlosserei Brandner, der von uns Jugendlichen nur der „Wunderschlosser" genannt wurde. Der Name rührt daher, dass dieser Mann nach anfänglichem umfangreichen Jammern alles reparieren konnte, was immer es auch war. Sein zweiter Spitzname war „Sam Boyle, der Skalpierte" – wegen seiner glänzenden Glatze – nach einer Comicfigur, die in den damals zahlreichen Comic-Heftchen vorkam.

An der Ecke Fürbergstraße/Ignaz-Härtl-Straße steht das Knerhaus. In diesem zweistöckigen Gebäude waren in den 1950er Jahren folgende Familien wohnhaft:

Erdgeschoß: Familie Buchner mit sechs Kindern, Schustermeister Lang mit Frau, Fred Roider und Sepp Lanzendorfer. Erster Stock: Familie Stöllinger mit vier Kindern, Familie Lainer mit vier Kindern, Ramp, Platzke mit zwei Söhnen und einer Tochter, Lipner Alfred und Herta sowie „Lucky" Netsch (3 Personen).

Ramp hatte die Eigenschaft, ständig am Fenster zu sitzen und auf die Straße zu schauen. Als er sich zwei Tage nicht von der Stelle gerührt hatte, holte sich Pletschacher eine lange Leiter, kletterte hinauf und stellte fest, dass Ramp tot war.

Richtung Stadt war noch ein kleines Häuschen, in dem eine ältere Frau (Raha) offene Milch aus einem großen Aluminiumkessel mit einer Schöpfkelle ausschenkte und verkaufte. Sie hatte aufgesteckte graue Haare, die mit einem Kamm in Form gehalten wurden. Dieser Kamm ist ihr oft in die Milch gefallen, aber das störte weder sie noch die Kunden. Hier gab es auch den damals unter uns Jugendlichen sehr beliebten „Bazooka"-Platzkaugummi mit den Karl-May-Bildern, heute eine von Sammlern gesuchte Rarität.

Haus Enzenberger. In diesem wirkte der gleichnamige Friseur und weil es der nächste von unserem Haus war, wurde unsere Familie dort Stammkundschaft. Enzenberger war ein eigenartiger Mann: Er sah aus wie Hitler, hatte auch ein großes Führerbild in seinem kleinen, von einem Vorhang vom Wohnraum abgetrennten Arbeitsplatz. Er hatte die Eigenschaft, nach ein paar Scherenschnitten zur Tür zu gehen und minutenlang auf die Kreuzung zu schauen, wobei er ständig mit der Schere schnippte. Außerdem gab es nur einen genormten Haarschnitt: „kurz". So konnte sich ein einfaches Kürzen der Haare durch seine ständige Ausspähung der Kreuzung über eine Stunde hinziehen – was von mir aber wegen seines umfangreichen Illustriertenmaterials als nicht so lang empfunden wurde.

Es folgte die Tischlerei Stadler und eine schmale Gasse (Königsgassl), die zur Linzer Straße führte (heute Sterneckstraße). Am oberen Ende der Gasse waren noch zwei Häuser, in dem einen befand sich ein kleiner Trödlerladen (Möseneder), später war dort eine Filiale (Ausstellungsräume) der Tischlerei Schörghofer – gegenüber der Gemischtwarenladen König. Außerdem war dort auch die Obus-Station.

Das nächste größere Gebäude war das Autogenwerk und die Lohnschweißerei Munz. Die Brüder Munz waren begeisterte Segelflieger, sie sind oft vom Gaisberg gestartet. Einen der letzten Starts mit Gummiseilzug erlebte ich mit meinem Vater. Und dann noch ein Haus, bevor die Ignaz-Härtl-Straße in die Linzer Straße einmündete. In diesem Haus wohnte mit seinen Eltern ein bekannter Gnigler Original: „Kucherl" Kirchgatterer. Er war um fünf Jahre älter als wir und trotz seiner O-Beine, durch die man einen Medizinball hätte schießen können, ein begnadeter Fußballer. Er war der Stürmerstar des SSK 1919 auf dem Gnigler Sportplatz.

Gegenüber hatte die Familie Preimesberger die ehemaligen Anlagen des Gablerbräu übernommen und zu einer Großtischlerei ausgebaut. Dort wurden dann die österreichweit bekannten „Mirabellaküchen" erzeugt.

Dann kamen der Gablerhügel und noch ein einzelnes Haus, das von Sepp Oberrauch, Vater von Karl und Fritz Oberrauch, um 1910 gebaut wurde.

Sepp Oberrauch war aus Klausen in Südtirol, wurde während des ersten Weltkrieges verwundet und kam in ein Lazarett beim Gnigler Bahnhof. Dort lernte er die Tochter von Hummer (Maria) kennen und sie heirateten.

Ihre beiden Söhne, Karl und Fritz, wurden 1940 zur Wehrmacht eingezogen, Karl wurde am Kopf schwer verwundet und nach seiner Genesung 1944/45 Luftschutzstollenwart beim Kapuzinerbergstollen. Fritz war beim Luftwaffenstab.

Nach dem Krieg führte Karl Oberrauch den Neuhauserhof und das Kino und Fritz wurde ein bekannter Rechtsanwalt. Er war eine lokale Berühmtheit, weil er sich einen offenen blauen „Amischlitten" der Marke Studebaker zulegte und mit diesem immer sehr effektvoll herumkurvte. Dem Gnigler Kino gegenüber befand sich der Garten der Familie Oberrauch – er wurde vor meiner Zeit als Gastgarten des Gasthofs Neuhaus genutzt – zu meiner Zeit als Obstgarten. Es war immer ein Abenteuer, den wachsamen Augen der „Tante Mirli" zu entgehen und dort Äpfel zu holen.

Das Gnigler Schubertkino, um 1960
Sammlung Hans Holztrattner

Unserem Haus gegenüber lag der „Wäschplatz", auf dem sich Pfosten befanden, zwischen denen die Frauen Leinen spannten, um ihre Wäsche aufzuhängen. Für uns ein beliebter Spielplatz für „Schneider Schneider leich ma d'Scher", „Ochs am Berg", „Kreuzerln" oder „Suppe zur Suppe die Knödl san hoaß". Auch das „Messerln", ein Spiel, bei dem ein Taschenveitl mit Holzgriff auf zehn verschiedene Arten im Boden stecken musste, war damals „in", Spiele, die heute wahrscheinlich keiner mehr kennt. Dahinter war eine große Wiese und der Gablerhügel – im Winter ein in Gnigl und Umgebung beliebtes Schi- und Rodelzentrum. Heute steht dort das Einkaufszentrum „ZIB".

Dort und am Nordhang des Kapuzinerberges, auf der „Kapileitn", lernten alle Untergnigler Schifahren. Wir entwickelten uns zu tollkühnen Schussfahrern, weil wir auf der steilen Leite keine Schwünge zusammenbrachten. Abgeschlossen wurde die Schussfahrt mit einem „Rechtskristel". Der Erste, der auf der steilen Wiese ein paar Schwünge zustande brachte, war Kurt Neumann. Er war um fünf Jahre älter als wir und wohnte im Haus am Doblerweg. Er wurde von uns sehr bewundert und er versuchte sich bei uns als Schilehrer. Die Schier erzeugte damals die Wagnerei Löw, Eckhaus Linzer Straße/Aglassingerstraße, und jeder war stolz, wenn er Schi mit aufschraubbaren Stahlkanten und Kandaharbindung hatte.

Am Nordhang des Kapuzinerberges wurde damals noch die steile Leite gemäht, mittlerweile hat sich die Natur den Hang zurückgeholt und er ist total zugewachsen. Am Fuße des Hanges befindet sich der Doblerweg, bei der Einmündung in die Fürbergstraße war das „Kräuterhäusl". Es war ein windschiefer grüner Holzkiosk, in dem ein Flüchtling aus Bulgarien Küchenkräuter, Zwiebel, Karotten, Erdäpfel usw. verkaufte. Besonders ist mir der eigenartige Geruch nach Moder und Zwiebel in Erinnerung.

Direkt am Osthang des Berges waren noch ein Haus und auch ein Stolleneingang. Etwas höher, auf einem Felsrücken gelegen, ein weiteres Haus und dann kam das Gasthaus Juvavia (Steckenbauer), wo sich unser Stolleneingang befand. Dort wohnte auch Heini Meier mit seinen Eltern. Wir beide waren bei vielen Streichen ein unzertrennliches Duo. Wir waren gleichaltrig und gingen auch in dieselbe Klasse der Volksschule. Der Umgang mit ihm wurde mir zwar von meinen Eltern untersagt, aber es nützte nichts. Heini war wegen des Gasthauses und der Dinge, die er da mitbekam, sehr frühreif und erzählte uns Sachen, von denen wir damals noch keine Ahnung hatten.

Nach dem Krieg trafen sich in der Juvavia eine Menge zwielichtiger Gestalten – zum Teil aus dem Lager Parsch und es kam zu Raufereien und Messerstechereien. Das Gasthaus erhielt dann im Volksmund den Namen „Zum bluadigen Haxen" und war sogar für die amerikanischen Besatzer „Off limits". Eine Ironie der Geschichte war, dass in den späten 1950er Jahren im Festsaal des Gasthauses die Sieben-Tage-Adventisten ihren Tempel errichteten. Sie hatten dort auch jede Menge zu missionieren.

Hinter der Juvavia erhebt sich eine Felswand und oben auf einem kleinen Plateau war der Gastbetrieb „Schweizerhäusl", zu dem ein Fußweg von der Schallmoos hinaufführte. Diese Felswand, die heute schon stark verwittert ist, stammt von zwei Steinbrüchen aus dem vorigen Jahrhundert, wo der Kalkstein gebrochen und zu Kalk gebrannt wurde.

Eichstraße: Eckhaus Oberrauch, mit kleinem Vorplatz und Kinoeingang, Schallwichhaus, und vor der Eichstraßenbrücke ein großes, langgestrecktes Wohnhaus, das 1911 von Franz Hummer gebaut wurde. Mein Großvater baute daran ebenfalls im selben Jahr das Haus 6a (Gabrielhaus, Sechserhaus). Hummer und mein Großvater verkauften ihre Häuser nach dem ersten Weltkrieg, Hummer an die Sternbräu AG. Mein Großvater an Elise Bäumel (1919) und infolge der Inflation und der Wirtschaftskrise verloren beide sehr viel Geld. Der Kaufpreis langte dann nur noch bestenfalls für eine größere Lieferung Mehl.

Über der Brücke zweigt die Ferdinand-Sauter-Straße nach rechts ab und nach links die Andrä-Blüml-Straße. Nach dieser kleinen Kreuzung waren die Schmidhäuser, dann das Haus meiner Großeltern mütterlicherseits (Rosina und Georg Kaindl). Mein Großvater war Fassbindermeister und hatte dort auch seine Werkstatt. Bevor er sich selbstständig machte, war er in der Brauerei Guggenthal angestellt. Ich habe ihm oft fasziniert zugesehen wie er Fässer, vor allem kleine Schnapsfässchen, zusammenbaute. Auch die Familienweihnachten bei meinen Großeltern mit vielen Onkeln, Tanten und Kindern, sowie ihr selbstgemachter Ribislwein sind mir in lebhafter Erinnerung verblieben.

Gegenüber, von der Weiher-Wiesbach-Straße getrennt, hatte der damalige Schuldirektor der Gnigler Schule (Lösch) ein kleines Haus. Mein Vater schickte mich etliche Male zum „Direktor", um dort Nachhilfestunden zu bekommen, da meine schulischen Leistungen und Interessen eher mangelhaft waren. Ich weiß auch noch, dass sich Lösch seinen Verdienst durch die Herstellung von Holzspielzeug aufbesserte.

Südlich des Löschhauses war das Haus der Uhrmacherfamilie Dürhager. Sie hatten zwei Kinder, Hans und Grete – Grete und ich waren später in der selben Klasse der Handelsschule.

Es folgte eine große Wiesenfläche, die ein Bulgare (Dawidoff) gepachtet hatte, um dort Gemüse und Gewürze anzupflanzen. Über ihn gibt es auch eine lustige Geschichte, die mir mein Bruder Peter erzählt hat: Dawidoff verkaufte auch an unser Lebensmittelgeschäft sein Gemüse. Das Geschäft war voller Kundschaften, als er mit einer Lieferung ankam. Diesmal hatte er einige Einweckgläser, in denen in Fett eingelegtes Fleisch war, dabei. „Ist original russisches Rezept", so pries er seine neue Kreation an. Aus einem Glas verteilte er an die Kunden großzügig Kostproben, die allen sehr gut schmeckten. Als dann eine Kundschaft fragte, was das denn für Fleisch wäre, sagte er: „Gefongenes Hund und Kotz"! Die Leute erbleichten und würgten. Er zog mit seinen Einmachgläsern wieder ab.

Nach seinen Gemüsefeldern kam dann das Feinbohrwerk der Familie Hammerle. Anschließend waren die Kohlenlager von „Kaiser Karl", sowie sein Gasthaus zum „Löwenstern". Dort mündet auch die Kühbergstraße in die Eichstraße ein. Zwei Luftschutzstollen führten in den Kühberg – ein Eingang befand sich bei der Auffahrt zum Schloss, der zweite war neben dem Gasthof Löwenstern und wurde durch eine Bombe verschüttet.

Wieder zurück Richtung Brücke waren die Tischlerei Bruckmooser sowie weitere zwei Häuser. In diesen wohnten die Familie Schütz mit Tochter Elfriede und die Familie Gold. Gold Dieter war auch ein Schulkamerad von mir. Dann war wieder ein größeres Wiesenstück. Das folgende Haus gehörte der Familie des Magistratsangestellten Feik.

Es folgte ein Haus, das auch heute noch durch seinen halbrunden Giebel auffällt, in ihm wohnten die Familie meines Schulkameraden Kopetzky und die Familie Tillian, von den Schülern gefürchteter Hauptschullehrer mit Tochter Christine. Das nächste Haus vor der Brücke und der Andrä-Blüml-Straße wurde von einer Bombe getroffen und zerstört. Der Wiederaufbau erfolgte erst in den 1960er Jahren durch den Baumeister Leo Kittl.

Rechts in der Ferdinand-Sauter-Straße wurde in den 1950er Jahren ein Haus gebaut, in dem der Trachtenverein seine Kutsche und andere Requisiten lagerte, dann das Kriechhammerhaus. Es folgte das Behelfsheim der Familie Rusch. Herr Rusch war Geschäftsführer des Nachtlokales „Casanova" in der Linzer Gasse. Das anschließende Grundstück kauften meine Eltern und pflanzten Obstbäume. Wir hatten dort auch ein gemauertes Planschbecken, das wegen des fehlenden Wasseranschlusses ab und zu von der Gnigler Feuerwehr für ein Steigerl Bier gefüllt wurde. Wir hatten dort auch einen Grillplatz und meine Freunde und ich trafen uns regelmäßig zum Baden.

Auch die damals vierjährige Tochter der Rusch war dazu eingeladen. Während wir im Garten herumtollten, fiel sie ins Becken und ging unter. Ich habe gerade noch die Füße gesehen, die aus dem Wasser herausragten, bin sofort hingerannt und hab sie aus dem Becken geholt. Dann hob ich sie an den Füßen an und die Kleine spuckte ziemlich viel Wasser und kam wieder zu sich. Herr Rusch stürzte herüber, holte Gabi ab – und langsam legte sich die Aufregung.

Nach unserem Grundstück war ein Schotterplatz mit einer Dieseltankstelle der Autobusfirma „Salzkraft", die gegenüber in einer alten Holzhalle ihre Autobusse wartete. Dort beginnt auch die Neuhauser Straße, die früher noch über die Bahn zur Fürbergstraße führte. Bis zum Jahr 1927 war diese Halle die Werkstätte der Firma „Gebus", die kleine Triebwagen und Feldbahnlokomotiven herstellte. Sie hatten sogar ein Anschlussgleis an die vorbeiführende Eisenbahn. Die Firma ging nach Wien und das Autobusunternehmen „Salzkraft" übernahm die Gebäude als Autobuswerkstätte.

Ferdinand-Sauter-Straße, linke Seite: Der Besitzer des „Hotel Tourist" in der Linzer Gasse erbaute vor dem Krieg die Pension Hildesheim, sie wurde während des Krieges durch einen Bombentreffer schwer beschädigt und 1947 wiederhergestellt und dann als Hotelpension geführt.

An der Neuhauser Straße gegenüber der Autobuswerkstätte stand ein Haus, in dem ein Polizeibeamter wohnte, der meinem Vater gut bekannt war, und der meinen Eltern den Kauf des ersten Autos (Steyr 220) vermittelte.

Ich kann mich noch erinnern, wie meine Eltern nächtelang das Für und Wider abwogen, dieses Auto zu kaufen. Mein Vater hatte nämlich keinen Führerschein und wollte ihn auch nicht machen. So ging meine Mutter in die Fahrschule und lernte mit Hilfe des „Wunderschlossers" Brandner Autofahren. Als sie das begehrte Dokument endlich hatte, fuhr sie mit meinem Vater auf den Gaisberg. Als sie am Abend heimfuhren, versagten die Bremsen des Gebrauchtwagens und das Auto wurde immer schneller. Bei der langgezogenen S-Kurve unterhalb von Guggenthal steuerte sie den Wagen nach rechts in einen Schotterweg, der zu einem Haus führte und kam, nachdem sie einen hölzernen Gartenzaun niedermähte, in einem Gemüsegarten zum Stehen. Am nächsten Tag reparierte Brandner an Ort und Stelle die undichte Bremsleitung – dem robusten Auto fehlte sonst nichts – und meine Mutter entwickelte sich zu einer begeisterten Fahrerin, die Zeit ihres Lebens keinen Unfall mehr hatte.

Nach dem Stalberghaus kam das Gasthaus Schlosswirt (Fam. Thaler), dann das Moosbacherhaus und ein weiteres vor der Einmündung der Neuhauser Straße in die Kühbergstraße. Gegenüber waren zwei Häuser und dann kam das Haus der Familie Leitner, das während der Bombardierungen zerstört wurde, aber nach 1945 mit ERP-Hilfe wieder aufgebaut wurde. Leitner führte einen Lebensmittelladen.

Im nächsten Haus befand sich eine Konditorei (Königer), dessen Ein-Schilling „Wassereis" bei uns Kindern sehr beliebt war. Später übernahm der Friseur Edi Ondrednik die Geschäftsräume. Er wurde von uns „Messer Edi" genannt, weil er den damals aufkommenden Messerhaarschnitt beherrschte. Anschließend wohnte die Familie Wechner in einem kleineren Haus.

Zurück zur Eichstraßenbrücke: Nach der Brücke folgten dann die Baulichkeiten der Tischlerei Schörghofer. An die Bahn angrenzend war der Schörghofergarten mit einer Reihe hoher Fichten, die das Wohnhaus von der Straße abschirmte. Rückwärts im Garten war das Wohnhaus von Sepp Schörghofer. An der Eichstraße waren die Einfahrt zur Tischlerei und ein Obstgarten, der an den Garten der Familie Zach angrenzte. Auf diesem Gelände entstand der Tischlereibetrieb.

1931 begann Theodor Schörghofer allein in einer alten Mühle in Obergnigl mit der Möbelerzeugung. 1933, im Frühjahr, übersiedelte der Betrieb von der Mühlstraße in die Eichstraße, wo das damals leerstehende, schon sehr verfallene Not-Schulhaus (vormals Schaffenberger) renoviert und als Werkstätte ausgebaut wurde. Auch eine kleine Wohnung konnte eingerichtet werden. Das daneben liegende Wohnhaus wurde ebenfalls renoviert und aufgestockt. In diesem Jahr erhielt Theodor Schörghofer anlässlich einer Ausstellung „Österreichischer Wiederaufbau" die Goldmedaille für „Die gute Form".

Er heiratete im selben Jahr die Lehrerin Marianne Kugler. Sie hatten 3 Kinder: Heimold, Adelheid und Gerhard. 1937 gelang es, die „Schörg-Stühle" zu entwickeln, deren Bauweise und Design der damaligen Zeit weit voraus waren. 1941–1945 wurden Schörghofer und seine Mitarbeiter zum Militär eingezogen, seine Frau Marianne und Bruder Sepp führten den Betrieb weiter. Nach dem Krieg besetzten die Amerikaner den größten Teil der Werkstätten, es wurde dort eine Großküche eingerichtet, die nicht nur die Besatzungssoldaten, sondern auch viele Gnigler mit Essen versorgte. Die Tischlerei lief in einem Behelfsraum weiter. Erst nach Abzug der Amerikaner (1947) konnte der Betrieb wieder voll aufgenommen werden.

1953 wurde an der Eichstraße ein kleiner Ausstellungskiosk gebaut, der wegen seiner Bauform von den immer zu Spott aufgelegten Gniglern „Schörghofertrafik" genannt wurde.

Schaffenbergerhaus im Jahr 1933, nach Umbau Schörghofer Wohnhaus

Das zur Werkstätte Schörghofer umgebaute Notschulhaus

1966 wurden die Tischlerei und Ausstellungsräume neu gebaut. Bis zu 40 Mitarbeiter waren beschäftigt, 1976 Kauf des Zachgrundstückes. Anstelle des kleinen Kiosk entstand ein vierstöckiges Einrichtungshaus.

DIE LETZTEN KRIEGSJAHRE

Die letzten Monate des Krieges waren für mich eine Zeit voller Abenteuer. Die Familie Seidl hatte einen Sohn (Walter), der HJ-Führer war, und den ich sehr bewunderte. Seine Uniform mit kurzer schwarzer Hose, weißem Hemd und vor allem der am Gürtel getragene Dolch faszinierten mich. Wenn sie mit Schellenbaum und Trommel ausmarschierten, lief ich immer hinten nach. Damals hatte die Hitlerjugend einen Schießstand neben dem Sportplatz am Hang des Kühberges, wo sie mit Kleinkalibergewehren und die Älteren mit Pistolen auf „Pappkameraden" schossen, und wenn sie wieder abgezogen waren, kratzte ich die Kugeln aus der Erde.

Dann kam das Ende – die letzten Soldaten, die ich sah, saßen auf einem Halbkettenfahrzeug vor dem Neuhauserhof und fuhren dann weg. Auch zwei PKW, die statt des Kofferraums Holzvergaser hatten, waren dabei. In den folgenden Tagen wurden die auf dem Verschubbahnhof Gnigl stehenden Waggons geplündert. Auch meine Mutter schickte mich dahin und ich ergatterte eine Wolldecke und ein paar Schuhe aus billigem Spaltleder. Sie hat mich sehr gelobt, bis sie merkte, dass die Schuhe ungleich groß waren – trotzdem trug ich sie drei Jahre.

Es kamen die Amerikaner. Sie standen auf einmal mit einer Menge Panzerspähwagen vor unserem Haus. Wir wurden aus unserer Wohnung im Erdgeschoß delogiert und bezogen die Angestelltenzimmer über der Bäckerei. Die Wohnung wurde drei Offizieren zugeteilt. Soweit ich es beurteilen kann, verhielten sie sich vollkommen korrekt und einer freundete sich sogar mit meinem wieder in der Bäckerei tätigen Vater an. An einem Sonntag lud mein Vater einen der Offiziere zu einer Wanderung auf die Gersbergalm ein und er kam mit. Auf halber Strecke, oberhalb des Fuchshügels, trat er aber wieder den Rückmarsch an, weil damals das Gerücht umging, dass sich noch einige Soldaten der Wehrmacht am Gaisberg versteckt hätten. Auf dem Gaisbergplateau hatte die Wehrmacht eine streng geheime Anlage zur Luftüberwachung (Freya und Rotterdamgerät – mit hohen Gittermasten). Erst gegen Ende 45 war der Gipfel wieder für Privatpersonen zugänglich.

Wir haben auch für die Amerikaner gebacken und von ihnen auch das Weizenmehl bekommen. Dieses Mehl war in weißen Leinensäcken, mit dem Aufdruck der Marshallplanhilfe. Meine Mutter nähte daraus die Bettwäsche für die ganze Familie. Jahrelang haben wir auf dem amerikanischen Adlerwappen geschlafen.

Karl und Fritz Oberrauch mussten ebenfalls ihre Wohnungen räumen und kamen gegenüber bei der Familie Zach unter.

Einer der jungen SS-Bewacher vom Stollenbau, hat mir, bevor er geflüchtet ist, gegen ein Weckerl seine schwarze Schifferlmütze mit dem Totenkopf drauf gegeben. Ich war mächtig stolz auf meine Kopfbedeckung! Als die Amerikaner schon da waren und unser Geschäft voller Kundschaften war, hab ich das Schifferl aufgesetzt, bin ins Geschäft gegangen und habe laut mit „Heil Hitler" gegrüßt. Die Leute sind zu Salzsäulen erstarrt und meine Mutter hat mir das Schifferl vom Kopf gerissen und eine fürchterliche Watschen gegeben. Das Schifferl bekam dann einer der Offiziere als Souvenir.

DIE ERSTEN NACHKRIEGSJAHRE

Für uns Kinder war das damals eine aufregende und abenteuerliche Zeit. Die Eltern waren hauptsächlich damit beschäftigt, nach dem Krieg wieder Fuß zu fassen und ein neues Leben aufzubauen, so dass wir meist unbeaufsichtigt waren. Ich bekam damals zu Weihnachten einen Lederball und im Jahr darauf wurde den ganzen Sommer über auf der Wiese vor unserem Haus Völkerball gespielt. Unser bevorzugter Spiel- und Abenteuerplatz war aber der Kapuzinerberg. Wenn das Wetter schön war, setzten wir unseren aus Hühnerfedern gebastelten Kopfschmuck auf, nahmen Pfeile und Bogen, sowie selbstgemachte Tomahawks (aus Blech) und verschwanden auf dem Kapuzinerberg. Wir bauten dort auch eine Baumburg, in der wir sogar einmal eine Nacht verbrachten. Dort streiften wir herum und fühlten uns wie auf dem Kriegspfad. Damit die Pfeile auch in den Bäumen stecken blieben, machten wir uns aus großen Nägeln Pfeilspitzen. Die Nägel wurden auf die Schienen der Eisenbahn gelegt und wenn beim Verschub die Dampflokomotive drüberfuhr, wurden sie flachgedrückt. So konnte man sie in einen vorne geschlitzten Pfeil befestigen. Wenn die Lok allerdings etwas schneller über die Nägel fuhr, rumpelte es so stark, dass der Lokführer anhielt und sein Heizer nachschauen musste. Aber auch das Heizhaus, der Lokschuppen mit seinem 60 m hohen Kamin und der Drehbühne wurden von uns aufgesucht. Dort fanden wir das aus den Loklampen entfernte Karbid.

Wir machten in der Wiese ein kleines Loch, gaben eine Handvoll Karbid hinein, etwas Wasser dazu und traten eine Konservendose fest drauf. Nach kurzer Zeit trieben die Azetylengase die Dose hoch in die Luft. Heini Meier konnte es einmal nicht erwarten und schaute nach, was mit seiner Dose los ist – in diesem Augenblick ging sie hoch! Sie traf ihn am Kopf, wo er über dem Auge ein Cut bekam. Er musste zum Arzt, wo die Verletzung genäht wurde. Das Karbidschießen fand damit ein Ende.

Ein beliebter Spielplatz war auch der Feuerlöschteich bei der Firma Preimesberger. Die Fabriksgebäude waren durch Bombentreffer schwer beschädigt und auch der betonierte Löschteich war an einer Ecke zerstört. Er war ein beliebter Badeplatz, verschlammte aber dann und wir fingen dann nur noch Molche, die wir in Gurkengläsern nach Hause trugen. Im Winter war es ein beliebter Platz zum Schlittschuhlaufen.

Postkarte mit Blick auf das Fürbergviertel, um 1910
Sammlung Andreas Greisberger

Anschließend waren eine Halle und dann der Holzlagerplatz. Wir kletterten im Sommer über den Zaun und holten uns gebogene, ca. drei Meter lange Laden, mit denen wir von der steilen, immer leicht feuchten Kapuzinerbergleite herunterrutschten. Die sportlicheren von uns versuchten es auf dem Brett stehend. Wir waren sozusagen die ersten „Surfer".

1939 kaufte Leopold Preimesberger die Fabrikanlagen und erzeugte Parkettböden. Auch die Salzburger Segelflieger konnten dort arbeiten und bauten unter der Leitung der Brüder Hütter, Mario und Robert Munz sowie Guido Widerin und anderer Flugenthusiasten, den „Zögling", den Schulgleiter 38 und den „Falken".

Während des Krieges wurden Barackenfertigteile und zum Teil auch Flugzeugteile erzeugt. 1940 wurde auch der Feuerlöschteich gebaut. 1942 wurde der Keller umgebaut, um 60 russische Kriegsgefangene unterzubringen, die in der ebenfalls sich dort befindlichen Heeresbekleidungs-Schneiderei arbeiteten. 1944/45 mehrere Bombentreffer, die schwere Zerstörungen anrichteten. 1947 bis 1950 mehrfacher Ausbau und Aufstieg zur Möbelfabrik.

Der älteste Sohn des Tischlers Schörghofer, Heimold und gleichaltrige Arbeiter der Firma (Egon Sillner, Franz Eder, Helmut Furch) sind mir deshalb lebhaft in Erinnerung, weil sie sich die damals neu herausgekommenen Puch Motorräder (rote SGS) kauften und uns Jugendlichen ihre Kunststücke vorführten. Sie rasten über die Brücke die Eichstraße hinauf bis zum Gasthaus Löwenstern, um den Baum herum, der dort steht, und wieder zurück zur Tischlerei. Die Zeit wurde gestoppt und der Sieger bewundert. Sie fuhren auch bei den damals sehr populären Gaisberg-Wertungsfahrten mit. Später fanden dann auf dem Gelände der Tischlerei, fast täglich nach der Arbeit, erbitterte Volleyball-Spiele zwischen der Schörghofermannschaft und meinem Freundeskreis statt.

BANDENKRIEGE

Eine Eigenart der 1950er Jahre waren die Jugendbanden. In jedem Viertel bildeten sie sich und bekämpften sich, wenn ihr Territorium von anderen Banden betreten wurde. In Obergnigl war es die „Rosenmaierbande", die von allen anderen als ziemlich gefährlich eingestuft wurde, weil ihr Anführer Rosenmaier damals schon 17 Jahre alt war. Ihr Gebiet erstreckte sich um den Kühberg und die Mulde (eine graswachsene Senke westlich des Kühbergs).

Dann gab es die „Schallmooserbande", die ab dem Urbankeller den Kapuzinerberg beanspruchte sowie Röcklbrunn mit den vielen wassergefüllten Bombentrichtern (im Winter Eislaufen) und bis zur Linzer Straße reichte. Die „Parscherbande", deren Gebiet der Fuchshügel und das südlich daran grenzende Waldgebiet war, und als gefährlichste die „Russenbande". Sie rekrutierte sich aus den halbwüchsigen Flüchtlingskindern des Parscher Lagers. Und die waren immer zu Streit und Kampf aufgelegt.

Und bei uns die „Hoizibande". Eine Eigenart der Fürbergstraße war, dass auf einer Strecke vom Gasthaus Juvavia bis zur Schwabenwirtsbrücke etwa 20 Buben der Jahrgänge 39/40/41 wohnten: Benedikt (Benzi), Heiny Hans, Gabriel Hans, Hochradl Poldi, Hofer Rudolf, Hans und Toni, Karl Helmut, Kuchler Peter, Lainer Otti, Maier Heini, Murauer Wiggerl, Schörghofer Gerhard, Stöllinger Herbert und Erhard, Schwarz Egon und Günther und Schreilechner (Schreizel).

Das Eigenartige dieser Bandenkriege war, dass ein gewisser Ehrenkodex herrschte. Wurde man beim Umherstreifen auf dem Kapuzinerberg erwischt, gefesselt und seiner Waffen beraubt und nach Schlägen und Verhöhnungen wieder freigelassen (außer es gelang, aus eigener Kraft zu flüchten) – so wurden die Treffen zwischen den Bandenführern ausgemacht. Zum Beispiel: Am Dienstag um 5 Uhr am Gablerhügel mit nicht mehr als zehn „Mann" nur mit Holzstecken. Dann prügelten wir uns, bis die Erwachsenen dazwischen gingen, uns nach Hause trieben und noch einige zusätzliche Watschen austeilten.

Mit dem Älterwerden wurden auch die Kampfmittel gefährlicher. Wir hatten alle Bögen mit den oben beschriebenen Pfeilen und die „Russen" kamen mit Steinschleudern und ihr Anführer hatte sogar eine Zündholzpistole!

Der Eigenbau bestand aus einem Holzgriff, auf dem ein drehbares, hinten verschweißtes Rohr mit Draht befestigt war. Das Rohr hatte rückwärts ein kleines Loch, in das ein Zündholzkopf gesteckt wurde und wenn man es drehte, entzündete sich der Kopf an einer Reibfläche. Im Rohr befand sich Pulver aus aufgebrochenen Patronen und Steine oder Nägel, die auf eine Entfernung von ca. zehn Metern verschossen wurden.

Die Kämpfe wurden daher auf Distanz ausgefochten und es kommt mir heute noch wie ein Wunder vor, dass niemand ernsthaft verletzt wurde. Meist war der Kampf beendet, wenn einer der Teilnehmer irgendwo getroffen wurde oder uns die Pfeile ausgingen. Bei einem dieser Kämpfe wurde mein Bruder Peter von einem Stein an der Stirn getroffen und blutete stark, worauf meine Mutter ihren Kochlöffel an mir ausprobierte.

Beliebte „Spielzeuge" waren damals auch noch die Stoppelrevolver, die mit lautem Knall einen Pressspanstoppel verschossen und die Schlüsselknaller. Ein normaler Hausschlüssel, der unter dem Bart ein Loch haben musste, wurde mit Zündholzköpfchen geladen. Am Schlüsselkopf war eine ca. ein Meter lange Schnur mit einem Nagel befestigt. Der Nagel wurde in die Bohrung des Schlüssels gesteckt und gegen eine Mauer geschwungen. Beides wurde aber nach einigen Unfällen verboten.

Etwas jünger waren die „Eckensteher": Holztrattner Peter, Karl Buchner, Hans Holzleitner, Rudi Stöllinger, Seppi und Rudi Oberrauch und Walter Stampfl. Die „Eckensteher" hatten ihren Spitznahmen deshalb, weil sie immer an der Ecke vor dem Neuhauserhof für Unruhe sorgten.

Auffallend war auch, dass fast keine gleichaltrigen Mädchen in diesem Viertel lebten. Es waren außer meiner Schwester Selma, Lainer Edith, Buchner Helga, Sieglinde Karl und Traude Gabriel keine gleichaltrigen Mädchen hier wohnhaft.

WOHNEN IN DEN 1950er JAHREN

Es ist für heutige Zeiten undenkbar, wie viele Personen damals in den Häusern wohnten. Die Wohnungen waren damals fast ausschließlich Zweizimmerwohnungen ohne Bad und bestanden aus einer Wohnküche und einem Schlafzimmer. In jeder Wohnküche befand sich ein Küchenherd, der mit Holz oder Kohle befeuert wurde und gleichzeitig die einzige Heizung darstellte.

Es galt schon als großer Fortschritt, wenn fließendes Wasser in der Küche vorhanden war – bei vielen Häusern war eine „Bassena" am Gang. Das Klo war für alle Bewohner ebenfalls am Gang und zum Teil bis in die 1970er Jahre ein Plumpsklo. Nur die reicheren Familien hatten damals ein Badezimmer. Alle, die nicht so begütert waren, gingen ins „Tröpferlbad" bei der Gnigler Schule.

Eine weitere Kuriosität aus heutiger Sicht war, dass fast jede Familie einen oder mehrere Hasenställe besaß, in denen zur Aufbesserung des Essens Hasen gehalten und gezüchtet wurden. Sie wurden dann von den Besitzern geschlachtet und als Festtagsbraten verzehrt. Jedes Mietshaus hatte einen Anbau, mit den sogenannten Holzlagen, in denen das Brennmaterial für den Küchenofen gelagert war. In diesen Holzlagen oder davor befanden sich die Hasenställe. Auch wir Kinder hatten von meinem Vater drei Hasen bekommen, allerdings nicht als Festtagsbraten, sondern als Spielgefährten. Nur einer von ihnen starb eines natürlichen Todes. Sie liefen frei bei uns im Hof herum und waren sehr zahm. Ein Hase wurde vom Pferd des Müllers Sillner, der mit seinem Fuhrwerk gerade eine Mehllieferung brachte, zu Tode getreten, der zweite verübte Selbstmord, als er auf der Flucht vor einem Hund in den ersten Stock rannte und aus dem Gangfenster sprang.

Im 6er Haus wohnte damals ein älterer Mann (Zuber), von dem es hieß, dass er seinen Speisezettel nicht nur durch Hasen, sondern auch durch Tauben, Katzen und Hunde aufbesserte.

Unser Wohnhaus war das mittlere der Häuserzeile 17 bis 21. Es wurde 1893 gleichzeitig mit den anderen Hausteilen von meinem Großvater Karl Holztrattner gebaut. Er war Bäckermeister und mit Auguste, geb. Werbeni, einer Steinmetztochter aus Fürstenbrunn, verheiratet. Familie Werbeni stammte aus Rovereto und wurde während des ersten Weltkrieges wie so viele andere Familien aus dem Kampfgebiet ausgesiedelt. Sie brachte einen Sohn (Franz) mit in die Ehe, den mein Großvater adoptierte, und der später eine eigene Bäckerei in der Überfuhrstraße 9 führte. Interessant in diesem Zusammenhang ist, dass es damals in Salzburg acht Bäckereien mit dem Namen Holztrattner gab, die alle mehr oder weniger miteinander verwandt waren. Der Ursprung unserer Familien liegt bei einem Bauerngut oberhalb von Puch-Oberalm, von wo die Ausbreitung über Hallein und Salzburg erfolgte.

Im Haus meiner Großeltern befand sich damals ein großer Holzbackofen, der beim Umbau entfernt wurde. Nach dem Tod ihres Mannes 1926 führte seine Frau Auguste mit ihrem Sohn Hans die Bäckerei weiter.

Bäckerei Holztrattner mit dem neuen Dampfbackofen, 1938
Sammlung Hans Holztrattner

1933 erfolgte der Um- und Anbau zu einer größeren Backstube mit dem damals modernen Dampfbackofen. Beim Anbau entstanden über der Backstube auch Angestelltenwohnungen. Meine Großmutter starb 1934. Mein Vater übernahm die Bäckerei. 1941 wurde er zum Militär eingezogen und war bis 1945 in Griechenland und in Jugoslawien. In dieser Zeit führte meine Mutter mit Hilfe von einem Pensionisten (Geigl) und einem Kriegsversehrten die Bäckerei weiter. 1955 bauten meine Eltern auch die ehemaligen Holzlagen zu Garagen um und das Lebensmittelgeschäft wurde vergrößert.

In unserem Haus bewohnten wir das Parterre und erst 1956 bekamen meine zwei Brüder und ich ein eigenes Zimmer, in dem wir zu dritt untergebracht waren, meine Schwester bekam ebenfalls ein kleines Zimmer. Diese Zimmer befanden sich über der Backstube und waren nicht geheizt, erst mit dem Aufkommen der Ölöfen wurde es im Winter erträglich.

Im ersten Stock war Frau Schwendinger, eine Witwe, dann der ÖBB-Pensionist Obertaler mit seiner Frau und dem ausgebombten Ehepaar Uitz mit Tochter. Die Wohnung nebenan bewohnte die Familie Radler mit Sohn Manfred. Ihr Mann war Musiker und später Barpianist im Nachtclub Casanova in der Linzer Gasse. Im zweiten Stock, Frau Pötzelsberger mit ihrer Schwiegertochter und dem Baby, dann die Familie Reindl mit den Söhnen Albert und Herbert. Albert war während des Krieges bei der Marine und brachte mir ab und zu kleine Kriegsschiffmodelle mit. Herr Reindl war ein ausgezeichneter Schachspieler und verdiente seinen Lebensunterhalt mit der Erstellung von Schachrätseln für verschiedene Zeitungen, außerdem bemalte er kleine Tonwappen der Bundesländer, die er an Andenkenläden verkaufte. Nach dem Mittagessen war ich oft dort und lernte das Spiel. Dann war noch die verwitwete Frau Schuster. Ihr Mann starb in den 1950er Jahren. 18 Personen! Aber in den anderen Häusern sah es nicht anders aus, weil durch die Bomben gerade in der Gnigl sehr viele Häuser zerstört waren.

Im Oberrauchhaus wohnte im obersten Stock einer meiner besten Freunde mit seiner Familie. Hans Heiny, sein Bruder Karl sowie seine Urgroßmutter (Reindl Gabriele) und seine Mutter Berta. Dann waren dort noch die Familie Schindecker mit Sohn Walter, Herr Magreiter, ein damals älterer sonderlicher Mann, dem wir den Spitznahmen „Nudl-tsuppn" gegeben hatten. Er holte sich jeden Tag von der Gasthausküche in einem Blechgeschirr die vom Mittagstisch übrig gebliebenen Suppenreste.

Familie Murauer ist mir wegen folgender Eigenarten in Erinnerung: Der Mann war ein hagerer, schnautzbärtiger und leicht erregbarer Typ, seine Frau eine etwas beleibte, sehr resolute Person mit einem dunklen Bartanflug – sie hätte auch als Zigeunerbaron auftreten können. Der Enkel (Höllesberger Franz) wurde Wiggerl genannt und bekam von uns den Spitznahmen „Wachen folgt mir", weil er durch die damals gespielten Ritterfilme inspiriert, ständig mit einem Holzschwert und einer umgehängten Wolldecke herumlief und jedermann aufforderte, ihm zu folgen. Auch Peter Kuchler, Sohn des Dentisten Kuchler, wohnte dort mit seiner geschiedenen Mutter.

Auf dem Dachboden in einem Mansardenzimmer wohnte noch eine ältere Frau (Gatty) mit ihrem Sohn Karl. Weil dieser dort oben ständig nur mit einer schwarzen Cloth-Unterhose bekleidet herumlief, bekam er von uns den Spitznamen „Gattihosn". Der erste Stock war der Familie Oberrauch vorbehalten, wobei auch bei ihnen Amerikaner einzogen und Karl und Fritz zur Familie Zach delogiert wurden. Die Besatzer führten dort ca. zwei Jahre die Gasthausküche für Offiziere. Wir bekamen ab und zu eine Flasche Coca-Cola, durften aber unseren Eltern ja nichts davon erzählen, weil die damals sagten: Das „amerikanische Zeugs" löse den Magen und auch anderes Fleisch auf.

DAS KARLHAUS – FÜRBERGSTRASSE 21

Das Haus wurde ebenfalls um die Jahrhundertwende von Ludwig Dillinger erbaut und eine Metzgerei mit Schlachthaus und Selchanlagen, sowie Wurstküche, Zerlegeraum und Eiskeller im Rückgebäude eingerichtet. Der Eiskeller war noch bis 1930 in Betrieb. Die Kühlung erfolgte damals mit großen Eisstangen, die von den Bierbrauereien geliefert wurden. Anton Karl, geb.1907, war von 1928

Anton Karl mit seinen Angestellten beim Wursten, um 1960
Sammlung Anton Karl

bis 1930 und von 1933 bis 1935 als Erstgeselle bei Herrn Dillinger tätig und kaufte 1938 das Haus – vor dem Kauf führte er in Hallein von 1935 bis 1938 ein Pachtgeschäft (Wirtshaus und Fleischerei).

Anton Karl schreibt:

Damals war das Geschäftslokal nur 16 m² groß. Im ganzen Betrieb waren vier Elektromotoren, um die Amoniakkühlmaschine, den Ventilator und die Kreissäge mittels Transmissionen anzutreiben.

Wie in den anderen Häusern waren die Toiletten noch Plumpsklos und mit der Wasserversorgung auf dem Gang. Bäder gab es keine. Die Generalwäsche fand in der Waschküche statt, wo der Kessel für das Warmwasser beheizt wurde und ein Blechbadewandl zur Verfügung stand. Geheizt wurde mit dem Küchenofen bzw. wenn es besonders kalt war mit einem Kachelofen. Den ersten Stock bewohnten meine Eltern am Anfang mit meiner Schwester Inge und mir, später mit meinem Bruder Helmut, geb. 1940, und meiner jüngeren Schwester Sieglinde, geb. 1942. In diesem Jahr bekamen wir auch ein Badezimmer mit beheizbarem Kupferkessel.

Im zweiten Stock wohnte nordseitig Frau Gasser, eine alleinstehende Witwe, und südseitig zuerst Frau Minzinger, dann Familie Emich (eine Schwester meines Vaters mit Mann und Sohn) und von 1942 bis 1964 Familie Leonhard und Maria Voithofer, ein Frühpensionist der BB, die Eltern von L. Voithofer, Gemeinderat und Großbauunternehmer.

Im September 1943 musste mein Vater zur Deutschen Wehrmacht. Weihnachten 1943 bezahlte meine Mutter die letzten Schulden vom Hauskauf bei Herrn Dillinger ab. Während der Zeit bis Ende Oktober 1944 wurde der Betrieb zuerst von der Metzgerei Schönbauer (Kaigasse) und nach der Bombardierung der Kaigasse im Herbst 1944 von der Metzgerei Erlach (Linzer Gasse) beliefert.

Nach dem Einmarsch der Amerikaner waren in unserem Haus in jedem Zimmer eine Partei aus den Nachbarhäusern eingezogen, nachdem im Holztrattner- und Oberrauchhaus sowie im Haus Eichstraße 6 die Besatzer Wohnungen beschlagnahmt hatten. Meine Mutter war in dieser Zeit im Krankenhaus und eine Hausgehilfin kümmerte sich um uns vier Kinder. Täglich bekam ich von den Amerikanern, die im Neuhauserhof eine Küche hatten, den nur einmal aufgebrühten Kaffeesatz. Dadurch hatte unser Haus jeden Tag „echten" Bohnenkaffee zu trinken. Mittag gab es häufig Übriggebliebenes aus der Küche, eine willkommene Bereicherung des damals sehr kargen Speisezettels.

Am 4. August 1945 kam unerwartet mein seit Jänner vermisster Vater aus der amerikanischen Gefangenschaft in Remagen nach Hause.

Langsam wurden die Bombenschäden repariert, je nach Möglichkeit wieder Glas in die bis dahin mit Pappendeckel verschlossenen Fenster eingebaut. Im Herbst 1945 konnte mein Vater seine Metzgerei wieder in Betrieb nehmen. 1951 wurde das Geschäft vergrößert, eine Zentralheizung eingebaut, die Selchanlage vergrößert, Drehselche, Doppelkesselanlage und ein zweiter Kühlraum kamen dazu. Der Eiskeller wurde zu einer Doppelgarage umgebaut und darüber zwei Personalzimmer und ein Bad eingerichtet.

1954 wurde eine Liegenschaft in Salzburg Langmoosweg erworben (heutige Fleischerei Walter) und dort eine Filiale eingerichtet, 1956 Filiale Linzer Bundesstraße (gepachtet von L. Dillinger). 1968 übernahm ich den Betrieb.

DER „WECKER FRANZ"

Er hieß eigentlich Franz Pednarik – wurde aber von allen Peterscheck Franzl genannt und wohnte mit seiner Schwester (verwitwete Klopf) zusammen im Hillingerhaus im ersten Stock. Franz war seit seiner Geburt (1900) etwas zurückgeblieben und hatte auch Schwierigkeiten beim Sprechen. Er schaffte gerade die Volksschule und von da an begann sein eigentlicher kurioser Lebensweg. Wie ich so herausfinden konnte, interessierte er sich schon von frühester Zeit an für Uhren – im speziellen für die damals gebräuchlichen Wecker zum Aufziehen. Er durfte beim Uhrmacher Brodik in der Linzer Straße herumbasteln, entwickelte ein bemerkenswertes Geschick beim Reparieren dieser

Wecker, konnte aber dort wegen einer Sehschwäche auf einem Auge, sowie seines cholerischen Temperaments und seiner Behinderung nicht bleiben. Ab da war Brodik sein Erzfeind. Zeit seines Lebens schimpfte er auf den Uhrmacher Brodik und schloss seine Schimpftiraden ständig mit der Drohung ab: „ I sogs dem Zach Heini – der wiadn scho einsperrn". Heinrich Zach ist heute 90 Jahre alt, geistig und körperlich können manche 60-Jährige sich an ihm nicht messen und war Kriminalinspektor. Ihm und seinen Fällen ist ein eigenes Kapitel gewidmet.

Ich lernte Franz deshalb näher kennen, weil er beim Neuhauserhof den Vorplatz und den Gehsteig sauber machte, Teppich klopfte, verschiedene Botengänge ausführte und auch bei uns kleinere einfache Arbeiten verrichtete. Er verdiente sich so einen Teil seines Lebensunterhaltes. Bei uns war er besonders gerne, weil da auch immer zum Lohn ein Semmerl oder Salzstangerl dazukam.

Eine große Freude konnte man ihm aber machen, wenn man ihm ab und zu ein Bier zahlte. Seine Schwester hatte das zwar allen Leuten verboten, weil Franz sehr schnell rauschig wurde – was Franz ebenfalls zu der Verwünschung veranlasste, dass er das dem Zach Heini sagen werde und dieser seine Schwester verhaften solle. Wir hielten uns natürlich nicht daran und so wurde seine Schwester oft laut schimpfend bei meinen Eltern vorstellig. Aber mein Vater mochte Franz. Die größte aller Freuden konnte man ihm aber machen, wenn man einen kaputten Wecker hatte und diesen ihm zur Reparatur gab. Er konnte jeden Wecker mit seinem primitiven Werkzeug wieder in Gang setzen – nur dann wollte er ihn nicht mehr hergeben. Das trug ihm den Namen „Wecker Franz" ein. Die Leute waren ihm gegenüber gutmütig und verzichteten auf die Rückgabe.

Franz hatte im Dachboden des Oberrauchhauses einen großen versperrbaren Kasten, in dem er seine Schätze (an die 50 Wecker) aufbewahrte. Das Ticken dieses Kastens war vergleichbar mit dem Ticken verschiedener Atombomben in James-Bond-Filmen. Für Kuchler Peter und für mich war es eine Herausforderung, den Kasten mit einem Dietrich aufzusperren und die Läutwerke, die damals noch brutal laut waren, zu aktivieren. Alle zwei Stunden in Gruppen zu fünf Weckern. Dann sperrten wir den Kasten wieder zu. Um Mitternacht begann die erste Gruppe zu läuten. Das Oberrauchhaus wurde zum Tollhaus – bis nach einigen Alarmen Franz alle Wecker abstellte. Später erzählte er mir, dass sich Zach Heini bereits auf die Suche nach den Schuldigen gemacht habe und diese demnächst einsperren werde.

Franz, der immer etwas abwesend war – vielleicht hatte er auch ein Bier intus – wurde beim Überqueren der Fürbergstraße angefahren und brach sich ein Bein. Nach diesem Unfall hinkte er, ging am Stock und schimpfte auf alle Motorradfahrer. „Er würde sie alle dem Zach Heini melden, damit er sie verhaften könne". Franz verbrachte seine letzten Jahre im Altersheim in der Hellbrunner Straße, wo ihn Hans Heiny und ich noch besuchten. Jedermann in Gnigl kannte diesen Sonderling. Er starb 1974 und bei seinem Begräbnis auf dem Gnigler Friedhof waren viele Leute.

INSPEKTOR HEINRICH ZACH

Eine der bemerkenswertesten Persönlichkeiten aus diesem Mikrokosmos der Untergnigl ist Heinrich Zach. Sein Großvater, Jakob Maislinger, kaufte um 1900 das Haus mit Garten an der Kreuzung und war mit Barbara, geborene Wittauer verheiratet. Das Ehepaar hatte drei Töchter und Maria heiratete Heinrich Zach.

Heinrich Zach
Sammlung Heinrich Zach

Der Sohn der beiden ist jener Mann, dem ich dieses Kapitel widmen möchte. Sein Lebenslauf ist einfach abenteuerlich und übte seit jeher eine große Faszination auf mich aus.

Zach wurde am 29. September 1918 in Salzburg geboren. Nach Volks-, Haupt und kaufmännischer Wirtschaftsschule war er beim Wirtschaftsverband der vereinigten Bäckermeister der Länder Salzburg und Tirol tätig. 1938–1939 Reichsarbeitsdienst und von 1939 bis 1945 eingerückt. Nach dem Krieg begann er seine Karriere als Kriminalbeamter bei der Bundespolizeidirektion Salzburg. 1954 heiratete er Elfriede, geborene Schuhmacher, und übersiedelte nach dem Verkauf des Hauses 1965 nach Aigen.

Zach löste in dieser Zeit einige aufsehenerregende Kriminalfälle: Die Zerschlagung der „Kremena Bande", die sich auf Raubüberfälle spezialisiert hatte, die Einbrüche auf Schloss Imlau zum Schaden von Prinz Friedrich von Hohenzollern, die Millionen-Manipulationen im Salzburger Spielkasino. Er wurde in Gnigl zur Legende. Wenn Heinrich Zach mit seinem bodenlangen braunen Ledermantel und dem schwarzen Hut in der Fürbergstraße auftauchte, dann machte das Verbrechen und der Unfug Pause. Wir Jugendlichen erstarrten vor Ehrfurcht vor dem auch körperlich großen Kriminaler. Für seine Tätigkeit erhielt er das silberne Verdienstzeichen der Republik, ebenso das des Landes Salzburg, sowie 1983 das goldene Verdienstzeichen der Republik Österreich. Ende 1983 ging er als Kriminalabteilungs-Inspektor in den Ruhestand.

Ohne Heinrich Zach und seinem unwahrscheinlichen Schatz an Anekdoten und Daten, sowie seiner Anteilnahme und Geduld und wohl auch Freude, hätte ich Vieles nicht erfahren und es wäre für immer in Vergessenheit geraten. Wahrscheinlich weiß er deshalb so viel, weil die Gnigler immer wieder sagten: „ I sogs dem Zach Heini".

„FALKENAUGE"

Im Haus Eichstraße 4 wohnte im ersten Stock zur Straße hin ein Ehepaar, das sich durch eine besondere Eigenheit auszeichnete. Sie hatten einen kleinen Balkon und saßen von morgens bis abends hinter der, nur einen kleinen Spalt geöffneten Balkontüre, und beobachteten das Geschehen beim Kino und auf der Straße. Sie hatten zwei unterschiedlich hohe Sessel, sodass die Köpfe, die wegen der nur einen Spalt weit geöffneten Tür nur zur Hälfte sichtbar waren, übereinander standen und es war jeweils nur ein Auge pro Person sichtbar. Diese unheimlich starrenden Augen wurden von uns Jugendlichen „Falkenauge" genannt.

SPEERWERFEN

Eine beliebte sportliche Betätigung unter uns Sechzehnjährigen war das Speerwerfen vom Gablerhügel. Jeder von uns hatte einen selbstgebastelten Speer aus Haselnuss oder Esche, mit einer herumgewickelten Schnur als Griffstück. Ich kann mich ohne Übertreibung als guten Speerwerfer bezeichnen und habe später den einen oder anderen Wettbewerb gewonnen. Einen Gegner konnte ich allerdings nie bezwingen – Franz Löberbauer.

Der Gnigler Turnverein, dessen Obmänner damals Franz Zehentner und Hans Stöllinger waren, hat einen kleinen Sportplatz am Hang des Kühbergs und dort fand ich im Gerätehaus einen „richtigen" Sportspeer mit einer Eisenspitze. Es wurde mir erlaubt, ihn zum Trainieren zu benützen. Stolz brachte ich ihn zum Gablerhügel und lud alle meine Freunde zum Speerwerfen ein. Der Anlauf war oben am Hügel, sodass der Werfer nicht sehen konnte, ob sich unten am Hang noch jemand aufhielt. Gerhard Schörghofer steckte gerade seine Weite ab, als Heini Meier anlief und warf. Ich konnte gerade noch „Achtung Speer" rufen, Gerhard richtete sich auf und der Speer traf seinen rechten Oberschenkel und trat auf der Rückseite aus! Wir waren zuerst wie gelähmt, dann haben wir den Speer herausgezogen und Gerhard zum Wäschplatz getragen. Sein Vater lief von der Tischlerei herüber, die Rettung kam und Gerhard wurde ins Krankenhaus gebracht.

Für heutige Zeiten völlig unverständlich, dass damals solche Zwischenfälle ohne Polizei, Gericht, Rechtsanwalt, Schmerzensgeld usw. von den Familien untereinander geregelt wurden. Ich habe es Gerhards Eltern sehr hoch angerechnet, dass sie mir keine Vorwürfe machten, dass ich weiterhin bei ihnen gern gesehen war und auch in der Tischlerei mit Gerhard basteln durfte.

Auch der unglückliche Werfer wurde in keiner Weise belangt. Heutzutage wäre so ein Vorfall wahrscheinlich der Grund für einen teuren Familienstreit.

DIE FIRMUNGSUHR

Zur Firmung war es damals üblich, eine Armbanduhr zu bekommen. Mein Onkel Fritz Perner war mein Firmpate und er schenkte mir eine teure Junghans-Uhr mit stoppbarem Sekundenzeiger. Ich war sehr glücklich über dieses Geschenk und wollte die Uhr immer tragen. Meine Mutter sperrte sie aber weg und ich bekam sie nur an Sonn- und Feiertagen und zu Familienfesten. Meine Proteste dagegen nützten nichts.

Es war in den Sommerferien, meine Freunde und ich wollten wie so oft, am Vormittag auf den Kapuzinerberg. Meine Mutter drohte mir: „Wenn du nicht pünktlich um 12 beim Essen bist, gibt's Stubenarrest". Ich konnte sie überreden, mir die Uhr auszuhändigen, damit ich rechtzeitig zu Hause wäre. „Aber pass ja auf die Uhr auf!". Glücklich und von meinen Freunden wegen der Uhr beneidet, zogen wir ab.

Oberhalb des Weges zum Schweizerhäusl war ein steiler von Jungwald und Haselnussstauden bewachsener Hang. Dort hatten wir eine „Baumstraße". Der Kick bestand darin, oben am Hang auf einen dünnen Baum zu klettern, dieser bog sich nach unten, man griff sich den nächsten Wipfel und so fort – so schwang man sich von oben nach unten. Der letzte Baum war eine elastische Esche, mit der man wieder auf den Boden kam.

Damit meiner Uhr nur ja nichts passiert, hängte ich sie am Landeplatz in eine Astgabel. Wie Tarzan schwang ich herunter, ließ die Esche aus und die schnellte zurück – meine Firmungsuhr blitzte einmal kurz auf und ging in den Orbit.

Mein Entsetzen war unfassbar! Ich traute mich nicht nach Hause. Meine Freunde und ich suchten den ganzen Tag, bis uns die Eltern holen kamen. Trotz ständiger Suchaktionen wurde die Uhr nicht mehr gefunden. Mein Vater strafte mich mit den Worten: „Du hättest ein Aff werden sollen" – meine Mutter gab mir eine Woche Hausarrest mit täglich einer Stunde Klavierspielen.

Die größte Schande waren aber die Familientreffen, bei denen alle auf mein linkes Handgelenk starrten.

DAS FALTBOOT

Meine Eltern hatten für mich ein Sparkonto eingerichtet, zu dem ich von meinem kärglichen Lohn als Bäckerlehrling monatlich etwas zuzahlen musste. Es sollte für eine „anständige Bekleidung" verwendet werden, da ich immer nur in Blue-Jeans und Turnschuhen herumlief.

Als auf dem Konto 3000 Schilling waren, wurde das Geld abgehoben und meine Mutter schickte mich zur Firma Gollhofer, mit deren Eigentümerin sie gut bekannt war, um mich standesgemäß einkleiden zu lassen. Ich nahm das Geld, ging zu Amanshauser, zeigte auf das Faltboot und kaufte es. Das Boot kostete genau so viel, wie ich Geld bei mir hatte. Herr Amanshauser persönlich nahm es herunter und zerlegte es, verpackte die Haut in einen Rucksack, die Spanten und Stäbe in eine Tasche.

Mir war etwas mulmig zumute, als ich zu Hause ankam und mich meine Mutter erwartete. Sie machte den Rucksack auf und war ganz entzückt, dass mir Frau Gollhofer auch einen „Regenmantel" verkauft hat. Erst als der Regenmantel immer länger wurde und auf einmal 4 Meter Faltboothaut am Boden lagen und die Tasche auch keine Kleidung enthielt, wurde ihr endgültig klar, dass ihre Erziehungsmaßnahmen in punkto Kleidung bei mir total versagt hatten. Sie sprach 14 Tage kein Wort mit mir.

Später kauften sich auch meine Freunde Herbert Stöllinger und Gerhard Schörghofer „richtige" Boote und wir machten abenteuerliche Fahrten auf der Lammer und der Salzach.

GEGENGESCHÄFTE

In dieser Zeit musste ich jeden Tag um halb sechs Uhr aufstehen und mit dem Fahrrad eine Liefertour zu unseren Kundschaften machen. Abwechselnd mit unserem anderen Lehrling Albin Listmaier fuhr ich entweder die Voglweiderstraßen-Tour oder die Parscher Tour. Das Gebäck befand sich in einer Buckelkraxe und am Lenker hatten wir meist noch zwei Körbe. Diese Touren wurden bei jedem Wetter, egal ob Regen oder Schnee fiel, durchgeführt. Sie dauerten ca. eine Stunde, anschließend gab's Frühstück und dann ab in die Schule. Die erste Tour führte bis zum Gasthof Paischer, wo sich damals noch der Viehmarkt befand, die zweite vom Gasthof Eder bis zur Sonnleiten in Parsch. Es wurden dabei etwa 15 Gasthäuser beliefert. Ich brachte das Brot direkt in die Küchen, die damals meist noch nicht modernisiert waren und vom hygienischen Stand aus der Vorkriegszeit stammten.

Ich sah Wirte, die auf dem fettigen Küchentisch noch geschlafen haben als ich kam, Hunde, die aus den großen Suppentöpfen, die am Boden standen, Fleisch und Knochen herausholten oder die Suppe soffen, Schaben von der Größe eines Daumennagels, die aus der Speisekammer flüchteten, Berge von schmutzigem Geschirr in den Waschbecken und ein Geruch von altem Fett und Essig aus halbvollen Salatschüsseln durchdrang die Küchen. Wenn ich bei der zweiten Lieferung am Samstag um Mittag in die Küchen kam, sah ich wie gebrauchtes Besteck, Kartoffel, Salat und sonstige noch brauchbare Essensreste, die aus dem Gastzimmer zurück in die Küche kamen, wieder auf das nächste hinausgehende Teller gelegt wurden. Es war natürlich nicht überall so arg, aber bei vielen Wirten – und ich kannte sie alle.

Unsere Familie ging alle 14 Tage zu einem anderen Gasthof, der bei uns Kunde war, essen (Gegengeschäft!). Meine Eltern und Geschwister, die ja keine Ahnung von den Verhältnissen hatten, freuten sich jedes Mal auf diesen Ausflug. Mir graute davor. Trotz größtem Hunger bestellte ich immer nur ein Paar Würstel und ein Himbeer-Soda und blieb trotz Ermahnung meines Vaters, dass wir ja eine entsprechende Zeche machen müssten, standhaft. Nur in drei Gasthäusern konnte ich mit Genuss speisen: Das waren der Gasthof Eder mit der legendären Küchenchefin „Frau Anna", der Hirschenwirt in Parsch und Reschreiter (Sonnleiten).

TAUCHEN

Meine Freunde und ich entdeckten damals den Salzachsee, er entstand aus einer aufgelassenen Schottergrube vom Autobahnbau und war wesentlich größer als der heutige „Badesee". Er hatte glasklares Wasser und war etwa vier bis acht Meter tief. Hans Hass war damals gerade berühmt geworden und wir wollten ebenfalls sehen, was sich unter Wasser so abspielt. Also kauften wir uns Hass-Flossen und Taucherbrillen sowie Schnorchel und begannen im Salzachsee zu tauchen. Zu Weihnachten 1955 bekam ich von meinem Vater das Buch „Mensch unter Haien" von Hans Hass.

Darin beschrieb er, wie sie die Filme mit Hilfe eines einfachen Taucherhelmes für den Kameramann, gedreht hatten. Richtige Tauchgeräte gab es damals noch nicht oder sie waren unerschwinglich teuer und dem Militär vorbehalten.

Ich habe das Buch in einem Zug ausgelesen und beschlossen; wir bauen uns auch einen Taucherhelm. Ein viereckiger Ölkanister wurde als Helm verwendet, vorne eine Glasscheibe eingedichtet und rückwärts ein Anschlussstutzen angelötet. Damit der Helm nicht auftrieb, nähte ich aus Mehlsäcken Ballastbehälter, die vorne und hinten befestigt wurden – sie waren mit Steinen gefüllt. Für die Luftzufuhr „besorgte" Peter Kuchler aus der Ordination seines Vaters, der Dentist war, einen richtig großen stabilen Blasebalg, er wurde bis dahin zum Goldschmelzen für Zahnkronen verwendet, und Gerhard Schörghofer „lieh" sich 30 Meter Gartenschlauch (damals eine Kostbarkeit) vom Betrieb seines Vaters aus.

Ich konstruierte mit Hilfe einer Gasmaskennase und eines doppelten Motorradschlauches ein Rückschlagventil und im Februar 1956 war unser Equipment fertig.

KINDHEIT UND JUGEND IN GNIGL | **379**

Links unsere Tauchausrüstung und erste Tauchübungen, rechts die Kreilbrüder und ich mit der Harpune, Mitte 1950er Jahre
Sammlung Hans Holztrattner

Keiner von uns wollte bis zum Sommer warten, also gingen wir in unseren Garten zum zugefrorenen Planschbecken. Wir machten ein Feuer zum Aufwärmen und Peter Kuchler wollte der erste sein, der den Helm ausprobierte.

Wir schlugen das Eis auf und Peter stieg nur mit seiner Unterhose bekleidet, mit dem Helm ins Wasser. Aber es war so eisig, dass er nur etwa zehn Sekunden unter Wasser blieb. Es gab damals auch noch keine Neoprenanzüge und die Schwimmer, die den Ärmelkanal durchschwammen, waren dick mit Schweinefett eingeschmiert. Also fuhr ich mit dem Rad zu unserem Geschäft und „organisierte" ca. zwei Kilo Schweinefett, das damals noch in 25-Kilo-Holzkisten geliefert wurde.

Peter wurde von uns mit größtem Vergnügen von oben bis unten dick eingeschmiert. Dann ging er wieder ins Wasser. Diesmal blieb er ca. fünf bis sechs Minuten unten und kam dann blau gefroren wieder heraus. Unser Helm funktionierte! Aber wir brachten das Schweinefett nicht mehr von seinem Körper, also fuhr er in seiner Unterhose zu uns in die Bäckerei. Dort stellten wir ihn nackt in den Gärraum auf ein Blech, schlossen die Tür und drehten den Dampf auf. Das Gebrüll von Peter hätte beinahe meinen Vater aufgescheucht, aber schließlich war das Fett heruntergeschmolzen.

Im Sommer waren wir dann „die Sensation" am Salzachsee. Radio und Zeitung brachten Berichte über die 17-jährigen Taucher, die am Boden des Sees herumspazierten.

Es gab dort unten richtige Wiesen und Stellen mit Schlingpflanzen, die wie Wälder waren und jede Menge Fische. Ich ging damals in die Berufsschule und an einem schönen Tag bekam die ganze Schule nachmittags frei und wir fuhren an den Salzachsee. Wenn wir tauchten, war das Ufer voll von Leuten. Im Jahr darauf wurden wir größenwahnsinnig, wir beschlossen, eine Harpune zu bauen, um Fische herauszuschießen. Nach einigen Erfolgen erwischten uns die misstrauischen Fischer und ich wurde angezeigt und verurteilt. Ich bekam eine saftige Geldstrafe und war vorbestraft. Mit dem Tauchen war es vorbei.

MEINE LÖWIN „SUGAR"

Ich bekam zu meinem 12. Geburtstag von meinen Eltern das Dschungelbuch von Rudyard Kipling. Sie konnten nicht ahnen, was sie damit bei mir auslösten. Ich war fasziniert von der Geschichte des kleinen Jungen Mogli, der im Dschungel mit den wilden Tieren aufwuchs. Besonders seine Freundschaft zum schwarzen Panter ließ mich nicht mehr los und beschäftigte meine Fantasie. Es war immer mein Traum, einen Panter, Leoparden oder Löwen zu zähmen.

Anfang Oktober 1960 war ich bei unserem Friseur Enzenberger zum Haareschneiden. Wie immer zog sich die Prozedur lange hin, weil Enzenberger immer wieder auf die Kreuzung schaute und dabei mit der Schere schnippte. Ich hatte die Illustrierte Quick zum Lesen und ein Artikel sprang mir sofort ins Auge: „Zum Sterben geboren". Der Reporter Gronefeld hatte ermittelt, dass fast alle Tiergärten wegen der Publikumswirksamkeit Löwen züchteten, um sie dann, wenn sie größer geworden waren, aus Platzmangel zu erschießen. Der Artikel war mit Fotos belegt.

Sofort setzte ich mich hin und schrieb an die Quick-Redaktion, sie sollten mir den Zoo angeben, ich würde einen Löwen kaufen und aufziehen. Sie schrieben zurück, dass das nicht möglich wäre, weil die Empörung der Leserschaft so groß wäre, dass sich kein Zoo namentlich dazu bekennen würde. Also schrieb ich sämtliche mir bekannten Tiergärten in Europa an. Alle schrieben zurück und sagten, entweder sie würden solche Praktiken nicht anwenden oder die Jungtiere tauschen. Einzig Prof. Bernhard Grzimek, der Leiter des Frankfurter Zoos, der auch eine Fernsehreihe über Tiere hatte, schrieb, dass sie junge Löwen im Rahmen eines Programms in der Serengeti auswilderten. Aber er betreute einen Fabrikanten in Limburg/Lahn, der einen Privatzoo hatte, und dort wären zwei Löwen geboren worden. Ich rief sofort dort an und wurde mit dem Besitzer handelseins. Es war ein Männchen und ein Weibchen da – ich entschied mich schon wegen der zu erwartenden Größe für das Weibchen. Ich hatte damals für ein Auto wieder einmal 3000 Schilling angespart – so viel sollte das Löwenbaby kosten. Allen meinen Freunden erzählte ich, dass ich mir einen Löwen kaufen wollte, keiner glaubte daran und einige sagten „jaja" – einen Vogel hast du eh schon! Meinen Eltern etwas zu sagen traute ich mich nicht.

Am 22. Jänner 1961 gegen Abend bekam ich das Löwenmädchen, ich nannte sie Sugar und musste sie nun meinen Eltern zeigen. Sie war sieben Wochen alt und so groß wie ein Pudel. Ich nahm sie auf den Arm und ging ins Wohnzimmer, wo die Familie beisammen saß.

Das Löwenbaby „Sugar", Sammlung Hans Holztrattner

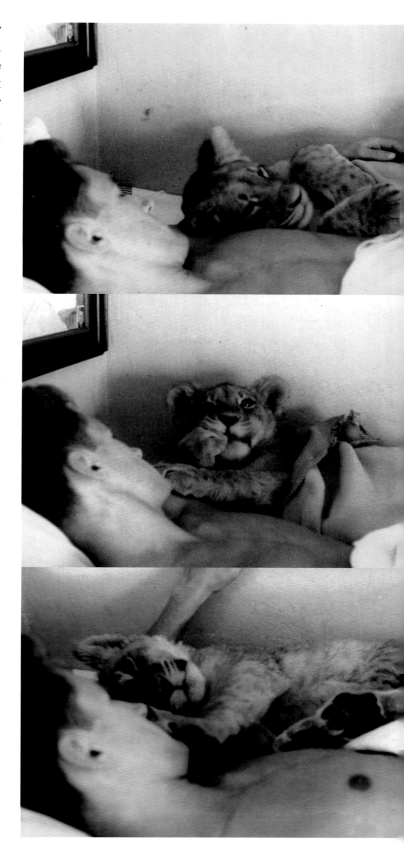

Mein Vater las in einem Buch und ich trat hinter ihn und sagte: „Vater, schau ich hab mir eine Katze gekauft". Er blickte über die Schulter und wollte dann wieder weiterlesen, dann riss es ihn herum: „du Trottel, die haben dir ja einen Löwen verkauft – das Vieh muss aus dem Haus – sofort – wir sind eine Bäckerei und kein Tiergarten – wenn das Vieh nicht verschwindet, enterbe ich dich!" Bestürzt über diesen Ausbruch schlich ich mit Sugar in meine Mansarde. Drei Tage später lag Sugar schon bei meinem Vater auf der Couch und eine Woche später hatte auch meine Mutter Sugar ins Herz geschlossen.

Nach einer entnervenden Woche war sie stubenrein, schlief bei mir im Bett und durfte frei im Haus herumlaufen. Ich nahm sie mit zum Schifahren nach Wagrain, sie fuhr mit mir mit dem Sessellift zum Nazbauern und tollte die Piste herunter – kein Mensch beachtete sie, jeder glaubte es wäre ein Hund. Wir machten Wanderungen am Grabensee, Gaisberg und in der Umgebung von Salzburg, alles meist ohne Leine – mittlerweile hatte ich sie soweit, dass sie bei Fuß ging. Im Sommer fuhren wir mit den Freunden an den Fuschlsee zum Baden, sie war eine begeisterte Schwimmerin.

Besonderen Spaß machte es ihr, wenn ich sie auf meinen Liefertouren mit dem VW-Bus mitnahm. Auch dazu gibt es eine nette Anekdote: Unser Betrieb belieferte den Fisch-Krieg am Hanuschplatz. Beim Zurückfahren über die Staatsbrücke fiel dem Filialleiter der Meinlfiliale, die sich damals dort befand, Sugar, die immer auf dem Beifahrersitz saß, auf. Da Bäcker sehr pünktlich liefern und immer zur selben Zeit an einem bestimmten Punkt vorbeikommen, wartete er schon, und wenn ich bei der Ampel halten musste, sprang er heraus und brachte Sugar ein kleines Stück Leberkäse. Das ging soweit, dass sich zur „Raubtierfütterung" des Öfteren eine Menge Leute einfanden. Bis dahin waren Sugar und ich weitgehend unbemerkt von der Öffentlichkeit geblieben. Das änderte sich. Sugar lief bei uns im Haus völlig frei herum, spielte im Hof und war zeitweise ohne Aufsicht. Eines Tages kam ich vom Liefern aus der Stadt zur Kreuzung bei unserem Haus und sah drei Polizeiautos mit Blaulicht und Uniformierte, die herumeilten, einer davon hatte sogar eine Pistole in der Hand. Ich konnte nicht zu unserem Geschäft fahren, dachte an einen Unfall, blieb stehen und fragte was los wäre.

„Ein Löwe sitzt auf der Kreuzung" war die Antwort. Sugar war aus Neugier auf die Straße gelaufen und hatte dort für ein Verkehrschaos und Aufregung gesorgt. Sie saß noch immer mitten auf der Kreuzung. Ich ging hin, schnappte sie am Halsband und führte sie zum VW-Bus, wo sie sofort auf dem Beifahrersitz Platz nahm und interessiert zum Fenster hinaussah. Die Polizisten waren sprachlos. Es wurde ein Protokoll aufgenommen. Leider wurde durch diesen Vorfall eine Lawine losgetreten, die sich nicht mehr stoppen ließ. Pausenlos läutete das Telefon, standen Reporter vor der Tür und kamen Leute zum „Löwenschauen". Da ich keine Auskünfte und Interviews gab, schrieben die Zeitungen, was sie von Bekannten und sonstigen „gutinformierten Kreisen" erfahren hatten. Sugar wurde zum Medienstar.

Zu dieser Zeit kämpfte der Hellbrunner Tiergarten ums Überleben. Der Direktor Windischbauer durfte nur einen „Alpenzoo" betreiben und die dort untergebrachten Wildschweine, Rehe, Hirsche und Steinböcke lockten zu wenig Besucher an. Also fragte Windischbauer, der meine Mutter kannte, ob ich nicht an den Wochenenden Sugar herleihen würde, damit mehr Besucher nach Hellbrunn kämen. Ich lehnte das damals strikt ab. Die Wochenenden gehörten Sugar, mir und meinen Freunden.

Windischbauer machte einen genialen Schachzug: Er kaufte einen „Berglöwen", auch als Puma bekannt, und zwei „Bergleoparden". Damit umging er die Auflagen und es kam mehr Publikum.

Gegen Ende des Jahres war Sugar schon so groß wie eine Dogge und unsere Mieter im Haus bekamen allmählich Angst, weil sie immer noch frei herumlief. Als dann die Frau eines Mieters gekratzt wurde, bekam ich eine Anzeige und musste vor Gericht. Es war ein Riesenauflauf, als ich mit Sugar im Gerichtssaal erschien, um ihre Harmlosigkeit zu demonstrieren. Der Richter verwies mich und Sugar des Saales und ich sperrte sie in den geparkten

VW-Bus. Dort gab es dann auch einen Lokalaugenschein. Ich wurde wegen „nicht entsprechender Verwahrung eines gefährlichen Haustieres" und wegen verursachter leichter Körperverletzung verurteilt. Außerdem bekam ich die Auflage, Sugar entweder anzuketten oder sie in einen Käfig zu sperren. Eine Alternative wäre gewesen, unseren Garten mit einem höheren Zaun abzusichern und sie dort unterzubringen.

Im Jahr darauf vereinbarte ich mit Windischbauer eine Unterbringung von Sugar im Leopardengehege als Leihgabe und Zugang mit eigenem Schlüssel zum Tierpark. Es dauerte einige Zeit, bis ich mich mit den beiden Leoparden (Wasti und Buschi) anfreunden konnte, aber nach ca. einem Monat fraßen sie mir aus der Hand und wir wurden gute Freunde. Auch mein Bruder Peter, der mich oft begleitete, kam gut mit ihnen aus. Mein Jugendtraum war in Erfüllung gegangen: Ich hatte jetzt auch noch zwei Leoparden! Die Begrüßungen der Drei, wenn ich sie besuchte, werden mir unvergesslich bleiben und auch wie Sugar versuchte, mich zurückzuhalten, wenn ich wieder ging. Es war herzzerreißend. An einem trüben Samstag beschloss ich, die Nacht im Tiergarten zu verbringen. Ich baute mir mit den Strohballen eine Höhle und als es finster wurde, schlüpfte ich hinein.

Sofort kam Sugar zu mir und gleich darauf der Leopard. Das Leopardenweibchen war nicht ganz so zahm, sie blieb draußen. Es war sehr eng, aber ich verbrachte eine gemütliche Nacht. Sonntags früh entdeckte der Wärter bei seinem morgendlichen Kontrollgang die Höhle und einen menschlichen Fuß, der herausragte. Er verständigte sofort Windischbauer und die Rettung, auch holte er einen Gartenschlauch, um die Leoparden zu vertreiben. Durch den Wirbel wachte ich auf und kam aus der Höhle heraus. Windischbauer war nahe einem Herzinfarkt und ließ sich von mir versprechen, so etwas nie wieder zu machen. Die mittlerweile eingetroffene Rettung wurde wieder zurückgeschickt und alle Beteiligten zu Stillschweigen verpflichtet.

Mit Sugar und dem Leoparden Wasti in Hellbrunn
Sammlung Hans Holztrattner

Bei seinem Salzburgaufenthalt wurde Bundespräsident Adolf Schärf von Windischbauer eingeladen, den Zoo zu besichtigen. Ich war mit meinen Brüdern Karl und Peter im Gehege und die Politprominenz (Bürgermeister Bäck, Donnenberg, Prof. Tratz usw.) sowie die Entourage von Schärf waren begeistert. Als wir aber Sugar herauslassen wollten, winkten sie sehr rasch ab. Wir wurden trotzdem zum Mittagessen im Schlossrestaurant eingeladen.

Ohne Windischbauer und Sugar hätte der Hellbrunner Tiergarten wahrscheinlich nicht so einen Bekanntheitsgrad erreicht, wie er ihn heute hat – das sollte man nicht vergessen!

Wenn ich heute nach Gnigl komme, befällt mich eine gewisse Wehmut. Die Gnigl von 1950 bis 1965 ist nicht mehr zu vergleichen mit der Situation von 2008. Alle Freunde und Bekannten sind weggezogen – auch ich verkaufte das Elternhaus und zog nach Aigen. Von den Betrieben ist nur noch die Metzgerei Karl, die von Anton Karl jun. geführt wird, übrig. In nur 60 Jahren hat sich das Bild einer Vorstadtgegend grundlegend gewandelt. Heute dominieren Einkaufszentren, Durchgangsstraßen, neue Betriebe und Anonymität dieses einst fast dörfliche Viertel. An die Zeit wie es vor rund 60 Jahren war, kann sich kaum noch jemand erinnern. Dagegen sollte man etwas unternehmen – deshalb habe ich meine Erinnerungen niedergeschrieben.

Dank!

Für ihre Mithilfe und Anregungen möchte ich mich vor allem bei meinen Freunden Herbert Stöllinger, Gerhard Schörghofer, Anton Karl, Karl Buchner, Rudi Oberrauch, Max Hummer, Hans Heiny und meinem Bruder Peter bedanken. Besonderer Dank gebührt auch Heinrich Zach sowie den hilfsbereiten Damen und Herren des Stadt- und des Landesarchivs.

Vereine in Gnigl

Bearbeitet von Astrid Zehentner

Gnigl mit seiner gewachsenen dörflichen Struktur war immer ein Ort, wo gesellschaftliches Leben und traditionelles Brauchtum von den Vereinen entscheidend geprägt wurden. Im Rahmen des Stadtteiljubiläums wurde auch den in Gnigl beheimateten Vereinen die Möglichkeit gegeben, ihre Vereinsgeschichten der breiten Öffentlichkeit vorzustellen.

Natürlich ist hier keine vollständige Darstellung aller Vereine und Organisationen, die für die Gnigler und Gniglerinnen in den letzten Jahrzehnten von großer Bedeutung waren, möglich. Zum einen konnten nur jene Vereine berücksichtigt werden, die entsprechendes Material zur Verfügung gestellt haben. Zum anderen haben auch nicht alle Gnigler Vereine die Zeit überdauert. Politische Parteien und Vorfeldorganisationen wurden bewusst ausgespart. Auch auf die zahlreichen kirchlichen Arbeitskreise und Organisationen wurde verzichtet, da deren Darstellung den Rahmen dieser Chronik gesprengt hätte.

Die Beiträge der folgenden Vereine wurden vom Stadtteilverein gesammelt und anschließend noch einmal redaktionell bearbeitet. Wir bitten um Verständnis, dass wir aus Platzgründen die teils sehr umfangreichen Beiträge entsprechend kürzen mussten.

Viele Verdienste der ehrenamtlich Tätigen bleiben an dieser Stelle vielleicht namentlich unerwähnt, aber sicher nicht unbedankt.

Alt Gnigler Krampus Perchten Pass

Gegründet 1966

Im Jahre 1966 gelang es Hans Brugger, Tapeziermeister in Gnigl, der schon in früher Kindheit mit dem Krampus- und Perchtenbrauchtum in Berührung kam, auch seine Freunde dafür zu begeistern. Mangels finanzieller Mittel waren die damaligen Masken mit heutigen natürlich nicht zu vergleichen. Felllarven mit Kuhhörnern dienten als Masken und auch die Gewänder wurden selbst mit Nadel und Faden aus verschiedenen Schaffellresten zusammengenäht. Mit Birken und Weidenruten wurde unter Kuhglockenlärm durch die Straßen Gnigls gelaufen. In den Jahren darauf fanden sich immer mehr Gnigler Burschen, die sich der Gruppe anschlossen. Die Masken entwickelten sich weiter und wurden nun aus Pappmaschee oder PU-Schaum gefertigt. Der Ruf, den die Gnigler Perchten im ganzen Land genossen, war so gut, dass einige von ihnen in den 1970er Jahren zum großen Pongauer Perchtenlauf in Bischofshofen eingeladen wurden.

Im Jahr 1972 trat Hans Brugger an die Kaufmannschaft „Gnigl Aktuell" unter dem damaligen Obmann Heinz Brodik mit dem Wunsch heran, in Gnigl einen Krampuslauf zu veranstalten. Diese Idee wurde mit Begeisterung aufgegriffen. Die Laufstrecke wurde über die Jahre einige Male verändert. Die Teilnehmer erhielten fürs Laufen Würstel mit Brot und ein Getränk. Es fanden auch Prämierungen unter fachkundiger Jury statt. Unterschiedlichste Perchtengruppen kamen aus dem ganzen Land, um an der Veranstaltung teilzunehmen.

Im Jahr 1991 übernahm der Verein Forum Gnigl die Organisation des Gnigler Krampuslaufes und führte diesen unter den Obleuten Heinz Brodik, Herbert Just, Heinz Reuters und Verena Hohenauer bis zum Jahr 2002 durch. Als Strecke wählte man die Variante vom Rangierbahnhof über die Schillinghofstraße, Turnerstraße, Linzer Bundesstraße und Minnesheimstraße mit Ende im Gnigler Park, wo unter anderem Sachpreise an die Krampusgruppen verlost wurden.

Seit 2002 ist der Verein „Gnigl.at" unter Gerhard Sulzer offizieller Veranstalter des Gnigler Krampuslaufes. Als treibende Kraft fungiert die Familie Brugger mit der „Alt Gnigler Krampus Perchten Pass".

Die Mitglieder investieren viel Freizeit in die Ausrüstung

Seit 2001 auch für die Einladung der Krampusgruppen verantwortlich, gelingt es Hannes Brugger immer wieder verschiedenste Gruppen aus Stadt und Land Salzburg, den benachbarten Bundesländern sowie dem angrenzenden Bayern nach Gnigl zu lotsen, um beim jährlichen Krampuslauf am 1. Adventsamstag teilzunehmen.

Gruppenfoto der Alt Gnigler Krampus Perchten Pass in Guggenthal

Ohne die Mithilfe der Gnigler Unternehmen und Spender, der Vereine und der vielen freiwilligen Helfer wäre der Gnigler Krampuslauf nicht zu finanzieren und durchzuführen.

Im Jänner 1991 nahmen die Gnigler Perchten beim ersten innergebirglichen Perchtentreffen in Pfarrwerfen teil (dargestellt im Buch der Salzburger Volkskultur „Maske-Mystik-Brauch"). 1995 wurde vom ORF Salzburg ein Fernsehbeitrag über die „Alt Gnigler Krampus Perchten Pass" und den Gnigler Krampuslauf in „Salzburg Heute" gesendet, der den traditionellen Stil dieser Art der Brauchtumspflege lobte.

Über viele Jahre hinweg stellten sich die „Altgnigler" immer wieder in den Dienst einer guten Sache, z. B. für Licht ins Dunkel, Besuche in der Kinderkrebsstation des LKH und in verschiedenen Altersheimen. In den Gnigler Kindergärten und diversen Volksschulen wird Aufklärung betrieben, um den Kindern die Angst vor dem Krampus zu nehmen. Die Kinder dürfen hier Felle und Masken anprobieren und bekommen Grundlegendes über das Krampus- und Perchtenbrauchtum vermittelt.

Derzeit besteht die Pass aus bis zu 60 Mitgliedern jeden Alters. Seit dem Jahr 2009 gibt es die „Alt Gnigler Kinder Pass" (Buben und Mädchen im Alter zwischen 5 und 12 Jahren) – natürlich nur mit Originalmasken aus Zirbenholz gefertigt. Die Anzüge und Mäntel werden aus Ziegen- oder Schaffell genäht.

Die „Alt Gnigler Krampus Perchten Pass" freut sich, diesen typischen Salzburger Brauch noch viele Jahre nach bestem Wissen und Gewissen weiter zu pflegen.

Alt Gnigler Krampus Perchten Pass
Passenführer Hannes Brugger
Linzer Bundesstraße 46, 5023 Salzburg
www.altgnigler.at

ATSV Gnigl

Gegründet 1921

Der ATSV Gnigl wurde im Dezember 1921 gegründet. Als Vereinslokal diente zunächst eine Baracke an der Schillinghofstraße. Im Turnbericht von 1922 wurden bereits 102 Mitglieder angegeben. Bald konnten bei zahlreichen Wettbewerben schon erste Erfolge gefeiert werden.

In den Jahren 1926/27 errichteten die Mitglieder in Tausenden unentgeltlichen Arbeitsstunden Turnhalle und Sportplatz an der Minnesheimstraße. Als sozialdemokratischer Verein wurde der ATSV 1934 verboten und die Turnhalle beschlagnahmt. Nach der Machtübernahme durch die NSDAP wurde der Verein 1938 endgültig aufgelöst. Viele Vereinsmitglieder verloren an der Front oder in Konzentrationslagern ihr Leben.

1949 wurde der Verein erneut angemeldet und der Turnbetrieb wieder aufgenommen. In den 1960er Jahren verfügte der ATSV Gnigl über eine äußerst leistungsstarke Damen- und Herren-Wettkampfriege, die zahlreiche Titel gewann. Gerhard Huber erreichte mehrere Landes- und Staatsmeistertitel und vertrat Österreich auch bei den olympischen Spielen.

Die vielen sportlichen Erfolge waren zu einem nicht geringen Teil ausschlaggebend für die Genehmigung eines Um- und Erweiterungsbaues der Vereinsturnhalle im Jahre 1968. Auf Landes- und auf Bundesebene konnte der Verein auch in den darauffolgenden Jahren weitere große Erfolge feiern. Unter Obmann Huber konnte anlässlich des Baus des Gnigler Vereinsheims auch die neue moderne Turnhalle verwirklicht werden.

Neben Leistungsturnen bietet der ATSV Gnigl das beliebte Kinderturnen für alle Altersgruppen an, Aerobic und Fitsport runden das Angebot ab. Die rund 300 Mitglieder pflegen ein reges Vereinsleben. Dazu gehören das Weihnachtsturnen, die Faschingsturnstunde und natürlich die Vereinsmeisterschaften.

Der ATSV Gnigl würde sich freuen, auch Sie als aktives oder unterstützendes Mitglied begrüßen zu dürfen. Anmeldungen sind beim Obmann jederzeit möglich oder man kommt zu einer Trainingsstunde.

Athletik-Sport-Verein Gnigl
Obmann Wolfgang Mayrhofer
Minnesheimstr. 35, 5023 Gnigl
www.atsv-gnigl.at

Talente wie Carina Rettensteiner, die bei der SCIT-WM 2010 in Frankreich Silber (Team) und Bronze (Einzel) gewann, stehen für das ATSV-Leistungsturnen auf höchstem Niveau.

ESV Gnigl

Gegründet 1939

In den 1930er Jahren gab es in Gnigl zahlreiche Weiher, auf denen dem Eissport vom Eislaufen bis zum Eisstockschießen nachgegangen werden konnte. Ein eigener Eisschützenverein wurde erst 1939 unter dem damaligen Obmann Adalbert Hufnagl gegründet. Während des Krieges kam die Vereinstätigkeit wie bei fast allen Vereinen zum Erliegen, ab 1948 wurde aber wieder Eisstock geschossen. Als eine der wenigen Freizeitaktivitäten der damaligen Zeit erfreute sich das Eisstockschießen großer Beliebtheit. Um auch in den Sommermonaten dieser Sportart nachgehen zu können, wurde vom Verein eine Nadelbahn errichtet. Auch der Mitgliederstand konnte sich bald mehr als verdoppeln.

Im Jahr 1968 wurde unter Obmann Hans Brugger sen. die Asphaltbahn im Gnigler Park gebaut, auf der bis heute Turniere und Meisterschaften abgehalten werden. Besonders geschätzt wurden die Präschießen mit anderen Stadtteilvereinen. Mit der kürzeren zweiten Bahn, die unter Obmann Engelbert Lettner errichtet wurde, können nun auch olympische Turniere, Zielbewerbe und Turniere für mehrere Mannschaften ausgerichtet werden. Die Sportanlage, die Stockhütte und das Stockstüberl wurden von den Vereinsmitgliedern immer wieder renoviert. Zuletzt wurden Asphaltbahn, Gehwege und Banden im Jahr 2007 gänzlich erneuert.

In den vergangenen 70 Jahren wurden von sieben Obmännern des ESV Gnigl bis zu 140 Mitglieder betreut. In fünf Chronikbüchern mit 1500 Seiten wurden die Aktivitäten des Vereins zusammengefasst. Auch sportliche Erfolge konnte der ESV verbuchen. So stellte der Verein im Jahr 2000 den Landesligameister. Im selben Jahr wurde die Jugendmannschaft Pongauer Bezirksmeister und 2004 dann Oberligameister.

Wir wünschen den Sportlern noch viele weitere Erfolge und Stock Heil. Und wer sich für diese Sportart interessiert, der kommt einfach beim nächsten Schießen vorbei.

Oben: Nadelbahn, Sommer 1957, Sammlung Hans Brugger
Unten: Präschießen ESV Gnigl gegen Annaberg auf der Gnigler Bahn, 2010

ESV Gnigl
Obmann Norbert Gabriel
Parscher Straße 31, 5023 Salzburg

Erster Volks- und historischer Trachtenverein Gnigl

Gegründet 1925

In den letzten Jahren wird wieder vermehrt Tracht getragen. Historische Festtagstrachten sind und bleiben aber etwas Besonderes. Der Trachtenverein Gnigl versucht, unsere Volkskultur eingebunden in das jahreszeitliche Brauchtum auch für kommende Generationen zu bewahren.

Gegründet am 14. Februar 1925 im Gasthof Rangierbahnhof kann der Verein auf 86 Jahre Vereinsgeschichte zurückblicken. Schon im Gründungsjahr gewannen die Gnigler einen begehrten Trachtenpreis in Braunau. In den Vereinsprotokollen finden sich noch viele interessante Aufzeichnungen, die diesen Rahmen aber sprengen würden.

In den vergangenen Jahrzehnten beteiligte sich der Verein an unzähligen Trachtenfesten, Veranstaltungen und Feiern im In- und Ausland – darunter auch das Münchner Oktoberfest. Natürlich wirkt der Verein auch bei vielen kirchlichen Hochfesten in Gnigl mit.

Die Ausfahrten mit dem historischen Fuhrpark des Trachtenvereins stellen immer wieder einen besonderen Höhepunkt dar. Der Trachtenverein hat eine alte Postkutsche – ein Reisewagen für 8 bis 10 Personen um 1870 – sowie zwei Landauer aus der Zeit um die Jahrhundertwende liebevoll restauriert.

Der Fuhrpark und viele weitere Gerätschaften befinden sich im Trachtenheim, das in den 1960er Jahren dank dem selbstlosen Arbeitseinsatz der Mitglieder und zahlreicher Spender errichtet werden konnte. Im Vereinshaus an der Ferdinand-Sauter-Straße finden auch die monatlichen Treffen statt. Gäste und Interessierte sind immer herzlich willkommen.

Erster Volks- und historischer Trachtenverein Gnigl
Obmann Karl Knopf
Ferdinand-Sauter-Straße 2, 5023 Salzburg

Ein Verein mit langer Tradition, um 1928
Sammlung Christian Lankes (Fotostudio Wolkersdorfer)

Forum Gnigl
Verein für Brauchtum und Kultur

Gegründet 1991

Viele Veranstaltungen können von einem Verein alleine gar nicht organisiert und durchgeführt werden. So standen Anfang der 1990er Jahre viele beliebte Veranstaltungen kurz vor dem Aus. Auch der allseits bekannte Gnigler Krampus- und Perchtenlauf war in seinem Fortbestand in Gefahr.

Der Oldtimer-Treff mit seinen vielen Klassikern begeistert Jung und Alt, 2010 (Foto Sulzer)

Bei einem gemütlichen Beisammensein der Familien Dumfort, Flandera, Hohenauer und Laubbichler wurde die Idee, einen eigenen Verein zur Erhaltung des Gnigler Krampus- und Perchtenlaufes geboren. Seit der Gründung im Jahre 1991 bis 2001 führte das Forum Gnigl diese Veranstaltung alleine durch, ab 2002 gemeinsam mit anderen Vereinen. Unter dem Motto „miteinander nicht gegeneinander" organisiert das Forum Gnigl gemeinsam mit anderen Vereinen weitere Veranstaltungen. Ziel ist es, dem ursprünglich dörflichen Charakter Gnigls mit seinen vielen Brauchtumsveranstaltungen neues Leben einzuhauchen. Damit Gnigl weiterhin „das kleine Dorf am Rande der Stadt" bleibt.

Unter Obmann Heinz Reuters konnte siebenmal der Gnigler Maibaum aufgestellt werden. Diese Feste wurden durch den tatkräftigen Einsatz der Vereinsmitglieder und der Hilfe der anderen Gnigler Vereine wie der Freiwilligen Feuerwehr, der Kameradschaft, dem Trachtenverein, den Prangerstutzenschützen, den Kinderfreunden oder dem Musikzug Gnigl getragen.

Seit 1999 leitet Verena Hohenauer die Geschicke des Forum Gnigl. Neue Veranstaltungen, wie Vernissagen und Konzerte wurden ins Leben gerufen. Seit 2005 findet im August auf dem Gelände der Firma Hannak das Oldtimertreffen statt. Dort kann man „Alles, was alt ist und Räder hat" bestaunen. Diese neue und willkommene Veranstaltung wird zusammen mit der Kameradschaft und dem Trachtenverein organisiert.

An dieser Stelle möchte sich das Forum Gnigl bei den vielen Vereinen und Helfern bedanken, ohne deren Hilfe und Unterstützung diese Feste und Veranstaltungen nicht möglich wären.

Forum Gnigl
Obfrau Verena Hohenauer
Turnerstraße 9, 5023 Salzburg

Freiwillige Feuerwehr Gnigl

Gegründet 1881

Seit mehr als 125 Jahren sorgen die Feuerwehrmänner und Feuerwehrfrauen der Wache Gnigl für die Sicherheit der Salzburger Bevölkerung. Gegründet wurde die Freiwillige Feuerwehr Gnigl am 1. März 1881 im Gasthof Gürtler als 33. Feuerwehr des Landes Salzburg. Die Initiatoren waren der Arzt Franz Hattinger, der Gemeindevertreter Andreas Blüml, der k. u. k. Postmeister Ignaz Eigner und der Krämer Albert Reichhart. Ignaz Eigner wurde zum ersten Hauptmann gewählt. Wie wichtig diese Gründung für Gnigl und Itzling war, zeigte die Feuertaufe nur wenige Wochen später am 6. April 1881. Das kleine Rauchbichlgut in Itzling hatte Feuer gefangen.

Im September 1882 wurde die von Justina Hochstätter gestiftete Fahne geweiht. 1896, 15 Jahre nach der Gründung, wurde innerhalb der Feuerwehr eine eigene Sanitätsabteilung errichtet, eine der ersten im ganzen Kronland. Diese fortschrittliche Einrichtung ging auf eine Initiative von Sanitätschef und Korpsarzt Dr. Franz Hattinger jun. zurück. Natürlich war der Erfolg der Lösch- und Rettungsmaßnahmen im hohen Maße von der Ausrüstung abhängig. 1903 wurde in der Zeugstätte an der Grazer Bundesstraße die feierliche Übergabe der mechanischen Schiebeleiter durch den Spender, Kommandant Michael Tauer, gefeiert. 1913 entschloss man sich, in Itzling eine eigene Filialfeuerwehr zu gründen. Man stellte die alten Schläuche mit dem Schlauchkarren, gebrauchte Helme sowie die alte Spritze zur Verfügung. 1921 wurde die pferdebespannte Motorspritze und 1925 die neu-erworbene Autospritze übernommen. Ein weiterer Meilenstein war der Bau der neuen Zeugstätte im Jahre 1932.

Im Zuge der Eingemeindung zur Stadt Salzburg am 1. Juli 1935 wurde die Feuerwehr in den Gesamtkörper der Freiwilligen Feuerwehr der Stadt Salzburg übernommen und kommandomäßig unterstellt. Nach dem Zweiten Weltkrieg hatte die Wehr zwei Mercedes-Löschfahrzeuge, ein leichtes Löschfahrzeug sowie einen schweren Pumpenwagen aus Kriegsbeständen.

Das traditionelle Zeugstättenfest im Sommer, 2010

Zum 100-jährigen Bestehen der Freiwilligen Feuerwehr in der Stadt Salzburg bekam die Wache Gnigl ein neues leichtes Löschfahrzeug mit Vorbaupumpe. Im Jahre 1974 wurde die Wache unter Kommandant Engelbert Lettner mit einem Allrad-Tanklöschfahrzeug mit 3000 Liter Wasserinhalt ausgestattet. Zur Modernisierung der Fahrzeuge wurden aber auch von der Freiwilligen Feuerwehr immer wieder Einnahmen aus diversen Veranstaltungen beigesteuert. 1978 konnten unter Kommandant Manfred Plank 200.000 Schilling zum Kauf eines schweres Allrad-Rüstfahrzeugs aufgebracht werden.

Das 100-jährige Gründungsfest fand im Juni 1981 statt. Regina Flöckner und Maria Grabner

Gruppenfoto der Freiwilligen Feuerwehr Gnigl, 2009

stifteten eine neue Fahne, Juliane Winkler und Olga Plank je ein Fahnenband. 48 Feuerwehren und Vereine nahmen an diesem Fest teil.

In den letzten Jahren wurden viele weitere Modernisierungen durchgeführt. So wurden die Ausrüstung, das Funkwesen und die Alarmierung auf den Stand der Technik gebracht. Nur die alte Zeugstätte aus dem Jahre 1927 war den Anforderungen an ein zeitgemäßes Feuerwehrhaus nicht mehr gewachsen. Durch unzählige freiwillig geleistete Stunden konnte die Zeugstätte zwar immer wieder notdürftig adaptiert und umgebaut werden, aber die Platzverhältnisse waren nur noch beengt und Keller sowie Garage feucht. Der Schlauchturm neigte sich bereits und der Parkplatz vor der Zeugstätte war unterspült und durch die Last der schweren Fahrzeuge eingebrochen.

Eine weitere Adaptierung schien nicht mehr sinnvoll. Um den Betrieb für weitere Jahrzehnte zu sichern, entschloss man sich im Jahr 2000 zu einem Umbau. Die notwendigen finanziellen Mittel konnten zum großen Teil durch Spenden der Gnigler Bevölkerung aufgebracht werden. Die Mitglieder der Wache Gnigl haben ihren Beitrag in Form von aktiver Mitarbeit geleistet. Im Mai 2005 begann der eigent-liche Umbau mit dem Abriss der alten Feuerwache. Die Wache Gnigl übersiedelte für acht Monate in ein Ausweichquartier nach Kasern. Im November 2005 stand bereits der Rohbau und die Fahrzeuge konnten erstmals in die neue Garage eingestellt werden. Im September 2006 anlässlich des 125-jährigen Bestandsjubiläums wurde die neue Zeugstätte dann feierlich ihrer Bestimmung übergeben. An die 1000 Gäste feierten gemeinsam mit der Gnigler Feuerwehr.

Die Gnigler und Gniglerinnen sind stolz auf die Freiwillige Feuerwehr Gnigl. Ob Hochwasser, Sturmeinsätze oder Brände, sie können sich auf ihre Feuerwehr verlassen. Für die Einsätze benötigt die Feuerwehr aber auch die Unterstützung der Gnigler Bevölkerung – ob als aktives Mitglied oder in der Feuerwehrjugend. Interessenten melden sich einfach beim Wachekommandanten. Aber auch finanzielle Unterstützung ist stets willkommen.

Freiwillige Feuerwehr Gnigl
Wachekommandant Johann Sillner
Freyhammerstraße 1, 5023 Salzburg
Telefon 0662/640502
www.feuerwehr-gnigl.at

Kameradschaft Gnigl

Gegründet 1907

Der Ursprung des Österreichischen Kameradschaftsbundes, zu dem auch die Kameradschaft Gnigl zählt, liegt mehr als 150 Jahre zurück. Kriege bedeuten heute wie damals Not und Verzweiflung. Witwen und Waisen blieben in der österreichisch-ungarischen Monarchie unversorgt zurück, aber auch versehrte Kriegsteilnehmer fanden keine Unterstützung. Auch um diese Bedürftigen zu unterstützen, wurden der Kameradschaftsbund bzw. seine Vorgängerorganisationen gegründet.

Am 1. April 1907 versammelten sich 26 ausgediente Männer der k. u. k. Armee im Gasthaus „Zur Kendl" und gründeten den Veteranen- und Kriegerverein Gnigl-Itzling. Hauptaufgabe des Vereines war, die Kameradschaft zu pflegen, in Krankheitsfällen materiell beizustehen und für ein ehrendes Begräbnis zu sorgen. Am 1. September 1907 konnte die vom örtlichen Ziegeleibesitzer Franz Schernbrandtner gestiftete Fahne eingeweiht werden. Bei der Fahnenweihe, die von Kaiser Franz Josef in einer Audienz persönlich genehmigt werden musste, war der Verein bereits auf 87 Mitglieder angewachsen.

Bis zum Jahr 1932, in dem das 25-jährige Gründungsfest gefeiert werden konnte, gibt es Aufzeichnungen. Über die wechselvolle Geschichte des Vereins in den beiden Weltkriegen und der Zwischenkriegszeit sind leider keine Unterlagen erhalten. Die Vereinsgeschichte wurde erst wieder ab 1950 dokumentiert. Am 21. Mai 1950 wurde die Kameradschaft Gnigl-Itzling neu gegründet. Ab 1954 hieß der Verein Kameradschaft Gnigl. Am 15. Mai 1955 – am Tag der Unterzeichnung des Österreichischen Staatsvertrages – erhielt die Kameradschaft von Fahnenmutter Amalia Breitenlechner eine neue Fahne gestiftet. Nach den harten Kriegsjahren legt die Inschrift „Allmächtiger schütz' uns den Frieden" Zeugnis über den Wunsch der Bevölkerung nach Frieden ab.

Die Mitgliederzahl der Kameradschaft Gnigl nahm stetig zu und erreichte 1970 den Höchststand von 350 Mitgliedern, heute sind es rund 200.

Vorstand der Kameradschaft, 2007 (Foto Sulzer)

Die Geschicke der neu gegründeten Kameradschaft Gnigl lenkten bis heute insgesamt acht Obmänner: August Schuster, August Mühlbacher, Albert Prechtl, Sepp Rupp, Hermann Hörzenauer, Hans Wührer, Franz Schmidhuber und Albert Preims.

Die Kameradschaft ist aus dem Gnigler Vereinsleben nicht wegzudenken. Nicht nur das Gartenfest, das direkt an die Tradition der Gartenkonzerte in den frühen Vereinsjahren anknüpft, sondern auch die Adventfeier am 8. Dezember sind Fixpunkte im Gnigler Veranstaltungskalender. Zudem ist die Kameradschaft mit Abordnungen auch bei allen größeren Festen in Gnigl und Umgebung vertreten.

Kameradschaft Gnigl
Obmann Albert Preims
Röcklbrunnstr 16 A, 5020 Salzburg

Kriegerdenkmalerhaltungsverein Gnigl

Gegründet 1919

Die beiden Weltkriege des vergangenen Jahrhunderts haben in ganz Europa und in Übersee Millionen von Menschenleben gekostet. Auch junge Männer aus Gnigl und Langwied mussten an den verschiedenen Fronten kämpfen. Viele von ihnen fanden den Tod oder wurden vermisst. Den Hinterbliebenen blieb oft keine Grabstätte, an der sie angemessen hätten trauern können.

Daher wurde nach dem Ersten Weltkrieg den Gefallenen zu Ehren ein Kriegerdenkmal im oberen Friedhof der Pfarrkirche Gnigl errichtet und unter Obmann Alexander Haidenthaller der Kriegerdenkmalerhaltungsverein Gnigl gegründet. Durch Bomben im Zweiten Weltkrieg schwer beschädigt, konnte unter Obmann Nußdorfer das Denkmal mit persönlichem Einsatz der Mitglieder renoviert und auch den Toten des Zweiten Welt-krieges gedacht werden. Eine weitere Renovierung wurde 1974/75 unter dem neuen Obmann Martin Dürnberger und dank der vielen unentgeltlichen Leistungen der Vereinsmitglieder durchgeführt.

Ungeachtet der historischen Beurteilung der beiden Weltkriege, belegen die langen Namenslisten auf den Gedenktafeln, dass im Krieg immer ganze Generationen geopfert werden. Nahezu jede Familie in Gnigl trauerte damals um einen Sohn, Vater, Ehemann oder Bruder. Der Kriegerdenkmalverein Gnigl hat es sich zur Aufgabe gemacht, das Andenken an die Gefallenen – stellvertretend für die vielen anderen Opfer der Weltkriege und des NS-Regimes – zu bewahren. Der Verein hat heute mehr als 160 Mitglieder.

Alljährlich findet am Seelensonntag eine Veranstaltung am Kriegerdenkmal mit Abordnungen aller Gnigler Vereine statt. Am Heiligen Abend spielt eine Bläsergruppe Weihnachtslieder und die Prangerschützen Langwied-Gnigl schießen einen Salut.

Das Kriegerdenkmal an der Mauer des Gnigler Friedhofs, 2007 (Foto Sulzer)

Kriegerdenkmalerhaltungsverein Gnigl
Obmann Albert Preims
Röcklbrunnstr 16 A, 5020 Salzburg

Kirchenbau- und Fördererverein St. Severin

Gegründet 1997

Die Entwicklung St. Severins ist eng mit dem Verein verbunden. 1997 als Kirchenbau- und Fördererverein gegründet, übernahmen die ehrenamtlichen Mitglieder unter dem Obmann Franz Zehentner bald sämtliche Aufgaben, die für den Aufbau einer neuen Seelsorgestelle wichtig sind. Für die Nutzung des Popp-Areals waren diese Aufgaben zunächst eher praktischer Natur. Das Haus musste erst in Stand gesetzt werden, damit eine seelsorgliche Tätigkeit und Gruppenarbeit überhaupt möglich waren. Dem Obmann und vielen freiwilligen Helfern gelang es, die teilweise unter Wasser stehenden Kellerräume nutzbar zu machen und die ehemaligen Büro- und Wohnräume für Gottesdienste herzurichten. Auch die neu beheimateten Gruppen und Vereine leisteten ihren Beitrag und richteten ihre Räume liebevoll ein.

Das vom Salzburger Kirchenbauverein übergebene Geld wurde treuhänderisch für den späteren Bau verwaltet. Über Flohmärkte, Feste und Ver-anstaltungen konnte der Verein die nötigen Geld-mittel auftreiben, um die Betriebskosten für das Haus zu bestreiten und zusätzliche Mittel für den Bau anzusparen, die Einrichtungsgegenstände wurden durch Eigenregie „zum Nulltarif organisiert". Daneben fungierte der Verein quasi als provisorischer Pfarrgemeinde- und Pfarrkirchenrat. Die Früchte dieser engagierten Arbeit konnten schon 2001 mit der Errichtung der Seelsorgestelle St. Severin geerntet werden. Während der Bautätigkeit übernahm der Verein wieder eine tragende Rolle und finanzierte unter anderem die Küche und den Aufzug.

Keine Kirche ohne Glocken. Die Finanzierung des Umbaus war zwar gesichert, doch das Budget der Erzdiözese sah keine Mittel für Glocken und Glockenstuhl vor. Unter der Leitung des Förderervereins wurde fast fast die Hälfte der benötigten Summe durch Spenden aufgebracht. Den Rest schoss der Verein aus eigenen Mittel zu. Am 19. März 2006 konnten die Glocken feierlich aufgezogen und erstmals geläutet werden.

Mit der Kirchweihe am 1. Mai 2006 war die Arbeit des Förderervereins aber noch lange nicht beendet. Die Erlöse aus den Flohmärkten kommen nach wie vor dem Pfarrzentrum für Investitionen, Reparaturen und dergleichen zu Gute. Auch für das neue Vorhaben, eine gebrauchte Orgel für St. Severin anzukaufen, wird der Verein wieder seinen Beitrag leisten.

Obmann Franz Zehentner (rechts) bei der Glockenweihe, 2006

Ohne den Fördererverein wäre Vieles nicht oder zumindest nicht in so kurzer Zeit erreicht worden. Das organisatorische Geschick einzelner, die Hilfe vieler ehrenamtlicher Mitarbeiter und großzügige Spenden ermöglichten, dass St. Severin für viele zu einem neuen Stück Heimat wurde.

Kirchenbau- und Fördererverein St. Severin
Obmann Franz Zehentner
Ernst-Mach-Straße 39, 5023 Salzburg

Kulturzentrum Vereinshaus Gnigl

Gegründet 1983

Gnigl hat sich bis heute ein sehr reichhaltiges Vereinsleben bewahrt. Leider fehlten geeignete Räume für Veranstaltungen und Begegnungsmöglichkeiten für die Vereine und das Kulturleben.

Unter der Führung von Bärbel Baxrainer gelang es, die Verantwortlichen in Stadt und Land für ein Vereinshaus zu gewinnen. Auf der Suche nach einer geeigneten Heimstatt entstand 1983 zunächst die Idee, die alte Staudingermühle zu einem Kulturzentrum umzubauen.

Das Projekt entsprach aber nicht dem Wunsch nach einem Haus mit einem großen Veranstaltungssaal. Daher wurde noch im selben Jahr ein Verein gegründet, der ein solches Haus betreiben konnte. Folgende Gnigler Vereine haben sich zusammengeschlossen: Katholisches Bildungswerk, Kameradschaft, Männergesangsverein, Turnverein Gnigl ÖTB, Pensionistenbund, Obst- und Gartenbauverein, Kriegerdenkmalerhaltungsverein, Pfadfinder, Musikzug Gnigl, Salzburger Bildungswerk, ESV, Freiwillige Feuerwehr, SC Genner, SC Heuberg, Elternverein VS Gnigl und HS Schloßstraße, SPÖ Kinderfreunde, ÖVP Gnigl und Langwied und FPÖ Gnigl.

Nach weiterem intensiven Bemühen und zähen Verhandlungen gelang es, anstelle der veralteten Gnigler Turnhalle ein modernes, zweigeschoßiges Gebäude mit neuer Sporthalle und Veranstaltungsräume für 350 Personen zu errichten. Mit viel Engagement sammelten die Gnigler Vereine Spenden für ihr Haus.

Im Mai 1987 erfolgte der Spatenstich und im Oktober 1988 wurde das Vereinshaus nach 15 Monaten Bauzeit eröffnet. Seitdem dient es nicht nur den Gnigler Vereinen, sondern auch Kulturinitiativen in und um Salzburg als idealer Veranstaltungsort. Ob Bälle, Tanzveranstaltungen, Theatervorführungen, Vorträge, Musikproben, Hochzeiten und andere Feste – in den mehr als zwanzig Jahren seines Bestehens hat sich das Vereinshaus mit jährlich über 400 Veranstaltungen zu einem wichtigen kulturellen Zentrum für den Stadtteil Gnigl entwickelt.

Das Vereinshaus Gnigl an der Minnesheimstraße bietet Platz für kleine und große Veranstaltungen

Kulturzenttrum Vereinshaus Gnigl
Minnesheimstraße 35, 5023 Salzburg
www.kulturzentrum-gnigl.at

Männergesangsverein Gnigl

Gegründet 1898, derzeit ruhend

Musik und Gesang sind wesentliche Elemente unseres kulturellen Lebens. Daher wundert es nicht, dass sich schon vor über hundert Jahren der Männergesangsverein Gnigl der Pflege des Volksliedgutes verschrieben hat. Die Vereinschronik umfasst mehr als 12 Bände und spiegelt die wechselhafte Geschichte des Vereines mit all seinen Facetten wieder.

Gegründet als Sängerbund zählte der Verein bereits nach wenigen Jahren 20 aktive Mitglieder. Vom umfangreichen Repertoire des Sängerbundes konnte man sich in den gut besuchten Veranstaltungen im ehemaligen Probelokal im Gasthof „Zur Kendl" überzeugen. Ein buntes Programm mit Schauspiel und Tanzeinlagen gehörte in der Faschingszeit für die Gnigler und Gniglerinnen zu den Highlights der Saison. Während des Ersten Weltkrieges ruhte das Vereinsgeschehen, es folgte aber schon bald eine neue Blütezeit. 1925 wurden dann auch erstmals Sängerinnen aufgenommen und ein gemischter Chor entstand. Doch schon bald wurde die Vereinsgeschichte durch den Zweiten Weltkrieg abermals zum Erliegen gebracht. Erst 1948 fanden die Sänger erneut zueinander.

Die Chorleiter des Männergesangsvereines haben mit ihrem Engagement viel zum musikalischen Glanz des Vereins beigetragen. Viele Namen sind noch bis heute präsent. Der längstgediente Chorleiter mit genau 40 Jahren war Walther Roth. Ihm folgten mit Ulrike Baumann und Michael Pagitsch junge Chormeister nach.

Viele Volkslieder und Stücke werden erst durch einen vierstimmigen Männerchor in ihrer ganzen Schönheit erlebbar. Aber auch die klassische Palette der Chorliteratur – von Ludwig van Beethoven bis Elvis Presley – wurde vom Männergesangsverein gepflegt.

Leider sind Männerchöre heutzutage selten geworden. Auch der Männergesangsverein Gnigl hatte mit dem Rückgang an aktiven Sängern zu kämpfen und ist derzeit ruhend. Sollten Sie aber beim Lesen dieser Zeilen Sangeslust verspüren, dann melden Sie sich bitte beim Obmann des Vereins.

Männergesangsverein Gnigl
Obmann Helmut Schwab
Habeggutstraße 16, 5061 Elsbethen

Der Männergesangsverein – unter weiblicher Leitung – bei der Adventfeier der Kameradschaft Gnigl, 1998

Obst- und Gartenbauverein Salzburg-Gnigl

Gegründet 1931

Der Obst- und Gartenbauverein kann auf eine lange Geschichte zurückblicken. Der Verein erfreute sich in der Zwischenkriegszeit eines steten Mitgliederzuwachses. Neben den Anregungen über empfehlenswerte Obstsorten, Herbst- und Winterarbeiten, Düngung und Schädlingsbekämpfung wurde eine Baumspritze aus Vereinsmitteln angeschafft. Diese wurde den Mitgliedern gegen eine geringe Benützungsgebühr zur Verfügung gestellt. Während der NS-Herrschaft war zwar der Fortbestand des Vereins nicht gefährdet, aber 1938 wurden alle Obstbauvereine in den so genannten Reichsnährstand übernommen.

Der Apfel ist Österreichs beliebteste Obstart (Foto iStock)

Arbeiten am Obstbau, die richtige Sortenwahl oder die richtige Düngung waren fortan nicht mehr Entscheidungen der Gärntner und Obstbauern, sondern hatten gemäß den Vorschriften des Reichsnährstandes zu erfolgen. Im Jahre 1940 erfolgte zudem die Neugründung des Vereins mit neuen Funktionären. Besonders vorbildliche Gärten wurden prämiert. Zusätzlich wurden vom Altersheim Gnigl 200 Quadratmeter Grund für Lernzwecke zur Verfügung gestellt und bewirtschaftet.

Nach dem Krieg galt es zunächst, die zerbombten Gärten in Stand zu setzen. Wie wichtig die Gärten für die Selbstversorgung der Bevölkerung in der Nachkriegszeit waren, ergibt sich aus der höchsten Mitgliederzahl, die der Verein im Jahr 1958 mit 334 Mitgliedern erreichte. In den 1960er Jahren wurde erneut ein Sprühgerät angeschafft. Lichtbildervorträge und Ausflüge zu Gartenbauausstellungen bereicherten das Vereinsleben. Auch in den folgenden Jahren war der Verein sehr aktiv. Als Gründungsmitglied des Vereinsheimes konnten vom Obst- und Gartenbauverein eine Summe über 12.000 Schilling aufgebracht werden. Gartenbegehungen und Bodenproben gehörten ebenso zum Vereinsgeschehen, wie die Aktion „Tag des Apfels", bei der Äpfel an die ersten Klassen der Volksschule Gnigl verteilt wurden.

In Zeiten hoher Grundstückspreise werden auch die Gärten immer kleiner. Trotzdem finden sich wieder vermehrt Hobbygärtner, die eigenes Obst anbauen. Wenn auch Sie gerne Erfahrungen austauschen möchten, dann melden Sie sich einfach beim Obst- und Gartenbauverein Salzburg-Gnigl.

Obst- Und Gartenbauverein Salzburg-Gnigl
Obmann Dr. Horst Konrad
Pirolstraße 22, 5023 Salzburg

Pfadfindergruppe Salzburg 5 Gnigl

Gegründet 1945

Die Pfadfinderbewegung wurde 1907 von Robert Baden-Powell in England ins Leben gerufen und ist heute mit 38 Millionen Aktiven in 216 Ländern die weltweit größte internationale Kinder- und Jugendbewegung. In Österreich sind die Pfadfinder seit 1910 aktiv und verstehen sich als demokratische, religiös und politisch unabhängige Bewegung, die Menschen aller Hautfarben und Religionsgemeinschaften offen steht. Ziel ist die Förderung der Entwicklung von Kindern zu verantwortungsbewussten jungen Menschen. Umweltschutz, Frieden, soziales Engagement, Spiel und Abenteuer sind die Themenschwerpunkte in der ehrenamtlichen Tätigkeit.

Die Idee von Baden-Powell fand auch in der Salzburg begeisterte Nachahmung und führte 1924 zur Gründung der ersten Pfadfindergruppe in der Stadt. Doch der Schwung und Begeisterung, die damals Leiter und Buben erfüllten, nahm 1938 ein Ende, als die Pfadfinderbewegung in ganz Österreich von den Nationalsozialisten aufgelöst und verboten wurde. Viele Fahnen und Wimpel mussten versteckt werden. Nach Kriegsende lebte die Idee der Pfadfinderbewegung aber schnell wieder auf. In mehreren Stadtteilen wurden sehr früh Gruppen wieder- oder neu gegründet – so auch in Gnigl. Die Gnigler Pfadfindergruppe war zunächst in privaten Räumen, einer alten Mühle und dann im Pfarrhof Gnigl untergebracht, bevor sie 1997 im gerade entstehenden Pfarrzentrum St. Severin ihr neues Zuhause fand. Die Räumlichkeiten und der Garten mit eigener Feuerstelle eignen sich optimal für die Gruppenaktivitäten.

Über den Landesverband Salzburg ist die Gruppe Gnigl auch Mitglied des 1976 gegründeten Verbands der Pfadfinder und Pfadfinderinnen Österreichs (PPÖ). Er zählt an die 85.000 Mitglieder und ist der einzige österreichische Pfadfinderverband der von beiden Weltverbänden anerkannt ist.

Gnigler „Pfadis" bei einem Lager in Mattsee, 2006

In Gnigl sind rund 90 Kinder, Jugendliche und Betreuer aktiv. Das Angebot richtet sich an vier Altersstufen von 7 bis 20 Jahren. In den wöchentlichen Heimstunden wird Pfadfinderwissen spielerisch und kreativ vermittelt. Die Gruppe arbeitet auch bei vielen Festen in Gnigl mit, etwa Winterzauber in St. Severin oder mit einem eigenen Stand am Krampuslauf. Am Heiligen Abend verteilen die Pfadfinder außerdem das Friedenslicht im Stadtteil. Der Höhepunkt des Jahres ist aber zweifelsohne das Zeltlager im Sommer. Dort können die Pfadfinderinnen und Pfadfinder bei verschiedenen Aktivitäten Natur und Gemeinschaft erleben.

Wer Interesse hat, kann nach unverbindlicher Voranmeldung gerne bei den Heimstunden jeden Freitag hineinschnuppern.

Pfadfindergruppe Salzburg 5
Obmann Werner Lasar
www.pfadfinder-gnigl.at

Prangerstutzenschützenverein Langwied-Gnigl

Gegründet 1968

Wie Schützenpfarrer Franz X. Klaushofer einst treffend zu sagen pflegte: „Ein Prangerstutzen muss drei Eigenschaften haben: er muss krachen, rauchen und stinken." Auch wenn dieser Brauch nicht nur ungeteilte Freude genießt, ist das Böllerschießen in Österreich eine jahrhundertealte Tradition. So wurde auch in Langwied bei kirchlichen und weltlichen Festen der Brauch des Böllerschießens gepflegt.

Die Böller haben sich die Schützen früher selbst angefertigt und auch das Pulver mussten sie selbst gebrauchsfertig machen. Wenn man den Geschichten mancher alter Schützen glauben darf, wurden zu diesem Zweck sogar Kaffeemühlen verwendet. Doch erst 1968 haben sich die Schützen in einem Verein organisiert. Der spätere Ehrenhauptmann Thomas Kurz, Hans Loidl und Josef Osterer gründeten damals den Prangerstutzenschützenverein Langwied-Gnigl. Der Doppelname Langwied-Gnigl sollte sowohl auf den Wohnsitz der Schützen in Langwied als auch auf die zuständige Pfarrkirche in Gnigl hinweisen. Binnen kurzer Zeit schlossen sich weitere Mitglieder an und auch die Zahl der Unterstützer wuchs.

Die Fahne der Prangerstutzen, gestiftet von der Fahnenmutter Agnes Winkler und den Patinnen Monika Kalb und Gertraud Kurz, stammt aus dem Jahre 1983 und wurde zum 15-jährigen Gründungsfest feierlich geweiht.

Nach mehr als 40-jähriger Vereinstätigkeit sind die Prangerstutzenschützen nicht aus dem Gnigler Vereinsleben wegzudenken. Kein größeres Fest, bei dem sie nicht mit ihren Stutzen Salut schießen. Natürlich tragen die Langwieder Schützen heute keine selbst gemachten Böller mehr sondern unfallsichere Prangerstutzen. Auch regelmäßige Sicherheitsübungen gehören zum Programm. Aber das Schnapsfassl und das Pulverfass stammen noch aus der Gründerzeit und wurden vom ehemaligen Fassmacher Thomas Kurz selbst hergestellt.

Unter Hauptmann Harald Rath zählt der Verein heute 15 aktive und mehr als doppelt soviel unterstützende Mitglieder. Wir hoffen, dass die Prangerstutzenschützen noch bei vielen Festen den alten Brauch des Böllerschießens leben und ausüben.

Der Prangerstutzenschützenverein mit seinen Schusssalven ist fixer Bestandteil im Gnigler Vereinsleben, 2008

Prangerstutzenschützenverein Langwied-Gnigl
Hauptmann Harald Rath
Langwiedweg 1, 5023 Salzburg

Radclub Gnigl

Gegründet 1984

Der Radclub RC Gnigl wurde 1984 von Walter Gollackner gegründet. Seit der Gründung sind viele Radsportbegeisterte dem RC Gnigl beigetreten. Aktuell hat der Verein über 40 Mitglieder.

Neben den monatlichen Clubabenden ist natürlich die sportliche Betätigung der Aktiven fixes Programm. Die Mitglieder treffen sich wöchentlich zu Ausfahrten in verschiedenen Gruppenstärken. An mehreren Tagen werden Touren mit dem Rennrad oder mit dem Mountainbike angeboten. Im Herbst und Winter kommen je nach Schnee- und Wetterlage auch Berg- oder Skitouren dazu.

Das sportliche Programm wird durch Turnen und Skigymnastik, organisiert von Hans Peter Priller in der Turnhalle der Haupstschule Herrnau, ergänzt.

Mit dem jährlichen Trainingslager im Mai in südlichen Gefilden bereiten sich die Radsportbegeisterten auf die Saison vor. Die absoluten Highlights sind die regelmäßigen Alpenüberquerungen mit Mountainbike und Rennrad, die „Guide" Walter Köberl organisiert.

Eine Abschlussfahrt über drei bis vier Tage mit dem Rennrad oder dem Mountainbike im Herbst beendet dann die Saison. Auch die Ausflüge mit Familienangehörigen und das schon traditionelle Radlergschnas im Vereinshaus Gnigl – ein Höhepunkt der Saison – lassen den geselligen Teil des Vereinslebens nicht zu kurz kommen.

Mehr über die Aktivitäten des Vereines erfahren Sie auch auf der Vereinshomepage.

Gruppenfoto der radsportbegeisterten Mitglieder

RC Gnigl
Präsident Raimund Gruber
Weiserhofstr. 13a, 5020 Salzburg
www.rc-gnigl.at

Schiclub Heuberg

Gegründet 1963

Die Geschichte des Schiclubs begann im Winter 1962/63. Einige begeisterte Gnigler Schifahrer trafen sich am Heuberg, um ihren geliebten Sport auszuüben.

Ob die Idee zur Gründung des Schiclubs auf der Piste oder im gemütlichen Stammlokal geboren wurde, kann heute niemand mehr sagen. Jedenfalls wurde der heutige Schiclub am 28. März 1963 gegründet, die Verantwortung übernahmen Hans Grössinger sen., Franz Maier sowie Ing. Bruno Hellmann. Bei der ersten Jahreshauptversammlung war die Anzahl der Mitglieder bereits auf 43 gewachsen. Bald gab es auch erste Schirennen und ein Schilift (der heute leider nicht mehr besteht) wurde aufgebaut. Und der Schiclub-Ball bereicherte das gesellschaftliche Leben in Gnigl.

Das vorrangige Ziel des Schiclubs Heuberg besteht in der Heranführung der Jugend an den Schisport. Den sportbegeisterten Kindern und Jugendlichen wird ab Herbst ein Hallentraining und ab Dezember ein wöchentliches Schneetraining angeboten, das von zwei erfahrenen Trainern ehrenamtlich geleitet wird.

Der vom Verein jährlich veranstaltete Salzburger Schülerschitag ist sicherlich weithin bekannt. Ca. 200 Schüler und Schülerinnen aus der ganzen Stadt nehmen bei diesem beliebten Schirennen teil. Wenn die Kleinen dann voller Tatendrang „ihrem Rennen" entgegenfiebern, werden auch die Eltern vom Rennvirus befallen.

Den Höhepunkt des Schiwinters stellen sicherlich die Vereinsmeisterschaften und weitere Rennveranstaltungen dar. Die jungen Rennläufer des SC Heuberg können bei den Bezirkscup-Rennen immer wieder beachtliche Erfolge erzielen.

Josef Haslinger in voller Fahrt bei den Klubmeisterschaften in Zauchensee, 1976, Sammlung SC Gnigl

SC Heuberg
Obmann Gerhard Maier
www.sc-heuberg.at

Singkreis Gnigl

Gegründet 1976

Der Singkreis Gnigl wurde 1976 von Christine E. Hofer als gemischter Chor gegründet. Das Repertoire umfasst geistliche und weltliche A-cappella-Literatur vom 16. Jahrhundert bis zur Gegenwart, aber auch zahlreiche alpenländische und internationale Volkslieder.

Feste Bestandteile im kirchenmusikalischen Schaffen des Singkreises Gnigl sind das „Gnigler Adventsingen" und das „Gnigler Passionssingen". Beide Veranstaltungen werden regelmäßig in der Stadtpfarrkirche Gnigl und in der Wallfahrtskirche St. Leonhard aufgeführt, aber mitunter auch „in die Ferne getragen". Der Erlös des „Gnigler Adventsingens" kommt stets sozialen Zwecken zugute.

Darüber hinaus veranstaltet der Singkreis Gnigl auch Chorkonzerte – oft im Zusammenwirken mit in- und ausländischen Gruppen – oder wirkt bei Konzerten anderer Chöre mit. Außerdem ist der Klangkörper bei verschiedenen kirchlichen Ereignissen (Messen, Mariensingen, Christmette usw.) präsent.

Bei Wertungssingen konnten bereits mehrere Preise „ersungen" werden. Der Chor hat bislang zwei Tonträger gestaltet. Der erste entstand im Rahmen des 20-Jahr-Jubiläums im Jahr 1996. Im Jahr 2006 – zum 30-jährigen Bestehen des Singkreises Gnigl – wurde die CD „Mit Lieb' bin ich umfangen – Liebeslieder aus fünf Jahrhunderten" produziert.

Nach mehr als dreißigjähriger unermüdlicher Tätigkeit hat Christine E. Hofer, die Gründerin und Leiterin des „Singkreises Gnigl" Ende 2006 die Stimmgabel an Gernot Terharen übergeben. Der neue Chorleiter möchte die guten und bewährten Traditionen des Chores bewahren, aber auch neue Ideen auf behutsame Art einbringen.

Gruppenfoto im Minnesheimpark, 2009

Singkreis Gnigl
Chorleiter Gernot Terharen
General-Alboristr. 28a, 5061 Elsbethen

Turnverein Gnigl ÖTB

Gegründet 1903

Der Turnverein Gnigl im Österreichischen Turnerbund wurde am 11. Jänner 1903 gegründet und erlebte in seinem mehr als 100-jährigen Bestehen eine wechselvolle Vereinsgeschichte. Unter Obmann Anton Knötig und Turnwart Kajetan Steinbichler wurde der Gnigler Turnbetrieb im damaligen Gasthof Jägerwirt (heute Bewohnerservice der Diakonie) eröffnet. Als ersten Turnplatz im Freien nutzte man den nahe gelegenen Minnesheim Park. Durch die stetig steigende Zahl an Mitgliedern konnte im Jahre 1929 ein Seegrundstück am Wallersee angekauft und ein Seeheim mit Badestrand errichtet werden. Diese gemeinschaftsfördernde Einrichtung ist Dank des unermüdlichen Einsatzes der Mitglieder in bestem Zustand und erfreut sich großer Beliebtheit.

Seit 1931 ist der Verein Eigentümer des Grundstückes an der Eichstraße, auf dem ein Turn- und Sportplatz errichtet wurde. Das „Franz-Zehetner-Gedächtnis-Turnen" – ein Leichtathletik-Sportfest für Jedermann und Jederfrau – erinnert an einen großen Wegweiser des Turnvereines, der von Jugend an bis ins hohe Alter die Geschicke des Vereines leitete. Der Sportplatz wird auch der Volksschule Gnigl unentgeltlich zur Verfügung gestellt. Kriegs- und Nachkriegsjahre haben auch die Geschicke dieses Vereins stark beeinflusst. Erst 1953 fand die Neugründung des Turnvereins Gnigl ÖTB statt.

Heute findet der Turnbetrieb in der Volksschule Gnigl statt. Der Verein hat rund 175 Mitglieder. Den Sportbegeisterten werden viele Aktivitäten für alle Altersgruppen von Leichtathletik, Volley- und Prellball, über Gesundheitsgymnastik, Turnen für Kinder, Eltern-Kind-Turnen bis hin zu Altersturnen angeboten. Wanderungen und Vereinsausflüge ergänzen das Vereinsleben.

Wer Freude am Turnen hat, sollte einfach kurz zu den Trainingszeiten vorbeischauen.

Turnverein Gnigl ÖTB
Obmann Heinz Lanzersdorfer
Schöpfgasse 15, 5023 Salzburg 14

Das beliebte Kinderturnen in der Volksschule Gnigl

Der Turn- und Sportplatz an der Eichstraße

ANHANG

Anmerkungen

Guido Müller
EINE EINFÜHRUNG IN DEN NATUR- UND KULTURRAUM

1. Z. B. SZ, 7. 10. 1892, S. 6.
2. WOLFGANG VETTERS, Der Kapuzinerberg, in: Das Salzburger Jahr 1982/83, S. 10–17.
3. REINHARD MEDICUS, Zur Kultur- und Naturgeschichte des Kühbergs, in: Bastei. Zeitschrift des Stadtvereines Salzburg, 2. F., 2009, S. 27–30.
4. WALTER DEL-NEGRO, Erläuterungen zur Geologischen Karte der Umgebung der Stadt Salzburg 1:50.000, hg. von der GEOLOGISCHEN BUNDESANSTALT, Wien 1979; DERSELBE, Der Bau der Gaisberggruppe, in: MGSL 119 (1979), S. 325–350; Geologische Karte von Salzburg 1:200.000, hg. von der GEOLOGISCHEN BUNDESANSTALT, Wien 2005; MAGISTRAT SALZBURG (Hg.), Umweltschutzprogramm Kühberg Nordhang. Hydrologische und Geologische Negativauslese, Salzburg 1980; LOTHAR SCHROTT, HORST IBETSBERGER, HANS-PETER STEYRER u. EWALD HEJL (Hg.), Salzburg und Umgebung. Neun Geo-Exkursionen (Natur- und Kulturerlebnisführer der Universität Salzburg, Band 1), Vilsbiburg 2008; ERICH SEEFELDNER, Die Entwicklung des salzburgischen Landschaftsbildes, in: MGSL 100 (1960), S. 655–671.
5. SIEGMUND PREY, Bericht (1959) über geologische Aufnahmen im Flyschanteil der Umgebungskarte (1:25.000) von Salzburg, in: Verhandlungen der Geologischen Bundesanstalt, Wien 1960, S. A 63 f.
6. DERSELBE, Bericht 1960 über geologische Aufnahmen im Flyschanteil der Umgebungskarte (1:25.000) von Salzburg, in: Verhandlungen der Geologischen Bundesanstalt, Wien 1961, S. A 54 f.
7. Z. B. HUGO SCHMIDT, Die Trinkwasserversorgung der Stadt Salzburg, in: Amtsblatt der Landeshauptstadt Salzburg, 1977, H. 24, S. 15 f.
8. MAGISTRAT SALZBURG, Umweltschutzprogramm (wie Anm. 4), über Quellen insbes. S. 97 f.
9. SZ, 6. 8. 1875, S. 2.
10. SVBl, 28. 11. 1882, S. 2.
11. EDUARD STUMMER, Der Bergschlipf bei Guggental, in: MGSL 88/89 (1948/49), S. 108–111.
12. ERICH SEEFELDNER, Salzburg und seine Landschaften. Eine geographische Landeskunde, Salzburg-Stuttgart 1961, S. 509 f.
13. DEL-NEGRO, Der Bau der Gaisberggruppe (wie Anm. 4), S. 332.
14. SVBl, 12. 10. 1929, S. 11.
15. M[ARTIN] HELL, Ein eiszeitlicher Gletscherschliff, in: SVBl, 27. 7. 1935, S. 18.
16. HANS SCHREIBER, Die Moore Salzburgs in naturwissenschaftlicher, geschichtlicher, landwirtschaftlicher und technischer Beziehung (Moorerhebungen des Deutsch-österreichischen Moorvereins 2), Staab 1913; ROBERT KRISAI, Hammerauer Moor und Samer Mösl – Moore in der Großstadt, in: Jahrbuch Haus der Natur, Salzburg 1987, S. 128–134.
17. ANTON SCHALLHAMMER, Der Schall- und Itzlinger-Moorgrund, in: Salzburger Landes-Zeitung, 27. 2. 1857, S. 187 f.; PETER MICHAEL LIPBURGER u. GERHARD PLASSER, Schallmoos – Bau- und Entwicklungsgeschichte bis 1945, in: MGSL 130 (1990), S. 585–634.
18. Ebenda.
19. WILHELM DONNER, Beiträge zur Geologie der Stadt Salzburg, Diss., Salzburg 1987, S. 71.
20. Salzburg Museum, Hs 2441/5, EBERHARD FUGGER, Kommissionen betreffend Gnigl, S. 176–195; Eine Denkschrift [der Gemeindevorstehung Gnigl], in: SVBl, 6. 12. 1904, S. 5 f. u. 5. 12. 1904, S. 4–7, dazu auch noch 30. 12. 1904, S. 2 f.
21. Haidenthaller, Chronik VI, S. 128; KARL GERABEK, Die Gewässer im Stadtbereich von Salzburg, in: MGSL 110/111 (1970/71), S. 381–395, hier S. 386 f.
22. Bericht des Landwirtschaftsausschusses […] betreffend Regelung des Söllheimerbaches und seiner Nebenzubringer mit 212 Hektar Flächenentwässerung, in: Verhandlungen des Salzburger Landtages, 15. 3. 1929, S. 921 f.; Ein großes Kulturwerk in Söllheim, in: Salzburger Volksbote, 23. 9. 1934, S. 8; 25 Jahre Meliorationsdienst im Lande Salzburg, Salzburg [1932], S. 35 f.
23. Salzburger Volksbote, 23. 9. 1934, S. 8.
24. http://de.wikipedia.org/wiki/Samer_Mösl, 19. 7. 2010.
25. Zum Umbau unseres Staatsbahnhofes, in: SVBl, 1. 10. 1901, S. 2 f.; MAGISTRAT DER STADT SALZBURG (Hg.), Alterbachsystem. Fließgewässerstudie, Salzburg 1986, u. a. S. 102.
26. Haidenthaller, Chronik II, S. 18.
27. ALOIS KIESLINGER, Die nutzbaren Gesteine Salzburgs, Salzburg-Stuttgart, S. 50; MONIKA ANDERLUCH, Dekorgesteine der Stadt Salzburg, Dipl.-Arb., Salzburg 2004, S. 23–29.
28. VEREIN SAM 85 (Hg.), Festschrift 50 Jahre Sam bei Salzburg. 1935–1985, Salzburg [1985].
29. Z. B. SVBl, 11. 1. 1901, S. 7; SVBl, 20. 12. 1901, S. 6; SVBl, 5. 2. 1917, S. 9.
30. SVBl, 27. 12. 1917, S. 4.
31. Über einen Steinbruch und eine Schottergrube am Fürberg (Kapuzinerberg) siehe z. B. SZ, 28. 2. 1889, S. 2 u. 22. 4. 1891, S. 6.
32. ERICH MARX (Hg.), Bomben auf Salzburg. Die „Gauhauptstadt" im „totalen Krieg" (Schriftenreihe des Archivs der Stadt Salzburg 6), Salzburg 1995, S. 97–106; Über ein Unglück im „Heubergstollen" berichteten die SN am 26. 8. 1947, S. 2.
33. WERNER MAHRINGER, Klimatische Grundlagen für die Stadtplanung der Landeshauptstadt Salzburg (Schriftenreihe zur Salzburger Stadtplanung 12), Salzburg 1978; GABRIELE RUPNIK, Umweltklimatologische Studie Salzburg (Salzburger Geographische Arbeiten 37), Salzburg 2003.
34. Umweltschutzprogramm Kühberg Nordhang (wie Anm. 4), S. 18.

Peter Höglinger
ARCHÄOLOGISCHE SPURENSUCHE IN GNIGL

1. MARTIN HELL, Wohnstellen der Bronzezeit in Salzburg-Stadt, in: Archaeologia Austriaca 46 (1969), S. 5–18.
2. PETER HÖGLINGER, Zur Forschungsgeschichte der prähistorischen Höhensiedlung am Rainberg, Stadt Salzburg, in: MILOSLAV CHYTRÁCEK, JAN MICHÁLEK u. KARL SCHMOTZ (Hg.), Archäologische Arbeitsgemeinschaft Ostbayern/West- und Südböhmen. 14. Treffen 23. bis 26. Juni 2004 in Herman bei Písek (Rahden/Westfalen 2005), S. 154–169.

3 Martin Hell, Eine neue vorgeschichtliche Ansiedlung im Stadtgebiete von Salzburg, in: Wiener Prähistorische Zeitschrift 7/8 (1920/21), S. 60–62.
4 Martin Hell, Eine Bronzenadel aus Gnigl bei Salzburg, in: Wiener Prähistorische Zeitschrift 4 (1917), S. 101.
5 Peter Höglinger u. Ulli Hampel, Fundberichte aus Österreich 48 (2009) (im Druck).
6 Fritz Moosleitner, Neue Funde der Latèneperiode aus Hellbrunn bei Salzburg, in: Salzburg Archiv 27 (2001), S. 31–48, hier Abb. 6,13.
7 Olivier Klose, Römische Gebäudereste in Gnigl bei Salzburg, in: MGSL 69 (1929), S. 169–174; zusammenfassend: Hell, Bronzezeit (wie Anm. 1), S. 6–7.
8 Werner Jobst, Römische Mosaiken in Salzburg, Wien 1982, S. 93–94 und Taf. 44, 1–2.
9 Ferdinand de Visscher, Ein archaischer „Kouros" von Salzburg-Gnigl, in: Jahresschrift des Salzburger Museums CA 9 (1963), S. 19–26 und Taf. 1–2.
10 Norbert Heger, Corpus Signorum Imperii Romani (CSIR). Österreich, Bd. III, Faszikel 1, Die Skulpturen des Stadtgebietes von Iuvavum, Wien 1975, S. 11 und Taf. 1.
11 Corpus Inscriptionum Latinarum (CIL) III 5539.
12 Freundliche Mitteilung von Günther E. Thüry.
13 Dehio-Handbuch. Die Kunstdenkmäler Österreichs. Salzburg, Stadt und Land. Wien 1986, S. 666.
14 Martin Hell, Römische Brandgräber in Langwied, Stadtbezirk Salzburg, in: Pro Austria Romana 9 (1959), S. 34–35; Derselbe, Römische Brandgräber in Langwied, Stadtgebiet Salzburg in: Pro Austria Romana 10 (1960), S. 29; Derselbe, Römische Brandgräber aus Salzburg-Gnigl, in: Jahresschrift des Salzburger Museums CA 15 (1969), S. 87–94.
15 Ulli Hampel, FÖ 46, 2007, S. 74; Interner Arbeitsbericht des Bundesdenkmalamtes, Landeskonservatorat Salzburg.
16 Martin Hell, Zwei römische Ziegelstempel aus Salzburg in: MGSL 102 (1962), S. 23–26, hier S. 24–25.
17 Norbert Heger, Salzburg in römischer Zeit, in: Jahresschrift des Salzburger Museums CA 19 (1973), S. 133.
18 Martin Hell, Frühmittelalterliche Bodenfunde aus Salzburg-Stadt, in: MGSL 99 (1959), S. 139–151, hier S. 149–151.
19 Höglinger/Hampel (wie Anm. 5).
20 Dehio (wie Anm. 13), S. 666.
21 August Prinzinger, Die Gnigler Schanze und Salzburgs Befestigung, in: MGSL 15 (1875), S. 3–23, hier S. 7–9.

Hans Krawarik
ZU DEN MITTELALTERLICHEN SIEDLUNGSANFÄNGEN IN UND UM GNIGL

1 Bei der Rekonstruktion solcher Siedlungseinheiten, Huben und Höfe dient als Ausgangspunkt der Franziszeische Kataster, von dem schrittweise in das Mittelalter zurückgegangen wird. Zu den Methoden: Hans Krawarik, Siedlungsgeschichte Österreichs. Siedlungsanfänge, Siedlungstypen, Siedlungsgenese (LIT Geografie 19), Wien-Münster 2006, S. 91 f.
2 Vgl. dazu den Beitrag von Peter Höglinger in diesem Buch sowie Hans Krawarik, Die Anfänge der mittelalterlichen Besiedlung im Raum von Bergheim, in: Monika Brunner-Gaurek (Hg.), Bergheim. Geschichte und Gegenwart, Bergheim 2009, S. 94–106.
3 SUB I, S. 320, Nr. 145 u. S. 322, Nr. 148. Der servitor s. Ruodberti Truont war der Bruder des Klosterpropstes Dietmar von St. Peter und vereinbarte noch den lebenslangen Genuss des Hofes für seine Familie. Um 1120 vermachte sein Sohn Wolfcrim das Gut als Seelgerät für St. Peter, siehe dazu: John B. Freed, Der Klosterpropst Dietmar und seine Verwandten, in: Festschrift St. Peter zu Salzburg 582–1982, Salzburg 1982, S. 76–78.
4 Breves Notitiae 12, 1, ed. v. Fritz Lošek, Notitia Arnonis und Breves Notitiae, in: Herwig Wolfram (Hg.), Quellen zur Salzburger Frühgeschichte (Veröffentlichungen des Instituts für Österreichische Geschichtsforschung 44) (MGSL. Ergänzungsband 22), Wien 2006, S. 102. Siehe dazu ausführlich den Beitrag von Heinz Dopsch in diesem Buch. Franziszeischer Kataster 56518 (1830) im Katastralmappenarchiv Wien: Der Besitz von Nußdorf (BP 114/117) dürfte bis zur GP 2390 am Schleiferbach gereicht haben. Die Grenze zum Gut Weingarten deutet an, dass die Inhaber dieser Güter erst nach der Jahrtausendwende die Feuchtwiesen urbar machten.
5 SUB I, S. 254, Nr. 1; SLA, Franziszeischer Kataster, Hallwang, Grundparzellen: Im Halbrund des Wiesenbogens scheinen beginnend beim Wirt in Maierwies (442 m) die GP 2122–2140 und im SW die GP 2141–2149 sowie GP 2151–2158 (Eder) einst zusammen gehört zu haben. Zum Teil waren das Feuchtwiesen am Söllheimer Bach. Bereits 1445 wird der custos prati Maierwiesen in Untergnigl (Wieshayer Nr. 37) genannt, der die Mayrwies zu bewirtschaften hatte – ein Hinweis, dass das alte Gut Meinwisa in seiner Geschlossenheit nicht mehr existierte. Siehe dazu: Archiv St. Peter, B 21, Urbar 1445, fol. 4ᵇ.
6 Hans Krawarik, Tittmoning vor seiner städtischen Entwicklung. Zur frühmittelalterlichen Siedlungsentwicklung im Raum Tittmoning, in: Stadt Tittmoning 1234–2009. Festschrift zur 775-Jahrfeier (Salzfass 2/2009) S. 94–121. Das Nebeneinander von frühmittelalterlichen Adelshöfen und Höfen der Freien (als Wehrmannschaft) um frühe Herrschaftsmittelpunkte scheint auch bei Ostermiething zuzutreffen. Von der Größe her wäre auch bei Bergheim an eine solche Herkunft zu denken gewesen, freilich verweist dort die Inbesitznahme des Gräberfeldes von Bergheim durch die Leute von Fischach im 8. Jahrhundert auf einen Siedlungsbruch.
7 Haidenthaller, Chronik II, S. 31–56. 1551 wechselten anlässlich eines Tausches ungefähr zwei Tagwerk unmittelbar am Reckenbrunn in den Besitz des damals St. Petrischen Gutes Röcklbrunn (siehe Karte). Erst 1661 übernahm St. Peter die Hube und baute sie zu einem Meierhof und Sommersitz aus.
8 SLA, Franziszeischer Kataster, Gnigl, Alphabetisches Verzeichnis betreffend die GP 250–258, 260–275 und 308–310. Südlich vom Schillinghof (BP 10), war für das Gut Röckelbrunn (BP 15, Meierei = BP 17) nur mehr wenig landwirtschaftlich günstiges Gelände vorhanden.
9 SLA, Franziszeischer Kataster, Hallwang, Grundparzellen: Die kompakte Rodung (GP 2284–2314) reicht von Restwaldstandorten bis zum Seitenbach, der den Beginn des Sam Mooses anmerkt. In dieser Ausdehnung werden knapp über 60 Joch erreicht. Als 1242/59 der Ministeriale During von Vockenberg aus Not Lehen verpfändete, bezeugt dies an letzter Stelle der einfache Gefolgsmann Rudbertus de Savme. SUB I S. 510, Nr. 474.
10 SLA, Franziszeischer Kataster, Hallwang, Grundparzellen: Der schmale Abhang (GP 2418–2424), auf dem Weinbau betrieben wurde, lenkte nach Süden in die Feuchtebene

bis zum Schleiferbach über. Letzte Grundherren von Weingarten waren die Grafen Überacker. Das Ödergut in der Langwied mit angrenzendem Waldstreifen erwarb das Stift St. Peter 1591 von der Kirche in Hallwang.

11 SUB III, S. 463, Nr. 913 (zu 1236). Zu Neuhaus siehe ausführlich den Beitrag von Heinz Dopsch in diesem Buch.

Heinz Dopsch
DER LANGE WEG ZUM DORF GNIGL IM MITTELALTER UND IN DER FRÜHEN NEUZEIT

1 Guido Müller, Der lange Weg zu den Eingemeindungen, in: Heinz Dopsch (Hg.), Vom Stadtrecht zur Bürgerbeteiligung. Festschrift 700 Jahre Stadtrecht von Salzburg, Salzburg 1987, S. 331–334; Fritz Koller u. Guido Müller, Die Stadtteile Gnigl und Itzling. Bau und Entwicklungsgeschichte bis 1945, in: MGSL 129 (1989), S. 179 u. 188–194.
2 Franz Hörburger, Salzburger Ortsnamenbuch, bearb. von Ingo Reiffenstein u. Leopold Ziller (MGSL. Ergänzungsband 9), Salzburg 1982, S. 69, S. 81 u. S. 97; Leopold Ziller, Zur Geschichte des Ortsnamens Maxglan, in: MGSL 114 (1974), S. 57 f.
3 Alfred Rinnerthaler, Koppl. Geschichte einer Gemeinde 1850–1945, in: Heimat Koppl. Chronik der Gemeinde, Koppl 2000, S. 337–341.
4 Hans Krawarik, Zur mittelalterlichen Besiedlung um und in Ebenau, in: Ebenau Chronik, Ebenau 2007, S. 56–60; Ulrike Engelsberger, Das Ebenauer Messingwerk und der Eisenhammer, in: ebenda, S. 110 f.
5 Heinz Dopsch, Von den Anfängen menschlicher Siedlung bis zum Ende der erzbischöflichen Herrschaft (1803) und zum Übergang Salzburgs an Österreich (1816), in: Geschichte von Plainfeld, Plainfeld 2003, S. 56–58 u. S. 76–80.
6 Breves Notitiae 12, 1, ed. v. Fritz Lošek, Notitia Arnonis und Breves Notitiae, in: Herwig Wolfram (Hg.), Quellen zur Salzburger Frühgeschichte (Veröffentlichungen des Instituts für Österreichische Geschichtsforschung 44) (MGSL. Ergänzungsband 22), Wien 2006, S. 102.
7 Hörburger, Ortsnamenbuch (wie Anm. 2), S. 50. Hörburger hat das Argument der Lage zu wenig berücksichtigt; vgl. dazu Lošek, Notitia Arnonis (wie Anm. 6), Register S. 157.
8 Norbert Heger, Salzburg in römischer Zeit (Jahresschrift des Salzburger Museums Carolino Augusteum 19, 1973), Salzburg 1974, S. 57–60.
9 Peter Michael Lipburger u. Gerhard Plasser, Schallmoos – Bau und Entwicklungsgeschichte bis 1945, in: MGSL 130 (1990), S. 585–634; Reinhard R. Heinisch, Paris Graf Lodron. Reichsfürst und Erzbischof von Salzburg, Salzburg 1991, S. 209–213.
10 Vgl. dazu den Beitrag von Peter Höglinger im vorliegenden Band.
11 Heinz Dopsch, Der Ort, seine Herren und das Gericht Bergheim im Mittelalter, in: Monika Brunner-Gaurek (Hg.), Bergheim. Geschichte und Gegenwart, Bergheim 2009, S. 60–62; Hans Krawarik, Die Anfänge der mittelalterlichen Besiedlung im Raum von Bergheim, in: ebenda, S. 98–100.
12 Hörburger, Ortsnamenbuch (wie Anm. 2), S. 69 u. 87.
13 Haidenthaller, Chronik I, S. 114–118.
14 SUB I, S. 254, Nr. 1; Hörburger, Ortsnamenbuch (wie Anm. 2), S. 164.
15 Archiv St. Peter, Hs B 1, 1215–1234, Hospitale (am Ende): *Waltenpuhel beneficium XL d*; ebenso in den folgenden Urbaren: Archiv St. Peter, Hs B 2, fol. 15^b; Archiv St. Peter, Hs B 3 fol. 13^a u. Archiv St. Peter, Hs B 4 fol. 22^b.
16 SUB III, S. 299, Nr. 771; S. 463 f., Nr. 913; S. 487, Nr. 934.
17 Archiv St. Peter, Hs B 4, Urbar, um 1280, fol. 22^b. Die Steinmühle ist die zweite der beiden hier genannten Mühlen, da nur sie mit der hohen Abgabe von 6 Schaff Korn belastet war. Ausdrücklich als Steinmühle wird sie im Gesamturbar des 14. Jahrhunderts bezeichnet: Archiv St. Peter, Hs B 5, fol. 65^b u. fol. 74^a.
18 Archiv St. Peter, Hs B 5, fol. 80^b; namentlich genannt wird das Rennergut in der Urkunde von 29. September 1357 im Archiv St. Peter.
19 Archiv St. Peter, Hs B 21, Urborium officii Hospitalis.
20 Notitia Arnonis 1,1 und Breves Notitiae 2,3, ed. Lošek,(wie Anm. 6), S. 72 u. S. 88.
21 Dopsch, Der Ort (wie Anm. 11), S. 64–72.
22 Ebenda, S. 75–81.
23 Ebenda, S. 79 f.
24 Franz Zillner, Geschichte der Stadt Salzburg, Bd. 2/1: Zeitgeschichte bis zum Ausgang des 18. Jahrhunderts, Salzburg 1890, S. 174 Anm. 1.
25 Haidenthaller, Chronik II, S. 36.
26 Zillner, Geschichte (wie Anm. 24), Bd. 2/1, S. 291; Bd. 2/2, S. 745; Georg Stadler, Das Bürgerspital St. Blasius zu Salzburg, Salzburg 1985, S. 98 f., geht auf die Ämter des Bürgerspitals nur kursorisch ein; Haidenthaller, Chronik II, S. 38.
27 SLA, Urbar 4, fol. 84^b–fol. 86^b; SLA, Urbar 11, fol. 26^a–30^a.
28 Zu den in Salzburg üblichen Bezeichnungen für die verschiedenen Güter vgl. Herbert Klein, Hof, Hube, Viertelacker, in: Beiträge zur Siedlungs-, Verfassungs- und Wirtschaftsgeschichte von Salzburg. Festschrift zum 65. Geburtstag von Herbert Klein (MGSL. Ergänzungsband 5), Salzburg 1965, S. 263–276.
29 Zu den in Salzburg üblichen Naturalabgaben und Steuern vgl. Herbert Klein, Die bäuerlichen Eigenleute des Erzstifts Salzburg im späteren Mittelalter, in: Festschrift Klein (wie Anm. 28), S. 137 f., S. 184–190, S. 216–232 u. S. 245–251; Heinz Dopsch, Recht und Verwaltung, in: Dopsch/Spatzenegger, Bd. I/2, S. 930–935.
30 Klein, Die bäuerlichen Eigenleute (wie Anm. 29), S. 184–187 u. S. 218–223; Dopsch, Recht und Verwaltung (wie Anm. 29), S. 933 f.
31 Zum Ursprung dieser Robotleistung aus der Leibeigenschaft vgl. Klein, Die bäuerlichen Eigenleute (wie Anm. 29), S. 183 f.
32 Herbert Klein, Über Schwaigen im Salzburgischen, in: Festschrift Klein (wie Anm. 28), S. 277–298.
33 SLA, Urbar 4, fol. 85^a; Urbar 11, fol. 26^b–27^a.
34 SLA, Urbar 4, fol. 85^a, Nr. 18; Urbar 11, fol. 27^a, Nr. 18.
35 In den 1608 angelegten Stockurbaren (SLA, Urbar 145 u. 146) sind die Güter am Heuberg als gewöhnliche Bauerngüter eingetragen, von denen nur mehr das Gut in der Schwandt neben Pferden, Rindern und Schweinen auch einen Besatz von 50 Schafen aufweist. Zur allgemeinen Umstellung vieler Schwaighöfe auf dem erzbischöflichen Hofurbar von der Schafhaltung auf Rinderhaltung am Ende des 15. Jahrhunderts vgl. Heinz Dopsch, Wandlungen und Konstanz der spätmittelalterlichen Grundherrschaft im Erzstift Salzburg, in: Hans Patze (Hg.), Die Grundherrschaft im Spätmittelalter (Vorträge und Forschungen 27/2), Sigmaringen 1983, S. 258–261.
36 SLA, Urbar 4, fol. 86^b, Nr. 42 u. 44.
37 Paul Buberl, Die Denkmale des Gerichtsbezirkes Salzburg (ÖKT XI Tl. III), Wien 1916, S. 94; Koller/Müller, Die Stadtteile (wie Anm. 1), S. 182.
38 Heinz Dopsch, Salzburg im 15. Jahrhundert, in: Dopsch/Spatzenegger, Bd. I/1, S. 492.
39 SUB III, S. 276, Nr. 748.
40 Vgl. dazu den Beitrag von Peter Höglinger im vorliegenden Band.
41 Heinz Dopsch, Burgenbau und Burgenpolitik des Erzstiftes Salzburg im Mittelalter, in: Hans Patze, Die Burgen im deutschen Sprachraum. Ihre rechts- und verfassungsgeschichtliche Bedeutung (Vorträge und Forschungen 19/2), Sigmaringen 1976, S. 387–417.
42 John B. Freed, Diemut von Högl. Eine Salzburger Erbtochter und die erzbischöfliche Ministerialität im Hochmittelalter, in: MGSL 120/121 (1980/81), S. 581–657.

43 Ebenda, S. 624–627.
44 SUB III, S. 276, Nr. 748: …Chŭnradus de nova domo …
45 SUB I, S. 454, Nr. 351; SUB III, S. 327 f., Nr. 799; S. 384, Nr. 848a; S. 463 f., Nr. 913 u. S. 487, Nr. 934; Freed, Diemut von Högl (wie Anm. 42), S. 629–631.
46 SUB III, S. 299, Nr. 771.
47 Freed, Diemut von Högl (wie Anm. 42), S. 620 f.; Helga Reindel-Schedl, Laufen an der Salzach (Historischer Atlas von Bayern, Tl. Altbayern, H. 55), München 1989, S. 366 u. S. 498 f. mit Anm. 9.
48 SUB III, S. 463 f., Nr. 913.
49 Martin, Regesten I, S. 80 f., Nr. 617, S. 87, Nr. 671 u. Regesten II, S. 11, Nr. 86.
50 Martin, Regesten I, R 16.
51 Vgl. dazu die Belege bei Martin, Regesten I, R 16; die Bezeichnung *domus nova* taucht nur bei der Erstnennung auf (SUB III, S. 276, Nr. 748).
52 Martin, Regesten I, S. 19, Nr. 133 f, S. 31, Nr. 223, S. 34, Nr. 244; Helga Reindel-Schedl, Die Herren von Wispeck, in: MGSL 122 (1982), S. 264 mit Anm. 62.
53 Heinz Dopsch, Zwischen Erzbischof, Klöstern und Adel – Das Gebiet von Seekirchen im Mittelalter, in: Elisabeth u. Heinz Dopsch (Hg.), 1300 Jahre Seekirchen. Geschichte und Kultur einer Salzburger Marktgemeinde, Seekirchen 1996, S. 138–142; Fritz Moosleitner, Die Burg der Herren von Unzing, in: Salzburg Archiv 14 (1992), S. 51–58.
54 Reindel-Schedl, Wispeck (wie Anm. 52), S. 262–265.
55 Ebenda, S. 254–256.
56 Martin, Regesten II, S. 35, Nr. 286, S. 64, Nr. 524.
57 Martin, Regesten II, S. 64, Nr. 524; Reindel-Schedl, Wispeck (wie Anm. 52), S. 265 f.
58 Martin, Regesten I, S. 80 f., Nr. 617.
59 Martin, Regesten I, S. 87, Nr. 671; S. 135, Nr. 1054; S. 153, Nr. 1199; SUB IV, S. 125 f., Nr. 113.
60 SLA, Urbar Ia, fol. 49ᵃ u. 51ᵇ–54ᵃ; Herbert Klein, Die bäuerlichen Leihen im Erzstift Salzburg, in: Festschrift Klein (wie Anm. 28), S. 303.
61 Dopsch, Burgenbau (wie Anm. 41), S. 407–411.
62 Archiv Michaelbeuern, Urkunde aus 1403. Zur Reihe der Pfleger von Neuhaus vgl. SLA, Frankkartei, Pfleggerichte, Pfleggericht Neuhaus, Beamtenkartei sowie die Zusammenstellung bei Haidenthaller, Chronik VIII, S. 53 f.
63 HHStA Wien, Allgemeine Urkundenreihe, Pflegschaftsrevers des Hadmar von Volkersdorf, 21. 1. 1455.
64 Dopsch, Der Ort (wie Anm. 11), S. 86 f u. Karte S. 82.
65 SLA, Hofrat Catenichl 1508–1530; Dopsch, Der Ort (wie Anm. 11), S. 87; Friederike Zaisberger u. Walter Schlegel, Burgen und Schlösser in Salzburg, Bd. 2: Flachgau und Tennengau, Wien 1992, S. 29.
66 Dopsch, Recht und Verwaltung (wie Anm. 29), S. 926 f.
67 Ebenda, S. 927–930 u. 936–938.
68 Das Urbaramt Heuberg ist als solches bereits in den ältesten erzbischöflichen Urbaren verzeichnet: SLA, Urbar 3, fol. 51ᵃ; SLA, Urbar 4, fol. 84ᵇ; SLA, Urbar 11, fol. 26ᵃ.
69 Bereits das älteste Urbar von St. Peter aus dem Jahr 1215–1234 (Archiv St. Peter Hs B 1) weist eine Gliederung in Ämter auf, wobei das Amt Hospitale am Ende steht.
70 Archiv St. Peter, Hs B 556, Stiftrecht des Amtes Spital, 1551. Dieses hält ausdrücklich fest, dass jeweils verkündet werden soll, wo das Stifttaiding stattfindet. Zu den Agenden der Amtleute vgl. Dopsch, Recht und Verwaltung (wie Anm. 29), S. 878, S. 929 f. u. S. 935.
71 Ebenda, S. 878.
72 Klein, Die bäuerlichen Leihen (wie Anm. 60), S. 307–310.
73 SLA, Urbar 3, fol. 51ᵃ–53ᵇ; Urbar 4, fol. 84ᵇ–86ᵇ; als einziges Gut wurde Mayrwies zur Freistift vergeben (fol. 86ᵃ, Nr. 30). Zu den Einträgen im Urbar Ia vgl. Klein, Die bäuerlichen Leihen (wie Anm. 60), S. 303.
74 SLA, HK Neuhaus 1515–1551/P.
75 Dieser Anteil ist in der Abrechnung (Raitung) des Gerichts Heuberg 1558 (wie Anm. 74) abgezogen.
76 SLA, HK Neuhaus 1515–1551/N (für 1549).
77 SLA, HK Neuhaus 1515–1551/P, Ausgaben.
78 SLA, HK Neuhaus 1515–1551/P.
79 SLA, HK Neuhaus 1552–1558/O.
80 SLA, HK Neuhaus 1552–1558/C.
81 SLA, HK Neuhaus 1552–1558/A; SLA, HK Neuhaus 1552–1558/Q; SLA, HK Neuhaus 1552–1558/S.
82 Diese Grenzrügung lag ursprünglich unter SLA, HK Neuhaus 1547–1552, ist jetzt aber in den Bestand der Taidinge Neuhaus eingereiht: SLA, Taidinge Neuhaus 45.1.
83 Heinrich Siegel u. Karl Tomaschek (Hg.), Die Salzburgischen Taidinge (Österreichische Weistümer 1), Wien 1870, S. 1–4.
84 Archiv St. Peter, Hs B 556.
85 Archiv St. Peter Hs B 21, fol. 5ᵇ: Noch im Urbar des Amtes Spital, das 1434 bis nach 1523 in Verwendung stand, sind fast alle Güter zu Leibgeding (*precarium*) vergeben, bei Mayrwies hielt man noch an der Freistift fest. Nur der größere Teil des geteilten Gutes Waldbichl wurde bereits zu Erbrecht vergeben.
86 Dopsch, Recht und Verwaltung (wie Anm. 29), S. 909–926.
87 Martin, Regesten II, S. 33, Nr. 264 u. 34, Nr. 271.
88 SUB IV, S. 406, Nr. 347; Martin, Regesten III, S. 94, Nr. 933.
89 SUB IV, S. 360, Nr. 317; Martin, Regesten III, S. 55, Nr. 547, S. 64, Nr. 637.
90 Dopsch, Der Ort (wie Anm. 11), S. 86 f.
91 Dopsch, Recht und Verwaltung (wie Anm. 29), S. 926; Derselbe, Der Ort (wie Anm. 11), S. 86.
92 Die Termine sind im Landrecht des Pfleggerichts Neuhaus (wie Anm. 96) überliefert.
93 Zum Gerichtsdienerhaus, das im Urbar 1608 als *Amtshaus in der Gnigl*, dabei ein Wein- und Krautgärtl samt vier wohlvermauerten Gefängnissen beschrieben wird, vgl. den Beitrag von Thomas Weidenholzer in diesem Band.
94 Archiv St. Peter Hs B 21, Urbar des Spitalamts 1434 bis nach 1523, fol. 54ᵇ.
95 Heinz Dopsch, Der Markt und seine Bewohner, in: Mittersill – Vom Markt zur Stadt, Mittersill 2008, S. 121.
96 SLA, Taidinge Neuhaus 45.3.; zum Ablauf des Taidings vgl. Dopsch, Recht und Verwaltung (wie Anm. 29), S. 879 f. u. S. 902–905.
97 Dopsch, Recht und Verwaltung (wie Anm. 29), S. 879 f.
98 SLA, HK Neuhaus 1563–1564/F.
99 SLA, HK Neuhaus 1560/A, Bericht David Köldrers, 6. 2. 1560.
100 Zu dieser auf dem Landtag 1495 vorgebrachten Beschwerde vgl. Dopsch, Salzburg im 15. Jahrhundert (wie Anm. 38), S. 569.
101 SLA, Frankkartei, Pfleggerichte, Pfleggericht Radeck; Dopsch, Der Ort (wie Anm. 11), S. 87 f.
102 HHStA Wien, Allgemeine Urkundenreihe, Urkunde vom 3. 6. 1508, abrufbar unter www.monasterium.net.
103 HHStA Wien, Allgemeine Urkundenreihe, Urkunde vom 17. 2. 1514.
104 HHStA Wien, Allgemeine Urkundenreihe, Urkunde vom 21. 3. 1514.
105 SLA, HK Neuhaus 1580–1585/J.
106 SUB IV, S. 70 f., Nr. 71.
107 Archiv St. Peter, Hs B 4, Urbar, um 1280, fol. 22ᵇ; Archiv St. Peter, Hs B 5, Gesamturbar 14. Jahrhundert, fol. 64ᵇ.
108 SUB IV, S. 125 f., Nr. 113.
109 Martin, Regesten I, S. 80 f., Nr. 617; S. 87, Nr. 671.
110 SLA, Urbar 3, fol. 52ᵇ; SLA, Urbar 4, fol. 86ᵃ, Nr. 32; SLA, Urbar 11, fol. 28ᵃ, Nr. 32; SLA, Urbar 146, fol. 99ᵇ.
111 Die Namen der Besitzer sind den Zusätzen in den Urbareinträgen (wie Anm. 110) zu entnehmen.

112 Martin, Regesten III, S. 48, Nr. 471.
113 SLA, HK Neuhaus 1559/O, zahlreiche Eingaben des Bäckers Hans Zärtl auf der Stegmühle und seiner Frau Regina.
114 SLA, HK Neuhaus 1559/O, Schreiben des Hans Zärtl an Statthalter und Räte, behandelt im Konsistorium am 11. 5. 1559.
115 Archiv St. Peter, Urkunde vom 2. 10. 1491 (Steinmühle); vgl. auch die Urkunden vom 11. 3. 1369, 9. 10. 1548, 9. 10. 1576 u. 13. 7. 1581. Die Umwandlung des Getreidedienstes auf der Stegmühle wurde erst 1570 für den Nagelschmied Christoff Pammer genehmigt: SLA, HK Neuhaus 1559/O.
116 AES, Urkunde vom 3. 1. 1415.
117 AES, Urkunde vom 30. 9. 1479.
118 AES, Urkunde vom 20. 10. 1488.
119 AStS, Städtische Stiftungen, buchförmige Archivalien, Nr. 4, Nr. 5 u. Nr. 7, Raitungen der Stadtpfarrkirche Salzburg.
120 Koller/Müller, Die Stadtteile (wie Anm. 1), S. 184.
121 Diese Daten sind durchwegs den Nachträgen in den Urbaren zu entnehmen: SLA, Urbar 4, fol. 85^b, Nr. 20–24, fol. 86^a, Nr. 34, fol. 86^b, Nr. 44–46; SLA, Urbar 11, fol. 28^a, Nr. 30 u. fol. 29^a –30^a, Nr. 51, 52, 56 u. 59.
122 Der genaue Verlauf der Straße ist dem Katastral-Plan von Gnigl und Heuberg in der Urmappe des franziszäischen Katasters im SLA zu entnehmen.
123 HHStA Wien, Allgemeine Urkundenreihe, Urkunde vom 21. 3. 1514; SLA, HK Neuhaus 1559/O, Supplikation des Hans Zärtl, 26. 4. 1561.
124 SLA, Urbar 146, fol. 108^b (Stegmühle); fol. 107^a (Vogelmühle: 2 Gänge, aber nur Wasser für 1); fol. 105^a (Rauchenpergermühle: 2 Gänge und 1 Stampf, aber nur 1 Mühlwasser); fol. 104^b: (Kohlmühle: 2 Gänge aber nur auf 1 Wasser).
125 Andreas Pasing, Müller – Ein Verarbeitungsgewerbe als Zielscheibe der Volkshäme, der Kundenkritik und Zunftpolitik, in: Bernd-Ulrich Hergemöller (Hg.), Randgruppen der spätmittelalterlichen Gesellschaft, 2. Aufl., Warendorf 1994, S. 202–219.
126 Heide Bauer-Haussner, Die Salzburger Messingindustrie in den Hämmern Ebenau und Oberalm 1588–1844 (Dissertationen der Universität Wien 113), Wien 1974; Engelsberger, Das Ebenauer Messingwerk (wie Anm. 4), S. 110–121.
127 Bauer-Haussner, Messingindustrie (wie Anm. 126), S. 12–23; mit Recht hat Fritz Koller auf die Bedeutung der Gnigler Messinghütte hingewiesen: Koller/Müller, Gnigl (wie Anm. 1), S. 184 f.
128 SLA, Urbar 4, fol. 85^b, Nr. 24.
129 Eine Übersicht über die reiche Literatur bieten Heinz Dopsch, Herzog Ernst von Bayern (1540–1554) – ein fürstlicher Unternehmer auf dem Bischofsthron, in: Dopsch/Spatzenegger, Bd. II/1, Salzburg 1988, S. 111–125, bes. S. 118–120; Hans Kammermayer, Herzog Ernst von Bayern (1500–1560), Fürst und Administrator des Hochstiftes Passau, Konfirmierter zum Erzbischof und Administrator des Erzstiftes Salzburg, Landesherr der Grafschaft Glatz, Diss., Salzburg 2008 (Drucklegung in: Schriftenreihe zur Bayerischen Landesgeschichte, München), S. 216–233.
130 SLA, Urbar 11 fol. 29^b, Nr. 59.
131 Ebenda, zusätzliche Einträge.
132 SLA, HK Neuhaus 1515–1551/P.
133 Franz Martin, Die merkwürdigen Schicksale des Rechtsgelehrten Dr. Martin Pegius, in: MGSL 82/83 (1942/43), Beiheft S. 39–43.
134 SLA, HK Neuhaus 1569–1573/O.
135 Bauer-Haussner, Messingindustrie (wie Anm. 126), S. 12.
136 Hans Ospald, Johann Steinhauser, ein Salzburger Historiograph des beginnenden 17. Jahrhunderts, in: MGSL 110/111 (1970/71), S. 1–124, hier S. 3.
137 Rudolf Tasser, Die Wolkenstein-Rodenegg als Bergbauunternehmer im Ahrntal (1562–1650), in: Gustav Pfeifer u. Kurt Andermann, Die Wolkensteiner. Facetten des Tiroler Adels in Spätmittelalter und Neuzeit (Veröffentlichungen des Südtiroler Landesarchivs 30), Bozen 2009, S. 247 f.
138 Ebenda S. 246–248 u. S. 255–257.
139 SLA, HK Neuhaus 1569–1573/O. Der Kaufvertrag ist von Dr. Martin Pegius und Hans Stainhauser unterschrieben.
140 SLA, HK Neuhaus 1569–1573/O, Supplik 17. 11. 1573.
141 SLA, HK Neuhaus 1515–1551/W; Das Stück wurde irrtümlich zu 1560/70 eingereiht, weshalb der Zusammenhang mit dem Bestand HK Neuhaus 1569–1573/O nicht erkannt wurde.
142 SLA, HK Neuhaus 1569–1573/O
143 SLA, Urbar 146 fol. 98^a; Vermerkt ist dort der Kaufbrief von 1588 und die Tatsache, dass die Stainhauser das Gut bestandweise an andere überlassen haben, die aus Stein gebaute Mühle aber selbst für ihren Hammer verwenden.
144 Bauer-Haussner, Messingindustrie (wie Anm. 126), S. 22 f.
145 SLA, Urbar 145 u. 146.
146 SLA, Urbar 146, fol. 2^a.
147 SLA, HK Neuhaus 1515–1551/A; SLA, HK Neuhaus 1592–1595/A. Die beiden zusammengehörenden Bestände wurden unterschiedlich eingereicht, da im ersten Teil nur die Datierung *anno 92* eingefügt ist.
148 SLA, Urbar 146, fol. 2^b.
149 SLA, Urbar 146, fol. 25^a u. 25^b.
150 SLA, Urbar 146, fol. 26^a.
151 SLA, Urbar 146, fol. 27^a.
152 SLA, Urbar 146, fol. 28^a.
153 SLA, Urbar 145, fol. 28^a.
154 SLA, Urbar 146, fol. 2^a – fol. 33^b (Güter zum Schloss) u. fol. 77^a–fol. 111^a (Urbaramt Heuberg).
155 SLA, Urbar 146, fol. 82^b.
156 SLA, Urbar 146, fol. 78^b.
157 SLA, Urbar 146, fol. 78^a.
158 SLA, Urbar 146, fol. 99^b, fol. 108^a, fol. 107^a u. fol. 105^a.
159 SLA, Urbar 146, fol. 105^a u. fol. 84^a.
160 SLA, Urbar 146, fol. 108^b.
161 SLA, Urbar 146, fol. 106^a.
162 SLA, Urbar 146, fol. 108^b.
163 SLA, Urbar 146, fol. 28^a u. fol. 28^b.
164 SLA, Urbar 146, fol. 29^a.
165 SLA, Urbar 146, fol. 79^a.
166 SLA, Urbar 146, fol. 81^a.
167 SLA, Urbar 146, fol. 26^b.
168 Archiv St. Peter, Hs B 21, fol. 54^b; SLA, Urbar 146, fol. 104^a.
169 Die Weiderechte sind bei jedem Gut in den Urbaren 145 und 146 einzeln angeführt.
170 AES, Urkunde vom 16. 6. 1568.
171 HHStA Wien, Allgemeine Urkundenreihe, Urkunden vom 19. 7. 1459 u. 31. 8. 1459.
172 Archiv St. Peter, Urkunde vom 25. 2. 1420.
173 Archiv St. Peter, Hs B 5, fol. 74^a: Die Abgaben der Steinmühle wurden 1387 auf 5 Schaff reduziert, die Verleihung erfolgte aber nur auf 5 Jahre; Archiv St. Peter, Hs B 21, fol. 2^a: In dem Eintrag von 1434 wurde die Steinmühle zunächst gegen die ermäßigte Abgabe von 5 Schaff Korn zu Leibgeding auf drei Leiber verliehen, später das Leibgeding (*precarium*) getilgt und durch Erbrecht (*ius hereditarium*) ersetzt.
174 Archiv St. Peter, Hs B 21, fol. 4^b.
175 Archiv St. Peter, Hs B 21, fol. 5^b (Waldbichl) u. fol. 6^a (Gut am Bach).
176 Archiv St. Peter, Hs B 21, fol. 4^b: *...pratum custodie...*; ebenda Officium 1438–1445, fol. 2^b: *..custos prati Maiwisen ....*; ebenda Urbar 1523, fol. 50^b: *... das die, so das Haus und Gartten inhaben, sölln dy Maywisen verhueten lautt der brieff darum ausgangen 1512*.
177 Archiv St. Peter, Hs B 21, Urbar 1523, fol. 54^b.
178 AStS, Städtische Stiftungen, Buchförmige Archivalien 4, 5 u. 7.
179 Z.B.: AStS, Städtische Stiftungen Buchförmige Archivalien 52, Urbar des Bürgerspitals 1636, pag. 195; SLA, Urbar 146, fol. 33^a

180 SLA, Urbar 146, fol. 33ᵃ, Überzins vom Gut Grub an Schloss Neuhaus.
181 Vgl. dazu den Beitrag von Roland P. Kerschbaum im vorliegenden Band.
182 Eine moderne Jagdgeschichte Salzburgs fehlt. Vgl. Rupert von Imhof, Beiträge zur Geschichte des Salzburger Jagdwesens aus archivalischen Quellen gesammelt, in: MGSL 26 (1886), S. 129–179 u. 219–307; MGSL 27 (1877), S. 111–219 u. S. 409–517.
183 SLA, HK Neuhaus 1552–1558/L.
184 SLA, HK Neuhaus 1552–1558/L, Schreiben David Köldrers, 10. 5. 1557.
185 Die Entscheidung des Hofmeisters ist samt Datum auf dem Schreiben Köldrers vermerkt.
186 SLA, HK Neuhaus 1515–1551/J.
187 SLA, HK Neuhaus 1560/K.
188 Heinz Dopsch, Der Almkanal in Salzburg – Ein städtisches Kanalbauwerk des hohen Mittelalters in Vergangenheit und Gegenwart, in: Städtische Versorgung und Entsorgung im Wandel der Geschichte, hg. v. Erich Maschke/Jürgen Sydow (Stadt in der Geschichte Bd. 8), Sigmaringen 1981, S. 46–76.
189 SLA, HK Neuhaus 1552–1558/K.
190 Der Einspruch des Wilhelm von Trautmanstorff und der endgültige Entscheid sind auf dem Schreiben des Eustachius Reimann vermerkt, 16. 8. 1559.
191 SLA, HK Neuhaus 1552–1558/P.
192 SLA, HK Neuhaus 1560/A.; Supplik der Müller, 26. 10. 1560.
193 SLA, HK Neuhaus 1559/O
194 SLA, HK Neuhaus 1569–1573/O
195 SLA, HK Neuhaus 1560/A.
196 Zu den Studien des Dr. Pegius, zu seinem beruflichen Werdegang und seinen zahlreichen Schriften vgl. Martin, Die merkwürdigen Schicksale (wie Anm. 133).
197 SLA, HK Neuhaus 1569–1573/O.
198 Martin, Die merkwürdigen Schicksale (wie Anm. 133).

Thomas Weidenholzer
GNIGL IN DER NEUZEIT 1600 BIS 1850
MÜHLEN PRÄGEN EIN DORF

1 Dieser Versuch muss notwendigerweise unvollständig bleiben. Auch Fehler können nicht ganz ausgeschlossen werden.
2 Walburg Schobersberger, Kirche zu Guggenthal, geschichtliche und bauliche Entwicklung der Filialkirche zum hl. Kreuz zur hl. Elisabeth sowie des Gutes Guggenthal mit Gasthaus, Brauerei, Villa und Herrenhaus, in: Heimat Koppl. Chronik einer Gemeinde, Koppl 2000, S. 210–226; Friederike Zaisberger u. Walter Schlegel, Burgen und Schlösser in Salzburg. Flachgau und Tennengau, Wien 1992, S. 72–74.
3 SLA, Anlaitlibelle Neuhaus 1558–1599, fol. 167ᵇ.
4 Paul Buberl, Gerichtsbezirk Salzburg (Österreichische Kunsttopographie XI), Wien 1916, S. 155; Zaisberger/Schlegel, Burgen und Schlösser (wie Anm. 2), S. 72 f.
5 SLA, Urbar 145, Urbarsbeschreibung des Urbar- und Pfleggerichts Neuhaus 1608, o. Pag.
6 Mathias Bahngruber, Die politische Gemeinde, in: Heimat Koppl (wie Anm. 2), S. 290–305, hier S. 295.
7 Mathias Bahngruber, Häuserchronik Koppl, in: Heimat Koppl (wie Anm. 2), S. 684–832, hier S. 685.
8 SLA, Urbar 145; SLA, Anlaitlibelle Neuhaus 1600–1623, fol. 29ᵇ.
9 Zur Tabakproduktion vgl. weiter unten.
10 SLA, Urbar 11; SLA, Anlaitlibelle Neuhaus 1558–1599, fol. 70ᵇ.
11 SLA, Hofkammerprotokolle, fol. 30ᵇ, 25. 4. 1600, Gesuch des Wolf Lindner um Lieferung von Ziegeln; SLA, HK Neuhaus 1602/G, Gesuch des Balthasar Lindner um einen Kredit.
12 SLA, HK Neuhaus 1605/L, Stellungnahme des Pflegers zu einem Gesuch Balthasar Lindners, 15. 11. 1605.
13 Ebenda.
14 SLA, Urbar 145; SLA, Anlaitlibelle Neuhaus 1600–1623, fol. 149ᵃ.
15 SLA, Urbar 145.
16 Haidenthaler, Chronik III, S. 22; SLA, Anlaitlibelle 1615–1623, fol. 122ᵃ.
17 Konnte nicht genau lokalisiert werden, möglicherweise handelt es sich dabei um das 1907 abgebrannte Auerhäusl.
18 SLA, Urbar 11; vgl. SLA, Buchförmige 4, Gerichtsprotokoll Neuhaus 1651, fol. 7ᵇ; Haidenthaller, Chronik VI, S. 48.
19 SLA, HK Neuhaus 1582/K; SLA, HK Neuhaus 1596/C.
20 SLA, Urbar 145.
21 Ebenda.
22 Karl Fromann (Bearb.), Bayerisches Wörterbuch von J. Andreas Schmeller, Bd. 1, 2. Aufl., München 1872, Sp. 385.
23 Leonhard Späth, Ueber den Bau, Effect, und Berechnung einer Walzmaschine mit zwey und drey Wellen, welche durch die Kräfte des Wassers in Bewegung gesetzt wird: Beschreibung des Baues und Effects einer Polier-Mühle, Erfurt 1788.
24 SLA, Anlaitlibelle Neuhaus, 1600–1623, fol. 18ᵇ; SLA, Urbar 145.
25 Elisabeth Wahl, Baudokumentation Neuhauser Mühle, Manuskript, Wien 2007.
26 AES, Urkundenreihe, 3. 1. 1415, abgedruckt in: Auszüge aus den Original-Urkunden des fürsterzbischöflichen Consistorial-Archives zu Salzburg, in: MGSL 13 (1873), S. 53.
27 AES, Urkundenreihe, 30. 9. 1479, abgedruckt in: Auszüge aus den Original-Urkunden des fürsterzbischöflichen Consistorial-Archives zu Salzburg, in: MGSL 15 (1875), S. 141.
28 AES, Inventar der Stadtpfarrkirche 1490, gedruckt in: MGSL 9 (1869), S. 52–61, hier S. 59.
29 Möglicherweise stammt diese Ausstattung auch aus der Zeit um 1800 wie Bauuntersuchungen des Bundesdenkmalamtes konstatieren: Wahl, Baudokumentation (wie Anm. 25), o. pag.
30 SLA, Anlaitlibelle Neuhaus 1558–1599, fol. 228ᵃ.
31 Nicht zu verwechseln mit der ursprünglichen Aumühle, für die sich schließlich der Name Oberaumühle einbürgerte.
32 Haidenthaller, Chronik II, S. 150.
33 Wahl, Baudokumentation (wie Anm. 25), o. pag.
34 SLA, Urbar 145.
35 SLA, HK Neuhaus 1589/G, Bericht des Pflegers, 13. 1. 1589.
36 SLA, HK Neuhaus 1724/1/F, Gnigler Bäcker und Müller an Hofkammer, präs. 21. 5. 1724.
37 SLA, Regierung XLI/31, Augenscheinsprotokoll über die Herstellung der Grazer oder sogenannten Eisenstraße, 29. 1. 1790.
38 Erwähnt in: SLA, HK Neuhaus 1606/G, Einwand der Müller und Bäcker gegen den Hausbau des Sebastian Scheichl, o. Dat. [1606].
39 SLA, Regierung XLI/31, Vortrag Karl Ehrenbert von Moll, 2. 1. 1790.
40 Lorenz Hübner, Beschreibung des Erzstiftes und Reichsfürstenthums Salzburg in Hinsicht auf Topographie und Statistik, Bd. 1: Das Salzburgische flache Land, Salzburg 1796, S. 172.

41 H. M. Glaser, Chronik des Hauses Eichstrasse Nr. 50, genannt: Gasthof-Pension „Zur Kendl" (masch.), Salzburg 1981.
42 SLA, HK Neuhaus 1608/E, Bericht des Pflegers, 14. 6. 1608.
43 SLA, Anlaitlibelle Neuhaus 1558–1599, fol. 61ª.
44 SLA, HK Neuhaus 1608/E, Bericht des Pflegers, 14. 6. 1608.
45 Haidenthaller, Chronik V, S. 19.
46 Vgl. den Beitrag von Roland Kerschbaum in diesem Band; Roland Kerschbaum, Pfarrkirche Mariä Himmelfahrt und hl. Michael. Gnigl. Geschichte, Kunst, Spiritualität (Christliche Kunststätten Österreichs 493), Salzburg 2009, S. 4; Georg Stadler, Pfarrkirche Gnigl. Festschrift zur 250-Jahre-Feier, Salzburg 1988, S. 8.
47 Vgl. den Beitrag von Roland Kerschbaum in diesem Band.
48 SLA, Urbar 145; vgl. Franz Zillner, Geschichte der Stadt Salzburg, Bd. 1: Geschichtliche Stadtbeschreibung, Salzburg 1885, S. 425.
49 AES, 5/36/15, Bericht über Vollendung [1702]; SLA, Urbar 148.
50 Dieser Schranken konnte nicht genau lokalisiert werden. Im 18. Jahrhundert befand er sich vor dem Sternhäusel (Gasthaus Löwenstern, Eichstraße 34), dazu: AStS, Pezoltakten 134, Pfleger an Polizeikommissariat, 7. 12. 1807; vgl. dazu auch SLA, HK Neuhaus 1589/G.
51 SLA, HK Neuhaus 1592/A, Bericht des Pflegers, 1. 4. 1592.
52 Erwähnt in: SLA, HK Neuhaus, 1603/J.
53 SLA, HK Neuhaus 1515–1591, Bericht des Pflegers, 15. 5. 1592.
54 SLA, HK Neuhaus 1592/A, Bericht des Pflegers, 3. 10. 1592.
55 SLA, HK Neuhaus 1592/A, Baugenehmigung, 18. 2. 1593; SLA, HK Neuhaus 1601/D, Gesuch des Oswald auf der Lackhen, 16. 2. 1601. Um welches Gebäude es sich dabei handelt, war nicht eruierbar.
56 Erwähnt in: SLA, HK Neuhaus 1604/N, Bericht des Pflegers, 5. 1. 1604.
57 Vgl. den Beitrag von Roland Kerschbaum in diesem Band.
58 SLA, HK Neuhaus 1515–1591, Bericht vom 15. 5. 1592.
59 SLA, HK Neuhaus 1599/L, Bericht des Pflegers, 30. 4. 1599; Österreichische Kunsttopographie XI (wie Anm. 4), S. 94.
60 SLA, Urbar 145.
61 SLA, HK Neuhaus 1649/N, Reparationen im Schloss, Akt fehlt; SLA, HK Neuhaus 1651/L, Verbesserung der Verhörstuben.
62 SLA, HK Relationen 1695, fol. 267ᵇ; Österreichische Kunsttopographie XI (wie Anm. 4), S. 94.
63 Erwähnt bei: Hans Freudelsperger, Kurze Fischereigeschichte des Erzstifts Salzburg. 1. Teil, in: MGSL 76 (1936), S. 81–128, hier S. 128.
64 August Prinzinger, Die Gnigler Schanze und Salzburgs Befestigung, in: MGSL 15 (1875), S. 1–23; Derselbe, Die Gnigler Schanze, in: MGSL 29 (1889), S. 261 f. Die Annahme Prinzingers, die Schanze sei antiken Ursprungs ist nicht gesichert und nicht sehr wahrscheinlich.
65 SLA, Urbar 145.
66 Österreichische Kunsttopographie XI (wie Anm. 4), S. 95.
67 SLA, HK Neuhaus 1627/P, Pfleger an Hofkammer, 28. 1. 1627.
68 Sonja Pallauf, Wald und Forst im Erzstift Salzburg. Ein Beitrag zur Geschichte der landesfürstlichen Forstgesetzgebung, in: MGSL 146 (2006), S. 167–175, hier S. 172; Ernst Bruckmüller u. Gerhard Ammerer, Die Land- und Forstwirtschaft in der Frühen Neuzeit, in: Dopsch/Spatzenegger II/4, S. 2501–2562, hier S. 2550.
69 SLA, Angesessene Underthanen im Urbargericht Heyperg darunter auch die Landgerichtische Gnigler vermischt seyen, 1598.
70 SLA, HK 1600/A, Ablehnende Stellungnahme der Gnigler Müller, o. Dat. [1598].
71 SLA, Urbar 145; http://www.kruenitz1.uni-trier.de, Stichwort Bleichen, 5. 3. 2010.
72 Haidenthaller, Chronik II, S. 90. Zur Steinmühle siehe den Beitrag von Heinz Dopsch in diesem Band.
73 SLA, Urbar 148.
74 SLA, Anlaitlibelle Neuhaus 1559–1599, fol. 49ª.
75 SLA, Anlaitlibelle Neuhaus 1559–1599, fol. 104ª.
76 Haidenthaller, Chronik IV, S. 85.
77 Zillner, Geschichte der Stadt Salzburg (wie Anm. 48), Bd. 1, S. 675 u. 610.
78 SLA, HK 1603/L, Schuldenstand des Sinnhuber [1603]; SLA, Anlaitlibelle Neuhaus 1600–1623, fol. 13ᵇ.
79 SLA, Anlaitlibelle Neuhaus 1600–1623, fol. 19ᵇ.
80 Haidenthaller, Chronik II, S. 58.
81 Archiv St. Peter, Urkundensammlung, 2277, Erbrechts-Revers.
82 Österreichische Kunsttopographie XI (wie Anm. 4), S. 102–104; August Sieghart, Südostbayerische Burgen und Schlösser und die Salzburger Schlösser und Edelsitze, Berchtesgaden-Schellenberg 1952, S. 223 f.; SLA, Domkapitel 34, Geschichte und Acktenmäßige Bewandtsame des ausser dem Mirabell, und dem Linzer Thor befindlichen sogenannten Schall- und Itzlinger Mooses [wohl 1785], o. pag; Peter Michael Lipburger u. Gerhard Plasser, Schallmoos. Bau- und Entwicklungsgeschichte bis 1945, in: MGSL 130 (1990), S. 535–634, hier S. 608 f.
83 Haidenthaller, Chronik III, S. 157.
84 Edmund Wagenhofer, Die ehemaligen Schillinghofgründe in Salzburg-Gnigl, in: Resonanz. Hauszeitschrift der Erzabtei St. Peter, 6 (1985), Nr. 1, 11–19, hier S. 11.
85 Archiv St. Peter, Hs A 896/1, Rechnungen des Schillinghofes 1670 u. 1673.
86 SLA, Buchförmige, Neuhaus 192, nennt den Beruf Aschauers.
87 SLA, Urbar 145.
88 Zillner, Geschichte der Stadt Salzburg (wie Anm. 48), Bd. 2: Zeitgeschichte bis zum Ausgang des 18. Jahrhunderts, S. 610.
89 SLA, Urbar 145.
90 Ebenda.
91 SLA, Regierung, VI/45, Protokoll der Landesregierung, 15. 7. 1808.
92 Fritz Koller u. Guido Müller, Die Stadtteile Gnigl und Itzling. Bau- und Entwicklungsgeschichte bis 1945, in: MGSL 129 (1989), S. 179–194, hier S. 185.
93 Vgl. auch: AStS, Generalia, Wegordnung, 10. 4. 1656; AStS, Generalia, Wegordnung, 12. 10. 1756.
94 SLA, Geheimes Archiv XXXII/1, Beschreibung über die Hauptmaut Salzburg, Weg und Straßen, 1693, erwähnt eine „Lündten" in diesem Bereich.
95 Ebenda.
96 Erwähnt in: SLA, HK Neuhaus 1604/N, Gesuch des Leonhard Summerauer um einen Einfang, in con. 2. 12. 1604; vgl. dazu auch den Beitrag von Heinz Dopsch.
97 Archiv St. Peter, B 566, Auszug aus dem alten Stiftrecht auf die jetzigen Brauch und Gewohnheiten …, 1584.
98 Haidenthaller, Chronik IV, S. 31, ohne Quellenangabe.
99 SLA, HK Neuhaus 1762/2/C, Lokalaugenschein der Hofbaukommission, 15. 4. 1762.

100 Vgl. das Verhörstübel in der Taverne in der unteren Gnigl.
101 SLA, HK Neuhaus 1605/E, Inventar des Amtmannhauses, 1605.
102 Nicht zu verwechseln mit dem Gut Reckenbrunn, dem späteren Schloss Röcklbrunn.
103 Archiv St. Peter, B 21, Urbar 1445, fol. 4^b.
104 Archiv St. Peter, B 28, Urbar, fol. 123^b.
105 Archiv St. Peter, B 21, Urbar 1523, fol. 13^b.
106 Archiv St. Peter, B 603 Notelbuch der Ämter vor dem Gebirge 1600–1608, fol. 1a f.
107 SLA, Urbar 145.
108 Archiv St. Peter, Urkunde 408, 29. 9. 1357, http://www.monasterium.net, 8. 3. 2010.
109 Haidenthaller, Chronik IV, S. 112–119.
110 AStS, Zunftarchiv 93, Gültbuch der Weißbäcker, 1558–1814, S. 24.
111 Die Häuser Linzer Bundesstraße 58, 60, 64, 66, 68, 72 sowie Bachstraße 6 entstanden im 18. Jahrhundert.
112 LORENZ HÜBNER, Beschreibung der hochfürstlich-erzbischöflichen Haupt- und Residenzstadt Salzburg und ihrer Gegenden, 1. Bd.: Topographie, Salzburg 1792 (Nachdruck Salzburg 1982), S. 564.
113 GERHARD AMMERER, Das Hochgericht. Öffentlichkeit als konstitutiver Bestandteil von Urteil und Strafvollzug, in: GERHARD AMMERER u. THOMAS WEIDENHOLZER (Hg.), Rathaus, Kirche, Wirt. Öffentliche Räume in der Stadt Salzburg (Schriftenreihe des Archivs der Stadt Salzburg 26), Salzburg 2009, S. 79–89, hier S. 85.
114 JOHANN STAINHAUSER, Das Leben, Regierung und Wandel des Hochwürdigsten in Gott Fürsten und Herrn Herrn Wolff Dietrichen, gewesten Erzbischoven zu Salzburg, hg. v. WILLIBALD HAUTHALER, in: MGSL 13 (1873), S. 1–140, hier S. 63.
115 Erwähnt in: SLA, HK Neuhaus 1604/N, Bericht des Pflegers, 5. 1. 1604.
116 SLA, HK Neuhaus, 1601/M, Gesuch des Paulus Sommerauer und des Barthlme Lechner, o. Dat [1601].
117 Archiv St. Peter, Urkundensammlung, Beilegung eines Nachbarschaftsstreites zwischen Gnigl und Hallwang, 15. 6. 1568, http://www.monasterium.net, 31. 3. 2010.
118 ZILLNER, Geschichte der Stadt Salzburg (wie Anm. 48), Bd. 1, S. 125.
119 LIPBURGER, Schallmoos (wie Anm. 82), S. 604–608; GERHARD PLASSER, Schallmoos und Itzling – Die alten Grundherrschaften, in: Historischer Atlas der Stadt Salzburg, hg. v. PETER F. KRAMML, ERICH MARX und THOMAS WEIDENHOLZER (Schriftenreihe der Stadt Salzburg 11), Salzburg 1999, Bl. II/8; SLA, Domkapitel 34, Acktenmäßige Bewandtsame (wie Anm. 82).
120 Vgl. FRITZ KOLLER, Die Landgemeinde im Erzstift Salzburg, in: Die ländliche Gemeinde (Schriftenreihe der Arbeitsgemeinschaft der Alpenländer), Bozen 1988, S. 85–99.
121 FRANZ-JOSEF ARLINGHAUS, Raumkonzeptionen der spätmittelalterlichen Stadt. Zur Verortung von Gericht, Kanzlei und Archiv im Stadtraum, in: BRUNO FRITZSCHE, HANS-JÖRG GILOMEN und MARTINA STERCKEN (Hg.), Städteplanung – Planungsstädte, Zürich 2006, S. 101–123, hier S. 112; HEINZ DOPSCH, Der Ort, seine Herren und das Gericht Bergheim im Mittelalter (ca. 600–1550), in: MONIKA BRUNNER-GAUREK (Hg.), Bergheim. Geschichte und Gegenwart, Bergheim 2009, S. 60–93, hier S. 86–88; und weitere Beiträge von Dopsch in vielen Ortsgeschichten.
122 Archiv St. Peter, B 1278, Anlaiten 1428–1631, o. pag.
123 SLA, HK Neuhaus 1606/P, in cons. 16. 11. 1605.
124 SLA, HK Neuhaus 1606/P, Bericht des Pflegers, 10. 2. 1606.
125 DOPSCH, Gericht Bergheim (wie Anm. 121), S. 87 f.; KOLLER, Gnigl (wie Anm. 92), S. 182.
126 SLA, HK Neuhaus 1605/L.
127 SLA, HK, Relationen 1695, fol. 267^b, zit. n. ÖKT XI, S. 94 f.
128 SLA, Geheimes Archiv XXVI 80/24, Inventarium über die Pfleg Neuhaus 1640; die Akten selbst fehlen zum Großteil.
129 Vgl.: JUTTA BAUMGARTNER, „… zeige an, dass ich mich fleischlich verbrochen habe". Das Fornikationsprotokoll des Stadtgerichts Salzburg (1795–1804), in Salzburg Archiv 32 (2007), S. 209–226; vgl. PETER KLAMMER, „In Unehren beschlaffen". Unzucht vor kirchlicher und weltlicher Gerichtsbarkeit im frühneuzeitlichen Salzburger Lungau (Wissenschaft und Religion 7), Frankfurt am Main 2003.
130 SLA, HK Neuhaus 1762/2/D, Amtsinventarium im Pfleg- und Landgericht Neuhaus, 1761.
131 SONJA PALLAUF u. PETER PUTZER (Hg.), Die Waldordnungen des Erzstiftes Salzburg (Fontes rerum Austriacarum 3. Abteilung, Fontes iuris 16), Wien-Köln-Weimar 2001.
132 SLA, Urbar 145.
133 ‚Hausen' hat neben der Bedeutung ‚Aufenthalt nehmen', ‚zusammenleben' auch die von ‚wirtschaften'.
134 Archiv St. Peter, Akt 2670/b, Inventar nach Maria Stirnin, des Schuhmacher Christoph Hofmann Ehefrau, 1679.
135 ANDREAS GESTRICH, JENS-UWE KRAUSE u. MICHAEL MITTERAUER, Geschichte der Familie. Stuttgart 2003.
136 Archiv St. Peter, B 603, Notelbuch Ämter vor dem Gebirge 1600–1608, Übergabvertrag. 3. 1. 1600, fol. 1a f.
137 SLA, Buchförmige Neuhaus 5, Protokolle des Neuhauser Pfleggerichts 1667–1669, 17. 11. 1667, fol. 49^b f.
138 SLA, HK Neuhaus 1603/B, Pfleger an Hofkammer, 14. 10. 1600.
139 SLA, HK Neuhaus 1604/O, Pfleger an Hofkammer, 30. 5. 1604.
140 SLA, HK Neuhaus 1603/C, Bericht des Pflegers, 28. 11. 1603.
141 SLA, HK Neuhaus 1603/G, Gesuch des Hanns Grabner, o. Dat. [1603].
142 SLA, HK Neuhaus 1606/P, Bericht des Pflegers, 10. 2. 1606.
143 SCHMELLER, Bayrisches Wörterbuch (wie Anm. 22), Bd. 1, Sp. 1546 f.
144 SLA, HK Neuhaus 1603/J, Einspruch des Jacob Mayr, o. Dat. [1603].
145 NORBERT SCHINDLER, Die Entstehung der Unbarmherzigkeit. Zur Kultur und Lebensweise der Salzburger Bettler am Ende des 17. Jahrhunderts, in: DERSELBE, Widerspenstige Leute. Studien zur Volkskultur der frühen Neuzeit, Frankfurt am Main 1992, S. 258–314.
146 GERALD MÜLLEDER, Zwischen Justiz und Teufel. Die Salzburger Zauberer-Jackl-Prozesse (1675–1679) und ihre Opfer (Österreichische Hexenforschung 2), Wien-Berlin 2009, S. 349.
147 Ebenda, S. 342.
148 Ebenda, S. 344.
149 Ebenda, S. 337.
150 Vgl. dazu PALLAUF, Wald und Forst (wie Anm. 68).
151 SLA, Urbar 145.
152 SLA, HK, Jägermeisterei, 1797/6/B, Gutachten, 7. 1. 1796.
153 SLA, Hofkammerprotokolle, 13. 9. 1791, fol. 5284^b–5286^b; allgemein: NORBERT SCHINDLER, Wilderer im Zeitalter der Französischen Revolution. Ein Kapitel alpiner Sozialgeschichte, München 2000, S. 183 f.
154 SLA, Hofkammerprotokolle, 21. 1. 1794, fol. 245^b–247^b; SCHINDLER, Wilderer (wie Anm. 153), S. 183.
155 SLA, HK, Jägermeisterei, 1797/6/B.
156 Ausführlich analysiert Norbert Schindler den Fall,

157 SLA, HK Neuhaus 1589/E, Vorstellung der 15 Neuhauser Ehmüller gegen die Errichtung von Gmachlmühlen, o. Dat. [1589].
158 SLA, HK Neuhaus 1573/O, Supplikation des Martin Pegius, o. Dat. [1573]; zu Pegius siehe Heinz Dopsch in diesem Band.
159 Über das Gefahrenpotenzial des Alterbaches und seine Zähmung vgl. den Beitrag von Herbert Weigl in diesem Band.
160 SLA, HK Neuhaus 1573/O, Supplikation des Martin Pegius, o. Dat. [1573].
161 SLA, HK Neuhaus 1787/1/A, Lokalaugenschein, 21. 8. 1786.
162 SLA, HK Neuhaus 1787/1/A, Verzeichnis derjenigen Unterthanen, welche durch die Wassergüsse und Überschwemmung des Alterbaches in der Gnigl den 25. Juny und 17. August Schaden gelitten 1786, o. Pag.
163 Haidenthaler, Chronik II, S. 120.
164 Jacob u. Wilhelm Grimm, Deutsches Wörterbuch, Nachdruck, München 1991, Bd. 11, Sp. 530 f.; Franz Hörburger, Salzburger Ortsnamenbuch (MGSL. Erg.-Bd. 9), Salzburg 1982, S. 152.
165 SLA, Hofbaumeisterei B/II/4, Beschreibung der Leitung vom Kühberg, o. Dat. [um 1680].
166 Fritz Besl, Brunnen und Wasserleitungen, in: Historischer Atlas der Stadt Salzburg (Schriftenreihe des Archivs der Stadt Salzburg 11), Salzburg 1999, Bl. IV/6; Hans Egger, Die Wasserversorgung der Landeshauptstadt Salzburg. Geschichte, Gegenwart und Zukunft, in: Wasser und Kanal. Wasserversorgung, Kanalisation, betriebliche Abwässer (Salzburger Dokumentation), Salzburg 1972, S. 51–86, hier S. 53 f.
167 AStS, Urkundensammlung, 5. 8. 1697.
168 AStS, Zunftarchiv 779, Handwerksordnung der Müller, 1602, § 18.
169 Zit. n. Haidenthaller, Chronik V, S. 30.
170 SLA, HK Neuhaus, 1558/P.
171 SLA, HK Neuhaus 1560/A, Klage der Gnigler Müller, 16. 10. 1560.
172 SLA, HK Neuhaus 1560/A, Bericht des Pflegers, o. Dat. [1560].
173 Kurt Klein, Bevölkerung und Siedlung, in: Dopsch/Spatzenegger, Bd. II/2, S. 1289–1360, hier S. 1296.
174 Leonhard Christoph Sturm, Vollständige Mühlen-Baukunst, 5. Aufl., Nürnberg 1815 (Reprint Hannover 1991); Karl Wiesauer, Handwerk am Bach. Von Mühlen, Sägen, Schmieden … (Tiroler Kulturgüter), Innsbruck-Wien 1999, S. 8–22; http://steffenreichel.homepage.t-online.de/Muehlen/index.html, 1. 3. 2010.
175 SLA, HK Neuhaus 1559/O.
176 SLA, Urbar 11.
177 SLA, HK Neuhaus 1559/O, Hanns Zärtl an Hofmeisterei, o. Dat. [1561], Bescheid vom 21. 1. 1562.
178 SLA, HK Neuhaus 1589/E, 15 Ehmüller an das Pfleggericht Neuhaus, o. Dat. [1589].
179 SLA, HK Neuhaus 1600/A, Bericht des Pflegers, 10. 3. 1599.
180 Karl Marx, Das Kapital. Kritik der politischen Ökonomie, Bd. 1: Der Produktionsprozess (Marx-Engels-Werke 23), Berlin 1974, S. 368.
181 Jacob Leupold, Theatrum machinarum molarium oder Schau-Platz der Mühlen-Bau-Kunst, Leipzig 1735, Nachdruck Hannover 1982.
182 Eugen Ernst, Mühlen im Wandel der Zeiten, Stuttgart 2005, S. 20 f.
183 Ehehaft- und Landtaiding der fünf Stäbe im Pongau, in: Heinrich Siegel u. Karl Tomaschek (Hg.), Die Salzburgischen Taidinge, Wien 1870, S. 183; Andreas Pasing. Müller, Ein Verarbeitungsgewerbe als Zielscheibe der Volkshäme, der Kundenkritik und Zunftpolitik, in: Bernd-Ulrich Hergemöller (Hg.), Randgruppen der spätmittelalterlichen Gesellschaft, 2. neubearb. Aufl., Warendorf 1994, S. 202–219.
184 Rudolf Suppan, Mühlen, Bäche, Wasserräder. Geschichte und Funktion der wasserbetriebenen Mühlen, Graz 1995, S. 46.
185 Ebenda, S. 114–125; Ernst, Mühlen im Wandel (wie Anm. 182), S. 21.
186 Grimm, Deutsches Wörterbuch (wie Anm. 164), Bd. 27, Sp. 2388.
187 Alfred W. Höck, Vom Alltagsobjekt zum Denkmal einer vergangenen Lebensweise. Zur Geschichte der Wassermühlen im Salzburger Raum und das Kulturdenkmal „Sieben Mühlen" in Pfarrwerfen, in: Salzburger Volkskultur, April 1999, S. 47–52; Derselbe, Die „Sieben Mühlen" in der Gemeinde Pfarrwerfen. Eine Dokumentation vor dem Hintergrund der sozial- und technikgeschichtlichen Entwicklung der Mühlenwirtschaft im Alpenraum, Salzburg 1998.
188 Grimm, Deutsches Wörterbuch (wie Anm. 164), Bd. 9, Sp. 373.
189 Ernst, Mühlen im Wandel (wie Anm. 182), S. 21–23; Suppan, Mühlen (wie Anm. 184), S. 111–113.
190 Johannes Mager, Günther Meissner u. Wolfgang Orf, Die Kulturgeschichte der Mühlen, Tübingen 1989, S. 28.
191 Eva Maria Schalk, Die Mühlen im Land Salzburg, Salzburg 1986, S. 20; Mager/Meissner/Orf, Mühlen (wie Anm. 190), S. 28–41.
192 Dazu: Alois Brandstetter, Zum Wortschatz der Müllerei in Lexers Wörterbüchern, in: Horst Brunner (Hg.), Matthias von Lexer. Beiträge zu seinem Leben und Schaffen, Stuttgart 1993, S. 181–195, hier S. 184 u. 186.
193 SLA, Urbar 148.
194 Original-Urkunden des fürsterzbischöflichen Consistorial-Archives (wie Anm. 26), S. 53.
195 SLA, HK Neuhaus, 1554/D.
196 SLA, HK Neuhaus, 1563/O.
197 Z. B.: AStS, Zunftarchiv 779, Handwerksordnung der Müller, 1602.
198 AStS, Pezoltakten 319, Gutachten des Polizeikommissariats, 26. 10. 1811.
199 Haidenthaller, Chronik II S. 162, ohne Quellenbeleg.
200 Koller, Gnigl (wie Anm. 92), S. 184; dazu: SLA, Hofbaumeisterei B/II /3.
201 Schmeller, Bayerisches Wörterbuch (wie Anm. 22), Bd. 1, Sp. 1587.
202 AStS, Pezoltakten 318, Verzeichnis der Müller, 8. 10. 1809.
203 Ernst, Mühlen im Wandel (wie Anm. 182), S. 21; Hübner, Beschreibung des Erzstiftes (wie Anm. 40), S. 166.
204 SLA, HK Neuhaus 1793/H.
205 SLA, Regierung, XXXVI/A/4, Tabelle der im Pfleggericht Neuhaus gelegenen Mautmühlen [1804].
206 Franz Xaver Weilmeyr, Topographisches Lexikon vom Salzach-Kreise, Salzburg 1812, S. 244.
207 AStS, Pezoltakten 318, Verzeichniß der Müller, aufgenommen dem 8ten October 1809.
208 AStS, ZA 360, Meister-Buch des Müller-Handwerkes zu Salzburg, 1833–1859.
209 Koller, Gnigl (wie Anm. 92), S. 184 f.
210 Haidenthaller, Chronik IV, S. 85.
211 SLA, Urbar 11, Nr. 32.
212 SLA, Urbar 11, Nr. 51.
213 SLA, Urbar 4, Nr. 42; SLA, Urbar 11, Nr. 42.
214 Zum Interesse von Herzog Ernst an Bergbau und Montangewerbe: Hans Kammermayer, Herzog Ernst von Bayern, Diss.,

215 Salzburg 2008, S. 216–233; Herzog Ernst regierte das Erzstift Salzburg als Administrator bis 1554. Die Jahreszahl reflektiert offenbar den ersten Eingang einer Zahlung ins Urbar.
215 SLA, Urbar 11, Nr. 59.
216 SLA, HK Neuhaus 1557/K, Martin Steinpüchler an Hofmeisterei, o. Dat., Erledigungsvermerk vom 28. 7. 1559.
217 SLA, HK Neuhaus 1560/O, Bericht des Urbarrichters, o. Dat. [1559/60].
218 Vgl. den Beitrag von Heinz Dopsch.
219 SLA, HK Neuhaus 1554/D, Urbarsauszug, 1553.
220 SLA, HK Neuhaus 1559/O, Hans Zärtl, Bäcker auf der Stegmüll, Bescheid vom 26. 1. 1562; SLA, Urbar 144 b, Stifft und Urbar puechl heyperg und vager betreffent 1547 und 1548, o. pag.
221 HERBERT AAGARD, Drahtzieher, in: REINHOLD REITH (Hg.), Das alte Handwerk. Von Bader bis Zinngießer, München 2008, S. 60–64.
222 WEILMEYR, Topographisches Lexikon (wie Anm. 206), S. 244.
223 AStS, ZA 516, Akten der Nagelschmiede, Beschwerde gegen die Hufschmiede, 6. 6. 1755.
224 RAINER STAHLSCHMIDT, Nagelschmidt, in: REITH, Das alte Handwerk (wie Anm. 221), S. 171–176; http://www.kruenitz1.uni-trier.de, Stichwort: Nagelschmied, 14. 1. 2010.
225 HEIDE BAUER, Die Salzburger Messingindustrie in den Hämmern Ebenau und Oberalm 1585–1844, Diss., Wien 1970, S. 13 f.; allgemein: WILHELM GÜNTHER (Hg.), Salzburgs Bergbau und Hüttenwesen im Wandel der Zeit, Leogang 2007; vgl. den Beitrag von Heinz Dopsch in diesem Band.
226 HHStA, B 110, JOHANN STAINHAUSER, Annales Salisburgensis, Einleitung, fol. 46^a–46^b, zit. n. HANS OSPALD, Johann Stainhauser. Ein Salzburger Historiograph des beginnenden 17. Jahrhunderts (1570–1625), in: MGSL 110/111 (1970/71), S. 1–124, hier S. 118–121, Zitat aus S. 120; DERSELBE, Geschichte des Handelshauses, in: ebenda, S. 6–10.
227 SLA, Anlaitlibelle Neuhaus 1559–1599, fol. 83^b.
228 Zu Martin Pegius: FRANZ MARTIN, Die merkwürdigen Schicksale des Rechtsgelehrten Dr. Martin Pegius, in: MGSL 82/83 (1942/43), Beiheft S. 39–43.
229 STAINHAUSER, Einleitung (wie Anm. 226), S. 120.
230 SLA, HK Neuhaus 1515–1551/W, Gesuch des Hanns Stainhauser, o. Dat.
231 SLA, Anlaitlibelle Neuhaus 1559–1599, fol. 142^a.
232 SLA, Anlaitlibelle Neuhaus 1559–1599, fol. 167^b.
233 SLA, Urbar 148.
234 STAINHAUSER, Annales Salisburgensis (wie Anm. 226), S. 120.
235 Nach einem Eintrag über einen „alten Galmeyschurf" am Nockstein (1806) im Repertorium des Bestandes Hofkammer Neuhaus im SLA. Der Akt selbst fehlt.
236 http://www.kruenitz1.uni-trier.de, 16. 1. 2010; JOHANN HÜBNER, Curiöses und reales Natur- Kunst- Berg- Gewerk- und Handlungs-Lexicon, Leipzig 1776, Sp. 1482–1484; BAUER, Messingindustrie (wie Anm. 225), S. 123–127.
237 Ebenda, S. 112.
238 http://www.kruenitz1.uni-trier.de, 22. 2. 2010.
239 SLA, BU Neuhaus 192, Bstandt-, Herberg- und Austrag- oder Nahrungsleutt im Urbargericht Heyperg unnd in der Gnigl, 1592.
240 STAINHAUSER (wie Anm. 226), S. 120.
241 Allgemein: RENATE ZELGER, Teufelsverträge im Märchen: „Der Müller ist des Teufels Lust", in: Zauber Märchen. Forschungsberichte aus der Welt der Märchen, München 1998, S. 249–264.
242 BEAT KÜMIN, Wirtshaus und Gemeinde. Politisches Profil einer kommunalen Grundinstitution im alten Europa, in: SUSANNE RAU und GERD SCHWERHOFF (Hg.), Zwischen Gotteshaus und Taverne. Öffentliche Räume in Spätmittelalter und Früher Neuzeit (Norm und Struktur. Studien zum Wandel in Mittelalter und Früher Neuzeit 21), Köln-Weimar-Wien 2004, S. 75–97, hier S. 84.
243 SLA, Buchförmige Neuhaus 5, Gerichtsprotokoll Neuhaus 1667–1669, Verhandlung vom 12. 7. 1668, fol. 116^a–117^b.
244 SLA, Buchförmige Neuhaus 4, Gerichtsprotokoll Neuhaus 1651/52, Verhandlung vom 13. 7. 1651, fol. 49^a f.
245 SLA, Hofrat-Protokolle 1795, fol. 1002^a, 1203^a u. 1378^b f.
246 Die Salzburger Stadt- und Polizeiordnung von 1524, hg. von FRANZ VIKTOR SPECHTLER u. RUDOLF UMINSKY (Göppinger Arbeiten zur Germanistik 222), Göppingen 1978, S. 185.
247 Archiv St. Peter, B 21, fol. 54^b.
248 KOLLER, Gnigl (wie Anm. 92), S. 184; SLA, HK Neuhaus 1564/F.
249 SLA, Urbar 145.
250 SLA, Urbar 145; RÜDIGER GLASER, Klimageschichte Mitteleuropas. 1000 Jahre Wetter, Klima, Katastrophen, Darmstadt 2001.
251 Archiv Sankt Peter, Akten 2670 a, Verlassenschaften Gnigl, Inventar nach Paul Sumerauer, 1603.
252 Archiv Sankt Peter, Akten 2670 a, Verlassenschaften Gnigl, Inventar nach Leonhard Sumerauer, 1609.
253 HERBERT KLEIN, Der Sitz. Ein Beitrag zur Geschichte des Salzburger Gaststättenwesens, in: MGSL 112/133 (1972/73), S. 124–126.
254 Haidenthaller, Chronik III, S. 78; SLA, Urbar 812, Nr. 245.
255 SLA, HK Neuhaus 1605/E, Inventar.
256 SLA, Urbar 145.
257 Archiv Sankt Peter, Akten 2670 a, Verlassenschaften Gnigl, Inventar nach Paul Sumerauer, 1603.
258 SLA, HK Neuhaus 1654/J, Gesuch des Virgil Brandstetter um Verlegung der Kugelstatt, o. Dat. [1654].
259 SLA, Urbar 148, Neuhaus 1737–1790, Nr. 243.
260 Archiv Sankt Peter, Akten 2670 a, Verlassenschaften Gnigl, Inventar 1791.
261 Archiv St. Peter, Akten 2379, Parteisachen 1557–1720, Gesuch der Gnigler Wirte um Ablehnung, 16. 10. 1702.
262 SLA, Buchförmige Neuhaus 5. Protokolle des hf Neuhauser Pfleggerichts 1667–1669, Verhandlung am 4. 8. 1668, fol. 121^b–129^b.
263 SLA, HK Neuhaus 1635/B, Gesuch des Martin Lindner, 22. 10. 1635.
264 SLA, HK Neuhaus 1635/B, Eingabe der Gnigler Wirte, o. Dat. [1635].
265 SLA, HK Neuhaus 1635/B, Pfleger an Hofkammer, 20. 12. 1635.
266 SLA, HK Neuhaus 1631/B, Gesuch von Wolff Niederreutter, o. Dat. [1631].
267 SLA, HK Neuhaus, 1630/G, Gesuch der Gnigler Wirte, o. Dat. [1630].
268 KOLLER, Gnigl (wie Anm. 92), S. 185.
269 Es gab daher immer wieder Versuche, die Spurbreite zu normieren: SLA, HK Neuhaus 1724/1/F, Gnigler Bäcker und Müller an Hofkammer, präs. 21. 5. 1724; Entwurf einer neuen Wegordnung 1805, in: JOSEPH ERNST RITTER VON KOCH-STERNFELD, Historisch-staatsökonomische Notizen über Strassen- und Wasserbau und Bodenkultur im Herzogthume Salzburg und Fürstenthume Berchtesgaden, Salzburg 1811, S. 164–171, hier S. 170.
270 [FRANZ MICHAEL VIERTHALER], Goldner Spiegel. Ein Geschenk

für Mädchen, welche in Dienst treten wollen, 3. Aufl., Salzburg 1804, S. 111 f.

271 GERHARD AMMERER, Heimat Straße. Vaganten im Österreich des Ancien Régime (Sozial- und wirtschaftshistorische Studien 29), Wien-München 2003; NORBERT SCHINDLER, Die Mobilität der Salzburger Bettler im 17. Jahrhundert, in: Beiträge zur historischen Sozialkunde 19 (1989), H. 3, S. 85–91.

272 AStS, Pezoltakten 326, Gutachten des Polizeiamtes, 20. 5. 1803.

273 Nachgewiesen in: SLA, Buchförmige Neuhaus 5, Gerichtsprotokoll 1667/68, 4. 8. 1668, fol. 129^b.

274 SLA, Franziszeischer Kataster, 245, Catastral-Schätzungs-Elaborat der Gemeinde Gnigl 1830, § 3; Katastralschätzungsoperat 1830, S. 9; S. 45.

275 GUNDA BARTH-SCALMANI. Frauen in der Welt des Handels an der Wende vom 18. zum 19. Jahrhundert: Eine regionalgeschichtliche Typologie, in: IRENE BANDHAUER-SCHÖFFMANN u. REGINE BENDL (Hg.), Unternehmerinnen. Geschichte und Gegenwart selbständiger Erwerbstätigkeit von Frauen, Frankfurt am Main u. a. 2000, S. 17–48, hier S. 23; MARIA GAMSJÄGER, Produzenten – Händler – Konsumenten. Lebensmittelversorgung in der Stadt Salzburg um 1900, in: Salzburg Archiv 33 (2008), S. 379–416.

276 SLA, Regierung XXXV/B/45, Gesuch der Anna Mayerin, 13. 9. 1804.

277 SLA, Regierung XXXV/N/29, Gesuch der Elisabeth Schneiderin, 18. 2. 1805; SLA, Regierung XXXV/14, Abgabenbuch über die im Pfleggericht Neuhaus befindlichen unterschiedlichen neu verliehenen Konzessionen, 1804, Nr. 34.

278 Zur Gnigler Parfumfabrik siehe weiter unten S. 106.

279 SLA, Regierung XXXV/D/25, Gesuch der Anna Maria Helminger, 9. 4. 1810.

280 SLA, Regierung XXXV/14, Abgabenbuch über die im Pfleggericht Neuhaus befindlichen unterschiedlichen neu verliehenen Konzessionen, 1804, Nr. 4; SLA, Regierung XXXVI/J/2, Gesuch des Franz Hundlinger, 21. 2. 1804.

281 MARIE POSCH, Die Salzburger Spitzenklöppelei und der Spitzenhandel, in: MGSL 51 (1911), S. 106–134, hier S. 114 f.; MONIKA THONHAUSER, Das Salzburgische flache Land – eine textile Landschaft. Klöppelei, ein protoindustrieller Erwerbszweig der Frühen Neuzeit und im Konnex von Frauenerwerb und Heimatschutz nach 1900, Diss., Salzburg 2006; WALBURG SCHOBERSBERGER, Die Spitzenklöppelei in Henndorf, in: ALFRED STEFAN WEISS, KARL EHRENFELLNER u. SABINE FALK (Hg.), Henndorf am Wallersee, Henndorf 1992, S. 421–423.

282 GEORG STÖGER, Der Handel mit Nicht-Neuem. Wiener und Salzburger Gebrauchtwarenmärkte in der Vormoderne (ca. 1600–1810), Diss., Salzburg 2009.

283 AES, 5/36/15, Kuratoren in der Gnigl an Konsistorium, 21. 10. 1696.

284 AES, 5/36/15, Kurator an Konsistorium, 25. 6. 1698.

285 AES, 5/36/15, Bericht über Vollendung, 1702; SLA, Urbar 148.

286 SCHMELLER, Bayrisches Wörterbuch (wie Anm. 22), Bd. 1, Sp. 812 f.; GRIMM, Deutsches Wörterbuch (wie Anm. 164), Bd. 7, Sp. 1792.

287 SCHMELLER, Bayrisches Wörterbuch (wie Anm. 22), Bd. 1, Sp. 1299; GRIMM, Deutsches Wörterbuch (wie Anm. 164), Bd. 11, Sp. 257.

288 SLA, Buchförmige Archivalien, Neuhaus 25, Protokoll des Pfleg- und Landgerichts Neuhaus vom Jahre 1798, Inventarium über die Verlassenschaft des Joseph Klett, 27. 4. 1798, fol. 54–60.

289 SLA, Urbar 148, Neuhaus 1737–1790, Nr. 274; SLA, HK Neuhaus 1790/A, Gerichtliche Vernehmung der Gnigler Krämer, 20. 6. 1778.

290 JUDAS THADDÄUS ZAUNER (Hg.), Beyträge zur Geschichte des Aufenthalts der Franzosen im Salzburgischen und in den angränzenden Gegenden, 3. Bd., Salzburg 1802, S. 123 f.; GEORG ABDON PICHLER, Salzburg's Landes-Geschichte, Salzburg 1865, S. 694 f.; vgl. auch: KURT ANTON MITTERER, Kriegerische Ereignisse im Bergheimer Raum während der Franzosenkriege, in: BRUNNER-GAUREK, Bergheim (wie Anm. 121); vgl. dazu etwa auch: HELKE SANDER (Hg.), BeFreier und Befreite. Krieg, Vergewaltigung, Kinder, Frankfurt am Main 2005.

291 SLA, HK Neuhaus 1796/E, Brand beim Turnerwirt.

292 AStS, Pezoltakten 373, Ferdinand Lindauer an Polizeiamt, 9. 5. 1804.

293 SLA, Regierung XIX/45, Schaden Beschreibung von hochfürstlichen Pfleg- und Landsgericht Neuhaus 1800, o. pag.; Zauner, Aufenthalt der Franzosen (wie Anm. 290), S. 422.

294 SLA, Regierung XIX/45, Einquartierung im Schloss Minnesheim, 1806/07.

295 FRANZ XAVER WEILMEYR, Topographisches Lexikon vom Salzach-Kreise, Salzburg 1812, S. 244; Bayerische Staatsbibliothek, Cgm 6845/17, Tabelle über die Bevölkerungszahl 1811; Cgm 6845/18, Tabelle über die Bevölkerungszahl 1811.

296 Bayerische Staatsbibliothek, Cgm 6845/17, Tabelle über die Bevölkerungszahl 1811.

297 Ein Hafenbinder flickt zerbrochenes Geschirr: http://familia-austria.net/forschung/index.php?title=wiener_berufe_-_lexikon, 8. 7. 2010.

298 Bayerische Staatsbibliothek, Cgm 6852/18, Tabelle über sämtliche Künstler und Handwerker im k. b. Salzachkreise, 1813.

299 Bayerische Staatsbibliothek, Cgm 6853/16, Tabelle über sämtliche Kaufleute und Krämer im k. b. Salzachkreise.

300 Bayerische Staatsbibliothek, Cgm 6851/18, Tabelle über Manufacturen und Fabriken.

301 Pfarrarchiv Gnigl, Kirchenstuhlbuch der lobwürdigen unser lieben Frau- und St. Michaels Gotteshauses in der Gnigl, 1786–ca. 1830, o. pag.

302 SLA, Kreisamt 249, Armen-Versorgungsliste bey der Pfarrey Gnigl für den Zeitraum vom 1. August 1827 bis ult. Oktober 1828.

303 SABINE VEITS-FALK, „Zeit der Noth". Armut in Salzburg 1803–1870 (Salzburg Studien. Forschungen zu Geschichte, Kunst und Kultur 2), Salzburg 2000, S. 114–130.

304 Ebenda, S. 114–121.

305 JOHANN ERNEST TETTINEK, Das Domizil oder Heimathsrecht hinsichtlich der Armenversorgung, Salzburg 1844.

306 JOSEF EHMER, Sozialgeschichte des Alters. Frankfurt am Main 1990, S. 19–38; Derselbe, Das Alter im historischen Wandel, in: THOMAS WEIDENHOLZER u. ERICH MARX (Hg.), Hundert Jahre „Versorgungshaus" Nonntal. Zur Geschichte der Alters- und Armenversorgung der Stadt Salzburg (Schriftenreihe des Archivs der Stadt Salzburg 9), Salzburg 1998, S. 11–30.

307 Pfarrarchiv Gnigl, Liber Animarum 1831, Nr. 37. Wir wissen nicht, wie viele Personen aus Gnigl stammten, da auch andere Gemeinden am Spital beteiligt waren.

308 JOHANN ERNEST TETTINEK, Die Armen-Versorgungs- und Heilanstalten im Herzogthume Salzburg, Salzburg, 1850, Anhang.

309 Land-Armen-Anstalt, in: Intelligenzblatt von Salzburg, 6. 2. 1802, Sp. 81–85.

310 SLA, Kreisamt 37, Protokoll einer Sitzung des Landrichters

mit den Gemeindevorständen des Landgerichtes Salzburg, 6. 10. 1817.
311 GLASER, Klimageschichte (wie Anm. 250).
312 SLA, Kreisamt 37, Protokoll einer Sitzung des Landrichters mit den Gemeindevorständen des Landgerichtes Salzburg, 6. 10. 1817.
313 AStS, Generaliensammlung, Circulare. Die Regulierung des Armenwesens betreffend, 8. 6. 1827; ELISABETH MAYER, Sozialhilfe in Salzburg. Gesetzgebung und Praxis in der Zeit der ausgehenden Monarchie, in: Jahrbuch der Universität Salzburg 1979–1981, Salzburg 1982, S. 52–72, hier S. 53 f.
314 Pfarrarchiv Gnigl, Kirchenstuhlbuch (wie Anm. 301), o. pag.
315 HÜBNER, Haupt- und Residenzstadt Salzburg (wie Anm. 112), S. 560; gut hundert Jahre später kommt eine Rentabilitätsrechnung zu einem eher ungünstigen Ergebnis. Vgl.: FELIX FAHRNER, Untersuchung der landwirtschaftlichen Verhältnisse des Herzogtum Salzburg, Bamberg 1905, S. 107–118.
316 Abt Dominikus Hagenauer (1746–1811) von St. Peter in Salzburg. Tagebücher 1786–1810, bearb. und kommentiert v. ADOLF HAHNL, HANNELORE u. RUDOLPH ANGERMÜLLER (Studien und Mitteilungen zur Geschichte des Benediktinerordens und seiner Zweige. Erg.-Bd. 46), München 2009, Eintrag vom 23. 4. 1797, S. 596.
317 THOMAS WEIDENHOLZER, Salzburg 1809: der Krieg erfasst die Stadt. Über Gewinner und Verlierer, in: FRIEDERIKE ZAISBERGER u. FRITZ HÖRMANN (Hg.), Frieden-Schützen 1809–2009, Werfen 2009, S. 287–306.
318 FRANZ SPATENKA, Salzburg im Revolutionsjahr 1848 (Schriften des Vereines Freunde der Salzburger Geschichte 11), Salzburg 1991, S. 139.
319 Dazu: WILFRIED SCHABER, Gärten und Parks. Hohe Mauern und offene Zugänge – exklusive oder öffentliche Orte, in: GERHARD AMMERER u. THOMAS WEIDENHOLZER (Hg.), Rathaus, Kirche, Wirt. Öffentliche Räume in der Stadt Salzburg (Schriftenreihe des Archivs der Stadt Salzburg 26), Salzburg 2009, S. 211–224, hier S. 214.
320 [FRIEDRICH SPAUR], Nachrichten über das Erzstift Salzburg nach der Säkularisation, Passau 1805, S. 51; vgl. auch: INGE HARLANDER, Schloß Minnesheim in Salzburg-Gnigl, Dipl.-Arb., Salzburg 1988.
321 J[OSEPH] A[UGUST] SCHULTES, Reise durch Salzburg und Berchtesgaden, 1. Theil, Wien 1804, Nachdruck Berchtesgaden-Salzburg 1987, S. 251.
322 SPAUR, Nachrichten (wie Anm. 320), S. 52.
323 BENEDIKT PILLWEIN, Das Herzogthum Salzburg oder der Salzburger Kreis, Linz 1839, S. 377.
324 SLA, HK Neuhaus 1787/1/G, Landrichter an Raitereikasten, 31. 12. 1785; Peter Mitterwallner hatte die Feilenhauergerechtigkeit in der untern Gnigl erworben und hierher verlegt; SLA, Urbar 148, Neuhaus 1737–1790, Nr. 302.
325 SLA, HK Neuhaus 1787/1/G, Pfleggericht Neuhaus an Hofkammer, 3. 3. 1787, die Genehmigung vom 3. 3. 1785 zitierend; Bericht des Pfleggerichts Neuhaus, 24. 3. 1787.
326 SLA, Buchförmige Archivalien, Neuhaus 25, Protokoll des hf. Pfleg- und Landgerichts Neuhaus 1798, 23. 11. 1798, p. 183 f.
327 SLA, Buchförmige Archivalien, Neuhaus 27, Protokoll des hf. Pfleg- und Landgerichts Neuhaus 1801, 25. 10. 1801, fol. 133^b.
328 LORENZ HÜBNER, Haupt- und Residenzstadt Salzburg (wie Anm. 112), 2. Bd.: Statistik, Salzburg 1793 (Nachdruck 1982), S. 403.
329 SLA, Regierung XXXIV/3, Gesuch des Peter Mitterwallner um Genehmigung einer Niederlage für Reparaturarbeiten in der Stadt, 8. 7. 1803.
330 SLA, Regierung XXXIV/3, Polizeiliches Gutachten, 28. 9. 1803.
331 Bayerische Staatsbibliothek, Cgm 6851/18, Tabelle über Manufacturen und Fabriken 1811/12.
332 RAINER STAHLSCHMIDT, Feilenhauer, in: REITH, Das alte Handwerk (wie Anm. 221), S. 74–78; Haidenthaller, Chronik III, S. 37.
333 SLA, HK Neuhaus 1760/L, Ansuchen des Joseph Pauernfeind, 21. 7. 1760.
334 SLA, HK Hauptmaut 1763/N, Hofkammer an Magistrat, 15. 4. 1761, Abschrift.
335 SLA, HK Hauptmaut 1763/N, Gesuch des Joseph Pauernfeind, 11. 7. 1763, Zustimmung der Schnoderbachmüller, 14. 6. 1763; SLA, HK Neuhaus, 1796/3/D, Genehmigung vom 12. 7. 1763, Abschrift.
336 http://www.kruenitz1.uni-trier.de, Stichwort: Fabrik, 21. 1. 2010.
337 SLA, HK Neuhaus 1796/3/D, Gutachten vom 5. 11. 1783, Abschrift.
338 SLA, Urbar 812, Urbarium des Pfleggerichts Neuhaus 1786, fol. 79; SLA, HK Neuhaus 1796/3/D, Gutachten vom 5. 11. 1783, Abschrift.
339 SLA, HK Neuhaus 1796/3/D, Genehmigung, 5. 3. 1796.
340 http://www.kruenitz1.uni-trier.de, Stichwort: Tabakfabrik, 26. 1. 2010; RICHARD KISSLING, Handbuch der Tabakkunde, des Tabakbaues und der Tabakfabrikation in kurzer Fassung, 5., neubearb. Aufl., Berlin 1925.
341 SLA, HK Neuhaus 1793/5/A, Vortrag an Hofkammer, 6. 7. 1792; Hofkammer an Hofrat, 6. 7. 1792.
342 SLA, HK Neuhaus 1793/5/A, Verbot durch den Hofrat, 9. 5. 1793.
343 SLA, Regierung XXXIV/23, Koller an Statthalterschaft, 11. 5. 1801.
344 SLA, Regierung XXXIV/23, Augenscheinprotokoll, 4. 4. 1807.
345 Haidenthaler, Chronik II, S. 143.
346 http://de.wikipedia.org/wiki/Johann_Maria_Farina_gegenüber_dem_Jülichs-Platz#cite_note-5, 22. 1. 2010.
347 http://sciencesketches.blogspot.com/2006/12/eau-dantoinette.html, 22. 1. 2010.
348 SLA, Regierung, XXXVI/E/II/27, Preis-Courant von der Röcklbrunner Liqueur- und Rosoli-Fabrik bey Salzburg [1808]; allgemein: GEORGES VIGARELLO, Wasser und Seife, Puder und Parfüm. Geschichte der Körperhygiene seit dem Mittelalter, Frankfurt am Main-New York 1992, S. 105–111; GEORG SCHWEDT, Betörende Düfte, sinnliche Aromen, Weinheim 2008.
349 Eine Beschreibung der „Ledermaschine": SLA, Regierung XXXIV/18, Gutachten von Polizeidirektor Karl Theodor Hartleben, 10. 11. 1801.
350 SLA, Regierung, XXXIV/18, Gutachten der Hauptlade der Sattler, 13. 6. 1800.
351 SLA, Regierung XXXVII/101, Protest der Gnigler Wirte, 17. 5. 1804.
352 AStS, Pezoltakten 373, Bericht des Polizeikommissärs Johann Bergmaier, 17. 6. 1802.
353 AStS, Pezoltakten 373, Genehmigung, 5. 4. 1805.
354 Identifizierung durch Stadtgartendirektor Wolfgang Saiko.
355 JOSEPH ERNST RITTER VON KOCH-STERNFELD, Historischstaatsökonomische Notizen über Strassen- und Wasserbau und Bodenkultur im Herzogthume Salzburg und Fürstenthume Berchtesgaden, Salzburg 1811, S. 45.

356 Benedict Topic-Matutin, Schloss Neuhaus. Ein Schloss im Wandel der Zeiten, Fachbereichsarbeit (masch.), Salzburg 2006, S. 5.
357 Spaur, Nachrichten (wie Anm. 320), S. 50.
358 Haidenthaller, Chronik II, S. 13; Haidenthaller, Chronik III, S. 132 f.
359 Rundschau 5/1984, S. 5.

Sabine Veits-Falk
DIE SELBSTÄNDIGE ORTSGEMEINDE GNIGL 1850 BIS 1935. DIE EISENBAHN VERÄNDERT EIN DORF

1 Franz Xaver Weilmeyer, Salzburg die Hauptstadt des Salzach-Kreises. Ein Hand- und Adreß-Buch für Jedermann, geschichtlich, topographisch und statistisch bearb., Salzburg 1813, S. 248.
2 SLA, Landesregierung, 1850/59 XIX A 17, Verzeichnis über das Flächenmaß, und die Anzahl der Steuerpflichtigen einer jeden Ortsgemeinde der Bez[irks] Hauptmannschaft Salzburg [1850].
3 Fritz Koller u. Guido Müller, Die Stadtteile Gnigl und Itzling. Bau- und Entwicklungsgeschichte bis 1945, in: MGSL 129 (1989), S. 179–194, hier S. 191.
4 Vgl. Guido Müller, Vorbemerkung, in: ebenda, S. 179.
5 Vgl. auch Robert Hoffmann, Die freie Gemeinde als Grundlage des freien Staates. Salzburgs Bürgertum zwischen bürokratischer Bevormundung und kommunalem Herrschaftsanspruch 1816–1869, in: Heinz Dopsch (Hg.), Vom Stadtrecht zur Bürgerbeteiligung. Festschrift 700 Jahre Stadtrecht von Salzburg, Salzburg 1987, S. 137–155, hier S. 137; Ernest Mayerhofer, Handbuch für Gemeinden. Ein Leitfaden für Bürgermeister und Richter, Gemeinderäthe und Gemeindeausschüsse in Gemeindeangelegenheiten, Wien 1851; Hanns Haas, „Die Grundfeste des freien Staates ist die freie Gemeinde". Salzburger Erfahrungen zur Gemeindeautonomie 1864–1868, in: MGSL 126 (1986), S. 555–568.
6 Vgl. dazu Fritz Koller, Die Landgemeinde im Erzstift Salzburg, in: Die ländliche Gemeinde. Il comune rurale. Historikertagung in Bad Ragaz (Schriftenreihe der ARGE ALP III), Bozen 1988, S. 85–101.
7 SLA, Landesregierung, 1850/59 XIX A 17, Verzeichnis (wie Anm. 2).
8 SLA, Landesregierung, 1850/59 XIX A 14, Verzeichnis der Ortsgemeinden in der Bezirkshauptmannschaft Salzburg (1850), Nr. 33, Gnigl.
9 Vgl. dazu Gesetz, womit eine Gemeindeordnung und eine Gemeinde-Wahlordnung erlassen werden, in: Die Landesgesetze für das Herzogtum Salzburg (samt einschlägigen Reichsgesetzen und Verordnungen, hg. v. Rudolf Schweinbach u. Rudolf Janota, Bd. 1, Salzburg 1911, S. 115–174; sowie die darin enthaltenen Novellen; allgemein: Sonja Pallauf, Salzburgs Landgemeinden auf dem Weg in die Eigenständigkeit 1848–1867, Diss., Salzburg 1999, S. 141.
10 Hanns Haas, Das liberale Zeitalter, in: Dopsch/Spatzenegger II/2, S. 718–823, hier S. 729.
11 Sabine Veits-Falk, „Zeit der Noth". Armut in: Salzburg 1803–1870 (Salzburg Studien 2), Salzburg 2000, S. 39–42; Jutta Baumgartner, „… zeige an, dass ich mich fleischlich verbrochen habe". Das Fornikationsprotokoll des Stadtgerichts Salzburg (1795–1804), in: Salzburg Archiv 32 (2007), S. 209–226, hier S. 214; Alfred Rinnerthaler, Der politische Ehekonsens im Herzogtum Salzburg, in: Salzburg in Geschichte u. Politik. Mitteilungen der Dr.-Hans-Lechner-Forschungsgesellschaft 2 (1992), Nr. 3/4, S. 259–304.
12 Haas, Liberales Zeitalter (wie Anm. 10), S. 730.
13 Gesetz betreffend die Regelung der Heimatverhältnisse vom 3. Dezember 1863, in: Die Landes-Gesetze für das Herzogtum Salzburg (wie Anm. 9), S. 238–251 und folgende Novellierungen; Peter Gutschner, Von der kommunalen Armenpflege zur staatlichen Versicherung. Altersversorgung im 19. und 20. Jahrhundert, in: Thomas Weidenholzer u. Erich Marx (Hg.), Hundert Jahre Versorgungshaus Nonntal. Zur Geschichte der Alters- und Armenversorgung der Stadt Salzburg (Schriftenreihe des Archivs der Stadt Salzburg 9), Salzburg 1998, S. 31–59, hier S. 47–51.
14 AStS, Gnigl 16, 2.
15 Veits-Falk, Zeit der Noth (wie Anm. 11), S. 31–39; Gerhard Ammerer u. Sabine Veits-Falk (Über-)Leben auf der Straße. Das 18. und 19. Jahrhundert, in: Sylvia Hahn, Nadja Lobner u. Clemens Sedmak (Hg.), Armut in Europa 1500–2000 (Querschnitte 25), Innsbruck-Wien-Bozen 2010, S. 140–161, hier S. 146 f.
16 Gesetze und Verordnungen für das Herzogthum Salzburg. Jahrgang 1864, IV. Stück, ausgegeben und versendet am 27. Mai 1864, darin: Gemeinde-Wahlordnung für das Herzogthum Salzburg.
17 Hanns Haas, An der Schwelle zur Moderne: Bergheim im langen 19. Jahrhundert, in: Bergheim. Geschichte und Gegenwart, hg. von Monika Brunner-Gaurek, Bergheim 2009, S. 149–210, hier S. 187.
18 Gemeindewahlordnung 1864 (wie Anm. 16), § 4.
19 SLA, Landesregierung 1850/59 XIX A 1, Kundmachung vom 10. 8. 1850.
20 SLA, Landesregierung 1850/59 XIX A 10, Verzeichnis der Eidestage der im Jahre 1850 gewählten Ortsvorstände und Bürgermeister.
21 Vgl. dazu auch Alfred Rinnerthaler, Koppl – Geschichte einer Gemeinde 1850–1945, in: Matthias Bahngruber, Hans Paarhammer u. Friederike Zaisberger (Hg.), Heimat Koppl. Chronik der Gemeinde, Koppl 2000, S. 306–361, hier S. 308.
22 §§ 21 und 25 der Gemeindeordnung 1864, vgl. auch ebenda, S. 316.
23 Vgl. den Beitrag von Fridoline Grössinger in diesem Buch.
24 Haidenthaller, Chronik VIII, S. 61 f.
25 Haas, Bergheim (wie Anm. 17), S. 189.
26 AStS, Gnigl 1; vgl. dazu auch den Beitrag von Gertrud Czapek in diesem Buch; Haidenthaller, Chronik I, S. 262.
27 AStS, Gnigl 1, Max Cantori an die Gemeindevorstehung, 20. 8. 1858.
28 Pfarrarchiv Gnigl, Bestand Industrieschule für Mädchen; Haidenthaller, Chronik I, S. 265 f.; vgl. dazu auch den Beitrag von Gertrud Czapek in diesem Buch.
29 Anton Behacker, Geschichte des Volks- und Bürgerschulwesens im Lande Salzburg, Salzburg 1923, S. 76; Hermann Friedrich Wagner, Zur Geschichte des Reichsvolksschulgesetzes, in: Zeitschrift des Salzburger Lehrervereins 1884, S. 61–68; vgl. dazu allgemein: Dörte Gernert, Österreichische Volksschulgesetzgebung. Gesetze für das niedere Bildungswesen 1774–1905, Nachdruck, Köln-Wien u. a. 1993.
30 Verhandlungen des Salzburger Landtages 1875, Salzburg 1875, 6. 4. 1875, S. 4.
31 AStS, Gnigl 3, Namensliste 30. 6. 1871 u. 4. 7. 1871.

32 Sonja Pallauf, Die Entstehung der politischen Gemeinde Bergheim, in: Bergheim (wie Anm. 17), S. 516–520; Georg Stadler, Maxglan in der Neuzeit, in: Walter Häufler, Guido Müller u. Martin Wiedemair (Hg.), Maxglan. Ein Salzburger Stadtteil, Salzburg 1990, S. 27–81, hier S. 57.
33 Vgl. dazu Sabine Veits-Falk, Armut an der Wende zum Industriezeitalter, in: Ernst Bruckmüller (Hg.), Armut und Reichtum in der Geschichte Österreichs, Wien-München 2010, S. 89–112, hier S. 106 f.; Dieselbe, Zeit der Noth (wie Anm. 17), S. 169–172.
34 Siehe dazu den Beitrag von Roland Kerschbaum in diesem Buch.
35 SLA, Landesregierung, 1850/59 XI G 091, Pfarrerhebung Gnigl 1857, Schreiben des Konsistoriums an die Landesregierung vom 28. 1. 1857.
36 Haidenthaller, Chronik VII, S. 96.
37 Haidenthaller, Chronik XII, S. 12; vgl. auch Sabine Veits-Falk, Armenfürsorge im 19. und 20. Jahrhundert, in: Bahngruber/Paarhammer/Zaisberger, Koppl (wie Anm. 21), S. 273–284, hier S. 280–283; Franz Schirlbauer, Das St.-Anna-Spital in der Gnigl. Ein Sozialzentrum gestern und heute, in: Bastei 1989, F. 5, S. 5–8, hier S. 6; vgl. auch den Beitrag von Thomas Weidenholzer in diesem Band.
38 SLA, Landesregierung, 1850/59, VII A, 2, Sanitätshauptbericht für 1848.
39 Vgl. dazu auch Festschrift Barmherzige Schwestern vom hl. Vinzenz von Paul in der Erzdiözese Salzburg. 100 Jahre vereinigt mit dem Stamm der Vinzenzschwestern in Paris, Salzburg 1982, S. 11.
40 Josef Anton Schöpf, Das St. Anna-Bezirkskranken- und Versorgungshaus. Denkschrift, 2. Aufl., Salzburg 1884, S. 1; Haidenthaller, Chronik XII, S. 20.
41 Vgl. dazu Schirlbauer, St.-Anna-Spital (wie Anm. 37), S. 8.
42 Gemeindearchiv Koppl, Sozial- und Armenfürsorge bis 1938, Gesamtakt vom Versorgungshaus Gnigl; Haidenthaller, Chronik XII, S. 23; vgl. auch [Josef Anton] Schöpf, Das Spital in Gnigl, Salzburg 1882, S. 1.
43 Schöpf, Denkschrift (wie Anm. 40), S. 35.
44 J[oseph] A[nton] Schöpf, Vortrag gehalten am 29. Jänner 1887 im St. Anna Spital, Salzburg 1887.
45 Vgl. SW, 13. 4. 1908, S. 2 f.; SW, 27. 4. 1908, S. 2.
46 SW, 9. 7. 1908, S. 3.
47 SW, 30. 5. 1916, S. 6; SW, 5. 6. 1913, S. 5.
48 Haidenthaller, Chronik XII, S. 36.
49 Haidenthaller, Chronik XII, S. 42 f.
50 Haidenthaller, Chronik XII, S. 45
51 Günter Bayerl, Artikel „Müller", in: Reinhold Reith (Hg.), Lexikon des alten Handwerks. Vom späten Mittelalter bis ins 20. Jahrhundert, 2. Aufl., München 1991, S. 167–172, hier S. 172.
52 Eva Maria Schalk, Die Mühlen im Land Salzburg 1986, S. 30.
53 Maria Gamsjäger, Produzenten – Händler – Konsumenten. Lebensmittelversorgung in der Stadt Salzburg um 1900, in: Salzburg Archiv 33 (2008), S. 379–417, hier S. 394; Bericht des Landesausschusses des Herzogthumes Salzburg betreffend die Erhebung und die Regelung des Gewerbewesens im Herzogthume Salzburg, Salzburg 1882, S. LIX–LXIII.
54 Summarischer Bericht über die wirtschaftlichen Verhältnisse des Herzogthumes Salzburg im Jahre 1892, Salzburg 1893, S. 42 f.
55 Salzburger Geschäfts-Kalender für das Schaltjahr 1868, Salzburg 1867, S. 40 f.
56 Salzburgischer Geschäfts-, Volks- und Amtskalender für das Jahr 1919, Salzburg 1909, S. 171.
57 Vgl. dazu allgemein: Alfred Höck, Die Mühlen am Brunnbach. Wirtschaft, Geschichte und Technik in der Region Thalgau, Thalgau 2000.
58 Rundschau 5/1984, S. 5.
59 Haidenthaller, Chronik III, S. 17–20.
60 Haidenthaller, Chronik III, S. 15.
61 Haidenthaller, Chronik II, S. 165.
62 Haidenthaller, Chronik II, S. 182.
63 Haidenthaller, Chronik II, S. 175.
64 Christian Dirninger, Tradition und Innovation in der Salzburger Wirtschaft von der Frühen Neuzeit bis ins 20. Jahrhundert, in: Manfred W. K. Fischer, Christian Dirninger, Roman Höllbacher u. Fritz Lorber, Historische Wirtschaftsarchitektur in Salzburg. Bauten – Einrichtungen – Werkzeuge, hg. von Roland Floimair, Salzburg-München 1998, S. 32–63, hier S. 54 f.
65 Haidenthaller, Chronik VII, S. 97.
66 AStS, Gnigl 5, Akten betreffend Rangierbahnhof Gnigl; Koller/Müller, Gnigl und Itzling (wie Anm. 3), S. 189 f.
67 Wilhelm Weitgruber, Salzburg und seine Bahn, Salzburg 1987, S. 15.
68 Gemeinde-Vorstehung Gnigl, Denkschrift über die Wünsche und Beschwerden der Gemeinde Gnigl in Hinsicht der durch den Bahnhofumbau in Salzburg, sowie durch die Neuerrichtung des Rangierbahnhofes bei Salzburg geschaffenen Verhältnisse, Salzburg 1904, S. 1.
69 SLA, Landesausschuss, III 04/03/03, Bau Rangierbahnhof, Denkschrift in Angelegenheit des gerichtlichen Schätzungsverfahrens bezüglich der zu Zwecken der Bahnhofs-Anlagen in Salzburg und Gnigl zu Gunsten des k. k. Bahn-Aerars enteigneten Realitäten, erstattet von beteiligten Interessenten, Salzburg Mitte Jänner 1903.
70 Gemeinde-Vorstehung Gnigl, Denkschrift (wie Anm. 68), S. 4.
71 Ebenda, S. 3.
72 Vgl. dazu die Beiträge von Herbert Weigl und Jutta Baumgartner in diesem Buch.
73 Gemeinde-Vorstehung Gnigl, Denkschrift (wie Anm. 68), S. 9.
74 Ebenda, S. 12.
75 Adalbert Mueller, Die Eisenbahnen in Salzburg. Geschichte der Schienen- und Seilbahnen, Salzburg 1976, S. 25.
76 Weitgruber, Salzburg und seine Bahn (wie Anm. 67), S. 15.
77 Gemeinde-Vorstehung Gnigl, Denkschrift (wie Anm. 68), S. 7.
78 Haidenthaller, Chronik VII, S. 100; Friedrich Leitich, Salzburger Stadtwerke. Geschichte der städtischen Versorgungs- und Verkehrsbetriebe, Salzburg 1990, S. 57.
79 Leitich, Stadtwerke (wie Anm. 78), S. 147; AStS, Gnigl 7, Vertrag betreffend die Verlegung von Gasrohrsträngen im Gebiete der Gemeinde Gnigl vom 30. 10. 1905.
80 Haidenthaller, Chronik VII, S. 99.
81 Alexander Haidenthaller, Aus der Chronik von Gnigl, in: SVBl, 18. 7. 1939, S. 10.
82 Gemeindelexikon von Salzburg. Bearbeitet aufgrund der Ergebnisse der Volkszählung vom 31. Dezember 1900, hg. von der k. k. statistischen Zentralkommission, Wien 1907, S. 32.
83 Haidenthaller, Chronik VII, S. 180.
84 Ingrid Bauer, Arbeiteralltag und Arbeiterkultur in Itzling: 1860 bis 1945, in: Dieselbe und Wilhelm Weitgruber (Hg.), 1895–1995. Itzling. Vom Dorf zur Vorstadt – Ein Spaziergang durch Itzling, Salzburg 1995, S. 40–43, hier S. 41.
85 Hanns Haas, Arbeiterschaft und Arbeiterbewegung, in: Dopsch/Spatzenegger II/2, S. 934–990, hier S. 965.
86 AStS, Bauakten.
87 Hanns Haas, Es geht vorwärts. Die Salzburger

88 AVA, Sozialdemokratische Parteistelle K 103, Jakob Prähauser an die Wiener Parteivertretung, Brief vom 30. 3. 1903, zit. in: ebenda, S. 50.
89 SW, 23. 11. 1906, S. 3 f.; vgl. auch SW, 15. 1. 1907, S. 3.
90 Haas, Salzburger Arbeiterbewegung (wie Anm. 87), S. 28–31.
91 80 Jahre SPÖ Itzling, Salzburg 1975, o. S; Bauer/Weitgruber, Itzling (wie Anm. 84), S. 48.
92 SW, 2. 11. 1900, S. 3; vgl. dazu auch Haas, Arbeiterschaft und Arbeiterbewegung (Anm. 85), S. 976: Auch das Vereinslokal der Mühlbacher Organisation musste nach St. Veit verlegt werden, da die Wirte den Arbeitern kein Lokal zur Verfügung stellen wollten.
93 SVBl, 25. 9. 1905, S. 5.
94 Haidenthaller, Chronik VII, S. 100; Josef Kaut, Der steinige Weg. Geschichte der sozialistischen Bewegung im Lande Salzburg, 2. Aufl., Salzburg 1982, S. 60.
95 SW, 10. 8. 1906, S. 5.
96 Robert Preußler (1866–1942), Redakteur, erster sozialdemokratischer Gemeinderat der Stadt Salzburg, Landeshauptmann-Stellvertreter, Bundesrat, vgl. Kaut, Steiniger Weg (wie Anm. 94), S. 266; Derselbe, Robert Preußler, in: Werk und Widerhall. Große Gestalten des österreichischen Sozialismus, hg. v. Norbert Leser, Wien 1964, S. 306–313.
97 Vgl. Sabine Ramp, Nicht Fleisch und nicht Fisch! Die deutschnationale ArbeiterInnenschaft Salzburgs 1905–1912, Dipl.-Arb., Salzburg 1991, S. 42–45; zu Arthur Stölzl vgl. Richard Voithofer, Politische Eliten (Schriftenreihe des Forschungsinstitutes für politisch-historische Studien der Dr.-Wilfried-Haslauer-Bibliothek 32), Salzburg 2007, S. 229.
98 Preußler zog gemeinsam mit dem Gewerkschaftsvertrauensmann Josef Proksch 1909 in den Salzburger Landtag, vgl. Haas, Salzburger Arbeiterbewegung (wie Anm. 87), S. 58; vgl. dazu auch Ernst Hanisch, Die sozialdemokratische Fraktion im Salzburger Landtag 1918 bis 1934, in: Bewegung und Klasse. Studien zur österreichischen Arbeitergeschichte, hg. v. Gerhard Botz u. a. (Veröffentlichung des Ludwig-Boltzmann-Institutes für Geschichte der Arbeiterbewegung), Wien 1978, S. 247–268.
99 SW, 21. 4. 1908, S. 3.
100 SW, 8. 10. 1908, S. 3; zu Therese Wowes vgl. den Beitrag von Fridoline Grössinger in diesem Buch.
101 Haas, Arbeiterschaft und Arbeiterbewegung (wie Anm. 85), S. 979.
102 SW, 29. 10. 1907, S. 3.
103 SW, 19. 12. 1907, S. 4.
104 SW, 26. 3. 1908, S. 4.
105 60 Jahre Parteiarbeit in Itzling, in: DV, 28. 6. 1954.
106 SW, 16. 11. 1900, S. 4.
107 60 Jahre Parteiarbeit in Itzling, in: DV, 28. 6. 1954.
108 SW, 26. 4. 1913, S. 5; zu den Maifeiern in Salzburg vgl. Ingrid Bauer, Arbeiterkultur im Salzburg der Jahrhundertwende. Oder Offensive Antworten „von unten" auf die der Arbeiterschaft gesellschaftlich verordneten Rolle, „Bürger zweiter Klasse" zu sein, in: Dopsch, Vom Stadtrecht zur Bürgerbeteiligung (wie Anm. 5), S. 199–213, hier S. 210.
109 SW, 10. 8. 1906, S. 5.
110 SW, 5. 5. 1906, S. 5.
111 Bauer, Arbeiterkultur im Salzburg der Jahrhundertwende (wie Anm. 108), S. 202; Haas, Salzburger Arbeiterbewegung (wie Anm. 87), S. 58.
112 SW, 9. 11. 1906, S. 4; 16. 11. 1906, S. 5.
113 SW, 31. 8. 1900, S. 3.
114 Haas, Bergheim (wie Anm. 17), S. 200.
115 Ebenda.
116 SW, 5. 5. 1906, S. 5.
117 Haas, Bergheim (wie Anm. 17), S. 202.
118 Ebenda; Rupert Klieber, Politischer Katholizismus in der Provinz. Salzburgs Christlichsoziale in der Parteienlandschaft Alt-Österreichs (Publikationen des Instituts für Kirchliche Zeitgeschichte 2, 28), Wien-Salzburg 1994, S. 150–152.
119 Haas, Vom Liberalismus zum Deutschnationalismus, in: Dopsch/Spatzenegger II/2, 833–900, hier S. 850–851.
120 Haidenthaller, Tagebuch II, 27. 1. 1907, S. 112; vgl. dazu auch den Beitrag von Robert Hoffmann in diesem Buch.
121 Ramp, Deutschnationale ArbeiterInnenbewegung (wie Anm. 97), S. 8 u. 114–116.
122 Verhandlungen des Salzburger Landtages 1910, Salzburg 1911, 28. 9. 1910, S. 333.
123 Rupert Johannes Klieber, Erzbischof Johannes Kardinal Katschthaler (1900–1914). Skizze einer kulturkampflustigen Amtsperiode, in: MGSL 129 (1989), S. 295–374, hier S. 309; vgl. dazu auch Karl-Reinhard Trauner, „Los von Rom" in Salzburg – Ein Geisteskampf an der Wende vom 19. zum 20. Jahrhundert, in: MGSL 148 (2008), S. 199–237.
124 Gemeindelexikon (wie Anm. 82), S. 32.
125 SW, 31. 5. 1907, S. 3.
126 Vgl. dazu den Beitrag von Fridoline Grössinger in diesem Buch.
127 SW, 26. 1. 1906, S. 5.
128 SW, 25. 11. 1900, S. 3.
129 Gemeindewahlordnung 1864, § 4.
130 Denkschrift 60jähriges Gründungsfest SPÖ Itzling, Salzburg 1965, S. 2.
131 SW, 21. 12. 1906, S. 2 f.; 60 Jahre Parteiarbeit in Itzling, in: DV, 28. 6. 1954.
132 SW, 21. 12. 1906, S. 3.
133 SW, o. D. 1925, zit. n. Ingrid Bauer, „Früher war's ja so: Durch die Armut sind die Leute zum Sozialismus gekommen." Die Anfänge der Itzlinger Arbeiterbewegung, in: Bauer/Weitgruber, Itzling (wie Anm. 84), S. 48–53, hier S. 50.
134 Salzburger Tagblatt, 18. 6. 1907, S. 3; SW, 25. 6. 1907, S. 2.
135 SW, 2. 7. 1907, S. 2.
136 SW, 14. 1. 1913, S. 6.
137 SW, 5. 10. 1906, S. 3.
138 SVBl, 29. 9. 1906, S. 5.
139 Verhandlungen des Salzburger Landtages 1907/08, Salzburg 1908, 26. 9. 1907, S. 571 f.
140 Koller/Müller, Gnigl und Itzling (wie Anm. 3), S. 192.
141 SW, 23. 7. 1908, S. 3.
142 Vgl. AStS, Gnigl 16.
143 Vgl. SVBl, 26. 9. 1913, S. 7.
144 SVBl, 26. 9. 1913, S. 7: Trennung zwischen Itzling und Gnigl; Haidenthaller, Chronik VII, S. 102.
145 AStS, NStA 1.551; Koller/Müller, Gnigl und Itzling (wie Anm. 3), S. 193.
146 Haidenthaller, Chronik VII, S. 103.
147 Haidenthaller, Chronik VII, S. 111.
148 Haidenthaller, Chronik VII, S. 106.
149 Haidenthaller, Chronik VII, S. 112.
150 Haidenthaller, Chronik VII, S. 108.
151 Haidenthaller, Chronik VII, S. 111.
152 Haidenthaller, Chronik VII, S. 112.
153 Haidenthaller, Chronik VII, S. 94.
154 Haas, Nationalbewußtsein, Patriotismus und Krieg, in:

DOPSCH/SPATZENEGGER II/2, S. 991–1022, hier S. 1015.
155 Haidenthaller VII, S. 121.
156 HAAS, Nationalbewusstsein (wie Anm. 154), S. 1017.
157 Haidenthaller, Chronik VII, S. 124; vgl. dazu allgemein GOTTFRIED KÖFNER, Hunger, Not und Korruption. Der Übergang Österreichs von der Monarchie zur Republik am Beispiel Salzburgs, Salzburg 1980.
158 Haidenthaller, Chronik VII, S. 125.
159 Haidenthaller, Chronik VII, S. 122 f.
160 Haidenthaller, Chronik VII, S. 123.
161 Haidenthaller, Chronik VII, S. 132.
162 INGRID BAUER und HANNS HAAS, Der wirkliche Krieg. Die Jahre 1914 bis 1918, in: BAUER, Von der alten Solidarität (wie Anm. 87), S. 73–83, hier S. 74.
163 Haidenthaller, Chronik VII, S. 132.
164 Haidenthaller, Chronik VII, S. 134.
165 Haidenthaller, Chronik VII, S. 135.
166 HAAS, Nationalbewusstsein (wie Anm. 154), S. 1019.
167 INGRID BAUER, „Brot und Frieden". Die Hungerdemonstration vom 19. September 1918 in Salzburg, in: Mitteilungen des Karl-Steinocher-Fonds zur Erforschung der Geschichte der Arbeiterbewegung im Lande Salzburg, H. 2, Salzburg 1982, S. 3–10; SABINE VEITS-FALK, Untergang der Monarchie. Historischer Kommentar, in: GERTRAUD STEINER, Literaturbilder. Salzburgs Geschichte in literarischen Porträts, Salzburg-München 1998, S. 207–209.
168 Haidenthaller, Chronik VII, S. 138.
169 SVBl, 4. 11. 1918, S. 3.
170 Haidenthaller, Chronik VII, S. 140.
171 Haidenthaller, Chronik VII, S. 141
172 Vgl. Postkarte des Alpenländischen Landesverbandes der Heimkehrer, Linz 1919.
173 INGRID BAUER, „Uns das bißchen nackte Leben erhalten…". Die Jahre 1918 bis 1920, in: DIESELBE, Von der alten Solidarität (wie Anm. 87), S. 99–138, hier S. 100.
174 Zu Therese Wowes vgl. den Beitrag von Fridoline Grössinger in diesem Buch.
175 Haidenthaller, Chronik VII, S. 144.
176 KARL STEINOCHER, Therese Kaltenegger, in: Mitteilungen des Karl-Steinocher-Fonds zur Erforschung der Geschichte der Arbeiterbewegung im Lande Salzburg 2 (1982), S. 2.
177 KAUT, Steiniger Weg (wie Anm. 94), S. 260 f.
178 BAUER/WEITGRUBER, Itzling (wie Anm. 84), S. 61.
179 ERNST HANISCH, Die Erste Republik, in: DOPSCH/SPATZENEGGER II/2, S. 1057–1120, hier S. 1074 f.
180 RICHARD VOITHOFER, Drum schließt Euch frisch an Deutschland an … Die Großdeutsche Volkspartei in Salzburg 1920–1936 (Schriftenreihe des Forschungsinstitutes für politisch-historische Studien der Dr.-Wilfried-Haslauer-Bibliothek 9), Wien-Köln-Weimar 2000, S. 105–107.
181 HANISCH, Erste Republik (wie Anm. 179), S. 1084 f.; vgl. auch SVBl, 26. 3. 1928, S. 1: Die bürgerlichen Parteien haben sich in vielen Gemeinden auf eine Einheitsliste oder Wirtschaftsliste vereinigt.
182 SVBl, 30. 3. 1925, S. 1.
183 VOITHOFER, Eliten (wie Anm. 97), S. 112.
184 Ebenda, S. 116.
185 SVBl, 25. 5. 1919, S. 4; SW, 26. 5. 1919, S. 3: Die Gnigler Wirtschaftspartei wurde hier als die *Vereinigten* bezeichnet.
186 SVBl, 10. 4. 1922, S. 6; SW, 10. 4. 1922, S. 3.
187 SVBl, 30. 3. 1925, S. 6; SW, 30. 3. 1925, S. 1.
188 SVBl, 26. 3. 1928, S. 1; vgl. auch AStS, PA 15, Bekanntmachung vom 17. März 1928.
189 SVBl, 30. 3. 1931, S. 1; SW, 30. 3. 1931, S.1.
190 Haidenthaller, Chronik VII, S. 158.
191 Haidenthaller, Chronik VII, S. 171.
192 CHRISTIAN LASERER, Tätigkeits-Bericht über die dreijährige Funktionsperiode 1925–1928 der sozialdemokratischen Gemeindevertretungs-Mehrheit von Gnigl, Gnigl [1928], S. 11.
193 INGRID BAUER, Zwischen konkreter Utopie und den Zwängen der Realität. Die 1920er Jahre, in: Dieselbe, Von der alten Solidarität (wie Anm. 87), S. 99–138, INGRID BAUER, Im Würgegriff der Krise. Die 1930er Jahre, in: DIESELBE, Von der alten Solidarität (wie Anm. 87), S. 139–168, hier S. 140 f.
194 Haidenthaller, Chronik VII, S. 176.
195 Vgl. dazu den Beitrag von Helga Thaler in diesem Buch.
196 BAUER/WEITGRUBER, Itzling (wie Anm. 84), S. 80.
197 Vgl. auch Haidenthaller, Chronik VIII, S. 5: Februar 1925: In Gnigl befinden sich viele arbeitslose Familien, die vom Bundesstaat unterstützt werden.
198 BAUER/WEITGRUBER, Itzling (wie Anm. 84), S. 62.
199 Haidenthaller, Chronik VIII, S. 27.
200 Haidenthaller, Chronik VIII, S. 30 f.
201 Haidenthaller, Chronik VIII, S. 24.
202 LASERER, Tätigkeitsbericht (wie Anm. 192), S. 4.
203 Haidenthaller, Chronik VII, S. 150.
204 Haidenthaller, Chronik VII, S. 181.
205 LASERER, Tätigkeitsbericht (wie Anm. 192), S. 6.
206 Ebenda, S. 7.
207 Ebenda, S. 3.
208 FRANZ SPATENKA, Salzburg im Revolutionsjahr 1848 (Salzburg Archiv 11), Salzburg 1991, S. 139.
209 KOLLER/MÜLLER, Gnigl und Itzling (wie Anm. 3), S. 191 f.; Haidenthaller VIII, S. 20; ROBERT HOFFMANN, „Nimm Hack' und Spaten …" Siedlung und Siedlerbewegung in Österreich 1918–1938, Wien 1987.
210 LASERER, Tätigkeitsbericht (wie Anm. 192), S. 12.
211 SW, 2. 5. 1913, S. 5.
212 SW, 2. 5. 1913, S. 5.
213 OLIVIER KLOSE, Römische Gebäudereste in Gnigl bei Salzburg, in: MGSL 49 (1929), S. 167–174, S. 169.
214 ERICH MANTSCH, Der Salzburger Architekt Paul Geppert d. Ä. (1875–1965), in: Salzburg Archiv 32 (2007), S. 227–290, hier S. 250 f.
215 Vgl. dazu auch AStS, Gnigl 3,01, Volksschule 1857–1935.
216 KAUT, Steiniger Weg (wie Anm. 94), S. 123.
217 Haidenthaller, Chronik VII, S. 172.
218 ALEXANDER HAIDENTHALLER, Aus der Chronik von Gnigl, in: SVBl, 18. 7. 1939, S. 10; vgl. dazu allgemein HARALD WAITZBAUER, Ferne Staubwolken – knatternde Geräusche, in: SALZBURGER AUTOMOBIL-, MOTORRAD- UND TOURING CLUB (Hg.), Salzburger Automobil- und Motorradgeschichte, Salzburg-München 1997, S. 14–24, hier S. 16 f.; HELMUT KRACKOWITZER, Städte-, Berg- und Bahnrennen. Der Motorsport in Salzburg, in: ebenda, S. 67–91, hier S. 67 f.; SIEGFRIED STRASSER, Der Rennberg. Die Rennen auf den Salzburger Gaisberg, Gnas 2004.
219 SVBl, 23. 7. 1926, S. 4–5 u. S. 9; vgl. auch den Beitrag von Guido Müller und Thomas Weidenholzer in diesem Buch.
220 Haidenthaller, Chronik VIII, S. 16.
221 ALEXANDER HAIDENTHALLER, Aus der Chronik von Gnigl, in: SVBl, 18. 7. 1939, S. 10.
222 SW, 28. 1. 1921, S. 4; vgl. dazu auch ERWIN NIEDERMANN, Sport und Spiel in Salzburg. Geschichte und Gegenwart, Salzburg 1978, S. 50.
223 SW, 28. 1. 1921, S. 4
224 BAUER/WEITGRUBER, Itzling (wie Anm. 84), S. 77.
225 INGRID BAUER, Zwischen konkreter Utopie und den Zwängen

der Realität. Die 1920er Jahre, in: Dieselbe, Von der alten Solidarität (wie Anm. 87), S. 99–138, hier S. 125 f.
226 Haidenthaller, Chronik VIII, S. 19.
227 Bauer, Zwischen konkreter Utopie (wie Anm. 225), S. 135.
228 Ebenda, S. 136.
229 Archiv Guido Müller, SChr, 16. 11. 1929, S. 10. u. SChr, 13. 3. 1931, S. 6.
230 Haidenthaller, Chronik VIII, S. 21 f.
231 Archiv Guido Müller, SChr, 22. 12. 1931, S. 6.
232 Archiv Guido Müller, SW 21. 2. 1933, S. 6 u. SW, 5. 2. 1934, S. 3; Haidenthaller, Chronik VIII, S. 25.
233 Vgl. dazu auch Monika Brunner-Gaurek, Bäuerliches Leben vom 16. bis ins 20. Jahrhundert, in: Bergheim (wie Anm. 17), S. 374–399.
234 Haidenthaller, Chronik VII, S. 47.
235 Haidenthaller, Chronik VII, S. 49 f.
236 Zur Organisation der Gerichtsgemeinde Neuhaus und seine Einteilung nach Rügaten vgl. den Beitrag von Heinz Dopsch in diesem Band.
237 Haidenthaller, Chronik VII, S. 168.
238 Haidenthaller, Chronik VIII, S. 8.
239 Vgl. Alfred Rinnerthaler, Johann Kirchsteiger und seine „Salzburger Ehen", in: Scientia Iuris et Historia. Festschrift für Peter Putzer zum 65. Geburtstag, hg. v. Ulrike Aichhorn u. Alfred Rinnerthaler, Engling 2004, S. 823–867; Steiner, Literaturbilder (wie Anm. 167), S. 10–19; http://altkatholiken.net/historie.php, 7. 7. 2010; Alfred Rinnerthaler, Eine Kirche für Salzburgs Altkatholiken. Kontroversen rund um die Errichtung einer altkatholischen Kirchengemeinde in Salzburg (Wissenschaft und Religion. Veröffentlichungen des Internationalen Forschungszentrums für Grundlagen der Wissenschaften Salzburg 19), Frankfurt am Main 2008.
240 Haas, Bergheim (wie Anm. 17), S. 206.
241 Haidenthaller, Chronik VII, S. 166.
242 Haidenthaller, Chronik VIII, S. 4.
243 Hanisch, Erste Republik (wie Anm. 179), S. 1088.
244 Haidenthaller, Chronik VII, S. 167.
245 Peter F. Kramml, Liefering – Das Dorf an der Grenze. 1816 – 1939/45, in: Liefering. Das Dorf in der Stadt, hg. v. der Peter-Pfenniger-Schenkung Liefering, Salzburg 1997, S. 57–214, hier S. 181.
246 Kaut, Steiniger Weg (wie Anm. 94), S. 105. Erster Aufmarsch in Salzburg im Oktober 1923, als Karl Renner bei einer Veranstaltung zur Nationalratswahl in Salzburg sprach.
247 Hanisch, Erste Republik (wie Anm. 179), S. 1092.
248 SLZ, 25. 8. 1941, S. 7.
249 Kaut, Steiniger Weg (wie Anm. 94), S. 135.
250 Bauer, Krise (wie Anm. 193), S. 160.
251 Bauer/Weitgruber, Itzling (wie Anm. 84), S. 91.
252 Robert Hoffmann, Im Zeichen von Festspielgründung, allgemeinem Wahlrecht und Wirtschaftskrise. Die Stadt Salzburg in der Zwischenkriegszeit, in: Peter F. Kramml u. Ernst Hanisch (Hg.), Hoffnungen und Verzweiflung in der Stadt Salzburg 1938/39. Vorgeschichte – Fakten – Folgen (Die Stadt Salzburg im Nationalsozialismus 1), Salzburg 2010, S. 32–73, hier S. 54.
253 Vgl. dazu den Beitrag von Siegfried Göllner in diesem Buch.
254 Haidenthaller, Chronik VIII, S. 32.
255 Haidenthaller, Chronik VIII, S. 35.
256 Hoffmann, Festspielgründung (wie Anm. 252), S. 55.
257 Vgl. Guido Müller, Maxglan verliert seine politische Selbständigkeit, in: Häufler/Müller/Wiedemair, Maxglan (wie Anm. 32), S. 103–106, hier S. 103.
258 Haidenthaller, Chronik VIII, S. 29; Koller/Müller, Gnigl und Itzling (wie Anm. 3), S. 193.
259 Guido Müller, Der lange Weg zu den Eingemeindungen, in: Dopsch (Hg.), Vom Stadtrecht zur Bürgerbeteiligung (wie Anm. 5), S. 329–336, hier S. 333 f.; Rudolf G. Ardelt, Die Ära des „Christlichen Ständestaates", in: ebenda, S. 235–247, hier S. 243; Heinz Dopsch u. Robert Hoffmann, Geschichte der Stadt Salzburg, Salzburg-München 1996, S. 539.
260 SVBl, 18. 1. 1935, S. 3.
261 Ebenda.
262 Landesgesetzblatt für das Land Salzburg, Jg. 1935, 8. Stück, ausgegeben am 28. Juni 1935, Nr. 36: Gesetz über die Erweiterung des Gebietes der Landeshauptstadt Salzburg und einige damit zusammenhängende Änderungen des Gebietes ihrer Umgebungsgemeinden.
263 Laserer, Tätigkeitsbericht (wie Anm. 192), S. 16.
264 Alexander Haidenthaller, Eine Schönheitsbetrachtung eines Teiles der Ortschaft Gnigl mit historischem Einschlag, Gnigl 1924, S. 1.
265 Haidenthaller, Chronik VIII, S. 61 f.
266 Vgl. dazu Koller/Müller, Gnigl und Itzling (wie Anm. 3), S. 191; 1850: SLA, LR 1850/59 XIX A 17, Verzeichnis (wie Anm. 2); 1860 und 1870: Statistischer Bericht über die volkswirthschaftlichen Verhältnisse des Herzogthums Salzburg in den Jahren 1886–1890, Salzburg 1892, S. 16; 1900: Gemeindelexikon (wie Anm. 82), S. 32; 1900: Haidenthaller, Chronik VII, S. 180; 1934: Laut Volkszählungsergebnis von 1934, zit. n. Haidenthaller, Chronik VIII, S. 42.

Siegfried Göllner
RADIKALISIERUNG UND VERNICHTUNG – „STÄNDESTAAT" UND NATIONALSOZIALISMUS

1 SLZ, 25. 8. 1941, S. 7.
2 SLA, Prä 1931, 32c-1105, Meldung des Gendarmeriepostenkommandos Gnigl, 1. 11. 1931 über „Exzesse bei einer Hitlerversammlung in Gnigl", 31. 10. 1931.
3 SLA, Prä 1931, 32c-1105, Meldung des Gendarmeriepostenkommandos Gnigl, 27. 11. 1931.
4 Ingrid Bauer, Arbeiteralltag und Arbeiterkultur in Itzling 1860 bis 1945, in: Dieselbe u. Wilhelm Weitgruber, 1895–1985 Itzling, Salzburg 1985, S. 39–96, hier S. 59.
5 SLA, Prä 1931, 32c, Bericht des Gendarmeriekommandos Itzling über eine Versammlung der sozialistischen Arbeiterjugend in Itzling am 1. Dezember 1931, 2. 12. 1931.
6 SLA, Prä 1932, 32c-461, Bericht des Gendarmeriepostenkommandos Gnigl über eine Versammlung der NSDAP vom 5. März 1932, 6. 3. 1932.
7 SLA, Prä 1932, 32c-1067, Bericht des Gendarmeriepostenkommandos Gnigl über eine sozialistische Versammlung am 4. Juli 1932 im Gasthaus „Zum Rangierbahnhof", 5. 7. 1932.
8 SLA, Prä 1932, 32c-461, Bericht der Bundespolizeidirektion Salzburg über eine Geländeübung der NSDAP in Mayrwies vom 20./21. August 1932, 26. 8. 1932.
9 SLA, RehrlBr 1932/2880, Entschuldigung von Josef Hamminger, 24. 12. 1932; Antwort des Landeshauptmanns, 29. 12. 1932.
10 Harald Lohmann, Mäßig begabt, aber nicht hoffnungslos. Erinnerungen an eine turbulente Jugend, 3. Aufl., Altmünster 2001, S. 42.

11 Emmerich Tálos u. Walter Manoschek, Zum Konstituierungsprozeß des Austrofaschismus, in: Derselbe und Wolfgang Neugebauer (Hg.), Austrofaschismus, Politik–Ökonomie–Kultur 1933–1938 (Politik und Zeitgeschichte 1), 5. Aufl. 2005, S. 6–27, hier S. 11–23; Ernst Hanisch, Der lange Schatten des Staates. Österreichische Gesellschaftsgeschichte im 20. Jahrhundert, Wien 1994, S. 300–306.

12 Rudolf G. Ardelt, Die Ära des „Christlichen Ständestaates", in: Heinz Dopsch (Hg.), Vom Stadtrecht zur Bürgerbeteiligung. Festschrift 700 Jahre Stadtrecht von Salzburg, Salzburg 1987, S. 235–247, hier S. 235–238; Erika Thurner, Der 12. Februar 1934 in Salzburg aus der Sicht von Zeitzeugen, in: Mitteilungen, Karl-Steinocher-Fonds 4 (1984), S. 16–47, hier S. 17 f.; Heinz Dopsch u. Robert Hoffmann, Geschichte der Stadt Salzburg, Salzburg-München 1996, S. 536.

13 Ernst Hanisch, Die Sozialdemokratie in Salzburg 1918–1938, in: Mitteilungen, Karl-Steinocher-Fonds 1 (1981), S. 7–14, hier S. 12; Dopsch/Hoffmann, Salzburg (wie Anm. 12), S. 535.

14 Thurner, 12. Februar (wie Anm. 12), S. 20; vgl. Hanns Haas, Kommunisten, in: Dokumentationsarchiv des Österreichischen Widerstandes (Hg.), Widerstand und Verfolgung in Salzburg 1934–1945, Bd. 1, Wien-Salzburg 1991, S. 106–224 u. 327–458, hier S. 107.

15 SLA, Prä 1933 12b-3176, Protest der Gemeinde Gnigl, 10. 6. 1933.

16 Dopsch/Hoffmann, Salzburg (wie Anm. 12), S. 536 u. 545.

17 SLA Prä 1934 30a-2485, Die Vorfallenheitsberichte des Gendarmeriepostens Gnigl und anderer Gendarmeriedienststellen des Landes Salzburg finden sich im Bestand Präsidialakten des Salzburger Landesarchivs.

18 SVBl, 30. 6. 1934, S. 4; SLA, Prä 1934 30a-2485.

19 Haidenthaller, Chronik VIII, 31. 5. 1934, S. 34; Vgl. Gerhard Botz, Gewalt in der Politik. Attentate, Zusammenstöße, Putschversuche, Unruhen in Österreich 1918–1938, München 1983, S. 370. Botz datiert den Anschlag mit 6. 6. 1934.

20 Haidenthaller, Chronik VIII, 28. 6. 1934, S. 34.

21 Haidenthaller, Chronik VIII, 30. 1. 1934, S. 31.

22 Haidenthaller, Chronik VIII, 21. 4. 1934, S. 33.

23 Haidenthaller, Chronik VIII, 30. 1. 1934, S. 31 u. 28. 6. 1934, S. 34.

24 SVBl, 30. 6. 1934, S. 4; SChr, 30. 6. 1934, S. 7.

25 Ardelt, Ständestaat (wie Anm. 12), S. 241; Dopsch/Hoffmann, Salzburg (wie Anm. 12), S. 544.

26 Thurner, 12. Februar (wie Anm. 12), S. 22.

27 Ebenda, S. 26.

28 Haas, Kommunisten (wie Anm. 14), S. 107.

29 Ebenda, S. 107; Thurner, 12. Februar (wie Anm. 12), S. 24 f.; Ardelt, Ständestaat (wie Anm. 12), S. 238; Dopsch/Hoffmann, Salzburg (wie Anm. 12), S. 537.

30 Thurner, 12. Februar (wie Anm. 12), S. 25.

31 Haidenthaller, Chronik VIII, 12. 2. 1934, S. 31.

32 Ardelt, Ständestaat (wie Anm. 12), S. 238.

33 Hanisch, Der lange Schatten (wie Anm. 11), S. 306; Ludwig Jedlicka (Hg.), Das Jahr 1934: 12. Februar, Wien 1975.

34 Haidenthaller, Chronik VIII, 24. 2. 1934, S. 32.

35 Salzburger Wacht, 5. 1. 34, S. 3.

36 Dopsch/Hoffmann, Salzburg (wie Anm. 12), S. 537.

37 Ingrid Bauer u. Renate Ebeling-Winkler, Sozialisten, in: Widerstand und Verfolgung (wie Anm. 14), Bd. 1, S. 33–105, hier 33 f; Thurner, 12. Februar (wie Anm. 12), S. 18 f.

38 Bauer/Ebeling-Winkler, Sozialisten (wie Anm. 37), 33 f.; Bauer, Itzling (wie Anm. 4), S. 93; Dopsch/Hoffmann, Salzburg (wie Anm. 12), S. 544.

39 Hanisch, Sozialdemokratie (wie Anm. 11), S. 13; Bauer, Itzling (wie Anm. 4), S. 93.

40 Bauer, Itzling (wie Anm. 4), S. 54.

41 SLA, RehrlBr 1936/0469, Rehrl an Bundesministerium für Land- und Forstwirtschaft, 29. 2. 1936. Rehrl schreibt über Bürgermeister Laserer, dieser sei ein Sozialdemokrat „äusserst gemässigter Richtung" gewesen, der sich „um die wirtschaftliche Entwicklung der grossen Gemeinde Gnigl grosse Verdienste erworben und auf die an und für sich radikale Arbeiterbevölkerung Gnigls stets mit Erfolg beruhigend eingewirkt" habe.

42 Ardelt, Ständestaat (wie Anm. 12), S. 238; Dopsch/Hoffmann, Salzburg (wie Anm. 12), S. 537.

43 Haidenthaller, Chronik VIII, 12. 2. 1934, S. 31.

44 SLA, Prä 1934 6d-4899, Mathias Rosenauer, Ortsführung O.S.S. Gnigl an Landesleitung, 19. 4. 1934.

45 SLA, RehrlBr 1934/1872, Intervention von Josef Brandstätter, Hausbesitzerverein Gnigl, für den Obmann des Hausbesitzervereines von Gnigl Bernhard Klabacher als Regierungskommissär der Gemeinde Gnigl und Denunziation des Regierungskommissärs Dr. Brandstätter, 9. 4. 1934.

46 SLA, RehrlBr 1934/1701, Eingabe von Karl Rötzer, 5. 6. 1934.

47 SLA, Prä 1934 6D-4899, Gemeinde Gnigl, Maßnahmen gegen Gemeindeangestellte, April–Juni 1934.

48 Guido Müller, Der lange Weg zu den Eingemeindungen, in: Dopsch, 700 Jahre Stadtrecht (wie Anm. 12), S. 329–336, hier S. 333 f.; Ardelt, Ständestaat (wie Anm. 12), S. 243; Dopsch/Hoffmann, Salzburg (wie Anm. 12), S. 539.

49 Dopsch/Hoffmann, Salzburg (wie Anm. 12), S. 539.

50 Christian Dirninger, Wandel und Konstanz der Wirtschaftsstruktur im 20. Jahrhundert, in: Dopsch, 700 Jahre Stadtrecht (wie Anm. 12), S. 274–301, hier S. 285 f.; Dopsch/Hoffmann, Salzburg (wie Anm. 12), S. 543.

51 Bauer, Itzling (wie Anm. 4), S. 83 u. 88.

52 Lohmann, Erinnerungen (wie Anm. 10), S. 39.

53 Dopsch/Hoffmann, Salzburg (wie Anm. 12), S. 542 f.

54 Gerhard Esterbauer, Helmut Lipetschnig, Wolfgang Schmidt, Salzburg Gnigl. Das Dorf in der Stadt, Salzburg 1983, S. 19.

55 Dopsch/Hoffmann, Salzburg (wie Anm. 12), S. 548.

56 SLA, RehrlBr 1934/2064, Paul Angleitner an Landeshauptmann Franz Rehrl, 27. 6. 1934.

57 SLA, RehrlBr 1934/1017, Heinrich Böckl, an Landeshauptmann Franz Rehrl, 5. 4. 1934.

58 SVBl, 13. 1. 1938, S. 10.

59 Lohmann, Erinnerungen (wie Anm. 10), S. 39 f.; Haidenthaller, Chronik VIII, 28. 1. 1934, S. 31.

60 SLA, RehrlBr 1934/1364, Anton Herden an Landeshauptmann Rehrl, 10. 4. 1934.

61 SLA, RehrlBr 1936/3309, Therese Schindecker, Oktober 1936.

62 SLA, RehrlBr 1936/3728, Intervention von Staatssekretär für Land- und Forstwirtschaft Heinrich Gleißner, 1936.

63 SLA, RehrlBr 1933/0924, Karl Zanier an Landeshauptmann Franz Rehrl, 1932/33.

64 SLA, RehrlBr 1936/2270, Schriftverkehr über „Dr. Franz Rehrl-Marsch", Juli/August 1936.

65 Bauer/Ebeling-Winkler, Sozialisten (wie Anm. 37), S. 38 f.

66 AVA, BKA Inneres, Bericht des Sicherheitsdirektors für Salzburg, 23. 10. 1936, ebenda S. 43–45.

67 SLA, LG Salzburg, 5 Vr 1560/36, Urteil gegen Josef Pfeffer, 28. 12. 1936, abgedruckt in: ebenda S. 45–48,

68 SLA, LG Salzburg 5 Vr 283/36, Anzeige des Gendarmeriepostenkommandos Gnigl gegen Franz Haini, 1. 11. 1935, abgedruckt in: ebenda S. 54 f.

69 SLA, RehrlBr 1936/0990, Schriftverkehr betreffend

Wolfgang Hallasch, Februar–April 1936.
70 SLA, RehrlBr 1936/3055, Vaterländische Front an Landeshauptmann Rehrl, 8. 1. 1936; Mitteilung von Regierungskommissär für Personalangelegenheiten, Josef Arbogast Fleisch, Dezember 1936.
71 SLA, LG Salzburg, Vr 274/35, Urteil gegen Georg Auer u. a. 1. 4. 1935, abgedruckt in: Haas, Kommunisten (wie Anm. 14), S. 125–127.
72 SLA, Prä 1937 34a-1274, Bericht des Gendarmeriepostens Gnigl, 14 .4. 1937.
73 AVA, BKA Inneres, 22/Salzburg, K. 5127, Bericht des Sicherheitsdirektors für Salzburg, 17. 3. 1936, abgedruckt in: Haas, Kommunisten (wie Anm. 14), S. 113 f.
74 AVA, BKA Inneres, 22/Salzburg, K. 5130, Bericht des Sicherheitsdirektors für Salzburg, 1. 9. 1936, abgedruckt in: Haas, Kommunisten (wie Anm. 14), S. 114–123; DÖW 703, Anklageschrift Josef Schaufler, 30. 5. 1936, abgedruckt in: ebenda, S. 215–221.
75 Dopsch/Hoffmann, Salzburg (wie Anm. 12), S. 544.
76 Emmerich Tálos u. Walter Manoschek, Aspekte der politischen Struktur des Austrofaschismus, in: Tálos/Neugebauer (Hg.), Austrofaschismus (wie Anm. 11), S. 124–161, hier S. 149–151; Dopsch/Hoffmann, Salzburg (wie Anm. 12), S. 545 u. 549.
77 SLA, Prä 1937 34a-1280, Bericht des Gendarmeriepostenkommandos Gnigl, 20. 4. 1937.
78 Dopsch/Hoffmann, Salzburg (wie Anm. 12), S. 545 u. 549; Ernst Hanisch, Gau der guten Nerven. Die nationalsozialistische Herrschaft in Salzburg 1938–1945, Salzburg-München 1997, S. 19–23.
79 SChr, 5. 2. 1938, S. 1 u. S. 11 f.
80 SChr, 10. 2. 1938, S. 4; SVbl, 10. 2. 1938, S. 1.
81 Tálos/Manoschek, Austrofaschismus (wie Anm. 11), S. 145–149.
82 Vgl. Anton Staudinger, Austrofaschistische „Österreich"-Ideologie, in: Tálos/Neugebauer (Hg.), Austrofaschismus (wie Anm. 11), S. 28–53.
83 Hanisch, Gau der guten Nerven (wie Anm. 78), S. 190 f.
84 Albert Lichtblau, „Arisierungen, beschlagnahmte Vermögen, Rückstellungen und Entschädigungen in Salzburg, Wien-München 2004, S. 19; Dopsch/Hoffmann, Salzburg (wie Anm. 12), S. 521.
85 Hanisch, Der lange Schatten (wie Anm. 11), S. 314.
86 Rudolf G. Ardelt, „Neugestaltung" als Gauhauptstadt. Salzburg in der NS-Zeit, in: Dopsch, 700 Jahre Stadtrecht (wie Anm. 12), S. 248–258, hier S. 249 f.; Dopsch/Hoffmann, Salzburg (wie Anm. 12), S. 551.
87 Haidenthaller, Chronik XIII, 12. 3. 1938, S. 8.
88 Ebenda, 12. 3. 1938, S. 10.
89 Ebenda, 14. 3. 1938, S. 10.
90 Ebenda, 31. 3. 1938, S. 12 f.
91 SVBl, 6. 4. 1938, S. 14 u. 16.
92 Ardelt, NS-Zeit (wie Anm. 86), S. 251–253; Dopsch/Hoffmann, Salzburg (wie Anm. 12), S. 551 u. 562–564; Hanisch, Gau der guten Nerven (wie Anm. 78), S. 72–75.
93 Ardelt, NS-Zeit (wie Anm. 86), S. 253; Dopsch/Hoffmann, Salzburg (wie Anm. 12), S. 551 u. 564 f.; Hanisch, Gau der guten Nerven (wie Anm. 78), S. 68–72 u. 75–77.
94 Haidenthaller, Chronik XIII, 1. 5. 1938, S. 16.
95 SLA, RSTH I/3V 281/1944, Schützenverein Gnigl, Salzburg, Genehmigung der neuen Satzung, 14. 4. 1944.
96 SLA, RSTH I/3V 207/1940, Musikkapelle Gnigl, Auflösung und Überführung in einen Musikzug der NSDAP.
97 Statistik des Bundesstaates Österreich, hg. v. Bundesamt für Statistik, Wien 1935, S. 3 f.
98 Lichtblau, „Arisierungen" (wie Anm. 84), S. 21.
99 Günter Fellner, Antisemitismus in Salzburg 1918–1938, Wien-Salzburg 1979, S. 223.
100 Lichtblau, „Arisierungen" (wie Anm. 84), S. 20, vgl. Fellner, Antisemitismus (wie Anm. 99).
101 Fellner, Antisemitismus (wie Anm. 99), S. 128–130; Lichtblau, „Arisierungen" (wie Anm. 84), S. 20.
102 Fellner, Antisemitismus (wie Anm. 99), S. 128–130.
103 SLA, Prä 1930 18N-14208, Löschung der Ortsgruppe Gnigl des Deutsch-Österreichischen Schutzvereines Antisemitenbund.
104 SLA, Prä 1930 18N-14208, Löschung der Ortsgruppe Gnigl des Deutsch-Österreichischen Schutzvereines Antisemitenbund.
105 Lichtblau, „Arisierungen" (wie Anm. 84), S. 53–57.
106 SLA, VMS, Kt. 1, Summarien über die bis August 1941 durchgeführten „Arisierungen" in Salzburg, abgedruckt bei: Lichtblau, „Arisierungen" (wie Anm. 84), S. 214–220.
107 Allgemein: Götz Aly, Hitlers Volksstaat. Raub, Rassenkrieg und nationaler Sozialismus, Frankfurt am Main 2005.
108 Ardelt, NS-Zeit (wie Anm. 86), S. 250; Dopsch/Hoffmann, Salzburg (wie Anm. 12), S. 560–562; Hanisch, Gau der guten Nerven (wie Anm. 78), S. 58–62; Dirninger, Wirtschaftsstruktur (wie Anm. 50), S. 288.
109 SVBl, 7. 5. 1938, S. 8, vgl. Dopsch/Hoffmann, Salzburg (wie Anm. 12), S. 561.
110 SVBl, 4. 6. 1938, S. 9 f.
111 Amtsblatt der Landeshauptstadt Salzburg, 15. 10. 1987, S. 35.
112 Dopsch/Hoffmann, Salzburg (wie Anm. 12), S. 560 f.
113 SLA, RSTH V/2/103/1942, Pläne und Schriftverkehr bezüglich der Wohnbaracken für volksdeutsche Familien in Salzburg-Gnigl, Dezember 1941–März 1942.
114 Haidenthaller, Chronik XIII, 26. 11. 1941 u. 8. 2. 1942 S. 75 u. 78; SLA, RSTH V/2 113/1943, Versorgungshaus Gnigl, Ausbau zu Wohnungen, Februar 1942–April 1943.
115 SLA, RSTH V/2 568/1941/42, Teilregulierungs- und Verbauungspläne für Salzburg-Lehen und Salzburg-Gnigl-Parsch, Gedächtnisniederschrift über Besprechung beim Reichsstatthalter in Salzburg, 18. 12. 1941; SLA, RSTH V/a 55/1942, Regulierungs- und Verbauungsplan für die Stadtteile Lehen, Gnigl und Parsch 1940–1942.
116 Christoph Braumann, Stadtplanung in Österreich von 1918 bis 1945 unter besonderer Berücksichtigung der Stadt Salzburg (Schriftenreihe des Institutes für Städtebau, Raumplanung und Raumordnung, Technische Universität Wien 21), Wien 1986, S. 133.
117 Haidenthaller, Chronik XIII, 18. 12. 1942, S. 88 f.
118 Esterbauer/Lipetschnig/Schmidt, Salzburg Gnigl (wie Anm. 54), S. 42.
119 Ardelt, NS-Zeit (wie Anm. 86), S. 256; vgl. Dopsch/Hoffmann, Salzburg (wie Anm. 12), S. 559.
120 SZ, 29. 3. 1938, S. 10. Haidenthaller gibt den Besuch mit „fast 500 Personen" an. Haidenthaller, Chronik XIII, S. 12, 27. 3. 1938.
121 Salzburger Volksblatt und Salzburger Zeitung veröffentlichen ab Ende März 1938 beinahe täglich Aufforderungen und Anordnungen der Gauleitung zur Beflaggung und „Ausschmückung", vgl. beispielsweise SZ, 5. 4. 1938, S. 10.
122 Haidenthaller, Chronik XIII, 9. 4. 1938, S. 13.
123 SVBl, 11. 4. 1938, S. 5 f; SZ, 11. 4. 1938, S. 3–5 u. 8.
124 Haidenthaller, Chronik XIII, 10. 4. 1938.
125 Haidenthaller, Chronik XIII, 20. 4. 1938 u. 1. 5. 1938, S. 15 f.
126 SVBl, 12. 4. 1938, S. 9; SZ, 12. 4. 1938, S. 8.

127 SVBl, 27. 4. 1938, S. 7.
128 Haidenthaller, Chronik XIII, 15. 5. 1938, S. 17; vgl. SVBl, 16. 5. 1938, S. 10; SVBl, 18. 5. 1938, S. 8.
129 SVBl, 4. 5. 1938, S. 7; SVBl, 10. 5. 1938, S. 6 f.; SVBl, 16. 5. 1938, S. 10.
130 Hanisch, Gau der guten Nerven (wie Anm. 78), S. 188.
131 SZ, 23. 12. 1942, S. 4.
132 SLZ, 25. 8. 1941, S. 7.
133 Haidenthaller, Chronik XIII, 19. 10. 1941, S. 72.
134 Haidenthaller, Chronik XIII, 10. 5. 1944, S. 111.
135 Hanisch, Gau der guten Nerven (wie Anm. 78), S. 158.
136 SZ, 22. 11. 1942, S. 4.
137 Alfred Rinnerthaler, Der Konfessionsunterricht im Reichsgau Salzburg, Salzburg 1991.
138 SVBl, 10. 6. 1938, S. 7.
139 Rinnerthaler, Konfessionsunterricht (wie Anm. 137), S. 23–30.
140 Haidenthaller, Chronik XIII, 17. 9. 1939, S. 40.
141 AES, Gnigl 5/34/1, Schreiben des Kooperators Josef Öhlbrunner, an das f. e. Ordinariat, 16. 11. 1940; vgl. auch: Rinnerthaler, Konfessionsunterricht (wie Anm. 137), S. 37. Die Erhebung des Landesschulrates ist laut Rinnerthaler (S. 36) offensichtlich fehlerhaft und ungenau.
142 Rinnerthaler, Konfessionsunterricht (wie Anm. 137), S. 74–123; Hanisch, Gau der guten Nerven (wie Anm. 78), S. 62 f.
143 Haidenthaller, Chronik XIII, 5. 3. 1939, S. 29.
144 Haidenthaller, Chronik XIII, 16. 6. 1938, S. 19.
145 Haidenthaller, Chronik XIII, 29. 6. 1938, S. 19 f.
146 Haidenthaller, Chronik XIII, 12. 10. 1942, S. 84.
147 Hanisch, Gau der guten Nerven (wie Anm. 78), S. 177.
148 AES, Gnigl 5/34/1, Franz Dürnberger an das f.e. Ordinariat, 7. 1. 1942.
149 Hanisch, Gau der guten Nerven (wie Anm. 78), S. 69–72.
150 Edmund Wagenhofer, Die ehemaligen Schillinghofgründe in Salzburg-Gnigl, in: Resonanz. Hauszeitschrift der Erzabtei St. Peter, 6 (1985), Nr. 1, S. 11–19.
151 Hanisch, Gau der guten Nerven (wie Anm. 78), S. 72.
152 AES, Personalakt Franz Borgias Dürnberger, Blockkartei Konzentrationslager Dachau.
153 SLA, Opferfürsorge Salzburg, S-524, Opferfürsorgeansuchen von Franz Dürnberger, 10. 3. 1949; Widerstand und Verfolgung (wie Anm. 14), Bd. 2, S. 134–322, hier S. 289 f.
154 AES, Personalakt Franz Borgias Dürnberger, Blockkartei Konzentrationslager Dachau.
155 AES, Personalakt Franz Borgias Dürnberger, Andreas Rohracher an Heinrich, 5. 1. 1944. Rohracher schreibt in diesem Brief von einer Seelenmesse für zwei Widerstandskämpfer. Nach Dürnbergers Eigendarstellung handelte es sich jedoch um eine Messe für eine Person.
156 Haidenthaller, Chronik XIII, 10. u. 17. 6. 1945, S. 84.
157 Rupertusblatt, 17. 2. 1974, S. 18.
158 Esterbauer/Lipetschnig/Schmidt, Salzburg Gnigl (wie Anm. 54), S. 19.
159 Einleitung, in: Widerstand und Verfolgung (wie Anm. 14), Bd. 1, S. 11–19, hier S. 13–17; Hanisch, Der lange Schatten (wie Anm. 11), S. 314 u. S. 389–391.
160 Ingrid Bauer, Sozialisten, in: Widerstand und Verfolgung (wie Anm. 14), Bd. 1, S. 261–326, hier S. 269 f.; Dopsch/Hoffmann, Salzburg (wie Anm. 12), S. 567.
161 Haas, Kommunisten (wie Anm. 14), S. 331; Dopsch/Hoffmann, Salzburg (wie Anm. 12), Salzburg, S. 567.
162 DÖW, E 19.793/1, Todesurteil gegen Josef Haidinger und Franz Aschenberger, 3. 11. 1942, abgedruckt in: Haas, Kommunisten (wie Anm. 14), S. 380–382.
163 DÖW 8635, Urteil gegen Othmar Schiller, 24. 11. 1942, abgedruckt in: ebenda, S. 383 f.
164 DÖW 8693, Urteil gegen Gottfried Riffler, 26. 11. 1942, abgedruckt in: ebenda, S. 386 f.
165 DÖW 8696, Urteil Franz Voithofer, 27. 11. 1942, ebenda, S. 387 f.
166 DÖW 1429, Anklage gegen Michael Kritzinger, 26. 11. 1942, ebenda, S. 350 f.
167 Josef Schorn, Salzburger Schicksale zwischen 1938 und 1945, in: SN, 17. 3. 1988.
168 Bauer, Sozialisten (wie Anm. 160), S. 269 f.
169 Abschiedsbrief von Engelbert Weiß aus dem Strafgefängnis Berlin-Plötzensee an seine Familie, 7. 4. 1944, abgedruckt in: ebenda, S. 298-300.
170 DÖW 9061, Urteil gegen Valentin Aglassinger und Karl Böttinger, 19. 1. 1944; SLA, Opferfürsorge Salzburg, S-189, abgedruckt in: ebenda, S. 298–300.
171 SLA, Opferfürsorge S-623, Inhaftierungsbescheinigung für Alois Mailinger, 17. 12. 1952; DÖW E 18.754, Aussage von Anton Mailinger aus Aigen vor der Gestapo Salzburg, 17. 7. 1939, abgedruckt in: Hans Landauer, Spanienkämpfer, in: Widerstand und Verfolgung (wie Anm. 14), Bd. 1, S. 459–470, hier S. 462 f. u. 466.
172 SLA, Opferfürsorge S-16, Schreiben der Reichsstatthalterei an Maria Lacher, 15. 1. 1943; Opferfürsorgebescheid für Georg Lacher, 23. 8. 1946, abgedruckt in: ebenda, S. 467.
173 Andreas Maislinger, Andere religiöse Gruppen, in: Widerstand und Verfolgung (wie Anm. 14), Bd. 2, S. 323–353, hier S. 323–325.
174 DÖW E 21.100, Frühmeldung Gestapo Salzburg, Nr. 2, 2. 11. 1939; Ausweis des Magistrats der Stadt Berlin für den aus dem KZ Ravensbrück kommenden Josef Staufer, 18. 6. 1945; SLA, Opferfürsorge S-1042, Opferfürsorgebescheid für Anna Staufer (geb. Kern), 19. 8. 1948; SLA Opferfürsorge, S-1043, abgedruckt in: Maislinger, Andere religiöse Gruppen (wie Anm. 173), S. 333 f.
175 DÖW E 21.087, Brief von Matthias Nobis an seine Eltern, 2. 1. 1940; DÖW 18.947, Biographische Angaben von Gertraud Nobis aus Oberndorf über Johann und Matthias Nobis, 10. 11. 1986, abgedruckt in: ebenda, S. 339–341.
176 Hanisch, Gau der guten Nerven (wie Anm. 78), S. 152; Wolfgang Neugebauer, Zwangssterilisation und „Euthanasie" in Österreich, in: Zeitgeschichte 19 (1992), S. 17–28; Peter Malina u. Wolfgang Neugebauer, NS-Gesundheitswesen und Medizin, in: Emmerich Tálos, Ernst Hanisch, Wolfgang Neugebauer u. Reinhard Sieder (Hg.), NS-Herrschaft in Österreich. Ein Handbuch, Wien 2000, S. 696–720.
177 Haidenthaller, Chronik XIII, 8. 6. 1941, S. 67.
178 DÖW Film 123/3, Verzeichnis der am 16., 17. u. 18. April, sowie am 21. Mai 1941 von der Landesheilanstalt Salzburg Lehen transferierten Patienten, 13. 8. 1946, abgedruckt in: Inghwio Aus Der Schmitten u. Walter Reschreiter, „Euthanasie" und Zwangssterilisierung, in: Widerstand und Verfolgung (wie Anm. 14), Bd. 2, S. 565–600, hier S. 577–584.
179 Dopsch/Hoffmann, Salzburg (wie Anm. 12), S. 568 f.; Hanisch, Gau der guten Nerven (wie Anm. 78), S. 173 f.; Dirninger, Wirtschaftsstruktur (wie Anm. 50), S. 288.
180 Haidenthaller, Chronik XIII, 27. 10. 1943, S. 102; vgl. Dirninger, Wirtschaftsstruktur (wie Anm. 50), S. 288.
181 Haidenthaller, Chronik XIII, 8. 2. 1942, S. 109.
182 SVBl, 27. 8. 1938, S. 24.
183 Gert Kerschbaumer, Faszination Drittes Reich. Kunst und Alltag der Kulturmetropole Salzburg, Salzburg o. J., S. 203 f.

184 SZ, 1. 2. 1944, S. 3.
185 Haidenthaller, Chronik XIII, 24. 6. 1943, S. 97.
186 Haidenthaller, Chronik XIII, 25. 1. 1942, S. 77.
187 Haidenthaller, Chronik XIII, 23. 4. 1943, S. 80.
188 Oskare Dohle u. Nicole Slupetzky, Arbeiter für den Endsieg. Zwangsarbeit im Reichsgau Salzburg 1939–1945, Wien-Köln-Weimar 2004, S. 185.
189 SVBl, 26. 8. 1938, S. 6; Haidenthaller, Chronik XIII, 16. 9. 1938, S. 21.
190 Haidenthaller, Chronik XIII, 21. 4. 1939, S. 33.
191 Dopsch/Hoffmann, Salzburg (wie Anm. 12), S. 568 f.; Hanisch, Gau der guten Nerven (wie Anm. 78), S. 173 f.
192 AStS, Chronik der Bundessicherheitswache, 22. 1. 1939 (Kopie); Haidenthaller, Chronik XIII, 22. 1. 1939, S. 27.
193 AStS, Bibliothek, Franz Scholz, Erinnerungen an meine Mitarbeit im Maschinenamt der Stadt Salzburg (masch.), Salzburg 1996, S. 9 f.
194 Haidenthaller, Chronik XIII, 1. 11. 1939, S. 43.
195 Dopsch/Hoffmann, Salzburg (wie Anm. 12), S. 568 f.; Hanisch, Gau der guten Nerven (wie Anm. 78), S. 173 f.; Marx, Bomben auf Salzburg. Die „Gauhauptstadt" im „Totalen Krieg" (Schriftenreihe des Archivs der Stadt Salzburg 6), Salzburg 1995, S. 101.
196 AStS, NStA, Luftschutzakten, Bericht des Polizeidirektors an den Oberbürgermeister, 22. 12. 1943.
197 AStS, Chronik der Bundessicherheitswache, 22. 9. 1943 (Kopie).
198 Marx, Bomben auf Salzburg (wie Anm. 195), S. 92.
199 AStS, NStA, Luftschutzakten, Bauprogramm Deckungsgräben, 3. 1. 1944; Baufortschritt Deckungsgräben, 5. 2. 1944.
200 Marx, Bomben auf Salzburg (wie Anm. 195), S. 112.
201 AStS, NStA, Luftschutzakten, Verzeichnis der bombensicheren Luftschutz-Stollen im Gebiete der Gauhauptstadt Salzburg, 27. 1. 1944.
202 AStS, NStA, Luftschutzakten, Plan Stollen Neuhaus.
203 AStS, NStA, Luftschutzakten, Plan Stollen Heuberg-Linzer Reichsstraße.
204 AStS, NStA, Luftschutzakten, Bericht des Stadtbauamtes über den Luftschutz-Stollenbau Salzburg (Baufortschritt), 28. 8. 1944.
205 Marx, Bomben auf Salzburg (wie Anm. 195), S. 101.
206 Hanisch, Gau der guten Nerven (wie Anm. 78), S. 118.
207 Vgl. Marx, Bomben auf Salzburg (wie Anm. 195), S. 98.
208 AStS, NStA, Luftschutzakten, Arbeitseinsatz im Stollenbau, 1. 4. 1944, 2. 5. 1944, 1. 6. 1944, 1. 7. 1944, 1. 8. 1944.
209 Liste der Bombenangriffe auf die Stadt Salzburg in: Marx, Bomben auf Salzburg (wie Anm. 195), S. 320.
210 Haidenthaller, Chronik XIII, 17. 11. 1944, S. 117 f.; zu den Zuständen in den Stollen vgl. Marx, Bomben (wie Anm. 195), S. 111–116.
211 AStS, NStA, Luftschutzakten, Stollen Neuhaus und Heuberg-Linzer Reichsstraße.
212 Haidenthaller, Chronik XIII, 20. 1. 1945, S. 120.
213 Haidenthaller, Chronik XIII, 1. 5. 1945, S. 125.
214 Eine Aufstellung der beschädigten Gebäude findet sich bei Marx, Bomben auf Salzburg (wie Anm. 195), S. 321–331.
215 AStS, PA 926, Nachlass Zakarias, Gesamtmeldung vom Eisenbahnbetriebsamt Salzburg über die zerstörten und wiederhergestellten Eisenbahnanlagen sowie der betriebswichtigen Anlagen nach dem Stande vom 11. 7. 1945 und Verzeichnis der fertig gestellten oder derzeit im Bau befindlichen Baustellen des Wiederaufbaues, von der Streckenleitung Salzburg, 1. 6. 1946.
216 Esterbauer/Lipetschnig/Schmidt, Salzburg Gnigl (wie Anm. 54), S. 14–16.
217 Haidenthaller, Chronik XIII, 27. 4. 1945, S. 124.
218 Dopsch/Hoffmann, Salzburg (wie Anm. 12), S. 571; Hanisch, Gau der guten Nerven (wie Anm. 78), S. 183; Erika Thurner, Von der Gauhauptstadt zur „offenen Stadt". Das Jahr 1945, in: Dopsch, 700 Jahre Stadtrecht (wie Anm. 12), S. 259–273, hier S. 260–262.
219 Haidenthaller, Chronik XIII, 3. u. 4. 5. 1945, S. 126.

Thomas Weidenholzer
GNIGL IN DEN LETZTEN SECHZIG JAHREN. VOM VORORT ZUM STADTTEIL

1 Wilhelm Weitgruber, Salzburg und seine Bahn, Salzburg 1987, S. 16 f.; Derselbe u. Peter Schattauer, Die ÖBB-Lehrwerkstätte Salzburg. Geschichte und Geschichten. Erinnerungen, Notizen und Zeitzeugen, Salzburg 2009, S. 24.
2 Liste der Bombenopfer, in: Erich Marx (Hg.), Bomben auf Salzburg. Die „Gauhauptstadt" im „Totalen Krieg", 3. verb. Aufl. (Schriftenreihe des Archivs der Stadt Salzburg 6), Salzburg-München 1995, S. 319–350.
3 Haidenthaller, Chronik XIII, 25. 4. 1945, S. 124.
4 Haidenthaller, Chronik XIII, 28. 4. 1945, S. 125.
5 So zumindest Alexander Haidenthaller: Haidenthaller, Chronik XIII, 30. 4. 1945, S. 125.
6 Haidenthaller, Chronik XIII, 4. 5. 1945, S. 126.
7 Ebenda.
8 Das Hohelied der Eisenbahner, in: DV, 3./4. 12. 1949, S. 5.
9 Genaue Auflistung der Schäden in: Marx (Hg.), Bomben auf Salzburg (wie Anm. 2), S. 354–363.
10 Verzeichnis der Bombentrichter in Straßen nach Kriegsende, Liste vom 27. Mai 1945, in: Marx (Hg.), Bomben auf Salzburg (wie Anm. 2), S. 311.
11 Harald Waitzbauer, Sirene, Bunker, Splittergraben. Die Bevölkerung im „Totalen Krieg", in: Marx (Hg.), Bomben auf Salzburg (wie Anm. 2), S. 65–148.
12 Thomas Mayrhofer, Chronik der Gauhauptstadt Salzburg, Manuskript, Salzburg 1940–1945, 17. 12. 1944; Transkription von Gernod Fuchs.
13 Haidenthaller, Chronik XIII, 20. 10. 1944, S. 114.
14 H. M. Glaser, Chronik des Hauses Eichstrasse Nr. 50, genannt: Gasthof-Pension „Zur Kendl" (masch.), Salzburg 1981, o. pag.
15 Haidenthaller, Chronik XIII, 6. 5. 1945, S. 126.
16 Haidenthaller, Chronik XIII, 3. 11. 1945, S. 133.
17 Haidenthaller, Chronik XIII, 13. 5. 1945, S. 127.
18 Haidenthaller, Chronik XIII, 8. 5. 1945, S. 127.
19 Haidenthaller, Chronik XIII, 19. 5. 1945, S. 127.
20 Mayrhofer, Chronik (wie Anm. 12), 25.–28. 4. 1945; Amtsblatt der Landeshauptstadt Salzburg, 4. 5. 1955, o. pag.
21 Haidenthaller, Chronik XIII, 3. 6. 1945, S. 128.
22 SN, 22. 6. 1945, S. 2.
23 Haidenthaller, Chronik XIII, 30. 6. 1945, S. 129.
24 Haidenthaller, Chronik XIII, 3. 9. 1945, S. 131.
25 Haidenthaller, Chronik XIII, 16. 6. 1945, S. 128.
26 Siehe Beitrag Menschen in Gnigl in diesem Band; Haidenthaller, Chronik XIII, 10. 5. 1945, S. 128.
27 Widerstand und Verfolgung in Salzburg. Eine Dokumentation, Wien-Salzburg 1991, S. 383 f.; Haidenthaller, Chronik XIII, 21. 9. 1945, S. 131.
28 Haidenthaller, Chronik XIII, 27. 10. 1945, S. 132.

29 AStS, Registrierung. Diese Zahl spiegelt nicht die Anzahl ehemaliger Nationalsozialisten (1933 bzw. 1938 bis 1945) wider, sondern ist die Anzahl jener registrierungspflichtigen Nationalsozialisten, die sich 1947 in Gnigl aufhielten.
30 AStS, Gemeinderatsprotokolle 1946, RICHARD HILDMANN, Bericht über die Tätigkeit der Stadtverwaltung seit 5. Mai 1945, S. 20.
31 Siehe Beitrag von Wolfgang Kauer in diesem Band.
32 THOMAS WEIDENHOLZER, Kriegsgefangene, „Ostarbeiter" und ausländische Arbeiter in Salzburg während der nationalsozialistischen Herrschaft. Eine Erhebung von schriftlichen Quellen im Archiv der Stadt Salzburg, Manuskript, Salzburg 1994.
33 BERNADETTE LIETZOW, „Nächstes Jahr in Jerusalem". Die Lager für jüdische DPs und Flüchtlinge in Salzburg, in: THOMAS ALBRICH (Hg), Flucht nach Eretz Israel. Die Bricha und der jüdische Exodus durch Österreich nach 1945 (Österreich-Israel-Studien 1), Innsbruck-Wien 1998, S. 119–136, hier S. 127 f.
34 Haidenthaller, Chronik XIII, 5. u. 6. 5. 1945, S. 126.
35 AStS, Chronik der Bundessicherheitswache 1945/46 (Kopie); SN, 13. 1. 1946, S. 3; 13. 1. 1946, S. 3.
36 SN, 2. 8. 1945, S. 3; SN, 6. 8. 1945, S. 3.
37 AStS, Chronik der Bundessicherheitswache (wie Anm. 35), S. 87.
38 THOMAS WEIDENHOLZER, Alles drehte sich um Kalorien, in: ERICH MARX (Hg.), Befreit und besetzt. Stadt Salzburg 1945–1955 (Schriftenreihe des Archivs der Stadt Salzburg 7), Salzburg 1996, S. 46–51, hier S. 51.
39 Haidenthaller, Chronik XIII, 27. 6. 1945, S. 129.
40 Gespräch mit A. u. H. D., 7. 6. 2010.
41 Haidenthaller, Chronik XIII, 8. 7. 1945, S. 129.
42 WEIDENHOLZER, Kalorien (wie Anm. 38), S. 47.
43 Gespräch mit I. P., 14. 6. 2010.
44 WEITGRUBER/SCHATTAUER, ÖBB-Lehrwerkstätte (wie Anm. 1), S. 36.
45 THOMAS WEIDENHOLZER, Wohnelend im Nachkriegs-Salzburg, in: MARX (Hg.), Befreit und besetzt (wie Anm. 38), S. 60–66.
46 Kleine Salzburger Chronik des Aufbaues, in: Lebendiges Salzburg, Salzburg 1953, S. 94.
47 AStS, Bauprovisorien.
48 Gespräch mit I. P., 14. 6. 2010; Schriftliche Mitteilung Hans Brandner, 18. 1. 2009.
49 INGRID BAUER u. THOMAS WEIDENHOLZER, Baracken, Flüchtlinge und Wohnungsnot in der Stadt Salzburg, in: Wohnen in Salzburg. Geschichte und Perspektiven (Schriftenreihe des Archivs der Stadt Salzburg 1), Salzburg 1989, S. 33–48, hier S. 38 f.
50 Siehe Beitrag von Wolfgang Kauer in diesem Band.
51 So zumindest die Zeitung: Salzburgs Hauptbahnhof – größer, schöner, moderner, in: DV, 1. 2. 1947, S. 3.
52 WEITGRUBER, Salzburg und seine Bahn (wie Anm. 1), S. 19.
53 Gespräch mit A. u. H. D., 7. 6. 2010.
54 Salzburger Amtskalender für das Jahr 1950, Salzburg 1949.
55 DV, 26. 8. 1946, S. 3, erwähnt keine konkrete Filiale.
56 SN, 17. 12. 1964, S. 5.
57 SN, 14. 8. 1945, S. 2.
58 http://www.kabeleins.at/film_dvd/filmlexikon/ergebnisse/index.php?filmnr=43372, 9. 5. 2010.
59 CHRISTIAN STRASSER, Klein-Hollywood aus Schutt und Asche – Film und Kino in Salzburg 1945 bis 1955, in: Salzburg 1945–1955. Zerstörung und Wiederaufbau (Jahresschrift des Salzburger Museums Carolino Augusteum 40/41), Salzburg 1995, S. 241–274.
60 Gespräch mit A. u. H. D., 7. 6. 2010.
61 Aus dem Programm des Senders Rot-Weiß-Rot am 8. August 1945, in: SN, 6. 8. 1945, S. 3.
62 Gespräch mit I. P., 14. 6. 2010.
63 SN, 13. 3. 1964, S. 5.
64 Statistisches Handbuch für die Republik Österreich 1971, Wien 1971, S. 419.
65 Haidenthaller, Chronik XIII, 31. 5. 1945, S. 128.
66 Archiv Guido Müller, SN, 1. 10. 1949, S. 15.
67 HARALD WAITZBAUER, Die Gastronomie in der Nachkriegszeit, in: MARX (Hg.), Befreit und besetzt (wie Anm. 38), S. 169–171, hier S. 169 f.
68 Gespräch mit B. M., 9. 6. 2010; Gespräch mit M. N., 1. 7. 2010.
69 Gespräch mit A. u. H. D., 7. 6. 2010.
70 Gespräch mit B. M., 9. 6. 2010; Gespräch mit M. N., 1. 7. 2010.
71 Stand 1955; Adressbuch der Stadt Salzburg für das Jahr 1955, Salzburg 1954.
72 AStS, PA 733, Bauernbrettl Eßl (Kopie).
73 SN, 3. 10. 1946, S. 5.
74 Gespräch mit A. u. H. D., 7. 6. 2010; Gespräch mit H. u. K. P., 8. 6. 2010; Gespräch mit I. P., 14. 6. 2010.
75 http://www.salzburg.gv.at/themen/nuw/umwelt/altlasten1/altlasten_kataster, 4. 6. 2010; Schriftliche Mitteilung Hans Brandner, 18. 1. 2009.
76 Siehe Beitrag von Wolfgang Kauer in diesem Band.
77 OTMAR WEBER, Der „Bluadige", in: HARALD LOHMANN, HELMUT LAINER u. CLAUDIA WILLI (Hg.), Parsch erzählt. Geschichte und Geschichten eines Salzburger Stadtteiles, Salzburg 2008, S. 100 f.; ALBERT REINDL, Erinnern Sie sich an den „Blutigen"?, in: Rundschau 10/1985, S. 25.
78 Gespräch mit A. u. H. D., 7. 6. 2010.
79 Pfarrarchiv Gnigl, Notizenbüchl, Eintrag 1952, o. pag.
80 DV, Bericht über den Maiaufmarsch der SPÖ, 2. 5. 1949, S. 5.
81 DV, 12. 2. 1947, S. 1.
82 SVZ, 4. 5. 1953, S. 5; dazu auch: SN, 4. 5. 1953, S. 5.
83 SN, 27. 11. 1945, S. 2. Die Zahlen sind aus den Ergebnissen der beiden Gnigler Wahlsprengel Kendlwirt und Jägerwirt errechnet, deren Grenzen allerdings nicht bekannt sind. Die ehemaligen Gnigler Sprengel in Schallmoos wurden nicht mitgerechnet. Die Ergebnisse gegenüber den Wahlen von 1931 sind daher nur annäherungsweise vergleichbar. Der allgemeine Trend ist aber deutlich erkennbar.
84 Der Gemeinderat der Stadt Salzburg wurde im März 1946 analog den Stimmenanteilen der Parteien bei den Nationalratswahlen im November 1945 bestellt.
85 DV, 5. 10. 1950, S. 3.
86 Z. B.: SN, 27. 9. 1960, S. 5.
87 Zugförderleitung, Lehrwerkstätte Gnigl, Rundbrief an die Eltern, 1959, zit. n. WEITGRUBER/SCHATTAUER, ÖBB-Lehrwerkstätte (wie Anm. 1), S. 169.
88 http://www.kabeleins.at/film_dvd/filmlexikon, 30. 4. 2010.
89 Rupertibote. Kirchenblatt der Erzdiözese Salzburg, 27. 1. 1949, S. 7.
90 War damit Stadtpfarrer Franz Wesenauer gemeint? DV, 22. 11. 1949, S. 3; vgl. auch SN, 23. 11. 1949, S. 3.
91 70 Jahre 1. Salzburger Sportklub 1919. 50 Jahre Eisenbahner-Sportverein, Salzburg 1989.
92 SN, 9. 10. 1945, S. 3.
93 Rundschau, 1/1984, S. 4.
94 SN, 21. 10. 1946, S. 4.
95 SN, 16. 9. 1946, S. 4.
96 http://www.reisemosaik.at/Oldtimer/Gaisbergrennen.html, 10. 5. 2010; http://www.salzburg.com/wiki/index.php/Peter_Frohnwieser_sen., 10. 5. 2010.

97 Archiv Guido Müller, SN, 17. 11. 1952, S. 3.
98 Dieses Spiel endete mit 13 zu 5 für Gnigl I, DV, 5. 11. 1945, S. 3.
99 SN, 6. 6. 1953; SN, 13. 6. 1953.
100 Gespräch mit G. F., 6. 5. 2010; vgl. auch FRIEDERIKE GOLDSCHMID, KURT SCHÜLLER u. VOLKER TOTH (Hg.), Jugend in Salzburg 1945 bis 1969. Zeitzeugen erzählen, Salzburg-Wien, 2009.
101 DV, 7. 2. 1947, S. 3.
102 SVBl, 6. 10. 1951, S. 19; SVBl, 4. 10. 1952, S. 19.
103 Gespräch mit A. u. H. D., 7. 6. 2010.
104 Archiv Guido Müller, SN, 27. 6. 1946, S. 5.
105 Siehe Beitrag von Wolfgang Kauer in diesem Band.
106 SN, 4. 2. 1956, S. 4; Gespräch mit H. u. K. P., 8. 6. 2010; Gespräch mit G. F., 6. 5. 2010.
107 http://de.wikipedia.org/wiki/HMW, 17. 5. 2010; STEFAN MOSER, Die Halleiner kommen zurück, in: Landesgeschichte aktuell, Nr. 172, Salzburg 2010, S. 6–9; VOLKER ROTHSCHÄDL, Die Halleiner Motorenwerke, in: Salzburger Automobil- und Motorradgeschichte, Salzburg-München 1997, S. 175–183.
108 SN, 21. 10. 1948, S. 7.
109 ERIC HOBSBAWN, Das Zeitalter der Extreme. Weltgeschichte des 20. Jahrhunderts, München-Wien 1995, S. 324–362.
110 WALTRAUD BAUER, Siedlungs- und sozialgeographische Untersuchung der Katastralgemeinde Gnigl, Diss., Graz 1971, S. 89; GERHARD ESTERBAUER, HELMUT LIPETSCHNIG u. WOLFGANG SCHMIDT, Salzburg Gnigl. Das Dorf in der Stadt, Salzburg 1983, S. 37.
111 Inserat Josef Hannak, in: Lebendiges Salzburg (wie Anm. 46), S. 212.
112 WILHELM HANNAK, Lebensgeschichte (Faltprospekt), Salzburg 2003.
113 Gnigl und Langwied. Das Stadtteil-Magazin, hg. von der ÖVP Stadt Salzburg, 66/2007, S. 5.
114 SVZ, 13. 1. 1997, S. 8.
115 http://www.deutsches-strumpfmuseum.de/herrenstruempfe.html, 10. 5. 2010.
116 SN, 2. 7. 1988, S. 7.
117 50 Jahre Heinrich Flachdach, Salzburg 2006, Folder; http://www.flachdach-heinrich.at, 7. 7. 2010.
118 Archiv der Wirtschaftskammer Salzburg, Akt Karl Poche.
119 http://www.moser-bekleidung.at/geschichte.html, 10. 5. 2010.
120 SVZ, 27. 3. 2000, S. 5.
121 SN, 23. 5. 2000, S. 4 f.
122 http://www.roser.at, 28. 5. 2010.
123 Die Salzburger Zündholzfabrik in Sam, in: Festschrift 50 Jahre Sam bei Salzburg 1935–1985, Salzburg 1985, S. 24–27.
124 SN, 11. 6. 1976, S. 7.
125 http://www.niedermayr.at/firma.html, 17. 5. 2010.
126 60 Jahre Preimesberger, in: Amtsblatt der Landeshauptstadt Salzburg, 13. 10. 1954, S. 10.
127 Amtsblatt der Landeshauptstadt Salzburg, 1. 10. 1976, S. 27 f.
128 ERICH MARX u. THOMAS WEIDENHOLZER, Chronik der Stadt Salzburg 1980–1989 (Schriftenreihe des Archivs der Stadt Salzburg 2), Salzburg 1990, S. 159.
129 Rundschau, 23/1987, S. 21.
130 SN, 10. 4. 1971, S. 7.
131 Rundschau, 2/1985, S. 16; Archiv der Wirtschaftskammer Salzburg, Akt Schörghofer.
132 Rundschau, 12/1985, S. 6; http://www.anka.at/der-betrieb.html, 15. 5. 2010.
133 Betriebsstätten in Salzburg. Ergebnisse der Zählung nichtlandwirtschaftlicher Betriebsstätten vom 10. Oktober 1964 (Österreichisches statistisches Zentralamt), Wien 1966, S. 27.
134 WEITGRUBER, Salzburg und seine Bahn (wie Anm. 1), S. 28–32.
135 Rundschau, 28/1988, S. 18.
136 Firmengeschichte Flöckner, Manuskript; 150 Jahre Flöckner 1837–1987. Brot in seiner vielfältigsten Form, Salzburg 1987.
137 Rundschau, 11/1985, S. 11.
138 Adreß-Buch der Stadt Salzburg für das Jahr 1955, Salzburg 1954.
139 SVZ, 2. 1. 1946, S. 4.
140 PETER WALDER-GOTTSBACHER, Gnigl in alten Ansichten (Europäische Bibliothek), Zaltbommel 1993, Nr. 14.
141 Ebenda, Nr. 13.
142 Ebenda, Nr. 15.
143 CHRISTIAN DIRNINGER, Handel im Wandel. Vom Greißler zum Supermarkt, in: HANNS HAAS, ROBERT HOFFMANN u. ROBERT KRIECHBAUMER (Hg.), Salzburg. Städtische Lebenswelt(en) seit 1945 (Schriftenreihe des Forschungsinstitutes für politisch-historische Studien der Dr.-Wilfried-Haslauer-Bibliothek 11), Wien-Köln-Weimar 2000, S. 185–205.
144 Adreß-Buch der Stadt Salzburg für das Jahr 1955, Salzburg 1954.
145 GLASER, Zur Kendl (wie Anm. 14), o. pag.
146 Amt für Stadtplanung, Städtebauliche Strukturplanung Gnigl Langwied Sam Kasern (Schriftenreihe zur Salzburger Stadtplanung 6), Salzburg 1976, S. 39; SN, 18. 6. 1976, S. 7; SN, 19. 6. 1976, S. 5.
147 SN, 11. 2. 1995, S. 27; SN, 25. 3. 1995, S. 27; SN, 1. 8. 1996, S. 10.
148 DIETMAR STEINER (Hg.), Das Salzburg-Projekt. Entwurf einer europäischen Stadt. Architektur – Politik – Öffentlichkeit, Wien 1986, S. 361; SN, 7. 2. 1986, S. 7.
149 WOLFGANG STRESEMANN, Die „Zwölf". Vom Siegeszug der 12 Cellisten der Berliner Philharmoniker, Zürich 1982.
150 http://www.salzburger-bestattung.at, 4. 6. 2010.
151 DV, Ria-Moden, Inserat, 14. 10. 1950, S. 9.
152 DV, 14. 9. 1961, S. 3.
153 http://de.wikipedia.org/wiki/Konsum_Österreich, 11.5.2010.
154 SN, 23. 9. 1988, Beilage, S. IV.
155 SVZ, 4. 9. 1996, S. 6.
156 Rundschau, 10/1985, S. 19; Rundschau, 22/1987, S. 11.
157 Seit 1691 besteht auf diesem Standort eine Metzgerei. 1945 wurde das Gebäude bei einem Bombenangriff zerstört.
158 http://www.e-lettner.at, 27. 5. 2010; Gnigl und Langwied. Das Stadtteil-Magazin, hg. von der ÖVP Stadt Salzburg, 72/2008, S. 7.
159 http://www.foto-sulzer.at/ueberuns.html, 15. 5. 2010.
160 SN, 25. 9. 1997, S. 3.
161 http://www.bremsen-eder.at, 10. 5. 2010.
162 Statistisches Handbuch für die Republik Österreich, Wien 1949, 1961 und 1971.
163 Rundschau, 10/1985, S. 32.
164 Es gab sicherlich mehr Gnigler, die früh ein Auto besaßen. Diese drei wurden in Interviews jedenfalls spontan genannt.
165 SN, 23. 2. 1951, S. 5.
166 SN, 20. 12. 1951, S. 5; SN, 21. 12. 1951, S. 5; AStS, Bibliothek, Zehn Jahre Wiederaufbau (Manuskript), S. 91.
167 AStS, Straßenakt 725.
168 DV, 3. 5. 1947, S. 3.
169 SOCIALDATA, Einschätzungen zur Mobilität (Mobilität in Salzburg. Eine Informationsreihe der Landeshauptstadt Salzburg 2), München 1992.
170 SN, 1. 9. 1980, S. 7.
171 AStS, Bibliothek, Kulturinitiative Kunstmühle, Detailprojekt, Salzburg 1982.

172 SN, 3. 6. 1981, S. 7.
173 SN, 25. 5. 1983, S. 7.
174 SN, 2. 12. 1983, S. 5.
175 http://www.neuhauser-kunstmuehle.at, 31. 5. 2010.
176 http://members.aon.at/kulturzentrum-gnigl, 1. 3. 2010.
177 St. Severin. Festschrift zur Kirchweihe und Pfarrerhebung, 1. Mai 2006, Salzburg 2006.
178 http://www.stseverin.at/severin/zentrum, 31. 5. 2010.
179 http://www.diakonie.at/goto/de/taetigkeitsbereiche/altenhilfe-und-pflege/einrichtungen?einrichtung=sozial--u_-gesundheitszentrum-st_-anna, 28. 6. 2010.
180 SN, 9. 5. 2007, S. 2; SN, 22. 8. 2007, S. 2; SN, 16. 8. 2007, S. 3; SN, 1. 4. 2008, S. 2.
181 APA-Informationsdienst, 3. 2. 2009.
182 SN, 19. 5. 2009, S. 3; SN, 25. 9. 2003, S. 2; SN, 4. 7. 2009, S. 12; http://www.marksalzburg.com/wp, 1. 6. 2010.
183 SVZ, 20. 6. 2009, S. 5; http://www.gw-salzburg.com, 26. 5. 2010
184 SN, 17. 3. 1995, S. 13.
185 SN, 23. 11. 1999, S. 4 f.
186 http://www.nextroom.at/building.php?id=29566&sid=&inc=pdf, 31. 5. 2010.
187 SN, 30. 9. 2006, S. 24; http://www.world-architects.com/index, 31. 5. 2010; http://www.ibo.at/documents/TB08_speigner.pdf, 31. 5. 2010.
188 SN, 28. 5. 2010, S. 10.
189 Hakan Gürses, Cornelia Kogoj u. Siegfried Mattl (Hg.), Gastarbajteri. 40 Jahre Arbeitsmigration (Sonderausstellung des Wien Museums 308), Wien 2004.
190 Gezählt wurden die Zählbezirke 42 und 48, die in etwa dem Gebiet Gnigl und Langwied entsprechen. Direkt miteinander vergleichbar sind nur Zahlen ab 1971.
191 Statistische Jahrbücher der Stadt Salzburg; Magistrat Salzburg, Einwohner- und Standesamt, Einwohnerdateien.
192 SN, 18. 10. 1996, S. 11.
193 SN, 29. 9. 2009, S. 4.
194 SVZ, 19. 5. 2004, S. 3.
195 Rundschau, 25/1988, S. 3; SN, 31. 8. 1989, S. 16.
196 Quellen: Magistrat Salzburg, Vermessungsamt, Digitale Stadtkarte (Ausschnitt); Betriebsstandorte im Kernbereich, in: Strukturplanung Gnigl, Langwied, Sam, Kasern (wie Anm. 145), Abb. 5; Salzburger Amts-Kalender für das Jahr 1973, Salzburg 1972.

Roland Kerschbaum
DIE PFARRE GNIGL UND IHRE KIRCHEN. GESCHICHTE UND KUNST IM WANDEL DER ZEITEN

1 Vgl. Gnigl im Wandel der Zeiten (Ausstellungskatalog), Salzburg 1974; Fritz Koller u. Guido Müller, Die Stadtteile Gnigl und Itzling. Bau- und Entwicklungsgeschichte bis 1945, in: MGSL 129 (1989), S. 179–194; Nikolaus Schaffer, Gnigl. Mühlendorf und Eisenbahnervorort, in: Historischer Atlas der Stadt Salzburg (Schriftenreihe des Archivs der Stadt Salzburg 11), Salzburg 1999, Bl. II.7; Anton König, Salzburg/Gnigl (Christliche Kunststätten Österreichs 71), Salzburg 1968; Georg Stadler, Pfarrkirche Gnigl. Festschrift zur 250-Jahre-Feier, Salzburg 1988; Pfarramt Gnigl (Hg.), 150 Jahre Gnigl 1857–2007. Geschichte und Leben der Pfarre Gnigl, Salzburg 2007; Roland Peter Kerschbaum, Pfarrkirche Mariä Himmelfahrt und hl. Michael Salzburg-Gnigl. Geschichte, Kunst, Spiritualität (Christliche Kunststätten Österreichs 493), Salzburg 2009; Bibliothek St. Peter, b/XXXIV, P. Anselm Ebner, Wegweiser zu den Kunst- und Alterthums-Denkmalen des Landes Salzburg und seiner Nachbarschaft, Bd. 6, S. 139–143 (Maria Luggau); Bd. 8, S. 167–180 (Pfarre Gnigl u. Kirche von Guggenthal).
2 Vgl. dazu Heinz Dopsch in diesem Band.
3 Koller/Müller, Gnigl (wie Anm. 1), S. 181 f.
4 Franz Ortner, Das Erzbistum Salzburg in seiner Geschichte. Bd. 2, Strasbourg 1995, S. 37 f.; Heinz Dopsch u. Robert Hoffmann, Geschichte der Stadt Salzburg, Salzburg 1996, S. 146.
5 Stadler, Pfarrkirche Gnigl (wie Anm. 1), S. 8; Christian Greinz, Die fürsterzbischöfliche Kurie und das Stadtdekanat zu Salzburg. Ein Beitrag zur historisch-statistischen Beschreibung der Erzdiözese Salzburg, Salzburg 1929, S. 168 f.
6 Nähere Angaben folgen im Kapitel über den Friedhof Gnigl.
7 Rupert Klieber, Bruderschaften und Liebesbünde nach Trient. Ihr Totendienst, Zuspruch und Stellenwert im kirchlichen und gesellschaftlichen Leben am Beispiel Salzburg 1600–1950 (Schriftenreihe des Erzbischof-Rohracher-Studienfonds 4), Frankfurt am Main 1999, S. 218–243.
8 Das Pestjahr 1625 lieferte hierfür wohl den entscheidenden Grund.
9 Ebenda, S. 225.
10 Vgl. dazu die Kapitel über Maria Luggau und den Gnigler Friedhof.
11 AES, 5/74 Pastoralia, Eingabe des Pflegverwalters an den Landesherrn und das Konsistorium, 18. 8. 1661; auch bei Klieber, Bruderschaften (wie Anm. 7), S. 228.
12 [Joseph Dürlinger], Historisch-statistisches Handbuch der Erzdiöcese Salzburg in ihren heutigen Grenzen, Bd. I/1, Salzburg 1860, S. S. 59 f.; Karl Friedrich Hermann, Die Seelsorgestationen der Erzdiözese Salzburg (Austria Sacra 1/II/6), Wien 1961, S. 63. Als Vorstufe der Kuratie stand bereits seit 1696 ein Expositurpriester der Stadtpfarr für seelsorgliche Angelegenheiten zur Verfügung, vgl. dazu: AES, 5/35/1–9, Personalia, Seelsorger und Pfarrer 1696–1908.
13 Vgl. dazu die Bestände im Pfarrarchiv Gnigl.
14 Zur Stadtkaplanei St. Andrä vgl. Jubiläumsausstellung 100 Jahre Andräkirche. 300 Jahre Andräpfarre, Begleitheft zur Ausstellung, Salzburg 1998, S. 1–6; Herbert Berndl, Die Stadtpfarrkirche St. Andrä zu Salzburg (Christliche Kunststätten Österreichs 459), Salzburg 2006, S 2 f. Laut Dekret aus dem Jahr 1701 musste der Kuratpriester von Gnigl die Zahlen der Osterkommunion und die Beichtzettel übermitteln. Vom Stadtkaplan erhielt er die aktuellen Konsistorialerlasse und die heiligen Öle ausgehändigt, vgl. dazu: Dürlinger, Handbuch (wie Anm. 12), S. 60.
15 AES, 5/37/2, Schreiben der Vorsteher der Sebastians- und Rochusbruderschaft an das Konsistorium, 13. 10. 1699, in dem sie sich darüber beschweren, dass die Gnigler und Heuberger ihre Toten nur mehr in Gnigl bestatten und nicht mehr in St. Sebastian. Vielleicht steht das heute oberhalb des Turmportales angebrachte Wappen von Johann Ernst Graf von Thun mit der Jahreszahl 1696 in Verbindung mit der Friedhofserrichtung, möglicherweise auch mit einem Sakristeianbau an der Michaelskapelle oder anderen Baumaßnahmen.
16 Vgl. dazu das Kapitel über die Wohngebäude der Seelsorger.
17 Vgl. Dürlinger, Handbuch (wie Anm. 12), S. 61. Der zweite Hilfspriesterposten ging mit der Erhebung Aigens zur Pfarre wieder verloren. Lorenz Hübner erwähnt in seiner Beschreibung des Erzstiftes Salzburg 1796 die Tätigkeit von einem Kuraten und zwei Koadjutoren (Hilfspriestern) in Gnigl. Vgl. Lorenz Hübner, Beschreibung des Erzstiftes und Reichsfürstenthums Salzburg in Hinsicht auf Topographie

18 und Statistik, Bd. 1, Salzburg 1796, S. 163–167. Zudem berichtet er von einem Schullehrer in Obergnigl und gibt als Seelenstand der Kuratie Gnigl 1073 Personen an.
18 Zu den Bittgängen verschiedener Bruderschaften nach Gnigl vgl. Klieber, Bruderschaften (wie Anm. 7), S. 176: 14 Kirchfahrten der Allerseelenbruderschaft zwischen 1701 und 1785, S. 201: 12 Kirchgänge der Annabruderschaft, S. 250: ein Besuch der Franz-Anton Erzbruderschaft, S. 291: Monikabruderschaft bis 1669 und zwischen 1736 und 1759 je 3, S. 364 : zwischen 1741 und 1786 die Josefsbruderschaft 12 Kirchenfahrten, S. 389: der Kreuzbruderschaft jährlich eine.
19 AES, 5/36/1, Oeconomica, Anschaffungen für Kirche und Schule 1698–1838: In einem Schreiben an das Konsistorium ist von der Zunahme der Andacht zu diesem Bild die Rede, aber auch von der Sorge um eine mögliche Einbruchsgefahr wegen der Weihegaben.
20 AES, 5/36/13, Oeconomica, Bau einer neuen Kirche, Schreiben der Kirchengemeinde und des Pflegers von Neuhaus an den Erzbischof, 21. 2. 1716.
21 Zur Bruderschaft: Dürlinger, Handbuch (wie Anm. 12), S. 64 f.; Ortner, Kirchengeschichte (wie Anm. 4), S. 128; Klieber, Bruderschaften (wie Anm. 7), S. 557; AES, 5/37/18–20, Pastoralia, Unterlagen zur Bruderschaft, zum Ablasswesen und verschiedenen kirchlichen Feierlichkeiten; Pfarrarchiv Gnigl, Bruderschaftsbuch (mit Bruderschaftszettel). Nach 303 Neueintritten im ersten Jahr flaute das Interesse an dieser Bruderschaft merklich ab.
22 Pfarrarchiv Gnigl, Bruderschaftszettel.
23 Erlass des k. k. Ministeriums für Kultus und Unterricht, 11. 2. 1857, in: Verordnungsblatt der Erzdiözese Salzburg, Bd. IV (1856/1857), Salzburg 1858, S. 225.
24 Die Steintafel an der Südseite der Pfarrkirche mit den Namen der Pfarrer seit 1857 müsste daher korrigiert werden, da sie Beaupré nicht erwähnt und seinen Nachfolger Thomas Hetzenauer (1804–1868) als ersten Pfarrer bezeichnet. Er war laut seinem Grabdenkmal an der Friedhofskapelle neun Jahre Pfarrer in Gnigl und starb 1868. Zu den Lebensdaten Beauprés und seiner Tätigkeit in Gnigl zunächst als Kurat und dann als Pfarrer vgl.: Personalstand der Säkular- und Regular-Geistlichkeit des Erzbisthums Salzburg auf das Jahr 1857, Salzburg 1857, S. 33; Personalstand der Säkular- und Regular-Geistlichkeit des Erzbisthums Salzburg auf das Jahr 1858, Salzburg 1858, S. 36.
25 Pfarrer vollkommen neu gegründeter Pfarren ohne entsprechendes Lokalvermögen hatten Anspruch auf vollen staatlichen Unterhalt, vgl. dazu: Walter Hagel, Die Finanzen der Kirche in Österreich von Maria Theresia bis 1939, in: Hans Paarhammer (Hg.), Kirchliches Finanzwesen in Österreich. Geld und Gut im Dienste der Seelsorge, Thaur 1981, S. 61–75.
26 Christian Greinz, Das Sociale Wirken der katholischen Kirche in der Erzdiöcese Salzburg (Das Sociale Wirken der katholischen Kirche in Österreich 5), Wien 1898, S. 254.
27 Verordnungsblatt der Erzdiözese Salzburg 1912–1914, Salzburg 1914, S. 70; Hermann, Seelsorgestationen (wie Anm. 12), S. 63 f.; Römisch-katholisches Pfarramt St. Antonius (Hg.), 100 Jahre St. Antonius Salzburg-Itzling. Wandel vom Dorf zum Stadtteil, Festschrift, Salzburg 2003.
28 Verordnungsblatt der Erzdiözese Salzburg 1936, Salzburg 1938, S. 115; Verordnungsblatt der Erzdiözese Salzburg 1941, Salzburg 1941, S. 7 f.
29 Verordnungsblatt der Erzdiözese Salzburg 2006, Salzburg 2006, S. 138 f.; Verordnungsblatt der Erzdiözese Salzburg 2001, Salzburg 2001, S. 135–138; Friedrich Vinzenz Reiterer (Hg.), St. Severin. Festschrift zur Kirchweihe und Pfarrerhebung 1. Mai 2006, Salzburg 2006.
30 Verordnungsblatt der Erzdiözese Salzburg 2009, Salzburg 2009, S. 110.
31 Kerschbaum, Pfarrkirche (wie Anm. 1), S. 24; Walburg Schobersberger, Kirche zu Guggenthal, geschichtliche und bauliche Entwicklung der Filialkirche zum Hl. Kreuz und zur hl. Elisabeth sowie des Gutes Guggenthal mit Gasthaus, Brauerei, Villa und Herrenhaus, in: Heimat Koppl. Chronik der Gemeinde, Koppl 2000, S. 210–226, hier S. 210–217.
32 Diese Vielfalt des kirchlichen Engagements kann sicherlich als positive Entwicklung der letzten Jahrzehnte nach dem II. Vaticanum gewertet werden.
33 Ein genaues Errichtungsdatum bzw. Unterlagen sind dem Verfasser unbekannt. Vgl. AES, 5/36/1–5, Oeconomica, Kirchenrechnungen der Pfarre Gnigl; Koller/Müller, Stadtteile (wie Anm. 1), S. 183.
34 Salzburg Museum, Grafiksammlung, 2813/49, Federzeichnung. Rückwärts ist der Plan beschriftet: Gnigl/ *Die alte Capelln und /Freitthof*. Da der Plan bereits das um 1712 errichtete Vordach der Kapelle zeigt, kann die Zeichnung nach 1712 datiert werden, vgl. dazu: AES, 5/36/13, Oeconomica, Bittgesuche zum Vordachbau aus dem Jahr 1711.
35 SLA, Franziszeischer Kataster, Gnigl, Mappe und Häuserverzeichnis Nr. 49; Robert Messner, Salzburg im Vormärz. Historisch-topographische Darstellung der Stadt Salzburg auf Grund der Katastralvermessung, Bd. I, Wien 1990, S. 352.
36 Dürlinger, Handbuch (wie Anm. 12), S. 66 f. Wie in anderen Gemeinden üblich, war der Schuldienst in Gnigl über lange Zeit auch mit dem Mesner- und Organistendienst gekoppelt.
37 Die Arbeiten erfolgten unter dem zweiten Pfarrer Thomas Hetzenauer, vgl. AES, 5/36/4, Oeconomica, Den alten Pfarrhof sowie das Koadjutorenstöckl mit dem Spitzangerl erkennt man einigermaßen gut auf einer Federzeichnung von Franz Tremel (1792, Original im Salzburg Museum) und einer Lithographie von Beda Weinmann aus der Zeit um 1846, Abb. dazu in: Kerschbaum, Pfarrkirche (wie Anm. 1); Peter Matern, Die Lithographische Kunstanstalt Joseph Oberer. Biedermeieransichten aus Salzburg (Schriftenreihe des Archivs der Stadt Salzburg 27), Salzburg 2009, S. 163.
38 AES, 5/36/5, Oeconomica, Ankauf des Heider- bzw. Kramer-Hauses und Adaptierung zum Pfarrhof in den Folgejahren; Bundesdenkmalamt für Salzburg, Akten zur Andrä Blümlstraße 32; Haidenthaller, Chronik III, S. 116.
39 AES, 5/36/5, Oeconomica, Adaptierungsarbeiten zum Pfarrhof, 1904.
40 Vgl. dazu in diesem Band den Beitrag von Siegfried Göllner; Gerhard Botz, Gewalt in der Politik. Attentate, Zusammenstöße, Putschversuche, Unruhen in Österreich 1918 bis 1938, 2. Aufl., München 1983, S. 370.
41 Archiv des Bundesdenkmalamtes in Salzburg, Akten zu Eichstraße 58.
42 Ebenda, Ansuchen um Abriss, 15. 1. 1968, Bescheid des Bundesdenkmalamtes, 21. 2. 1968.
43 Bauamt der Erzdiözese Salzburg (Hg.), Bauten der Erzdiözese Salzburg 1946–1986, Salzburg 1987, S. 58.
44 Hübner, Beschreibung der Residenzstadt Salzburg (wie Anm. 17), Bd. 1, S. 561.
45 Vgl. Haidenthaller, Chronik, III, S. 118 f.
46 AES, 5/36/4, Oeconomica, Verkauf des Mesnerhauses 1860.
47 Dürlinger, Handbuch (wie Anm. 12), S. 59–63; Kerschbaum, Pfarrkirche (wie Anm. 1), S. 5; Koller/Müller, Gnigl (wie Anm. 1), S. 183.

48 Salzburg Museum, Grafiksammlung, 2813/49.
49 Abb. bei Kerschbaum, Pfarrkirche (wie Anm. 1), S. 4.
50 Dürlinger, Handbuch (wie Anm. 12), S. 60; Greinz, Sociales Wirken (wie Anm. 26), S. 254. Betrug die Pfarrbevölkerung laut Dürlinger 1860 1630 Seelen in 250 Häusern (in den Ortsteilen Gnigl, Itzling, Heuberg, Froschheim, Guggenthal, Schallmoos und Äußerer Stein), so gab es laut Greinz 1898 6600 Katholiken und 40 Akatholiken in Gnigl.
51 Ebner, Wegweiser (wie Anm. 1). Bd. 8, S. 170; Haidenthaller, Chronik I, S. 234.
52 Friedhof-Ordnung der Gemeinde Gnigl, Salzburg 1882.
53 Ebenda, S. 2, § 2 erwähnt die Akatholiken. 1931 wurde das Krematorium auf dem Salzburger Kommunalfriedhof eröffnet. Vgl. Friederike Zaisberger, Der Salzburger Kommunalfriedhof 1879–2005, in: Dieselbe u. Reinhard R. Heinisch (Hg.), Leben über den Tod hinaus … Prominente im Salzburger Kommunalfriedhof (MGSL-Ergänzungen Bd. 23), Salzburg 2006, S. 18–24, hier S. 19 f.
54 Friedhof-Ordnung (wie Anm. 52), § 17–18, S. 7.
55 Vgl. Haidenthaller, Chronik I, S. 236–239.
56 Freundliche Mitteilung von Herrn Manfred Obermair.
57 Haidenthaller, Chronik I, S. 244–246; ÖKT XI, S. 93; Dürlinger, Handbuch (wie Anm. 12); Stadler, 250 Jahre (wie Anm. 1), S. 8; Kerschbaum, Pfarrkirche (wie Anm. 1), S. 5.
58 AES, 5/36/13–14, Oeconomica, Bau einer neuen Kirche 1712–1738; AES, 5/36/1, Anschaffunge für Kirche und Schule 1698–1838; Pfarrarchiv Gnigl, Kirchenrechnungen.
59 Dürlinger, Handbuch (wie Anm. 12), S. 59–62.
60 Vgl. zur komplexen Baugeschichte auch die ausführliche Abhandlung von Stadler, 250 Jahre (wie Anm. 1), S. 8–18. Diese Ausführung wird hier nur gekürzt wiedergegeben und in einigen Details ergänzt, vgl. dazu: Kerschbaum, Pfarrkirche (wie Anm. 1), S. 4–6.
61 Salzburg Museum, Grafiksammlung, 2813/49.
62 AES, 5/36/13, Oeconomica, Schreiben Sebastuab Stumpfegers, 1712.
63 Erstmals wird das „Wiener Gnadenbild" in Gnigl 1698 erwähnt. Vgl. AES, 5/36/1, Oeconomica, Schreiben, 22. 10. 1698; AES, 5/36/13, Oeconomica, Schreiben an den Erzbischof, 21. 2. 1716 u. 11. 2. 1722.
64 AES, Plan- und Grafiksammlung, Umschlag 5 (Gnigl) aus AES, 5/36/13, abgedruckt bei: Helmut Keidel, Die Landkirchen des Tobias Kendler, Hofmaurermeisters der Salzburger erzbischöflichen Hofbaukanzlei 1729–1755, Techn.-Diss., Bd. 2, Wien 1936, Plan 7.
65 Einen Topos der Zeit bilden hier auch die ständig und fast stereotyp an das Konsistorium als oberster Behörde herangetragenen Berichte über den schlechten Bauzustand der Gnigler Kapelle, insbesonders des hölzernen Türmchens, vgl. AES, 5/36/13, Oeconomica, Schreiben vom 13. 11. 1712.
66 Vgl. dazu den Briefverkehr in AES, 5/36/13.
67 Stadler, 250 Jahre (wie Anm. 1), S. 12–17. Zu den Messstiftungen: Pfarrarchiv Gnigl, Verzeichnis der gestifteten Gottesdienste bey der Kuratkirche Gnigl (1703–1837). Das italienische Testament de Messas samt deutscher Übersetzung von 1727 findet sich in AES, Oeconomica, 5/36/13. Hier wird bereits Gnigl als Marienkirche erwähnt.
68 Zu Scherer vgl. AES, 5/35/10: Personalia - Ableben und Verlassenschaft Johann Scherers. Sein Grabstein befindet sich heute im Inneren der Kirche bei der Andachtsecke an der Kirchenrückwand.
69 AES, 5/36/13, Oeconomica, Johann Scherer an Konsistorium, 30. 7. 1723.
70 Die im AES erhaltenen Pläne zeigen im Grundriss Ähnlichkeiten zur heutigen Kirche (angedeutetes Querhaus, Rundapsis, Kanzel an der heutigen Stelle), im Fassadenaufriss finden sich Parallelen zu Stumpfeggers erstem Entwurf, vgl. AES, Plan- und Grafiksammlung Umschlag 5 (Gnigl) (aus AES, 5/36), abgedruckt bei: Keidel, Landkirchen (wie Anm. 64). Bd. 2, Plan 6.
71 Zu Kendlers Leben vgl. Keidel, Landkirchen (wie Anm. 64), Bd. 1, S. 7 f. Zu seiner Tätigkeit in Gnigl vgl. ebenda S. 14–30.
72 Salzburg Museum, Grafiksammlung, 2815/49, Aufriss der Südfassade, 2816/49, Grundriss, 2811/49, Grund- und Aufriss des unausgeführten Kirchenentwurfs (dieser auch von Tobias Kendler signiert), abgedruckt bei: Keidel, Landkirchen (wie Anm. 64), Bd. 2, Pläne 8–10.
73 Unausgeführt blieb hingegen die prächtigere Bildhauerarbeit an den Portalen. Insgesamt zeigt sich am Gnigler Kirchenbau wie auch an anderen Bauten der 1730er Jahre (z. B. Schwarzach im Pongau) ein Aufgreifen mancher Bauideen aus dem Werk Johann Bernhard Fischer von Erlachs. Vgl. Adolf Hahnl, Die bauliche Entwicklung der Stadt Salzburg von Markus Sittikus bis zur Säkularisation (1612–1803), in: Dopsch/Spatzenegger II/4, S. 2183–2240, hier S. 2225.
74 Vgl. Stadler, 250 Jahre (wie Anm. 1), S. 12. Die Schulden des Kirchenbaues sollten den Kuraten Scherer noch bis an sein Lebensende begleiten, die Rückzahlung geliehener Beträge zog sich noch über viele Jahrzehnte hin. Vgl. AES, 5/34/18, Oeconomica, Rückzahlung der zum Kirchenbau geliehenen Beträge.
75 Eine früher im Altarraum und heute in der Turmvorhalle angebrachte Marmortafel gibt davon Zeugnis.
76 Zum Außenbau: Gregor Reitlechner, Mitteilungen zur kirchlichen Kunst der Erzdiözese Salzburg, in: Die kirchliche Kunst 1905–1908, Salzburg 1996, S. 23; ÖKT XI, S. 86 f.; Kerschbaum, Pfarrkirche (wie Anm. 1), S. 7.
77 Zum Innenraum: ÖKT XI (wie Anm. 1), S. 87; Kerschbaum, Pfarrkirche (wie Anm. 1), S. 7. Zu einzelnen Detailfragen vgl. die Kirchenrechnungen im Pfarrarchiv Gnigl und: AES, 5/36/1, Oeconomica, Anschaffungen für Kirche und Schule 1698–1838; AES, 5/36/14, Oeconomica, Bau einer neuen Kirche.
78 Eine wie das Himmelfahrtsbild moderne Ergänzung stellt das Wandbild aus dem Jahr 1938 von Toni Kirchmeyr oberhalb der Orgel (Fritz Mertel sen. von 1960) dar. Auf der in den Raum einspringenden Turmwand sind oberhalb der Gesimszone die beiden Diözesanpatrone Rupert und Virgil dargestellt, zentral zwischen ihnen ein Zifferblatt und darunter das Salzburger Stadtwappen.
79 Zu Klebers Tätigkeit in Salzburg vgl. u. a.: Monika Oberhammer, Kleber, in: Adolf Haslinger u. Peter Mittermayr (Hg.), Salzburger Kulturlexikon, Salzburg 2001, S. 247; Keidel, Landkirchen (wie Anm. 64). Bd. 1, S. 20; Salzburg Museum, Grafiksammlung, 2851/49.
80 Vgl. zum Erzengel Michael und seinen biblischen Bezügen z. B. Dan 10,3.21; 12,1; Offb 12,7; Jud 9.
81 Johann Kronbichler, Der Salzburger Hofmaler Jacob Zanusi 1679–1742 (Sonderschau des Dommuseums zu Salzburg 16), Salzburg 2001, S. 87–92; Nikolaus Schaffer, Zanusi, in: Haslinger/Mittermayr (Hg.), Salzburger Kulturlexikon (wie Anm. 79), S. 569; Benedikt Pillwein, Biographische Schilderungen oder Lexikon Salzburgischer theils verstorbener theils lebender Künstler, auch solcher, welche Kunstwerke für Salzburg lieferten, Salzburg 1821, S. 266.
82 Kurt Anton Mitterer, Die Patrozinien der Diözese Salzburg unter besonderer Berücksichtigung der Heiligenverehrung

83 Zum Gnadenbild von Pocs: GABOR TÜSKÉS u. EVA KNAPP, Máriapócs, in: REMIGIUS BÄUMER u. LEO SCHEFFCZYK, Marienlexikon, Bd. 4, St. Ottilien 1992, S. 306 f.; GUSTAV GUGITZ, Wien (Österreichs Gnadenstätten in Kult und Brauch 1), Wien 1955, S. 39–46. Zu ihrer Bedeutung für Gnigl und die lokale Wallfahrt nach Gnigl vgl.: GREGOR REITLECHNER, Marianisches Salzburg. Denkwürdigkeiten der Marienverehrung im Erzbistum Salzburg, Innsbruck 1904, S. 73 f.; GUSTAV GUGITZ, Oberösterreich und Salzburg (Österreichs Gnadenstätten in Kult und Brauch 5), Wien 1958, S. 163.

84 Für Pfaffinger ist nur eine kleine Rechnung für Gnigl belegt, doch lässt die stilistische Zuordnung keinen Zweifel an seiner Urheberschaft, vgl. ÖKT XI, S. 85; LOTHAR PRETZELL, Salzburger Barockplastik. Entwicklungsgeschichte der Salzburger Plastik vom Anfang des 17. bis zum Ende des 18. Jahrhunderts (Forschungen zur deutschen Kunstgeschichte 8), Berlin 1935, S. 78 f.; GERLINDE HELM, Pfaffinger, Über die Selbständigkeit der Kopie. Eine Untersuchung zur stilistischen Eigenständigkeit Joseph Anton Pfaffingers (1684–1758) gegenüber seinem barocken Vorbild Michael Bernhard Mandl (ca. 1660–1711) anhand ausgewählter Werkbeispiele, Dipl.-Arb., Salzburg 1991, S. 26–37.

85 Vgl. etwa den Petrusbrunnen im Salzburger Priesterseminar und die Statuen der Apostel Petrus und Paulus vor der Stiftskirche Seitenstetten.

86 Das Hauptblatt ist signiert und datiert mit 1735, vgl. KRONBICHLER, Zanusi (wie Anm. 81), S. 93. Das Hauptblatt ist durch den Kruzifixus streng achsial ausgerichtet und durch die Komposition der Figuren symmetrisch aufgebaut. Das Bild besticht auch durch sein farbiges Kolorit, wodurch besonders der hl. Rupertus aus der Schar weiterer teilweise identifizierbarer Heiliger (Johannes der Täufer, Jakobus der Ältere, Johannes der Evangelist) herausgehoben erscheint.

87 Zu den Zufluchten vgl. u. a.: [FRIEDRICH ZOEPFL], Zufluchten in: Lexikon für Theologie und Kirche, Bd. 10, 3. Aufl., Freiburg 2001, Sp. 1496 f. MARTIN LECHNER, Zufluchten, sieben heilige, in: ENGELBERT KIRSCHBAUM (Hg.), Lexikon der christlichen Ikonographie, Bd. 4, Freiburg 1990, Sp. 579–582.

88 Florian war ursprünglich u. a. Patron gegen alle Gefahren des Wassers und wurde erst später Patron gegen die Bedrohung des Feuers und somit Schutzpatron für alle Berufe, die mit Feuer zu tun haben bis hin zu unseren heutigen Feuerwehren. Bei der Florianstatue in Gnigl hat sich Pfaffinger wiederum stark an seinem hl. Florian für den Brunnen am Alten Markt (1734) orientiert.

89 KRONBICHLER, Zanusi (wie Anm. 81), S. 170 f. Das Hauptbild ist signiert und datiert mit 1734. Kein Thema malte Zanusi so oft wie den heiligen Johannes Nepomuk.

90 REINHARD RINNERTHALER, Antonius von Padua. Wundersames über den Heiligen (Heilige und Selige – Verehrung, Brauchtum und Kunst in Österreich 1), 3. Aufl., Salzburg 1998.

91 Zur existentiellen Bedrohung Gnigls durch Überschwemmungen und Muren vgl. den Beitrag von Herbert Weigl in diesem Band; JOSEPH ANTON SCHÖPF, Über Greuel der Verwüstung in der Gemeinde Gnigl, Salzburg 1886.

92 Darauf weist das über ihm schwebende Reliquiar mit seiner unversehrten Zunge und das Buch samt einer Inschrift hin, deren Übersetzung lautet: *Im Leben ist es äußerst schwer darüber zu schweigen, was nicht gesagt werden soll*, vgl. zu seiner Verehrung in Salzburg und dem Bildinhalt: KRONBICHLER, Zanusi (wie Anm. 81), S. 93 f.

93 Ebner hat diese Heiligen entgegen allen anderen Hinweisen in der Literatur als Ivo und Ernestus identifiziert, vgl. EBNER, Wegweiser (wie Anm.1), Bd. 8, S. 171. Aufgrund wenig eindeutiger Attribute wäre in der Tat auch eine andere Zuschreibung möglich (z. B. hl. Franz Xaver).

94 Vgl. u. a. ÖKT XI, S. 88 f.

95 Vgl. dazu umfassend mit Literatur und Vergleichen: ROLAND KERSCHBAUM, Die Kanzellandschaft in den Salzburger Kirchen. Künstlerische Entwicklungslinien des liturgischen Verkündigungsortes vom 16. bis 18. Jahrhundert, Dipl.-Arb., Salzburg 2003, S. 175 f.

96 Zum theologischen Programm der Kanzel vgl. KERSCHBAUM, Pfarrkirche (wie Anm. 1), S.11.

97 Vgl. dazu auch das Vorbild in der Wallfahrtskirche Maria Plain mit ähnlicher Anordnung, vgl. dazu: ADOLF HAHNL u. WINFRIED BACHLER, Wallfahrtsbasilika Maria Plain bei Salzburg. Geschichte – Kunst – Spiritualität (Christliche Kunststätten Österreichs 500), Salzburg 2009, S. 21.

98 Archivalische Hauptquelle für Maria Luggau (anderer Name: Unsere liebe Frau vom Schnoderbach) in Gnigl ist: AES, 5/37/2, Pastoralia und Oeconomica, Erbauung der Kapelle in der Luggau 1691–1786 u. 1876.

99 Der älteste Bericht darüber findet sich in: AES, 5/37/2, Pastoralia und Oeconomica, Schreiben der Stadtkapläne an das Konsistorium, 13. 7. 1691.

100 In Salzburg finden sich heute kaum mehr Kopien dieses Wallfahrtsbildes (z. B. Unken, Stuhlfelden). Zur umfangreichen Literatur über Maria Luggau und seine Wallfahrt vgl. u. a.: GUSTAV GUGITZ, Kärnten und Steiermark (Österreichs Gnadenstätten in Kult und Brauch 4), Wien 1956, S. 48–51; AUGUSTIN PÖTSCHER, Wege zur Mutter. Bilder einer Wallfahrtsgeschichte, Maria Luggau 1990; AUGUSTIN PÖTSCHER, Maria Luggau/Kärnten (Christliche Kunststätten Österreichs 318), 5. Aufl., Salzburg 2005; BARBARA BRUNNER, Beitrag zur Bau- und Kunstgeschichte der Wallfahrtskirche und des Klosters Maria Luggau, Dipl.-Arb., Innsbruck 1988; ELISABETH LOBENWEIN, Medizin- und sozialgeschichtliche Aspekte der Mirakelberichte von Maria Luggau in Kärnten (1740–1800), in: Carinthia I 198 (2008), S. 223–249.

101 Das Gnadenbild von Luggau im Inneren der Kapelle ist mit 1690 datiert.

102 AES, 5/37/2, Pastoralia und Oeconomica, Schreiben der Stadtkapläne, 13. 7. 1691. Der Riss zeigt einen gemauerten Altar samt Volutenaufsatz mit vorgebauter Holzüberdachung. Reitmair wollte nun auch eine sichere Tür gegen die *nacht-vögl* errichten, da sich die Kapelle bereits großen Zulaufes erfreute.

103 Ebenda, Schreiben des Konsistoriums, 17. 7. 1691; Bitte der Müllerin, Ende Juli 1691; Antwort des Erzbischofs, 8. 8. 1791.

104 Ebenda, Schreiben des Konsistoriums, 16. 1. 1699.

105 Zunächst dienten diese Einkünfte als Ausgleich für mangelnde Begräbniseinnahmen in St. Sebastian, da die Gnigler und Heuberger nun fast ausschließlich im neuen Friedhof bei der Michaelskapelle beigesetzt wurden, vgl. AES, 5/37/2, Pastoralia und Oeconomica, Schreiben der Bruderschaftsvorsteher, 13. 10. 1699. Zur Wichtigkeit der Luggauerkapelle für die Bruderschaft vgl. KLIEBER, Bruderschaften (wie Anm. 7), S. 233–241.

106 AES, 5/37/2, Pastoralia und Oeconomica. Bereits 1720 bat Reitmair um Erweiterung der Kapelle, schließlich finanziert er auch den Neubau von 1725–1727.

107 In Dankbarkeit für seine Stiftung sind seine Initialen „FD" am schmiedeeisernen Gitter im Inneren der Kapelle angebracht. Duelli war vorher Stadtarzt in Radstadt und auch für Gasteins Bäder zuständig. 1694–1721 war er

Stadtphysikus in Salzburg.
108 KLIEBER, Bruderschaften (wie Anm. 7), S. 242 f.
109 AES, 5/37/2, Pastoralia und Oeconomica, Schriftverkehr ab 1876.
110 Haidenthaller, Chronik I, S. 256; AES, 5/37/2, Pastoralia und Oeconomica, Konsistorialerlass vom 9. 12. 1879 (Abschrift). Haidenthaller erwähnt als Verkaufsdatum den 29. 1. 1878. Der Konsistorialerlass fasst die Verkaufsbedingungen in fünf Punkten zusammen (u. a. Übergabe von 50 Gulden an die Bruderschaft vom Besitzer der Mühle, Erhaltungspflicht des Besitzers, geistliche Aufsicht des Gnigler Pfarrers und finanzielle Regelungen wie Opfergeld etc.) Die Jahreszahl 1879 über dem Portal weist zusammen mit den Kirchenfenstern u. a. auf die Erneuerung der Kapelle im Zuge der Übergabe an private Hände hin.
111 Haidenthaller, Chronik I, S. 254. Haidenthaller datiert das Gitter mit 1719 und schreibt es dem Schlosser Christoph Grainwaldt zu, doch dürfte es in heutiger Form erst im Zuge des Kapellenumbaues zwischen 1725 und 1727 entstanden sein. Über dem IHS-Monogramm befinden sich im oberen Teil die schon erwähnten Initialen für Franz Duelli „FD". Arbeiten am Gitter sind u. a. auch 1749 und 1756 bezeugt.
112 Die Inschrift bezeugt Adam Reitmair und seine Frau Rosina als Stifter dieses Bildes im Jahre 1690.
113 U. a. finden sich Bernsteinrosenkränze mit schönem Silberfiligrankreuz, eine Münze der Lodronzeit (1646), eine Wolfgangsmedaille, Caravacakreuze, eine Neidfeige u. a. Zu den Amuletten und Rosenkränzen vgl.: ARNO WATTECK, Amulette und Talismane. Traditionelle Amulette des süddeutschen Sprachraumes und der Alpenländer, Oberndorf 2004; PETER KELLER u. JOHANNES NEUHARDT, Edelsteine, Himmelsschnüre, Rosenkränze & Gebetsketten (Sonderschau im Dommuseum zu Salzburg 33), Salzburg 2008.
114 Vgl. dazu das rund 100 Jahre ältere Zunftkreuz der Salzburger Müller von 1635 mit der gleichen Ikonographie, heute im Salzburg Museum.
115 1747 hat Georg Joseph Fries, Nachkomme des bedeutenden Bildhauers Simeon Fries, im Auftrag der Sebastians- und Rochusbruderschaft einen Wiesheiland für die neue Gnigler Magdalenenkapelle geschaffen, eine spätere Transferierung in die größere Luggauerkapelle erscheint daher durchaus möglich.
116 Eine genaue Beschreibung zahlreicher Gemälde findet sich bei EBNER, Wegweiser (wie Anm. 1). Bd. 6, S. 142 f.

Astrid Zehentner
PFARRE UND KIRCHE ST. SEVERIN AUSDRUCK MODERNER ARCHITEKTUR

Literaturnachweis: FRIEDRICH V. REITERER, ERNA HOFINGER u. GABI HUFNAGL, St. Severin. Festschrift zur Kirchweih und Pfarrerhebung 1. Mai 2006, Salzburg 2006.

Martin Zehentner
SCHLÖSSER, GUTSHÖFE UND ANSITZE IN GNIGL

1 GERHARD ESTERBAUER, HELMUT LIPETSCHNIG u. WOLFGANG SCHMIDT, Gnigl. Das Dorf in der Stadt, Salzburg 1983, S. 13 f.
2 SUB III, S. 276, Nr. 748.
3 Zit. n. PAUL BUBERL, Gerichtsbezirk Salzburg, ÖKT XI, Wien 1916, S. 155, S. 94.
4 Haidenthaller, Chronik VIII, S. 53 f.
5 JOSEF HÜBL, Heimatkunde Stadt Salzburg, Salzburg 1985, S. 258.
6 AUGUST PRINZINGER, Die Gnigler Schanze und Salzburgs Befestigung, in: MGSL 15 (1875), S. 1–23; DERSELBE, Die Gnigler Schanze, in: MGSL 29 (1889), S. 261 f.
7 BUBERL, Gerichtsbezirk Salzburg (wie Anm. 3), S. 94.
8 Zit n. Haidenthaller, Chronik II, S. 10.
9 Haidenthaller, Chronik II, S. 10–12.
10 [FRIEDRICH SPAUR], Nachrichten über das Erzstift Salzburg nach der Säkularisation. In vertrauten Briefen über seine ehemalige und gegenwärtige Verfassung und Einkünfte, über die Gegenden seines flachen Landes, seine Bergwerke, Produkte und Bevölkerung, Passau 1805, S. 50.
11 Ebenda, S. 42.
12 BENEDICT TOPIC-MATUTIN, Schloss Neuhaus. Ein Schloss im Wandel der Zeiten, Fachbereichsarbeit (masch.), Salzburg 2006.
13 PETER MICHAEL LIPBURGER u. GERHARD PLASSER, Schallmoos. Bau- und Entwicklungsgeschichte bis 1945, in: MGSL 130 (1990), S. 585–634; KARL JOHANNES GRAUER, Paris Lodron, Erzbischof von Salzburg, Ein Staatsmann des Friedens, Salzburg 1953, S.125 f.
14 JUDAS THADDÄUS ZAUNER u. CORBINIAN GÄRTNER, Chronik von Salzburg, Bd. 8, Salzburg 1916, S. 174 f.
15 GERHARD PLASSER, Schallmoos und Itzling – Die alten Grundherrschaften, in: Historischer Atlas der Stadt Salzburg, hg. v. PETER F. KRAMML, ERICH MARX u. THOMAS WEIDENHOLZER (Schriftenreihe der Stadt Salzburg 11), Salzburg 1999, Bl. II/8.
16 REINHARD RUDOLF HEINISCH, Paris Graf Lodron, Reichsfürst und Erzbischof von Salzburg, Wien 1991, S. 210 f.
17 BUBERL, Gerichtsbezirk Salzburg (wie Anm. 3), S. 102.
18 Vgl. dazu den Beitrag von Thomas Weidenholzer über die Frühe Neuzeit.
19 HÜBL, Heimatkunde Stadt Salzburg (wie Anm. 5), S. 256.
20 BUBERL, Gerichtsbezirk Salzburg (wie Anm. 3), S. 100 f.; GERHARD AMMERER, Robinighof, in: Salzburger Mozartlexikon, Bad Honnef 2005, S. 397 f.
21 MARIA ANNA MOZART, Nannerl Mozarts Tagebuchblätter mit Eintragungen ihres Bruders Wolfgang Amadeus, bearb. v. Walter Hummel (Buchreihe des Kulturamtes der Stadt Salzburg 1), Salzburg 1958, S. 118.
22 Ebenda.
23 ESTERBAUER, Gnigl (wie Anm. 1), S. 16.
24 BUBERL, Gerichtsbezirk Salzburg (wie Anm. 3), S. 95–99.
25 [FRIEDRICH SPAUR], Nachrichten über das Erzstift Salzburg nach der Säkularisation, Passau 1805, S. 52.
26 BENEDIKT PILLWEIN, Geschichte, Geographie und Statistik des Erzherzogthums Oesterreich ob der Enns und des Herzogthums Salzburgs, 1843, S. 377.
27 WILFRIED SCHABER, Gärten und Parks. Hohe Mauern und offene Zugänge – exklusive oder öffentliche Orte, in: GERHARD AMMERER u. THOMAS WEIDENHOLZER (Hg.), Rathaus, Kirche, Wirt. Öffentliche Räume in der Stadt Salzburg (Schriftenreihe des Archivs der Stadt Salzburg 26), Salzburg 2009, S. 211–224, hier S. 214.
28 ESTERBAUER, Gnigl (wie Anm. 1), S. 16.
29 HÜBL, Heimatkunde Stadt Salzburg (wie Anm. 5), S. 258.
30 BUBERL, Gerichtsbezirk Salzburg (wie Anm. 3), S. 99.
31 HEINZ DOPSCH (Red.), St. Peter in Salzburg. Das älteste Kloster im deutschen Sprachraum (Landesausstellung 3),

32 Ebenda, S. 263.
33 Edmund Wagenhofer, Die ehemaligen Schillinghofgründe in Salzburg-Gnigl, in: Resonanz. Hauszeitschrift der Erzabtei St. Peter, 6 (1985), Nr. 1, 11–19, hier S. 11 f.
34 Friederike Zaisberger u. Walter Schlegel, Burgen und Schlösser in Salzburg. Flachgau und Tennengau, Wien 1992, S. 72 f.
35 Denkschrift über die Kirchensache in Guggenthal als Manuskript vom provisorischen Kirchenverwalter, Salzburg 1883, S. 2.
36 Salzburger Kirchenblatt, 23. 4. 1863, S. 135.
37 Salzburger Kirchenblatt, 15. 9. 1864, S. 309; Walburg Schobesberger, Kirche zu Guggenthal, geschichtliche und bauliche Entwicklung der Filialkirche zum Hl. Kreuz zur Hl. Elisabeth sowie des Gutes Guggenthal mit Gasthaus, Brauerei, Villa und Herrenhaus, in: Heimat Koppl, Chronik der Gemeinde, Koppl 2000, S. 210–226.
38 Haidenthaller, Chronik VI, S.115.
39 Hübl, Heimatkunde Stadt Salzburg (wie Anm. 5), S. 258.
40 Heinisch, Paris Graf Lodron (wie Anm. 16), S. 193 f.
41 Hübl, Heimatkunde Stadt Salzburg (wie Anm. 5), S. 258.
42 Buberl, Gerichtsbezirk Salzburg (wie Anm. 3), S. 104.
43 Franz Fuhrmann, Salzburg in alten Ansichten. Die Stadt, 3. erg. u. verb. Aufl., Salzburg, Wien 1981, S. 345.
44 Ebenda.
45 Bauernhäuser und Meierhöfe im Stadtgebiet von Salzburg (Schriftenreihe Kulturgut der Heimat), Salzburg 1986, S. 44.
46 AStS, Bauakten.
47 SLA, Grundbuch Gnigl C, S. 91.
48 AStS, Bauakten.

Gertrud Czapek
CHRONIK DER GNIGLER SCHULEN

Literaturnachweis: Volksschule Gnigl, Schulchronik von Gnigl ab 1871 Haidenthaller Chronik I, VII, VIII Gespräch und Unterlagen von Mag. Rainald Grugger, Waldorfschule

Herbert Weigl
DER ALTERBACH – „VOM GREUEL DER VERWÜSTUNG, DER SEUCHENGEFAHR UND DER WASSERNOTH"

1 Joseph Anton Schöpf, Ueber den Greuel der Verwüstung in der Gemeinde Gnigl, Salzburg 1886, S. 5; vgl. den Beitrag von Fridoline Grössinger über Joseph Anton Schöpf in diesem Band.
2 Der Alterbach wurde auch Gnigler Bach genannt.
3 Joachim Radkau, Was ist Umweltgeschichte? in: Werner Abelshauser (Hg.), Umweltgeschichte. Umweltverträgliches Wirtschaften in historischer Perspektive, Göttingen 1994, S. 11–28, hier S. 20.
4 SZ, 26. 8. 1886, S. 3 f.; 27. 8. 1886, S. 3.
5 Schöpf, Ueber den Greuel (wie Anm. 1), S. 3 f.
6 SZ am 6., 13., 17., 21. und 29. 9. 1886.
7 In der Tabelle sind nur 80 Geschädigte eingetragen, da teilweise die Zuordnung von Geschädigten und Schadenssummen nicht eindeutig nachvollziehbar ist. Außerdem scheinen Geschädigte auf, die mehrfach eingetragen sind.
8 AStS, Gnigl 21, Schadensliste Hochwasserschäden Gnigl, 25./26. 8. 1886.
9 Die Anzahl der Geschädigten und die Schadenssummen zeigen Gnigl als Zentrum der Überschwemmungskatastrophe. Dabei täuscht diese Zahl über die Anzahl der Betroffenen hinweg, da mit „Geschädigter" nur der jeweilige Eigentümer gemeint war. Man müsste also die jeweiligen Familien und zumindest als indirekt Geschädigte auch Angestellte dazurechnen, um die Anzahl der Betroffenen zu erhalten.
10 Diese Zuordnung wurde ohne Erläuterung und nur bei einigen der Geschädigten verzeichnet.
11 Guido Müller u. Fritz Koller, Die Stadtteile Gnigl und Itzling. Bau- und Entwicklungsgeschichte bis 1945, in: MGSL 129 (1989), S. 179–194.
12 Schöpf, Ueber den Greuel (wie Anm. 1), S. 4.
13 Beispielsweise befand sich die Einleitung des Wasserkanals auf dem Grund von Engelbert Weinhäupl, der die unentgeltliche Nutzung dafür bestätigte. Unterhalb der Glockmühle wurden die Kosten für die Errichtung des Kanals auf die vier Mühlenbesitzer, die das Wasser in diesem Bereich nutzten, aufgeteilt usw. AStS, Gnigl 21, Vorladungsliste, 27. 9. 1886; Commissionsprotokoll aufgenommen von der k. k. Bezirkshauptmannschaft Salzburg in Gnigl, 11. 11. 1886.
14 Müller/Koller, Gnigl und Itzling (wie Anm. 11), S. 191.
15 Das betrifft die Katastralgemeinde Gnigl mit 1545 Einwohnern im Jahre 1890. In Itzling gab es im selben Zeitraum einen Bevölkerungszuwachs von 17 %.
16 AStS, Schadensliste (wie Anm. 7).
17 Ohne die Alterbach-Zubringer Söllheimerbach (12,4 km²), Schleiferbach (3,3 km²) und Lämmerbach (1,2 km²).
18 Bernhard Pelikan, Stadt Salzburg. Alterbachsystem Fließgewässerstudie, Wien-Salzburg 1986, S. 14.
19 Helmut Mader, Revitalisierung Alterbach. Fließgewässerstudie, Wien 1986, S. 24.
20 Das entsprechende Gesetz wurde am 30. Juni 1884 kundgemacht, Reichsgesetzblatt 1884, Nr. 116 und 117.
21 Ackerbauministerium (Hg.), Die Wildbachverbauung in Österreich, Wien 1907, S. 3 f.
22 Arthur Freiherr von Seckendorff, Verbauung der Wildbäche. Aufforstung und Berasung der Gebirgsgründe, Wien 1884, S. III f.
23 Ackerbauministerium, Wildbachverbauung (wie Anm. 21), S. 4 f.
24 Man unterschied Bäche im Alpenland und Bäche im Berg- und Hügelland.
25 Neben diesen baulichen Maßnahmen waren die Reinhaltung von Rinnsalen und Wildholz, sowie die sorgfältige Beobachtung und eine entsprechende Landwirtschaft und Forstwirtschaft im Einzugsgebiet langfristige Maßnahmen des Hochwasserschutzes.
26 Ackerbauministerium, Wildbachverbauung (wie Anm. 21), S. 6–9.
27 SLA, LA III, Bericht des Landesausschusses über die Petition der Gemeindevorstehung Gnigl um Verbauung des Alterbachs, 1888.
28 In den Projekten zur Wildbachverbauung traten die jeweilige Gemeinde, das Land oder eine Wassergenossenschaft als Unternehmer auf. Im Schnitt übernahmen Gemeinden in Salzburg im Zeitraum von 1883 bis 1906 15 Prozent der Kosten.
29 SLA, LA III, Nachtragsbericht des Landesausschusses zur Verbauung des Alterbaches, 1888.
30 Die Staats- und Landesanteile an den Kosten eines Wildbachverbauungsprojekts waren von der finanziellen Lage der jeweiligen Gemeinde abhängig. So wurde der Anteil

31 ACKERBAUMINISTERIUM (Hg.), Bericht über die Thätigkeit des Ackerbau-Ministerium in der Zeit 1. Jänner 1887 bis 31. Dezember 1893, Wien 1895, S. 329–336. Der Staatsfonds wurde für Projekte zur so genannten Bodenverbesserung zur Verfügung gestellt. Im Gesetz von 1884 wurden Mittel von 500.000 Gulden jährlich genehmigt. Aufgrund der regen Tätigkeit in der Wildbachverbauung in Österreich wurde 1891 die Jahresdotation auf jährlich 750.000 Gulden hinauf gesetzt.
32 AStS, Gnigl 20, Übereinkommen zwischen der Gemeinde Gnigl und dem Ackerbauministerium, 24. 7. 1888; Die Gemeinde Gnigl musste sich bereit erklären, die notwendigen Mittel für das erste Baujahr gegebenenfalls vollständig zur Verfügung zu stellen. Falls dies nicht möglich gewesen wäre, hätte der Baubeginn um ein Jahr verschoben werden müssen.
33 AStS, Gnigl 20, Verzeichnis über die zur Verbauung des Alterbachs aufgenommenen Arbeiter, 26. Mai 1889.
34 Sträflinge wurden zu Wildbachverbauungsarbeiten in Österreich Ende des 19. Jahrhunderts häufig eingesetzt.
35 Haidenthaller, Chronik VI.
36 Dieser Vorschuss wurde dann 1905 im Rahmen des zweiten Detailprojekts aus den Melorationsmitteln gegen gerechnet.
37 SLA, LA III, Jahresbericht der k. k. Bauleitung Alterbach, 1907.
38 AStS, Gnigl 20, Verhandlung des Projekts zur Alterbachregulierung am 25. 2. 1902, S. 2.
39 In derartigen Verhandlungen spielten die Bauleiter der Wildbachverbauungssektion Forstinspectionscommissär Josef Waach und Sektionsleiter Adalbert Pokorny eine wichtige Rolle.
40 SLA, LA III, Ablösung des Wörndl'schen Wasserrechts am 15. 1. 1902.
41 Der Landesausschuss trat in den Verhandlungen als Interessent der sicheren Erhaltung der Landesstraße auf. Die Bahntrassen lagen im Interesse der k. k. Staatsbahnen und der Salzkammergut-Lokalbahn.
42 AStS und SLA, Diverse Protokolle, Jahresberichte und Kollaudierungsunterlagen aus den Jahren 1903–1910.
43 Als Bereiche untergliederte man Oberlauf (bis Heuberger Brücke), oberer Mittellauf (bis Linzer Bundesstraße), unterer Mittellauf (bis zur ehemaligen Kreuzermühle) und Unterlauf (bis zur Mündung), wobei die Bezeichnungen in unterschiedlichen Plänen nicht einheitlich sind.
44 SLA, LA III, Gesetz betreffend die Vollendung der Verbauung des Alterbachs in der Gemeinde Gnigl, 4. 1. 1909. Bereits am 23. 9. 1910 hatte es einen Erlass zur Genehmigung des dritten Detailprojekts gegeben.
45 SLA, LA III, Bericht über das Hochwasser des Alterbachs am 8. 7. 1915.
46 SLA, LA III, Bericht der Wildbachverbauungssektion Linz über das Hochwasser am Alterbach am 3. 8. 1915.
47 SLA, LA III, Unterschiedliche Akten zum Rechtsstreit gegen die Wildbachverbauungssektion in den Jahren 1916/17.
48 AStS, Gnigl 20, Kollaudierungsprotokoll der Alterbachverbauung im Zeitraum von 1912 bis 1927 am 8. 5. 1928.
49 AStS, Gnigl 20, Schriftstücke aus den 1930er Jahren bezüglich Instandhaltung Alterbachverbauung.
50 AdW, Technischer Bericht des Projekts zur Beruhigung der Rutschung in Guggenthal im Alterbachgebiet bei Salzburg-Gnigl, Salzburg 1948.
51 AdW, Projekt Alterbach, Salzburg 1977.
52 PELIKAN, Fließgewässerstudie (wie Anm. 18) und MADER, Fließgewässerstudie (wie Anm. 19).
53 Die flussbauliche Einstufung erfolgt in den Stufen natürlich (0), naturnah (1), Ansätze naturnah (2), naturfern (3), hart (4) und vollkommen denaturiert (5).
54 MADER, Fließgewässerstudie (wie Anm. 19), S. 77.
55 LEBENSMINISTERIUM (Hg.) Lebensraum Stadtbach. Alterbach, Söllheimerbach, Salzburg 2002.
56 LEBENSMINISTERIUM (Hg.), Bestandsanalyse ausgewählter Restrukturierungsprojekte an Alterbach, Oichten und Pollingerbach, Wien 1996.
57 Z. B. das Ergänzungsprojekt 1990 im Bereich Lugauer-, Neuhäuslsiedlung und Wolfgangseer Bundesstraße. Hier war ein unübersichtliches Netz von Verrohrungen und Gerinnen entstanden. Wässer aus kleinen Bächen und die Oberflächenwässer von der Bundesstraße und den verbauten Bereichen flossen teilweise unkontrolliert ab. Dadurch kam es zur Vernässung der Böschung, zu Eintiefungen und einem Erodieren in der Moränenauflage, was lokale, oberflächliche Rutschungstendenzen zur Folge hatte. Der Ausbau der Wolfgangseer Bundesstraße und der Siedlungsdruck wurden hier zum Ausgangspunkt von Baumaßnahmen; vgl. AdW, Ergänzungsprojekt Alterbach 1990, Salzburg 1990.
58 SLA, LA II, Protokoll zur Verhandlung der Erweiterung der Stationsanlagen Salzburg, September 1901; vgl. auch den Beitrag von Guido Müller in diesem Band.
59 AStS, NStA, Protokoll zur Verhandlung über die Wasserversorgungsanlage für den Rangier- und Personenbahnhof Salzburg, Mai 1903.
60 Dieses Problem ergab sich im Nahbereich von Staatsbahnarealen auch an anderen Stellen, wie zum Beispiel nahe dem Nelböck-Viadukt, wo 1905 Grabungen der Staatsbahnen die Wasserversorgung durch eine Brunnstube gefährdeten, von der aus Wasser zum Hirschenwirtshaus geleitet wurde. Die Versorgung mit Nutz- und Trinkwasser, sowie die Versorgung von 80 Stück Vieh wurde dadurch gefährdet, vgl. SLA, LA II, Eigentumsrechte des Wasserbezugs, Salzburg 1905.
61 GEMEINDE GNIGL (Hg.), Denkschrift der Gemeinde Gnigl zu den geschaffenen Verhältnissen durch den Bahnhofumbau und die Neuerrichtung des Rangierbahnhofes bei Salzburg, Salzburg 1904, S. 8–9; SLA, LA II, Schreiben der Gemeindevorstehung Gnigl an den Salzburger Landtag, Salzburg 1908.
62 SLA, LA III, Schreiben der Gemeindevertretung Gnigl an den Salzburger Landtag, September 1908.
63 AStS, NStA, RUDOLF SPÄNGLER, Bericht der Wasserversorgungs-Commission über die Ergänzung der Wasserversorgung durch theilweise Umgestaltung der alten städtischen Bergleitungen, Salzburg 15. 12. 1888.
64 AStS, NStA, Protokolle zu den Verhandlungen zwischen der Stadtgemeinde Salzburg und Kajetan Gugg über die Quelle am Gniglerberg 1895–1897.
65 SLA, LA II, Schreiben Gemeinde Gnigl (wie Anm. 61), S. 11.
66 THOMAS ROMMELSPACHER, Das natürliche Recht auf Wasserverschmutzung. Geschichte des Wassers im 19. und 20. Jahrhundert, in: FRANZ-JOSEF BRÜGGEMEIER u. THOMAS ROMMELSPACHER (Hg.), Besiegte Natur. Geschichte der Umwelt im 19. und 20. Jahrhundert, S. 42–63, hier S. 43.
67 Diese Verbesserungen erreichte man primär durch die Fürstenbrunner Wasserleitung und den Ausbau der Kanalisation. Ende des 19. Jh. wurden bereits Ergänzungsprojekte

68 SLA, LA II, Kanalisierung in Itzling 1903–1916.
69 SLA, LA II, Schreiben (wie Anm. 61), S. 4.
70 SLA, LA II, Amtsärztlicher Inspektionsbericht der k. k. Bezirkshauptmannschaft Salzburg, Salzburg 1910.
71 Franz V. Zillner, Über die Ursachen der Typhusepidemie des Jahres 1865, in: MGSL 6 (1866), S. 149–168.
72 Peter Münch, Stadthygiene im 19. und 20. Jahrhundert. Die Wasserversorgung, Abwasser- und Abfallbeseitigung unter besonderer Berücksichtigung Münchens, Göttingen 1993, S. 127.
73 Max Von Pettenkofer, Die Cholera, Berlin 1884.
74 Ellen Jahn, Die Cholera in Medizin und Pharmazie. Im Zeitalter des Hygienikers Max von Pettenkofer, Stuttgart 1994.
75 Trotz der Entdeckung des Kommabazillus durch Robert Koch im Jahre 1883, bestand über die Jahrhundertwende hinaus Unsicherheit über die Zusammenhänge zwischen Trinkwasser, Bodenverhältnissen usw. als Ursache für die Verbreitung von Epidemien, insbesondere der Cholera.
76 SLA, LA II, Bericht des Finanzausschusses über die Petition der Gemeinde Gnigl, Salzburg 1912.
77 AStS, Gnigl 20, Protokoll zu den Vergleichsverhandlungen zwischen den k. k. Staatsbahnen und der Gemeinde Gnigl, 15. 4. 1912.
78 SLA, LA II, Bericht des Finanzausschusses (wie Anm. 76).
79 Bezirkshauptmannschaft Salzburg (Hg.), Erkenntnis betreffend die Wasserleitung Hallwang-Gnigl, Salzburg 22. 12.1909.
80 AStS, Gnigl 20, Einladung und Festordnung zu den Einweihungsfeierlichkeiten der Gnigler Wasserleitung, 24./25. 8. 1912.
81 Christian Laserer, Tätigkeitsbericht über die dreijährige Funktionsperiode 1925–1928 der sozialdemokratischen Gemeindevertretungsmehrheit von Gnigl, Salzburg 1928.
82 Seckendorff, Verbauung (wie Anm. 22), S. 115 f.
83 Aufgrund der großen Mengen an benötigtem Wasser waren die Staatsbahnen auf zusätzliche Bezugsquellen außerhalb des städtischen Versorgungsnetzes angewiesen.

Jutta Baumgartner
LEBEN IN GNIGL AN DER WENDE ZUM 20. JAHRHUNDERT. STREIFLICHTER ZWISCHEN TRADITION UND WANDEL

1 Robert Hoffmann, Mit der Bahn kam die neue Zeit, in: SN. Wochenende, 27. 7. 2010, S. IV.
2 Hermann Rumschöttel, Grenzüberschreitende Weichenstellungen: Kaiserin-Elisabeth-Bahn, Maximiliansbahn und die beiden Tauernbahnen, in: Fritz Koller u. Hermann Rumschöttel (Hg.), Bayern und Salzburg im 19. und 20. Jahrhundert, München-Salzburg 2006, S. 139–155.
3 Harald Kammerhofer, Eisenbahnstrecken in Salzburg, in: Salzburg Archiv 30, Salzburg 2005, S. 125–160; Elmar Oberegger, Zur Eisenbahngeschichte des Salzburger Landes. Beitrag zum anstehenden Jubiläum „150 Jahre Eisenbahn in Salzburg" (Veröffentlichungen des Info-Büros für österreichische Eisenbahngeschichte 8), Sattledt 2009, S. 19.
4 Gerhard Christian Schäffer, Wohnverhältnisse, Wohnungsnot und sozialer Wohnbau. Die Wohnsituation der unteren Gesellschaftsschichten in der Stadt Salzburg und Umgebung 1900–1921, Diss., Salzburg 1987, S. 157.
5 Österreichs Eisenbahner im Widerstand, S. 13, zit. n. Wilhelm Weitgruber, Salzburg und seine Bahn, Salzburg 1987, S. 25.
6 Ingrid Bauer, „Wir sind ja alle ganz arm aufgewachsen …". Arbeiteralltag im Itzling der Kaiserzeit, in: Ingrid Bauer u. Wilhelm Weitgruber (Hg.), Itzling 1895–1995, Salzburg 1995, S. 43–48, hier S. 43.
7 Hanns Haas, Arbeiterschaft und Arbeiterbewegung, in: Dopsch/Spatzenegger, Bd. II/2, S. 901–990, hier S. 965.
8 Ebenda.
9 Eisenbahnbau-Scandale. Separatabdruck aus der Zeitschrift „Finanzielle Fragmente", 2. Aufl., Salzburg 1876, S. 3.
10 Siehe den Beitrag von Sabine Veits-Falk in diesem Band.
11 Die Eisenbahner, in: Eisenbahner-Musikverein Salzburg 135 Jahre Bahn in Salzburg, o. O. 1995, o. S.
12 SW, o. D. 1925, zit. n. Ingrid Bauer, „Früher war´s ja so: Durch die Armut sind die Leute zum Sozialismus gekommen." Die Anfänge der Itzlinger Arbeiterbewegung, in: Bauer/Weitgruber, Itzling (wie Anm. 6), S. 48–53, hier S. 50.
13 Ebenda.
14 Haidenthaller, Tagebuch II, 14. 7. 1907, S. 201.
15 Heinz Dopsch u. Robert Hoffmann, Geschichte der Stadt Salzburg, Salzburg-München 1996, S. 448.
16 Ingrid Bauer, Das „Salzburger Ottakring". Itzling in der Ersten Republik, in: Bauer/Weitgruber, Itzling (wie Anm. 6), S. 54–63, hier S. 54.
17 In Gnigl-Itzling und Maxglan lag nach 1869 die Zuwachsrate an Einwohnern und Häusern stets über jener der Stadt Salzburg; Robert Hoffmann, Die Stadt im bürgerlichen Zeitalter (1860–1918), in: Dopsch/Spatzenegger Bd. II/4, S. 2281–2376, hier S. 2301.
18 Schäffer, Wohnverhältnisse (wie Anm. 4), S. 32.
19 Haas, Arbeiterschaft (wie Anm. 7), S. 962.
20 Bauer, Arbeiteralltag (wie Anm. 6), S. 44.
21 Bericht des Landes-Ausschusses des Herzogtumes Salzburg, betreffend Erhebungen der Wohnverhältnisse im Kronlande Salzburg, in: Verhandlungen des Salzburger Landtages 1907/08, Salzburg 1908, 15. 9. 1908, S. 1411.
22 Schäffer, Wohnverhältnisse (wie Anm. 4), S. 34 f.
23 Erhebungen der Wohnverhältnisse (wie Anm. 21), S. 1419.
24 SW, 18. 3. 1909, S. 3; Schäffer, Wohnverhältnisse (wie Anm. 4), S. 159 f.
25 Verhandlungen des Salzburger Landtages 1910, Salzburg 1911, 28. 9. 1910, S. 332.
26 Zit. n. Schäffer, Wohnverhältnisse (wie Anm. 4), S. 171.
27 SW, 13. 9. 1913, S. 5, zit. n. Schäffer, Wohnverhältnisse (wie Anm. 4), S. 38 f.
28 Eisenbahner (wie Anm. 11), o. S.
29 K. Tischler, Die Zugförderungsleitung Salzburg – 135 Jahre, in: Eisenbahner-Musikverein Salzburg 135 Jahre Bahn in Salzburg, o. O. 1995, o. S.
30 Adalbert Mueller, Die Eisenbahnen in Salzburg. Geschichte der Schienen- und Seilbahnen, Salzburg 1976, S. 25.
31 Tischler, Zugförderungsleitung (wie Anm. 29), o. S.
32 Mueller, Eisenbahnen Salzburg (wie Anm. 30), S. 25.
33 Haidenthaller, Chronik II, S. 31.
34 Nikolaus Schaffer, Gnigl. Mühlendorf und Eisenbahnervorort, in: Peter F. Kramml, Erich Marx u. Thomas Weidenholzer (Hg.), Historischer Atlas der Stadt Salzburg (Schriftenreihe des Archivs der Stadt Salzburg 11), Salzburg 1999, Bl. II/7.
35 Guido Müller, Gnigl und Itzling von der Mitte des 19. Jahrhunderts bis 1945, in: MGSL 129 (1989), S. 188–194, hier S. 186.
36 Haidenthaller, Chronik II, S. 51.
37 Tischler, Zugförderungsleitung (wie Anm. 29), o. S.
38 Bereits 1884 war von der Gemeinde Gnigl beim Salzburger

39 Haidenthaller, Chronik VI, S. 179.
40 Mueller, Eisenbahnen Salzburg (wie Anm. 30), S. 38.
41 SZ, 4. 1. 1905, S. 2.
42 Weitgruber, Salzburg und seine Bahn (wie Anm. 5), S. 15.
43 Gemeinde-Vorstehung Gnigl, Denkschrift über die Wünsche und Beschwerden der Gemeinde Gnigl in Hinsicht der durch den Bahnhofumbau in Salzburg, sowie durch die Neuerrichtung des Rangierbahnhofes bei Salzburg geschaffenen Verhältnisse, Salzburg 1904, S. 1 f.
44 Verhandlungen des Salzburger Landtages 1905, Salzburg 1906, 10. 11. 1905, S. 904.
45 Gemeinde-Vorstehung Gnigl, Denkschrift (wie Anm. 43), S. 2 f.
46 SZ, 10. 1. 1905, S. 3.
47 Gemeinde-Vorstehung Gnigl, Denkschrift (wie Anm. 43), S. 7.
48 Ebenda, S. 7–9.
49 Vgl. den Beitrag von Herbert Weigl in diesem Band; Friedrich Leitich, Salzburger Stadtwerke. Geschichte der städtischen Versorgungs- und Verkehrsbetriebe, Salzburg 1990, S. 475 f.
50 Hanns Haas, Es geht vorwärts. Die Salzburger Arbeiterbewegung von den Anfängen bis zum Ersten Weltkrieg, in: Ingrid Bauer (Hg.), 100 Jahre Sozialdemokratie. Von der Alten Solidarität zur neuen sozialen Frage. Ein Salzburger Bilderlesebuch, Salzburg 1988, S. 9–72, hier S. 56.
51 In Gemeinschaftsarbeit errichteten am 11. November 1909 die Itzlinger Organisationen ein Arbeiterheim an der Itzlinger Hauptstraße 9, auch eine zweiräumige Bibliothek war vorhanden und das Bezirkssekretariat; Denkschrift 60jähriges Gründungsfest SPÖ Itzling, S. 5; 60 Jahre Parteiarbeit in Itzling, in: DV, 28. 6. 1954, S. 5.
52 Ingrid Bauer, Zwischen konkreter Utopie und den Zwängen der Realität. Die 1920er Jahre, in: Ingrid Bauer (Hg.), 100 Jahre Sozialdemokratie (wie Anm. 50), S. 99–138, hier S. 125.
53 Bauer, Arbeiteralltag (wie Anm. 6), S. 50.
54 Bauer, Utopie und Realität (wie Anm. 52), S. 125.
55 Ebenda.
56 Denkschrift 60jähriges Gründungsfest SPÖ Itzling, S. 1.
57 Ebenda.
58 Bauer, Utopie und Realität (wie Anm. 52), S. 136.
59 Erwin Niedermann, Sport und Spiel in Salzburg. Geschichte und Gegenwart, Salzburg 1978, S. 50.
60 Bauer, Utopie und Realität (wie Anm. 52), S. 135.
61 Haas, Salzburger Arbeiterbewegung (wie Anm. 50), S. 58.
62 Vgl. den Beitrag von Sabine Veits-Falk in diesem Band.
63 Alexander Haidenthaller, Kurzer Rückblick über die Entstehung und 25jährige Tätigkeit der Freiwilligen Feuerwehr Gnigl vom Jahre 1881–1906, Gnigl 1906, S. 11.
64 Adolf Schinnerl, Das Salzburger Feuerwehrwesen. Freiwillige Feuerwehren seit 1864, Salzburg 2006, S. 56.
65 Amtsblatt der Landeshauptstadt Salzburg, 5. 6. 1961, S. 34.
66 Haidenthaller, Rückblick Freiwillige Feuerwehr Gnigl (wie Anm. 63), S. 11.
67 Amtsblatt der Landeshauptstadt Salzburg, 5. 6. 1961, S. 34.
68 Haidenthaller, Rückblick Freiwillige Feuerwehr Gnigl (wie Anm. 63), S. 13.
69 Ebenda, S. 15.
70 Haidenthaller, Rückblick Freiwillige Feuerwehr Gnigl (wie Anm. 63), S. 18 f.
71 Ebenda, S. 58–60.
72 Haidenthaller, Tagebuch II, 17. 8. 1906, S. 33.
73 Haidenthaller, Tagebuch II, 17. 8. 1906, S. 35.
74 SChr, 4. 7. 1906, S. 4.
75 Haidenthaller, Tagebuch II, 17. 8. 1906, S. 35.
76 Ebenda.
77 SChr, 4. 7. 1906, S. 4.
78 Haidenthaller, Tagebuch II, 17. 8. 1906, S. 35.
79 SChr, 4. 7. 1906, S. 4.
80 Haidenthaller, Tagebuch II, 17. 8. 1906, S. 35 f.
81 Hanns Haas, Zu den Anfängen der Salzburger Brauchtumspflege. Ländliches Brauchtum aus der Stadt, in: Roland Floimair u. Harald Dengg (Hg.), Salzburger Landesfest 1990. 100 Jahre Brauchtumspflege (Schriftenreihe des Landespressebüros und der Salzburger Heimatpflege 90), Salzburg 1990, S. 9–25, hier S. 18 f.
82 Ebenda, S. 21 f.
83 SZ, 27. 3. 1905, S. 3.
84 SZ, 14. 3. 1905, S. 6.
85 Ebenda.
86 Ebenda.
87 SZ, 25. 8. 1905, S. 3.
88 Ernestine Hutter, Aufgeführte Volkskultur. Städtische Geselligkeit zwischen 1890 und 1910, in: Salzburger Museum Carolino Augusteum (Hg.), Salzburg 1905. Beiheft zur gleichnamigen Ausstellung anläßlich der 90. Wiederkehr der Gründung des Raiffeisenverbandes Salzburg, Salzburg 1995, S. 87–94, hier S. 89.
89 Haidenthaller, Chronik VI, S. 172.
90 Haidenthaller, Tagebuch II, 8. 9. 1906, S. 51 f.
91 Haidenthaller, Chronik VI, S. 172.
92 Haas, Brauchtumspflege (wie Anm. 81), S. 13.
93 Haas, Brauchtumspflege (wie Anm. 81), S. 16 f.
94 Haidenthaller, Tagebuch II, 14. 9. 1907, S. 244.
95 Haidenthaller, Tagebuch II, 15. 8. 1907, S. 214 f.

Guido Müller und Thomas Weidenholzer

GNIGL. EIN VOM VERKEHR GEPRÄGTER UND GEPLAGTER STADTTEIL

1 Zu Joseph Anton Schöpf vgl. den Beitrag von Fridoline Grössinger in diesem Band.
2 SZ, 1. 5. 1897, S. 4.
3 Schöpf leitete 1848 die „Salzburger Constitutionelle Zeitung".
4 Salzburger Tagblatt, 28. 3. 1898, S. 3.
5 Haidenthaller, Chronik VII, S. 155; AStS, Gemeinderatsprotokolle, 11. 2. 1920, S. 46.
6 AStS, Gemeinderatsprotokolle, 27. 6. 1921, S. 220.
7 Zu diesen und den folgenden Ausführungen: Friedrich Leitich, Salzburger Stadtwerke. Geschichte der städtischen Versorgungs- und Verkehrsbetriebe, Salzburg 1990; Gunter Mackinger, Die öffentlichen Verkehrslinien. 1900, 1930 und 1960, in: Historischer Atlas der Stadt Salzburg, hg. v. Peter F. Kramml, Erich Marx u. Thomas Weidenholzer (Schriftenreihe der Stadt Salzburg 11), Salzburg 1999, Bl. V/4.
8 SVBl, 15. 9. 1927, S. 8; SChr, 12. 4. 1928, S. 4; SVBl, 28. 7. 1927, S. 9; SVBl, 3. 8. 1927, S. 8; SChr, 21. 4. 1928, S. 5; SVBl, 6. 9. 1929, S. 7.
9 SVBl, 7. 9. 1907, S. 9.
10 SVBl, 1. 9. 1909, S. 6.
11 SVBl, 23. 7. 1926, S. 4–5 und S. 9 (Inserat mit Fahrpreisen).
12 Z. B. Guido Müller, Radfahren in Salzburg vor 100 Jahren, in: MGSL 140 (2000), S. 293–312.
13 SZ, 23. 8. 1900, S. 3.

14 SVBl, 26. 7. 1913, S. 6.
15 Fremden-Zeitung, 1899/1900, Nr. 32, S. 4–5; Nr. 33, S. 3–5; Nr. 35, S. 4–5.
16 Harald Waitzbauer, Ferne Staubwolken – knatternde Geräusche, in: Salzburger Automobil-, Motorrad- und Touring Club (Hg.), Salzburger Automobil- und Motorradgeschichte, Salzburg-München 1997, S. 14–24, hier S. 16 f.; Helmut Krackowitzer, Städte-, Berg- und Bahnrennen. Der Motorsport in Salzburg, in: ebenda, S. 67–91, hier S. 67 f.
17 Gesetze und Verordnungen für das Herzogtum Salzburg, 1904, Stück XXII, Provisorische Straßenverkehrsordnung für Kraftfahrzeuge, 27. 5. 1904, S. 81–89.
18 Siehe den Beitrag von Thomas Weidenholzer über die Frühe Neuzeit in diesem Band.
19 Zum Umbau unseres Staatsbahnhofes, in: SVBl, 1. 10. 1901, S. 2 f.
20 Siehe den Beitrag von Herbert Weigl über den Alterbach in diesem Band.
21 Verhandlungen des Salzburger Landtages, 10. 11. 1905, S. 904 f.
22 SVBl, 28. 5. 1904, S. 5.
23 SLA, Landesausschussakten 24/1-2 (VII–XV).
24 Verhandlungen des Salzburger Landtages, 24. 10. 1905, S. 579 f.; 10. 11. 1905, S. 904–906; 14. 2. 1907, S. 639 f.; 2. 3. 1907, S. 985–987; 26. 9. 1907, S. 557 f.; 28. 10. 1908, S. 2116; 13. 10. 1909, S. 1000 f.; 28. 1. 1910, S. 2033 f.; 6. 2. 1912, S. 1322 und 1326; 23. 2. 1912, S. 1734 f.
25 Verhandlungen des Salzburger Landtages, 23. 2. 1912, S. 1734.
26 Der Grenzbote, 16. 6. 1861, S. 188 f.
27 SZ, 5. 7. 1871, S. 2 f.
28 SZ, 6. 8. 1875, S. 2; Vgl. z. B. Adalbert Mueller, Die Eisenbahnen in Salzburg. Geschichte der Schienen- und Seilbahnen, 2. Aufl., Salzburg 1979, S. 29–38.
29 SZ, 15. 6. 1885, S. 2.
30 SZ, 22. 12. 1904, S. 2.
31 Mueller, Eisenbahnen in Salzburg (wie Anm. 28), S. 37.
32 SChr, 21. 5. 1928, S. 6.
33 SVBl, 16. 5. 1929, S. 7.
34 Haidenthaller, Chronik VII, S. 107.
35 SW, 17. 6. 1930, S. 6; SVBl, 18. 6. 1930, S. 10.
36 SVBl, 18. 2. 1931, S. 10.
37 SVBl, 2. 10. 1931, S. 7; SVBl, 5. 2. 1932, S. 10.
38 Franz Lösch, Spuk im Gemeindepark, in: SVBl, 23. 5. 1936, S. 6 f.
39 Haidenthaller, Chronik VIII, S. 46.
40 Haidenthaller, Chronik VIII, S. 50.
41 Christian Willomitzer, Geschichte des Baudienstes im Land Salzburg (Schriftenreihe des Landespressebüros. Sonderpublikationen 53), Salzburg 1985, S. 258; Ernst Hanisch, Warum die Geschichte des Nationalsozialismus nicht vergeht. Reflexionen eines alten Historikers, in: Peter F. Kramml u. Ernst Hanisch (Hg.), Hoffnungen und Verzweiflung in der Stadt Salzburg 1938/39. Vorgeschichte – Fakten – Folgen (Schriftenreihe des Archivs der Stadt Salzburg 28), Salzburg 2010.
42 Harald Waitzbauer, Der Autobahnbau in Salzburg 1938 bis 1941, in: Automobil- und Motorradgeschichte (wie Anm. 16), S. 111–113.
43 Verkehrsplan der Gauhauptstadt Salzburg, 1940, zit. n. Christoph Braumann, Stadtplanung in Österreich 1918–1945 unter besonderer Berücksichtigung der Stadt Salzburg (Schriftenreihe des Instituts für Städtebau und Raumplanung 21), Wien 1986, S. 126.
44 AStS, Protokoll der Ratsherrensitzung, 14. 11. 1941; Braumann, Stadtplanung (wie Anm. 43), S. 124.
45 DV, 12. 6. 1948, S. 4; SVBl, 27. 9. 1951, S. 5.
46 SVBl, 15. 7. 1954, S. 1 f.
47 SVBl, 28. 4. 1958, S. 3.
48 Untersuchung Wohnort – Arbeitsort der unselbständig Berufstätigen im Bundesland Salzburg (Salzburger Landesstatistik VII/1), Salzburg 1964, S. 5.
49 Die Pendler der Stadt Salzburg 1971 bis 1981 (Salzburg in Zahlen 13), Salzburg 1985.
50 Josef Dorfwirth, Verkehrsanalyse von Salzburg. Individueller Straßenverkehr durchgeführt im Auftrag des Magistrats der Landeshauptstadt Salzburg, Salzburg 1961, S. A 26 f.; Amt für Stadtplanung und Verkehr, Daten für Auswertung der Verkehrsentwicklung.
51 Haidenthaller, Chronik VIII, S. 16.
52 Bürgermeinungen zur Strukturplanung Gnigl-Langwied-Sam-Kasern. Ergebnisse einer schriftlichen Befragung im Auftrag des Amtes für Stadtplanung, Salzburg 1976, S. 16.
53 SN, 23. 2. 1951, S. 5.
54 SN, 20. 12. 1951, S. 5; SN, 21. 12. 1951, S. 5; AStS, Bibliothek, Zehn Jahre Wiederaufbau (Manuskript), S. 91.
55 SN, 10. 9. 1968, S. 5; Karl-Ludwig Del-Negro, Die Brücken, die der Rost zerfraß, in: Unser Land 1998, Nr. 12, S. 13.
56 SN, 8. 6. 1971, S. 7.
57 AStS, Straßenakten 725.
58 Ebenda.
59 AStS, Straßenakten 658.
60 Gesamtverkehrsplanung der Landeshauptstadt Salzburg. Arbeitsbericht (Schriftenreihe der Salzburger Stadtplanung 3), Salzburg 1975, S. 8–13; Braumann, Stadtplanung (wie Anm. 43), S. 143–154; Heinz Peter Kloss, Wirkungsanalysen von Planungsprinzipien in der Verkehrsplanung gezeigt am Beispiel der Stadt Salzburg, Diss., Wien 2009, S. 123–137.
61 DV, 26. 7. 55, S. 5.
62 Kloss, Verkehrsplanung (wie Anm. 60), S. 141.
63 SN, 29. 8. 1978, S. 5.
64 Stellvertretend für viele andere Nachweise: Rundschau, 14/1986, S. 12 f.
65 SN, 9. 2. 2004, S. 3; SN, 15. 11. 2005, S. 4.
66 Amt für Stadtplanung, Städtebauliche Strukturplanung Gnigl Langwied Sam Kasern (Schriftenreihe zur Salzburger Stadtplanung 6), Salzburg 1976, S. 53; SN, 19. 6. 1976, S. 5.
67 SN, 25. 9. 2003, S. 2; SN, 1. 10. 2003, S. 4; SN, 19. 8. 2004, S. 3.
68 Leitich, Salzburger Stadtwerke (wie Anm. 7), S. 344; Mackinger, Die öffentlichen Verkehrslinien (wie Anm. 7).
69 SN, 25. 4. 1946, S. 3.
70 Leitich, Salzburger Stadtwerke (wie Anm. 7), S. 372.
71 Ebenda, S. 388.
72 Ebenda.
73 Peter F. Kramml u. Gunter Mackinger, 100 Jahre Elektrischer Stadtverkehr. Von der „Gelben Elektrischen" zum modernen Obus, Salzburg 2009; http://www.salzburg-ag.at/fileadmin/user_upload/verkehr/stadtbus/fahrplan/LNP_Salzburg_2009.pdf, 13. 7. 2010.
74 SN, 20. 12. 1985, S. 6.
75 SN, 8. 1. 1986, S. 5.
76 SN, 23. 1. 1986, S. 7; SN 28. 1. 1986, S. 7; SN, 3. 2. 1986, S. 5.
77 SN, 26. 2. 1986, S. 5; Rundschau, 14/1986, S. 5; Rundschau, 15/1986, S. 4 f.; vgl. auch: AStS, Bibliothek, Bürgerbefragung Gnigl, Linie 20, Salzburg 1986.
78 SN, 22. 4. 1986, S. 6.
79 SN, 22. 1. 1986, S. 5.
80 SN, 5. 10. 1988; SN, 29. 4. 1989; S. 19; SVZ, 22. 4. 1991, S. 7.

81 SN, 29. 4. 1989, S. 19; SN, 16. 8. 1990, S. 16; SVZ, 22. 4. 1991, S. 7; SN, 18. 1. 1992. S. 25.
82 SN, 29. 11. 1994, S. 17; SN, 12. 11. 1994, S. 26.
83 Gesamtverkehrsplanung (wie Anm. 60), S. 49.
84 Z. B.: Werner Rosinak, Helmut Sedlmayer u. Sepp Snizek, Landesverkehrskonzept Salzburg. Auswege (Schriftenreihe des Landespressebüros. Serie Sonderpublikationen 94), Salzburg 1992, S. 54–57; Sepp Snizek, Nahverkehrs-Infrastrukturprogramm. Gutachterempfehlung, Salzburg 1997; vgl. auch: Kloss, Verkehrsplanung (wie Anm. 60), S. 326–330; Günther Penetzdorfer, Die S-Bahn Salzburg, in: Regionale Schienen extra, Salzburg 2006.
85 APA-Informationsdienst, 26. 10. 2003; Salzburger Fenster, 29. 3. 2000, S. 17.
86 Salzburger Landeskorrespondenz, 23. 4. 1998, S. 3–7; SN, 1. 9. 1998, S. 5; Salzburger Landeskorrespondenz, 13. 10. 1998, S. 9 f.; SN, 14. 10. 1998, S. 1 und viele andere Artikel.
87 SN, 22. 7. 2000, S. 1; SN, 24. 7. 2000, S. 16.
88 Thomas Zimmermann, Verkehrspolitik in der Stadt Salzburg von 1970 bis 1990 am Beispiel dreier Großprojekte und der Versuch diese zu verwirklichen, Dipl.-Arb., Salzburg 1992.
89 Rudolf Strasser, Grenzen der Mobilität. Gedanken zur Verkehrspolitik in der Stadt Salzburg, in: Erich Marx (Hg.), Stadt im Umbruch. Salzburg 1980 bis 1990 (Schriftenreihe des Archivs der Stadt Salzburg 3), Salzburg 1991, S. 231– 257.
90 Nahverkehrskommission der Salzburger Landesregierung (Hg.), Nahverkehrskonzept Zentralraum Salzburg. Verkehrsuntersuchung 1982. Bericht, Salzburg-Wien-München 1985.
91 Verkehrspolitisches Ziel- und Maßnahmenkonzept. Sonderbeilage zum Amtsblatt der Landeshauptstadt Salzburg, 31. 12. 1986.
92 Kloss, Verkehrsplanung (wie Anm. 60), S. 143–145, u. S. 189; Strasser, Grenzen der Mobilität (wie Anm. 89), S. 235 f.
93 Verkehrsleitbild der Stadt Salzburg. Ziele und Prioritäten, 1997, http://www.stadt-salzburg.at/pdf/verkehr97.pdf, 13. 7. 2010.
94 Die zukünftige Entwicklung der Stadt Salzburg. Räumliches Entwicklungskonzept der Landeshauptstadt REK 2007, Textteil (Schriftenreihe zur Salzburger Stadtplanung 35), Salzburg 2008, S. 105–126.
95 Martin Eckschlager (Hg.), Empfehlungen des Verkehrsforums zum Verkehrsleitbild der Stadt Salzburg und beispielhafte Maßnahmen zur Umsetzung. Dokumentation der Arbeitsergebnisse (Schriftenreihe zur Salzburger Stadtplanung 30), Salzburg 1996; Johannes Böhning, Mobilität, nachhaltige Entwicklung und reflexive Institutionen. Eine diskursanalytische Studie am Beispiel des Verkehrsforum Salzburg, Dipl.-Arb., München 1996; stellvertretend für viele Beiträge in den Medien: SN, 15. 3. 1996, S. 4; SN, 20. 2. 1997, S. 2.

Wolfgang Kauer
DIE UNTERE GNIGL. FALLSTUDIE DER SIEDLUNGSGENESE AUF DEM ALTERBACHSCHWEMMKEGEL

1 Waltraud Bauer, Siedlungs- und sozialgeographische Untersuchung der Katastralgemeinde Gnigl, Diss., Graz 1971, S. 218 f.
2 Peter Walder-Gottsbacher, Gnigl in alten Ansichten (Europäische Bibliothek), Zaltbommel 1993, Nr. 49.
3 Bauer, Katastralgemeinde Gnigl (wie Anm. 1), S. 99.
4 Wolfgang Kauer, Nachtseite. Kurzprosa, Salzburg-Gosau-Wien 2007, S.1 f., nach einem Interview im Juli 2003 mit Johann Seeleitner (1921–2004), von Beruf Kuppler am Rangierbahnhof Gnigl. Mit der Kurzgeschichte „ausgeklinkt" setzt der Autor dieses Artikels in seinem Buch „Nachtseite" den Verschubarbeitern auf dem Rangierbahnhof ein poetisches Denkmal, indem er die Manipulationen an den Hebeln des zentralen Stellwerks zu einer Parabel für die Arbeitswelt erhebt.
5 Interview mit Elisabeth Goiser (1926–2009), 1. 5. 2009.
6 Heinz Dopsch u. Robert Hoffmann, Geschichte der Stadt Salzburg, Salzburg 1996, S. 581.
7 Interview mit Wilhelm Brückner, 24. 9. 2008.
8 Interview mit Theresia Haiden im März 1999.
9 Interview mit Marko Feingold, 5. 6. 2009.
10 Interview mit Albert Preims, 7. 11. 2008; Interview mit Herbert Hufnagl, 15. 11. 2009.
11 Interview mit Maria Ebner (Tochter), 5. 1. 2009.
12 Interview mit Anna Well, 14. 9. 2008.
13 Stefan Karner, Zur Auslieferung der Kosaken an die Sowjets 1945 in Judenburg, in: Johann Andritsch (Hg.), Judenburg 1945 in Augenzeugenberichten (Judenburger Museumsschriften 12), Judenburg 1994, S. 243; Derselbe, Zu den Anfängen der sowjetischen Besatzung in Österreich 1945/46, in: Manfred Rauchensteiner u. Robert Kriechbaumer, Die Gunst des Augenblicks. Neuere Forschungen zu Staatsvertrag und Neutralität, Wien-Köln-Weimar 2005, S.152 f.; Derselbe u. Peter Ruggenthaler (Zwangs-)Repatriierungen sowjetischer Staatsbürger aus Österreich in die UdSSR, in: Derselbe u. Barbara Stelzl-Marx (Hg.), Die Rote Armee in Österreich. Sowjetische Besatzung 1945–1955, Graz-Wien-München 2005, S. 248.
14 Erika Schärffenberg, Das Russenlager in Parsch in: SN. Wochenende, 30. 7. 2005, S. IV; Thomas Albrich, Flucht nach Eretz Israel. Die Bricha und der jüdische Exodus durch Österreich nach 1945, Innsbruck-Wien 1998, S. 20–22.
15 Wolfgang Kauer, Funken regen. Prosatexte, Salzburg-Gosau-Wien 2010, S. 8 f., nach einem Interview mit Anna Well im September 2009.
16 Dopsch/Hoffmann, Geschichte (wie Anm. 6), S. 592 f.
17 Bauer, Katastralgemeinde Gnigl (wie Anm. 1) S. 95; Interview mit Elisabeth Mühlberger, 5. 1. 2009.
18 Interview mit Wilhelm Brückner; Interview mit Luise Feßl, 24. 9. 2008.
19 Interview mit Brigitte van Tijn (geborene Glanz), 24. 6. 2010.
20 Interview mit Franz Watzl, 3. 1. 2009.
21 Interviews mit Wilhelm Brückner, 24. 9. 2008; Interview mit Karl-Heinz Lanzersdorfer, 23. 11. 2008.
22 Interview mit Gabriele und Herbert Hufnagl, 9. 11. 2008.
23 Interview mit Laura Werner (1898 –1985), 28. 9. 1976.

Helga Thaler
BILDER AUS LANGWIED

1 http://de.wikipedia.org/wiki/Langwied_(Salzburg), 17. 10. 2009.
2 Vgl. den Beitrag von Hans Krawarik in diesem Buch.
3 Festschrift 50 Jahre Sam bei Salzburg 1935–1985, hg. vom Verein Sam 85, Salzburg 1985, S. 10.
4 http://de.wikipedia.org/wiki/Sam_(Salzburg), 17. 10. 2009.

5 Gespräch mit Anna Weickl 2002.
6 Gespräch mit Martin Lettner 2002.
7 Gespräch mit Familie Lackner 2006, Familienarchiv Lackner.
8 Vgl. den Beitrag von Hans Krawarik in diesem Buch.
9 Schriftliche Auskunft von Ulrike Engelsberger, SLA, an Johann Weissacher vom 18. 5. 2000.
10 Gespräch mit Elisabeth Kurz 2002.
11 Gespräch mit Frau Rosina Lankes 2001.
12 Vgl. den Beitrag von Wolfgang Kauer in diesem Buch.
13 Kaufvertrag (Privatbesitz) im Grundbuch 1872 zwischen Ringofen-Ziegeley Angelo Saullich und Franz Golser.
14 Vgl. dazu ANTON SEIGMANN, Heimatbuch Hallwang, Hallwang 1989, S. 251–254; AStS, Gnigl 13, Bauwesen Katastralgemeinde Itzling 1866–1914, Plan der Ziegelei Itzling des Jacob Ceconi.
15 Vgl. dazu WALBURG SCHOBERSBERGER, Baumeister einer Epoche. Das gründerzeitliche Wirken der Baumeister- und Architektenfamilie Ceconi in Stadt und Land Salzburg, in: MGSL 125 (1985), S. 703–746; ADOLF HASLINGER u. PETER MITTERMAYR (Hg.), Salzburger Kulturlexikon, Salzburg 2001, S. 105 f.
16 PETER WALDER-GOTTSBACHER, Gnigl in alten Ansichten. Bd. 1 (Europäische Bibliothek), Zaltbommel 1993, Abb. 9; AStS, Fotoalbum der Familie Warwitz, Repros, ca. 1930–1933.
17 Festschrift Sam (wie Anm. 3), S. 24–27.
18 REINHARD STAMBERG (Hg.), Salzburg Vorstädte. 1860–1930 Album, Wien 1998, Abb. 38.
19 Alexander Haidenthaller, Familienchronik für das Zimmermeisteranwesen, Esch-Hallwang CO 367, Bachstraße 39.
20 Gespräch mit Familie Sommerauer 2006.
21 Gespräche mit Agnes Winkler, 2002 bis 2009.
22 Gespräche mit Gisela Pritz 2009.
23 Gespräch mit Martin Lettner 2006.
24 Archiv Guido Müller, SN, 14. 10. 1953, S. 5.
25 Gespräch mit Familie Heinrich, 6. 2. 2006.
26 Festschrift Sam (wie Anm. 3), S. 30 u. 40.
27 Gespräch mit Rosina Lankes 2001.
28 Vgl. dazu FRIEDRICH V. REITERER, ERNA HOFINGER u. GABI HUFNAGL (Hg.), St. Severin. Festschrift zur Kirchweihe und Pfarrerhebung – 1. Mai 2006, Salzburg 2006.
29 Zur Kirche siehe den Beitrag von Roland Kerschbaum in diesem Buch.
30 JENS PETERS, Rudolf-Steiner Schule. Festschrift, Salzburg 1994, S. 36.
31 Gespräch mit Theresia Bitzner 2009.

Robert Hoffmann

ALEXANDER HAIDENTHALLER – AUS DEM TAGEBUCH EINES GEMISCHTWARENHÄNDLERS

1 Haidenthaller, Tagebuch I, S. 135.
2 Das Tagebuch befindet sich in Privatbesitz. Im AStS werden in Kopie Band 1 sowie im Original die Bände 2, 3, 4, 5, 6, 7, 9, 11 aufbewahrt. Die Bände 8 und 10 sind derzeit unauffindbar.
3 Haidenthaller, Tagebuch I, S. 16 f.
4 Haidenthaller, Tagebuch I, S. 28 f.
5 Haidenthaller, Tagebuch I, S. 30–33.
6 Haidenthaller, Chronik IV, S. 176.
7 Haidenthaller, Tagebuch I, S. 38.
8 Haidenthaller, Tagebuch I, S. 41.
9 Systematisches Verzeichnis der Gewerbe und anderer gewerbmäßig ausgeübter Beschäftigungen für statistische Zwecke der Handels- und Gewerbekammern in den im Reichsrathe vertretenen Königreichen und Ländern, 2. revidierte Aufl., Wien 1900, S. 67, zit. n. MARIA GAMSJÄGER, Produzenten – Händler – Konsumenten. Lebensmittelversorgung in der Stadt Salzburg um 1900, in: Salzburg Archiv 33 (2008), S. 379–416, hier S. 386.
10 Haidenthaller, Tagebuch I, S. 77
11 Haidenthaller, Tagebuch III, 17. 8. 1907, S. 38.
12 Anton Haidenthaller (1858–1936), Seilermeister und Kaufmann, Linzer Gasse 45.
13 Haidenthaller, Chronik VI, S. 70.
14 Haidenthaller, Tagebuch I, S. 66 f.
15 Haidenthaller, Tagebuch I, S. 149 f.
16 Haidenthaller, Tagebuch I, S. 91 f., u. S. 135 f.
17 Haidenthaller, Tagebuch I, S. 149.
18 Haidenthaller, Tagebuch II, 14. 4. 1907, S. 145.
19 Haidenthaller, Tagebuch II, 11. 10. 1907, S. 259 f.
20 Haidenthaller, Tagebuch II, 11. 10. 1907, S. 261.
21 Haidenthaller, Tagebuch II, 6. 9. 1907, S. 239.
22 Haidenthaller, Tagebuch III, 6. 1. 1909, S. 25 f.
23 Haidenthaller, Tagebuch III, 10. 8. 1910, S. 295 f.
24 Heute ein Geldwert von annähernd 300.000 bis 500.000 Euro.
25 Haidenthaller, Tagebuch III, 29. 9. 1910, S. 315.
26 Haidenthaller, Tagebuch IV, 24. 12. 1912, S. 233 f.
27 Haidenthaller, Tagebuch IV, 13. 4. 1913, S. 287.
28 Haidenthaller, Tagebuch IV, 13. 4. 1913, S. 287.
29 Haidenthaller, Tagebuch IV, 13. 4. 1913, S. 289.
30 Haidenthaller, Tagebuch IV, 21. 2. 1915, S. 131.
31 Haidenthaller, Tagebuch IV, 9. 11. 1915, S. 211–213.
32 Haidenthaller, Tagebuch IV, 12. 11. 1915, S. 215.
33 Haidenthaller, Tagebuch IV, 12. 11. 1915, S. 234.
34 Haidenthaller, Tagebuch IV, 12. 11. 1915, S. 219.
35 Haidenthaller, Tagebuch IV, 12. 11. 1915, S. 242.
36 Ebenda.
37 Haidenthaller, Tagebuch VII, 24. 4. 1922, S. 175 f., Rückblick Haidenthallers auf das Geschehen nach Kriegsende.
38 Ebenda.
39 Pannholzer war zuvor 15 Jahre als Buchhalter bei der Firma Karl Weiser & Fohringer in der Linzer Gasse tätig gewesen.
40 Haidenthaller, Tagebuch VII, 29. 5. 1922, S. 189.
41 Haidenthaller, Tagebuch VII, 29. 5. 1922, S. 190.
42 Haidenthaller, Tagebuch VII, 29. 5. 1922, S. 192.
43 Haidenthaller, Tagebuch VII, 17. 1. 1923, S. 261.
44 Haidenthaller, Tagebuch VII, 20. 1. 1923, S. 263 f.
45 Haidenthaller, Tagebuch VII, 22. 1. 1923, S. 268 f.
46 Haidenthaller, Tagebuch VII, 31. 1. 1923, S. 275.
47 Haidenthaller, Tagebuch IX, 20. 7. 1927, S. 43.
48 Haidenthaller, Tagebuch IX, 24. 7. 1927, S. 46.
49 Haidenthaller, Tagebuch IX, 20. 7. 1927, S. 42.
50 Haidenthaller, Tagebuch IX, 10. 1. 1928, S. 93.
51 Haidenthaller, Tagebuch IX, 8. 11. 1927, S. 68.
52 Band 8 des Tagebuchs ist derzeit nicht verfügbar, vgl. den Hinweis in: Haidenthaller, Tagebuch IX, 18. 5. 1928, S. 123.
53 Haidenthaller, Tagebuch IX, 18. 5. 1928, S. 124–126.
54 Band 10 der Tagebücher ist derzeit nicht verfügbar.
55 Haidenthaller, Tagebuch XI, 15. 2. 1942, S. 104.
56 Ebenda.
57 Haidenthaller, Tagebuch XI, 11. 3. 1945 S. 221.
58 Haidenthaller, Tagebuch XI, 13. 5. 1945 S. 223.
59 Haidenthaller, Tagebuch XI, 7. 7. 1946, S. 247.
60 Haidenthaller, Tagebuch XI, 24. 7. 1946, S. 248 f.
61 Haidenthaller hat seinen Tagesablauf mehrfach

62 Gemeint sind die Stammtische der Gnigler Bürger in den verschiedenen Gasthäusern.
63 Haidenthaller, Tagebuch XI, S. 123–129.
64 Haidenthaller, Tagebuch I, S. 123.
65 Haidenthaller, Tagebuch I, S. 120 f.
66 Haidenthaller, Tagebuch I, S. 115 f.
67 Haidenthaller, Tagebuch I, S. 116.
68 Haidenthaller, Tagebuch II, 24. 3. 1907, S. 135.
69 Haidenthaller, Tagebuch II, 19. 5. 1907, S. 160.
70 Haidenthaller, Tagebuch II, 25. 3. 1908, S. 309.
71 Haidenthaller, Tagebuch II, 10. 2. 1908, S. 305.
72 Haidenthaller, Tagebuch II, 15. 3. 1908, S. 306.
73 Haidenthaller, Tagebuch II, 8. 6. 1907, S. 174.
74 Haidenthaller, Tagebuch II, 17. 10. 1908, S. 397.
75 Haidenthaller, Tagebuch V, 5. 7. 1914, S. 29.
76 Haidenthaller, Tagebuch V, 20. 8. u. 22. 8. 1914, S. 51 f.
77 Haidenthaller, Tagebuch I, S. 106.
78 Haidenthaller, Tagebuch I, S. 103.
79 Haidenthaller, Tagebuch I, S. 103 f.
80 Haidenthaller, Tagebuch I, S. 107.
81 Haidenthaller, Tagebuch I, S. 111.
82 Haidenthaller, Tagebuch II, 13. 1. 1908, S. 295.
83 Haidenthaller, Tagebuch II, 13. 1. 1908, S. 297.
84 Haidenthaller, Tagebuch II, 27. 1. 1907, S. 112.
85 Haidenthaller, Tagebuch II, 29. 1. 1907, S. 113.
86 Haidenthaller, Tagebuch II, 29. 1. 1907, S. 114.
87 Ebenda.
88 Haidenthaller, Tagebuch II, 15. 8. 1907, S. 215.
89 Haidenthaller, Tagebuch II, 10. 2. 1908, S. 304.
90 Haidenthaller, Tagebuch II, 19. 4. 1908, S. 323.
91 Alle Angaben aus den Adressbüchern der Stadt Salzburg 1948–1980.

Fridoline Grössinger
MENSCHEN IN GNIGL

Valentin Aglassinger
DOKUMENTATIONSARCHIV DES ÖSTERREICHISCHEN WIDERSTANDES (Hg.), Widerstand und Verfolgung in Salzburg 1934–1945. Eine Dokumentation. Bd., 1, Wien-Salzburg 1991, S. 298–300 u. S. 610.

Andrä Blüml (der Ältere)
ALEXANDER HAIDENTHALLER, Kurzer Rückblick über die Entstehung und 25jährige Tätigkeit der Freiwilligen Feuerwehr Gnigl vom Jahre 1881–1906, Gnigl 1906, S. 11; Haidenthaller, Chronik III, S. 121; EAS, Matriken; SLA, Grundbuch.

Andrä Blüml (der Jüngere)
FELIX FAHRNER, Untersuchung landwirtschaftlicher Verhältnisse in Salzburg, Bamberg 1905; Haidenthaller, Chronik III, S. 119–122 f.; Haidenthaller, Chronik I, S. 274, S. 280–282, S. 302; SLA, Grundbuch; AES, Matriken.

Schwester Jovita (Maria) Buchner
ALOIS BUCHNER, Sr. Jovita (Manuskript); SABINE VEITS-FALK, Armenfürsorge im 19. und 20. Jahrhundert, in: Heimat Koppl. Chronik der Gemeinde, Koppl 2000, S. 273–284.

Friedrich Freiherr von Calisto y Borgia
AStS, PA 704, Nachlass Calisto

Emanuel Czuber
Österreichisches Biographisches Lexikon; Neue Deutsche Biographie.

Adam Doppler
Nekrolog, in: MGSL 25 (1885), S. 116 f.; Salzburg-Wiki, 23. 6. 2010.

Franz Dürnberger
AES, Personalakt Franz Borgias Dürnberger; AES, Gnigl 5/34/1, Franz Dürnberger an das f. e. Ordinariat, 17. 10. 1942; Haidenthaller, Chronik XIII; Rupertusblatt, 17. 2. 1974, S. 18; Widerstand und Verfolgung Bd. II, S. 289 f.

Paula Fichtl
http://www.spiegel.de/spiegel/print/d-13514334.html, 24. 6. 2010; DETLEF BERTHELSEN, Alltag bei Familie Freud, Hamburg 1987.

Karl Fritsch der Ältere
Österreichisches Biographisches Lexikon; Nekrolog Carl Fritsch, in: MGSL 20 (1880), S. 228–232.

Karl Fritsch der Jüngere
Österreichisches Biographisches Lexikon; FRITZ KNOLL, Karl Fritsch, in: Berichte der Deutschen Botanischen Gesellschaft 51 (1934), S. 157–184; BRUNO KUBART, Karl Fritsch, in: Mitteilungen des Naturwissenschaftlichen Vereins für Steiermark 71 (1935), S. 5–15.

Eberhard Fugger
Gedächtnisschrift, in: MGSL 111 (1970/71), S. 455–504; EUGEN PILLWEIN, Dr. Eberhard Fugger. Sein Leben, in: MGSL 59 (1919), S. 65–72; ANGELA SCHWARZ, Das Salzburger Bürgertum um 1900 am Beispiel Eberhard Fuggers, Dipl.-Arb., Salzburg 1992.

Ignaz Härtl
ALEXANDER HAIDENTHALLER, Kurzer Rückblick über die Entstehung und die 25jährige Tätigkeit der Freiwilligen Feuerwehr Gnigl vom Jahre 1881–1906, Gnigl 1906, S. 7–11; Haidenthaller, Chronik VIII, S. 116–118.

Franz Hattinger
Haidenthaller, Chronik VIII, S. 97–108; Notizen der Familie Hattinger, zit. n. Haidenthaller.

Dora Hohlfeld
MANFRED BEINE u. URSULA HONERLAGE, Der Rietberger Schriftstellerin Dora Hohlfeld zum 150. Geburtstag, in: Heimatjahrbuch – Kreis Gütersloh 2010, S. 131–140; MARTIN FEICHTLBAUER, Salzburgs hochdeutsche Literatur von 1850–1917, in: MGSL 57 (1917), S. 65–231, hier S. 125–133; http://de.wikipedia.org/wiki/Dora_Hohlfeld, 16. 6. 2010; http://www.dora-hohlfeld.de/biographie_hohlfeld.html, 16. 6. 2010.

Johann Jell
Haidenthaller, Chronik VIII, S. 120–122.

Christian Laserer
JOSEF KAUT, Der steinige Weg. Geschichte der sozialistischen Bewegung im Lande Salzburg, 2. Aufl., Salzburg 1982, S. 245; Nekrolog, in: Amtsblatt der Landeshauptstadt Salzburg, 14. 8. 1962, S. 3.

Franz Lösch II.
Nekrolog, in: MGSL 48 (1908), S. 268; Zeitschrift des Salzburger Lehrervereines 1908, S. 81–83.

Franz Lösch III.
Nekrolog, in: SVBl, 8. 1. 1951. S. 4; Nekrolog, in: SVZ, 8. 1. 1951. S. 4.

Leopold Ladislaus Pfest
Josef Schwarzbach, Leopold Ladislaus Pfest. Biographische Skizze, in: MGSL 23 (1893), S. 213–218; Katharina Karin Mühlbacher, Leopold Ladislaus Pfest, in: Grenzen überschreiten. Bayern und Salzburg 1810 bis 2010, München-Salzburg 2010.

Roland Ratzenberger
Peter F. Kramml, Roland Ratzenberger (1960–1994), in: Peter F. Kramml, P. Franz Lauterbacher u. Guido Müller (Hg.), Maxglan. Hundert Jahre Pfarre 1907–2007. Salzburgs zweitgrößter Stadtfriedhof, Salzburg 2007, S. 304–306; http://www.roland-ratzenberger.com

Matthäus Schiestl der Jüngere
Haidenthaller, Chronik VIII, S. 130; Adolf Haslinger, Peter Mittermayr (Hg.): Salzburger Kulturlexikon. Salzburg 2001, S. 450 f.; Österreichisches Biographisches Lexikon; Biographisch-Bibliographisches Kirchenlexikon; Hanswernfried Muth u. Karl Heinz Schreyl, Die Brüder Schiestl (Mainfränkische Hefte 68/1977).

Joseph Anton Schöpf
Nikolaus Grass, Kirchenrecht und Kirchengeschichte an der Hohen Schule zu Salzburg 1810–1985, in: Franz Pototschnig u. Alfred Rinnerthaler (Hg.), Im Dienst von Kirche und Staat. In memoriam Carl Holböck (Kirche und Recht 17), Wien 1985, S.183–315; Franz Grass, Josef Anton Schöpf, in: ebenda, S. 317–326; Franz Anthaller, Dr. Josef Anton Schöpf, Salzburg 1900; Josef Schwarzbach, Zum 40-jährigen Schriftsteller-Jubiläum Dr. J. A. Schöpf, Salzburg 1888; Haidenthaller, Chronik XII, S.15–31. Josef Anton Schöpf, Antisemitische, zu deutsch judenhetzerische Bestrebungen in der Saisonstadt Salzburg, Salzburg 1888; Derselbe, Sendschreiben an die Herren vom Kyffhäuser, Salzburg 1888; Derselbe, Aus meinem Leben, in: Neuer Salzburger Haus- und Wirtschaftskalender 1886, o. S.; Derselbe, Das St. Anna-Bezirkskranken- und Versorgungshaus, Salzburg 1884.

Josef Schulz
Albin Rohrmoser, Der Maler Joseph Schulz 1893–1973 (Monographische Reihe zur Salzburger Kunst 3), Salzburg 1986; Karl Heinz Ritschel, Schulz, Josef – zu seinem Leben, in: ebenda, S. 6–16; Georg Rendl, Der Maler Josef Schulz, in: Das Salzburger Jahr 1968/1969. Eine Kulturchronik, Salzburg 1968, S. 68 f.; Karl-Heinz Ritschel, Der Maler Josef Schulz (Das Kunstwerk des Monats, Dezember 1988).

Karl Freiherr von Schwarz
Robert Hoffmann u. Christiane Krejs, Die Salzburger „Neustadt". Bau- und Entwicklungsgeschichte eines gründerzeitlichen Stadtviertels, in: MGSL 130 (1990), S. 635–668; Peter Schindler, Karl Freiherr von Schwarz. Eisenbahn-Baumeister etc. (1817–1898). Eine Biographie, 2. erw. u. erg. Aufl., Manuskript, Salzburg 2006; Derselbe, Der Stadlhof in Salzburg, Itzling/Schallmoos, 2. erw. u. erg. Aufl., Manuskript, 2007; Haidenthaller, Chronik I, S.268–276.

Alois Unterladstätter
Nekrolog, in: SChr, 29. 4. 1908, S. 5; Anton Pichler, Erinnerungen an einen edlen Priester, in: SChr, 24. 5. 1908, S. 1–3; Haidenthaller, Chronik VIII, S. 115.

Josef Waach
Siehe Beitrag von Herbert Weigl in diesem Band; Othmar Riedl, in: Haidenthaller, Chronik VI, S. 130–142.

Elisabeth Weickl, geborene Fürnkranz
Walburg Schobersberger, Kirche zu Guggenthal. Geschichtliche und bauliche Entwicklung der Filialkirche zum Hl. Kreuz zur hl. Elisabeth sowie des Gutes Guggenthal mit Gasthaus, Brauerei, Villa und Herrenhaus, in: Heimat Koppl. Chronik der Gemeinde. Koppl 2000, S. 210–226; Dieselbe, Guggenthal – ein verlorenes Kleinod?, in: Salzburger Nachrichten. Lebensart, 11. 9. 2004, S. IV; Joseph Anton Schöpf, Kleine Trias, Salzburg 1890; Haidenthaller, Chronik VIII, S. 143–145.

Georg Weickl
Walburg Schobersberger, Kirche zu Guggenthal. Geschichtliche und bauliche Entwicklung der Filialkirche zum Hl. Kreuz zur hl. Elisabeth sowie des Gutes Guggenthal mit Gasthaus, Brauerei, Villa und Herrenhaus, in: Heimat Koppl. Chronik der Gemeinde, Koppl 2000, S. 210–226; Dieselbe, Guggenthal – ein verlorenes Kleinod?, in: SN. Lebensart, 11. 9. 2004, S. IV; Nachruf Georg Weickl, in: MGSL 9 (1869), S. XI; Christian Dirninger u. Robert Hoffmann (Hg.), 150 Jahre Salzburger Sparkasse. Geschichte – Wirtschaft – Recht (Salzburg Studien 6), Salzburg 2006; Haidenthaller, Chronik VIII, S. 142–144.

Therese Wowes
Brigitte Mazohl-Wallnig (Hg.), Die andere Geschichte I. Eine Salzburger Frauengeschichte von der ersten Mädchenschule (1695) bis zum Frauenwahlrecht (1918), Salzburg 1995, S. 76; Richard Voithofer, Politische Eliten in Salzburg. Ein biografisches Handbuch 1918 bis zur Gegenwart (Schriftenreihe des Forschungsinstituts für politisch-historische Studien der Dr.-Wilfried-Haslauer-Bibliothek 32), Wien-Köln-Weimar 2007, S. 260; http://www.fraueninbewegung.onb.ac.at/Pages/PersonDetail.aspx?p_iPersonenID=8675610, 16. 5. 2010; Josef Kaut, Der steinige Weg. Geschichte der sozialistischen Bewegung im Landes Salzburg, Salzburg 1982, S. 271.

Abkürzungen

Abb.	Abbildung	NSDAP	Nationalsozialistische Deutsche Arbeiterpartei
AdW	Archiv der Wildwasserverbauung		
AES	Archiv der Erzdiözese Salzburg	NSKK	Nationalsozialistisches Kraftfahrkorps
APA	Austria Presse Agentur	NSV	Nationalsozialistische Volkswohlfahrt
Anm.	Anmerkung	o. Dat.	ohne Datierung
AStS	Archiv der Stadt Salzburg	o. J.	ohne Jahr
ATSV	Arbeiter- Turn- und Sportverein	o. O.	ohne Ort
Aufl.	Auflage	o. pag.	ohne Paginierung
AVA	Allgemeines Verwaltungsarchiv	o. S.	ohne Seite
Bd.	Band	ÖVP	Österreichische Volkspartei
Bde.	Bände	PA	Privatarchive
BKA	Bundeskanzleramt	PKW	Personenkraftwagen
Bl.	Blatt	PS	Pferdestärke
bzw.	beziehungsweise	Prä	Präsidialakten
d	Pfennig	präs.	präsentiert
Dipl.-Arb.	Diplomarbeit	RehrlBr	Rehrl-Briefe
Diss.	Dissertation	RSTH	Reichsstatthalter
DÖW	Dokumentationsarchiv des Österreichischen Widerstandes	ß	Schilling
		S.	Seite
DV	Demokratisches Volksblatt	SChr	Salzburger Chronik
F.	Folge	SLA	Salzburger Landesarchiv
f.	folgende	SLZ	Salzburger Landeszeitung
ff.	folgende	Sp.	Spalte
f.e.	fürsterzbischöflich	SPÖ	Sozialistische Partei Österreichs, Sozialdemokratische Partei Österreichs
fl	Gulden		
fol.	Folio	Sr.	Schwester
GESTAPO	Geheime Staatspolizei	SN	Salzburger Nachrichten
GI	Government Issue (Soldat)	SVBl	Salzburger Volksblatt
hf.	Hochfürstlich	SVZ	Salzburger Volkszeitung
HHStA	Haus-, Hof- und Staatsarchiv	SW	Salzburger Wacht
HK	Hofkammer	SZ	Salzburger Zeitung
i. R.	in Ruhe	Taf.	Tafel
Kfz	Kraftfahrzeug	Tl.	Teil
KPÖ	Kommunistische Partei Österreichs	u.	und
Kt.	Karton	u. a.	unter anderem
lat.	lateinisch	usw.	und so weiter
lb	Pfund	v. Chr.	vor Christus
LA	Landesausschuss	vgl.	vergleiche
LG	Landesgericht	WC	water closet
LKW	Lastkraftwagen	z. B.	zum Beispiel
masch.	maschinschriftlich	zit. n.	zitiert nach
NStA	Neuere Städtische Akten		

Häufig verwendete Literatur

DOPSCH/SPATZENEGGER
HEINZ DOPSCH u. HANS SPATZENEGGER, Geschichte Salzburg. Stadt und Land, Bd. I: Vorgeschichte, Altertum, Mittelalter, 3 Teilbände, 2. verb. Aufl., Salzburg 1983; Bd. II: Neuzeit und Zeitgeschichte, 5 Teilbände, Teilbände 1–4: Salzburg 1988; Teilband 5: Salzburg 1991.

Haidenthaller, Chronik I–XI
Volksschule Gnigl, ALEXANDER HAIDENTHALLER, Chronik von Gnigl, handschriftlich, 11 Bde.

Haidenthaller, Tagebuch, I–VII, IX–XI
AStS, ALEXANDER HAIDENTHALLER, Tagebuch, handschriftlich, 10 Bde. (Bd. I in Privatbesitz)

MARTIN, Regesten I–III
Die Regesten der Erzbischöfe und des Domkapitels von Salzburg, bearb. v. FRANZ MARTIN, 3 Bde., Salzburg 1928–1934

MGSL
Mitteilungen der Gesellschaft für Salzburger Landeskunde, Salzburg 1860 ff.

ÖKT XI
Österreichische Kunsttopographie, Bd. XI, Wien 1916.

SUB I
WILLIBALD HAUTHALER (Bearb.), Salzburger Urkundenbuch, 1. Bd.: Traditionscodices, Salzburg 1898.

SUB II
WILLIBALD HAUTHALER u. FRANZ MARTIN (Bearb.), Salzburger Urkundenbuch, 2. Bd.: Urkunden von 790–1199, Salzburg 1916.

SUB IV
FRANZ MARTIN (Bearb.), Salzburger Urkundenbuch, 4. Bd.: Ausgewählte Urkunden 1247–1290, Salzburg 1928.

Rundschau
Rundschau. Unabhängige Zeitung für Gnigl, Parsch, Schallmoos, Mayrwies-Langwied, Hallwang, Koppl, Heuberg, Eugendorf

Autorinnen und Autoren

Jutta Baumgartner, Mag., Historikerin

Gertrud Czapek, Schulrätin, pensionierte Lehrerin an der Volksschule Gnigl

Heinz Dopsch, Univ.-Prof. Dr., Professor für Vergleichende Landesgeschichte an der Universität Salzburg

Siegfried Göllner, Mag. Dr., Zeithistoriker

Fridoline Grössinger, Mag., Lehrerin

Robert Hoffmann, Univ.-Prof. Dr., Universitätsprofessor am Fachbereich Geschichte der Universität Salzburg

Peter Höglinger, Dr., Archäologe des Bundesdenkmalamtes am Landeskonservatorat für Salzburg

Hans Holztrattner, pensionierter Bäckermeister und Berufsschullehrer, Löwenbändiger

Roland Peter Kerschbaum, MMMag., Pfarrer von Elsbethen, Lektor für christliche Kunst und Diözesangeschichte an der Universität Salzburg

Wolfgang Kauer, Mag., Gymnasiallehrer in der Stadt Salzburg und Buchautor

Hans Krawarik, Univ.-Doz. Dr., Universitätsdozent an den Universitäten Wien und Salzburg

Guido Müller, Univ.-Prof. Dr., Geograf, Universitätsprofessor an der Universität Salzburg i. R.

Helga Thaler, Dr. OStR., pensionierte Gymnasiallehrerin

Sabine Veits-Falk, Mag. Dr., Historikerin am Stadtarchiv und Lehrbeauftragte an der Universität Salzburg

Thomas Weidenholzer, Mag., Archivar und Historiker am Stadtarchiv Salzburg

Herbert Weigl, Mag., Historiker und Lehrer

Astrid Zehentner, Mag., Online Redakteurin

Martin Zehentner, DI (fh), Mediendesigner

Vielen Dank an unsere Sponsoren!

Anka Anton Karl
Fleischwaren
Fürbergstraße 21
5020 Salzburg
Tel. 0662 / 64 06 64
www.anka.at

Bäckerei und Konditorei
Flöckner GmbH
Grazer Bundesstraße 24
5023 Salzburg
Tel. 0662 / 64 06 36
www.floeckner.at

Bauzentrum Hannak
Aglassingerstraße 60
5023 Salzburg
Tel. 0662 / 65 88 0
www.bauzentrum.at

Foto Sulzer
Schillinghofstraße 9
5020 Salzburg
Tel. 0662 / 64 08 82
www.foto-sulzer.at

Vielen Dank an unsere Sponsoren!

Engelbert Lettner
Fleisch und Wurstwaren
Wolfgangsee Bdstr. 19
5023 Salzburg
Tel. 0662 / 640 188
www.e-lettner.at

Österreichischer
Wirtschaftsbund
www.wirtschaftsbund.at

Thomas Niederreiter
Holzbaumeister
Bachstraße 6a
5023 Salzburg
Tel. 0662 / 66 55 69
holzbau-niederreiter.at

Ing. Rupert Weiser
Haustechnik Ges.m.b.H
Fürbergstraße 1
5020 Salzburg
Tel. 0662 / 640 639
www.weiser1a.at

Vielen Dank an unsere Sponsoren!

Fuchsberger
Feines Blütenhandwerk
Andrä Blüml Straße 31
5023 Salzburg

Greisberger Audio
Videohandelsges.m.b.H
Schwarzstraße 6
5020 Salzburg

HAAS & HAAS
Immobilien GesmbH
Linzerbundesstraße 40
5023 Salzburg

HEINRICH GmbH & Co KG
Möslweg 15
5023 Salzburg

Kesselbau Dax Ges.m.b.H
Richard Kürth Straße 9
5020 Salzburg

Orderman Ges.m.b.H.
Bachstraße 59
5023 Salzburg

Willi Meingast
GmbH &Co.KG
Röcklbrunnstraße 11
5020 Salzburg

Raiffeisenverband Salzburg
Filiale Gnigl
Linzer Bundesstraße 35
5023 Salzburg

Salzburger Sparkasse
Filiale Gnigl
Sterneckstraße 59
5020 Salzburg

Spar Markt Riedl Manfred
Aglassingerstraße 40
5023 Salzburg

Volksbank Salzburg
Filiale Gnigl
Linzer Bundesstraße 21
5020 Salzburg

Hans Walter
Fleischerfachgeschäft
Langmoosweg 1
5023 Salzburg

Vielen Dank an unsere Sponsoren!

Bastelstube & Geschenke
Turnerstraße 9
5023 Salzburg

Bedachungsgesellschaft m.b.H.
Hannakstraße 5a
5023 Salzburg

Behensky ebm Maschinenbau GmbH & Co KG
Eichstraße 51
5023 Salzburg

Bestattung Buchsteiner-Wallmann
Fürbergstraße 19
5020 Salzburg

Bremsen Eder Amerhauser OHG&Co
Linzer Bundesstraße 22
5023 Salzburg

Cafe Konditorei Bäckerei Josef Schober
Bachstraße 26
5023 Salzburg

Elektro Haslinger Ges.mbH.
Bachstraße 11
5023 Salzburg

Fiakerei Christian Juza
Schöpfgasse 6
5023 Salzburg

Fiaker Ernst Schmeisser
Glockmühlstraße 6
5023 Salzburg

Georg Harlander GmbH
Albrecht Dürer Straße 1
5023 Salzburg

Gollackner Mode
Linzer Bundesstraße 25
5023 Salzburg

Gottfried Hansjakob
Habsburgerplatz 2
80801 München

Hämmerle
Skopek Margit
Uferstraße 12
5026 Salzburg

Hans Brugger Tapezierermeister
Linzer Bundesstraße 46
5023 Salzburg

Hotel Turnerwirt
Linzer Bundesstraße 54
5023 Salzburg

Kainzbauer Kopiertechnik Ges.m.b.H.
Aglassingerstraße 26
5023 Salzburg

Kanal Grabner Ges.m.b.H
Linzer Bundesstraße 61a
5023 Salzburg

Otto Müller Cafe Konditorei
Linzer Bundesstraße 33
5023 Salzburg

Pizzeria Rangie
Schillinghofstraße 14
5023 Salzburg

Raumausstattung Monika Plenk
Linzer Bundesstraße 21
5023 Salzburg

Reindl Kältetechnik Ges.m.b.H
Wiener Bundesstraße 67
5300 Hallwang

DI Reinhold Seeger Architekt, Diplomingenieur
Ferdinand Spannringstraße 16
5023 Salzburg

Sigmund Hofmann Fleischhauerei
Grazer Bundesstraße 26
5023 Salzburg

Spedition Gollackner GmbH
Gniglerstraße 52
5020 Salzburg

St. Erentrudis Apotheke
Linzer Bundesstraße 29
5023 Salzburg

Tischlerei Niedermayr
Linzer Bundesstraße 45
5023 Salzburg

Schallmooser Hauptstraße 10, 5020 Salzburg

Entwicklung der letzten 80 Jahre vom Kapuzinerberg betrachtet
Blick vom Kapuzinerberg, Glasplatten, 1930, AStS, Sammlung Kraus
Blick vom Kapuzinerberg, 2010 (Foto Martin Zehentner)